平成 27 年度

人口動態職業・産業別統計

REPORT OF VITAL STATISTICS IN FY 2015:
OCCUPATIONAL AND INDUSTRIAL ASPECTS

厚生労働省政策統括官（統計・情報政策担当）編
DIRECTOR-GENERAL FOR
STATISTICS AND INFORMATION POLICY,
MINISTRY OF HEALTH, LABOUR AND WELFARE

一般財団法人　厚生労働統計協会
HEALTH, LABOUR AND WELFARE STATISTICS ASSOCIATION

まえがき

　人口動態職業・産業調査は、人口動態事象（出生・死亡・死産・婚姻・離婚の5事象）と職業及び産業との関連を明らかにするためのものとして、明治32年から実施しており、昭和45年度以降は、5年ごとに国勢調査年にあわせて、その年の4月1日から翌年3月31日までの一年間に発生した人口動態事象の職業・産業を調査し、本報告書は平成27年度の調査結果を「平成27年度人口動態職業・産業別統計」として刊行するものです。

　本報告書を刊行するにあたり、調査にひとかたならぬ御協力を頂いた市区町村、保健所、都道府県の方々をはじめ、関係各位に厚くお礼を申し上げるとともに、厚生労働行政施策等の基礎資料として、広範な分野に活用されることを願っております。

　　平成30年7月

　　　　　　　　　　　　　　　厚生労働省政策統括官（統計・情報政策担当）

　　　　　　　　　　　　　　　　　　　酒　光　一　章

担当係

（死亡・死産）

人口動態・保健社会統計室計析第一係

　TEL　03（5253）1111　（内線：7470）

（出生・婚姻・離婚）

人口動態・保健社会統計室計析第二係

　TEL　03（5253）1111　（内線：7472）

平 成 27 年 度
人口動態職業・産業別統計

目　　次

まえがき	3
Ⅰ　調査の概要	29
1　調査の目的	30
2　調査の沿革	30
3　調査対象、集計客体及び調査事項	30
4　調査の期間	30
5　調査の方法	31
6　調査の報告経路	31
7　結果の集計	31
8　利用上の注意	31
Ⅱ　結果の概要	33
1　出　生	
(1) 父母の就業状態・職業別にみた出生	
表1　父母の就業状態・職業別にみた出生数・出生率・標準化出生率	35
(2) 父母の就業状態・職業、出生順位別にみた出生	
表2　父母の就業状態・職業、出生順位別にみた出生数及び構成割合	36
(3) 父母の就業状態・職業別にみた第1子の父母の平均年齢	
表3　父母の就業状態・職業別にみた出生順位第1子の父母の平均年齢	37
2　死　亡	
(1) 性、就業状態・職業別にみた死亡	
表4　性、就業状態・職業別にみた死亡数・死亡率・年齢調整死亡率	38
(2) 性、就業状態・産業別にみた死亡	
表5　性、就業状態・産業別にみた死亡数・死亡率・年齢調整死亡率	39
(3) 性、就業状態・職業別にみた主要死因別の死亡	
図1-1　就業状態・職業別にみた主要死因別死亡数の構成割合（男）	40

表6-1	就業状態・職業別にみた主要死因別死亡数（男）	40
図1-2	就業状態・職業別にみた主要死因別死亡数の構成割合（女）	41
表6-2	就業状態・職業別にみた主要死因別死亡数（女）	41

(4) 性、就業状態・産業別にみた主要死因別の死亡

図2-1	就業状態・産業別にみた主要死因別死亡数の構成割合（男）	42
表7-1	就業状態・産業別にみた主要死因別死亡数（男）	42
図2-2	就業状態・産業別にみた主要死因別死亡数の構成割合（女）	43
表7-2	就業状態・産業別にみた主要死因別死亡数（女）	43

3　死産・周産期死亡

(1) 母の就業状態・職業別にみた死産・周産期死亡

表8	母の就業状態・職業別にみた死産数・死産率	44
表9	母の就業状態・職業別にみた周産期死亡数・周産期死亡率	44

4　婚　姻

(1) 夫妻の就業状態・職業別にみた婚姻

表10	夫妻の就業状態・職業別にみた婚姻数及び構成割合	45

(2) 夫妻の就業状態・職業別にみた初婚－再婚の組合せ別の婚姻

表11	夫妻の就業状態・職業別にみた初婚－再婚の組合せ別の婚姻数及び構成割合	46

(3) 夫妻の就業状態・職業別にみた平均婚姻年齢

表12	夫妻の就業状態・職業別にみた平均婚姻年齢	47

(4) 夫妻の就業状態・職業別にみた夫妻の年齢差別の婚姻

表13	夫妻の就業状態・職業別にみた夫妻の年齢差別婚姻数及び構成割合	48

(5) 夫妻の就業状態・職業の組合せ別にみた婚姻

図3	夫妻の就業状態の組合せ別にみた婚姻件数の構成割合	49
表14	夫妻の就業状態・職業の組合せ別にみた婚姻件数	49

(6) 婚姻率・無配偶婚姻率・標準化婚姻率・標準化無配偶婚姻率

表15	就業状態・職業別にみた婚姻率・無配偶婚姻率・標準化婚姻率・標準化無配偶婚姻率	49

5　離　婚

(1) 夫妻の就業状態・職業別にみた離婚

表16	就業状態・職業別にみた離婚数及び構成割合	50

(2) 夫妻の就業状態・職業別にみた平均離婚年齢
　　表17　　夫妻の就業状態・職業別にみた平均離婚年齢 ･････････････････････････････　50
(3) 夫妻の就業状態・職業別にみた離婚前の同居期間
　　表18　　夫妻の就業状態・職業別にみた離婚前の同居期間 ･････････････････････････　51
(4) 夫妻の就業状態・職業の組合せ別にみた離婚
　　図4　　夫妻の就業状態の組合せ別にみた離婚件数の構成割合 ･････････････････････　51
　　表19　　夫妻の就業状態・職業の組合せ別にみた離婚件数 ･････････････････････････　51
(5) 夫妻の就業状態の組合せ別にみた親権を行う子の有無・親権を行う者別の離婚
　　表20　　夫妻の就業状態の組合せ別にみた親権を行う子の有無・親権を行う者別
　　　　　　離婚件数及び構成割合 ･･･　52
(6) 離婚率・有配偶離婚率・標準化離婚率・標準化有配偶離婚率
　　表21　　就業状態・職業別にみた離婚率・有配偶離婚率・標準化離婚率・
　　　　　　標準化有配偶離婚率 ･･･　52

6　統計表
　第1表　　都道府県（21大都市再掲）別就業状態別人口動態総覧（実数） ･････････････　54
　第2表　　都道府県（21大都市再掲）別就業状態別人口動態総覧（率） ･･･････････････　56

Ⅲ　統　計　表 ･･･　95

統計表一覧 ･･･　96

総　覧
　第1表　人口動態総覧，職業－産業（大分類）別 ･････････････････････････････････　98

1　出　生
　第1表　出生数及び標準化出生率（人口千対），父－母の職業（大分類）・年次別 ･･････　100
　第2表　嫡出出生数及び嫡出出生率（男性人口千対），父の年齢（5歳階級）；
　　　　　父の平均年齢及び標準化出生率（男性人口千対），出生順位・
　　　　　父の職業（大分類）別 ･･　102
　第3表　出生数及び出生率（女性人口千対），母の年齢（5歳階級）；
　　　　　母の平均年齢及び標準化出生率（女性人口千対），出生順位・
　　　　　母の職業（大分類）別 ･･　112
　第4表　嫡出出生数，父の職業（大分類）・母の職業（大分類）別 ･･････････････････　122

第 5 表　嫡出出生数，出生時の体重（500g階級）；出生時の平均体重，
　　　　　母の職業（有－無）・性・父の職業（大分類）別 ･････････････････････････････････ 124

第 6 表　出生数，出生時の体重（500g階級）；出生時の平均体重，
　　　　　性・母の職業（大分類）別 ･･･ 130

第 7 表　出生数，出生時の体重（500g階級）；出生時の平均体重，
　　　　　単産－複産・母の職業（大分類）別 ･･ 132

第 8 表　出生数，出生時の体重（500g階級）；出生時の平均体重，
　　　　　嫡出－嫡出でない子・母の職業（大分類）別 ････････････････････････････････ 134

第 9 表　嫡出出生数，父母の結婚期間；平均結婚期間，出生順位・父の職業（大分類）別 ･･･ 136

第10表　嫡出出生数，父母の結婚期間；平均結婚期間，出生順位・母の職業（大分類）別 ･･･ 140

第11表　嫡出出生数及び嫡出出生率（男性人口千対），都道府県（21大都市再掲）・
　　　　　父の職業（大分類）別 ･･･ 144

第12表　出生数及び出生率（女性人口千対），都道府県（21大都市再掲）・
　　　　　母の職業（大分類）別 ･･･ 148

2　死　亡

第 1 表　15歳以上の死亡数及び年齢調整死亡率（人口千対），性・
　　　　　職業（大分類）・年次別 ･･ 152

第 2 表　15歳以上の死亡数及び年齢調整死亡率（人口千対），性・
　　　　　産業（大分類）・年次別 ･･ 154

第 3 表　15歳以上の死亡数及び死亡率（人口10万対），性・職業（大分類）・
　　　　　年齢（5歳階級）別 ･･･ 156

第 4 表　15歳以上の死亡数及び死亡率（人口10万対），性・産業（大分類）・
　　　　　年齢（5歳階級）別 ･･･ 160

第 5 表　男15歳以上の死亡数及び死亡率－年齢調整死亡率（男性人口10万対），
　　　　　職業（大分類）・死因（選択死因分類）別 ･････････････････････････････････････ 164

第 6 表　女15歳以上の死亡数及び死亡率－年齢調整死亡率（女性人口10万対），
　　　　　職業（大分類）・死因（選択死因分類）別 ･････････････････････････････････････ 170

第 7 表　男15歳以上の死亡数及び死亡率－年齢調整死亡率（男性人口10万対），
　　　　　産業（大分類）・死因（選択死因分類）別 ･････････････････････････････････････ 176

第 8 表　女15歳以上の死亡数及び死亡率－年齢調整死亡率（女性人口10万対），
　　　　　産業（大分類）・死因（選択死因分類）別 ･････････････････････････････････････ 182

第9表　男15歳以上の死亡数及び死亡率－年齢調整死亡率（男性人口10万対），
都道府県（21大都市再掲）・職業（大分類）別 ………………………………………… 188

第10表　女15歳以上の死亡数及び死亡率－年齢調整死亡率（女性人口10万対），
都道府県（21大都市再掲）・職業（大分類）別 ………………………………………… 194

第11表　男15歳以上の死亡数及び死亡率－年齢調整死亡率（男性人口10万対），
都道府県（21大都市再掲）・産業（大分類）別 ………………………………………… 200

第12表　女15歳以上の死亡数及び死亡率－年齢調整死亡率（女性人口10万対），
都道府県（21大都市再掲）・産業（大分類）別 ………………………………………… 206

3 死産

第1表　死産数及び死産率（出産千対），自然－人工・母の職業（大分類）・年次別 ……… 212

第2表　死産数，自然－人工・母の職業（大分類）・母の年齢（5歳階級）別 …………… 214

第3表　嫡出死産数，父の職業（大分類）・母の職業（大分類）別 ……………………… 216

第4表　死産数，都道府県（21大都市再掲）・母の職業（大分類）別 …………………… 218

4 周産期死亡

第1表　周産期死亡数及び周産期死亡率（出産千対），妊娠満22週以後の死産－
早期新生児死亡・母の職業（大分類）・年次別 ………………………………………… 220

第2表　周産期死亡数，妊娠満22週以後の死産－早期新生児死亡・母の職業（大分類）・
母の年齢（5歳階級）別 …………………………………………………………………… 222

第3表　周産期死亡数，都道府県（21大都市再掲）・母の職業（大分類）別 …………… 224

5 婚姻

第1表-1　婚姻件数，夫－妻の職業（大分類）・年次別 ……………………………………… 226

第1表-2　婚姻件数・標準化婚姻率（人口千対）及び標準化無配偶婚姻率（無配偶人口千対）
（当該年度に結婚生活に入り届け出たもの），夫－妻の職業（大分類）・年次別 …… 228

第2表　婚姻件数・婚姻率（男性人口千対）及び無配偶婚姻率（男性無配偶人口千対）
（平成27年度に結婚生活に入り届け出たもの），夫の年齢（5歳階級）；
標準化婚姻率（男性人口千対）・標準化無配偶婚姻率（男性無配偶人口千対）
及び夫の平均婚姻年齢，夫の初婚－再婚・夫の職業（大分類）別 ……………………… 230

第3表　婚姻件数・婚姻率（女性人口千対）及び無配偶婚姻率（女性無配偶人口千対）
（平成27年度に結婚生活に入り届け出たもの），妻の年齢（5歳階級）；
標準化婚姻率（女性人口千対）・標準化無配偶婚姻率（女性無配偶人口千対）
及び妻の平均婚姻年齢，妻の初婚－再婚・妻の職業（大分類）別 ……………………… 236

第4表　婚姻件数，夫妻の初婚－再婚の組合せ・夫の職業（大分類）・
　　　　妻の職業（大分類）別 ……………………………………………………………… 242

第5表　婚姻件数（平成27年度に結婚生活に入り届け出たもの），夫妻の年齢差；
　　　　夫妻の平均年齢差，夫妻の初婚－再婚の組合せ・夫の職業（大分類）別 ………… 246

第6表　婚姻件数（平成27年度に結婚生活に入り届け出たもの），夫妻の年齢差；
　　　　夫妻の平均年齢差，夫妻の初婚－再婚の組合せ・妻の職業（大分類）別 ………… 250

第7表　再婚件数（平成27年度に結婚生活に入り届け出たもの），前婚解消後から
　　　　再婚までの期間；前婚解消後から再婚までの平均期間，夫の職業（大分類）別 …… 254

第8表　再婚件数（平成27年度に結婚生活に入り届け出たもの），前婚解消後から
　　　　再婚までの期間；前婚解消後から再婚までの平均期間，妻の職業（大分類）別 …… 254

第9表　婚姻件数及び婚姻率（男性人口千対），都道府県（21大都市再掲）・
　　　　夫の職業（大分類）別 ……………………………………………………………… 256

第10表　婚姻件数及び婚姻率（女性人口千対），都道府県（21大都市再掲）・
　　　　妻の職業（大分類）別 ……………………………………………………………… 260

第11表　夫の平均初婚年齢，都道府県（21大都市再掲）・夫の職業（大分類）別 ………… 264

第12表　妻の平均初婚年齢，都道府県（21大都市再掲）・妻の職業（大分類）別 ………… 266

6　離　婚

第1表-1　離婚件数，夫－妻の職業（大分類）・年次別 …………………………………… 268

第1表-2　離婚件数・標準化離婚率（人口千対）及び標準化有配偶離婚率（有配偶人口千対）
　　　　　（当該年度に別居し届け出たもの），夫－妻の職業（大分類）・年次別 ………… 270

第2表　離婚件数・離婚率（男性人口千対）及び有配偶離婚率（男性有配偶人口千対）
　　　　（平成27年度に別居し届け出たもの），夫の年齢（5歳階級）；標準化離婚率
　　　　（男性人口千対）及び標準化有配偶離婚率（男性有配偶人口千対），
　　　　夫の職業（大分類）別 ……………………………………………………………… 272

第3表　離婚件数・離婚率（女性人口千対）及び有配偶離婚率（女性有配偶人口千対）
　　　　（平成27年度に別居し届け出たもの），妻の年齢（5歳階級）；標準化離婚率
　　　　（女性人口千対）及び標準化有配偶離婚率（女性有配偶人口千対），
　　　　妻の職業（大分類）別 ……………………………………………………………… 274

第4表　離婚件数，離婚の種類・夫の職業（大分類）・妻の職業（大分類）別 ………… 276

第5表　離婚件数，同居期間；平均同居期間，夫の職業（大分類）別 …………………… 278

第6表　離婚件数，同居期間；平均同居期間，妻の職業（大分類）別 …………………… 278

第7表　離婚件数，夫の職業（大分類）・夫妻が親権を行う子の有（子の数）無別 ………… 280

　第8表　離婚件数，妻の職業（大分類）・夫妻が親権を行う子の有（子の数）無別 ………… 280

　第9表　離婚件数，妻の職業（有－無）・夫の職業（大分類）・
　　　　　夫妻が親権を行う子の有（子の数）無・親権者（夫－妻）別 ……………………… 282

　第10表　離婚件数及び離婚率（男性人口千対），都道府県（21大都市再掲）・
　　　　　夫の職業（大分類）別 ……………………………………………………………………… 284

　第11表　離婚件数及び離婚率（女性人口千対），都道府県（21大都市再掲）・
　　　　　妻の職業（大分類）別 ……………………………………………………………………… 288

Ⅳ　参　考 ……………………………………………………………………………………………… 293

　1　用語の解説 ………………………………………………………………………………………… 294

　2　比率の解説 ………………………………………………………………………………………… 296

　3　職業・産業分類 …………………………………………………………………………………… 300

　4　選択死因分類表 …………………………………………………………………………………… 302

付　録 …………………………………………………………………………………………………… 304

　(1) 基礎人口

　　　表1　15歳以上人口，年齢（5歳階級）・職業（大分類）・性別 …………………………… 304

　　　表2　15歳以上人口，年齢（5歳階級）・職業（大分類）・性別・有配偶－無配偶別 …… 306

　　　表3　15歳以上人口，職業（大分類）・都道府県（21大都市再掲）・性別 ……………… 310

　　　表4　15歳以上人口，年齢（5歳階級）・産業（大分類）・性別 …………………………… 316

　　　表5　15歳以上人口，産業（大分類）・都道府県（21大都市再掲）・性別 ……………… 318

　(2) 基準人口

　　　表6　15歳以上基準人口，年齢（5歳階級）別　－昭和60年モデル人口－ ……………… 324

　(3) 人口動態調査票 …………………………………………………………………………………… 325

平成7年度～平成22年度人口動態職業・産業別統計の正誤情報 ……………………………… 331

保管統計表

次の統計表は、報告書に掲載しないが、「政府統計の総合窓口（e-Stat）」に掲載している。

1 出 生

第1表　嫡出出生数，父の年齢（5歳階級）；父の平均年齢，都道府県（21大都市再掲）・
父の職業（大分類）別

第2表　出生数，母の年齢（5歳階級）；母の平均年齢，都道府県（21大都市再掲）・
母の職業（大分類）別

第3表　嫡出出生数，出生時の体重（500g階級）；出生時の平均体重，単産－複産・
性・父の職業（大分類）別

第4表　出生数，出生時の体重（500g階級）；出生時の平均体重，単産－複産・
性・母の職業（大分類）別

第5表　嫡出出生数，出生時の体重（500g階級）；出生時の平均体重，単産－複産・
性・母の職業（大分類）別

第6表　第1子嫡出出生数，父の職業（大分類）・父母の結婚期間・妊娠期間
（4週区分・早期－正期－過期再掲）別

第7表　第1子嫡出出生数，母の職業（大分類）・父母の結婚期間・妊娠期間
（4週区分・早期－正期－過期再掲）別

第8表　嫡出出生数，出生時の世帯の主な仕事・父の職業（大分類）・母の職業（大分類）別

参考表　合計特殊出生率，母の職業（大分類）・都道府県（21大都市再掲）別

2 死 亡

第1表　15歳以上の死亡数及び死亡率－年齢調整死亡率（人口10万対），
性・職業（大分類）・都道府県（21大都市再掲）・年齢（5歳階級）別

第2表　15歳以上の死亡数及び死亡率－年齢調整死亡率（人口10万対），
死因（選択死因分類）・性・職業（大分類）・年齢（5歳階級）別

第3表　15歳以上の死亡数及び死亡率（人口10万対），性・都道府県（21大都市再掲）・
職業（大分類）別

第4表　15歳以上の死亡数，都道府県（21大都市再掲）・死因（死因簡単分類）・
性・職業（大分類）別

第5表　15歳以上の死亡数，都道府県（21大都市再掲）・死因（選択死因分類）・
性・職業（大分類）・年齢（5歳階級）別

第6表　15歳以上の死亡数,死亡時の世帯の主な仕事・性・職業（大分類）・年齢（5歳階級）別

第7表　15歳以上の死亡数及び死亡率（人口10万対）,年齢（5歳階級）；
年齢調整死亡率（人口10万対）,死因（選択死因分類）・性・産業（大分類）別

第8表　15歳以上の死亡数及び死亡率（人口10万対）,性・都道府県（21大都市再掲）・
産業（大分類）別

第9表　15歳以上の死亡数,都道府県（21大都市再掲）・死因（死因簡単分類）・
性・産業（大分類）別

第10表　15歳以上の死亡数,性・産業（大分類）・職業（大分類）別

3　死　産

第1表　嫡出死産数,自然－人工・都道府県（21大都市再掲）・父の職業（大分類）別

第2表　嫡出死産数及び嫡出死産率（嫡出出産千対）,都道府県（21大都市再掲）・自然－人工・
父の職業（大分類）・父の年齢（5歳階級）別

第3表　死産数及び死産率（出産千対）,都道府県（21大都市再掲）・自然－人工・
母の職業（大分類）・母の年齢（5歳階級）別

第4表　嫡出死産数,母の職業（有－無）・自然－人工・父の職業（大分類）・
妊娠期間（4週区分）別

第5表　死産数,自然－人工・母の職業（大分類）・妊娠期間（4週区分）別

第6表　死産数,自然－人工・母の職業（有－無）・母側病態（死因基本分類）・
児側病態（三桁基本分類）別

4　周産期死亡

第1表　嫡出周産期死亡数及び周産期死亡率（嫡出出産千対）,妊娠満22週以後の死産－
早期新生児死亡・都道府県（21大都市再掲）・父の職業（大分類）別

第2表　周産期死亡数及び周産期死亡率（出産千対）,都道府県（21大都市再掲）・
妊娠満22週以後の死産－早期新生児死亡・母の職業（大分類）・母の年齢（5歳階級）別

5　婚　姻

第1表　婚姻件数（平成27年度に結婚生活に入り届け出たもの）,夫の年齢（5歳階級）；
夫の平均婚姻年齢,都道府県（21大都市再掲）・夫の初婚－再婚・夫の職業（大分類）別

第2表　婚姻件数（平成27年度に結婚生活に入り届け出たもの）,妻の年齢（5歳階級）；
妻の平均婚姻年齢,都道府県（21大都市再掲）・妻の初婚－再婚・妻の職業（大分類）別

第3表　夫妻の平均年齢差（平成27年度に結婚生活に入り届け出たもの）,
夫妻の初婚－再婚の組合せ・夫の職業（大分類）・妻の職業（大分類）別

第4表　婚姻件数，夫の結婚生活に入る前の世帯の主な仕事・夫の職業（大分類）・
　　　　妻の職業（大分類）別

第5表　婚姻件数，妻の結婚生活に入る前の世帯の主な仕事・夫の職業（大分類）・
　　　　妻の職業（大分類）別

6　離　婚

第1表　離婚件数（平成27年度に別居し届け出たもの），都道府県（21大都市再掲）・
　　　　夫の職業（大分類）・夫の年齢（5歳階級）別

第2表　離婚件数（平成27年度に別居し届け出たもの），都道府県（21大都市再掲）・
　　　　妻の職業（大分類）・妻の年齢（5歳階級）別

第3表　離婚件数，別居時の世帯の主な仕事・夫の職業（大分類）・妻の職業（大分類）別

第4表　離婚件数，親権者（夫－妻）・妻の職業（有－無）・夫の職業（大分類）・
　　　　親権を行う子の有（子の数）無別

REPORT OF VITAL STATISTICS IN FY2015: OCCUPATIONAL AND INDUSTRIAL ASPECTS

CONTENTS

Preface

Part I Outline of survey 59

  1 Purpose of survey 60

  2 History of survey 60

  3 Object, count range and items of survey 60

  4 Term of survey 60

  5 Method of survey 61

  6 Report route of survey 61

  7 Summing up of results 62

  8 Instructions 62

Part II Summary of results 63

  1 Natality

  (1) Live births by employment status/occupation of parents

    Table 1. Live births, live birth rates, and age-standardized live birth rates by employment status/occupation of parents 65

  (2) Live births by employment status/occupation of parents and live birth order

    Table 2. Live births and percent distribution by employment status/occupation of parents and live birth order 66

  (3) Mean ages of parents of the first child by employment status/occupation of parents

    Table 3. Mean ages of parents of the first child in live birth order by employment status/occupation of parents 67

  2 General mortality

  (1) Deaths by sex and employment status/occupation

    Table 4. Deaths, death rates and age-adjusted death rates by sex and employment status/occupation 68

  (2) Deaths by sex and employment status/industry

    Table 5. Deaths, death rates and age-adjusted death rates by sex and employment status/industry 69

  (3) Deaths by leading causes of death by sex and employment status/occupation

    Figure 1-1. Percent distribution of deaths by leading causes of death by employment status/occupation (male) 70

    Table 6-1. Deaths by leading causes of death by employment status/occupation (male) 70

Figure 1-2. Percent distribution of deaths by leading causes of death by employment status/occupation (female) ······ 71

Table 6-2. Deaths by leading causes of death by employment status/occupation (female) ······ 71

(4) Deaths by leading causes of death by sex and employment status/industry

Figure 2-1. Percent distribution of deaths by leading causes of death by employment status/industry (male) ······ 72

Table 7-1. Deaths by leading causes of death by employment status/industry (male) ······ 73

Figure 2-2. Percent distribution of deaths by leading causes of death by employment status/industry (female) ······ 74

Table 7-2. Deaths by leading causes of death by employment status/industry (female) ······ 75

3 Foetal and perinatal mortality

(1) Foetal and perinatal deaths by employment status/occupation of mother

Table 8. Foetal deaths and foetal death rates by employment status/occupation of mother ······ 76

Table 9. Foetal and perinatal deaths by employment status/occupation of mother ······ 76

4 Marriages

(1) Marriages by employment status/occupation of bride and groom

Table 10. Marriages and percent distribution by employment status/occupation of bride and groom ······ 77

(2) Marriages by employment status/occupation of bride and groom, and first marriage or remarriage

Table 11. Marriages and percent distribution by employment status/occupation of bride and groom and by the combination of first marriage or remarriage ······ 78

(3) Mean age of marriage by employment status/occupation of bride and groom

Table 12. Mean age of marriage by employment status/occupation of bride and groom ······ 79

(4) Marriages by age difference between bride and groom, and employment status/occupation of bride and groom

Table 13. Marriages and percent distribution by employment status/occupation of bride and groom and by difference in age between bride and groom ······ 80

(5) Marriages by the combination of employment status/occupation of bride and groom

Figure 3. Percent distribution of marriages by the combination of employment status/occupation of bride and groom ······ 81

Table 14. Marriages by the combination of employment status/occupation of bride and groom ······ 81

(6) Marriage rates, marriage rates for unmarried population, age-standardized marriage rates and age-standardized marriage rates for unmarried population

 Table 15. Marriage rates, marriage rates for unmarried population, age-standardized marriage rates and age-standardized marriage rates for unmarried population by employment status/occupation of bride and groom ················ 82

5 Divorces

(1) Divorces by employment status/occupation of wife and husband

 Table 16. Divorces and percent distribution by employment status/occupation of wife and husband ················ 83

(2) Mean age of divorce by employment status/occupation of wife and husband

 Table 17. Mean age of divorce by employment status/occupation of wife and husband ···· 84

(3) Duration of cohabitation before divorce by employment status/occupation of wife and husband

 Table 18. Duration of cohabitation before divorce by employment status/occupation of wife and husband ················ 85

(4) Divorces by the combination of employment status/occupation of wife and husband

 Figure 4. Percent distribution of divorces by the combination of employment status of wife and husband ················ 86

 Table 19. Divorces by the combination of employment status/occupation of wife and husband ················ 86

(5) Divorces by the number of children for whom the wife and/or husband exercise parental authority and by the combination of employment status of wife and husband

 Table 20. Divorces and percent distribution by the number of children for whom the wife and/or husband exercise parental authority and by the combination of employment status of wife and husband ················ 87

(6) Divorce rates, divorce rates for married population, age-standardized divorce rates, and age-standardized divorce rates for married population

 Table 21. Divorce rates, divorce rates for married population, age-standardized divorce rates, and age-standardized divorce rates for married population by employment status/occupation of wife and husband ················ 88

6 Statistics Tables

 Table 1. Indexes of vital statistics (numbers) by employment status in each prefecture (regrouped for 21 major cities) ················ 90

 Table 2. Indexes of vital statistics (rates) by employment status in each prefecture (regrouped for 21 major cities) ················ 92

Part III Statistical Tables 95

List of Statistical Tables 96

   Summary

      Table 1.   Indexes of Vital Statistics by occupation/industry (Major Group) 98

1 Natality

      Table 1.   Fiscal yearly live births and age-standardized live birth rates (per 1,000 population) by occupation of father/mother (major groups) 100

      Table 2.   Live births and live birth rates of children born in wedlock (per 1,000 male population) by the age of fathers (5-year age group); mean age of fathers and age-standardized live birth rates (per 1,000 male population), by live birth order and occupation of father (major groups) 102

      Table 3.   Live births and live birth rates (per 1,000 female population) by the age of mothers (5-year age group); mean age of mothers and age-standardized live birth rates (per 1,000 female population), by live birth order and occupation of mother (major groups) 112

      Table 4.   Live births of children in wedlock by occupation of father/mother (major groups) 122

      Table 5.   Live births of children in wedlock by birth weight (500 g weight group); mean birth weight by occupation of mother (employed/not-employed), sex, occupation of father (major groups) 124

      Table 6.   Live births by birth weight (500 g weight group); mean birth weight by sex, occupation of mother (major groups) 130

      Table 7.   Live births by birth weight (500 g weight group); mean birth weight by single/multiple birth, and occupation of mother (major groups) 132

      Table 8.   Live births by birth weight (500 g weight group); mean birth weight by children in wedlock/out of wedlock, occupation of mother (major groups) 134

      Table 9.   Live births of children born in wedlock by the duration of parents' marriage; mean duration of marriage, by live birth order, and occupation of father (major groups) 136

      Table 10. Live births of children born in wedlock by the duration of marriage; mean duration of marriage, by live birth order and occupation of mother (major groups) 140

      Table 11. Live births and live birth rates of children born in wedlock (per 1,000 male population), by each prefecture (regrouped for 21 major cities) and occupation of father (major groups) 144

Table 12. Live births and live birth rates (per 1,000 female population), by each prefecture (regrouped for 21 major cities) and occupation of mother (major groups) 148

2 General mortality

Table 1. Fiscal yearly deaths and age-adjusted death rates (per 1,000 population) for people of 15 years of age and over, by sex and occupation (major groups) 152

Table 2. Fiscal yearly deaths and age-adjusted death rates (per 1,000 population) for people of 15 years of age and over, by sex and industry (major groups) 154

Table 3. Deaths and death rates (per 100,000 population) for people of 15 years of age and over, by sex, age (5-year age groups) and occupation (major groups) 156

Table 4. Deaths and death rates (per 100,000 population) for people of 15 years of age and over, by sex, age (5-year age groups) and industry (major groups) 160

Table 5. Deaths, death rates and age-adjusted death rates (per 100,000 male population) for males of 15 years of age and over, by occupation (major groups) and causes of death (Selected list of causes of death) 164

Table 6. Deaths, death rates and age-adjusted death rates (per 100,000 female population) for females of 15 years of age and over, by occupation (major groups) and causes of death (Selected list of causes of death) 170

Table 7. Deaths, death rates and age-adjusted death rates (per 100,000 male population) for males of 15 years of age and over, by industry (major groups) and causes of death (Selected list of causes of death) 176

Table 8. Deaths, death rates and age-adjusted death rates (per 100,000 female population) for females of 15 years of age and over, by industry (major groups) and causes of death (Selected list of causes of death) 182

Table 9. Deaths, death rates and age-adjusted death rates (per 100,000 male population) for males of 15 years of age and over, by each prefecture (regrouped for 21 major cities) and occupation (major groups) 188

Table 10. Deaths, death rates and age-adjusted death rates (per 100,000 female population) for females of 15 years of age and over, by each prefecture (regrouped for 21 major cities) and occupation (major groups) 194

Table 11. Deaths, death rates and age-adjusted death rates (per 100,000 male population) for males of 15 years of age and over, by each prefecture (regrouped for 21 major cities) and industry (major groups) 200

Table 12. Deaths, death rates and age-adjusted death rates (per 100,000 female population) for females of 15 years of age and over, by each prefecture (regrouped for 21 major cities) and industry (major groups) ·············· 206

3 Foetal mortality

Table 1. Fiscal yearly foetal deaths and foetal death rates (per 1,000 deliveries), by natural/artificial birth and occupation of mother (major groups) ············· 212

Table 2. Foetal deaths by natural/artificial birth, and occupation of mothers (major groups) and age of mothers (5-year age groups) ·············· 214

Table 3. Foetal deaths of children in wedlock by occupation of father (major groups) and occupation of mother (major groups) ·············· 216

Table 4. Foetal deaths by each prefecture (regrouped for 21 major cities) and occupation of mother (major groups) ·············· 218

4 Perinatal mortality

Table 1. Fiscal yearly perinatal deaths and perinatal death rates (per 1,000 deliveries) by foetal deaths at 22 completed weeks and over of gestation / early neonatal deaths and by occupation of mother (major groups) ·············· 220

Table 2. Perinatal deaths by foetal deaths at 22 completed weeks and over of gestation / early neonatal deaths, by occupation of mother (major groups), and by age of mothers (5-year age group) ·············· 222

Table 3. Perinatal deaths by each prefecture (regrouped for 21 major cities) and occupation of mother (major groups) ·············· 224

5 Marriages

Table 1-1. Fiscal yearly marriages by occupation of bride/groom (major groups) ············· 226

Table 1-2. Fiscal yearly marriages, age-standardized marriage rates (per 1,000 population) and age-standardized marriage rates for unmarried population (per 1,000 unmarried population) (marriages entered and registered in the relevant fiscal year), by occupation of bride/groom (major groups) ················ 228

Table 2. Marriages, marriage rates (per 1,000 male population) and marriage rates for unmarried population (per 1,000 unmarried male population) (marriages entered and registered in FY2015), by age of grooms (5-year age groups); age-standardized marriage rates (per 1,000 male population) and age-standardized marriage rates for unmarried population (per 1,000 unmarried male population) and groom's mean age of marriage, by first marriage/remarriage and occupation of groom (major groups) ············ 230

Table 3. Marriages, marriage rates (per 1,000 female population) and marriage rates for unmarried population (per 1,000 unmarried female population) (marriages entered and registered in FY2015), by age of brides (5-year age groups); age-standardized marriage rates (per 1,000 female population) and age-standardized marriage rates for unmarried population (per 1,000 unmarried female population) and mean age of brides by first marriage/remarriage and occupation of bride (major groups) ·················· 236

Table 4. Marriages by the combination of marriage/remarriage and occupation of bride and groom (major groups) ·· 242

Table 5. Marriages (marriages entered and registered in FY2015), by age difference between bride and groom; mean age difference between bride and groom, by the combination of marriage/remarriage and by occupation of groom (major groups) ·· 246

Table 6. Marriages (marriages entered and registered in FY2015), by age difference between bride and groom; mean age difference between bride and groom, by the combination of marriage/remarriage and by occupation of bride (major groups) ·· 250

Table 7. Remarriages (marriages entered and registered in FY2015), by period between termination of the last marriage and remarriage; mean period between termination of the last marriage and remarriage, by occupation of groom (major groups) ·· 254

Table 8. Remarriages (marriages entered and registered in FY2015), by period between termination of the last marriage and remarriage; mean period between termination of the last marriage and remarriage, by occupation of bride (major groups) ·· 254

Table 9. Marriages and marriage rates (per 1,000 male population) by each prefecture (regrouped for 21 major cities) and occupation of groom (major groups) ·········· 256

Table 10. Marriages and marriage rates (per 1,000 female population) by each prefecture (regrouped for 21 major cities) and occupation of bride (major groups) ············ 260

Table 11. Mean age of first married groom by each prefecture (regrouped for 21 major cities) and occupation of groom (major groups) ···················· 264

Table 12. Mean age of first married bride by each prefecture (regrouped for 21 major cities) and occupation of bride (major groups) ···················· 266

6 Divorces

Table 1-1. Fiscal yearly divorces by occupation of wife/husband (major groups) ············ 268

Table 1-2. Fiscal yearly divorces, age-standardized divorce rates (per 1,000 population) and age-standardized divorce rates for married population (per 1,000 married population) (registered divorces for couples who separated in the relevant fiscal year), by occupation of wife and husband (major groups) ······················ 270

Table 2. Divorces, divorce rates (per 1,000 male population) and divorce rates for married population (per 1,000 married male population) (registered divorces for couples who separated in the relevant fiscal year), by age of husbands (5-year age groups); age-standardized divorce rates (per 1,000 male population) and age-standardized divorce rates for married population (per 1,000 married male population), by occupation of husband (major groups) ···························· 272

Table 3. Divorces, divorce rates (per 1,000 female population) and divorce rates for married population (per 1,000 married female population) (registered divorces for couples who separated in the relevant fiscal year), by age of wives (5-year age groups); age-standardized divorce rates (per 1,000 female population) and age-standardized divorce rates for married population (per 1,000 married female population), by occupation of wife (major groups) ·· 274

Table 4. Divorces by legal type, and occupation of wife and husband (major groups) ····· 276

Table 5. Divorces by the duration of cohabitation; mean duration of cohabitation by occupation of husband (major groups) ······················ 278

Table 6. Divorces by the duration of cohabitation; mean duration of cohabitation by occupation of wife (major groups) ······················ 278

Table 7. Divorces by occupation of husband (major groups) and the number of children for whom the wife and/or husband exercise parental authority ······ 280

Table 8. Divorces by occupation of wife (major groups) and the number of children for whom the wife and/or husband exercise parental authority ···················· 280

Table 9. Divorces by occupation of wife (employed/non-employed), occupation of husband (major groups), the number of children for whom the wife and/or husband exercise parental authority ·· 282

Table 10. Divorces and divorce rates (per 1,000 male population) by each prefecture (regrouped for 21 major cities) and occupation of husband (major groups) ······· 284

Table 11. Divorces and divorce rates (per 1,000 female population) by each prefecture (regrouped for 21 major cities) and occupation of wife (major groups) ············ 288

Part IV Reference ·· 293

1 Description of terms ·· 295

2 Description of rates ··· 298
3 Classification of occupation and industry ··· 300
4 The Selected list of causes of death for Japan ··· 303
Appendix ·· 304
(1) Fundamental population
    Table 1.   Population 15 years of age and over, by age (5-year age groups), occupation (major groups) and sex ·· 304
    Table 2.   Population 15 years of age and over, by age (5-year age groups), occupation (major groups), sex and married/unmarried ·················· 306
    Table 3.   Population 15 years of age and over, by occupation (major groups), each prefecture (regrouped for 21 major cities) and sex ················· 310
    Table 4.   Population 15 years of age and over, by age (5-year age groups), industry (major groups) and sex ··· 316
    Table 5.   Population 15 years of age and over, by industry (major groups), each prefecture (regrouped for 21 major cities) and sex ················· 318
(2) Standard population
    Table 6.   Population 15 years of age and over, by age (5-year age groups), Model population in 1985 ··· 324
(3) Vital Statistics Form ··· 325
Information on errata for Vital Statistics by occupation and industry from FY1995 through FY2010 ··· 331

Archived Statistical Tables

The following statistic data are not included in the Report, but posted on the Portal Site of Official Statistics of Japan (e-Stat).

1 Natality

   Table 1. Live births of children born in wedlock, by age of fathers (5-year age groups); mean age of fathers, by each prefecture (regrouped for 21 major cities) and occupation of father (major groups)

   Table 2. Live births, by age of mothers (5-year age groups); mean age of mothers, by each prefecture (regrouped for 21 major cities), and occupation of mother (major groups)

   Table 3. Live births of children born in wedlock, by birth weight (500 g weight group); mean birth weight, by single/multiple birth, sex, and occupation of father (major groups)

   Table 4. Live births by birth weight (500 g weight group); mean birth weight, by single/multiple birth, sex, and occupation of mother (major groups)

   Table 5. Live births of children born in wedlock by birth weight (500 g weight group); mean birth weight, by single/multiple birth, sex, and occupation of mother (major groups)

   Table 6. Live births of first children born in wedlock, by occupation of father (major groups), duration of marriage of parents, and duration of gestation (by 4-week term: preterm/full-term/post-term, regrouped)

   Table 7. Live births of first children born in wedlock, by occupation of mother (major groups), duration of marriage of parents, and duration of gestation (by 4-week terms: preterm/full-term/post-term, regrouped)

   Table 8. Live births of children born in wedlock, by main business of household, occupation of father (major groups), and occupation of mother (major groups)

   Reference Table.   Total fertility rate by occupation of mother (major groups) and each prefecture (regrouped for 21 major cities)

2 General mortality

   Table 1. Deaths, death rates and age-adjusted death rates of people 15 years of age and over (per 100,000 population), by sex, occupation (major groups), each prefecture (regrouped for 21 major cities) and age (5-year age groups)

Table 2. Deaths, death rates and age-adjusted death rates of people 15 years of age and over (per 100,000 population), by causes of death (selected causes of death), sex, occupation (major groups) and age (5-year age groups)

Table 3. Deaths and death rates of people 15 years of age and over (per 100,000 population), by sex, each prefecture (regrouped for 21 major cities) and occupation (major groups)

Table 4. Deaths of people 15 years of age and over, by each prefecture (regrouped for 21 major cities), causes of death (condensed causes of death), sex and occupation (major groups)

Table 5. Deaths of people 15 years of age and over, by each prefecture (regrouped for 21 major cities), causes of death (condensed causes of death), sex, occupation (major groups) and age (5-year age groups)

Table 6. Deaths of people 15 years of age and over, by main business of household at the time of death, sex, occupation (major groups) and age (5-year age groups)

Table 7. Deaths, death rates (per 100,000 population) of people 15 years of age and over, by age (5-year age groups); age-adjusted death rates (per 100,000 population), by causes of death (selected causes of death), sex and industry (major groups)

Table 8. Deaths and death rates (per 100,000 population) of people 15 years of age and over, by sex, each prefecture (regrouped for 21 major cities) and industry (major groups)

Table 9. Deaths of people 15 years of age and over, by each prefecture (regrouped for 21 major cities), causes of death (condensed causes of death), sex and industry (major groups)

Table 10. Deaths of people 15 years of age and over, by sex, industry (major groups) and occupation (major groups)

3 Foetal mortality

Table 1. Foetal deaths of children born in wedlock, by natural/artificial birth, each prefecture (regrouped for 21 major cities) and occupation of father (major groups)

Table 2. Foetal deaths and death rates (per 1,000 deliveries of children born in wedlock) of children born in wedlock, by each prefecture (regrouped for 21 major cities), natural/artificial birth, occupation of father (major groups) and age of fathers (5-year age groups)

Table 3. Foetal deaths and death rates (per 1,000 deliveries), by each prefecture (regrouped for 21 major cities), natural/artificial birth, occupation of mother (major groups) and age of mothers (5-year age groups)

Table 4. Foetal deaths of children born in wedlock, by occupation of mother (employed/not-employed), natural/artificial birth, occupation of father (major groups) and duration of gestation (4-week terms)

Table 5. Foetal deaths by natural/artificial birth, occupation of mother (major groups), and duration of gestation (4-week terms)

Table 6. Foetal deaths by natural/artificial birth, occupation of mother (employed/not-employed), maternal conditions (basic causes of death) and foetal conditions (triple-digit basic groups)

4 Perinatal mortality

Table 1. Perinatal deaths and perinatal death rates (per 1,000 deliveries of children born in wedlock) of children born in wedlock, by foetal deaths at 22 completed weeks and over of gestation / early neonatal deaths, each prefecture (regrouped for 21 major cities) and occupation of father (major groups)

Table 2. Perinatal deaths and perinatal death rates (per 1,000 deliveries), by foetal deaths at 22 completed weeks and over of gestation / early neonatal deaths, each prefecture (regrouped for 21 major cities) and occupation of mother (major groups) and age of mothers (5-years age groups)

5 Marriages

Table 1. Marriages (marriages entered and registered in FY2015), by age of grooms (5-year age groups); groom's mean age of marriage, by each prefecture (regrouped for 21 major cities), marriage/remarriage and occupation of groom (major groups)

Table 2. Marriages (marriages entered and registered in FY2015), by age of brides (5-year age groups); bride's mean age of marriage by each prefecture (regrouped for 21 major cities), marriage / remarriage and occupation of bride (major groups)

Table 3. Mean age difference between bride and groom (marriages entered and registered in FY2015), by the combination of marriage/remarriage and occupation of bride and groom (major groups)

Table 4. Marriages by main business of household of grooms before entering into matrimony, occupation of bride and groom (major groups)

Table 5. Marriages by main business of household of wives before entering into matrimony, occupation of bride and groom (major groups)

6 Divorces

   Table 1. Divorces (registered divorces for couples who separated in FY2015),
             by each prefecture (regrouped for 21 major cities), occupation of husband
             (major groups) and age of husbands (5-year age groups)

   Table 2. Divorces (registered divorces for couples who separated in FY2015),
             by each prefecture (regrouped for 21 major cities), occupation of wife
             (major groups) and age of wives (5-year age groups)

   Table 3. Divorces by main business of household at the time of separation, occupation of wife
             and husband (major groups)

   Table 4. Divorces by person who exercises parental authority (wife and/or husband),
             occupation of wife (employed/non-employed), occupation of husband (major groups)
             and the number of children involved in divorce

Each prefecture is denoted by the serial number given here.
Prefecture is an administrative area over cities, towns and villages.

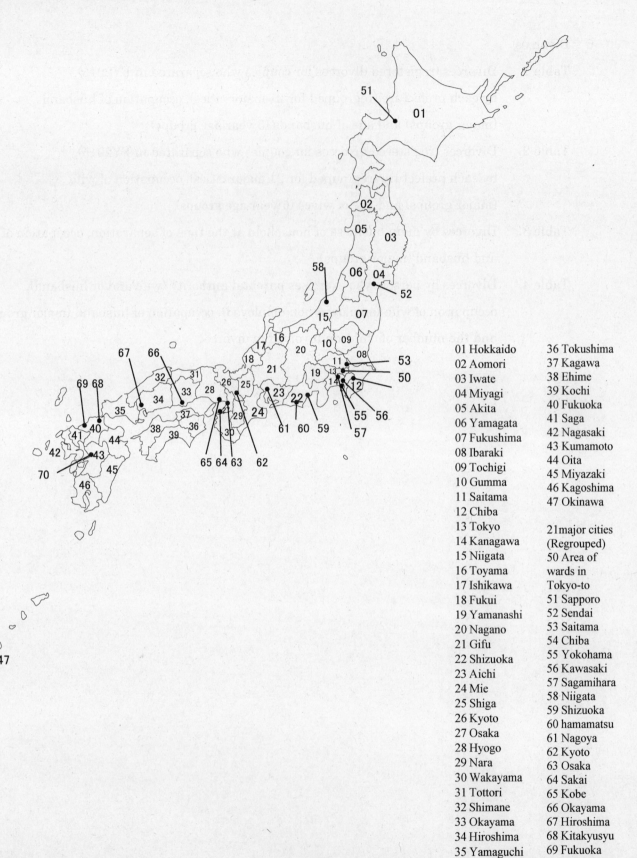

01 Hokkaido	36 Tokushima
02 Aomori	37 Kagawa
03 Iwate	38 Ehime
04 Miyagi	39 Kochi
05 Akita	40 Fukuoka
06 Yamagata	41 Saga
07 Fukushima	42 Nagasaki
08 Ibaraki	43 Kumamoto
09 Tochigi	44 Oita
10 Gumma	45 Miyazaki
11 Saitama	46 Kagoshima
12 Chiba	47 Okinawa
13 Tokyo	21 major cities (Regrouped)
14 Kanagawa	50 Area of wards in Tokyo-to
15 Niigata	
16 Toyama	
17 Ishikawa	
18 Fukui	51 Sapporo
19 Yamanashi	52 Sendai
20 Nagano	53 Saitama
21 Gifu	54 Chiba
22 Shizuoka	55 Yokohama
23 Aichi	56 Kawasaki
24 Mie	57 Sagamihara
25 Shiga	58 Niigata
26 Kyoto	59 Shizuoka
27 Osaka	60 hamamatsu
28 Hyogo	61 Nagoya
29 Nara	62 Kyoto
30 Wakayama	63 Osaka
31 Tottori	64 Sakai
32 Shimane	65 Kobe
33 Okayama	66 Okayama
34 Hiroshima	67 Hiroshima
35 Yamaguchi	68 Kitakyusyu
	69 Fukuoka
	70 Kumamoto

Ⅰ 調査の概要

1 調査の目的

人口動態職業・産業別統計は、出生、死亡、死産、婚姻及び離婚の人口動態事象と職業及び産業との関連を明らかにし、厚生労働行政施策などの基礎資料を得ることを目的としている。

2 調査の沿革

本調査は、明治32年の人口動態調査発足以降、昭和42年まで毎年実施していた。

昭和43年以降は国勢調査年に職業・産業を調査することとし、昭和45年度から「人口動態職業・産業別統計」として、5年毎に本報告書を刊行し、国勢調査の職業・産業別人口を分母として発生比率を求め、出生・死亡・死産・婚姻及び離婚についての解析を実施している。

なお、死亡に関しては昭和26～27年及び昭和29～31年の2回について「職業別・産業別死亡統計」を刊行している。

3 調査対象、集計客体及び調査事項

	調査対象	集計客体	調査事項
出 生	「戸籍法」及び「死産の届出に関する規程」により届け出られた事象の全数	母の年齢が15歳未満を除く	子どもが生まれたときの父母の職業
死 亡		本人の年齢が15歳未満を除く	死亡したときの本人の職業及び産業
死 産		母の年齢が15歳未満を除く	死産があったときの父母の職業
婚 姻		日本における日本人の事象	同居開始前の夫妻の職業
離 婚			別居する前の夫妻の職業

4 調査の期間

平成27年4月1日から平成28年3月31日までの期間に発生したものであって、定められた届出期間に届け出られたもの。

5　調査の方法

市区町村において、各届書に記載された職業又は産業について該当する分類番号を人口動態調査票に記入する方法で行った。

届書の届出義務者及び届出期間は、次のとおりである。

種別	届出義務者	届出先	届出期間[1]
出生	1 父又は母　2 同居者　3 出産に立ち会った医師・助産師又はその他の者	市区町村長	14日
死亡	1 同居の親族　2 その他の同居者　3 家主、地主又は家屋もしくは土地の管理人　4 同居の親族以外の親族、後見人、保佐人、補助人及び任意後見人		7日
死産	1 父又は母　2 同居人　3 死産に立ち会った医師　4 死産に立ち会った助産師　5 その他の立会者		7日
婚姻	夫妻	夫又は妻の本籍地もしくは所在地の市区町村長	規定なし
離婚	夫妻		協議離婚は規定なし　調停・審判・和解・請求の認諾・判決離婚は10日

注：1）出生・死亡及び裁判による離婚は届出事件発生の日から、死産はその翌日から起算。

6　調査の報告経路

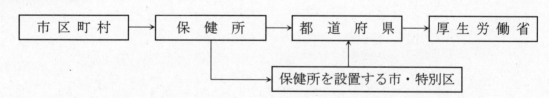

7　結果の集計

集計は、厚生労働省政策統括官（統計・情報政策担当）において行った。

8　利用上の注意

(1) 本調査は、年度単位（当年4月1日～翌年3月31日）で調査、集計しているので、年単位（1月1日～12月31日）で集計している人口動態統計の数値とは一致しない。また、父の職業別にみた出生子及び死産胎児は、嫡出子に限っている。

(2) 職業及び産業は、統計基準である「日本標準職業分類（大分類）」及び「日本標準産業分類（大分類）」に準拠する。職業及び産業の分類については次の注意が必要である。
　① 職業及び産業の項目は、事件（出生、死亡、死産、婚姻及び離婚）発生時の一時点の状況を示すものであり、個人の生涯を通じての状況や長期間従事した職業及び産業の状況を示すものではない。
　　（30頁「3　調査対象、集計客体及び調査事項」参照）
　② 諸率を算出するための人口は、「平成27年国勢調査（総務省統計局）」の15歳以上の日本人人口（不詳按分済み）を使用しており、平成27年10月1日現在の職業及び産業の状況を示している。
(3) 出生及び死産は母の年齢が、死亡は本人の年齢が15歳未満を除いているが、年齢不詳については15歳未満を除くことができないため、そのまま計上している。
(4) 表章記号の規約

－	計数のない場合
…	計数不明又は計数を表章することが不適当な場合
・	統計項目のありえない場合
0.0	比率が微小(0.05未満)の場合

(5) 掲載の数値は四捨五入しているため、内訳の合計が「総数」に合わない場合がある。

II 結果の概要

II 素材の種類

1 出生

(1) 父母の就業状態・職業別にみた出生

父の就業状態別に平成27年度の嫡出出生数をみると、有職の父を有する子は92万4472人（全体の94.3%）、無職は1万1461人（同1.2%）となっている。

母の就業状態別に同年度の出生数をみると、有職の母を有する子は42万5110人（全体の42.4%）、無職は53万6758人（同53.5%）となっており、前回調査の平成22年度と比較すると、有職が31.0%から11.4ポイント上昇している。

父母の職業別に標準化出生率（人口千対）を平成27年度でみると、父は「専門・技術職」が48.5、母は「建設・採掘職」が42.0と高くなっている。（表1）

表1　父母の就業状態・職業別にみた出生数・出生率・標準化出生率　－平成22・27年度－

就業状態・職業	平成27年度				平成22年度			
	出生数（人）	構成割合（%）	出生率（人口千対）	標準化出生率（人口千対）	出生数（人）	構成割合（%）	出生率（人口千対）	標準化出生率（人口千対）
父								
総　数	980 219	100.0	18.5	25.0	1 043 750	100.0	19.7	24.2
就業者総数（有職）	924 472	94.3	28.3	31.0	981 962	94.1	29.2	29.5
A 管理職	28 181	2.9	24.4	…	36 769	3.5	30.4	…
B 専門・技術職	251 798	25.7	52.4	48.5	249 794	23.9	55.4	49.4
C 事務職	113 369	11.6	25.4	28.6	122 444	11.7	27.9	28.6
D 販売職	110 034	11.2	26.6	26.0	125 105	12.0	27.2	24.5
E サービス職	101 597	10.4	47.4	45.8	109 665	10.5	50.0	45.2
F 保安職	35 644	3.6	35.1	34.1	33 123	3.2	33.0	31.4
G 農林漁業職	14 825	1.5	11.1	29.8	15 316	1.5	10.6	30.3
H 生産工程職	110 505	11.3	20.0	19.5	123 594	11.8	21.0	19.1
I 輸送・機械運転職	32 368	3.3	16.8	31.1	41 565	4.0	20.6	33.0
J 建設・採掘職	81 695	8.3	32.6	45.3	78 244	7.5	30.1	36.9
K 運搬・清掃・包装等職	20 077	2.0	9.9	11.9	21 226	2.0	11.0	12.0
L 職業不詳	24 379	2.5	…	…	25 117	2.4	…	…
無　職	11 461	1.2	0.7	3.3	17 222	1.7	1.1	3.8
不　詳	44 286	4.5	…	…	44 566	4.3	…	…
母								
総　数	1 003 169	100.0	17.7	27.5	1 066 784	100.0	18.8	26.3
就業者総数（有職）	425 110	42.4	16.7	18.1	330 477	31.0	13.2	13.0
A 管理職	5 137	0.5	22.9	…	4 917	0.5	25.3	…
B 専門・技術職	151 213	15.1	33.8	28.2	117 371	11.0	29.1	22.0
C 事務職	129 262	12.9	19.3	18.5	103 673	9.7	15.9	13.1
D 販売職	32 878	3.3	10.2	10.6	25 329	2.4	7.6	7.4
E サービス職	65 135	6.5	14.1	17.5	45 073	4.2	9.9	11.3
F 保安職	2 941	0.3	43.2	32.6	2 487	0.2	41.6	28.6
G 農林漁業職	4 194	0.4	5.3	25.6	3 907	0.4	4.5	25.9
H 生産工程職	16 272	1.6	7.4	10.2	13 828	1.3	5.9	7.9
I 輸送・機械運転職	1 552	0.2	23.0	29.5	1 456	0.1	24.1	24.8
J 建設・採掘職	1 911	0.2	31.2	42.0	1 566	0.1	28.8	40.5
K 運搬・清掃・包装等職	1 717	0.2	0.9	2.2	1 140	0.1	0.7	1.5
L 職業不詳	12 898	1.3	…	…	9 730	0.9	…	…
無　職	536 758	53.5	19.6	59.8	693 903	65.0	24.5	57.9
不　詳	41 301	4.1	…	…	42 404	4.0	…	…

注：父については嫡出子を対象としている。

(2) 父母の就業状態・職業、出生順位別にみた出生

母の就業状態別に出生順位別の出生数を平成27年度でみると、有職の母を有する第1子は21万7646人（第1子全体の45.8％）となっており、前回と比較すると、34.5％から11.3ポイント上昇している。職業別に構成割合の前回からの変化をみると、「専門・技術職」が4.0ポイント、「事務職」が3.2ポイント上昇している。

同様に、平成27年度で有職の母を有する第2子及び第3子の割合は、それぞれ39.7％、38.4％となっており、子どもが増えるに従って有職の割合は低下している。（表2）

表2 父母の就業状態・職業、出生順位別にみた出生数及び構成割合 －平成22・27年度－

父あるいは母の就業状態・職業	平成27年度 父 嫡出出生数 (人)	平成27年度 父 構成割合 (%)	平成27年度 母 出生数 (人)	平成27年度 母 構成割合 (%)	平成22年度 父 嫡出出生数 (人)	平成22年度 父 構成割合 (%)	平成22年度 母 出生数 (人)	平成22年度 母 構成割合 (%)
第1子								
総　　　　　数	461 992	100.0	475 671	100.0	492 482	100.0	505 722	100.0
就業者総数（有職）	434 358	94.0	217 646	45.8	462 032	93.8	174 558	34.5
A 管理職	11 985	2.6	2 353	0.5	15 462	3.1	2 152	0.4
B 専門・技術職	125 147	27.1	77 953	16.4	124 406	25.3	62 819	12.4
C 事務職	55 776	12.1	69 043	14.5	58 944	12.0	57 110	11.3
D 販売職	53 659	11.6	17 702	3.7	61 383	12.5	13 632	2.7
E サービス職	49 642	10.7	31 678	6.7	54 880	11.1	22 719	4.5
F 保安職	16 272	3.5	1 522	0.3	15 773	3.2	1 357	0.3
G 農林漁業職	5 821	1.3	1 173	0.2	6 325	1.3	1 217	0.2
H 生産工程職	49 037	10.6	7 341	1.5	55 568	11.3	6 563	1.3
I 輸送・機械運転職	13 270	2.9	822	0.2	16 735	3.4	787	0.2
J 建設・採掘職	33 547	7.3	744	0.2	31 701	6.4	646	0.1
K 運搬・清掃・包装等職	8 520	1.8	555	0.1	9 008	1.8	396	0.1
L 職業不詳	11 682	2.5	6 760	1.4	11 847	2.4	5 160	1.0
無　　　職	6 280	1.4	237 466	49.9	9 297	1.9	310 445	61.4
不　　　詳	21 354	4.6	20 559	4.3	21 153	4.3	20 719	4.1
第2子								
総　　　　　数	358 430	100.0	362 931	100.0	383 693	100.0	388 279	100.0
就業者総数（有職）	339 164	94.6	144 258	39.7	362 445	94.5	107 025	27.6
A 管理職	10 448	2.9	1 740	0.5	14 128	3.7	1 735	0.4
B 専門・技術職	92 441	25.8	52 345	14.4	90 818	23.7	38 901	10.0
C 事務職	42 843	12.0	44 309	12.2	46 874	12.2	33 335	8.6
D 販売職	40 592	11.3	10 216	2.8	46 105	12.0	7 490	1.9
E サービス職	35 695	10.0	21 212	5.8	38 241	10.0	14 123	3.6
F 保安職	13 240	3.7	1 006	0.3	11 954	3.1	810	0.2
G 農林漁業職	5 231	1.5	1 518	0.4	5 417	1.4	1 347	0.3
H 生産工程職	41 675	11.6	5 706	1.6	47 208	12.3	4 731	1.2
I 輸送・機械運転職	11 946	3.3	500	0.1	15 643	4.1	424	0.1
J 建設・採掘職	28 673	8.0	641	0.2	28 756	7.5	507	0.1
K 運搬・清掃・包装等職	7 266	2.0	572	0.2	7 831	2.0	383	0.1
L 職業不詳	9 114	2.5	4 493	1.2	9 470	2.5	3 239	0.8
無　　　職	3 232	0.9	204 340	56.3	4 984	1.3	266 390	68.6
不　　　詳	16 034	4.5	14 333	3.9	16 264	4.2	14 864	3.8
第3子以上								
総　　　　　数	159 797	100.0	164 567	100.0	167 575	100.0	172 783	100.0
就業者総数（有職）	150 950	94.5	63 206	38.4	157 485	94.0	48 894	28.3
A 管理職	5 748	3.6	1 044	0.6	7 179	4.3	1 030	0.6
B 専門・技術職	34 210	21.4	20 915	12.7	34 570	20.6	15 651	9.1
C 事務職	14 750	9.2	15 910	9.7	16 626	9.9	13 228	7.7
D 販売職	15 783	9.9	4 960	3.0	17 617	10.5	4 207	2.4
E サービス職	16 260	10.2	12 245	7.4	16 544	9.9	8 231	4.8
F 保安職	6 132	3.8	413	0.3	5 396	3.2	320	0.2
G 農林漁業職	3 773	2.4	1 503	0.9	3 574	2.1	1 343	0.8
H 生産工程職	19 793	12.4	3 225	2.0	20 818	12.4	2 534	1.5
I 輸送・機械運転職	7 152	4.5	230	0.1	9 187	5.5	245	0.1
J 建設・採掘職	19 475	12.2	526	0.3	17 787	10.6	413	0.2
K 運搬・清掃・包装等職	4 291	2.7	590	0.4	4 387	2.6	361	0.2
L 職業不詳	3 583	2.2	1 645	1.0	3 800	2.3	1 331	0.8
無　　　職	1 949	1.2	94 952	57.7	2 941	1.8	117 068	67.8
不　　　詳	6 898	4.3	6 409	3.9	7 149	4.3	6 821	3.9

注：出生順位とは、同じ母がこれまでに生んだ出生子の総数について数えた順序である。

(3) 父母の就業状態・職業別にみた第1子の父母の平均年齢

　父母の就業状態別に第1子が生まれたときの父母の平均年齢を平成27年度でみると、父は有職が32.8歳、無職が31.0歳、母は有職が31.5歳、無職が29.9歳となっている。（前回は、父は有職が32.0歳、無職が30.3歳、母は有職が30.9歳、無職が29.4歳）
　同様に、父の職業別に第1子が生まれたときの父の平均年齢をみると、「管理職」が37.6歳で最も高く、「建設・採掘職」が30.5歳で最も低くなっている。
　また、母の職業別に第1子が生まれたときの母の平均年齢をみると、「管理職」が33.8歳で最も高く、「保安職」が29.4歳で最も低くなっている。（表3）

表3　父母の就業状態・職業別にみた出生順位第1子の父母の平均年齢　－平成22・27年度－

（歳）

父あるいは母の就業状態・職業	平成27年度 父	平成27年度 母	平成22年度 父	平成22年度 母
総数	32.8	30.7	32.0	30.0
就業者総数（有職）	32.8	31.5	32.0	30.9
A　管理職	37.6	33.8	36.8	33.2
B　専門・技術職	33.4	31.5	32.7	31.0
C　事務職	33.7	32.3	33.2	31.7
D　販売職	32.9	31.0	32.0	30.3
E　サービス職	32.3	30.3	31.0	29.8
F　保安職	30.9	29.4	30.3	29.1
G　農林漁業職	32.4	31.5	31.2	30.1
H　生産工程職	31.5	29.5	30.6	29.0
I　輸送・機械運転職	33.1	31.0	32.0	30.3
J　建設・採掘職	30.5	31.6	30.4	31.0
K　運搬・清掃・包装等職	32.1	30.4	30.8	29.8
無職	31.0	29.9	30.3	29.4

注：1）出生順位とは、同じ母がこれまでに生んだ出生子の総数について数えた順序である。
　　2）父については嫡出子を対象としている。
　　3）総数には就業状態不詳が、就業者総数（有職）には職業不詳が含まれる。

2 死亡

(1) 性、就業状態・職業別にみた死亡

性、就業状態別に平成27年度の死亡数をみると、男で死亡したときに有職であった者は8万1022人（男の死亡者全体の12.2%）、無職は52万5996人（同79.2%）となっており、女で死亡したときに有職であった者は3万441人（女の死亡者全体の4.9%）、無職は54万3865人（同87.8%）となっている。

性、職業別に平成27年度の年齢調整死亡率（人口千対）をみると、男は「サービス職」が4.8で最も高く、女は「建設・採掘職」が22.9で最も高くなっている。（表4）

表4 性、就業状態・職業別にみた死亡数・死亡率・年齢調整死亡率 －平成27年度－

就業状態・職業	死亡数（人）	構成割合（％）	死亡率（人口千対）	年齢調整死亡率（人口千対）	死亡時平均年齢（歳）
男					
総数	664 204	100.0	12.5	6.4	77.7
就業者総数（有職）	81 022	12.2	2.5	2.8	68.0
A 管理職	7 939	1.2	6.9	…	73.2
B 専門・技術職	10 542	1.6	2.2	3.5	66.1
C 事務職	3 534	0.5	0.8	1.2	58.3
D 販売職	8 023	1.2	1.9	2.5	68.5
E サービス職	9 098	1.4	4.2	4.8	66.5
F 保安職	1 253	0.2	1.2	1.4	59.3
G 農林漁業職	15 136	2.3	11.3	4.1	77.6
H 生産工程職	6 152	0.9	1.1	1.5	61.6
I 輸送・機械運転職	3 357	0.5	1.7	2.3	61.2
J 建設・採掘職	6 703	1.0	2.7	3.5	62.8
K 運搬・清掃・包装等職	1 816	0.3	0.9	0.8	61.4
L 職業不詳	7 469	1.1	…	…	…
無職	525 996	79.2	33.2	13.2	79.6
不詳	57 186	8.6	…	…	…
女					
総数	619 502	100.0	10.9	3.9	84.3
就業者総数（有職）	30 441	4.9	1.2	1.7	72.7
A 管理職	2 285	0.4	10.2	…	77.9
B 専門・技術職	3 559	0.6	0.8	2.8	67.0
C 事務職	2 357	0.4	0.4	0.6	60.3
D 販売職	3 299	0.5	1.0	1.4	73.2
E サービス職	5 260	0.8	1.1	1.7	69.4
F 保安職	240	0.0	3.5	…	71.1
G 農林漁業職	5 099	0.8	6.5	2.0	82.0
H 生産工程職	1 683	0.3	0.8	1.2	68.6
I 輸送・機械運転職	643	0.1	9.5	…	71.7
J 建設・採掘職	1 124	0.2	18.4	22.9	72.6
K 運搬・清掃・包装等職	541	0.1	0.3	0.3	68.8
L 職業不詳	4 351	0.7	…	…	…
無職	543 865	87.8	19.9	5.0	85.2
不詳	45 196	7.3	…	…	…

(2) 性、就業状態・産業別にみた死亡

性、産業別に平成27年度の年齢調整死亡率（人口千対）をみると、男は「鉱業，採石業，砂利採取業」が31.4で最も高く、女は「複合サービス事業」が6.5で最も高くなっている。（表5）

表5　性、就業状態・産業別にみた死亡数・死亡率・年齢調整死亡率　－平成27年度－

就業状態・産業	死亡数 (人)	構成割合 (%)	死亡率 (人口千対)	年齢調整死亡率 (人口千対)	死亡時平均年齢 (歳)
男					
総　　　　数	664 204	100.0	12.5	6.4	77.7
就業者総数（有職）	81 022	12.2	2.5	2.8	68.0
第1次産業	16 066	2.4	11.9	4.5	77.2
A 農業，林業	14 813	2.2	12.0	4.2	77.8
B 漁業	1 253	0.2	10.9	6.5	70.1
第2次産業	18 391	2.8	1.8	2.6	63.7
C 鉱業，採石業，砂利採取業	459	0.1	24.6	31.4	63.6
D 建設業	8 877	1.3	2.5	3.0	64.0
E 製造業	9 055	1.4	1.4	2.2	63.4
第3次産業	36 364	5.5	1.9	2.3	66.2
F 電気・ガス・熱供給・水道業	1 366	0.2	5.6	...	62.9
G 情報通信業	1 831	0.3	1.5	7.5	62.2
H 運輸業，郵便業	4 296	0.6	1.8	2.4	60.8
I 卸売業，小売業	7 160	1.1	1.7	1.9	69.3
J 金融業，保険業	1 150	0.2	1.8	4.9	62.7
K 不動産業，物品賃貸業	2 820	0.4	3.9	2.5	76.9
L 学術研究，専門・技術サービス業	2 224	0.3	1.8	1.9	67.9
M 宿泊業，飲食サービス業	3 195	0.5	2.7	3.3	65.3
N 生活関連サービス業，娯楽業	2 115	0.3	2.6	2.3	67.4
O 教育，学習支援業	1 033	0.2	0.9	1.3	62.0
P 医療，福祉	2 784	0.4	1.6	2.2	66.6
Q 複合サービス事業	339	0.1	1.2	4.7	59.9
R その他のサービス業	4 482	0.7	2.1	2.0	66.9
S 公務	1 569	0.2	1.1	2.6	55.8
T 産業不詳	10 201	1.5	...	...	...
無　　　　職	525 996	79.2	33.2	13.2	79.6
不　　　　詳	57 186	8.6	...	...	...
女					
総　　　　数	619 502	100.0	10.9	3.9	84.3
就業者総数（有職）	30 441	4.9	1.2	1.7	72.7
第1次産業	5 523	0.9	6.5	2.3	81.5
A 農業，林業	5 200	0.8	6.4	2.1	82.2
B 漁業	323	0.1	8.8	...	71.0
第2次産業	4 782	0.8	1.4	2.3	69.8
C 鉱業，採石業，砂利採取業	157	0.0	45.3	...	69.4
D 建設業	1 774	0.3	2.6	3.6	71.5
E 製造業	2 851	0.5	1.0	1.8	68.8
第3次産業	14 781	2.4	0.7	1.3	69.4
F 電気・ガス・熱供給・水道業	329	0.1	8.0	...	70.0
G 情報通信業	542	0.1	1.2	...	68.6
H 運輸業，郵便業	868	0.1	1.5	5.5	69.6
I 卸売業，小売業	3 089	0.5	0.7	1.0	71.4
J 金融業，保険業	469	0.1	0.6	2.4	65.0
K 不動産業，物品賃貸業	1 575	0.3	3.3	1.9	83.5
L 学術研究，専門・技術サービス業	656	0.1	1.0	2.2	69.4
M 宿泊業，飲食サービス業	1 711	0.3	0.9	1.1	67.3
N 生活関連サービス業，娯楽業	1 296	0.2	1.0	1.1	68.2
O 教育，学習支援業	624	0.1	0.4	1.0	64.9
P 医療，福祉	1 919	0.3	0.4	0.9	60.8
Q 複合サービス事業	128	0.0	0.7	6.5	66.4
R その他のサービス業	1 172	0.2	0.9	1.1	71.4
S 公務	403	0.1	0.7	3.7	62.2
T 産業不詳	5 355	0.9	...	...	...
無　　　　職	543 865	87.8	19.9	5.0	85.2
不　　　　詳	45 196	7.3	...	...	...

(3) 性、就業状態・職業別にみた主要死因別の死亡

男の死亡について就業状態別に平成27年度の主要死因別構成割合をみると、有職であった者、無職であった者とも最も高い死因は悪性新生物で、有職が39.4％、無職が32.1％となっている。

職業別に悪性新生物の占める割合をみると、「管理職」が44.5％で最も高く、「保安職」が31.0％で最も低くなっている。

悪性新生物に次いで高い死因をみると、有職では心疾患、脳血管疾患、自殺、不慮の事故の順となっているが、無職では心疾患、肺炎、脳血管疾患、不慮の事故の順となっている。（図1-1、表6-1）

図1-1 就業状態・職業別にみた主要死因別死亡数の構成割合（男） －平成27年度－

凡例：悪性新生物／心疾患（高血圧性を除く）／肺炎／脳血管疾患／不慮の事故／自殺／その他の死因

就業状態・職業	悪性新生物	心疾患	肺炎	脳血管疾患	その他
総数	33.1	13.8	9.7	8.0	29.8（自殺3.3、不慮2.4含む）
就業者総数（有職）	39.4	14.1			21.8
管理職	44.5	13.2			22.7
専門・技術職	41.5	13.7			20.4
事務職	41.9	12.1			18.3
販売職	39.8	14.2			22.6
サービス職	38.2	14.3			22.3
保安職	31.0	17.4			19.4
農林漁業職	37.1	14.1			24.6
生産工程職	39.1	14.0			18.8
輸送・機械運転職	38.5	17.2			18.2
建設・採掘職	40.8	13.6			19.1
運搬・清掃・包装等職	34.3	19.2			18.4
無職	32.1	13.6			31.2

注：1）その他の死因には死因不詳が含まれる。
2）総数には就業状態不詳が、就業者総数（有職）には職業不詳が含まれる。

表6-1 就業状態・職業別にみた主要死因別死亡数（男） －平成27年度－

（人）

就業状態・職業	全死因	悪性新生物	心疾患（高血圧性を除く）	肺炎	脳血管疾患	不慮の事故	自殺	その他の死因
総数	664 204	220 077	91 360	64 394	53 126	21 763	15 835	197 649
就業者総数（有職）	81 022	31 904	11 457	3 723	6 350	4 509	5 435	17 644
A 管理職	7 939	3 536	1 045	426	563	290	274	1 805
B 専門・技術職	10 542	4 377	1 443	438	786	513	830	2 155
C 事務職	3 534	1 480	427	84	292	177	429	645
D 販売職	8 023	3 191	1 136	410	616	384	476	1 810
E サービス職	9 098	3 474	1 304	420	716	460	694	2 030
F 保安職	1 253	389	218	28	111	96	168	243
G 農林漁業職	15 136	5 608	2 141	1 071	1 180	929	480	3 727
H 生産工程職	6 152	2 407	861	182	520	412	613	1 157
I 輸送・機械運転職	3 357	1 294	579	80	263	260	271	610
J 建設・採掘職	6 703	2 734	909	160	549	513	555	1 283
K 運搬・清掃・包装等職	1 816	623	349	50	180	137	142	335
L 職業不詳	7 469	2 791	1 045	374	574	338	503	1 844
無職	525 996	168 967	71 587	55 936	42 432	15 130	8 005	163 939
不詳	57 186	19 206	8 316	4 735	4 344	2 124	2 395	16 066

注：その他の死因には死因不詳が含まれる。

次に、女の死亡について就業状態別に同年度の主要死因別構成割合をみると、有職であった者、無職であった者とも最も高い死因は悪性新生物で、有職が38.5％、無職が23.4％となっている。

職業別に悪性新生物の占める割合をみると、「事務職」が50.7％で最も高く、「農林漁業職」が30.6％で最も低くなっている。

悪性新生物に次いで高い死因をみると、有職では心疾患、脳血管疾患、肺炎、自殺の順となっているが、無職では心疾患、脳血管疾患、肺炎、不慮の事故の順となっている。（図1-2、表6-2）

図1-2　就業状態・職業別にみた主要死因別死亡数の構成割合（女）　－平成27年度－

凡例：悪性新生物／心疾患（高血圧性を除く）／肺炎／脳血管疾患／不慮の事故／自殺／その他の死因

区分	悪性新生物	心疾患	肺炎	脳血管疾患	不慮の事故	自殺	その他の死因
総数	24.4	16.6	8.7	9.3	2.6	1.1	37.3
就業者総数（有職）	38.5	13.1					25.9
管理職	39.1	13.3					28.8
専門・技術職	45.0	10.9					23.1
事務職	50.7	9.4					16.8
販売職	38.1	13.2					26.9
サービス職	39.9	12.8					23.2
保安職	36.7	12.1					32.1
農林漁業職	30.6	15.4					29.7
生産工程職	37.4	13.1					26.5
輸送・機械運転職	41.2	13.5					24.1
建設・採掘職	40.8	12.5					26.0
運搬・清掃・包装等職	30.7	16.8					24.6
無職	23.4	16.9					38.2

注：1）その他の死因には死因不詳が含まれる。
　　2）総数には就業状態不詳が、就業者総数（有職）には職業不詳が含まれる。

表6-2　就業状態・職業別にみた主要死因別死亡数（女）　－平成27年度－
(人)

就業状態・職業	全死因	悪性新生物	心疾患（高血圧性を除く）	肺炎	脳血管疾患	不慮の事故	自殺	その他の死因
総数	619 502	151 183	102 935	53 656	57 553	16 020	6 851	231 304
就業者総数（有職）	30 441	11 706	3 985	1 505	2 980	1 143	1 223	7 899
A　管理職	2 285	894	304	117	198	73	42	657
B　専門・技術職	3 559	1 601	388	129	310	96	212	823
C　事務職	2 357	1 196	221	54	231	78	181	396
D　販売職	3 299	1 256	437	139	311	140	130	886
E　サービス職	5 260	2 100	675	162	583	253	266	1 221
F　保安職	240	88	29	11	24	4	7	77
G　農林漁業職	5 099	1 562	787	380	522	235	97	1 516
H　生産工程職	1 683	629	220	70	194	58	66	446
I　輸送・機械運転職	643	265	87	34	62	16	24	155
J　建設・採掘職	1 124	459	140	75	89	32	37	292
K　運搬・清掃・包装等職	541	166	91	23	72	30	26	133
L　職業不詳	4 351	1 490	606	311	384	128	135	1 297
無職	543 865	127 053	91 812	48 524	50 568	13 657	4 739	207 512
不詳	45 196	12 424	7 138	3 627	4 005	1 220	889	15 893

注：その他の死因には死因不詳が含まれる。

(4) 性、就業状態・産業別にみた主要死因別の死亡

男の死亡について産業別に平成27年度の主要死因別構成割合をみた場合、最も高い死因の悪性新生物の占める割合をみると、「学術研究，専門・技術サービス業」が44.6%で最も高く、「不動産業，物品賃貸業」が36.7%で最も低くなっている。

また、死因を心疾患についてみると、「運輸業，郵便業」が17.3%で最も高く、「金融業，保険業」が11.7%で最も低くなっている。（図2-1、表7-1）

図2-1　就業状態・産業別にみた主要死因別死亡数の構成割合（男）　－平成27年度－

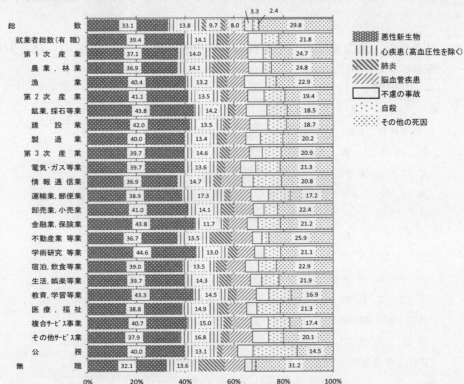

注：1）その他の死因には死因不詳が含まれる。
　　2）総数には就業状態不詳が、就業者総数（有職）には産業不詳が含まれる。

表7-1　就業状態・産業別にみた主要死因別死亡数（男）　－平成27年度－

(人)

就業状態・産業	全死因	悪性新生物	心疾患（高血圧性を除く）	肺炎	脳血管疾患	不慮の事故	自殺	その他の死因
総　　　数	664 204	220 077	91 360	64 394	53 126	21 763	15 835	197 649
就業者総数（有職）	81 022	31 904	11 457	3 723	6 350	4 509	5 435	17 644
第1次産業	16 066	5 967	2 254	1 112	1 260	975	533	3 965
A 農業，林業	14 813	5 461	2 088	1 067	1 170	866	483	3 678
B 漁業	1 253	506	166	45	90	109	50	287
第2次産業	18 391	7 555	2 479	599	1 448	1 213	1 520	3 577
C 鉱業，採石業，砂利採取業	459	201	65	12	21	38	37	85
D 建設業	8 877	3 729	1 200	254	722	642	668	1 662
E 製造業	9 055	3 625	1 214	333	705	533	815	1 830
第3次産業	36 364	14 429	5 319	1 526	2 880	1 856	2 747	7 607
F 電気・ガス・熱供給・水道業	1 366	542	186	42	87	84	134	291
G 情報通信業	1 831	676	270	62	153	83	206	381
H 運輸業，郵便業	4 296	1 669	742	107	355	302	383	738
I 卸売業，小売業	7 160	2 936	1 007	359	556	311	388	1 603
J 金融業，保険業	1 150	504	135	27	86	50	104	244
K 不動産業，物品賃貸業	2 820	1 034	382	252	238	105	78	731
L 学術研究，専門・技術サービス業	2 224	993	289	85	154	84	149	470
M 宿泊業，飲食サービス業	3 195	1 246	430	142	249	170	226	732
N 生活関連サービス業，娯楽業	2 115	839	302	106	164	93	148	463
O 教育，学習支援業	1 033	447	150	34	82	51	94	175
P 医療，福祉	2 784	1 079	416	109	210	115	261	594
Q 複合サービス事業	339	138	51	11	27	23	30	59
R その他のサービス業	4 482	1 698	754	156	420	288	267	899
S 公務	1 569	628	205	34	99	97	279	227
T 産業不詳	10 201	3 953	1 405	486	762	465	635	2 495
無　　　職	525 996	168 967	71 587	55 936	42 432	15 130	8 005	163 939
不　　　詳	57 186	19 206	8 316	4 735	4 344	2 124	2 395	16 066

注：その他の死因には死因不詳が含まれる。

次に、女の死亡について産業別に同年度の主要死因別構成割合をみた場合、最も高い死因の悪性新生物の占める割合をみると、「金融業，保険業」が52.2%で最も高く、「不動産業，物品賃貸業」が29.3%で最も低くなっている。

また、死因を心疾患についてみると、「不動産業，物品賃貸業」が16.8%で最も高く、「医療，福祉」が8.9%で最も低くなっている。（図2-2、表7-2）

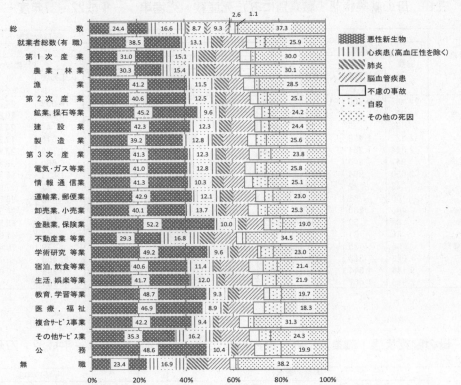

図2-2　就業状態・産業別にみた主要死因別死亡数の構成割合（女）　－平成27年度－

注：1）その他の死因には死因不詳が含まれる。
　　2）総数には就業状態不詳が、就業者総数（有職）には産業不詳が含まれる。

表7-2　就業状態・産業別にみた主要死因別死亡数（女）　－平成27年度－

(人)

就業状態・産業	全死因	悪性新生物	心疾患（高血圧性を除く）	肺炎	脳血管疾患	不慮の事故	自殺	その他の死因
総　　　　数	619 502	151 183	102 935	53 656	57 553	16 020	6 851	231 304
就業者総数（有職）	30 441	11 706	3 985	1 505	2 980	1 143	1 223	7 899
第1次産業	5 523	1 711	836	403	565	246	103	1 659
A 農業，林業	5 200	1 578	799	383	545	231	97	1 567
B 漁業	323	133	37	20	20	15	6	92
第2次産業	4 782	1 940	598	211	490	154	189	1 200
C 鉱業，採石業，砂利採取業	157	71	15	4	19	5	5	38
D 建設業	1 774	750	219	91	174	47	61	432
E 製造業	2 851	1 119	364	116	297	102	123	730
第3次産業	14 781	6 102	1 824	548	1 465	587	740	3 515
F 電気・ガス・熱供給・水道業	329	135	42	17	21	14	15	85
G 情報通信業	542	224	56	26	47	19	34	136
H 運輸業，郵便業	868	372	105	47	82	32	30	200
I 卸売業，小売業	3 089	1 239	424	109	286	127	123	781
J 金融業，保険業	469	245	47	17	34	12	25	89
K 不動産業，物品賃貸業	1 575	461	264	99	144	42	21	544
L 学術研究，専門・技術サービス業	656	323	63	23	53	9	34	151
M 宿泊業，飲食サービス業	1 711	695	195	49	202	103	101	366
N 生活関連サービス業，娯楽業	1 296	540	155	38	149	56	74	284
O 教育，学習支援業	624	304	58	28	65	15	31	123
P 医療，福祉	1 919	900	171	41	203	88	165	351
Q 複合サービス事業	128	54	12	3	11	5	3	40
R その他のサービス業	1 172	414	190	39	140	48	56	285
S 公務	403	196	42	12	28	17	28	80
T 産業不詳	5 355	1 953	727	343	460	156	191	1 525
無　　　　職	543 865	127 053	91 812	48 524	50 568	13 657	4 739	207 512
不　　　　詳	45 196	12 424	7 138	3 627	4 005	1 220	889	15 893

注：その他の死因には死因不詳が含まれる。

3 死産・周産期死亡

(1) 母の就業状態・職業別にみた死産・周産期死亡

母の就業状態別に平成27年度の死産率（出産千対）をみると、有職は23.1、無職は16.8となっている。（前回は、有職29.8、無職18.6）（表8）

母の就業状態別に平成27年度の周産期死亡率（出産千対）をみると、有職は3.6、無職は3.1となっている。（前回は、有職4.4、無職3.7）（表9）

表8　母の就業状態・職業別にみた死産数・死産率　－平成22・27年度－

母の就業状態・職業	平成27年度 死産数 総数 (胎)	平成27年度 死産数 自然死産 (胎)	平成27年度 死産数 人工死産 (胎)	平成27年度 死産率 総数 (出産千対)	平成27年度 死産率 自然死産 (出産千対)	平成27年度 死産率 人工死産 (出産千対)	平成22年度 死産数 総数 (胎)	平成22年度 死産数 自然死産 (胎)	平成22年度 死産数 人工死産 (胎)	平成22年度 死産率 総数 (出産千対)	平成22年度 死産率 自然死産 (出産千対)	平成22年度 死産率 人工死産 (出産千対)
総　　　　　数	22 168	10 808	11 360	21.6	10.5	11.1	26 412	12 353	14 059	24.2	11.3	12.9
就業者総数（有職）	10 037	5 003	5 034	23.1	11.5	11.6	10 138	4 581	5 557	29.8	13.4	16.3
A 管理職	99	66	33	18.9	12.6	6.3	122	82	40	24.2	16.3	7.9
B 専門・技術職	2 322	1 429	893	15.1	9.3	5.8	2 111	1 195	916	17.7	10.0	7.7
C 事務職	2 344	1 251	1 093	17.8	9.5	8.3	2 453	1 294	1 159	23.1	12.2	10.9
D 販売職	841	340	501	24.9	10.1	14.9	1 002	342	660	38.1	13.0	25.1
E サービス職	2 550	964	1 586	37.7	14.2	23.4	2 678	855	1 823	56.1	17.9	38.2
F 保安職	48	22	26	16.1	7.4	8.7	45	18	27	17.8	7.1	10.7
G 農林漁業職	100	62	38	23.3	14.4	8.8	105	65	40	26.2	16.2	10.0
H 生産工程職	466	230	236	27.8	13.7	14.1	491	226	265	34.3	15.8	18.5
I 輸送・機械運転職	89	50	39	54.2	30.5	23.8	102	44	58	65.5	28.2	37.2
J 建設・採掘職	59	31	28	29.9	15.7	14.2	67	31	36	41.0	19.0	22.0
K 運搬・清掃・包装等職	96	35	61	53.0	19.3	33.6	97	19	78	78.4	15.4	63.1
L 職業不詳	1 023	523	500	…	…	…	865	410	455	…	…	…
無　　　職	9 146	4 344	4 802	16.8	8.0	8.8	13 129	6 334	6 795	18.6	9.0	9.6
不　　　詳	2 985	1 461	1 524	…	…	…	3 145	1 438	1 707	…	…	…

表9　母の就業状態・職業別にみた周産期死亡数・周産期死亡率　－平成22・27年度－

母の就業状態・職業	平成27年度 周産期死亡数 総数 (胎・人)	平成27年度 周産期死亡数 妊娠満22週以後の死産数 (胎)	平成27年度 周産期死亡数 早期新生児死亡数 (人)	平成27年度 周産期死亡率 総数 (出産千対)	平成27年度 周産期死亡率 妊娠満22週以後の死産数 (出産千対)	平成27年度 周産期死亡率 早期新生児死亡数 (出生千対)	平成22年度 周産期死亡数 総数 (胎・人)	平成22年度 周産期死亡数 妊娠満22週以後の死産数 (胎)	平成22年度 周産期死亡数 早期新生児死亡数 (人)	平成22年度 周産期死亡率 総数 (出産千対)	平成22年度 周産期死亡率 妊娠満22週以後の死産数 (出産千対)	平成22年度 周産期死亡率 早期新生児死亡数 (出生千対)
総　　　　　数	3 697	3 013	684	3.7	3.0	0.7	4 516	3 647	869	4.2	3.4	0.8
就業者総数（有職）	1 547	1 277	270	3.6	3.0	0.6	1 451	1 174	277	4.4	3.5	0.8
A 管理職	23	19	4	4.5	3.7	0.8	21	15	6	4.3	3.0	1.2
B 専門・技術職	489	386	103	3.2	2.5	0.7	419	331	88	3.6	2.8	0.7
C 事務職	392	323	69	3.0	2.5	0.5	421	330	91	4.0	3.2	0.9
D 販売職	112	90	22	3.4	2.7	0.7	108	85	23	4.2	3.3	0.9
E サービス職	254	214	40	3.9	3.3	0.6	212	180	32	4.7	4.0	0.7
F 保安職	9	7	2	3.1	2.4	0.7	9	8	1	3.6	3.2	0.4
G 農林漁業職	21	18	3	5.0	4.3	0.7	25	22	3	6.4	5.6	0.8
H 生産工程職	69	60	9	4.2	3.7	0.6	74	59	15	5.3	4.2	1.1
I 輸送・機械運転職	13	11	2	8.3	7.0	1.3	12	12	-	8.2	8.2	-
J 建設・採掘職	8	8	-	4.2	4.2	-	8	8	-	5.1	5.1	-
K 運搬・清掃・包装等職	3	2	1	1.7	1.2	0.6	13	11	2	7.0	5.2	1.8
L 職業不詳	154	139	15	…	…	…	134	118	16	…	…	…
無　　　職	1 643	1 297	346	3.1	2.4	0.6	2 567	2 036	531	3.7	2.9	0.8
不　　　詳	507	439	68	…	…	…	498	437	61	…	…	…

4 婚　姻

(1) 夫妻の就業状態・職業別にみた婚姻

平成27年度の就業状態別婚姻数をみると、夫は有職が58万5406人（全体の92.0％）、無職が1万8233人（同2.9％）となっている。

また、妻は有職が47万8906人（全体の75.2％）、無職が12万4738人（同19.6％）となっており、前回と比較すると、有職が69.5％から5.7ポイント上昇している。

これを職業別にみると、夫は「専門・技術職」の割合が高く、妻は「専門・技術職」及び「事務職」の割合が高くなっている。（表10）

表10　夫妻の就業状態・職業別にみた婚姻数及び構成割合　－平成22・27年度－

就業状態・職業	平成27年度 婚姻数 (人)	構成割合 (%)	平成22年度 婚姻数 (人)	構成割合 (%)
夫				
総　　　　数	636 555	100.0	683 312	100.0
就業者総数（有職）	585 406	92.0	625 936	91.6
A　管理職	17 835	2.8	22 058	3.2
B　専門・技術職	156 863	24.6	164 175	24.0
C　事務職	65 946	10.4	74 552	10.9
D　販売職	74 242	11.7	82 935	12.1
E　サービス職	73 905	11.6	81 815	12.0
F　保安職	20 967	3.3	20 359	3.0
G　農林漁業職	8 827	1.4	9 099	1.3
H　生産工程職	65 800	10.3	70 792	10.4
I　輸送・機械運転職	23 880	3.8	27 565	4.0
J　建設・採掘職	49 036	7.7	43 611	6.4
K　運搬・清掃・包装等職	14 565	2.3	14 142	2.1
L　職業不詳	13 540	2.1	14 833	2.2
無　　　　職	18 233	2.9	23 301	3.4
不　　　　詳	32 916	5.2	34 075	5.0
妻				
総　　　　数	636 555	100.0	683 312	100.0
就業者総数（有職）	478 906	75.2	475 114	69.5
A　管理職	3 146	0.5	3 487	0.5
B　専門・技術職	138 853	21.8	133 626	19.6
C　事務職	137 201	21.6	143 381	21.0
D　販売職	52 730	8.3	56 307	8.2
E　サービス職	100 022	15.7	93 942	13.7
F　保安職	2 539	0.4	2 397	0.4
G　農林漁業職	1 980	0.3	1 957	0.3
H　生産工程職	19 794	3.1	19 269	2.8
I　輸送・機械運転職	3 571	0.6	3 263	0.5
J　建設・採掘職	1 974	0.3	1 755	0.3
K　運搬・清掃・包装等職	4 386	0.7	3 274	0.5
L　職業不詳	12 710	2.0	12 456	1.8
無　　　　職	124 738	19.6	173 479	25.4
不　　　　詳	32 911	5.2	34 719	5.1

(2) 夫妻の就業状態・職業別にみた初婚－再婚の組合せ別の婚姻

夫妻の職業別に初婚－再婚の組合せ別の婚姻数の構成割合を平成27年度でみると、夫で「夫妻とも初婚」の場合、「保安職」が83.6％、「専門・技術職」が82.3％と割合が高く、「管理職」が48.9％、「輸送・機械運転職」が53.5％と割合が低くなっている。一方、妻で「夫妻とも初婚」の場合、「専門・技術職」が83.8％、「事務職」が78.3％と割合が高く、「運搬・清掃・包装等職」が51.0％、「管理職」が55.3％と割合が低くなっている。（表11）

表11 夫妻の就業状態・職業別にみた初婚－再婚の組合せ別の婚姻数及び構成割合

－平成27年度－

夫あるいは妻の就業状態・職業	夫					妻				
	総数	夫妻とも初婚	夫初婚妻再婚	夫再婚妻初婚	夫妻とも再婚	総数	夫妻とも初婚	夫初婚妻再婚	夫再婚妻初婚	夫妻とも再婚
婚姻数（人）										
総　　　数	636 555	465 394	45 390	64 000	61 771	636 555	465 394	45 390	64 000	61 771
就業者総数（有職）	585 406	435 312	41 182	57 707	51 205	478 906	366 477	31 014	44 455	36 960
A 管理職	17 835	8 724	1 373	3 837	3 901	3 146	1 741	265	480	660
B 専門・技術職	156 863	129 156	8 408	11 489	7 810	138 853	116 386	5 945	10 472	6 050
C 事務職	65 946	53 089	3 596	5 221	4 040	137 201	107 368	8 143	13 112	8 578
D 販売職	74 242	57 359	4 801	7 049	5 033	52 730	39 787	3 741	5 081	4 121
E サービス職	73 905	52 728	6 294	8 551	6 332	100 022	69 728	8 631	10 330	11 333
F 保安職	20 967	17 536	966	1 357	1 108	2 539	1 922	150	258	209
G 農林漁業職	8 827	6 094	767	935	1 031	1 980	1 293	175	222	290
H 生産工程職	65 800	49 336	5 412	5 650	5 402	19 794	13 295	1 950	2 043	2 506
I 輸送・機械運転職	23 880	12 780	2 302	3 568	5 230	3 571	2 258	336	387	590
J 建設・採掘職	49 036	29 933	4 648	6 775	7 680	1 974	1 249	173	230	322
K 運搬・清掃・包装等職	14 565	9 092	1 554	1 694	2 225	4 386	2 239	605	465	1 077
L 職業不詳	13 540	9 485	1 061	1 581	1 413	12 710	9 211	900	1 375	1 224
無　　職	18 233	7 757	1 664	2 245	6 567	124 738	76 680	11 832	15 435	20 791
不　　詳	32 916	22 325	2 544	4 048	3 999	32 911	22 237	2 544	4 110	4 020
構成割合（％）										
総　　　数	100.0	73.1	7.1	10.1	9.7	100.0	73.1	7.1	10.1	9.7
就業者総数（有職）	100.0	74.4	7.0	9.9	8.7	100.0	76.5	6.5	9.3	7.7
A 管理職	100.0	48.9	7.7	21.5	21.9	100.0	55.3	8.4	15.3	21.0
B 専門・技術職	100.0	82.3	5.4	7.3	5.0	100.0	83.8	4.3	7.5	4.4
C 事務職	100.0	80.5	5.5	7.9	6.1	100.0	78.3	5.9	9.6	6.3
D 販売職	100.0	77.3	6.5	9.5	6.8	100.0	75.5	7.1	9.6	7.8
E サービス職	100.0	71.3	8.5	11.6	8.6	100.0	69.7	8.6	10.3	11.3
F 保安職	100.0	83.6	4.6	6.5	5.3	100.0	75.7	5.9	10.2	8.2
G 農林漁業職	100.0	69.0	8.7	10.6	11.7	100.0	65.3	8.8	11.2	14.6
H 生産工程職	100.0	75.0	8.2	8.6	8.2	100.0	67.2	9.9	10.3	12.7
I 輸送・機械運転職	100.0	53.5	9.6	14.9	21.9	100.0	63.2	9.4	10.8	16.5
J 建設・採掘職	100.0	61.0	9.5	13.8	15.7	100.0	63.3	8.8	11.7	16.3
K 運搬・清掃・包装等職	100.0	62.4	10.7	11.6	15.3	100.0	51.0	13.8	10.6	24.6
無　　職	100.0	42.5	9.1	12.3	36.0	100.0	61.5	9.5	12.4	16.7

（3）夫妻の就業状態・職業別にみた平均婚姻年齢

　夫妻の就業状態別平均婚姻年齢（同居時の年齢）を平成27年度でみると、夫は有職が33.1歳、無職が42.7歳、妻は有職が31.0歳、無職が31.4歳となっている。（前回は、夫は有職が32.3歳、無職が39.9歳、妻は有職、無職ともに30.3歳）

　また、平均初婚年齢は、夫は有職が31.1歳、無職が30.6歳、妻は有職が29.7歳、無職が28.3歳となっている。（前回は、夫は有職が30.6歳、無職が29.3歳、妻は有職が29.2歳、無職が27.8歳）

　これを夫妻の職業別にみると、夫は「保安職」及び「建設・採掘職」が29.2歳、妻は「保安職」が28.1歳と低く、「管理職」が夫36.0歳、妻32.7歳と高くなっている。（表12）

表12　夫妻の就業状態・職業別にみた平均婚姻年齢　－平成22・27年度－

（歳）

夫あるいは妻の就業状態・職業	平成27年度 夫 総数	初婚	再婚	妻 総数	初婚	再婚	平成22年度 夫 総数	初婚	再婚	妻 総数	初婚	再婚
総　　　　　数	33.3	31.1	43.0	31.1	29.5	39.8	32.6	30.6	42.0	30.3	28.9	38.7
就業者総数（有職）	33.1	31.1	42.0	31.0	29.7	39.1	32.3	30.6	40.9	30.3	29.2	38.2
A　管理職	40.9	36.0	47.8	36.0	32.7	45.3	39.7	35.4	46.6	34.9	32.2	43.3
B　専門・技術職	32.8	31.5	42.3	30.6	29.8	39.2	32.1	31.0	40.7	30.0	29.3	38.1
C　事務職	33.3	31.9	42.8	31.5	30.6	38.6	32.8	31.6	41.4	30.9	30.1	37.4
D　販売職	32.5	31.0	41.0	30.6	29.3	38.6	31.7	30.3	39.9	29.7	28.5	37.8
E　サービス職	33.0	31.0	41.1	30.8	28.7	39.3	31.7	29.9	40.3	30.0	28.1	38.6
F　保安職	30.5	29.2	41.3	29.3	28.1	38.6	30.0	28.8	40.9	28.7	27.5	37.9
G　農林漁業職	34.1	31.7	43.2	32.4	30.1	40.4	33.4	30.9	43.5	31.5	28.9	40.0
H　生産工程職	32.0	30.5	40.1	30.8	28.7	38.8	31.0	29.7	39.1	30.0	28.0	37.8
I　輸送・機械運転職	36.2	32.2	43.6	32.2	29.5	40.1	34.5	31.1	42.0	31.2	29.1	38.7
J　建設・採掘職	32.1	29.2	39.7	31.5	29.3	38.8	31.7	29.4	38.8	30.8	29.3	38.9
K　運搬・清掃・包装等職	34.1	31.5	41.7	34.3	29.9	41.9	32.5	30.4	39.8	33.5	29.3	40.7
無　　　　職	42.7	30.6	57.7	31.4	28.3	41.3	39.9	29.3	55.5	30.3	27.8	39.5

注：1）当該年度に結婚生活に入り届け出たものについて集計したものである。
　　2）総数には就業状態不詳が、就業者総数（有職）には職業不詳が含まれる。

(4) 夫妻の就業状態・職業別にみた夫妻の年齢差別の婚姻

夫妻の就業状態別に同居時の夫妻の年齢差別婚姻数の構成割合を平成27年度でみると、有職の夫の場合、妻年上は24.4％、夫年上は57.6％であり、無職では妻年上は24.4％、夫年上は60.4％であり、有職と無職とで割合が概ね同程度となっている。

同様に、有職の妻の場合、妻年上は25.1％、夫年上は56.6％であり、無職では妻年上は21.7％、夫年上は62.1％となっている。

夫の職業別に夫妻の年齢差で妻年上の割合が最も高いのは「保安職」の28.4％、最も低いのは「管理職」の14.8％となっている。

同様に、妻の職業別に夫妻の年齢差で妻年上の割合が最も高いのは「運搬・清掃・包装等職」の27.5％、最も低いのは「建設・採掘職」の24.0％となっている。（表13）

表13 夫妻の就業状態・職業別にみた夫妻の年齢差別婚姻数及び構成割合

－平成27年度－

夫あるいは妻の就業状態・職業	夫 総数	夫 妻年上	夫 夫妻同年齢	夫 夫年上	妻 総数	妻 妻年上	妻 夫妻同年齢	妻 夫年上
婚姻数（人）								
総数	510 695	124 219	91 501	294 975	510 695	124 219	91 501	294 975
就業者総数（有職）	472 152	115 052	84 925	272 175	385 494	96 661	70 792	218 041
A 管理職	14 067	2 083	1 480	10 504	2 387	637	327	1 423
B 専門・技術職	127 119	30 755	23 311	73 053	113 730	28 219	23 196	62 315
C 事務職	55 369	13 591	10 061	31 717	114 184	29 064	20 644	64 476
D 販売職	59 756	14 521	11 037	34 198	41 160	10 092	7 343	23 725
E サービス職	56 339	14 166	8 665	33 508	76 960	19 207	13 234	44 519
F 保安職	18 678	5 296	4 158	9 224	2 228	548	314	1 366
G 農林漁業職	7 349	1 794	1 229	4 326	1 536	393	207	936
H 生産工程職	54 589	13 750	10 755	30 084	15 819	4 078	2 587	9 154
I 輸送・機械運転職	18 622	4 491	2 855	11 276	2 796	746	421	1 629
J 建設・採掘職	38 467	9 178	7 701	21 588	1 585	381	289	915
K 運搬・清掃・包装等職	11 197	2 861	1 818	6 518	3 193	879	426	1 888
L 職業不詳	10 600	2 566	1 855	6 179	9 916	2 417	1 804	5 695
無職	12 992	3 169	1 978	7 845	99 547	21 559	16 157	61 831
不詳	25 551	5 998	4 598	14 955	25 654	5 999	4 552	15 103
構成割合（％）								
総数	100.0	24.3	17.9	57.8	100.0	24.3	17.9	57.8
就業者総数（有職）	100.0	24.4	18.0	57.6	100.0	25.1	18.4	56.6
A 管理職	100.0	14.8	10.5	74.7	100.0	26.7	13.7	59.6
B 専門・技術職	100.0	24.2	18.3	57.5	100.0	24.8	20.4	54.8
C 事務職	100.0	24.5	18.2	57.3	100.0	25.5	18.1	56.5
D 販売職	100.0	24.3	18.5	57.2	100.0	24.5	17.8	57.6
E サービス職	100.0	25.1	15.4	59.5	100.0	25.0	17.2	57.8
F 保安職	100.0	28.4	22.3	49.4	100.0	24.6	14.1	61.3
G 農林漁業職	100.0	24.4	16.7	58.9	100.0	25.6	13.5	60.9
H 生産工程職	100.0	25.2	19.7	55.1	100.0	25.8	16.4	57.9
I 輸送・機械運転職	100.0	24.1	15.3	60.6	100.0	26.7	15.1	58.3
J 建設・採掘職	100.0	23.9	20.0	56.1	100.0	24.0	18.2	57.7
K 運搬・清掃・包装等職	100.0	25.6	16.2	58.2	100.0	27.5	13.3	59.1
無職	100.0	24.4	15.2	60.4	100.0	21.7	16.2	62.1

注：平成27年度に結婚生活に入り届け出たものについて集計したものである。

(5) 夫妻の就業状態・職業の組合せ別にみた婚姻

夫妻の就業状態・職業の組合せ別の婚姻件数及び構成割合を平成27年度でみると、「夫妻とも有職」は46万9588件（全体の73.8%）と最も高く、前回と比較すると、構成割合が5.9ポイント上昇している。

次いで「夫有職－妻無職」が17.7%となっており、前回と比較すると、5.4ポイント低下している。
（図3、表14）

図3 夫妻の就業状態の組合せ別にみた婚姻件数の構成割合 －平成22・27年度－

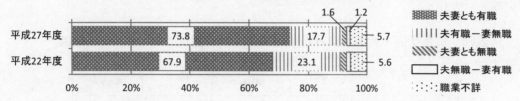

表14 夫妻の就業状態・職業の組合せ別にみた婚姻件数 －平成27年度－

(組)

夫の就業状態・職業	総数	就業者総数（有職）	妻の就業状態・職業													無職	不詳
			A 管理職	B 専門・技術職	C 事務職	D 販売職	E サービス職	F 保安職	G 農林漁業職	H 生産工程職	I 輸送・機械運転職	J 建設・採掘職	K 運搬・清掃・包装等職	L 職業不詳		
総　　数	636 555	478 906	3 146	138 853	137 201	52 730	100 022	2 539	1 980	19 794	3 571	1 974	4 386	12 710	124 738	32 911
就業者総数（有職）	585 406	469 588	3 052	136 310	135 401	51 700	97 302	2 516	1 921	19 390	3 476	1 938	4 177	12 405	112 783	3 035
A 管理職	17 835	13 350	1 383	3 057	4 850	1 268	2 129	19	38	262	63	38	70	173	4 340	145
B 専門・技術職	156 863	133 074	589	64 930	37 012	9 956	16 648	201	160	2 248	232	131	498	469	23 312	477
C 事務職	65 946	56 296	224	12 961	31 542	3 902	6 064	206	80	843	93	49	170	162	9 421	229
D 販売職	74 242	60 702	252	12 819	18 092	17 049	9 674	145	121	1 149	325	141	296	639	13 280	260
E サービス職	73 905	58 060	167	10 028	9 706	5 171	29 572	117	188	1 252	422	214	354	869	15 448	397
F 保安職	20 967	17 033	57	5 977	4 346	1 518	2 769	1 623	29	338	74	36	77	189	3 842	92
G 農林漁業職	8 827	6 454	23	1 352	1 298	586	1 587	11	858	319	102	57	63	198	2 306	67
H 生産工程職	65 800	52 174	129	12 154	12 847	4 905	11 146	67	144	9 398	250	136	624	374	13 407	219
I 輸送・機械運転職	23 880	17 695	75	3 345	4 279	2 002	4 509	36	88	948	1 505	122	437	349	6 036	149
J 建設・採掘職	49 036	32 964	100	6 740	8 234	3 833	9 973	60	132	1 955	164	901	555	317	15 702	370
K 運搬・清掃・包装等職	14 565	10 935	34	2 081	2 763	1 341	2 762	25	38	626	87	43	1 010	125	3 561	69
L 職業不詳	13 540	10 851	19	866	432	169	469	6	45	52	159	70	23	8 541	2 128	561
無　　職	18 233	7 710	82	1 856	1 488	925	2 400	20	49	376	67	24	195	228	10 288	235
不　　詳	32 916	1 608	12	687	312	105	320	3	10	28	28	12	14	77	1 667	29 641

(6) 婚姻率・無配偶婚姻率・標準化婚姻率・標準化無配偶婚姻率

標準化無配偶婚姻率（無配偶人口千対）を夫の職業別でみると、「専門・技術職」が60.0で最も高く、妻は「輸送・機械運転職」が83.7で最も高くなっている（表15）。

表15 就業状態・職業別にみた婚姻率・無配偶婚姻率・標準化婚姻率・標準化無配偶婚姻率

－平成27年度－

夫あるいは妻の就業状態・職業	夫				妻			
	婚姻率（人口千対）	無配偶婚姻率（無配偶人口千対）	標準化婚姻率（人口千対）	標準化無配偶婚姻率（無配偶人口千対）	婚姻率（人口千対）	無配偶婚姻率（無配偶人口千対）	標準化婚姻率（人口千対）	標準化無配偶婚姻率（無配偶人口千対）
総　　数	9.6	25.5	13.3	26.4	9.0	21.1	14.3	30.2
就業者総数（有職）	14.5	43.4	17.2	34.3	15.2	37.7	17.4	30.8
A 管理職	12.2	105.5	…	…	10.6	32.7	…	…
B 専門・技術職	26.5	88.0	28.2	60.0	25.4	61.3	22.7	41.0
C 事務職	12.4	46.1	16.0	33.0	17.1	42.0	18.5	30.6
D 販売職	14.4	46.7	15.2	34.8	12.8	27.9	13.1	22.8
E サービス職	26.3	57.0	25.7	48.3	16.7	39.2	20.5	37.2
F 保安職	18.4	53.5	18.7	41.3	32.7	61.8	23.7	44.0
G 農林漁業職	5.5	22.6	16.2	26.8	2.0	10.1	11.6	25.6
H 生産工程職	9.9	25.0	10.5	18.7	7.2	18.9	10.6	17.1
I 輸送・機械運転職	9.7	29.6	19.1	34.8	41.5	83.3	56.3	83.7
J 建設・採掘職	15.4	48.3	24.3	45.0	25.9	79.4	38.6	66.3
K 運搬・清掃・包装等職	5.5	12.0	6.8	10.5	1.8	5.0	3.9	7.2
無　職	0.8	1.7	2.5	3.1	3.6	7.9	10.7	35.1

注： 1) 平成27年度に結婚生活に入り届け出たものについて集計したものである。
　　 2) 総数には就業状態不詳が、就業者総数（有職）には職業不詳が含まれる。

5 離 婚

(1) 夫妻の就業状態・職業別にみた離婚

平成27年度の就業状態別離婚数をみると、夫は有職が18万7031人（全体の83.2％）、無職が2万1447人（同9.5％）となっている。

また、妻は有職が14万2857人（全体の63.6％）、無職が6万6080人（同29.4％）となっており、前回と比較すると、有職が56.8％から6.8ポイント上昇している。

これを職業別にみると、夫は「専門・技術職」の割合が高く、妻は「サービス職」の割合が高くなっている。（表16）

表16 就業状態・職業別にみた離婚数及び構成割合 －平成22・27年度－

就業状態・職業	平成27年度 離婚数(人)	構成割合(％)	平成22年度 離婚数(人)	構成割合(％)
夫				
総　　　　　　数	224 692	100.0	245 996	100.0
就業者総数（有職）	187 031	83.2	197 267	80.2
A 管理職	8 579	3.8	10 929	4.4
B 専門・技術職	30 654	13.6	32 824	13.3
C 事務職	17 224	7.7	18 249	7.4
D 販売職	20 820	9.3	22 628	9.2
E サービス職	28 110	12.5	29 667	12.1
F 保安職	4 128	1.8	3 737	1.5
G 農林漁業職	3 681	1.6	3 804	1.5
H 生産工程職	21 941	9.8	22 302	9.1
I 輸送・機械運転職	13 708	6.1	15 907	6.5
J 建設・採掘職	25 180	11.2	23 995	9.8
K 運搬・清掃・包装等職	7 547	3.4	7 129	2.9
L 職業不詳	5 459	2.4	6 096	2.5
無　　職	21 447	9.5	29 688	12.1
不　　詳	16 214	7.2	19 041	7.7
妻				
総　　　　　　数	224 692	100.0	245 996	100.0
就業者総数（有職）	142 857	63.6	139 645	56.8
A 管理職	1 709	0.8	2 003	0.8
B 専門・技術職	25 899	11.5	24 475	9.9
C 事務職	32 295	14.4	30 909	12.6
D 販売職	17 679	7.9	19 087	7.8
E サービス職	42 973	19.1	41 087	16.7
F 保安職	487	0.2	432	0.2
G 農林漁業職	992	0.4	1 114	0.5
H 生産工程職	10 216	4.5	10 532	4.3
I 輸送・機械運転職	1 507	0.7	1 386	0.6
J 建設・採掘職	770	0.3	683	0.3
K 運搬・清掃・包装等職	3 812	1.7	3 493	1.4
L 職業不詳	4 518	2.0	4 444	1.8
無　　職	66 080	29.4	87 386	35.5
不　　詳	15 755	7.0	18 965	7.7

(2) 夫妻の就業状態・職業別にみた平均離婚年齢

夫妻の就業状態別平均離婚年齢（別居時の年齢）を平成27年度でみると、夫は有職が40.4歳、無職が51.7歳、妻は有職が38.6歳、無職が38.8歳となっている。

これを夫妻の職業別にみると、夫は「建設・採掘職」が38.5歳、妻は「保安職」が35.5歳と低く、「管理職」が夫47.3歳、妻45.7歳と高くなっている。（表17）

表17 夫妻の就業状態・職業別にみた平均離婚年齢 －平成27年度－

（歳）

夫あるいは妻の就業状態・職業	夫	妻
総　　　　　　数	41.5	38.7
就業者総数（有職）	40.4	38.6
A 管理職	47.3	45.7
B 専門・技術職	40.4	38.8
C 事務職	41.4	38.6
D 販売職	39.9	37.9
E サービス職	39.3	38.2
F 保安職	40.8	35.5
G 農林漁業職	43.0	40.6
H 生産工程職	38.8	38.6
I 輸送・機械運転職	43.0	40.1
J 建設・採掘職	38.5	38.7
K 運搬・清掃・包装等職	41.1	40.8
無　　職	51.7	38.8

注：1）平成27年度に別居し届け出たものについて集計したものである。
　　2）総数には就業状態不詳が、就業者総数（有職）には職業不詳が含まれる。

(3) 夫妻の就業状態・職業別にみた離婚前の同居期間

夫妻の就業状態別に夫妻の離婚前の同居期間を平成27年度でみると、夫は有職が10.7年、無職が17.1年となっており、前回と比較すると無職が2.3年伸びている。一方、妻は有職が11.5年、無職が10.9年となっている。

これを職業別にみると、夫は「サービス職」が9.6年と最も短く、妻は「保安職」が8.4年と最も短くなっている。（表18）

表18　夫妻の就業状態・職業別にみた離婚前の同居期間　－平成22・27年度－

(年)

夫あるいは妻の就業状態・職業	平成27年度 夫	平成27年度 妻	平成22年度 夫	平成22年度 妻
総　　　　数	11.3	11.3	10.9	10.9
就業者総数（有職）	10.7	11.5	10.3	11.4
A 管理職	15.0	15.6	14.4	15.4
B 専門・技術職	10.3	11.0	10.0	10.8
C 事務職	11.2	11.1	10.5	10.8
D 販売職	10.4	11.4	10.1	11.4
E サービス職	9.6	11.6	9.2	11.6
F 保安職	10.9	8.4	10.5	8.5
G 農林漁業職	12.8	13.8	12.3	14.2
H 生産工程職	10.1	11.9	9.7	12.2
I 輸送・機械運転職	11.9	12.0	11.1	11.2
J 建設・採掘職	10.2	11.8	10.2	12.6
K 運搬・清掃・包装等職	10.8	13.8	10.0	13.8
無　　　職	17.1	10.9	14.8	10.0

注：1）同居期間とは結婚式を挙げた時または同居を始めた時から同居をやめた時までの期間である。
2）総数には就業状態不詳が、就業者総数（有職）には職業不詳が含まれる。

(4) 夫妻の就業状態・職業の組合せ別にみた離婚

夫妻の就業状態・職業の組合せ別の離婚件数及び構成割合を平成27年度でみると、「夫妻とも有職」は13万1071件（全体の58.3%）と最も高く、前回と比較すると、構成割合が7.9ポイント上昇している。

次いで「夫有職－妻無職」が23.9%となっており、前回と比較すると、4.6ポイント低下している。（図4、表19）

図4　夫妻の就業状態の組合せ別にみた離婚件数の構成割合　－平成22・27年度－

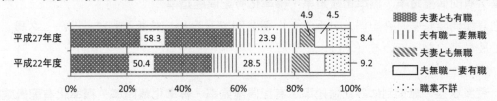

凡例：夫妻とも有職／夫有職－妻無職／夫妻とも無職／夫無職－妻有職／職業不詳

表19　夫妻の就業状態・職業の組合せ別にみた離婚件数　－平成27年度－

(組)

夫の就業状態・職業	総数	就業者総数（有職）	A 管理職	B 専門・技術職	C 事務職	D 販売職	E サービス職	F 保安職	G 農林漁業職	H 生産工程職	I 輸送・機械運転職	J 建設・採掘職	K 運搬・清掃・包装等職	L 職業不詳	無職	不詳
総　数	224 692	142 857	1 709	25 899	32 295	17 679	42 973	487	992	10 216	1 507	770	3 812	4 518	66 080	15 755
就業者総数（有職）	187 031	131 071	1 540	23 829	30 232	16 257	39 011	462	909	9 240	1 370	714	3 373	4 134	53 628	2 332
A 管理職	8 579	5 723	785	1 012	1 750	576	1 189	6	12	187	33	12	60	101	2 716	140
B 専門・技術職	30 654	22 159	214	8 191	5 510	2 065	4 736	27	44	784	86	34	331	137	8 201	294
C 事務職	17 224	12 463	94	2 266	5 589	1 143	2 629	57	32	381	33	12	152	75	4 595	166
D 販売職	20 820	14 891	116	2 270	3 689	3 644	3 654	34	44	701	133	64	289	253	5 736	193
E サービス職	28 110	19 942	110	2 645	3 360	2 072	9 749	35	71	985	173	64	395	283	7 873	295
F 保安職	4 128	2 778	14	615	581	309	742	214	12	140	29	12	58	52	1 304	46
G 農林漁業職	3 681	2 595	14	353	375	279	751	5	458	213	27	12	61	47	1 045	41
H 生産工程職	21 941	15 706	49	2 213	2 991	1 887	4 691	18	72	2 876	178	62	495	174	6 057	178
I 輸送・機械運転職	13 708	9 663	43	1 292	1 797	1 273	3 219	20	46	954	474	43	367	135	3 905	140
J 建設・採掘職	25 180	16 145	62	2 105	3 346	2 162	5 670	28	85	1 479	123	358	595	132	8 751	284
K 運搬・清掃・包装等職	7 547	5 318	18	635	1 044	744	1 688	12	21	513	34	28	540	44	2 165	64
L 職業不詳	5 459	3 688	21	232	200	103	293	6	12	27	47	13	30	2 704	1 280	491
無　職	21 447	10 118	146	1 659	1 739	1 234	3 499	22	75	895	117	51	403	278	11 001	328
不　詳	16 214	1 668	23	411	324	188	463	3	8	81	20	5	36	106	1 451	13 095

(5) 夫妻の就業状態の組合せ別にみた親権を行う子の有無・親権を行う者別の離婚

　　夫妻の就業状態の組合せ別に親権を行う子の有無別の離婚件数の構成割合を平成27年度でみると、「夫妻とも有職」の場合、子どもなしが38.4％、子どもありが61.6％となっている。さらに、子どもなしの場合の離婚件数の構成割合は、「夫有職－妻無職」が40.1％、「夫無職－妻有職」が52.5％、「夫妻とも無職」が71.0％と、夫が無職の場合に割合が高くなっている。

　　また、親権を行う子がある場合は、全ての就業状態で妻が親権を行う割合が高くなっている。（表20）

表20　夫妻の就業状態の組合せ別にみた親権を行う子の有無・親権を行う者別離婚件数及び構成割合　－平成22・27年度－

夫妻の就業状態	平成27年度						平成22年度					
	総数	子どもなし	子どもあり	夫が全児の親権を行う場合	妻が全児の親権を行う場合	その他	総数	子どもなし	子どもあり	夫が全児の親権を行う場合	妻が全児の親権を行う場合	その他
	離婚件数（組）											
総　　数	224 692	93 586	131 106	15 792	110 532	4 782	245 996	102 093	143 903	18 536	119 978	5 389
夫妻とも有職	131 071	50 356	80 715	9 776	67 762	3 177	123 997	47 601	76 396	10 084	63 117	3 195
夫有職－妻無職	53 628	21 512	32 116	4 132	26 953	1 031	70 190	27 949	42 241	5 893	34 926	1 422
夫無職－妻有職	10 118	5 311	4 807	267	4 437	103	13 853	6 553	7 300	430	6 694	176
夫妻とも無職	11 001	7 807	3 194	314	2 785	95	15 351	9 553	5 798	507	5 122	169
	構成割合（％）											
総　　数	100.0	41.7	58.3	7.0	49.2	2.1	100.0	41.5	58.5	7.5	48.8	2.2
夫妻とも有職	100.0	38.4	61.6	7.5	51.7	2.4	100.0	38.4	61.6	8.1	50.9	2.6
夫有職－妻無職	100.0	40.1	59.9	7.7	50.3	1.9	100.0	39.8	60.2	8.4	49.8	2.0
夫無職－妻有職	100.0	52.5	47.5	2.6	43.9	1.0	100.0	47.3	52.7	3.1	48.3	1.3
夫妻とも無職	100.0	71.0	29.0	2.9	25.3	0.9	100.0	62.2	37.8	3.3	33.4	1.1

注：1）親権を行う子とは20歳未満の未婚の子をいう。
　　2）その他とは夫妻がそれぞれ分け合って子どもの親権を行う場合である。
　　3）夫妻の就業状態の総数には職業不詳が含まれる。

(6) 離婚率・有配偶離婚率・標準化離婚率・標準化有配偶離婚率

　　標準化有配偶離婚率（有配偶人口千対）を職業別でみると、夫妻ともに「サービス職」が夫38.1、妻36.7で最も高くなっている（表21）。

表21　就業状態・職業別にみた離婚率・有配偶離婚率・標準化離婚率・標準化有配偶離婚率

－平成27年度－

夫あるいは妻の就業状態・職業	夫				妻			
	離婚率	有配偶離婚率	標準化離婚率	標準化有配偶離婚率	離婚率	有配偶離婚率	標準化離婚率	標準化有配偶離婚率
	（人口千対）	（有配偶人口千対）	（人口千対）	（有配偶人口千対）	（人口千対）	（有配偶人口千対）	（人口千対）	（有配偶人口千対）
総　　数	3.1	5.2	3.6	16.7	2.9	5.2	4.0	18.7
就業者総数（有職）	4.2	6.3	4.1	19.5	4.0	6.8	3.9	20.1
A　管理職	4.9	5.5	…	…	5.0	7.5	…	…
B　専門・技術職	4.4	6.3	4.0	…	3.9	6.7	3.2	…
C　事務職	2.6	3.6	2.5	12.9	3.4	5.7	2.9	14.4
D　販売職	3.6	5.3	3.3	13.9	4.0	7.4	3.9	17.2
E　サービス職	9.8	18.2	9.7	38.1	6.9	12.0	7.4	36.7
F　保安職	2.8	4.3	2.7	…	5.2	11.1	4.3	…
G　農林漁業職	2.0	2.6	4.0	…	0.9	1.2	3.4	…
H　生産工程職	3.0	5.0	2.8	10.6	3.5	5.7	3.8	17.3
I　輸送・機械運転職	5.4	8.0	6.4	19.3	17.4	34.8	16.1	…
J　建設・採掘職	7.7	11.4	8.9	34.5	9.8	14.6	11.7	…
K　運搬・清掃・包装等職	2.8	5.3	2.6	12.3	1.6	2.5	2.4	9.8
無　　職	0.9	1.8	2.9	32.0	1.8	3.4	4.6	20.8

注：1）平成27年度に別居し届け出たものについて集計したものである。
　　2）総数には就業状態不詳が、就業者総数（有職）には職業不詳が含まれる。

6 統 計 表

第1表 都道府県（21大都市再掲）別就業状態別人口動態総覧（実数）

第2表 都道府県（21大都市再掲）別就業状態別人口動態総覧（率）

第1表 都道府県(21大都市再掲)別就業状態別人口動態総覧(実数) －平成27年度－

	出生数						死亡数						死産数					
	父(嫡出出生数)			母			男			女			父(嫡出死産数)			母		
	総数	有職	無職	総数	有職	無職	総数	有職	無職	総数	有職	無職	総数	有職	無職	総数	有職	無職
全　　国	980 219	924 472	11 461	1 003 169	425 110	536 758	664 204	81 022	525 996	619 502	30 441	543 865	14 857	12 372	247	22 168	10 037	9 146
01 北海道	35 582	32 741	500	36 639	11 940	22 587	31 671	3 390	26 492	29 395	1 285	26 703	575	457	10	1 006	415	444
02 青　森	8 434	8 221	110	8 716	4 412	4 189	8 719	1 357	7 066	8 477	483	7 712	128	119	1	207	109	80
03 岩　手	8 544	8 191	108	8 753	4 536	3 971	8 269	1 533	6 467	8 246	502	7 494	135	122	-	201	110	72
04 宮　城	17 567	16 803	205	18 003	7 918	9 582	11 897	1 416	9 981	11 106	416	10 309	271	222	3	404	203	150
05 秋　田	5 764	5 655	59	5 881	3 505	2 331	7 338	1 183	6 076	7 485	347	7 075	97	92	3	133	86	44
06 山　形	7 755	7 053	58	7 880	4 498	2 783	7 332	1 074	5 614	7 603	330	6 643	138	110	2	191	105	55
07 福　島	13 772	13 183	138	14 159	6 759	6 932	11 975	1 555	9 690	11 829	539	10 666	215	202	2	334	168	148
08 茨　城	21 159	20 260	204	21 673	8 991	12 089	16 172	2 387	13 172	14 681	770	13 437	294	283	1	474	216	240
09 栃　木	14 784	13 654	137	15 125	6 119	8 105	10 744	1 411	8 127	9 910	476	8 481	214	173	5	316	136	128
10 群　馬	13 763	13 137	149	14 074	5 887	7 776	11 084	1 609	8 708	10 365	540	9 191	242	219	3	340	179	135
11 埼　玉	55 052	51 170	501	56 115	21 396	31 378	34 109	3 602	25 083	28 000	1 348	22 480	918	713	23	1 326	478	600
12 千　葉	45 846	42 947	461	46 732	18 741	25 585	30 230	3 841	23 311	25 447	1 669	21 637	747	603	16	1 082	471	453
13 東　京	111 418	107 232	1 170	113 494	58 524	51 671	58 657	8 023	45 387	52 131	3 671	44 609	1 699	1 474	22	2 437	1 231	873
14 神奈川	71 882	65 139	597	73 188	29 208	38 695	41 084	3 873	31 539	34 567	1 668	28 474	1 017	727	6	1 472	536	599
15 新　潟	16 090	15 032	151	16 352	8 553	6 984	14 296	1 775	11 279	14 185	476	12 674	248	195	1	356	180	112
16 富　山	7 419	7 182	42	7 532	4 260	3 056	6 431	566	4 479	6 186	160	4 719	126	115	2	166	108	46
17 石　川	8 827	8 556	82	8 987	4 858	3 947	6 048	796	5 164	6 098	252	5 755	131	117	3	174	91	71
18 福　井	6 081	5 959	53	6 170	3 525	2 581	4 432	610	3 749	4 505	167	4 288	112	102	2	152	85	55
19 山　梨	5 945	5 648	67	6 070	2 586	3 250	4 880	859	3 818	4 714	285	4 258	81	72	1	128	62	58
20 長　野	15 220	14 882	127	15 519	6 276	8 988	12 309	2 433	9 398	12 145	873	10 868	221	205	3	317	168	135
21 岐　阜	15 042	14 589	138	15 310	5 676	9 354	11 356	1 544	9 462	10 733	495	9 911	197	181	1	294	141	136
22 静　岡	28 012	26 653	206	28 558	11 412	15 924	20 241	2 755	16 175	18 723	1 066	16 678	369	292	8	546	252	212
23 愛　知	64 214	62 417	504	65 471	24 669	39 655	33 850	4 929	27 781	30 094	1 903	27 369	928	833	14	1 281	586	614
24 三　重	13 574	13 127	133	13 880	5 569	8 067	10 174	1 472	8 484	9 748	487	9 079	180	167	-	268	140	114
25 滋　賀	12 333	11 736	129	12 536	5 098	7 053	6 348	849	5 140	5 992	240	5 498	159	141	2	226	101	109
26 京　都	19 133	18 183	303	19 686	8 366	10 677	13 019	1 885	10 345	12 446	771	11 047	285	249	6	434	195	191
27 大　阪	68 214	60 882	1 251	70 378	24 785	39 876	44 862	3 443	31 845	38 669	1 484	30 117	956	605	23	1 482	474	568
28 兵　庫	42 720	40 845	599	43 674	16 383	25 953	28 135	2 919	21 614	26 721	1 094	22 443	630	534	11	894	369	412
29 奈　良	9 562	9 043	143	9 787	3 632	5 743	7 075	720	5 420	6 854	280	5 703	142	117	2	206	78	94
30 和歌山	6 757	6 523	90	6 973	2 527	4 301	6 219	827	5 184	6 180	265	5 748	112	99	2	174	67	90
31 鳥　取	4 480	3 964	49	4 608	2 511	1 631	3 647	627	2 792	3 674	254	3 241	77	51	1	101	44	25
32 島　根	5 381	5 148	52	5 484	3 342	1 943	4 580	555	3 488	4 907	208	4 212	68	64	-	104	70	29
33 岡　山	15 253	14 471	224	15 648	6 959	8 210	10 939	1 235	9 049	10 547	447	9 545	225	189	2	347	170	138
34 広　島	22 957	21 738	247	23 518	9 234	13 398	14 885	1 252	12 046	14 841	476	13 100	347	284	6	503	225	208
35 山　口	10 015	9 345	121	10 284	3 930	5 893	8 834	963	7 261	9 060	356	8 150	129	108	1	198	74	100
36 徳　島	5 385	4 588	72	5 514	2 488	2 470	4 855	675	3 758	4 862	234	4 259	82	67	1	117	61	39
37 香　川	7 413	7 239	105	7 634	3 570	4 009	5 779	804	4 911	5 785	238	5 510	106	102	2	162	93	67
38 愛　媛	9 785	8 192	161	10 057	3 348	5 797	8 663	1 020	6 964	8 674	354	7 711	158	132	1	243	89	100
39 高　知	4 789	4 564	98	5 002	2 739	2 174	4 902	629	4 159	5 025	277	4 631	72	65	3	112	63	42
40 福　岡	43 898	41 440	738	45 209	17 927	25 714	24 940	2 273	20 905	24 905	882	22 511	661	562	17	1 100	502	487
41 佐　賀	6 829	6 597	69	7 026	3 496	3 385	4 595	639	3 810	4 940	208	4 607	84	78	-	151	89	56
42 長　崎	10 702	10 243	117	10 952	5 120	5 535	8 128	1 048	6 820	8 663	385	8 014	180	159	4	260	145	96
43 熊　本	15 022	14 485	210	15 419	7 567	7 521	9 995	1 122	8 758	10 395	470	9 834	256	236	5	393	209	167
44 大　分	9 024	8 600	122	9 249	3 851	5 063	6 826	704	5 625	6 922	248	6 231	163	126	9	262	101	133
45 宮　崎	8 843	8 655	121	9 175	4 520	4 600	6 563	878	5 520	6 697	359	6 278	170	164	4	277	160	114
46 鹿児島	13 691	13 122	176	14 075	5 673	8 076	10 178	1 188	8 801	10 846	456	10 189	241	207	4	389	184	150
47 沖　縄	16 228	15 387	364	16 938	8 218	8 251	5 953	705	4 781	5 310	238	4 685	261	228	8	414	216	149
外　国	59	51	-	62	8	46	83	21	42	48	6	35	10	10	-	11	2	8
不　詳	・	・	・	・	・	・	903	48	337	166	3	56	-	-	-	3	-	-
21大都市(再掲)																		
50 東京都区部	79 559	77 262	823	81 068	43 775	35 590	39 984	5 939	30 334	35 303	2 804	29 851	1 253	1 094	15	1 794	932	614
51 札　幌	14 187	12 355	235	14 617	4 788	8 430	9 303	802	7 640	8 548	275	7 604	213	136	6	395	159	147
52 仙　台	8 970	8 498	110	9 173	3 868	4 953	4 414	367	3 736	4 013	136	3 654	126	101	2	190	85	75
53 さいたま	10 682	9 397	101	10 843	4 272	5 431	5 372	461	3 417	4 416	222	3 000	163	115	3	232	80	83
54 千　葉	7 141	6 744	75	7 281	2 929	4 073	4 356	423	3 713	3 586	166	3 291	122	105	1	181	87	72
55 横　浜	29 434	27 363	242	29 890	12 668	15 861	16 462	1 203	12 858	13 981	537	11 634	410	283	4	577	215	232
56 川　崎	14 430	10 970	83	14 646	5 738	5 859	5 723	396	3 292	4 566	175	2 749	209	108	-	282	83	71
57 相模原	5 298	5 168	45	5 428	2 210	3 136	3 079	416	2 551	2 473	179	2 227	65	60	1	126	51	65
58 新　潟	6 078	5 642	57	6 169	3 211	2 611	4 169	367	3 123	4 102	131	3 411	98	68	-	144	65	39
59 静　岡	5 127	4 976	47	5 234	2 040	3 055	3 964	468	3 002	3 700	218	3 085	75	44	1	112	36	42
60 浜　松	6 723	6 145	53	6 839	2 847	3 408	4 041	519	3 343	3 700	225	3 347	74	54	2	105	36	53
61 名古屋	19 196	18 705	199	19 633	7 867	11 516	10 971	1 640	9 173	9 991	660	9 251	265	246	4	393	198	184
62 京　都	10 738	10 333	208	11 095	4 875	5 983	6 941	1 127	5 594	6 790	531	6 105	171	156	4	262	127	117
63 大　阪	21 591	18 097	525	22 424	7 697	12 058	15 036	1 386	10 236	12 475	703	9 518	297	167	9	478	139	183
64 堺	6 626	6 188	122	6 847	2 416	4 152	4 267	218	3 018	3 750	70	2 855	87	67	1	136	51	62
65 神　戸	11 535	10 855	189	11 852	4 604	6 670	7 662	521	4 926	7 381	222	5 130	170	133	2	257	96	105
66 岡　山	6 253	5 754	85	6 419	2 840	3 238	3 318	346	2 616	3 182	130	2 764	90	70	-	140	67	46
67 広　島	10 499	10 131	129	10 730	4 206	6 274	5 062	245	4 367	4 873	85	4 478	146	120	4	216	95	93
68 北九州	7 608	7 200	110	7 857	2 871	4 682	5 258	326	4 150	5 152	118	4 326	134	105	6	224	87	93
69 福　岡	14 448	13 210	270	14 840	5 908	8 119	5 631	423	4 841	5 521	176	5 085	223	203	4	341	181	148
70 熊　本	6 827	6 479	99	7 011	3 309	3 453	3 245	280	2 927	3 396	167	3 197	100	91	-	163	81	74

注：1) 都道府県別の表章は、出生は子の住所、死亡は死亡者の住所、死産は母の住所、婚姻は夫の住所、離婚は別居する前の住所による。
　　2) 就業状態の総数には就業状態不詳が含まれる。

周産期死亡数						婚姻数					離婚数				
父(嫡出周産期死亡数)			母			総数	夫		妻		総数	夫		妻	
総数	有職	無職	総数	有職	無職		有職	無職	有職	無職		有職	無職	有職	無職
3 452	2 915	45	3 697	1 547	1 643	636 555	585 406	18 233	478 906	124 738	224 692	187 031	21 447	142 857	66 080
140	113	1	154	56	75	25 435	22 769	876	18 094	5 654	11 085	8 617	1 143	6 303	3 557
35	34	-	38	26	11	5 432	5 210	159	4 274	1 086	2 289	1 999	252	1 634	612
22	21	-	29	15	12	5 217	4 847	121	4 085	882	1 945	1 655	168	1 385	440
50	42	-	55	25	23	11 388	10 603	301	8 637	2 260	3 906	3 320	394	2 515	1 205
21	21	-	22	16	6	3 625	3 506	86	2 943	645	1 484	1 339	128	1 068	401
34	29	-	35	19	13	4 544	4 255	84	3 628	709	1 528	1 252	116	1 053	324
64	61	1	73	36	35	9 000	8 422	237	6 737	1 909	3 317	2 917	255	2 234	933
81	79	1	93	41	48	13 606	12 796	340	10 223	2 940	5 152	4 475	466	3 383	1 581
47	37	1	48	21	20	9 445	8 333	244	6 781	1 812	3 392	2 750	274	2 125	902
53	49	1	55	19	31	8 756	8 092	214	6 559	1 738	3 391	2 858	345	2 283	933
187	155	3	204	76	92	34 964	31 735	815	25 846	6 631	12 701	10 445	1 064	7 720	3 764
171	136	3	175	63	81	30 158	27 411	842	22 282	5 949	10 837	9 080	885	6 642	3 310
382	324	6	406	181	159	87 800	83 458	2 029	72 132	13 258	24 016	20 418	2 172	15 509	7 002
271	200	4	283	83	133	48 124	42 417	1 140	35 172	8 460	16 266	12 906	1 406	9 692	4 695
63	46	-	65	37	16	9 458	8 567	222	7 347	1 441	3 105	2 571	269	2 145	696
42	38	-	43	27	11	4 542	4 312	84	3 680	703	1 452	1 265	115	1 068	308
45	41	1	47	22	22	5 096	4 874	120	4 208	781	1 671	1 493	135	1 224	405
27	23	-	28	16	8	3 469	3 356	66	2 835	590	1 181	1 038	117	880	275
13	11	-	16	4	9	3 834	3 576	88	2 951	707	1 465	1 268	143	1 007	413
48	46	-	50	22	26	9 503	9 076	219	7 530	1 758	3 372	2 985	286	2 405	867
49	45	-	50	28	18	8 807	8 394	220	6 830	1 787	3 057	2 736	257	2 035	963
85	69	2	100	43	42	17 641	16 416	466	13 460	3 407	6 428	5 503	574	4 370	1 712
231	206	2	247	103	127	41 214	39 173	958	31 288	8 842	13 086	11 498	1 153	8 518	4 164
46	43	-	50	25	22	8 581	8 153	231	6 470	1 908	3 101	2 749	270	2 124	900
40	36	-	45	16	26	6 914	6 368	167	5 116	1 414	2 331	2 032	198	1 486	741
82	70	2	85	39	34	12 505	11 606	444	9 428	2 605	4 473	3 743	457	2 861	1 350
203	134	2	215	63	87	46 873	39 559	1 812	31 188	10 226	17 869	13 229	2 035	9 630	5 758
133	118	1	138	54	69	26 395	24 392	856	19 354	5 861	9 639	8 061	1 026	5 957	3 120
43	40	1	46	22	22	5 726	5 151	234	4 059	1 324	2 271	1 881	211	1 364	733
16	14	-	19	9	9	4 272	3 859	181	3 008	1 017	1 910	1 673	174	1 209	640
26	20	-	28	14	7	2 655	2 383	71	2 033	414	947	729	95	600	214
15	14	-	15	9	6	2 916	2 671	71	2 269	464	1 015	857	84	746	187
49	43	1	55	27	22	9 345	8 719	315	7 091	1 922	3 370	2 810	325	2 161	1 002
76	61	3	80	28	39	13 966	12 755	400	10 132	3 013	4 962	4 153	456	3 115	1 473
47	42	-	50	19	26	5 960	5 452	201	4 358	1 309	2 338	1 985	206	1 543	656
21	17	-	21	9	8	3 262	2 862	117	2 406	597	1 181	850	138	700	304
24	24	-	25	13	12	4 725	4 538	135	3 721	954	1 720	1 499	187	1 217	474
23	18	-	24	6	12	6 081	5 262	201	4 220	1 292	2 360	1 766	260	1 362	718
18	16	1	19	13	6	3 070	2 866	144	2 422	583	1 327	1 122	158	959	326
155	133	4	169	63	86	27 522	25 321	1 081	20 279	6 168	9 859	8 091	1 190	6 239	3 076
17	17	-	20	13	7	3 646	3 454	109	2 848	720	1 373	1 215	116	1 021	315
43	39	-	43	26	13	6 118	5 719	214	4 573	1 370	2 287	1 992	230	1 592	634
38	35	-	40	19	16	8 185	7 759	270	6 291	1 743	3 232	2 758	337	2 228	879
40	31	2	44	13	25	5 395	5 028	180	4 104	1 096	2 049	1 740	201	1 351	590
32	31	1	36	19	17	5 068	4 860	175	3 983	1 054	2 302	2 044	237	1 678	605
60	54	1	61	24	32	7 607	7 112	275	5 706	1 686	3 013	2 580	335	2 048	889
44	39	1	51	25	22	8 710	7 959	418	6 325	2 049	3 637	3 084	404	2 468	1 034
-	-	-	-	-	-	.	.	.	.	.	.	.	.	.	.
-	-	-	2	-	-	.	.	.	.	.	.	.	.	.	.
282	242	4	299	139	112	67 546	64 611	1 495	56 386	9 659	17 313	14 916	1 526	11 345	5 041
56	35	1	61	20	21	10 784	9 046	433	7 372	2 210	4 418	3 028	451	2 189	1 371
23	19	-	24	11	10	6 130	5 598	167	4 674	1 081	1 823	1 488	212	1 101	598
29	17	-	32	12	7	6 756	5 978	118	5 014	1 079	1 971	1 526	157	1 126	550
27	23	1	28	12	12	4 637	4 276	159	3 418	1 016	1 699	1 428	131	1 004	563
121	84	2	128	39	57	19 646	17 247	448	14 423	3 367	6 528	5 136	595	3 849	1 942
47	27	-	47	14	11	10 226	8 340	156	7 199	1 272	2 624	1 751	172	1 313	603
19	17	1	20	8	10	3 384	3 153	94	2 554	696	1 386	1 178	146	911	412
28	16	-	28	12	5	3 645	3 150	90	2 703	532	1 129	883	93	730	248
14	10	-	17	6	5	3 407	3 161	104	2 585	672	1 195	992	121	788	325
15	13	1	19	7	11	3 985	3 600	91	2 965	713	1 316	1 094	109	871	330
64	59	1	72	31	40	13 751	12 995	426	10 398	3 023	4 332	3 719	485	2 706	1 511
43	37	1	44	19	20	7 783	7 298	324	5 995	1 614	2 556	2 140	302	1 624	812
63	32	2	67	21	19	17 891	14 521	719	11 660	3 657	6 141	4 135	769	2 978	1 977
21	15	-	22	10	8	4 210	3 716	184	2 833	1 061	1 735	1 385	187	993	589
23	20	-	26	9	10	7 585	6 850	282	5 496	1 604	2 832	2 272	306	1 676	897
27	22	-	28	10	12	3 965	3 614	134	2 957	774	1 322	1 045	132	784	408
34	27	2	36	12	19	6 468	5 953	191	4 781	1 342	2 190	1 851	204	1 348	680
32	26	1	34	11	18	4 976	4 608	197	3 629	1 173	1 816	1 482	238	1 125	596
54	48	1	60	25	31	9 966	8 963	405	7 347	2 070	3 014	2 350	362	1 812	936
19	17	-	20	9	9	3 924	3 694	132	3 032	796	1 404	1 151	159	892	421

第2表 都道府県(21大都市再掲)別就業状態別人口動態総覧(率) －平成27年度－

	出生率（人口千対）						死亡率（人口千対）						死産率（出産千対）					
	父（嫡出出生率）			母			男			女			父（嫡出死産率）			母		
	総数	有職	無職	総数	有職	無職	総数	有職	無職	総数	有職	無職	総数	有職	無職	総数	有職	無職
全　　国	18.5	28.3	0.7	17.7	16.7	19.6	12.5	2.5	33.2	10.9	1.2	19.9	14.9	13.2	21.1	21.6	23.1	16.8
01 北 海 道	16.0	24.4	0.7	14.5	11.1	17.3	14.3	2.5	36.5	11.6	1.2	20.4	15.9	13.8	19.6	26.7	33.6	19.3
02 青　森	15.7	24.3	0.6	14.1	15.5	13.2	16.2	4.0	39.1	13.7	1.7	24.3	14.9	14.3	9.0	23.2	24.1	18.7
03 岩　手	15.9	23.2	0.6	14.9	16.2	13.4	15.4	4.3	38.2	14.1	1.8	25.3	15.6	14.7	-	22.4	23.7	17.8
04 宮　城	17.8	27.4	0.7	17.2	17.3	18.2	12.1	2.3	33.4	10.6	0.9	19.6	15.2	13.0	14.4	21.9	25.0	15.4
05 秋　田	13.6	21.4	0.4	12.0	16.2	9.0	17.3	4.5	41.7	15.3	1.6	27.3	16.6	16.0	48.4	22.1	23.9	18.5
06 山　形	16.5	22.9	0.4	15.4	17.9	11.0	15.6	3.5	37.3	14.8	1.3	26.2	17.5	15.4	33.3	23.7	22.8	19.4
07 福　島	16.7	25.0	0.5	16.6	17.3	16.2	14.5	3.0	38.6	13.9	1.4	25.0	15.4	15.1	14.3	23.0	24.3	20.9
08 茨　城	17.0	25.4	0.5	17.1	15.5	19.0	13.0	3.0	33.7	11.6	1.3	21.1	13.7	13.8	4.9	21.4	23.5	19.5
09 栃　木	17.6	25.0	0.5	17.7	15.2	19.4	12.8	2.6	32.4	11.6	1.2	20.3	14.3	12.5	35.2	20.5	21.7	15.5
10 群　馬	16.6	24.5	0.6	16.4	14.4	18.2	13.4	3.0	33.4	12.0	1.3	21.5	17.3	16.4	19.7	23.6	29.5	17.1
11 埼　玉	17.7	25.7	0.6	17.9	14.9	20.5	10.9	1.8	27.6	8.9	0.9	14.7	16.4	13.7	43.9	23.1	21.9	18.8
12 千　葉	17.2	26.3	0.6	17.3	15.7	19.6	11.3	2.3	30.0	9.4	1.4	16.6	16.0	13.8	33.5	22.6	24.5	17.4
13 東　京	19.5	33.3	0.9	19.1	23.4	21.9	10.3	2.5	34.8	8.8	1.5	18.9	15.0	13.6	18.5	21.0	20.6	16.6
14 神 奈 川	18.4	27.6	0.6	18.6	17.2	20.8	10.5	1.6	29.7	8.8	1.0	15.3	14.0	11.0	10.0	19.7	18.0	15.2
15 新　潟	16.6	23.9	0.5	15.6	16.9	13.4	14.7	2.8	36.1	13.5	0.9	24.3	15.2	12.8	6.6	21.3	20.6	15.8
16 富　山	16.7	24.5	0.3	15.6	17.8	13.1	14.5	1.9	32.4	12.8	0.7	20.2	16.7	15.8	45.5	21.6	24.7	14.8
17 石　川	18.4	27.7	0.6	17.4	18.9	16.4	12.6	2.6	35.4	11.8	1.0	23.9	14.6	13.5	35.3	19.0	18.4	17.7
18 福　井	18.7	27.7	0.5	17.7	19.9	15.9	13.6	2.8	38.4	12.9	0.9	26.5	18.1	16.8	36.4	24.0	23.5	20.9
19 山　梨	16.9	25.0	0.6	16.4	14.6	18.1	14.9	3.8	35.1	12.7	1.6	23.7	13.4	12.6	14.7	20.7	23.4	17.5
20 長　野	17.4	25.4	0.5	16.7	13.4	20.2	14.1	4.1	35.7	13.1	1.9	24.4	14.3	13.6	23.1	20.0	26.1	14.8
21 岐　阜	18.0	26.4	0.5	17.0	12.9	21.2	13.6	2.8	36.6	11.9	1.1	22.5	12.9	12.3	7.2	18.8	24.2	14.3
22 静　岡	18.1	25.7	0.4	17.7	14.4	20.1	13.0	2.7	34.1	11.6	1.3	21.0	13.0	10.8	37.4	18.8	21.6	13.1
23 愛　知	20.4	30.1	0.6	20.7	16.4	26.6	10.8	2.4	32.3	9.5	1.3	18.3	14.2	13.2	27.0	19.2	23.2	15.2
24 三　重	18.1	27.3	0.5	17.3	14.9	20.3	13.6	3.1	36.7	12.1	1.3	22.9	13.1	12.6	-	18.9	24.5	13.9
25 滋　賀	21.1	30.9	0.7	20.6	17.8	23.7	10.9	2.2	29.8	9.9	1.2	18.5	12.7	11.9	15.3	17.7	19.4	15.2
26 京　都	17.9	28.2	0.9	16.6	15.9	18.8	12.2	2.9	31.3	10.5	1.5	19.4	14.7	13.5	19.4	21.6	22.8	17.6
27 大　阪	18.8	29.5	1.1	17.7	15.2	21.0	12.4	1.7	29.2	9.7	0.9	15.8	13.8	9.9	18.1	20.6	18.8	14.0
28 兵　庫	19.0	30.3	0.8	17.4	15.5	20.1	12.5	2.2	30.2	10.7	1.0	17.4	14.5	12.9	18.0	20.1	22.0	15.6
29 奈　良	17.3	27.5	0.6	15.5	14.1	16.4	12.8	2.2	27.5	10.8	1.1	16.3	14.6	12.8	13.8	20.6	21.0	16.1
30 和 歌 山	17.2	26.8	0.7	15.5	12.7	18.1	15.9	3.4	39.1	13.7	1.3	24.2	16.3	15.0	21.7	24.3	25.8	20.5
31 鳥　取	19.1	26.4	0.6	17.6	19.5	13.0	15.5	4.2	36.7	14.1	2.0	25.9	16.9	12.7	20.0	21.4	17.2	15.1
32 島　根	18.8	27.8	0.6	17.3	21.7	12.6	16.0	3.0	38.1	15.5	1.4	27.3	12.5	12.3	-	18.6	20.5	14.7
33 岡　山	19.4	29.4	0.9	18.0	17.5	18.7	13.9	2.5	35.2	12.1	1.1	21.8	14.5	12.9	8.8	21.7	23.8	16.5
34 広　島	19.6	29.5	0.7	18.6	16.0	21.1	12.7	1.7	33.4	11.7	0.8	20.7	14.9	12.9	23.7	20.9	23.8	15.3
35 山　口	17.5	26.4	0.6	15.8	13.8	16.9	15.4	2.7	36.9	13.9	1.2	23.4	12.7	11.4	8.2	18.9	18.5	16.7
36 徳　島	17.2	24.8	0.6	15.7	16.1	13.6	15.5	3.6	33.5	13.9	1.5	23.4	15.0	14.4	13.7	20.8	23.9	15.5
37 香　川	18.3	29.3	0.8	17.3	17.9	18.1	14.2	3.2	37.1	13.1	1.2	24.9	14.1	13.9	18.7	20.8	25.4	16.4
38 愛　媛	17.4	23.6	0.8	15.6	11.6	17.3	15.4	2.9	36.1	13.5	1.2	23.0	15.9	15.9	6.2	23.6	25.9	17.0
39 高　知	16.1	27.1	0.9	14.6	17.9	13.2	16.4	3.7	40.0	14.7	1.8	28.1	14.8	14.0	29.7	21.9	22.5	19.0
40 福　岡	21.5	34.2	1.1	19.3	17.6	22.4	12.2	1.9	32.4	10.7	0.9	19.6	14.8	13.4	22.5	23.8	27.2	18.6
41 佐　賀	20.6	30.1	0.6	18.5	18.5	18.2	13.8	2.9	35.7	13.0	1.1	24.8	12.2	11.7	-	21.0	24.8	16.3
42 長　崎	19.4	29.6	0.6	17.1	17.5	16.4	14.8	3.0	35.7	13.5	1.3	23.8	16.5	15.3	33.1	23.2	27.5	17.0
43 熊　本	21.0	32.8	0.9	18.7	19.5	18.6	14.0	2.5	36.5	12.6	1.2	24.3	16.8	16.0	27.8	24.9	26.9	21.7
44 大　分	19.1	29.0	0.8	17.2	15.8	18.0	14.4	2.4	34.8	12.9	1.0	22.2	17.7	14.4	68.7	27.5	25.6	25.6
45 宮　崎	20.0	31.6	0.6	18.0	18.7	18.2	14.9	3.2	37.4	13.2	1.5	24.9	18.9	18.6	32.0	29.3	34.2	24.2
46 鹿 児 島	20.8	32.6	0.8	18.4	16.4	20.6	15.5	3.0	38.9	14.2	1.3	26.0	17.3	15.5	22.2	26.9	31.4	18.2
47 沖　縄	28.4	47.9	2.1	28.1	31.3	31.4	10.4	2.2	27.6	8.8	0.9	17.9	15.8	14.6	21.5	23.9	25.6	17.8
21大都市（再掲）																		
50 東京都区部	20.3	35.8	1.0	20.0	25.5	23.9	10.2	2.8	38.1	8.7	1.6	20.1	15.5	14.0	17.9	21.7	20.8	17.0
51 札　幌	17.9	27.0	1.0	15.7	12.5	18.6	11.7	1.8	31.4	9.2	0.7	16.8	14.8	10.9	24.9	26.3	32.1	17.1
52 仙　台	19.7	31.7	0.8	18.9	18.6	21.3	9.7	1.4	28.5	8.3	0.7	15.7	13.9	11.7	17.9	20.3	21.5	14.9
53 さいたま	19.9	28.0	0.7	19.7	17.7	20.6	10.0	1.4	23.1	8.0	0.9	11.4	15.0	12.1	28.8	20.9	18.4	15.1
54 千　葉	17.3	27.8	0.6	17.3	16.2	20.3	10.5	1.7	30.3	8.5	0.9	16.4	16.8	15.3	13.2	24.3	28.8	17.4
55 横　浜	18.5	28.6	0.6	18.6	18.3	20.9	10.4	1.3	30.4	8.7	0.9	15.4	13.7	10.2	16.3	18.9	16.7	14.4
56 川　崎	22.5	28.4	0.6	23.5	20.7	23.0	8.9	1.0	23.6	7.3	0.6	10.8	14.3	9.7	-	18.9	14.3	12.0
57 相 模 原	17.0	28.0	0.5	17.4	16.3	22.1	9.9	2.3	29.7	7.9	1.0	15.7	12.1	11.5	21.7	22.7	22.6	20.3
58 新　潟	18.0	26.6	0.5	16.7	18.1	14.6	12.4	1.7	28.9	11.1	0.7	19.0	15.9	11.9	-	22.8	19.8	14.7
59 静　岡	17.3	25.8	0.9	16.5	13.3	19.6	13.4	2.4	32.1	11.7	1.4	19.8	14.4	8.8	20.8	21.0	17.3	13.6
60 浜　松	20.2	27.5	0.5	19.9	16.9	20.4	12.1	2.3	33.4	10.8	1.3	20.1	10.9	10.3	36.4	15.1	12.5	15.3
61 名 古 屋	19.9	30.9	0.8	19.7	17.3	25.3	11.4	2.7	35.9	10.0	1.5	20.3	13.6	13.0	19.7	19.6	24.6	15.7
62 京　都	17.9	29.5	1.2	16.4	16.3	19.7	11.6	3.2	31.7	10.0	1.8	20.1	15.7	14.9	18.9	23.1	25.4	19.2
63 大　阪	19.4	31.0	1.8	18.7	15.8	24.8	13.5	2.4	35.8	10.4	1.4	19.6	13.6	9.1	16.9	20.9	17.7	14.9
64 堺	19.5	30.3	1.1	18.2	15.4	21.4	11.1	2.0	27.6	10.0	0.4	14.7	13.0	10.7	8.1	19.5	20.7	14.7
65 神　戸	18.7	30.7	0.9	16.9	15.9	18.7	12.4	1.5	25.2	10.5	0.8	14.4	14.5	13.2	10.5	21.2	20.8	15.5
66 岡　山	21.4	31.1	0.9	19.9	18.8	20.8	11.3	1.9	29.2	9.9	0.9	17.7	14.2	12.0	-	21.3	23.0	14.0
67 広　島	21.6	32.5	0.9	20.3	17.0	25.0	10.4	0.8	31.8	9.2	0.3	17.9	13.6	11.7	30.1	19.7	22.1	14.6
68 北 九 州	19.7	32.0	0.8	17.6	15.5	19.9	13.6	1.5	31.3	11.6	0.6	18.4	17.3	14.4	51.7	27.7	29.4	19.5
69 福　岡	23.6	37.8	1.7	21.1	19.2	27.4	9.7	1.2	30.5	7.9	0.6	17.2	15.2	15.1	14.6	22.5	29.7	17.9
70 熊　本	23.2	36.1	1.1	20.6	20.7	22.1	11.0	1.6	32.7	10.0	1.0	20.5	14.4	13.9	10.0	22.7	23.9	21.0

注：1）都道府県別の表章は、出生は子の住所、死亡は死亡者の住所、死産は母の住所、婚姻は夫の住所、離婚は別居する前の住所による。
　　2）就業状態の総数には就業状態不詳が含まれる。

周産期死亡率（出産千対）						婚 姻 率（人口千対）						離 婚 率（人口千対）					
父（嫡出周産期死亡率）			母			夫			妻			夫			妻		
総数	有職	無職	総数	有職	無職	総数	有職	無職	総数	有職	無職	総数	有職	無職	総数	有職	無職
3.5	3.1	3.9	3.7	3.6	3.1	12.0	17.9	1.2	11.2	18.9	4.6	4.2	5.7	1.4	4.0	5.6	2.4
3.9	3.4	2.0	4.2	4.7	3.3	11.5	17.0	1.2	10.0	16.8	4.3	5.0	6.4	1.6	4.4	5.8	2.7
4.1	4.1	－	4.3	5.9	2.6	10.1	15.4	0.9	8.8	15.0	3.4	4.3	5.9	1.4	3.7	5.7	1.9
2.6	2.6	－	3.3	3.3	3.0	9.7	13.7	0.7	8.9	14.6	3.0	3.6	4.7	1.0	3.3	4.9	1.5
2.8	2.5	－	3.0	3.1	2.4	11.5	17.3	1.0	10.9	18.8	4.3	4.0	5.4	1.3	3.7	5.5	2.3
3.6	3.7	－	3.7	4.5	2.6	8.5	13.2	0.6	7.4	13.6	2.5	3.5	5.1	0.9	3.0	4.9	1.5
4.4	4.1	－	4.4	4.2	4.7	9.7	13.8	0.6	8.9	14.5	2.8	3.3	4.1	0.8	3.0	4.2	1.3
4.6	4.6	7.2	5.1	5.3	5.0	10.9	16.0	0.9	10.6	17.3	4.5	4.0	5.5	1.0	3.9	5.7	2.2
3.8	3.9	4.9	4.3	4.5	4.0	10.9	16.0	0.9	10.8	17.6	4.6	4.1	5.6	1.2	4.1	5.8	2.5
3.2	2.7	7.2	3.2	3.4	2.5	11.2	15.3	1.0	11.0	16.9	4.3	4.0	5.0	1.1	4.0	5.3	2.2
3.8	3.7	－	3.9	3.2	4.0	10.6	15.1	0.8	10.2	16.0	4.1	4.1	5.3	1.3	3.9	5.6	2.2
3.4	3.0	6.0	3.6	3.5	2.9	11.2	16.0	0.9	11.1	18.0	4.3	4.1	5.3	1.2	4.0	5.4	2.5
3.7	3.2	6.5	3.7	3.4	3.2	11.3	16.8	1.1	11.1	18.6	4.6	4.1	5.6	1.1	4.0	5.5	2.5
3.4	3.0	5.1	3.6	3.3	3.1	15.3	25.9	1.6	14.8	28.8	5.6	4.2	6.3	1.7	4.1	6.2	3.0
3.8	3.1	6.7	3.9	2.8	3.4	12.3	18.0	1.1	12.2	20.7	4.5	4.2	5.5	1.3	4.1	5.7	2.5
3.9	3.1	－	4.0	4.3	2.3	9.8	13.6	0.7	9.0	14.6	2.8	3.2	4.1	0.9	3.0	4.2	1.3
5.6	5.3	－	5.7	6.3	3.6	10.2	14.7	0.6	9.4	15.4	3.0	3.3	4.3	0.8	3.0	4.5	1.3
5.1	4.8	12.2	5.2	4.5	5.5	10.6	15.8	0.8	9.8	16.3	3.2	3.5	4.8	0.9	3.2	4.8	1.7
4.4	3.8	－	4.5	4.5	3.1	10.7	15.8	0.7	9.9	16.0	3.6	3.6	4.8	1.2	3.4	5.0	1.7
2.2	1.9	－	2.6	1.5	2.8	10.9	15.8	0.8	10.3	16.7	3.9	4.2	5.6	1.3	4.0	5.7	2.3
3.1	3.1	－	3.2	3.5	2.9	10.9	15.5	0.8	10.2	16.1	3.9	3.9	5.1	1.1	3.6	5.2	1.9
3.2	3.1	－	3.3	4.9	1.9	10.6	15.2	0.9	9.8	15.5	4.1	3.7	4.9	1.0	3.4	4.6	2.2
3.0	2.6	9.6	3.5	3.8	2.6	11.4	15.9	1.0	10.9	17.0	4.3	4.1	5.3	1.2	4.0	5.5	2.2
3.6	3.3	4.0	3.8	4.2	3.2	13.1	18.9	1.1	13.0	20.8	5.9	4.2	5.5	1.3	4.1	5.7	2.8
3.4	3.3	－	3.6	4.5	2.7	11.4	17.0	1.0	10.7	17.3	4.8	4.1	5.7	1.2	3.9	5.7	2.3
3.2	3.1	－	3.6	3.1	3.7	11.9	16.8	1.0	11.4	17.8	4.8	4.0	5.3	1.1	3.8	5.2	2.5
4.3	3.8	6.6	4.3	4.6	3.2	11.7	18.0	1.3	10.6	18.0	4.6	4.2	5.8	1.4	3.8	5.5	2.4
3.0	2.2	1.6	3.0	2.5	2.2	12.9	19.2	1.7	11.8	19.1	5.4	4.9	6.4	1.9	4.5	5.9	3.0
3.1	2.9	1.7	3.2	3.3	2.7	11.8	17.3	1.2	10.5	18.3	4.5	4.3	6.0	1.4	3.8	5.6	2.4
4.5	4.4	6.9	4.7	6.0	3.8	10.3	15.6	1.2	9.0	15.8	3.8	4.1	5.7	1.1	3.6	5.3	2.1
2.4	2.1	－	2.7	3.6	2.1	10.9	15.8	1.4	9.5	15.1	4.3	4.9	6.9	1.3	4.2	6.1	2.7
5.8	5.0	－	6.1	5.6	4.3	11.3	15.9	0.9	10.2	15.8	3.3	4.0	4.9	1.2	3.6	4.7	1.7
2.8	2.7	－	2.7	2.7	3.1	10.2	14.4	0.8	9.2	14.8	3.0	3.5	4.6	0.9	3.2	4.9	1.2
3.2	3.0	4.4	3.5	3.9	2.7	11.9	17.7	1.2	10.8	17.9	4.4	4.3	5.7	1.3	3.9	5.4	2.3
3.3	2.8	12.0	3.4	3.0	2.9	12.0	17.3	1.1	11.0	17.5	4.8	4.2	5.6	1.3	3.9	5.4	2.3
4.7	4.5	－	4.8	4.8	4.4	10.4	15.4	1.0	9.2	15.3	3.8	4.1	5.6	1.0	3.6	5.4	1.9
3.9	3.7	－	3.8	3.6	3.2	10.4	15.5	1.0	9.3	15.6	3.3	3.8	4.6	1.2	3.4	4.5	1.7
3.2	3.3	－	3.3	3.6	3.0	11.6	18.3	1.0	10.7	18.6	4.3	4.2	6.1	1.4	3.9	6.1	2.1
2.3	2.2	－	2.4	1.8	2.1	10.8	15.1	1.0	9.4	14.7	3.8	4.2	5.1	1.3	3.7	4.7	2.1
3.7	3.5	10.1	3.8	4.7	2.8	10.3	17.0	1.4	9.0	15.7	3.5	4.4	6.7	1.5	3.9	6.3	2.0
3.5	3.2	5.4	3.7	3.5	3.3	13.5	20.9	1.7	11.8	19.9	5.4	4.8	6.7	1.8	4.2	6.1	2.7
2.5	2.6	－	2.8	3.7	2.1	11.0	15.8	1.0	9.6	15.1	3.9	4.1	5.6	1.1	3.6	5.4	1.7
4.0	3.8	－	3.9	5.1	2.3	11.1	16.5	1.1	9.5	15.6	4.1	4.2	5.8	1.2	3.6	5.4	1.9
2.5	2.4	－	2.6	2.5	2.1	11.5	17.6	1.1	10.0	16.3	4.3	4.5	6.2	1.4	3.9	5.8	2.2
4.4	3.6	16.1	4.7	3.4	4.9	11.4	16.9	1.1	10.0	16.8	3.9	4.3	5.9	1.2	3.8	5.5	2.1
3.6	3.5	8.3	3.9	4.2	3.7	11.5	17.7	1.2	10.0	16.4	4.2	5.2	7.5	1.6	4.5	6.9	2.4
4.4	4.1	5.6	4.3	4.2	4.0	11.6	17.7	1.2	10.0	16.5	4.3	4.6	6.4	1.5	3.9	5.9	2.3
2.7	2.5	2.7	3.0	3.0	2.7	15.2	24.8	2.4	14.4	24.1	7.8	6.4	9.6	2.3	6.0	9.4	3.9
3.5	3.1	4.8	3.7	3.2	3.1	17.3	30.0	1.9	16.6	32.8	6.5	4.4	6.9	1.9	4.3	6.6	3.4
3.9	2.8	4.2	4.2	4.2	2.5	13.6	19.7	1.8	11.6	19.3	4.9	5.6	6.6	1.9	4.8	5.7	3.0
2.6	2.2	－	2.6	2.8	2.0	13.5	20.9	1.3	12.6	22.5	4.6	4.0	5.6	1.6	3.7	5.3	2.6
2.7	1.8	－	2.9	2.9	1.3	12.6	17.8	0.8	12.3	20.8	4.1	3.7	4.5	1.1	3.6	4.7	2.1
3.8	3.4	13.2	3.8	4.1	2.9	11.2	17.6	1.3	11.0	18.9	5.1	4.1	5.9	1.1	4.0	5.6	2.8
4.1	3.1	8.2	4.3	3.1	3.6	12.4	18.0	1.1	12.2	20.9	4.4	4.1	5.4	1.4	4.1	5.6	2.6
3.2	2.5	－	3.2	2.4	1.9	15.9	21.6	1.1	16.4	25.9	5.0	4.1	4.5	1.2	4.2	4.7	2.4
3.6	3.3	21.7	3.7	3.6	3.2	10.9	17.1	1.1	10.9	18.8	4.9	4.5	6.4	1.7	4.4	6.7	2.9
4.6	2.8	－	4.5	3.7	1.9	10.8	14.8	0.8	9.9	15.2	3.0	3.3	4.2	0.9	3.0	4.1	1.4
2.7	2.0	－	3.2	2.9	1.6	11.5	16.4	1.1	10.8	16.8	4.3	4.0	5.1	1.3	3.8	5.1	2.1
2.2	2.1	18.5	2.8	2.5	3.2	12.0	16.1	0.9	11.6	17.6	4.3	3.9	4.9	1.1	3.8	5.2	2.0
3.3	3.1	5.0	3.7	3.9	3.5	14.2	21.4	1.7	13.8	22.9	6.6	4.5	6.1	1.9	4.3	5.9	3.3
4.0	3.6	4.8	4.0	3.9	3.3	13.0	20.9	1.8	11.5	20.1	5.3	4.3	6.1	1.7	3.8	5.4	2.7
2.9	1.8	3.8	3.0	2.7	1.6	16.0	24.9	2.5	14.9	24.0	7.5	5.5	7.1	2.7	5.1	6.1	4.1
3.2	2.4	－	3.2	4.1	1.9	12.4	18.2	1.7	11.2	18.0	5.5	5.1	6.8	1.7	4.6	6.3	3.0
2.0	1.8	－	2.2	2.0	1.5	12.3	19.3	1.4	10.8	19.0	4.5	4.6	6.4	1.6	4.0	5.6	2.5
4.3	3.8	－	4.3	3.5	3.7	13.6	19.5	1.5	12.3	19.5	5.0	4.5	5.6	1.5	4.1	5.2	2.6
3.2	2.7	15.3	3.3	2.8	3.0	13.3	19.1	1.4	12.2	19.3	5.4	4.5	6.1	1.5	4.1	5.4	2.7
4.2	3.6	9.0	4.3	3.8	3.8	12.9	20.5	1.5	11.2	19.5	5.0	4.7	6.6	1.8	4.1	6.1	2.5
3.7	3.6	3.7	4.0	4.2	3.8	16.3	25.6	2.5	14.2	23.9	7.0	4.9	6.7	2.3	4.3	5.9	3.2
2.8	2.6	－	2.8	2.7	2.6	13.3	20.6	1.5	11.6	19.0	5.1	4.8	6.4	1.8	4.1	5.6	2.7

Part I Outline of survey

1. Purpose of survey

Vital Statistics: Occupational and Industrial Aspects has been carried out with the objective to obtain basic data for health, labour and welfare policies, by demonstrating the relationship between Vital Statistics concerning live births, deaths, foetal deaths, marriages and divorces, and occupation and industry.

2. History of survey

This survey has been operated every year from start of Vital Statistics on 1899 to 1967.

Occupational and industrial survey was operated on the Population Census years since 1968 and this report has been issued every 5 years as "Report of Vital Statistics: Occupational and Industrial Aspects" since 1970.The incidences of live birth, death, foetal death, marriage and divorce are calculated considering population by occupation or industry to be denominator and analyzed.

In addition, regarding death, Cause of Death Statistics by Occupation and Industry was issued two times as mortality reports of Vital Statistics on 1951-1952 and 1954-1956.

3. Object, count range and items of survey

	Object range	Count range	Items
Live birth	Whole numbers of cases that were registered pursuant to the provisions of the Family Registration Act and the Regulations Regarding Notification of Foetal Deaths	Except mothers aged below 15	Parents' occupations at the child's birth
Death		Except persons aged below 15	The person's occupation and industry at death
Foetal death		Except mothers aged below 15	Parents' occupation at foetal death
Marriage		Japanese in Japan	Occupation of bride and groom before they live together
Divorce			Occupation of wife and husband before they separate

4. Term of survey

The survey was conducted for cases that occurred during the period from April 1, 2015 to March 31, 2016 and were registered within the given time.

5. Method of survey

The applicable classification numbers of occupation or industry that was notified were filled in the survey form when it was registered at the municipality.

The obligatory person of the notification and the given time are as follows:

Classification	Obligatory person	Notify to	Given time[1]
Live birth	1:Mother or father 2:Inmate 3:Physician, midwife or other attendant	Mayor of the municipality	14 days
Death	1:Relative who lives together 2:Other person who lives together 3:Landlord or landowner or caretaker of house or site 4:Relative except the relative who lives together, guardian, curator, assistant and voluntary guardian		7 days
Foetal death	1:Mother or father 2:Inmate 3:Physician who was attendant 4:Midwife who was attendant 5:Other who was attendant		7 days
Marriage	Bride and groom	Mayor of the municipality of groom's or bride's residence or family registry	No regulation
Divorce	Wife and husband		No regulation regard with agreement; 10 days regard with conciliation, adjudication, compromise, acknowledgment of claim, or a judgment

Note:1) It was counted from the occurrence day about live birth, death or divorce at the court. For foetal death, it was counted from the next day.

6. Report route of survey

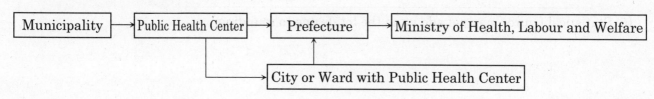

7. Summing up of results

Summing was conducted by the Director-General for Statistics and Information Policy (Responsible for the Statistics and Information Policy).

8. Instructions

(1) This survey is operated on the fiscal year (from April 1st of the year to the end of March of the next year), so it is inconsistent with the results of Vital Statistics that is operated on the year (January 1st to the end of December). For live birth and foetal death by occupation of father, it is only limited to children born in wedlock.

(2) Occupation and industry are in accordance with the standards of statistics: "Japan Standard Occupational Classification" and "Japan Standard Industrial classification". For the classification of occupation and industry, the following should be noted:

1) Occupation and industry indicates the situation at a specific time when an event (live birth, death, foetal death, marriage or divorce) occurs, but not the situation throughout a person's life or occupation and industry in which a person has engaged for a long time. (See "3. Object, count range and items of survey" in page 60)

2) Population used for calculating each rate is based on the Population in Japan (unknown people have been proportionally distributed), "2015 Population Census (Statistics Bureau, Ministry of Internal Affairs and Communications)". The situation of occupation and industry as of October 1st, 2015 is shown.

(3) Mothers aged below 15 are not included in the number of live births and foetal deaths, and persons aged below 15 are not included the number of deaths. However, persons aged below 15 may be included in the number of "age not stated" because they are not identified.

(4) Symbols used in the tables

-	Magnitude zero
...	Data not available, or the indication of data is not appropriate
·	Category not applicable
0.0	Figure less than 0.05

(5) Statistical figures may not add up to the totals due to rounding.

Part II Summary of results

1. Natality

(1) Live births by employment status/occupation of parents

As for live births of children born in wedlock in FY2015 by employment status of father, employed fathers stood at 924,472 (94.3%), and non-employed fathers stood at 11,461 (1.2%).

As for live births of children born in FY2015 by employment status of mother, employed mothers stood at 425,110 (42.4%), and non-employed mothers stood at 536,758 (53.5%), and employed mothers have a 11.4 point increase from 31.0% in the previous survey in FY2010.

The standardized live birth rates (per 1,000 population) in FY2015 by occupation of parents were the highest in "Professional and engineering workers" for fathers at 48.5 and in "Construction and mining workers" for mothers at 42.0. (Table 1)

Table 1. Live births, live birth rates, and age-standardized live birth rates by employment status/occupation of parents, FY2010/2015

Employment status/occupation	FY2015				FY2010			
	Live births (persons)	Proportion (%)	Live birth rates (per 1,000 population)	Age-standardized live birth rates (per 1,000 population)	Live births (persons)	Proportion (%)	Live birth rates (per 1,000 population)	Age-standardized live birth rates (per 1,000 population)
Father								
Total	980 219	100.0	18.5	25.0	1 043 750	100.0	19.7	24.2
Total number of employed persons (Employed)	924 472	94.3	28.3	31.0	981 962	94.1	29.2	29.5
A. Administrative and managerial workers	28 181	2.9	24.4	...	36 769	3.5	30.4	...
B. Professional and engineering workers	251 798	25.7	52.4	48.5	249 794	23.9	55.4	49.4
C. Clerical workers	113 369	11.6	25.4	28.6	122 444	11.7	27.9	28.6
D. Sales workers	110 034	11.2	26.6	26.0	125 105	12.0	27.2	24.5
E. Service workers	101 597	10.4	47.4	45.8	109 665	10.5	50.0	45.2
F. Security workers	35 644	3.6	35.1	34.1	33 123	3.2	33.0	31.4
G. Agricultural, forestry and fishery workers	14 825	1.5	11.1	29.8	15 316	1.5	10.6	30.3
H. Manufacturing process workers	110 505	11.3	20.0	19.5	123 594	11.8	21.0	19.1
I. Transport and machine operation workers	32 368	3.3	16.8	31.1	41 565	4.0	20.6	33.0
J. Construction and mining workers	81 695	8.3	32.6	45.3	78 244	7.5	30.1	36.9
K. Carrying, cleaning, packaging, and related workers	20 077	2.0	9.9	11.9	21 226	2.0	11.0	12.0
L. Occupation not stated	24 379	2.5	...	...	25 117	2.4	...	...
Non-employed	11 461	1.2	0.7	3.3	17 222	1.7	1.1	3.8
Not stated	44 286	4.5	...	...	44 566	4.3	...	...
Mother								
Total	1 003 169	100.0	17.7	27.5	1 066 784	100.0	18.8	26.3
Total number of employed persons (Employed)	425 110	42.4	16.7	18.1	330 477	31.0	13.2	13.0
A. Administrative and managerial workers	5 137	0.5	22.9	...	4 917	0.5	25.3	...
B. Professional and engineering workers	151 213	15.1	33.8	28.2	117 371	11.0	29.1	22.0
C. Clerical workers	129 262	12.9	19.3	18.5	103 673	9.7	15.9	13.1
D. Sales workers	32 878	3.3	10.2	10.6	25 329	2.4	7.6	7.4
E. Service workers	65 135	6.5	14.1	17.5	45 073	4.2	9.9	11.3
F. Security workers	2 941	0.3	43.2	32.6	2 487	0.2	41.6	28.6
G. Agricultural, forestry and fishery workers	4 194	0.4	5.3	25.6	3 907	0.4	4.5	25.9
H. Manufacturing process workers	16 272	1.6	7.4	10.2	13 828	1.3	5.9	7.9
I. Transport and machine operation workers	1 552	0.2	23.0	29.5	1 456	0.1	24.1	24.8
J. Construction and mining workers	1 911	0.2	31.2	42.0	1 566	0.1	28.8	40.5
K. Carrying, cleaning, packaging, and related workers	1 717	0.2	0.9	2.2	1 140	0.1	0.7	1.5
L. Occupation not stated	12 898	1.3	...	...	9 730	0.9	...	...
Non-employed	536 758	53.5	19.6	59.8	693 903	65.0	24.5	57.9
Not stated	41 301	4.1	...	...	42 404	4.0	...	...

Note: The number of live births by occupation of father takes children born in wedlock as the subjects

(2) Live births by employment status/occupation of parents and live birth order

As for live births in FY2015 by employment status of mother and live birth order, first children with employed mothers stood at 217,646 (45.8% of all first children), and they have a 11.3 point increase from 34.5% in the previous survey. As for the change in proportions by occupation from the previous survey, "Professional and engineering" increased by 4 points and "Clerical workers" increased by 3.2 points.

Similarly, in FY2015, the proportions of second children and third children with employed mothers are 39.7% and 38.4% respectively, and as the number of children increased, the proportion of employed mothers decreased. (Table 2)

Table 2. Live births and percent distribution by employment status/occupation of parents and live birth order, FY2010/2015

Employment status/occupation of parents	FY2015 Father Live births of children born in wedlock (persons)	FY2015 Father Proportion (%)	FY2015 Mother Live births (persons)	FY2015 Mother Proportion (%)	FY2010 Father Live births of children born in wedlock (persons)	FY2010 Father Proportion (%)	FY2010 Mother Live births (persons)	FY2010 Mother Proportion (%)
First child								
Total	461 992	100.0	475 671	100.0	492 482	100.0	505 722	100.0
Total number of employed persons (Employed)	434 358	94.0	217 646	45.8	462 032	93.8	174 558	34.5
A. Administrative and managerial workers	11 985	2.6	2 353	0.5	15 462	3.1	2 152	0.4
B. Professional and engineering workers	125 147	27.1	77 953	16.4	124 406	25.3	62 819	12.4
C. Clerical workers	55 776	12.1	69 043	14.5	58 944	12.0	57 110	11.3
D. Sales workers	53 659	11.6	17 702	3.7	61 383	12.5	13 632	2.7
E. Service workers	49 642	10.7	31 678	6.7	54 880	11.1	22 719	4.5
F. Security workers	16 272	3.5	1 522	0.3	15 773	3.2	1 357	0.3
G. Agricultural, forestry and fishery workers	5 821	1.3	1 173	0.2	6 325	1.3	1 217	0.2
H. Manufacturing process workers	49 037	10.6	7 341	1.5	55 568	11.3	6 563	1.3
I. Transport and machine operation workers	13 270	2.9	822	0.2	16 735	3.4	787	0.2
J. Construction and mining workers	33 547	7.3	744	0.2	31 701	6.4	646	0.1
K. Carrying, cleaning, packaging, and related workers	8 520	1.8	555	0.1	9 008	1.8	396	0.1
L. Occupation not stated	11 682	2.5	6 760	1.4	11 847	2.4	5 160	1.0
Non-employed	6 280	1.4	237 466	49.9	9 297	1.9	310 445	61.4
Not stated	21 354	4.6	20 559	4.3	21 153	4.3	20 719	4.1
Second child								
Total	358 430	100.0	362 931	100.0	383 693	100.0	388 279	100.0
Total number of employed persons (Employed)	339 164	94.6	144 258	39.7	362 445	94.5	107 025	27.6
A. Administrative and managerial workers	10 448	2.9	1 740	0.5	14 128	3.7	1 735	0.4
B. Professional and engineering workers	92 441	25.8	52 345	14.4	90 818	23.7	38 901	10.0
C. Clerical workers	42 843	12.0	44 309	12.2	46 874	12.2	33 335	8.6
D. Sales workers	40 592	11.3	10 216	2.8	46 105	12.0	7 490	1.9
E. Service workers	35 695	10.0	21 212	5.8	38 241	10.0	14 123	3.6
F. Security workers	13 240	3.7	1 006	0.3	11 954	3.1	810	0.2
G. Agricultural, forestry and fishery workers	5 231	1.5	1 518	0.4	5 417	1.4	1 347	0.3
H. Manufacturing process workers	41 675	11.6	5 706	1.6	47 208	12.3	4 731	1.2
I. Transport and machine operation workers	11 946	3.3	500	0.1	15 643	4.1	424	0.1
J. Construction and mining workers	28 673	8.0	641	0.2	28 756	7.5	507	0.1
K. Carrying, cleaning, packaging, and related workers	7 266	2.0	572	0.2	7 831	2.0	383	0.1
L. Occupation not stated	9 114	2.5	4 493	1.2	9 470	2.5	3 239	0.8
Non-employed	3 232	0.9	204 340	56.3	4 984	1.3	266 390	68.6
Not stated	16 034	4.5	14 333	3.9	16 264	4.2	14 864	3.8
Third child and subsequent children								
Total	159 797	100.0	164 567	100.0	167 575	100.0	172 783	100.0
Total number of employed persons (Employed)	150 950	94.5	63 206	38.4	157 485	94.0	48 894	28.3
A. Administrative and managerial workers	5 748	3.6	1 044	0.6	7 179	4.3	1 030	0.6
B. Professional and engineering workers	34 210	21.4	20 915	12.7	34 570	20.6	15 651	9.1
C. Clerical workers	14 750	9.2	15 910	9.7	16 626	9.9	13 228	7.7
D. Sales workers	15 783	9.9	4 960	3.0	17 617	10.5	4 207	2.4
E. Service workers	16 260	10.2	12 245	7.4	16 544	9.9	8 231	4.8
F. Security workers	6 132	3.8	413	0.3	5 396	3.2	320	0.2
G. Agricultural, forestry and fishery workers	3 773	2.4	1 503	0.9	3 574	2.1	1 343	0.8
H. Manufacturing process workers	19 793	12.4	3 225	2.0	20 818	12.4	2 534	1.5
I. Transport and machine operation workers	7 152	4.5	230	0.1	9 187	5.5	245	0.1
J. Construction and mining workers	19 475	12.2	526	0.3	17 787	10.6	413	0.2
K. Carrying, cleaning, packaging, and related workers	4 291	2.7	590	0.4	4 387	2.6	361	0.2
L. Occupation not stated	3 583	2.2	1 645	1.0	3 800	2.3	1 331	0.8
Non-employed	1 949	1.2	94 952	57.7	2 941	1.8	117 068	67.8
Not stated	6 898	4.3	6 409	3.9	7 149	4.3	6 821	3.9

Note: Live birth order refers the number of children to-date born alive to same mother.

(3) Mean ages of parents of the first child by employment status/occupation of parents

Mean ages of parents at the time of birth of their 1st child in FY2015, by employment status of parents, stood at 32.8 years for employed fathers, and 31.0 years for non-employed fathers; and 31.5 years for employed mothers, and 29.9 years for non-employed mothers. (32.0 years for employed fathers, 30.3 years for unemployed fathers, and 30.9 years for employed mothers and 29.4 years for unemployed mothers in the previous survey).

Similarly, the mean age of fathers at the time of birth of his 1st child by occupation was the highest in "Administrative and managerial workers" at 37.6 years and the lowest in "Construction and mining workers" at 30.5 years.

Furthermore, the mean age of mothers at the time of birth of her 1st child by occupation of mother was the highest in "Administrative and managerial workers" at 33.8 years and the lowest in "Security workers" at 29.4 years. (Table 3)

Table 3. Mean ages of parents of the first child in live birth order by employment status/occupation of parents, FY2010/2015

(years old)

Employment status/occupation of parents	FY2015		FY2010	
	Father	Mother	Father	Mother
Total	32.8	30.7	32.0	30.0
Total number of employed persons (Employed)	32.8	31.5	32.0	30.9
A. Administrative and managerial workers	37.6	33.8	36.8	33.2
B. Professional and engineering workers	33.4	31.5	32.7	31.0
C. Clerical workers	33.7	32.3	33.2	31.7
D. Sales workers	32.9	31.0	32.0	30.3
E. Service workers	32.3	30.3	31.0	29.8
F. Security workers	30.9	29.4	30.3	29.1
G. Agricultural, forestry and fishery workers	32.4	31.5	31.2	30.1
H. Manufacturing process workers	31.5	29.5	30.6	29.0
I. Transport and machine operation workers	33.1	31.0	32.0	30.3
J. Construction and mining workers	30.5	31.6	30.4	31.0
K. Carrying, cleaning, packaging, and related workers	32.1	30.4	30.8	29.8
Non-employed	31.0	29.9	30.3	29.4

Notes: 1) Live birth order refers the number of children to-date born alive to same mother.
2) The number of live births by occupation of father takes children born in wedlock as the subjects.
3) The total includes "employment status not stated", and the total number of employed persons (employed) includes "occupation not stated".

2. General mortality

(1) Deaths by sex and employment status/occupation

As for the deaths in FY2015 by sex and employment status, 81,022 men were employed at the time of death (12.2% of the total of male deaths), and 525,996 (79.2%) were non-employed, whereas 30,441 women were employed at the time of death (4.9% of the total of female deaths) and 543,865 (87.8%) were non-employed.

Age-adjusted death rate by sex and occupation in FY2015 (per 1,000 population) was the highest in "Service workers" for men at 4.8, and in "Construction and mining workers" for women at 22.9. (Table 4)

Table 4. Deaths, death rates and age-adjusted death rates by sex and employment status/occupation, FY2015

Employment status/occupation	Deaths (persons)	Proportion (%)	Death rates (per 1,000 population)	Age-adjusted death rates (per 1,000 population)	Mean age at the time of death (years old)
Male					
Total	664 204	100.0	12.5	6.4	77.7
Total number of employed persons (Employed)	81 022	12.2	2.5	2.8	68.0
A. Administrative and managerial workers	7 939	1.2	6.9	...	73.2
B. Professional and engineering workers	10 542	1.6	2.2	3.5	66.1
C. Clerical workers	3 534	0.5	0.8	1.2	58.3
D. Sales workers	8 023	1.2	1.9	2.5	68.5
E. Service workers	9 098	1.4	4.2	4.8	66.5
F. Security workers	1 253	0.2	1.2	1.4	59.3
G. Agricultural, forestry and fishery workers	15 136	2.3	11.3	4.1	77.6
H. Manufacturing process workers	6 152	0.9	1.1	1.5	61.6
I. Transport and machine operation workers	3 357	0.5	1.7	2.3	61.2
J. Construction and mining workers	6 703	1.0	2.7	3.5	62.8
K. Carrying, cleaning, packaging, and related workers	1 816	0.3	0.9	0.8	61.4
L. Occupation not stated	7 469	1.1	...	...	...
Non-employed	525 996	79.2	33.2	13.2	79.6
Not stated	57 186	8.6	...	...	...
Female					
Total	619 502	100.0	10.9	3.9	84.3
Total number of employed persons (Employed)	30 441	4.9	1.2	1.7	72.7
A. Administrative and managerial workers	2 285	0.4	10.2	...	77.9
B. Professional and engineering workers	3 559	0.6	0.8	2.8	67.0
C. Clerical workers	2 357	0.4	0.4	0.6	60.3
D. Sales workers	3 299	0.5	1.0	1.4	73.2
E. Service workers	5 260	0.8	1.1	1.7	69.4
F. Security workers	240	0.0	3.5	...	71.1
G. Agricultural, forestry and fishery workers	5 099	0.8	6.5	2.0	82.0
H. Manufacturing process workers	1 683	0.3	0.8	1.2	68.6
I. Transport and machine operation workers	643	0.1	9.5	...	71.7
J. Construction and mining workers	1 124	0.2	18.4	22.9	72.6
K. Carrying, cleaning, packaging, and related workers	541	0.1	0.3	0.3	68.8
L. Occupation not stated	4 351	0.7	...	...	...
Non-employed	543 865	87.8	19.9	5.0	85.2
Not stated	45 196	7.3	...	...	...

(2) Deaths by sex and employment status/industry

Age-adjusted death rate by sex and industry in FY2015 (per 1,000 population) was the highest in "Mining and quarrying of stone and gravel" for men at 31.4 and in "Compound services" for women at 6.5. (Table 5)

Table 5. Deaths, death rates and age-adjusted death rates by sex and employment status/industry, FY2015

Employment status/industry	Deaths (persons)	Proportion (%)	Death rates (per 1,000 population)	Age-adjusted death rates (per 1,000 population)	Mean age at the time of death (years old)
Male					
Total	664 204	100.0	12.5	6.4	77.7
Total number of employed persons (Employed)	81 022	12.2	2.5	2.8	68.0
Primary sector	16 066	2.4	11.9	4.5	77.2
A. Agriculture and forestry	14 813	2.2	12.0	4.2	77.8
B. Fisheries	1 253	0.2	10.9	6.5	70.1
Secondary sector	18 391	2.8	1.8	2.6	63.7
C. Mining and quarrying of stone and gravel	459	0.1	24.6	31.4	63.6
D. Construction	8 877	1.3	2.5	3.0	64.0
E. Manufacturing	9 055	1.4	1.4	2.2	63.4
Tertiary sector	36 364	5.5	1.9	2.3	66.2
F. Electricity, gas, heat supply and water	1 366	0.2	5.6	...	62.9
G. Information and communications	1 831	0.3	1.5	7.5	62.2
H. Transport and postal activities	4 296	0.6	1.8	2.4	60.8
I. Wholesale and retail trade	7 160	1.1	1.7	1.9	69.3
J. Finance and insurance	1 150	0.2	1.8	4.9	62.7
K. Real estate and goods rental and leasing	2 820	0.4	3.9	2.5	76.9
L. Scientific research, professional and technical services	2 224	0.3	1.8	1.9	67.9
M. Accommodation, eating and drinking services	3 195	0.5	2.7	3.3	65.3
N. Living-related and personal services and amusement services	2 115	0.3	2.6	2.3	67.4
O. Education, learning support	1 033	0.2	0.9	1.3	62.0
P. Medical, health care and welfare	2 784	0.4	1.6	2.2	66.6
Q. Compound services	339	0.1	1.2	4.7	59.9
R. Services not elsewhere classified	4 482	0.7	2.1	2.0	66.9
S. Government	1 569	0.2	1.1	2.6	55.8
T. Industries not stated	10 201	1.5	...	...	...
Non-employed	525 996	79.2	33.2	13.2	79.6
Not stated	57 186	8.6	...	...	...
Female					
Total	619 502	100.0	10.9	3.9	84.3
Total number of employed persons (Employed)	30 441	4.9	1.2	1.7	72.7
Primary sector	5 523	0.9	6.5	2.3	81.5
A. Agriculture and forestry	5 200	0.8	6.4	2.1	82.2
B. Fisheries	323	0.1	8.8	...	71.0
Secondary sector	4 782	0.8	1.4	2.3	69.8
C. Mining and quarrying of stone and gravel	157	0.0	45.3	...	69.4
D. Construction	1 774	0.3	2.6	3.6	71.5
E. Manufacturing	2 851	0.5	1.0	1.8	68.8
Tertiary sector	14 781	2.4	0.7	1.3	69.4
F. Electricity, gas, heat supply and water	329	0.1	8.0	...	70.0
G. Information and communications	542	0.1	1.2	...	68.6
H. Transport and postal activities	868	0.1	1.5	5.5	69.6
I. Wholesale and retail trade	3 089	0.5	0.7	1.0	71.4
J. Finance and insurance	469	0.1	0.6	2.4	65.0
K. Real estate and goods rental and leasing	1 575	0.3	3.3	1.9	83.5
L. Scientific research, professional and technical services	656	0.1	1.0	2.2	69.4
M. Accommodation, eating and drinking services	1 711	0.3	0.9	1.1	67.3
N. Living-related and personal services and amusement services	1 296	0.2	1.0	1.1	68.2
O. Education, learning support	624	0.1	0.4	1.0	64.9
P. Medical, health care and welfare	1 919	0.3	0.4	0.9	60.8
Q. Compound services	128	0.0	0.7	6.5	66.4
R. Services not elsewhere classified	1 172	0.2	0.9	1.1	71.4
S. Government	403	0.1	0.7	3.7	62.2
T. Industries not stated	5 355	0.9	...	...	...
Non-employed	543 865	87.8	19.9	5.0	85.2
Not stated	45 196	7.3	...	...	...

(3) Deaths by leading causes of death by sex and employment status/occupation

As for the proportion of leading causes of male deaths by employment status in FY2015, "malignant neoplasms" was the largest for both employed (39.4%) and non-employed (32.1%).

By occupation, the percentage of "malignant neoplasms" was highest in "Administrative and managerial workers" at 44.5% and the lowest in "Security workers" at 31.0%.

For the causes of death, "malignant neoplasms" is followed by heart disease, cerebrovascular disease, suicide, and accidents in this order for employed males, and by heart disease, pneumonia, cerebrovascular disease, and accidents in this order for non-employed males. (Figure 1-1, Table 6-1)

Figure 1-1. Percent distribution of deaths by leading causes of death by employment status/occupation (male), FY2015

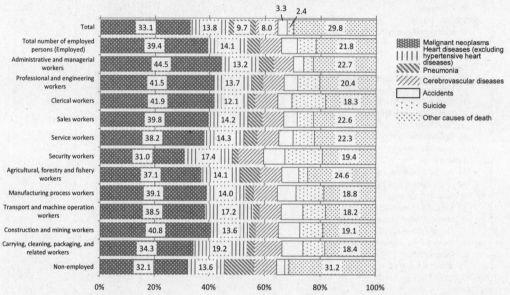

Notes: 1) Other causes of death include causes unknown.
2) The total includes "employment status not stated" and the total number of employed persons (employed) includes "occupation not stated".

Table 6-1. Deaths by leading causes of death by employment status/occupation (male), FY2015

(persons)

Employment status/occupation	All causes of death	Malignant neoplasms	Heart diseases (excluding hypertensive heart diseases)	Pneumonia	Cerebrovascular diseases	Accidents	Suicide	Other causes of death
Total	664 204	220 077	91 360	64 394	53 126	21 763	15 835	197 649
Total number of employed persons (Employed)	81 022	31 904	11 457	3 723	6 350	4 509	5 435	17 644
A. Administrative and managerial workers	7 939	3 536	1 045	426	563	290	274	1 805
B. Professional and engineering workers	10 542	4 377	1 443	438	786	513	830	2 155
C. Clerical workers	3 534	1 480	427	84	292	177	429	645
D. Sales workers	8 023	3 191	1 136	410	616	384	476	1 810
E. Service workers	9 098	3 474	1 304	420	716	460	694	2 030
F. Security workers	1 253	389	218	28	111	96	168	243
G. Agricultural, forestry and fishery workers	15 136	5 608	2 141	1 071	1 180	929	480	3 727
H. Manufacturing process workers	6 152	2 407	861	182	520	412	613	1 157
I. Transport and machine operation workers	3 357	1 294	579	80	263	260	271	610
J. Construction and mining workers	6 703	2 734	909	160	549	513	555	1 283
K. Carrying, cleaning, packaging, and related workers	1 816	623	349	50	180	137	142	335
L. Occupation not stated	7 469	2 791	1 045	374	574	338	503	1 844
Non-employed	525 996	168 967	71 587	55 936	42 432	15 130	8 005	163 939
Not stated	57 186	19 206	8 316	4 735	4 344	2 124	2 395	16 066

Note: Other causes of death include causes unknown.

Subsequently, as for the proportion of leading causes of female deaths by employment status, "malignant neoplasms" was the largest for both employed (38.5%) and non-employed (23.4%).

By occupation, the percentage of "malignant neoplasms" was highest in "Clerical workers" at 50.7% and the lowest in "Agricultural, forestry and fishery workers" at 30.6%.

For the causes of death, "malignant neoplasms" is followed by heart disease, cerebrovascular disease, pneumonia, and suicide in this order for employed females, and by heart disease, cerebrovascular disease, pneumonia, and accidents in this order for non-employed females. (Figure 1-2, Table 6-2)

Figure 1-2. Percent distribution of deaths by leading causes of death by employment status/occupation (female), FY2015

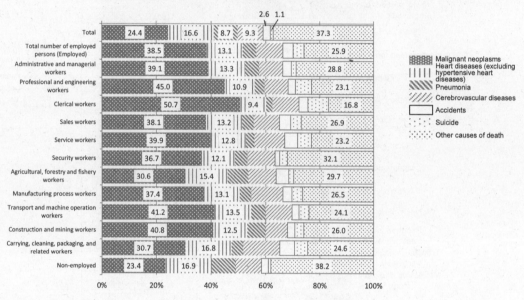

Notes: 1) Other causes of death include causes unknown.
2) The total includes "employment status not stated" and the total number of employed persons (employed) includes "occupation not stated".

Table 6-2. Deaths by leading causes of death by employment status/occupation (Female), FY2015

(persons)

Employment status/occupation	All causes of death	Malignant neoplasms	Heart diseases (excluding hypertensive heart diseases)	Pneumonia	Cerebrovascular diseases	Accidents	Suicide	Other causes of death
Total	619 502	151 183	102 935	53 656	57 553	16 020	6 851	231 304
Total number of employed persons (Employed)	30 441	11 706	3 985	1 505	2 980	1 143	1 223	7 899
A. Administrative and managerial workers	2 285	894	304	117	198	73	42	657
B. Professional and engineering workers	3 559	1 601	388	129	310	96	212	823
C. Clerical workers	2 357	1 196	221	54	231	78	181	396
D. Sales workers	3 299	1 256	437	139	311	140	130	886
E. Service workers	5 260	2 100	675	162	583	253	266	1 221
F. Security workers	240	88	29	11	24	4	7	77
G. Agricultural, forestry and fishery workers	5 099	1 562	787	380	522	235	97	1 516
H. Manufacturing process workers	1 683	629	220	70	194	58	66	446
I. Transport and machine operation workers	643	265	87	34	62	16	24	155
J. Construction and mining workers	1 124	459	140	75	89	32	37	292
K. Carrying, cleaning, packaging, and related workers	541	166	91	23	72	30	26	133
L. Occupation not stated	4 351	1 490	606	311	384	128	135	1 297
Non-employed	543 865	127 053	91 812	48 524	50 568	13 657	4 739	207 512
Not stated	45 196	12 424	7 138	3 627	4 005	1 220	889	15 893

Note: Other causes of death include causes unknown.

(4) Deaths by leading causes of death by sex and employment status/industry

As for the proportions of leading causes of male death by industry in FY2015, "malignant neoplasms" was the highest in "Scientific research, professional and technical services" at 44.6% and the lowest in "Real estate and goods rental and leasing" for 36.7%.

In addition, "Heart disease" was highest in "Transport and postal activities" at 17.3% and lowest in "Finance and insurance" at 11.7%. (Figure 2-1, Table 7-1)

Figure 2-1. Percent distribution of deaths by leading causes of death by employment status/industry (male), FY2015

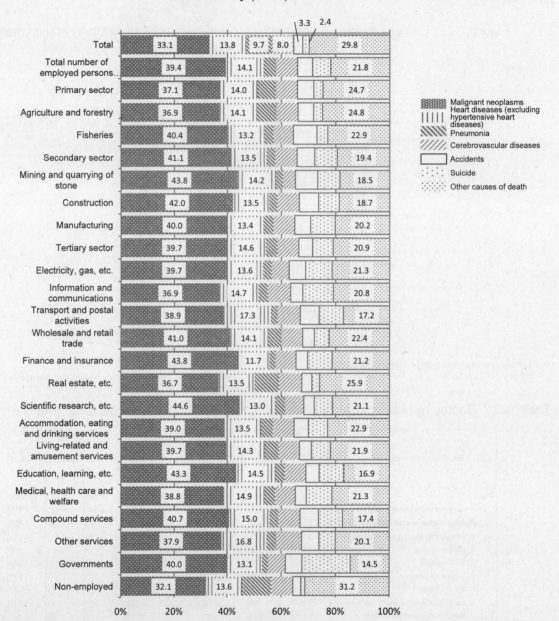

Notes: 1) Other causes of death include causes unknown.
2) The total includes "employment status not stated", and the total number of employed persons (employed) includes "industries not stated".

Table 7-1. Deaths by leading causes of death by employment status/industry (male), FY2015

(persons)

Employment status/industry	All causes of death	Malignant neoplasms	Heart diseases (excluding hypertensive heart diseases)	Pneumonia	Cerebrovascular diseases	Accidents	Suicide	Other causes of death
Total	664 204	220 077	91 360	64 394	53 126	21 763	15 835	197 649
Total number of employed persons (Employed)	81 022	31 904	11 457	3 723	6 350	4 509	5 435	17 644
Primary sector	16 066	5 967	2 254	1 112	1 260	975	533	3 965
A. Agriculture and forestry	14 813	5 461	2 088	1 067	1 170	866	483	3 678
B. Fisheries	1 253	506	166	45	90	109	50	287
Secondary sector	18 391	7 555	2 479	599	1 448	1 213	1 520	3 577
C. Mining and quarrying of stone and gravel	459	201	65	12	21	38	37	85
D. Construction	8 877	3 729	1 200	254	722	642	668	1 662
E. Manufacturing	9 055	3 625	1 214	333	705	533	815	1 830
Tertiary sector	36 364	14 429	5 319	1 526	2 880	1 856	2 747	7 607
F. Electricity, gas, heat supply and water	1 366	542	186	42	87	84	134	291
G. Information and communications	1 831	676	270	62	153	83	206	381
H. Transport and postal activities	4 296	1 669	742	107	355	302	383	738
I. Wholesale and retail trade	7 160	2 936	1 007	359	556	311	388	1 603
J. Finance and insurance	1 150	504	135	27	86	50	104	244
K. Real estate and goods rental and leasing	2 820	1 034	382	252	238	105	78	731
L. Scientific research, professional and technical services	2 224	993	289	85	154	84	149	470
M. Accommodation, eating and drinking services	3 195	1 246	430	142	249	170	226	732
N. Living-related and personal services and amusement services	2 115	839	302	106	164	93	148	463
O. Education, learning support	1 033	447	150	34	82	51	94	175
P. Medical, health care and welfare	2 784	1 079	416	109	210	115	261	594
Q. Compound services	339	138	51	11	27	23	30	59
R. Services not elsewhere classified	4 482	1 698	754	156	420	288	267	899
S. Government	1 569	628	205	34	99	97	279	227
T. Industries not stated	10 201	3 953	1 405	486	762	465	635	2 495
Non-employed	525 996	168 967	71 587	55 936	42 432	15 130	8 005	163 939
Not stated	57 186	19 206	8 316	4 735	4 344	2 124	2 395	16 066

Note: Other causes of death include causes unknown.

Subsequently, as for the proportion of leading causes of female deaths by industry, "malignant neoplasms" was the highest in "Finance and insurance" at 52.2% and the lowest in "Real estate and goods rental and leasing" for 29.3%.

In addition, "Heart disease" was highest in "Real estate and goods rental and leasing" at 16.8% and lowest in "Medical, health care and welfare" at 8.9%. (Figure 2-2, Table 7-2)

Figure 2-2. Percent distribution of deaths by leading causes of death by employment status/industry (female), FY2015

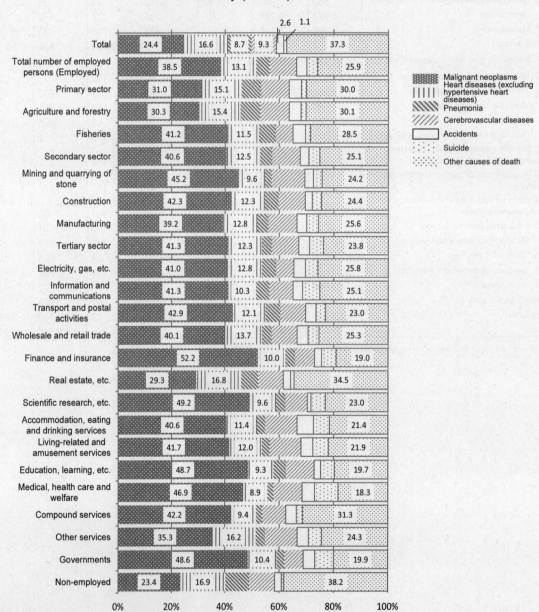

Notes: 1) Other causes of death include causes unknown.
2) The total includes "employment status not stated", and the total number of employed persons (employed) includes "industries not stated".

Table 7-2. Deaths by leading causes of death by employment status/industry (female), FY2015

(persons)

Employment status/industry	All causes of death	Malignant neoplasms	Heart diseases (excluding hypertensive heart diseases)	Pneumonia	Cerebrovascular diseases	Accidents	Suicide	Other causes of death
Total	619 502	151 183	102 935	53 656	57 553	16 020	6 851	231 304
Total number of employed persons (Employed)	30 441	11 706	3 985	1 505	2 980	1 143	1 223	7 899
Primary sector	5 523	1 711	836	403	565	246	103	1 659
A. Agriculture and forestry	5 200	1 578	799	383	545	231	97	1 567
B. Fisheries	323	133	37	20	20	15	6	92
Secondary sector	4 782	1 940	598	211	490	154	189	1 200
C. Mining and quarrying of stone and gravel	157	71	15	4	19	5	5	38
D. Construction	1 774	750	219	91	174	47	61	432
E. Manufacturing	2 851	1 119	364	116	297	102	123	730
Tertiary sector	14 781	6 102	1 824	548	1 465	587	740	3 515
F. Electricity, gas, heat supply and water	329	135	42	17	21	14	15	85
G. Information and communications	542	224	56	26	47	19	34	136
H. Transport and postal activities	868	372	105	47	82	32	30	200
I. Wholesale and retail trade	3 089	1 239	424	109	286	127	123	781
J. Finance and insurance	469	245	47	17	34	12	25	89
K. Real estate and goods rental and leasing	1 575	461	264	99	144	42	21	544
L. Scientific research, professional and technical services	656	323	63	23	53	9	34	151
M. Accommodation, eating and drinking services	1 711	695	195	49	202	103	101	366
N. Living-related and personal services and amusement services	1 296	540	155	38	149	56	74	284
O. Education, learning support	624	304	58	28	65	15	31	123
P. Medical, health care and welfare	1 919	900	171	41	203	88	165	351
Q. Compound services	128	54	12	3	11	5	3	40
R. Services not elsewhere classified	1 172	414	190	39	140	48	56	285
S. Government	403	196	42	12	28	17	28	80
T. Industries not stated	5 355	1 953	727	343	460	156	191	1 525
Non-employed	543 865	127 053	91 812	48 524	50 568	13 657	4 739	207 512
Not stated	45 196	12 424	7 138	3 627	4 005	1 220	889	15 893

Note: Other causes of death include causes unknown.

3. Foetal and perinatal mortality

(1) Foetal and perinatal deaths by employment status/occupation of mother

Foetal death rates (per 1,000 total births) by employment status/occupation of mother in FY2015 stood at 23.1 for employed and at 16.8 for non-employed. (29.8 for employed and 18.6 for non-employed in the previous survey) (Table 8).

Perinatal death rates (per 1,000 total births) by employment status of mother in FY2015 stood at 3.6 for employed and at 3.1 for non-employed. (4.4 for employed and 3.7 for non-employed in the previous survey) (Table 9).

Table 8. Foetal deaths and foetal death rates by employment status/occupation of mother, FY2010/2015

Employment status/occupation of mother	FY2015 Foetal deaths Total (Foetuses)	Spontaneous foetal death (Foetuses)	Artificial foetal death (Foetuses)	FY2015 Death rates Total (per 1,000 total births)	Spontaneous foetal death (per 1,000 total births)	Artificial foetal death (per 1,000 total births)	FY2010 Foetal deaths Total (Foetuses)	Spontaneous foetal death (Foetuses)	Artificial foetal death (Foetuses)	FY2010 Death rates Total (per 1,000 total births)	Spontaneous foetal death (per 1,000 total births)	Artificial foetal death (per 1,000 total births)
Total	22 168	10 808	11 360	21.6	10.5	11.1	26 412	12 353	14 059	24.2	11.3	12.9
Total number of employed persons (Employed)	10 037	5 003	5 034	23.1	11.5	11.6	10 138	4 581	5 557	29.8	13.4	16.3
A. Administrative and managerial workers	99	66	33	18.9	12.6	6.3	122	82	40	24.2	16.3	7.9
B. Professional and engineering workers	2 322	1 429	893	15.1	9.3	5.8	2 111	1 195	916	17.7	10.0	7.7
C. Clerical workers	2 344	1 251	1 093	17.8	9.5	8.3	2 453	1 294	1 159	23.1	12.2	10.9
D. Sales workers	841	340	501	24.9	10.1	14.9	1 002	342	660	38.1	13.0	25.1
E. Service workers	2 550	964	1 586	37.7	14.2	23.4	2 678	855	1 823	56.1	17.9	38.2
F. Security workers	48	22	26	16.1	7.4	8.7	45	18	27	17.8	7.1	10.7
G. Agricultural, forestry and fishery workers	100	62	38	23.3	14.4	8.8	105	65	40	26.2	16.2	10.0
H. Manufacturing process workers	466	230	236	27.8	13.7	14.1	491	226	265	34.3	15.8	18.5
I. Transport and machine operation workers	89	50	39	54.2	30.5	23.8	102	44	58	65.5	28.2	37.2
J. Construction and mining workers	59	31	28	29.9	15.7	14.2	67	31	36	41.0	19.0	22.0
K. Carrying, cleaning, packaging, and related workers	96	35	61	53.0	19.3	33.6	97	19	78	78.4	15.4	63.1
L. Occupation not stated	1 023	523	500	...	...	...	865	410	455	...	...	...
Non-employed	9 146	4 344	4 802	16.8	8.0	8.8	13 129	6 334	6 795	18.6	9.0	9.6
Not stated	2 985	1 461	1 524	...	...	...	3 145	1 438	1 707	...	...	...

Table 9. Foetal and perinatal deaths by employment status/occupation of mother, FY2010/2015

Employment status/occupation of mother	FY2015 Perinatal deaths Total (Foetuses/persons)	Foetal deaths at 22 completed weeks and over of gestation (Foetuses)	Early neonatal deaths (persons)	FY2015 Perinatal death rates Total (per 1,000 deliveries)	Foetal deaths at 22 completed weeks and over of gestation (per 1,000 deliveries)	Early neonatal deaths (per 1,000 live births)	FY2010 Perinatal deaths Total (Foetuses/persons)	Foetal deaths at 22 completed weeks and over of gestation (Foetuses)	Early neonatal deaths (persons)	FY2010 Perinatal death rates Total (per 1,000 deliveries)	Foetal deaths at 22 completed weeks and over of gestation (per 1,000 deliveries)	Early neonatal deaths (per 1,000 live births)
Total	3 697	3 013	684	3.7	3.0	0.7	4 516	3 647	869	4.2	3.4	0.8
Total number of employed persons (Employed)	1 547	1 277	270	3.6	3.0	0.6	1 451	1 174	277	4.4	3.5	0.8
A. Administrative and managerial workers	23	19	4	4.5	3.7	0.8	21	15	6	4.3	3.0	1.2
B. Professional and engineering workers	489	386	103	3.2	2.5	0.7	419	331	88	3.6	2.8	0.7
C. Clerical workers	392	323	69	3.0	2.5	0.5	421	330	91	4.0	3.2	0.9
D. Sales workers	112	90	22	3.4	2.7	0.7	108	85	23	4.2	3.3	0.9
E. Service workers	254	214	40	3.9	3.3	0.6	212	180	32	4.7	4.0	0.7
F. Security workers	9	7	2	3.1	2.4	0.7	9	8	1	3.6	3.2	0.4
G. Agricultural, forestry and fishery workers	21	18	3	5.0	4.3	0.7	25	22	3	6.4	5.6	0.8
H. Manufacturing process workers	69	60	9	4.2	3.7	0.6	74	59	15	5.3	4.2	1.1
I. Transport and machine operation workers	13	11	2	8.3	7.0	1.3	12	12	-	8.2	8.2	-
J. Construction and mining workers	8	8	-	4.2	4.2	-	8	8	-	5.1	5.1	-
K. Carrying, cleaning, packaging, and related workers	3	2	1	1.7	1.2	0.6	8	6	2	7.0	5.2	1.8
L. Occupation not stated	154	139	15	...	...	...	134	118	16	...	...	...
Non-employed	1 643	1 297	346	3.1	2.4	0.6	2 567	2 036	531	3.7	2.9	0.8
Not stated	507	439	68	...	...	...	498	437	61	...	...	...

4. Marriages

(1) Marriages by employment status/occupation of bride and groom

The number of marriages in FY2015 by employment status of groom stood at 585,406 (92.0%) for employed and 18,233 (2.9%) for non-employed.

In addition, the number of marriages stood at 478,906 (75.2%) for employed and 124,738 (19.6%) for non-employed, and employed brides increased by 5.7 points from 69.5% in the previous survey.

The proportion of marriages by occupation was highest in "Professional and engineering workers" for grooms and in "Professional and engineering workers" and "Clerical workers" for brides. (Table 10)

Table 10. Marriages and percent distribution by employment status/occupation of bride and groom, FY2010/2015

Employment status/occupation	FY2015		FY2010	
	Marriages (persons)	Proportion (%)	Marriages (persons)	Proportion (%)
Groom				
Total	636 555	100.0	683 312	100.0
Total number of employed persons (Employed)	585 406	92.0	625 936	91.6
A. Administrative and managerial workers	17 835	2.8	22 058	3.2
B. Professional and engineering workers	156 863	24.6	164 175	24.0
C. Clerical workers	65 946	10.4	74 552	10.9
D. Sales workers	74 242	11.7	82 935	12.1
E. Service workers	73 905	11.6	81 815	12.0
F. Security workers	20 967	3.3	20 359	3.0
G. Agricultural, forestry and fishery workers	8 827	1.4	9 099	1.3
H. Manufacturing process workers	65 800	10.3	70 792	10.4
I. Transport and machine operation workers	23 880	3.8	27 565	4.0
J. Construction and mining workers	49 036	7.7	43 611	6.4
K. Carrying, cleaning, packaging, and related workers	14 565	2.3	14 142	2.1
L. Occupation not stated	13 540	2.1	14 833	2.2
Non-employed	18 233	2.9	23 301	3.4
Not stated	32 916	5.2	34 075	5.0
Bride				
Total	636 555	100.0	683 312	100.0
Total number of employed persons (Employed)	478 906	75.2	475 114	69.5
A. Administrative and managerial workers	3 146	0.5	3 487	0.5
B. Professional and engineering workers	138 853	21.8	133 626	19.6
C. Clerical workers	137 201	21.6	143 381	21.0
D. Sales workers	52 730	8.3	56 307	8.2
E. Service workers	100 022	15.7	93 942	13.7
F. Security workers	2 539	0.4	2 397	0.4
G. Agricultural, forestry and fishery workers	1 980	0.3	1 957	0.3
H. Manufacturing process workers	19 794	3.1	19 269	2.8
I. Transport and machine operation workers	3 571	0.6	3 263	0.5
J. Construction and mining workers	1 974	0.3	1 755	0.3
K. Carrying, cleaning, packaging, and related workers	4 386	0.7	3 274	0.5
L. Occupation not stated	12 710	2.0	12 456	1.8
Non-employed	124 738	19.6	173 479	25.4
Not stated	32 911	5.2	34 719	5.1

(2) Marriages by employment status/occupation of bride and groom, and first marriage or remarriage

The proportion of marriages by occupation of bride and groom, and first marriage or remarriage in FY2015 was higher in "Security workers" at 83.6% and in "Professional and engineering workers" at 82.3%, and lower in "Administrative and managerial workers" at 48.9% and in "Transport and machine operation workers" at 53.5%, in case of grooms for "both first married." Whereas, in case of brides for "both first marries," it was higher in "Professional and engineering workers" at 83.8% and in "Clerical workers" at 78.3%, and lower in "Carrying, cleaning, packaging, and related workers" at 51.0% and in "Administrative and managerial workers" at 55.3%. (Table 11)

Table 11. Marriages and percent distribution by employment status/occupation of bride and groom and by the combination of first marriage or remarriage, FY2015

Employment status/occupation of bride and groom	Groom					Bride				
	Total	Both first married	First married groom and Remarried bride	Remarried groom and First married bride	Both remarried	Total	Both first married	First married groom and Remarried bride	Remarried groom and First married bride	Both remarried
Marriages (persons)										
Total	636 555	465 394	45 390	64 000	61 771	636 555	465 394	45 390	64 000	61 771
Total number of employed persons (Employed)	585 406	435 312	41 182	57 707	51 205	478 906	366 477	31 014	44 455	36 960
A. Administrative and managerial workers	17 835	8 724	1 373	3 837	3 901	3 146	1 741	265	480	660
B. Professional and engineering workers	156 863	129 156	8 408	11 489	7 810	138 853	116 386	5 945	10 472	6 050
C. Clerical workers	65 946	53 089	3 596	5 221	4 040	137 201	107 368	8 143	13 112	8 578
D. Sales workers	74 242	57 359	4 801	7 049	5 033	52 730	39 787	3 741	5 081	4 121
E. Service workers	73 905	52 728	6 294	8 551	6 332	100 022	69 728	8 631	10 330	11 333
F. Security workers	20 967	17 536	966	1 357	1 108	2 539	1 922	150	258	209
G. Agricultural, forestry and fishery workers	8 827	6 094	767	935	1 031	1 980	1 293	175	222	290
H. Manufacturing process workers	65 800	49 336	5 412	5 650	5 402	19 794	13 295	1 950	2 043	2 506
I. Transport and machine operation workers	23 880	12 780	2 302	3 568	5 230	3 571	2 258	336	387	590
J. Construction and mining workers	49 036	29 933	4 648	6 775	7 680	1 974	1 249	173	230	322
K. Carrying, cleaning, packaging, and related workers	14 565	9 092	1 554	1 694	2 225	4 386	2 239	605	465	1 077
L. Occupation not stated	13 540	9 485	1 061	1 581	1 413	12 710	9 211	900	1 375	1 224
Non-employed	18 233	7 757	1 664	2 245	6 567	124 738	76 680	11 832	15 435	20 791
Not stated	32 916	22 325	2 544	4 048	3 999	32 911	22 237	2 544	4 110	4 020
Proportion (%)										
Total	100.0	73.1	7.1	10.1	9.7	100.0	73.1	7.1	10.1	9.7
Total number of employed persons (Employed)	100.0	74.4	7.0	9.9	8.7	100.0	76.5	6.5	9.3	7.7
A. Administrative and managerial workers	100.0	48.9	7.7	21.5	21.9	100.0	55.3	8.4	15.3	21.0
B. Professional and engineering workers	100.0	82.3	5.4	7.3	5.0	100.0	83.8	4.3	7.5	4.4
C. Clerical workers	100.0	80.5	5.5	7.9	6.1	100.0	78.3	5.9	9.6	6.3
D. Sales workers	100.0	77.3	6.5	9.5	6.8	100.0	75.5	7.1	9.6	7.8
E. Service workers	100.0	71.3	8.5	11.6	8.6	100.0	69.7	8.6	10.3	11.3
F. Security workers	100.0	83.6	4.6	6.5	5.3	100.0	75.7	5.9	10.2	8.2
G. Agricultural, forestry and fishery workers	100.0	69.0	8.7	10.6	11.7	100.0	65.3	8.8	11.2	14.6
H. Manufacturing process workers	100.0	75.0	8.2	8.6	8.2	100.0	67.2	9.9	10.3	12.7
I. Transport and machine operation workers	100.0	53.5	9.6	14.9	21.9	100.0	63.2	9.4	10.8	16.5
J. Construction and mining workers	100.0	61.0	9.5	13.8	15.7	100.0	63.3	8.8	11.7	16.3
K. Carrying, cleaning, packaging, and related workers	100.0	62.4	10.7	11.6	15.3	100.0	51.0	13.8	10.6	24.6
Non-employed	100.0	42.5	9.1	12.3	36.0	100.0	61.5	9.5	12.4	16.7

(3) Mean age of marriage by employment status/occupation of bride and groom

Mean age of marriage (age at the time of starting to live together) by employment status of bride and groom in FY2015 stood at 33.1 years for employed grooms and 42.7 years for non-employed grooms, and at 31.0 years for employed brides and 31.4 years for non-employed brides. (At 32.3 years for employed and 39.9 years for non-employed grooms, and at 30.3 years for both employed and non-employed brides in the previous survey).

In addition, mean age of the first marriages stood at 31.1 years for employed grooms and 30.6 years for non-employed grooms, and at 29.7 years for employed brides and 28.3 years for non-employed brides. (At 30.6 years for employed and 29.3 years for non-employed grooms, and at 29.2 years for employed and 27.8 years for non-employed brides in the previous survey).

By occupation, it was the lowest in "Security workers" and "Construction and mining workers" at 29.2 years for grooms, and in "Security workers" at 28.1 years for brides, whereas it was the highest in "Administrative and managerial workers" at 36.0 years and at 32.7 years both for grooms and brides, respectively. (Table 12)

Table 12. Mean age of marriage by employment status/occupation of bride and groom, FY2010/2015

(years old)

Employment status/occupation of bride and groom	FY2015						FY2010					
	Groom			Bride			Groom			Bride		
	Total	First married	Remarried	Total	First married	Remarried	Total	First married	Remarried	Total	First married	Remarried
Total	33.3	31.1	43.0	31.1	29.5	39.8	32.6	30.6	42.0	30.3	28.9	38.7
Total number of employed persons (Employed)	33.1	31.1	42.0	31.0	29.7	39.1	32.3	30.6	40.9	30.3	29.2	38.2
A. Administrative and managerial workers	40.9	36.0	47.8	36.0	32.7	45.3	39.7	35.4	46.6	34.9	32.2	43.3
B. Professional and engineering workers	32.8	31.5	42.3	30.6	29.8	39.2	32.1	31.0	40.7	30.0	29.3	38.1
C. Clerical workers	33.3	31.9	42.8	31.5	30.6	38.6	32.8	31.6	41.4	30.9	30.1	37.4
D. Sales workers	32.5	31.0	41.0	30.6	29.3	38.6	31.7	30.3	39.9	29.7	28.5	37.8
E. Service workers	33.0	31.0	41.1	30.8	28.7	39.3	31.7	29.9	40.3	30.0	28.1	38.6
F. Security workers	30.5	29.2	41.3	29.3	28.1	38.6	30.0	28.8	40.9	28.7	27.5	37.9
G. Agricultural, forestry and fishery workers	34.1	31.7	43.2	32.4	30.1	40.4	33.4	30.9	43.5	31.5	28.9	40.0
H. Manufacturing process workers	32.0	30.5	40.1	30.8	28.7	38.8	31.0	29.7	39.1	30.0	28.0	37.8
I. Transport and machine operation workers	36.2	32.2	43.6	32.2	29.5	40.1	34.5	31.1	42.0	31.2	29.1	38.7
J. Construction and mining workers	32.1	29.2	39.7	31.5	29.3	38.8	31.7	29.4	38.8	30.8	29.3	38.9
K. Carrying, cleaning, packaging, and related workers	34.1	31.5	41.7	34.3	29.9	41.9	32.5	30.4	39.8	33.5	29.3	40.7
Non-employed	42.7	30.6	57.7	31.4	28.3	41.3	39.9	29.3	55.5	30.3	27.8	39.5

Notes: 1) Marriages entered and registered in the relevant fiscal year were calculated.
2) The total includes "employment status not stated", and the total number of employed persons (employed) includes "occupation not stated".

(4) Marriages by age difference between bride and groom, and employment status/occupation of bride and groom

As for the proportion of marriages by age difference between bride and groom by employment status of bride and groom at the time of starting to live together in FY2015, 24.4% of employed grooms had elder brides and 57.6% had younger brides, whereas 24.4% of non-employed grooms had elder brides and 60.4% had younger brides, and the proportions of employed and non-employed were almost same.

Similarly, 25.1% of employed brides had younger grooms and 56.6% had elder grooms, whereas 21.7% of non-employed brides had younger grooms and 62.1% had elder grooms.

By occupation of grooms, the proportion of elder brides was the highest in "Security workers" at 28.4% and the lowest in "Administrative and managerial workers" at 14.8%.

Similarly, by occupation of brides, the proportion of elder brides was the highest in "Carrying, cleaning, packaging, and related workers" at 27.5% and the lowest in "Construction and mining workers" at 24.0%. (Table 13)

Table 13. Marriages and percent distribution by employment status/occupation of bride and groom and by difference in age between bride and groom, FY2015

Employment status/occupation of bride and groom	Groom				Bride			
	Total	Elder bride	Same age	Elder groom	Total	Elder bride	Same age	Elder groom
	Marriages (persons)							
Total	510 695	124 219	91 501	294 975	510 695	124 219	91 501	294 975
Total number of employed persons (Employed)	472 152	115 052	84 925	272 175	385 494	96 661	70 792	218 041
A. Administrative and managerial workers	14 067	2 083	1 480	10 504	2 387	637	327	1 423
B. Professional and engineering workers	127 119	30 755	23 311	73 053	113 730	28 219	23 196	62 315
C. Clerical workers	55 369	13 591	10 061	31 717	114 184	29 064	20 644	64 476
D. Sales workers	59 756	14 521	11 037	34 198	41 160	10 092	7 343	23 725
E. Service workers	56 339	14 166	8 665	33 508	76 960	19 207	13 234	44 519
F. Security workers	18 678	5 296	4 158	9 224	2 228	548	314	1 366
G. Agricultural, forestry and fishery workers	7 349	1 794	1 229	4 326	1 536	393	207	936
H. Manufacturing process workers	54 589	13 750	10 755	30 084	15 819	4 078	2 587	9 154
I. Transport and machine operation workers	18 622	4 491	2 855	11 276	2 796	746	421	1 629
J. Construction and mining workers	38 467	9 178	7 701	21 588	1 585	381	289	915
K. Carrying, cleaning, packaging, and related workers	11 197	2 861	1 818	6 518	3 193	879	426	1 888
L. Occupation not stated	10 600	2 566	1 855	6 179	9 916	2 417	1 804	5 695
Non-employed	12 992	3 169	1 978	7 845	99 547	21 559	16 157	61 831
Not stated	25 551	5 998	4 598	14 955	25 654	5 999	4 552	15 103
	Proportion (%)							
Total	100.0	24.3	17.9	57.8	100.0	24.3	17.9	57.8
Total number of employed persons (Employed)	100.0	24.4	18.0	57.6	100.0	25.1	18.4	56.6
A. Administrative and managerial workers	100.0	14.8	10.5	74.7	100.0	26.7	13.7	59.6
B. Professional and engineering workers	100.0	24.2	18.3	57.5	100.0	24.8	20.4	54.8
C. Clerical workers	100.0	24.5	18.2	57.3	100.0	25.5	18.1	56.5
D. Sales workers	100.0	24.3	18.5	57.2	100.0	24.5	17.8	57.6
E. Service workers	100.0	25.1	15.4	59.5	100.0	25.0	17.2	57.8
F. Security workers	100.0	28.4	22.3	49.4	100.0	24.6	14.1	61.3
G. Agricultural, forestry and fishery workers	100.0	24.4	16.7	58.9	100.0	25.6	13.5	60.9
H. Manufacturing process workers	100.0	25.2	19.7	55.1	100.0	25.8	16.4	57.9
I. Transport and machine operation workers	100.0	24.1	15.3	60.6	100.0	26.7	15.1	58.3
J. Construction and mining workers	100.0	23.9	20.0	56.1	100.0	24.0	18.2	57.7
K. Carrying, cleaning, packaging, and related workers	100.0	25.6	16.2	58.2	100.0	27.5	13.3	59.1
Non-employed	100.0	24.4	15.2	60.4	100.0	21.7	16.2	62.1

Note: Marriages entered and registered in FY2015 were calculated.

(5) Marriages by the combination of employment status/occupation of bride and groom

As for the proportion of marriages by the combination of employment status/occupation of bride and groom in FY2015, the highest was the combination of "both bride and groom are employed" with 469,588 cases (73.8%), which increased by 5.9 points from the previous survey.

The next highest was the combination of "employed groom and non-employed bride" at 17.7%, which decreased by 5.4 points from the previous survey. (Figure 3, Table 14)

Figure 3. Percent distribution of marriages by the combination of employment status/occupation of bride and groom, FY2010/2015

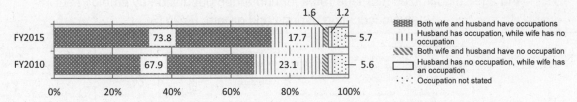

Table 14. Marriages by the combination of employment status/occupation of bride and groom, FY2015

(Couples)

Employment status/occupation of groom	Total	Total number of employed persons (Employed)	Employment status/occupation of bride												Non-employed	Not stated
			A Administrative and managerial workers	B Professional and engineering workers	C Clerical workers	D Sales workers	E Service workers	F Security workers	G Agricultural, forestry and fishery workers	H Manufacturing process workers	I Transport and machine operation workers	J Construction and mining workers	K Carrying, cleaning, packaging, and related workers	L Occupation not stated		
Total	636 555	478 906	3 146	138 853	137 201	52 730	100 022	2 539	1 980	19 794	3 571	1 974	4 386	12 710	124 738	32 911
Total number of employed persons (Employed)	585 406	469 588	3 052	136 310	135 401	51 700	97 302	2 516	1 921	19 390	3 476	1 938	4 177	12 405	112 783	3 035
A. Administrative and managerial workers	17 835	13 350	1 383	3 057	4 850	1 268	2 129	19	38	262	63	38	70	173	4 340	145
B. Professional and engineering workers	156 863	133 074	589	64 930	37 012	9 956	16 648	201	160	2 248	232	131	498	469	23 312	477
C. Clerical workers	65 946	56 296	224	12 961	31 542	3 902	6 064	206	80	843	93	49	170	162	9 421	229
D. Sales workers	74 242	60 702	252	12 819	18 092	17 049	9 674	145	121	1 149	325	141	296	639	13 280	260
E. Service workers	73 905	58 060	167	10 028	9 706	5 171	29 572	117	188	1 252	422	214	354	869	15 448	397
F. Security workers	20 967	17 033	57	5 977	4 346	1 518	2 769	1 623	29	338	74	36	77	189	3 842	92
G. Agricultural, forestry and fishery workers	8 827	6 454	23	1 352	1 298	586	1 587	11	858	319	102	57	63	198	2 306	67
H. Manufacturing process workers	65 800	52 174	129	12 154	12 847	4 905	11 146	67	144	9 398	250	136	624	374	13 407	219
I. Transport and machine operation workers	23 880	17 695	75	3 345	4 279	2 002	4 509	36	88	948	1 505	122	437	349	6 036	149
J. Construction and mining workers	49 036	32 964	100	6 740	8 234	3 833	9 973	60	132	1 955	164	901	555	317	15 702	370
K. Carrying, cleaning, packaging, and related workers	14 565	10 935	34	2 081	2 763	1 341	2 762	25	38	626	87	43	1 010	125	3 561	69
L. Occupation not stated	13 540	10 851	19	866	432	169	469	6	45	52	159	70	23	8 541	2 128	561
Non-employed	18 233	7 710	82	1 856	1 488	925	2 400	20	49	376	67	24	195	228	10 288	235
Not stated	32 916	1 608	12	687	312	105	320	3	10	28	28	12	14	77	1 667	29 641

(6) Marriage rates, marriage rates for unmarried population, age-standardized marriage rates and age-standardized marriage rates for unmarried population

Age-standardized marriage rates for unmarried population by occupation of groom (per 1,000 unmarried population) were the highest in "Professional and engineering workers" at 60.0, and by occupation of bride, it was the highest in "Transport and machine operation workers" at 83.7 (Table 15).

Table 15. Marriage rates, marriage rates for unmarried population, age-standardized marriage rates and age-standardized marriage rates for unmarried population by employment status/occupation of bride and groom, FY2015

Employment status/occupation of bride and groom	Groom				Bride			
	Marriage rates (per 1,000 population)	Marriage rates for unmarried population (per 1,000 unmarried population)	Age-standardized marriage rates (per 1,000 population)	Age-standardized marriage rates for unmarried population (per 1,000 unmarried population)	Marriage rates (per 1,000 population)	Marriage rates for unmarried population (per 1,000 unmarried population)	Age-standardized marriage rates (per 1,000 population)	Age-standardized marriage rates for unmarried population (per 1,000 unmarried population)
Total	9.6	25.5	13.3	26.4	9.0	21.1	14.3	30.2
Total number of employed persons (Employed)	14.5	43.4	17.2	34.3	15.2	37.7	17.4	30.8
A. Administrative and managerial workers	12.2	105.5	...	...	10.6	32.7	...	...
B. Professional and engineering workers	26.5	88.0	28.2	60.0	25.4	61.3	22.7	41.0
C. Clerical workers	12.4	46.1	16.0	33.0	17.1	42.0	18.5	30.6
D. Sales workers	14.4	46.7	15.2	34.8	12.8	27.9	13.1	22.8
E. Service workers	26.3	57.0	25.7	48.3	16.7	39.2	20.5	37.2
F. Security workers	18.4	53.5	18.7	41.3	32.7	61.8	23.7	44.0
G. Agricultural, forestry and fishery workers	5.5	22.6	16.2	26.8	2.0	10.1	11.6	25.6
H. Manufacturing process workers	9.9	25.0	10.5	18.7	7.2	18.9	10.6	17.1
I. Transport and machine operation workers	9.7	29.6	19.1	34.8	41.5	83.3	56.3	83.7
J. Construction and mining workers	15.4	48.3	24.3	45.0	25.9	79.4	38.6	66.3
K. Carrying, cleaning, packaging, and related workers	5.5	12.0	6.8	10.5	1.8	5.0	3.9	7.2
Non-employed	0.8	1.7	2.5	3.1	3.6	7.9	10.7	35.1

Notes: 1) Marriages entered and registered in FY2015 were calculated.
2) The total includes "employment status not stated", and the total number of employed persons (employed) includes "occupation not stated".

5. Divorces

(1) Divorces by employment status/occupation of wife and husband

The number of divorces by employment status of husband in FY2015 stood at 187,031 (83.2%) for employed and 21,447 (9.5%) for non-employed.

In addition, the number of divorces stood at 142,857 (63.6%) for employed and 66,080 (29.4%) for non-employed, and employed wives increased by 6.8 points from 56.8% in the previous year.

The proportion of divorces by occupation was higher in "Professional and engineering workers" for husbands and in "Service workers" for wives. (Table 16)

Table 16. Divorces and percent distribution by employment status/occupation of wife and husband, FY2010/2015

Employment status/occupation	FY2015		FY2010	
	Divorces (persons)	Proportion (%)	Divorces (persons)	Proportion (%)
Husband				
Total	224 692	100.0	245 996	100.0
Total number of employed persons (Employed)	187 031	83.2	197 267	80.2
A. Administrative and managerial workers	8 579	3.8	10 929	4.4
B. Professional and engineering workers	30 654	13.6	32 824	13.3
C. Clerical workers	17 224	7.7	18 249	7.4
D. Sales workers	20 820	9.3	22 628	9.2
E. Service workers	28 110	12.5	29 667	12.1
F. Security workers	4 128	1.8	3 737	1.5
G. Agricultural, forestry and fishery workers	3 681	1.6	3 804	1.5
H. Manufacturing process workers	21 941	9.8	22 302	9.1
I. Transport and machine operation workers	13 708	6.1	15 907	6.5
J. Construction and mining workers	25 180	11.2	23 995	9.8
K. Carrying, cleaning, packaging, and related workers	7 547	3.4	7 129	2.9
L. Occupation not stated	5 459	2.4	6 096	2.5
Non-employed	21 447	9.5	29 688	12.1
Not stated	16 214	7.2	19 041	7.7
Wife				
Total	224 692	100.0	245 996	100.0
Total number of employed persons (Employed)	142 857	63.6	139 645	56.8
A. Administrative and managerial workers	1 709	0.8	2 003	0.8
B. Professional and engineering workers	25 899	11.5	24 475	9.9
C. Clerical workers	32 295	14.4	30 909	12.6
D. Sales workers	17 679	7.9	19 087	7.8
E. Service workers	42 973	19.1	41 087	16.7
F. Security workers	487	0.2	432	0.2
G. Agricultural, forestry and fishery workers	992	0.4	1 114	0.5
H. Manufacturing process workers	10 216	4.5	10 532	4.3
I. Transport and machine operation workers	1 507	0.7	1 386	0.6
J. Construction and mining workers	770	0.3	683	0.3
K. Carrying, cleaning, packaging, and related workers	3 812	1.7	3 493	1.4
L. Occupation not stated	4 518	2.0	4 444	1.8
Non-employed	66 080	29.4	87 386	35.5
Not stated	15 755	7.0	18 965	7.7

(2) Mean age of divorce by employment status/occupation of wife and husband

Mean age of divorce (age at the time of separation) by employment status of wife and husband in FY2015 was 40.4 years for employed and 51.7 years for non-employed husbands, and 38.6 years for employed and 38.8 years for non-employed wives.

By occupation, it was low in "Construction and mining workers" at 38.5 years for husbands and in "Security workers" at 35.5 years for wives, while it was high in "Administrative and managerial workers" at 47.3 years and at 45.7 years both for husbands and wives, respectively. (Table 17)

Table 17. Mean age of divorce by employment status/occupation of wife and husband, FY2015

(years old)

Employment status/occupation of wife and husband	Husband	Wife
Total	41.5	38.7
Total number of employed persons (Employed)	40.4	38.6
A. Administrative and managerial workers	47.3	45.7
B. Professional and engineering workers	40.4	38.8
C. Clerical workers	41.4	38.6
D. Sales workers	39.9	37.9
E. Service workers	39.3	38.2
F. Security workers	40.8	35.5
G. Agricultural, forestry and fishery workers	43.0	40.6
H. Manufacturing process workers	38.8	38.6
I. Transport and machine operation workers	43.0	40.1
J. Construction and mining workers	38.5	38.7
K. Carrying, cleaning, packaging, and related workers	41.1	40.8
Non-employed	51.7	38.8

Notes: 1) Registered divorces are calculated for couples who separated in FY2015.
2) The total includes "employment status not stated", and the total number of employed persons (employed) includes "occupation not stated".

(3) Duration of cohabitation before divorce by employment status/occupation of wife and husband

Duration of cohabitation before divorce by employment status of husband in FY2015 was 10.7 years for employed and 17.1 years for non-employed, and that for non-employed prolonged by 2.3 years from the previous survey. Whereas, the duration of cohabitation before divorce by employment status of wife in FY2015 was 11.5 years for employed and 10.9 years for non-employed.

By occupation, it was shortest in "Service workers" at 9.6 years for husbands, and in "Security workers" at 8.4 years for wives. (Table 18)

Table 18. Duration of cohabitation before divorce by employment status/occupation of wife and husband, FY2010/2015

(years)

Employment status/occupation of wife and husband	FY2015		FY2010	
	Husband	Wife	Husband	Wife
Total	11.3	11.3	10.9	10.9
Total number of employed persons (Employed)	10.7	11.5	10.3	11.4
A. Administrative and managerial workers	15.0	15.6	14.4	15.4
B. Professional and engineering workers	10.3	11.0	10.0	10.8
C. Clerical workers	11.2	11.1	10.5	10.8
D. Sales workers	10.4	11.4	10.1	11.4
E. Service workers	9.6	11.6	9.2	11.6
F. Security workers	10.9	8.4	10.5	8.5
G. Agricultural, forestry and fishery workers	12.8	13.8	12.3	14.2
H. Manufacturing process workers	10.1	11.9	9.7	12.2
I. Transport and machine operation workers	11.9	12.0	11.1	11.2
J. Construction and mining workers	10.2	11.8	10.2	12.6
K. Carrying, cleaning, packaging, and related workers	10.8	13.8	10.0	13.8
Non-employed	17.1	10.9	14.8	10.0

Notes: 1) Duration of cohabitation is from the day of wedding or the starting day of cohabitation until the day of terminating cohabitation.
2) The total includes "employment status not stated" and the total number of employed persons (employed) includes "occupation not stated".

(4) Divorces by the combination of employment status/occupation of wife and husband

As for the proportion of divorces by the combination of employment status/occupation of wife and husband in FY2015, the combination of "wife and husband are both employed" stood at 131,071 cases (58.3%) and was the highest in proportion, which increased by 7.9 points from the previous survey.

The next highest was the combination of "employed groom and non-employed bride" at 23.9%, which decreased by 4.6 points from the previous survey. (Figure 4, Table 19)

Figure 4. Percent distribution of divorces by the combination of employment status of wife and husband, FY2010/2015

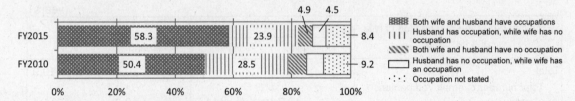

Table 19. Divorces by the combination of employment status/occupation of wife and husband, FY2015

(Couples)

Employment status/occupation of husband	Total	Total number of employed persons (Employed)	A Administrative and managerial workers	B Professional and engineering workers	C Clerical workers	D Sales workers	E Service workers	F Security workers	G Agricultural, forestry and fishery workers	H Manufacturing process workers	I Transport and machine operation workers	J Construction and mining workers	K Carrying, cleaning, packaging, and related workers	L Occupation not stated	Non-employed	Not stated
Total	224 692	142 857	1 709	25 899	32 295	17 679	42 973	487	992	10 216	1 507	770	3 812	4 518	66 080	15 755
Total number of employed persons (Employed)	187 031	131 071	1 540	23 829	30 232	16 257	39 011	462	909	9 240	1 370	714	3 373	4 134	53 628	2 332
A. Administrative and managerial workers	8 579	5 723	785	1 012	1 750	576	1 189	6	12	187	33	12	60	101	2 716	140
B. Professional and engineering workers	30 654	22 159	214	8 191	5 510	2 065	4 736	27	44	784	86	34	331	137	8 201	294
C. Clerical workers	17 224	12 463	94	2 266	5 589	1 143	2 629	57	32	381	33	12	152	75	4 595	166
D. Sales workers	20 820	14 891	116	2 270	3 689	3 644	3 654	34	44	701	133	64	289	253	5 736	193
E. Service workers	28 110	19 942	110	2 645	3 360	2 072	9 749	35	71	985	173	64	395	283	7 873	295
F. Security workers	4 128	2 778	14	615	581	309	742	214	12	140	29	12	58	52	1 304	46
G. Agricultural, forestry and fishery workers	3 681	2 595	14	353	375	279	751	5	458	213	27	12	61	47	1 045	41
H. Manufacturing process workers	21 941	15 706	49	2 213	2 991	1 887	4 691	18	72	2 876	178	62	495	174	6 057	178
I. Transport and machine operation workers	13 708	9 663	43	1 292	1 797	1 273	3 219	20	46	954	474	43	367	135	3 905	140
J. Construction and mining workers	25 180	16 145	62	2 105	3 346	2 162	5 670	28	85	1 479	123	358	595	132	8 751	284
K. Carrying, cleaning, packaging, and related workers	7 547	5 318	18	635	1 044	744	1 688	12	21	513	34	28	540	41	2 165	64
L. Occupation not stated	5 459	3 688	21	232	200	103	293	6	12	27	47	13	30	2 704	1 280	491
Non-employed	21 447	10 118	146	1 659	1 739	1 234	3 499	22	75	895	117	51	403	278	11 001	328
Not stated	16 214	1 668	23	411	324	188	463	3	8	81	20	5	36	106	1 451	13 095

(5) Divorces by the number of children for whom the wife and/or husband exercise parental authority and by the combination of employment status of wife and husband

The proportions of divorces by the number of children for whom the wife and/or husband exercise parental authority, and combination of employment status/occupation of wife and husband in FY2015 were 38.4% in "no children" and 61.6% in "one or more children" for the case that "both wife and husband have occupations". In addition, as for the proportion of divorces where no children are involved, the combination that "husband has occupation, while wife has no occupation" accounts for 40.1%, "husband has no occupation, while wife has occupation" accounts for 52.5%, and "both husband and wife have no occupation" accounts for 71.0%. The proportions are high when husband has no occupation.

In addition, as for divorces where children are involved, wives have a higher percentage of exercising parental authority in all employment status. (Table 20)

Table 20. Divorces and percent distribution by the number of children for whom the wife and/or husband exercise parental authority and by the combination of employment status/occupation of wife and husband, FY2010/2015

Employment status of wife and husband	FY2015						FY2010					
	Total	Divorces where no children are involved	Divorces where children are involved	In case husband has parental authority for their children of all	In case wife has parental authority for their children of all	Others	Total	Divorces where no children are involved	Divorces where children are involved	In case husband has parental authority for their children of all	In case wife has parental authority for their children of all	Others
Number of divorces (couples)												
Total	224 692	93 586	131 106	15 792	110 532	4 782	245 996	102 093	143 903	18 536	119 978	5 389
Both wife and husband have occupations	131 071	50 356	80 715	9 776	67 762	3 177	123 997	47 601	76 396	10 084	63 117	3 195
Husband has occupation, while wife has no occupation	53 628	21 512	32 116	4 132	26 953	1 031	70 190	27 949	42 241	5 893	34 926	1 422
Husband has no occupation, while wife has an occupation	10 118	5 311	4 807	267	4 437	103	13 853	6 553	7 300	430	6 694	176
Both wife and husband have no occupation	11 001	7 807	3 194	314	2 785	95	15 351	9 553	5 798	507	5 122	169
Proportion (%)												
Total	100.0	41.7	58.3	7.0	49.2	2.1	100.0	41.5	58.5	7.5	48.8	2.2
Both wife and husband have occupations	100.0	38.4	61.6	7.5	51.7	2.4	100.0	38.4	61.6	8.1	50.9	2.6
Husband has occupation, while wife has no occupation	100.0	40.1	59.9	7.7	50.3	1.9	100.0	39.8	60.2	8.4	49.8	2.0
Husband has no occupation, while wife has an occupation	100.0	52.5	47.5	2.6	43.9	1.0	100.0	47.3	52.7	3.1	48.3	1.3
Both wife and husband have no occupation	100.0	71.0	29.0	2.9	25.3	0.9	100.0	62.2	37.8	3.3	33.4	1.1

Notes: 1) Person who exercises parental authority is one who has unmarried children under twenty.
2) "Others" means that wife and husband share their parental authority.
3) The total of employment status of wife and husband includes "employment status not stated".

(6) Divorce rates, divorce rates for married population, age-standardized divorce rates, and age-standardized divorce rates for married population

Age-standardized divorce rates for married population (per 1,000 married population) by occupation were the highest in "Service workers" for both husbands and wives at 38.1 for husbands and at 36.7 for wives (Table 21).

Table 21. Divorce rates, divorce rates for married population, age-standardized divorce rates, and age-standardized divorce rates for married population by employment status/occupation of wife and husband, FY2015

Employment status/occupation of wife and husband	Husband				Wife			
	Divorce rates (per 1,000 population)	Divorce rates for married population (per 1,000 married population)	Age-standardized divorce rates (per 1,000 population)	Age-standardized divorce rates for married population (per 1,000 married population)	Divorce rates (per 1,000 population)	Divorce rates for married population (per 1,000 married population)	Age-standardized divorce rates (per 1,000 population)	Age-standardized divorce rates for married population (per 1,000 married population)
Total	3.1	5.2	3.6	16.7	2.9	5.2	4.0	18.7
Total number of employed persons (Employed)	4.2	6.3	4.1	19.5	4.0	6.8	3.9	20.1
A. Administrative and managerial workers	4.9	5.5	...	...	5.0	7.5	...	...
B. Professional and engineering workers	4.4	6.3	4.0	...	3.9	6.7	3.2	...
C. Clerical workers	2.6	3.6	2.5	12.9	3.4	5.7	2.9	14.4
D. Sales workers	3.6	5.3	3.3	13.9	4.0	7.4	3.9	17.2
E. Service workers	9.8	18.2	9.7	38.1	6.9	12.0	7.4	36.7
F. Security workers	2.8	4.3	2.7	...	5.2	11.1	4.3	...
G. Agricultural, forestry and fishery workers	2.0	2.6	4.0	...	0.9	1.2	3.4	...
H. Manufacturing process workers	3.0	5.0	2.8	10.6	3.5	5.7	3.8	17.3
I. Transport and machine operation workers	5.4	8.0	6.4	19.3	17.4	34.8	16.1	...
J. Construction and mining workers	7.7	11.4	8.9	34.5	9.8	14.6	11.7	...
K. Carrying, cleaning, packaging, and related workers	2.8	5.3	2.9	12.3	1.6	2.5	2.4	9.8
Non-employed	0.9	1.8	2.9	32.0	1.8	3.4	4.6	20.8

Notes: 1) Registered divorces are calculated for couples who separated in FY2015.
2) The total includes "employment status not stated", and the total number of employed persons (employed) includes "occupation not stated".

6. Statistical Tables

Table 1. Indexes of vital statistics (numbers) by employment status in each prefecture (regrouped for 21 major cities)

Table 2. Indexes of vital statistics (rates) by employment status in each prefecture (regrouped for 21 major cities)

Table 1. Indexes of vital statistics (numbers) by employment status in each prefecture (regrouped for 21 major cities), FY2015

	Live births						Deaths						Foetal deaths					
	Father (live births of children born in wedlock)			Mother			Male			Female			Father (foetal deaths of children born in wedlock)			Mother		
	Total	Employed	Non-employed	Total	Employed	Non-employed	Total	Employed	Non-employed	Total	Employed	Non-employed	Total	Employed	Non-employed	Total	Employed	Non-employed
All Japan	980 219	924 472	11 461	1 003 169	425 110	536 758	664 204	81 022	525 996	619 502	30 441	543 865	14 857	12 372	247	22 168	10 037	9 146
01 Hokkaido	35 582	32 741	500	36 639	11 940	22 587	31 671	3 390	26 492	29 395	1 285	26 703	575	457	10	1 006	415	444
02 Aomori	8 434	8 221	110	8 716	4 412	4 189	8 719	1 357	7 066	8 477	483	7 712	128	119	1	207	109	80
03 Iwate	8 544	8 191	108	8 753	4 536	3 971	8 269	1 533	6 467	8 246	502	7 494	135	122	-	201	110	72
04 Miyagi	17 567	16 803	205	18 003	7 918	9 582	11 897	1 416	9 981	11 106	416	10 309	271	222	3	404	203	150
05 Akita	5 764	5 655	59	5 881	3 505	2 331	7 338	1 183	6 076	7 485	347	7 075	97	92	3	133	86	44
06 Yamagata	7 755	7 053	58	7 880	4 498	2 783	7 332	1 074	5 614	7 603	330	6 643	138	110	2	191	105	55
07 Fukushima	13 772	13 183	138	14 159	6 759	6 932	11 975	1 555	9 690	11 829	539	10 666	215	202	2	334	168	148
08 Ibaraki	21 159	20 260	204	21 673	8 991	12 089	16 172	2 387	13 172	14 681	770	13 437	294	283	1	474	216	240
09 Tochigi	14 784	13 654	137	15 125	6 119	8 105	10 744	1 411	8 127	9 910	476	8 481	214	173	5	316	136	128
10 Gunma	13 763	13 137	149	14 074	5 887	7 776	11 084	1 609	8 708	10 365	540	9 191	242	219	3	340	179	135
11 Saitama	55 052	51 170	501	56 115	21 396	31 378	34 109	3 602	25 083	28 000	1 348	22 480	918	713	23	1 326	478	600
12 Chiba	45 846	42 947	461	46 732	18 741	25 585	30 230	3 841	23 311	25 447	1 669	21 637	747	603	16	1 082	471	453
13 Tokyo	111 418	107 232	1 170	113 494	58 524	51 671	58 657	8 023	45 387	52 131	3 671	44 609	1 699	1 474	22	2 437	1 231	873
14 Kanagawa	71 882	65 139	597	73 188	29 208	38 695	41 084	3 873	31 539	34 567	1 668	28 474	1 017	727	6	1 472	536	599
15 Niigata	16 090	15 032	151	16 352	8 553	6 984	14 296	1 775	11 279	14 185	476	12 674	248	195	1	356	180	112
16 Toyama	7 419	7 182	42	7 532	4 260	3 056	6 431	566	4 479	6 186	160	4 719	126	115	2	166	108	46
17 Ishikawa	8 827	8 556	82	8 987	4 858	3 947	6 048	796	5 164	6 098	252	5 755	131	117	3	174	91	71
18 Fukui	6 081	5 959	53	6 170	3 525	2 581	4 432	610	3 749	4 505	167	4 288	112	102	2	152	85	55
19 Yamanashi	5 945	5 648	67	6 070	2 586	3 250	4 880	859	3 818	4 714	285	4 258	81	72	1	128	62	58
20 Nagano	15 220	14 882	127	15 519	6 276	8 988	12 309	2 433	9 398	12 145	873	10 868	221	205	3	317	168	135
21 Gifu	15 042	14 589	138	15 310	5 676	9 354	11 356	1 544	9 462	10 733	495	9 911	197	181	1	294	141	136
22 Shizuoka	28 012	26 653	206	28 558	11 412	15 924	20 241	2 755	16 175	18 723	1 066	16 678	369	292	8	546	252	212
23 Aichi	64 214	62 417	504	65 471	24 669	39 655	33 850	4 929	27 781	30 094	1 903	27 369	928	833	14	1 281	586	614
24 Mie	13 574	13 127	133	13 880	5 569	8 067	10 174	1 472	8 484	9 748	487	9 079	180	167	-	268	140	114
25 Shiga	12 333	11 736	129	12 536	5 098	7 053	6 348	849	5 140	5 992	240	5 498	159	141	2	226	101	109
26 Kyoto	19 133	18 183	303	19 686	8 366	10 677	13 019	1 885	10 345	12 446	771	11 047	285	249	6	434	195	191
27 Osaka	68 214	60 882	1 251	70 378	24 785	39 876	44 862	3 443	31 845	38 669	1 484	30 117	956	605	23	1 482	474	568
28 Hyogo	42 720	40 845	599	43 674	16 383	25 953	28 135	2 919	21 614	26 721	1 094	22 443	630	534	11	894	369	412
29 Nara	9 562	9 043	143	9 787	3 632	5 743	7 075	720	5 420	6 854	280	5 703	142	117	2	206	78	94
30 Wakayama	6 757	6 523	90	6 973	2 527	4 301	6 219	827	5 184	6 180	265	5 748	112	99	2	174	67	90
31 Tottori	4 480	3 964	49	4 608	2 511	1 631	3 647	627	2 792	3 674	254	3 241	77	51	1	101	44	25
32 Shimane	5 381	5 148	52	5 484	3 342	1 943	4 580	555	3 488	4 907	208	4 212	68	64	-	104	70	29
33 Okayama	15 253	14 471	224	15 648	6 959	8 210	10 939	1 235	9 049	10 547	447	9 545	225	189	2	347	170	138
34 Hiroshima	22 957	21 738	247	23 518	9 234	13 398	14 885	1 252	12 046	14 841	476	13 100	347	284	6	503	225	208
35 Yamaguchi	10 015	9 345	121	10 284	3 930	5 893	8 834	963	7 261	9 060	356	8 150	129	108	1	198	74	100
36 Tokushima	5 385	4 588	72	5 514	2 488	2 470	4 855	675	3 758	4 862	234	4 259	82	67	1	117	61	39
37 Kagawa	7 413	7 239	105	7 634	3 570	4 009	5 779	804	4 911	5 785	238	5 510	106	102	2	162	93	67
38 Ehime	9 785	8 192	161	10 057	3 348	5 797	8 663	1 020	6 964	8 674	354	7 711	158	132	1	243	89	100
39 Kochi	4 789	4 564	98	5 002	2 739	2 174	4 902	629	4 159	5 025	277	4 631	72	65	3	112	63	42
40 Fukuoka	43 898	41 440	738	45 209	17 927	25 714	24 940	2 273	20 905	24 905	882	22 511	661	562	17	1 100	502	487
41 Saga	6 829	6 597	69	7 026	3 496	3 385	4 595	639	3 810	4 940	208	4 607	84	78	-	151	89	56
42 Nagasaki	10 702	10 243	117	10 952	5 120	5 535	8 128	1 048	6 820	8 663	385	8 014	180	159	4	260	145	96
43 Kumamoto	15 022	14 485	210	15 419	7 567	7 521	9 995	1 122	8 758	10 395	470	9 834	256	236	6	393	209	167
44 Oita	9 024	8 600	122	9 249	3 851	5 063	6 826	704	5 625	6 922	248	6 231	163	126	9	262	101	133
45 Miyazaki	8 843	8 655	121	9 175	4 520	4 600	6 563	878	5 639	6 697	359	6 278	170	164	4	277	160	114
46 Kagoshima	13 691	13 122	176	14 075	5 673	8 076	10 178	1 188	8 801	10 846	456	10 189	241	207	4	389	184	150
47 Okinawa	16 228	15 387	364	16 938	8 218	8 210	5 953	705	4 781	5 310	238	4 685	261	228	8	414	216	149
Foreign countries	59	51	-	62	8	46	83	21	42	48	6	35	10	10	-	11	2	8
Place of residence not stated	.	.	.	.	.	.	903	48	337	166	3	56	-	-	-	3	-	-
21 major cities (regrouped)																		
50 Area of wards in Tokyo	79 559	77 262	823	81 068	43 775	35 590	39 984	5 939	30 334	35 303	2 804	29 851	1 253	1 094	15	1 794	932	614
51 Sapporo	14 187	12 355	235	14 617	4 788	8 430	9 303	802	7 640	8 548	275	7 604	213	136	6	395	159	147
52 Sendai	8 970	8 498	110	9 173	3 868	4 953	4 414	367	3 736	4 013	136	3 654	126	101	2	190	85	75
53 Saitama	10 682	9 397	101	10 843	4 272	5 431	5 372	461	3 417	4 416	222	3 000	163	115	3	232	80	83
54 Chiba	7 141	6 744	75	7 281	2 929	4 073	4 356	423	3 713	3 586	166	3 291	122	105	1	181	87	72
55 Yokohama	29 434	27 363	242	29 890	12 668	15 861	16 462	1 203	12 858	13 981	537	11 634	410	283	4	577	215	232
56 Kawasaki	14 430	10 970	83	14 646	5 738	5 859	5 723	396	3 292	4 566	175	2 749	209	108	-	282	83	71
57 Sagamihara	5 298	5 168	45	5 428	2 210	3 136	3 079	416	2 551	2 473	179	2 227	65	60	1	126	51	65
58 Niigata	6 078	5 642	57	6 169	3 211	2 611	4 169	367	3 123	4 102	131	3 411	98	68	-	144	65	39
59 Shizuoka	5 127	4 976	47	5 234	2 040	3 055	3 964	468	3 002	3 700	218	3 085	75	44	1	112	36	42
60 Hamamatsu	6 723	6 145	53	6 839	2 847	3 408	4 041	519	3 343	3 700	225	3 347	74	64	2	105	36	53
61 Nagoya	19 196	18 705	199	19 633	7 867	11 516	10 971	1 640	9 173	9 991	660	9 251	265	246	4	393	198	184
62 Kyoto	10 738	10 333	208	11 095	4 875	5 983	6 941	1 127	5 594	6 790	531	6 105	171	156	4	262	127	117
63 Osaka	21 591	18 097	525	22 424	7 697	12 058	15 036	1 386	10 236	12 475	703	9 518	297	167	9	478	139	183
64 Sakai	6 626	6 188	122	6 847	2 416	4 152	4 267	218	3 018	3 750	70	2 855	87	67	1	136	51	62
65 Kobe	11 535	10 855	189	11 852	4 604	6 670	7 662	521	4 926	7 381	222	5 130	170	133	2	257	96	105
66 Okayama	6 253	5 754	85	6 419	2 840	3 238	3 318	346	2 616	3 182	130	2 764	90	70	-	140	67	46
67 Hiroshima	10 499	10 131	129	10 730	4 206	6 274	5 062	245	4 367	4 873	85	4 478	145	120	4	216	95	93
68 Kitakyushu	7 608	7 200	110	7 857	2 871	4 682	5 258	326	4 150	5 152	118	4 326	134	105	6	224	87	93
69 Fukuoka	14 448	13 210	270	14 840	5 908	8 119	5 631	423	4 841	5 521	176	5 085	223	203	4	341	181	148
70 Kumamoto	6 827	6 479	99	7 011	3 309	3 453	3 245	280	2 927	3 396	167	3 197	100	91	1	163	81	74

Notes: 1) The address of children in live births, address of dead people in deaths, address of mothers in foetal deaths, address of husbands in marriages, and address before separation in divorces are shown by prefecture.
2) The total of employment status includes "employment status not stated".

| Perinatal deaths | | | | | | Marriages | | | | | Divorces | | | | |
| Father (perinatal deaths of children born in wedlock) | | | Mother | | | Total | Groom | | Bride | | Total | Husband | | Wife | |
Total	Employed	Non-employed	Total	Employed	Non-employed		Employed	Non-employed	Employed	Non-employed		Employed	Non-employed	Employed	Non-employed
3 452	2 915	45	3 697	1 547	1 643	636 555	585 406	18 233	478 906	124 738	224 692	187 031	21 447	142 857	66 080
140	113	1	154	56	75	25 435	22 769	876	18 094	5 654	11 085	8 617	1 143	6 303	3 557
35	34	-	38	26	11	5 432	5 210	159	4 274	1 086	2 289	1 999	252	1 634	612
22	21	-	29	15	12	5 217	4 847	121	4 085	882	1 945	1 655	168	1 385	440
50	42	-	55	25	23	11 388	10 603	301	8 637	2 260	3 906	3 320	394	2 515	1 205
21	21	-	22	16	6	3 625	3 506	86	2 943	645	1 484	1 339	128	1 068	401
34	29	-	35	19	13	4 544	4 255	84	3 628	709	1 528	1 252	116	1 053	324
64	61	1	73	36	35	9 000	8 422	237	6 737	1 909	3 317	2 917	255	2 234	933
81	79	1	93	41	48	13 606	12 796	340	10 223	2 940	5 152	4 475	466	3 383	1 581
47	37	1	48	21	20	9 445	8 333	244	6 781	1 812	3 392	2 750	274	2 125	902
53	49	-	55	19	31	8 756	8 092	214	6 559	1 738	3 391	2 858	345	2 283	933
187	155	3	204	76	92	34 964	31 735	815	25 846	6 631	12 701	10 445	1 064	7 720	3 764
171	136	3	175	63	81	30 158	27 411	842	22 282	5 949	10 837	9 080	885	6 642	3 310
382	324	6	406	181	159	87 800	83 458	2 029	72 132	13 258	24 016	20 418	2 172	15 509	7 002
271	200	4	283	83	133	48 124	42 417	1 140	35 172	8 460	16 266	12 906	1 406	9 692	4 695
63	46	-	65	37	16	9 458	8 567	222	7 347	1 441	3 105	2 571	269	2 145	696
42	38	-	43	27	11	4 542	4 312	84	3 680	703	1 452	1 265	115	1 068	308
45	41	1	47	22	22	5 096	4 874	120	4 208	781	1 671	1 493	135	1 224	405
27	23	-	28	16	8	3 469	3 356	66	2 835	590	1 181	1 038	117	880	275
13	11	-	16	4	9	3 834	3 576	88	2 951	707	1 465	1 268	143	1 007	413
48	46	-	50	22	26	9 503	9 076	219	7 530	1 758	3 372	2 985	286	2 405	867
49	45	-	50	28	18	8 807	8 394	220	6 830	1 787	3 057	2 736	257	2 035	963
85	69	2	100	43	42	17 641	16 416	466	13 460	3 407	6 428	5 503	574	4 370	1 712
231	206	2	247	103	127	41 214	39 173	958	31 288	8 842	13 086	11 498	1 153	8 518	4 164
46	43	-	50	25	22	8 581	8 153	231	6 470	1 908	3 101	2 749	270	2 124	900
40	36	-	45	16	26	6 914	6 368	167	5 116	1 414	2 331	2 032	198	1 486	741
82	70	2	85	39	34	12 505	11 606	444	9 428	2 605	4 473	3 743	457	2 861	1 350
203	134	2	215	63	87	46 873	39 559	1 812	31 188	10 226	17 869	13 229	2 035	9 630	5 758
133	118	1	138	54	69	26 395	24 392	856	19 354	5 861	9 639	8 061	1 026	5 957	3 120
43	40	1	46	22	22	5 726	5 151	234	4 059	1 324	2 271	1 881	211	1 364	733
16	14	-	19	9	9	4 272	3 859	181	3 008	1 017	1 910	1 673	174	1 209	640
26	20	-	28	14	7	2 655	2 383	71	2 033	414	947	729	95	600	214
15	14	-	15	9	6	2 916	2 671	71	2 269	464	1 015	857	84	746	187
49	43	1	55	27	22	9 345	8 719	315	7 091	1 922	3 370	2 810	325	2 161	1 002
76	61	3	80	28	39	13 966	12 755	400	10 132	3 013	4 962	4 153	456	3 115	1 473
47	42	-	50	19	26	5 960	5 452	201	4 358	1 309	2 338	1 985	206	1 543	656
21	17	-	21	9	8	3 262	2 862	117	2 406	597	1 181	850	138	700	304
24	24	-	25	13	12	4 725	4 538	135	3 721	954	1 720	1 499	187	1 217	474
23	18	-	24	6	12	6 081	5 262	201	4 220	1 292	2 360	1 766	260	1 362	718
18	16	1	19	13	6	3 070	2 866	144	2 422	583	1 327	1 122	158	959	326
155	133	4	169	63	86	27 522	25 321	1 081	20 279	6 168	9 859	8 091	1 190	6 239	3 076
17	17	-	20	13	7	3 646	3 454	109	2 848	720	1 373	1 215	116	1 021	315
43	39	-	43	26	13	6 118	5 719	214	4 573	1 370	2 287	1 992	230	1 592	634
38	35	-	40	19	16	8 185	7 759	270	6 291	1 743	3 232	2 758	337	2 228	879
40	31	2	44	13	25	5 395	5 028	180	4 104	1 096	2 049	1 740	201	1 351	590
32	31	1	36	19	17	5 068	4 860	175	3 983	1 054	2 302	2 044	237	1 678	605
60	54	1	61	24	32	7 607	7 112	275	5 706	1 686	3 013	2 580	335	2 048	889
44	39	1	51	25	22	8 710	7 959	418	6 325	2 049	3 637	3 084	404	2 468	1 034
-	-	-	-	-	-	.	.	.	.	.	.	.	.	.	.
-	-	-	2	-	-	.	.	.	.	.	.	.	.	.	.
282	242	4	299	139	112	67 546	64 611	1 495	56 386	9 659	17 313	14 916	1 526	11 345	5 041
56	35	1	61	20	21	10 784	9 046	433	7 372	2 210	4 418	3 028	451	2 189	1 371
23	19	-	24	11	10	6 130	5 598	167	4 674	1 081	1 823	1 488	212	1 101	598
29	17	-	32	12	7	6 756	5 978	118	5 014	1 079	1 971	1 526	157	1 126	550
27	23	1	28	12	12	4 637	4 276	159	3 418	1 016	1 699	1 428	131	1 004	563
121	84	2	128	39	57	19 646	17 247	448	14 423	3 367	6 528	5 136	595	3 849	1 942
47	27	-	47	14	11	10 226	8 340	156	7 199	1 272	2 624	1 751	172	1 313	603
19	17	1	20	8	10	3 384	3 153	94	2 554	696	1 386	1 178	146	911	412
28	16	-	28	12	5	3 645	3 150	90	2 703	532	1 129	883	93	730	248
14	10	-	17	6	5	3 407	3 161	104	2 585	672	1 195	992	121	788	325
15	13	1	19	7	11	3 985	3 600	91	2 965	713	1 316	1 094	109	871	330
64	59	1	72	31	40	13 751	12 995	426	10 398	3 023	4 332	3 719	485	2 706	1 511
43	37	1	44	19	20	7 783	7 298	324	5 995	1 614	2 556	2 140	302	1 624	812
63	32	2	67	21	19	17 891	14 521	719	11 660	3 657	6 141	4 135	769	2 978	1 977
21	15	-	22	10	8	4 210	3 716	184	2 833	1 061	1 735	1 385	187	993	589
23	20	-	26	9	10	7 585	6 850	282	5 496	1 604	2 832	2 272	306	1 676	897
27	22	-	28	10	12	3 965	3 614	134	2 957	774	1 322	1 045	132	784	408
34	27	2	36	12	19	6 468	5 953	191	4 781	1 342	2 190	1 851	204	1 348	680
32	26	1	34	11	18	4 976	4 608	197	3 629	1 173	1 816	1 482	238	1 125	596
54	48	1	60	25	31	9 966	8 963	405	7 347	2 070	3 014	2 350	362	1 812	936
19	17	-	20	9	9	3 924	3 694	132	3 032	796	1 404	1 151	159	892	421

Table 2. Indexes of vital statistics (rates) by employment status in each prefecture (regrouped for 21 major cities), FY2015

	Live birth rates (per 1,000 population)						Death rates (per 1,000 population)						Foetal death rates (per 1,000 total births)					
	Father (live birth rates of children born in wedlock)			Mother			Male			Female			Father (foetal death rates of children born in wedlock)			Mother		
	Total	Employed	Non-employed	Total	Employed	Non-employed	Total	Employed	Non-employed	Total	Employed	Non-employed	Total	Employed	Non-employed	Total	Employed	Non-employed
All Japan	18.5	28.3	0.7	17.7	16.7	19.6	12.5	2.5	33.2	10.9	1.2	19.9	14.9	13.2	21.1	21.6	23.1	16.8
01 Hokkaido	16.0	24.4	0.7	14.5	11.1	17.3	14.3	2.5	36.5	11.6	1.2	20.4	15.9	13.8	19.6	26.7	33.6	19.3
02 Aomori	15.7	24.3	0.6	14.1	15.5	13.2	16.2	4.0	39.1	13.7	1.7	24.3	14.9	14.3	9.0	23.2	24.1	18.7
03 Iwate	15.9	23.2	0.6	14.9	16.2	13.4	15.4	4.3	38.2	14.1	1.8	25.3	15.6	14.7	-	22.4	23.7	17.8
04 Miyagi	17.8	27.4	0.7	17.2	17.3	18.2	12.1	2.3	33.4	10.6	0.9	19.6	15.2	13.0	14.4	21.9	25.0	15.4
05 Akita	13.6	21.4	0.4	12.0	16.2	9.0	17.3	4.5	41.7	15.3	1.6	27.3	16.6	16.0	48.4	22.1	23.9	18.5
06 Yamagata	16.5	22.9	0.4	15.4	17.9	11.0	15.6	3.5	37.3	14.8	1.3	26.2	17.5	15.4	33.3	23.7	22.8	19.4
07 Fukushima	16.7	25.0	0.5	16.6	17.3	16.2	14.5	3.0	38.6	13.9	1.4	25.0	15.4	15.1	14.3	23.0	24.3	20.9
08 Ibaraki	17.0	25.4	0.5	17.1	15.5	19.0	13.0	3.0	33.7	11.6	1.3	21.1	13.7	13.8	4.9	21.4	23.5	19.5
09 Tochigi	17.6	25.0	0.5	17.7	15.2	19.4	12.8	2.6	32.4	11.6	1.2	20.3	14.3	12.5	35.2	20.5	21.7	15.5
10 Gunma	16.6	24.5	0.6	16.4	14.4	18.2	13.4	3.0	33.4	12.0	1.3	21.5	17.3	16.4	19.7	23.6	29.5	17.1
11 Saitama	17.7	25.7	0.6	17.9	14.9	20.5	10.9	1.8	27.6	8.9	0.9	14.7	16.4	13.7	43.9	23.1	21.9	18.8
12 Chiba	17.2	26.3	0.6	17.3	15.7	19.6	11.3	2.3	30.0	9.4	1.4	16.6	16.0	13.8	33.5	22.6	24.5	17.4
13 Tokyo	19.5	33.3	0.9	19.2	23.4	21.9	10.3	2.5	34.8	8.8	1.5	18.9	15.0	13.6	18.5	21.0	20.6	16.6
14 Kanagawa	18.4	27.6	0.6	18.6	17.2	20.8	10.5	1.6	29.7	8.8	1.0	15.3	14.0	11.0	0.0	19.7	18.0	15.2
15 Niigata	16.6	23.9	0.5	15.6	16.9	13.4	14.7	2.8	36.1	13.5	0.9	24.3	15.2	12.8	6.6	21.3	20.6	15.8
16 Toyama	16.7	24.5	0.3	15.6	17.8	13.1	14.5	1.9	32.4	12.8	0.7	20.2	16.7	15.8	45.5	21.6	24.7	14.8
17 Ishikawa	18.4	27.7	0.6	17.4	18.9	16.4	12.6	2.6	35.4	11.8	1.0	23.9	14.6	13.5	35.3	19.0	18.4	17.7
18 Fukui	18.7	27.7	0.5	17.7	19.9	15.9	13.6	2.8	38.4	12.9	0.9	26.5	18.1	16.8	36.4	24.0	23.5	20.9
19 Yamanashi	16.9	25.0	0.6	16.4	14.6	18.1	13.9	3.8	35.1	12.7	1.6	23.7	13.4	12.6	14.7	20.7	23.4	17.5
20 Nagano	17.4	25.4	0.5	16.7	13.4	20.2	14.1	4.1	35.7	13.1	1.9	24.4	14.3	13.6	23.1	20.0	26.1	14.8
21 Gifu	18.0	26.4	0.5	17.0	12.9	21.2	13.6	2.8	36.6	11.9	1.1	22.5	12.9	12.3	7.2	18.8	24.2	14.3
22 Shizuoka	18.1	25.7	0.4	17.7	14.4	20.1	13.0	2.7	34.1	11.6	1.3	21.0	13.0	10.8	37.4	18.8	21.6	13.1
23 Aichi	20.4	30.1	0.6	20.7	16.4	26.6	10.8	2.4	32.3	9.5	1.3	18.3	14.2	13.2	27.0	19.2	23.2	15.2
24 Mie	18.1	27.3	0.6	17.3	14.9	20.3	13.6	3.1	36.7	12.1	1.3	22.9	13.1	12.6	-	18.9	24.5	13.9
25 Shiga	21.1	30.9	0.7	20.6	17.8	23.7	10.9	2.2	29.8	9.9	0.8	18.5	12.7	11.9	15.3	17.7	19.4	15.2
26 Kyoto	17.9	28.2	0.9	16.6	15.9	18.8	12.2	2.9	31.3	10.5	1.5	19.4	14.7	13.5	19.4	21.6	22.8	17.6
27 Osaka	18.8	29.5	1.1	17.7	15.2	21.0	12.4	1.7	29.2	9.7	0.9	15.8	13.8	9.8	18.1	20.6	18.8	14.0
28 Hyogo	19.0	30.0	0.8	17.4	15.5	20.1	12.5	2.2	30.2	10.7	1.0	17.4	14.5	12.9	18.0	20.1	22.0	15.6
29 Nara	17.3	27.5	0.7	15.5	14.1	16.4	12.8	2.2	27.5	10.8	1.1	16.3	14.6	12.8	13.8	20.6	21.0	16.1
30 Wakayama	17.2	26.8	0.7	15.5	12.7	18.1	15.9	3.4	39.1	13.7	1.3	24.2	16.3	15.0	21.7	24.3	25.8	20.5
31 Tottori	19.1	26.4	0.6	17.6	19.5	13.0	15.5	4.2	36.7	14.1	2.0	25.9	16.9	12.7	20.0	21.4	17.2	15.1
32 Shimane	18.8	27.8	0.6	17.3	21.7	12.6	16.0	3.0	38.1	15.5	1.4	27.3	12.5	12.3	-	18.6	20.5	14.7
33 Okayama	19.4	29.4	0.9	18.0	17.5	18.7	13.9	2.5	35.2	12.1	1.1	21.8	14.5	12.9	8.8	21.7	23.8	16.5
34 Hiroshima	19.6	29.5	0.7	18.6	16.0	21.1	12.7	1.7	33.4	11.7	0.8	20.7	14.9	12.9	23.7	20.9	24.3	15.5
35 Yamaguchi	17.5	26.4	0.6	15.8	13.8	16.9	15.4	2.7	36.9	13.9	1.2	23.4	12.7	11.4	8.2	18.9	18.5	16.7
36 Tokushima	17.2	24.8	0.6	15.7	16.1	13.6	15.5	3.6	33.5	13.9	1.5	23.4	15.0	14.4	13.7	20.8	23.9	15.5
37 Kagawa	18.3	29.3	0.8	17.3	17.9	18.1	14.2	3.2	37.1	13.1	1.2	24.9	14.1	13.9	18.7	20.8	25.4	16.4
38 Ehime	17.4	23.6	0.8	15.6	11.6	17.3	15.4	2.9	36.1	13.5	1.2	23.0	15.9	15.9	6.2	23.6	25.9	17.0
39 Kochi	16.1	27.1	0.9	14.6	17.9	13.2	16.4	3.7	40.0	14.7	1.8	28.1	14.8	14.0	29.7	21.9	22.5	19.0
40 Fukuoka	21.5	34.2	1.1	19.3	17.6	22.4	12.2	1.9	32.4	10.7	0.9	19.6	14.8	13.4	22.5	23.8	27.2	18.6
41 Saga	20.6	30.1	0.6	18.5	18.5	18.2	13.8	2.9	35.7	13.0	1.1	24.8	12.2	11.7	-	21.0	24.8	16.3
42 Nagasaki	19.4	29.6	0.6	17.1	17.5	16.4	14.8	3.0	35.7	13.5	1.3	23.8	16.5	15.3	33.1	23.2	27.5	17.0
43 Kumamoto	21.0	32.8	0.9	18.7	19.5	18.6	14.0	2.5	36.5	12.6	1.2	24.3	16.8	16.0	27.8	24.9	26.9	21.7
44 Oita	19.1	29.0	0.8	17.2	15.8	18.0	14.4	2.4	34.8	12.9	1.0	22.2	17.7	14.4	68.7	27.5	25.6	25.6
45 Miyazaki	20.0	31.6	0.8	18.0	18.7	18.2	14.9	3.2	37.4	13.2	1.5	24.9	18.9	18.6	32.0	29.3	34.2	24.2
46 Kagoshima	20.8	32.6	0.8	18.4	16.4	20.6	15.5	3.0	38.9	14.2	1.3	26.0	17.3	15.5	22.2	26.9	31.4	18.2
47 Okinawa	28.4	47.9	2.1	28.1	31.3	31.4	10.4	2.2	27.6	8.8	0.9	17.9	15.8	14.6	21.5	23.9	25.6	17.8
21 Major cities (regrouped)																		
50 Area of wards in Tokyo	20.3	35.8	1.0	20.0	25.5	23.9	10.2	2.8	38.1	8.7	1.6	20.1	15.5	14.0	17.9	21.7	20.8	17.0
51 Sapporo	17.9	27.0	1.0	15.7	12.5	18.6	11.7	1.8	31.4	9.2	0.7	16.8	14.8	10.9	24.9	26.3	32.1	17.1
52 Sendai	19.7	31.7	0.8	18.9	18.6	21.3	9.7	1.4	28.5	8.3	0.7	15.7	13.9	11.7	17.9	20.3	21.5	14.9
53 Saitama	19.9	28.0	0.7	19.7	17.7	20.6	10.0	1.4	23.1	8.0	0.9	11.4	15.0	12.1	28.8	20.9	18.4	15.1
54 Chiba	17.3	27.8	0.6	17.3	16.2	20.3	10.5	1.7	30.3	8.5	0.9	16.4	16.8	15.3	13.2	24.3	28.8	17.4
55 Yokohama	18.5	28.6	0.6	18.6	18.3	20.9	10.4	1.3	30.4	8.7	0.8	15.4	13.7	10.2	16.3	18.9	16.7	14.4
56 Kawasaki	22.5	28.4	0.6	23.5	20.7	23.0	8.9	1.0	23.6	7.3	0.6	10.8	14.3	9.7	-	18.9	14.3	12.0
57 Sagamihara	17.0	28.0	0.5	17.4	16.3	22.1	9.9	2.3	29.7	7.9	1.3	15.7	12.1	11.5	21.7	22.7	22.6	20.3
58 Niigata	18.0	26.6	0.5	16.7	18.1	14.6	12.4	1.7	28.9	11.1	0.7	19.0	15.9	11.9	-	22.8	19.8	14.7
59 Shizuoka	17.3	25.8	0.5	16.5	13.3	19.6	13.4	2.4	32.1	11.7	1.4	19.8	14.4	8.8	20.8	21.0	17.3	13.6
60 Hamamatsu	20.2	27.5	0.5	19.9	16.9	20.4	12.1	2.3	33.4	10.8	1.3	20.1	10.9	10.3	36.4	15.1	12.5	15.3
61 Nagoya	19.9	30.9	0.8	19.7	17.3	25.3	11.4	2.7	35.9	10.0	1.5	20.3	13.6	13.0	20.3	19.6	24.6	15.5
62 Kyoto	17.9	29.5	1.2	16.4	16.3	19.7	11.6	3.2	31.7	10.0	1.8	20.1	15.7	14.9	18.9	23.1	25.4	19.2
63 Osaka	19.4	31.0	1.8	18.7	15.8	24.8	13.5	2.4	35.8	10.4	1.4	19.6	13.6	9.1	16.9	20.9	17.7	14.9
64 Sakai	19.5	30.3	1.1	18.2	15.4	21.4	12.6	1.1	27.6	10.0	0.4	14.7	13.0	10.7	8.1	19.5	20.7	14.7
65 Kobe	18.7	30.7	1.0	16.9	15.9	18.7	12.4	1.5	25.2	10.5	0.8	14.4	14.5	12.1	10.5	21.2	20.4	15.5
66 Okayama	21.4	31.1	0.9	19.9	18.8	20.8	11.3	1.9	29.2	9.9	0.9	17.7	14.2	12.0	-	21.3	23.0	14.0
67 Hiroshima	21.6	32.5	0.9	20.3	17.0	25.0	10.4	0.8	31.8	9.2	0.3	17.9	13.6	11.7	30.1	19.7	22.1	14.6
68 Kitakyushu	19.7	32.0	0.8	17.6	15.5	19.9	13.6	1.5	31.3	11.6	0.6	18.4	17.3	14.4	51.7	27.7	29.4	19.5
69 Fukuoka	23.6	37.8	1.7	21.1	19.2	27.4	9.2	1.2	30.5	7.9	0.6	17.2	15.2	15.1	14.6	22.5	29.7	17.9
70 Kumamoto	23.2	36.1	1.1	20.6	20.7	22.1	11.0	1.6	32.7	10.0	1.0	20.5	14.4	13.9	10.0	22.7	23.9	21.0

Notes: 1) The address of children in live births, address of dead people in deaths, address of mothers in foetal deaths, address of husbands in marriages, and address before separation in divorces are shown by prefecture.
2) The total of employment status includes "employment status not stated".

Perinatal death rates (per 1,000 total births)						Marriage rates (per 1,000 population)						Divorce rates (per 1,000 population)					
Father (perinatal death rates of children born in wedlock)			Mother			Groom			Bride			Husband			Wife		
Total	Employed	Non-employed	Total	Employed	Non-employed	Total	Employed	Non-employed	Total	Employed	Non-employed	Total	Employed	Non-employed	Total	Employed	Non-employed
3.5	3.1	3.9	3.7	3.6	3.1	12.0	17.9	1.2	11.2	18.9	4.6	4.2	5.7	1.4	4.0	5.6	2.4
3.9	3.4	2.0	4.2	4.7	3.3	11.5	17.0	1.2	10.0	16.8	4.3	5.0	6.4	1.6	4.4	5.8	2.7
4.1	4.1	-	4.3	5.9	2.6	10.1	15.4	0.9	8.8	15.0	3.4	4.3	5.9	1.4	3.7	5.7	1.9
2.6	2.6	-	3.3	3.3	3.0	9.7	13.7	0.7	8.9	14.6	3.0	3.6	4.7	1.0	3.3	4.9	1.5
2.8	2.5	-	3.0	3.1	2.4	11.5	17.3	1.0	10.9	18.8	4.3	4.0	5.4	1.3	3.7	5.5	2.3
3.6	3.7	-	3.7	4.5	2.6	8.5	13.2	0.6	7.4	13.6	2.5	3.5	5.1	0.9	3.0	4.9	1.5
4.4	4.1	-	4.4	4.2	4.7	9.7	13.8	0.6	8.9	14.5	2.8	3.3	4.1	0.8	3.0	4.2	1.3
4.6	4.6	7.2	5.1	5.3	5.0	10.9	16.0	0.9	10.6	17.3	4.5	4.0	5.5	1.0	3.9	5.7	2.2
3.8	3.9	4.9	4.3	4.5	4.0	10.9	16.0	0.9	10.8	17.6	4.6	4.1	5.6	1.2	4.1	5.8	2.5
3.2	2.7	7.2	3.2	3.4	2.5	11.2	15.3	1.0	11.0	16.9	4.3	4.0	5.0	1.1	4.0	5.3	2.2
3.8	3.7	-	3.9	3.2	4.0	10.6	15.1	0.8	10.2	16.0	4.1	4.1	5.3	1.3	3.9	5.6	2.2
3.4	3.0	6.0	3.6	3.5	2.9	11.2	16.0	0.9	11.1	18.0	4.3	4.1	5.3	1.2	4.0	5.4	2.5
3.7	3.2	6.5	3.7	3.4	3.2	11.3	16.8	1.1	11.1	18.6	4.6	4.1	5.6	1.1	4.0	5.5	2.5
3.4	3.0	5.1	3.6	3.1	3.1	15.3	25.9	1.6	14.8	28.8	5.6	4.2	6.3	1.7	4.1	6.2	3.0
3.8	3.1	6.7	3.9	2.8	3.4	12.3	18.0	1.1	12.2	20.7	4.5	4.2	5.5	1.3	4.1	5.7	2.5
3.9	3.1	-	4.0	4.3	2.3	9.8	13.6	0.7	9.0	14.6	2.8	3.2	4.1	0.9	3.0	4.2	1.3
5.6	5.3	-	5.7	6.3	3.6	10.2	14.7	0.6	9.4	15.4	3.0	3.3	4.3	0.8	3.0	4.5	1.3
5.1	4.8	12.2	5.2	4.5	5.5	10.6	15.8	0.8	9.8	16.3	3.2	3.5	4.8	0.9	3.2	4.8	1.7
4.4	3.8	-	4.5	4.5	3.1	10.7	15.6	0.7	9.9	16.0	3.6	3.6	4.8	1.2	3.4	5.0	1.7
2.2	1.9	-	2.6	1.5	2.8	10.9	15.8	0.8	10.3	16.7	3.9	4.2	5.6	1.3	4.0	5.7	2.3
3.1	3.1	-	3.2	3.5	2.9	10.9	15.5	0.8	10.2	16.1	3.9	3.9	5.1	1.1	3.6	5.2	1.9
3.2	3.1	-	3.3	4.9	1.9	10.6	15.2	0.9	9.8	15.5	4.1	3.7	4.9	1.0	3.4	4.6	2.2
3.0	2.6	9.6	3.5	3.8	2.6	11.4	15.9	1.0	10.9	17.0	4.3	4.1	5.3	1.2	4.0	5.5	2.2
3.6	3.3	4.0	3.8	4.2	3.2	13.1	18.9	1.1	13.0	20.8	5.9	4.2	5.5	1.3	4.1	5.7	2.8
3.4	3.3	-	3.6	4.5	2.7	11.4	17.0	1.0	10.7	17.3	4.8	4.1	5.7	1.2	3.9	5.7	2.3
3.2	3.1	-	3.6	3.1	3.7	11.9	16.8	1.0	11.4	17.8	4.8	4.0	5.3	1.1	3.8	5.2	2.5
4.3	3.8	6.6	4.3	4.6	3.2	11.7	18.0	1.3	10.6	18.0	4.6	4.2	5.8	1.4	3.8	5.5	2.4
3.0	2.2	1.6	3.0	2.5	2.2	12.9	19.2	1.7	11.8	19.1	5.4	4.9	6.4	1.9	4.5	5.9	3.0
3.1	2.9	1.7	3.2	3.3	2.7	11.8	18.1	1.2	10.5	18.3	4.5	4.3	6.0	1.4	3.8	5.6	2.4
4.5	4.4	6.9	4.7	6.0	3.8	10.3	15.6	1.2	9.0	15.8	3.8	4.1	5.7	1.1	3.6	5.3	2.1
2.4	2.1	-	2.7	3.6	2.1	10.9	15.8	1.4	9.5	15.1	4.3	4.9	6.9	1.3	4.2	6.1	2.7
5.8	5.0	-	6.1	5.6	4.3	11.3	15.9	0.9	10.2	15.8	3.3	4.0	4.9	1.2	3.6	4.7	1.7
2.8	2.7	-	2.7	2.7	3.1	10.2	14.4	0.8	9.2	14.8	3.0	3.5	4.6	0.9	3.2	4.9	1.2
3.2	3.0	4.4	3.5	3.9	2.7	11.9	17.7	1.2	10.8	17.9	4.4	4.3	5.7	1.3	3.9	5.4	2.3
3.3	2.8	12.0	3.4	3.0	2.9	12.0	17.3	1.1	11.0	17.5	4.8	4.2	5.6	1.3	3.9	5.4	2.3
4.7	4.5	-	4.8	4.8	4.4	10.4	15.4	1.0	9.2	15.3	3.8	4.1	5.6	1.0	3.6	5.4	1.9
3.9	3.7	-	3.8	3.6	3.2	10.4	15.5	1.0	9.3	15.6	3.3	3.8	4.6	1.2	3.4	4.5	1.7
3.2	3.3	-	3.3	3.6	3.0	11.6	18.3	1.0	10.7	18.6	4.3	4.2	6.1	1.4	3.9	6.1	2.1
2.3	2.2	-	2.4	1.8	2.1	10.8	15.1	1.0	9.4	14.7	3.8	4.2	5.1	1.3	3.7	4.7	2.1
3.7	3.5	10.1	3.8	4.7	2.8	10.3	17.0	1.4	9.0	15.8	3.5	4.4	6.7	1.5	3.9	6.3	2.0
3.5	3.2	5.4	3.7	3.5	3.3	13.5	20.9	1.7	11.8	19.9	5.4	4.8	6.7	1.8	4.2	6.1	2.7
2.5	2.6	-	2.8	3.7	2.1	11.0	15.8	1.0	9.6	15.1	3.9	4.1	5.6	1.1	3.6	5.4	1.7
4.0	3.8	-	3.9	5.1	2.3	11.1	16.5	1.1	9.5	15.6	4.1	4.2	5.8	1.2	3.6	5.4	1.9
2.5	2.4	-	2.6	2.5	2.1	11.5	17.6	1.1	10.0	16.3	4.3	4.5	6.2	1.4	3.9	5.8	2.2
4.4	3.6	16.1	4.7	3.4	4.9	11.4	16.9	1.1	10.0	16.8	3.9	4.3	5.9	1.2	3.8	5.5	2.1
3.6	3.6	8.3	3.9	4.2	3.7	11.5	17.7	1.2	10.0	16.4	4.2	5.2	7.5	1.6	4.5	6.9	2.4
4.4	4.1	5.6	4.3	4.2	4.0	11.6	17.7	1.2	10.0	16.5	4.3	4.6	6.4	1.5	3.9	5.9	2.3
2.7	2.5	2.7	3.0	3.0	2.7	15.2	24.8	2.4	14.4	24.1	7.8	6.4	9.6	2.3	6.0	9.4	3.9
3.5	3.1	4.8	3.7	3.2	3.1	17.3	30.0	1.9	16.6	32.8	6.5	4.4	6.9	1.9	4.3	6.6	3.4
3.9	2.8	4.2	4.2	4.2	2.5	13.6	19.7	1.8	11.6	19.3	4.9	5.6	6.6	1.9	4.8	5.7	3.0
2.6	2.2	-	2.6	2.8	2.0	13.5	20.9	1.3	12.6	22.5	4.6	4.0	5.6	1.6	3.7	5.3	2.6
2.7	1.8	-	2.9	2.8	1.3	12.6	17.8	0.8	12.3	20.8	4.1	3.7	4.5	1.1	3.6	4.7	2.1
3.8	3.4	13.2	3.8	4.1	2.9	11.2	17.6	1.3	11.0	18.9	5.1	4.1	5.9	1.1	4.0	5.6	2.8
4.1	3.1	8.2	4.3	3.1	3.6	12.4	18.0	1.1	12.2	20.9	4.4	4.1	5.4	1.4	4.1	5.6	2.6
3.2	2.5	-	3.2	2.4	1.9	15.9	21.6	1.1	16.4	25.9	5.0	4.1	4.5	1.2	4.2	4.7	2.4
3.6	3.3	21.7	3.7	3.6	3.2	10.9	17.1	1.1	10.9	18.8	4.9	4.5	6.4	1.7	4.4	6.7	2.9
4.6	2.8	-	4.5	3.7	1.9	10.8	14.8	0.8	9.8	15.2	3.0	3.3	4.2	0.9	3.0	4.1	1.4
2.7	2.0	-	3.2	2.9	1.6	11.5	16.4	1.1	10.8	16.8	4.3	4.0	5.1	1.3	3.8	5.1	2.1
2.2	2.1	18.5	2.8	2.5	3.2	12.0	16.1	0.9	11.6	17.6	4.3	3.9	4.9	1.1	3.8	5.2	2.0
3.3	3.1	5.0	3.7	3.9	3.5	14.2	21.4	1.7	13.8	22.9	6.6	4.5	6.1	1.9	4.3	5.9	3.3
4.0	3.6	4.8	4.0	3.9	3.3	13.0	20.9	1.8	11.5	20.1	5.3	4.3	6.1	1.7	3.8	5.4	2.7
2.9	1.8	3.8	3.0	2.7	1.6	16.0	24.9	2.5	14.9	24.0	7.5	5.5	7.1	2.7	5.1	6.1	4.1
3.2	2.4	-	3.2	4.1	1.9	12.4	18.2	1.7	11.2	18.0	5.5	5.1	6.8	1.7	4.6	6.3	3.0
2.0	1.8	-	2.2	2.0	1.5	12.3	19.3	1.4	10.8	19.0	4.5	4.6	6.4	1.6	4.0	5.8	2.5
4.3	3.8	-	4.3	3.5	3.7	13.6	19.5	1.8	12.3	19.5	5.0	4.5	5.6	1.5	4.1	5.2	2.6
3.2	2.7	15.3	3.3	2.8	3.0	13.3	19.1	1.4	12.2	19.3	5.4	4.5	5.9	1.5	4.1	5.4	2.7
4.2	3.6	9.0	4.3	3.8	3.8	12.9	20.5	1.5	11.2	19.5	5.0	4.7	6.6	1.8	4.1	6.1	2.5
3.7	3.6	3.7	4.0	4.2	3.8	16.3	25.6	2.5	14.2	23.9	7.0	4.9	6.7	2.3	4.3	5.9	3.2
2.8	2.6	-	2.8	2.7	2.6	13.3	20.6	1.5	11.6	19.0	5.1	4.8	6.4	1.8	4.1	5.6	2.7

III 統 計 表

Part III Statistical tables

統計表一覧

出生

統計表番号	表章事項 出生数	出生率	標準化出生率	平均年齢	年次	地域 全国	都道府県(21大都市再掲)	性	出生順位	体重 出生時の体重500g区分	出生時の平均体重	単産・複産	期間 結婚期間	平均結婚期間	嫡出子・嫡出でない子	父 年齢(5歳階級)	職業(大分類)	母 年齢(5歳階級)	職業(大分類)	職業(有・無)	備考
1	○		○			○	○										○		○		
2	○	○	○	○			○		○							○	○				嫡出出生のみ
3	○	○	○	○			○		○									○	○		
4	○						○											○	○		嫡出出生のみ
5	○						○		○	○		○	○					○		○	嫡出出生のみ
6	○						○		○		○	○						○			
7	○						○			○	○	○						○			
8	○						○			○	○				○			○			
9	○						○		○				○			○		○			嫡出出生のみ
10	○						○		○				○					○			嫡出出生のみ
11	○	○				○	○									○					嫡出出生のみ
12	○	○				○	○											○			

死亡

統計表番号	表章事項 死亡数	死亡率	年齢調整死亡率	年次	地域 全国	都道府県(21大都市再掲)	性	年齢(5歳階級)	職業(大分類)	産業(大分類)	選択死因分類	備考
1	○		○		○	○	○	○				
2	○		○		○	○	○			○		
3	○	○				○		○	○			
4	○	○				○		○	○	○		
5	○					○			○		○	死亡男のみ
6	○					○			○		○	死亡女のみ
7	○					○				○	○	死亡男のみ
8	○					○				○	○	死亡女のみ
9	○				○	○			○			死亡男のみ
10	○				○	○			○			死亡女のみ
11	○				○	○				○		死亡男のみ
12	○				○	○				○		死亡女のみ

死産

統計表番号	表章事項 死産数	死産率	年次	地域 全国	都道府県(21大都市再掲)	自然・人工	父の職業(大分類)	母の年齢(5歳階級)	母の職業(大分類)	備考
1	○	○		○	○		○		○	
2	○				○		○	○	○	
3	○				○		○		○	嫡出死産のみ
4	○			○	○				○	

周産期死亡

統計表番号	表章事項		年次	地域		妊娠満22週以後の死産・早期新生児死亡	母の年齢（5歳階級）	母の職業（大分類）	備考
	周産期死亡数	周産期死亡率		全国	都道府県（21大都市再掲）				
1	○	○	○	○		○	○		
2	○		○	○		○	○	○	
3	○		○	○	○		○		

婚姻

統計表番号	表章事項				年次	地域		初婚・再婚の組合せ	年齢		期間		夫			妻			備考
	婚姻件数	婚姻率	標準化婚姻率	無配偶婚姻率	標準化無配偶婚姻率	平均婚姻年齢		全国	都道府県（21大都市再掲）		年齢差	平均年齢差	前婚解消～再婚までの期間	再婚までの平均期間	初婚・再婚	年齢（5歳階級）	職業（大分類）	初婚・再婚	年齢（5歳階級）	職業（大分類）	
1-1	○							○	○							○			○		
1-2	○		○		○			○	○							○			○		当該年度に結婚生活に入り届け出たもの
2	○					○		○								○	○	○			平成27年度に結婚生活に入り届け出たもの
3	○					○		○											○	○	○	平成27年度に結婚生活に入り届け出たもの
4	○							○	○	○						○					
5	○							○			○	○				○					平成27年度に結婚生活に入り届け出たもの
6	○							○			○	○				○					平成27年度に結婚生活に入り届け出たもの
7	○							○					○	○		○					再婚のみ・平成27年度に結婚生活に入り届け出たもの
8	○							○					○	○							再婚のみ・平成27年度に結婚生活に入り届け出たもの
9	○	○						○	○							○					
10	○	○						○											○		
11				○				○	○							○					初婚のみ・平成27年度に結婚生活に入り届け出たもの
12				○				○	○										○		初婚のみ・平成27年度に結婚生活に入り届け出たもの

離婚

統計表番号	表章事項				年次	地域		離婚の種類	同居期間	平均同居期間	夫妻が親権を行う子の数	親権者	夫		妻			備考
	離婚件数	離婚率	標準化離婚率	有配偶離婚率	標準化有配偶離婚率		全国	都道府県（21大都市再掲）						年齢（5歳階級）	職業（大分類）	年齢（5歳階級）	職業（大分類）	職業（有・無）	
1-1	○						○	○						○		○			
1-2	○		○		○		○	○						○		○			当該年度に別居し届け出たもの
2	○						○							○	○	○			平成27年度に別居し届け出たもの
3	○						○									○	○		平成27年度に別居し届け出たもの
4	○						○		○					○					
5	○						○			○									
6	○						○			○									
7	○						○				○								
8	○						○				○								
9	○						○						○						
10	○	○					○	○						○					
11	○	○					○	○								○			

総覧 Summary

第1表 人口動態総覧,
Table 1. Indexes of Vital Statistics by

職業 Occupation	出生数 Live births		死亡数 Deaths		死産数[2] Foetal deaths		周産期死亡数[2] Perinatal deaths	
	父[1] Father	母 Mother	男 Male	女 Female	自然死産 Spontaneous	人工死産 Artificial	妊娠満22週以後の死産 Foetal deaths at 22 completed weeks and over of gestation	早期新生児死亡 Early neonatal deaths
総　　　　　数　Total	980 219	1 003 169	664 204	619 502	10 808	11 360	3 013	684
就業者総数　Employed	924 472	425 110	81 022	30 441	5 003	5 034	1 277	270
A　管理的職業従事者	28 181	5 137	7 939	2 285	66	33	19	4
B　専門的・技術的職業従事者	251 798	151 213	10 542	3 559	1 429	893	386	103
C　事務従事者	113 369	129 262	3 534	2 357	1 251	1 093	323	69
D　販売従事者	110 034	32 878	8 023	3 299	340	501	90	22
E　サービス職業従事者	101 597	65 135	9 098	5 260	964	1 586	214	40
F　保安職業従事者	35 644	2 941	1 253	240	22	26	7	2
G　農林漁業従事者	14 825	4 194	15 136	5 099	62	38	18	3
H　生産工程従事者	110 505	16 272	6 152	1 683	230	236	60	9
I　輸送・機械運転従事者	32 368	1 552	3 357	643	50	39	11	2
J　建設・採掘従事者	81 695	1 911	6 703	1 124	31	28	8	-
K　運搬・清掃・包装等従事者	20 077	1 717	1 816	541	35	61	2	1
L　職業不詳	24 379	12 898	7 469	4 351	523	500	139	15
無職　Non-employed	11 461	536 758	525 996	543 865	4 344	4 802	1 297	346
不詳　Not stated	44 286	41 301	57 186	45 196	1 461	1 524	439	68

職業 Occupation	婚姻件数 Marriages		離婚件数 Divorces	
	夫 Groom	妻 Bride	夫 Husband	妻 Wife
総　　　　　数　Total	636 555	636 555	224 692	224 692
就業者総数　Employed	585 406	478 906	187 031	142 857
A　管理的職業従事者	17 835	3 146	8 579	1 709
B　専門的・技術的職業従事者	156 863	138 853	30 654	25 899
C　事務従事者	65 946	137 201	17 224	32 295
D　販売従事者	74 242	52 730	20 820	17 679
E　サービス職業従事者	73 905	100 022	28 110	42 973
F　保安職業従事者	20 967	2 539	4 128	487
G　農林漁業従事者	8 827	1 980	3 681	992
H　生産工程従事者	65 800	19 794	21 941	10 216
I　輸送・機械運転従事者	23 880	3 571	13 708	1 507
J　建設・採掘従事者	49 036	1 974	25 180	770
K　運搬・清掃・包装等従事者	14 565	4 386	7 547	3 812
L　職業不詳	13 540	12 710	5 459	4 518
無職　Non-employed	18 233	124 738	21 447	66 080
不詳　Not stated	32 916	32 911	16 214	15 755

産業 Industry	死亡数 Deaths	
	男 Male	女 Female
総　　　　　数　Total	664 204	619 502
就業者総数　Employed	81 022	30 441
第1次産業　Primary	16 066	5 523
A　農業，林業	14 813	5 200
B　漁業	1 253	323
第2次産業　Secondary	18 391	4 782
C　鉱業，採石業，砂利採取業	459	157
D　建設業	8 877	1 774
E　製造業	9 055	2 851
第3次産業　Tertiary	36 364	14 781
F　電気・ガス・熱供給・水道業	1 366	329
G　情報通信業	1 831	542
H　運輸業，郵便業	4 296	868
I　卸売業，小売業	7 160	3 089
J　金融業，保険業	1 150	469
K　不動産業，物品賃貸業	2 820	1 575
L　学術研究，専門・技術サービス業	2 224	656
M　宿泊業，飲食サービス業	3 195	1 711
N　生活関連サービス業，娯楽業	2 115	1 296
O　教育，学習支援業	1 033	624
P　医療，福祉	2 784	1 919
Q　複合サービス事業	339	128
R　サービス業(他に分類されないもの)	4 482	1 172
S　公務(他に分類されるものを除く)	1 569	403
T　産業不詳	10 201	5 355
無職　Non-employed	525 996	543 865
不詳　Not stated	57 186	45 196

注：1) 父の職業別出生数は嫡出子を対象とした。
　　2) 母の職業別である。
Notes: 1) The number of live births by occupation of father takes born in wedlock children as objects.
　　2) Data refer to mother's occupation.

職業－産業（大分類）別
occupation/industry (Major Group)

平成27年度
FY 2015

職業 Occupation	標準化出生率（人口千対）Age-standardized live birth rates (per 1,000 population)		年齢調整死亡率（人口千対）Age-adjusted death rates (per 1,000 population)		死産率[2]（出産千対）Foetal death rates (per 1,000 total births)	周産期死亡率[2] Perinatal death rates	
	父[1] Father	母 Mother	男 Male	女 Female		妊娠満22週以後の死産率(出産千対) Foetal death rates at 22 completed weeks and over of gestation (per 1,000 total births)	早期新生児死亡率（出生千対）Early neonatal death rates (per 1,000 live births)
総　　　　　数　Total	25.0	27.5	6.4	3.9	21.6	3.0	0.7
就業者総数　Employed	31.0	18.1	2.8	1.7	23.1	3.0	0.6
A　管理的職業従事者	…	…	…	…	18.9	3.7	0.8
B　専門的・技術的職業従事者	48.5	28.2	3.5	2.8	15.1	2.5	0.7
C　事務従事者	28.6	18.5	1.2	0.6	17.8	2.5	0.5
D　販売従事者	26.0	10.6	2.5	1.4	24.9	2.7	0.7
E　サービス職業従事者	45.8	17.5	4.8	1.7	37.7	3.3	0.6
F　保安職業従事者	34.1	32.6	1.4	…	16.1	2.4	0.7
G　農林漁業従事者	29.8	25.6	4.1	2.0	23.3	4.3	0.7
H　生産工程従事者	19.5	10.2	1.5	1.2	27.8	3.7	0.6
I　輸送・機械運転従事者	31.1	29.5	2.3	…	54.2	7.0	1.3
J　建設・採掘従事者	45.3	42.0	3.5	22.9	29.9	4.2	－
K　運搬・清掃・包装等従事者	11.9	2.2	0.8	0.3	53.0	1.2	0.6
無　　職　Non-employed	3.3	59.8	13.2	5.0	16.8	2.4	0.6

職業 Occupation	標準化無配偶婚姻率（無配偶人口千対）Age-standardized marriage rates for unmarried population (per 1,000 unmarried population)		標準化有配偶離婚率（有配偶人口千対）Age-standardized divorce rates for married population (per 1,000 married population)	
	夫 Groom	妻 Bride	夫 Husband	妻 Wife
総　　　　　数　Total	26.4	30.2	16.7	18.7
就業者総数　Employed	34.3	30.8	19.5	20.1
A　管理的職業従事者	…	…	…	…
B　専門的・技術的職業従事者	60.0	41.0	…	…
C　事務従事者	33.0	30.6	12.9	14.4
D　販売従事者	34.8	22.8	13.9	17.2
E　サービス職業従事者	48.3	37.2	38.1	36.7
F　保安職業従事者	41.3	44.0	…	…
G　農林漁業従事者	26.8	25.6	…	…
H　生産工程従事者	18.7	17.1	10.6	17.3
I　輸送・機械運転従事者	34.8	83.7	19.3	…
J　建設・採掘従事者	45.0	66.3	34.5	…
K　運搬・清掃・包装等従事者	10.5	7.2	12.3	9.8
無　　職　Non-employed	3.1	35.1	32.0	20.8

産業 Industry	年齢調整死亡率（人口千対）Age-adjusted death rates (per 1,000 population)	
	男 Male	女 Female
総　　　　　数　Total	6.4	3.9
就業者総数　Employed	2.8	1.7
第1次産業　Primary	4.5	2.3
A　農業，林業	4.2	2.1
B　漁業	6.5	…
第2次産業　Secondary	2.6	2.3
C　鉱業，採石業，砂利採取業	31.4	…
D　建設業	3.0	3.6
E　製造業	2.2	1.8
第3次産業　Tertiary	2.3	1.3
F　電気・ガス・熱供給・水道業	…	…
G　情報通信業	7.5	…
H　運輸業，郵便業	2.4	5.5
I　卸売業，小売業	1.9	1.0
J　金融業，保険業	4.9	2.4
K　不動産業，物品賃貸業	2.5	1.9
L　学術研究，専門・技術サービス業	1.9	2.2
M　宿泊業，飲食サービス業	3.3	1.1
N　生活関連サービス業，娯楽業	2.3	1.1
O　教育，学習支援業	1.3	1.0
P　医療，福祉	2.2	0.9
Q　複合サービス事業	4.7	6.5
R　サービス業（他に分類されないもの）	2.0	1.1
S　公務（他に分類されるものを除く）	2.6	3.7
無　　職　Non-employed	13.2	5.0

注：1）父の職業別標準化出生率は嫡出子を対象とした。
　　2）母の職業別である。
　　3）「…」については、分母人口との関係から、率を算出するのが適当でない年齢階級があり、算出していない。

Notes: 1) Age-standardized live birth rate by occupation of father takes born in wedlock child as objects.
　　2) Data refer to mother's occupation.
　　3) "…" means that age-standardized rate is not calculated, because of the inappropriate age groups for calculating a rate by the relationship with denominator population.

1. 出 生 Natality

第1表 出生数及び標準化出生率
Table 1. Fiscal yearly live births and age-standardized live birth rates

職業 Occupation	出生 Live births				
	昭和45年度[2] FY 1970	50[3] FY 1975	55 FY 1980	60 FY 1985	平成2 FY 1990
総　　　　数　Total	1 920 989	1 866 108	1 541 502	1 405 481	1 201 682
就　業　者　総　数　Employed	1 911 487	1 851 999	1 530 418	1 393 740	1 193 931
A　管　理　的　職　業　従　事　者	46 614	⎫	33 636	30 964	27 610
B　専門的・技術的職業従事者	149 717	⎬ 597 679	201 098	217 501	211 434
C　事　　務　　従　　事　　者	355 685	(385 793)	302 011	276 560	233 772
D　販　　売　　従　　事　　者	286 259	(302 360)	262 012	245 935	190 864
E　サ　ー　ビ　ス　職　業　従　事　者	63 936	⎬ 406 114	62 481	64 907	76 179
F　保　安　職　業　従　事　者	26 397	⎭	33 475	32 577	28 591
G　農　林　漁　業　従　事　者	152 061	98 082	68 372	51 150	29 761
H　生　産　工　程　従　事　者	⎫	⎫	⎫	⎫	⎫
I　輸送・機械運転従事者	⎬ 814 912	⎬ 730 505	⎬ 549 841	⎬ 456 068	⎬ 374 377
J　建　設・採　掘　従　事　者					
K　運搬・清掃・包装等従事者	⎭	⎭	⎭	⎭	⎭
L　職　　　業　　　不　　　詳	15 906	19 619	17 492	18 078	21 343
無　　　　職　Non-employed	9 502	14 109	11 084	11 741	7 751
不　　　　詳　Not stated	…	…	…	…	…
総　　　　数　Total	1 938 763	1881 076	1 553 834	1 419 465	1 214 855
就　業　者　総　数　Employed	402 660	379 939	362 786	324 155	268 761
A　管　理　的　職　業　従　事　者	3 482	⎫	2 152	2 408	3 170
B　専門的・技術的職業従事者	40 632	⎬ 170 835	86 911	97 482	83 578
C　事　　務　　従　　事　　者	78 976	(105 787)	105 462	92 015	81 227
D　販　　売　　従　　事　　者	39 309	(42 711)	38 622	30 670	24 523
E　サ　ー　ビ　ス　職　業　従　事　者	34 696	⎬ 71 928	27 850	22 402	20 007
F　保　安　職　業　従　事　者	356	⎭	778	849	1 012
G　農　林　漁　業　従　事　者	132 047	71 404	42 385	26 260	12 537
H　生　産　工　程　従　事　者	⎫	⎫	⎫	⎫	⎫
I　輸送・機械運転従事者	⎬ 65 177	⎬ 63 176	⎬ 51 754	⎬ 42 921	⎬ 32 626
J　建　設・採　掘　従　事　者					
K　運搬・清掃・包装等従事者	⎭	⎭	⎭	⎭	⎭
L　職　　　業　　　不　　　詳	7 985	2 596	6 872	9 148	10 081
無　　　　職　Non-employed	1 536 103	1501 137	1 191 048	1 095 310	946 094
不　　　　詳　Not stated	…	…	…	…	…

注：1）父の職業別出生数は嫡出子を対象とした。
　　2）昭和45年度の母の職業別出生数の「総数」、「無職」には母の年齢が15歳未満14が含まれている。
　　3）昭和50年度は職業4部門別に集計されているため、大分類では集計できない職業がある。
　　　管理的職業従事者、専門的・技術的職業従事者及び事務従事者は事務関係職業として、また、販売従事者、サービス職業従事者及び保安職業従事者は販売・サービス関係職業として一括して計上し、事務従事者及び販売従事者を再掲している。
　　4）分母に用いた人口は、日本人人口（「無職」＝「完全失業者」＋「非労働力人口」）を使用している。

(人口千対), 父-母の職業（大分類）・年次別

(per 1,000 population) by occupation of father/mother (major groups)

数[1]					標準化出生率[4] Age-standardized live birth rates	
7 FY 1995	12 FY 2000	17 FY 2005	22 FY 2010	27 FY2015	平成22年度 FY 2010	27 FY 2015
父 Father						
1 165 915	1 159 351	1 042 030	1 043 750	980 219	24.2	25.0
1 155 223	1 140 884	979 826	981 962	924 472	29.5	31.0
27 571	30 044	28 160	36 769	28 181	...	...
218 948	339 359	266 796	249 794	251 798	49.4	48.5
208 642	166 506	127 669	122 444	113 369	28.6	28.6
174 210	164 273	136 069	125 105	110 034	24.5	26.0
80 143	86 290	95 329	109 665	101 597	45.2	45.8
25 915	26 679	31 456	33 123	35 644	31.4	34.1
20 392	16 434	14 731	15 316	14 825	30.3	29.8
			123 594	110 505	19.1	19.5
366 887	266 734	245 548	41 565	32 368	33.0	31.1
			78 244	81 695	36.9	45.3
			21 226	20 077	12.0	11.9
32 515	44 565	34 068	25 117	24 379	...	...
10 692	18 467	17 904	17 222	11 461	3.8	3.3
...	...	44 300	44 566	44 286		
母 Mother						
1 180 580	1 178 905	1 063 900	1 066 784	1 003 169	26.3	27.5
258 252	264 668	250 934	330 477	425 110	13.0	18.1
3 618	3 192	3 273	4 917	5 137	...	...
80 130	88 856	87 959	117 371	151 213	22.0	28.2
85 376	85 832	81 641	103 673	129 262	13.1	18.5
21 233	19 803	18 673	25 329	32 878	7.4	10.6
20 191	22 022	29 610	45 073	65 135	11.3	17.5
1 393	1 716	2 216	2 487	2 941	28.6	32.6
6 656	4 386	3 589	3 907	4 194	25.9	25.6
			13 828	16 272	7.9	10.2
24 419	18 717	14 940	1 456	1 552	24.8	29.5
			1 566	1 911	40.5	42.0
			1 140	1 717	1.5	2.2
15 236	20 144	9 033	9 730	12 898	...	...
922 328	914 237	765 918	693 903	536 758	57.9	59.8
...	...	47 048	42 404	41 301	...	...

Notes: 1) The number of live births by occupation of father takes born in wedlock children as objects.
2) Total and non-employed of live births by mother's occupation include 14 live births that mother's age is under 15 years old in FY 1970.
3) There are occupations that can not be calculated by major groups, because figures are calculated by 4 occupational classes in FY 1975.
　　Managers, Specialist and technical workers, Clerical workers are included in clerical related workers.
　　Sales workers, Service workers and Security workers are included in service related workers.
　　Among them, Clerical workers and Sales workers are indicated again as regrouped in the parenthesis.
4) The population used as denominator is Japanese population ("Non-employed" = "Unemployed" + "Population not in labour force").

第2表 嫡出出生数及び嫡出出生率（男性人口千対），父の年齢（5歳階級）；
Table 2. Live births and live birth rates of children born in wedlock (per 1,000 male age-standardized live birth rates (per 1,000 male population), by

総数 Total

父 の 職 業 Occupation of Father	標準化出生率 Age-standardized live birth rates	総 数 Total	19歳以下 Years or less	20～24	25～29	30～34	35～39
		嫡		出		出	
総　　　　　　　数 Total	・	980 219	4 089	52 954	200 647	328 247	248 155
就 業 者 総 数 Employed	・	924 472	3 571	48 940	189 785	310 576	234 676
A 管 理 的 職 業 従 事 者	・	28 181	7	260	2 116	6 752	9 050
B 専 門 的・技 術 的 職 業 従 事 者	・	251 798	270	6 861	47 164	89 676	69 644
C 事 務 従 事 者	・	113 369	57	2 116	20 038	40 134	31 853
D 販 売 従 事 者	・	110 034	210	4 160	22 543	39 649	27 886
E サ ー ビ ス 職 業 従 事 者	・	101 597	427	7 100	22 420	33 078	24 419
F 保 安 職 業 従 事 者	・	35 644	37	1 909	10 563	13 430	7 080
G 農 林 漁 業 従 事 者	・	14 825	74	961	3 137	5 010	3 634
H 生 産 工 程 従 事 者	・	110 505	520	9 542	28 280	34 964	24 528
I 輸 送・機 械 運 転 従 事 者	・	32 368	84	1 988	6 655	9 981	7 952
J 建 設・採 掘 従 事 者	・	81 695	1 704	11 399	17 958	23 272	17 402
K 運 搬・清 掃・包 装 等 従 事 者	・	20 077	134	1 722	4 514	6 307	4 557
L 職 業 不 詳	・	24 379	47	922	4 397	8 323	6 671
無　　　　　　　職 Non-employed	・	11 461	336	1 836	2 266	2 988	2 072
不　　　　　　　詳 Not stated	・	44 286	182	2 178	8 596	14 683	11 407
		嫡		出		出	
総　　　　　　　数 Total	25.0	18.5	1.3	17.6	62.5	89.9	59.2
就 業 者 総 数 Employed	31.0	28.3	8.9	29.2	78.0	106.7	68.1
A 管 理 的 職 業 従 事 者	…	24.4	…	271.7	375.0	343.0	201.4
B 専 門 的・技 術 的 職 業 従 事 者	48.5	52.4	17.1	35.1	106.8	171.8	116.2
C 事 務 従 事 者	28.6	25.4	3.9	15.0	68.9	112.0	68.9
D 販 売 従 事 者	26.0	26.6	3.3	16.4	66.1	97.4	60.1
E サ ー ビ ス 職 業 従 事 者	45.8	47.4	4.7	29.3	112.9	152.4	109.2
F 保 安 職 業 従 事 者	34.1	35.1	2.3	25.7	105.4	130.3	67.9
G 農 林 漁 業 従 事 者	29.8	11.1	14.0	39.9	80.9	91.3	57.7
H 生 産 工 程 従 事 者	19.5	20.0	6.1	26.7	56.5	61.4	36.8
I 輸 送・機 械 運 転 従 事 者	31.1	16.8	16.7	56.3	94.7	89.6	48.0
J 建 設・採 掘 従 事 者	45.3	32.6	47.4	99.9	124.2	115.7	62.1
K 運 搬・清 掃・包 装 等 従 事 者	11.9	9.9	3.3	14.4	32.4	37.8	23.8
無　　　　　　　職 Non-employed	3.3	0.7	0.1	1.9	7.3	11.3	7.6

注：1）出生順位とは、同じ母がこれまでに生んだ出生子の総数について数えた順序である。
　　2）率表の総数には就業状態不詳が、就業者総数には職業不詳が含まれる。

父の平均年齢及び標準化出生率（男性人口千対），出生順位・父の職業（大分類）別

population) by the age of fathers (5-year age group);mean age of fathers and
live birth order and occupation of father (major groups)

平成27年度
FY 2015

40～44	45～49	50～54	55～59	60～64	65～69	70～74	75歳以上 and over	不詳 Not stated	父の平均年齢（歳）Mean age of father (years)
生　　数			Live births born in wedlock						
110 177	27 451	6 225	1 565	475	193	34	4	3	33.9
103 637	25 599	5 717	1 420	396	132	21	2	-	33.9
6 519	2 393	774	214	62	26	6	2	-	38.1
29 087	7 055	1 571	345	100	25	-	-	-	34.4
14 861	3 505	659	111	30	5	-	-	-	34.7
12 209	2 723	503	95	34	19	3	-	-	33.9
10 641	2 657	623	170	43	14	5	-	-	33.5
2 117	388	91	19	6	4	-	-	-	32.3
1 435	396	115	37	14	11	1	-	-	33.6
9 972	2 124	430	116	22	6	1	-	-	32.7
4 021	1 284	283	93	19	6	2	-	-	34.1
7 613	1 787	368	139	40	11	2	-	-	32.2
2 146	525	123	34	13	1	1	-	-	33.2
3 016	762	177	47	13	4	-	-	-	…
1 179	455	160	61	60	38	9	1	-	32.7
5 361	1 397	348	84	19	23	4	1	3	…
生　　率			Live birth rates born in wedlock						
22.4	6.3	1.6	0.4	0.1	0.0	0.0	0.0	・	
25.3	7.0	1.7	0.5	0.1	0.1	0.0	0.0	・	
76.6	21.8	5.3	1.1	0.3	0.2	0.1	0.0	・	
45.6	12.1	2.8	0.7	0.3	0.1	-	-	・	
23.3	5.6	1.0	0.2	0.1	0.0	-	-	・	
21.3	5.4	1.2	0.3	0.1	0.1	0.0	-	・	
49.5	16.2	4.5	1.2	0.2	0.1	0.1	-	・	
20.3	4.5	0.9	0.2	0.1	0.0	-	-	・	
21.4	6.2	1.5	0.4	0.1	0.0	0.0	-	・	
13.0	3.4	0.8	0.3	0.1	0.0	0.0	-	・	
16.3	5.1	1.2	0.4	0.1	0.0	0.0	-	・	
21.9	6.5	1.6	0.6	0.1	0.1	0.0	-	・	
9.6	2.7	0.7	0.2	0.1	0.0	0.0	-	・	
3.7	1.5	0.5	0.2	0.1	0.0	0.0	0.0	・	

Notes: 1) Live birth order refers the number of children to-date born alive to same mother.
2) The total of rate tables includes "employment status not stated", and the total number of employed persons (employed) includes "occupation not stated".

第2表 嫡出出生数及び嫡出出生率（男性人口千対），父の年齢（5歳階級）；
Table 2. Live births and live birth rates of children born in wedlock (per 1,000 male age-standardized live birth rates (per 1,000 male population), by

第1子
1st child

父 の 職 業 Occupation of Father	標準化出生率 Age-standardized live birth rates	総　　数 Total	19歳以下 Years or less	20〜24	25〜29	30〜34	35〜39
		嫡	出	出			
総　　　　　　　数　Total	・	461 992	3 648	36 024	121 438	149 358	93 367
就 業 者 総 数 Employed	・	434 358	3 180	33 178	114 787	140 904	87 911
A 管 理 的 職 業 従 事 者	・	11 985	7	191	1 300	3 051	3 333
B 専門的・技術的職業従事者	・	125 147	240	4 971	32 108	44 598	27 527
C 事　　務　　従　　事　　者	・	55 776	49	1 589	13 989	19 816	12 302
D 販　　売　　従　　事　　者	・	53 659	181	3 076	14 614	18 649	10 830
E サ ー ビ ス 職 業 従 事 者	・	49 642	394	5 190	13 244	15 388	9 664
F 保 安 職 業 従 事 者	・	16 272	36	1 471	6 450	5 219	2 191
G 農 林 漁 業 従 事 者	・	5 821	64	604	1 486	1 827	1 195
H 生 産 工 程 従 事 者	・	49 037	482	6 310	14 957	13 844	8 563
I 輸送・機械運転従事者	・	13 270	77	1 243	3 338	3 817	2 720
J 建 設・採 掘 従 事 者	・	33 547	1 488	6 802	8 267	8 302	5 414
K 運搬・清掃・包装等従事者	・	8 520	121	1 094	2 215	2 432	1 606
L 職　　業　　不　　詳	・	11 682	41	637	2 819	3 961	2 566
無　　　　　職　Non-employed	・	6 280	314	1 374	1 327	1 526	932
不　　　　　詳　Not stated	・	21 354	154	1 472	5 324	6 928	4 524
		嫡	出	出			
総　　　　　　　数　Total	12.0	8.7	1.2	11.9	37.8	40.9	22.3
就 業 者 総 数 Employed	15.4	13.3	7.9	19.8	47.2	48.4	25.5
A 管 理 的 職 業 従 事 者	…	10.4	…	199.6	230.4	155.0	74.2
B 専門的・技術的職業従事者	25.7	26.1	15.2	25.4	72.7	85.4	45.9
C 事　　務　　従　　事　　者	15.0	12.5	3.3	11.3	48.1	55.3	26.6
D 販　　売　　従　　事　　者	13.2	13.0	2.8	12.2	42.8	45.8	23.3
E サ ー ビ ス 職 業 従 事 者	22.4	23.1	4.3	21.4	66.7	70.9	43.2
F 保 安 職 業 従 事 者	15.9	16.0	2.3	19.8	64.4	50.6	21.0
G 農 林 漁 業 従 事 者	13.0	4.4	12.1	25.1	38.3	33.3	19.0
H 生 産 工 程 従 事 者	9.2	8.9	5.6	17.7	29.9	24.3	12.9
I 輸送・機械運転従事者	14.8	6.9	15.3	35.2	47.5	34.3	16.4
J 建 設・採 掘 従 事 者	21.5	13.4	41.4	59.6	57.2	41.3	19.3
K 運搬・清掃・包装等従事者	5.3	4.2	3.0	9.2	15.9	14.6	8.4
無　　　　　職　Non-employed	1.7	0.4	0.1	1.5	4.3	5.8	3.4

注：1）出生順位とは、同じ母がこれまでに生んだ出生子の総数について数えた順序である。
　　2）率表の総数には就業状態不詳が、就業者総数には職業不詳が含まれる。

父の平均年齢及び標準化出生率（男性人口千対），出生順位・父の職業（大分類）別

population) by the age of fathers (5-year age group);mean age of fathers and
live birth order and occupation of father (major groups)

平成27年度
FY 2015

40～44	45～49	50～54	55～59	60～64	65～69	70～74	75歳以上 and over	不詳 Not stated	父の平均年齢（歳） Mean age of father (years)
生　　　数			Live births born in wedlock						
42 685	11 643	2 825	705	198	87	13	1	–	32.8
40 064	10 858	2 598	646	164	59	8	1	–	32.8
2 517	1 049	381	110	29	12	4	1	–	37.6
11 587	3 133	759	163	48	13	–	–	–	33.4
6 013	1 605	338	60	14	1	–	–	–	33.7
4 856	1 174	216	43	10	9	1	–	–	32.9
4 218	1 174	271	74	18	6	1	–	–	32.3
704	140	44	11	3	3	–	–	–	30.9
451	138	34	13	3	6	–	–	–	32.4
3 803	854	171	40	11	2	–	–	–	31.5
1 453	461	112	40	6	2	1	–	–	33.1
2 461	612	130	56	11	3	1	–	–	30.5
786	194	52	13	6	1	–	–	–	32.1
1 215	324	90	23	5	1	–	–	–	…
486	186	66	23	26	17	3	–	–	31.0
2 135	599	161	36	8	11	2	–	–	…
生　　　率			Live birth rates born in wedlock						
8.7	2.7	0.7	0.2	0.0	0.0	0.0	0.0		・
9.8	3.0	0.8	0.2	0.1	0.0	0.0	0.0		・
29.6	9.6	2.6	0.6	0.1	0.1	0.0	0.0		・
18.2	5.4	1.4	0.3	0.1	0.1	–	–		・
9.4	2.6	0.5	0.1	0.0	0.0	–	–		・
8.5	2.3	0.5	0.1	0.0	0.0	0.0	–		・
19.6	7.1	2.0	0.5	0.1	0.0	0.0	–		・
6.7	1.6	0.5	0.1	0.0	0.0	–	–		・
6.7	2.2	0.5	0.1	0.0	0.0	–	–		・
5.0	1.4	0.3	0.1	0.0	0.0	–	–		・
5.9	1.8	0.5	0.2	0.0	0.0	0.0	–		・
7.1	2.2	0.6	0.2	0.0	0.0	0.0	–		・
3.5	1.0	0.3	0.1	0.0	0.0	–	–		・
1.5	0.6	0.2	0.1	0.0	0.0	0.0	–		・

Notes: 1) Live birth order refers the number of children to-date born alive to same mother.
    2) The total of rate tables includes "employment status not stated", and the total number of employed persons (employed) includes "occupation not stated".

第2表　嫡出出生数及び嫡出出生率（男性人口千対），父の年齢（5歳階級）；
Table 2.　Live births and live birth rates of children born in wedlock (per 1,000 male age-standardized live birth rates (per 1,000 male population), by

第2子
2nd child

父の職業 Occupation of Father	標準化出生率 Age-standardized live birth rates	総数 Total	19歳以下 Years or less	20～24	25～29	30～34	35～39
			嫡		出		出
総　　　　数　Total	・	358 430	401	14 022	59 744	126 759	101 147
就業者総数　Employed	・	339 164	353	13 084	56 668	120 235	95 905
A　管理的職業従事者	・	10 448	-	58	597	2 481	3 581
B　専門的・技術的職業従事者	・	92 441	27	1 602	12 281	34 401	29 140
C　事　務　従　事　者	・	42 843	7	459	5 069	15 822	13 687
D　販　売　従　事　者	・	40 592	25	906	6 274	15 638	11 577
E　サービス職業従事者	・	35 695	28	1 587	6 872	12 327	9 551
F　保　安　職　業　従　事　者	・	13 240	1	389	3 323	5 627	2 881
G　農　林　漁　業　従　事　者	・	5 231	10	290	1 032	1 853	1 323
H　生　産　工　程　従　事　者	・	41 675	36	2 750	9 866	14 190	10 002
I　輸送・機械運転従事者	・	11 946	7	618	2 294	3 821	3 103
J　建　設　・　採　掘　従　事　者	・	28 673	193	3 671	6 291	8 463	6 428
K　運搬・清掃・包装等従事者	・	7 266	13	514	1 545	2 393	1 788
L　職　業　不　詳	・	9 114	6	240	1 224	3 219	2 844
無　　　　職　Non-employed	・	3 232	20	358	629	919	673
不　　　　詳　Not stated	・	16 034	28	580	2 447	5 605	4 569
			嫡		出		出
総　　　　数　Total	9.0	6.8	0.1	4.7	18.6	34.7	24.1
就業者総数　Employed	10.9	10.4	0.9	7.8	23.3	41.3	27.8
A　管理的職業従事者	…	9.1	…	60.6	105.8	126.0	79.7
B　専門的・技術的職業従事者	16.9	19.3	1.7	8.2	27.8	65.9	48.6
C　事　務　従　事　者	10.3	9.6	0.5	3.3	17.4	44.2	29.6
D　販　売　従　事　者	9.3	9.8	0.4	3.6	18.4	38.4	24.9
E　サービス職業従事者	16.1	16.6	0.3	6.5	34.6	56.8	42.7
F　保　安　職　業　従　事　者	12.5	13.0	0.1	5.2	33.2	54.6	27.6
G　農　林　漁　業　従　事　者	10.1	3.9	1.9	12.0	26.6	33.8	21.0
H　生　産　工　程　従　事　者	7.1	7.6	0.4	7.7	19.7	24.9	15.0
I　輸送・機械運転従事者	10.7	6.2	1.4	17.5	32.6	34.3	18.7
J　建　設　・　採　掘　従　事　者	14.9	11.4	5.4	32.2	43.5	42.1	22.9
K　運搬・清掃・包装等従事者	4.2	3.6	0.3	4.3	11.1	14.3	9.3
無　　　　職　Non-employed	1.0	0.2	0.0	0.4	2.0	3.5	2.5

注：1）出生順位とは、同じ母がこれまでに生んだ出生子の総数について数えた順序である。
　　2）率表の総数には就業状態不詳が、就業者総数には職業不詳が含まれる。

父の平均年齢及び標準化出生率（男性人口千対），出生順位・父の職業（大分類）別

population) by the age of fathers (5-year age group);mean age of fathers and
live birth order and occupation of father (major groups)

平成27年度
FY 2015

40〜44	45〜49	50〜54	55〜59	60〜64	65〜69	70〜74	75歳以上 and over	不詳 Not stated	父の平均年齢（歳） Mean age of father (years)
生　　　数			Live births born in wedlock						
43 388	10 132	2 093	523	147	59	11	2	2	34.5
40 866	9 471	1 939	468	125	42	7	1	-	34.5
2 500	872	254	70	21	13	-	1	-	38.3
11 659	2 642	540	114	29	6	-	-	-	35.1
6 174	1 353	219	40	10	3	-	-	-	35.4
4 909	1 030	182	31	14	6	-	-	-	34.6
4 129	918	211	56	10	3	3	-	-	34.1
820	162	27	7	3	-	-	-	-	32.9
514	145	44	15	4	-	1	-	-	33.9
3 859	767	155	42	5	2	1	-	-	33.1
1 504	472	89	28	7	2	1	-	-	34.4
2 819	629	123	35	16	4	1	-	-	32.6
770	185	42	14	2	-	-	-	-	33.6
1 209	296	53	16	4	3	-	-	-	…
385	149	46	20	17	12	3	1	-	34.0
2 137	512	108	35	5	5	1	-	2	…
生　　　率			Live birth rates born in wedlock						
8.8	2.3	0.5	0.1	0.0	0.0	0.0	0.0	・	
10.0	2.6	0.6	0.1	0.0	0.0	0.0	0.0	・	
29.4	7.9	1.7	0.4	0.1	0.1	-	0.0	・	
18.3	4.5	1.0	0.2	0.1	0.0	-	-	・	
9.7	2.2	0.3	0.1	0.0	0.0	-	-	・	
8.6	2.1	0.4	0.1	0.0	0.0	-	-	・	
19.2	5.6	1.5	0.4	0.1	0.0	0.0	-	・	
7.9	1.9	0.3	0.1	0.0	-	-	-	・	
7.7	2.3	0.6	0.1	0.0	-	0.0	-	・	
5.0	1.2	0.3	0.1	0.0	0.0	0.0	-	・	
6.1	1.9	0.4	0.1	0.0	0.0	0.0	-	・	
8.1	2.3	0.5	0.1	0.1	0.0	0.0	-	・	
3.4	1.0	0.2	0.1	0.0	-	-	-	・	
1.2	0.5	0.2	0.1	0.0	0.0	0.0	0.0	・	

Notes: 1) Live birth order refers the number of children to-date born alive to same mother.
2) The total of rate tables includes "employment status not stated", and the total number of employed persons (employed) includes "occupation not stated".

第2表 嫡出出生数及び嫡出出生率（男性人口千対），父の年齢（5歳階級）；

Table 2. Live births and live birth rates of children born in wedlock (per 1,000 male age-standardized live birth rates (per 1,000 male population), by

第3子
3 rd child

父 の 職 業 / Occupation of Father	標準化出生率 Age-standardized live birth rates	総 数 Total	19歳以下 Years or less	20～24	25～29	30～34	35～39
		嫡		出		出	
総　　　　　　　　数 Total	・	127 027	29	2 454	15 995	42 685	42 739
就 業 者 総 数 Employed	・	120 276	27	2 274	15 132	40 541	40 582
A 管 理 的 職 業 従 事 者	・	4 469	-	10	188	1 012	1 642
B 専門的・技術的職業従事者	・	28 401	2	244	2 361	9 227	10 868
C 事 務 従 事 者	・	12 580	1	58	861	3 965	5 051
D 販 売 従 事 者	・	12 962	4	155	1 408	4 556	4 501
E サービス職業従事者	・	12 800	4	264	1 889	4 369	4 053
F 保 安 職 業 従 事 者	・	5 154	-	48	689	2 252	1 653
G 農 林 漁 業 従 事 者	・	2 817	-	59	498	997	817
H 生 産 工 程 従 事 者	・	15 847	2	420	2 906	5 598	4 713
I 輸送・機械運転従事者	・	5 242	-	113	823	1 798	1 514
J 建設・採掘従事者	・	13 970	14	778	2 630	4 703	3 897
K 運搬・清掃・包装等従事者	・	3 127	-	86	583	1 118	837
L 職 業 不 詳	・	2 907	-	39	296	946	1 036
無　　　　職 Non-employed	・	1 255	2	76	203	381	297
不　　　　詳 Not stated	・	5 496	-	104	660	1 763	1 860
		嫡		出		出	
総　　　　　　数 Total	3.1	2.4	0.0	0.8	5.0	11.7	10.2
就 業 者 総 数 Employed	3.7	3.7	0.1	1.4	6.2	13.9	11.8
A 管 理 的 職 業 従 事 者	…	3.9	…	10.4	33.3	51.4	36.5
B 専門的・技術的職業従事者	5.0	5.9	0.1	1.2	5.3	17.7	18.1
C 事 務 従 事 者	2.9	2.8	0.1	0.4	3.0	11.1	10.9
D 販 売 従 事 者	2.9	3.1	0.1	0.6	4.1	11.2	9.7
E サービス職業従事者	5.8	6.0	0.0	1.1	9.5	20.1	18.1
F 保 安 職 業 従 事 者	4.8	5.1	-	0.6	6.9	21.8	15.9
G 農 林 漁 業 従 事 者	5.1	2.1	-	2.4	12.8	18.2	13.0
H 生 産 工 程 従 事 者	2.6	2.9	0.0	1.2	5.8	9.8	7.1
I 輸送・機械運転従事者	4.2	2.7	-	3.2	11.7	16.1	9.1
J 建設・採掘従事者	6.5	5.6	0.4	6.8	18.2	23.4	13.9
K 運搬・清掃・包装等従事者	1.8	1.5	-	0.7	4.2	6.7	4.4
無　　　　職 Non-employed	0.4	0.1	0.0	0.1	0.7	1.4	1.1

注：1）出生順位とは、同じ母がこれまでに生んだ出生子の総数について数えた順序である。
　　2）率表の総数には就業状態不詳が、就業者総数には職業不詳が含まれる。

父の平均年齢及び標準化出生率（男性人口千対），出生順位・父の職業（大分類）別

population) by the age of fathers (5-year age group); mean age of fathers and
live birth order and occupation of father (major groups)

平成27年度
FY 2015

40～44	45～49	50～54	55～59	60～64	65～69	70～74	75歳以上 and over	不詳 Not stated	父の平均年齢（歳）Mean age of father (years)
生　　数			Live births born in wedlock						
17 954	3 962	868	225	80	31	3	1	1	35.4
16 950	3 689	789	202	67	21	2	-	-	35.4
1 137	349	96	26	8	1	-	-	-	38.5
4 501	939	193	46	15	5	-	-	-	36.2
2 146	406	79	6	6	1	-	-	-	36.4
1 887	355	72	16	4	3	1	-	-	35.6
1 677	408	91	30	11	4	-	-	-	35.2
446	52	13	1	-	-	-	-	-	34.3
338	77	22	2	5	2	-	-	-	34.7
1 757	361	65	20	3	2	-	-	-	34.4
697	221	54	17	3	2	-	-	-	35.2
1 505	339	66	30	7	1	-	-	-	34.0
396	84	16	3	3	-	1	-	-	34.4
463	98	22	5	2	-	-	-	-	…
178	63	29	13	7	5	1	-	-	35.5
826	210	50	10	6	5	-	1	1	…
生　　率			Live birth rates born in wedlock						
3.6	0.9	0.2	0.1	0.0	0.0	0.0	0.0		・
4.1	1.0	0.2	0.1	0.0	0.0	0.0	-	-	
13.4	3.2	0.7	0.1	0.0	0.0	-	-	-	
7.1	1.6	0.3	0.1	0.0	0.0	-	-	-	
3.4	0.6	0.1	0.0	0.0	0.0	-	-	-	
3.3	0.7	0.2	0.0	0.0	0.0	0.0	-	-	
7.8	2.5	0.7	0.2	0.1	0.0	-	-	-	・
4.3	0.6	0.1	0.0	-	-	-	-	-	
5.0	1.2	0.3	0.0	0.0	0.0	-	-	-	
2.3	0.6	0.1	0.0	0.0	0.0	-	-	-	
2.8	0.9	0.2	0.1	0.0	0.0	-	-	-	
4.3	1.2	0.3	0.1	0.0	0.0	-	-	-	
1.8	0.4	0.1	0.0	0.0	-	0.0	-	-	
0.6	0.2	0.1	0.0	0.0	0.0	0.0	-	-	

Notes: 1) Live birth order refers the number of children to-date born alive to same mother.
2) The total of rate tables includes "employment status not stated", and the total number of employed persons (employed) includes "occupation not stated".

第2表　嫡出出生数及び嫡出出生率（男性人口千対），父の年齢（5歳階級）；

Table 2. Live births and live birth rates of children born in wedlock (per 1,000 male age-standardized live birth rates (per 1,000 male population), by

第4子以上
4 th child and over

父の職業 Occupation of Father	標準化出生率 Age-standardized live birth rates	総数 Total	19歳以下 Years or less	20～24	25～29	30～34	35～39
		嫡		出		出	
総　　　　　　数　Total	・	32 770	11	454	3 470	9 445	10 902
就業者総数　Employed	・	30 674	11	404	3 198	8 896	10 278
A 管理的職業従事者	・	1 279	-	1	31	208	494
B 専門的・技術的職業従事者	・	5 809	1	44	414	1 450	2 109
C 事務従事者	・	2 170	-	10	119	531	813
D 販売従事者	・	2 821	-	23	247	806	978
E サービス職業従事者	・	3 460	1	59	415	994	1 151
F 保安職業従事者	・	978	-	1	101	332	355
G 農林漁業従事者	・	956	-	8	121	333	299
H 生産工程従事者	・	3 946	-	62	551	1 332	1 250
I 輸送・機械運転従事者	・	1 910	-	14	200	545	615
J 建設・採掘従事者	・	5 505	9	148	770	1 804	1 663
K 運搬・清掃・包装等従事者	・	1 164	-	28	171	364	326
L 職業不詳	・	676	-	6	58	197	225
無　職　Non-employed	・	694	-	28	107	162	170
不　詳　Not stated	・	1 402	-	22	165	387	454
		嫡		出		出	
総　　　　　　数　Total	0.8	0.6	0.0	0.2	1.1	2.6	2.6
就業者総数　Employed	0.9	0.9	0.0	0.2	1.3	3.1	3.0
A 管理的職業従事者	...	1.1	...	1.0	5.5	10.6	11.0
B 専門的・技術的職業従事者	1.0	1.2	0.1	0.2	0.9	2.8	3.5
C 事務従事者	0.5	0.5	-	0.1	0.4	1.5	1.8
D 販売従事者	0.6	0.7	-	0.1	0.7	2.0	2.1
E サービス職業従事者	1.6	1.6	0.0	0.2	2.1	4.6	5.1
F 保安職業従事者	0.9	1.0	-	0.0	1.0	3.2	3.4
G 農林漁業従事者	1.6	0.7	-	0.3	3.1	6.1	4.8
H 生産工程従事者	0.6	0.7	-	0.2	1.1	2.3	1.9
I 輸送・機械運転従事者	1.3	1.0	-	0.4	2.8	4.9	3.7
J 建設・採掘従事者	2.4	2.2	0.3	1.3	5.3	9.0	5.9
K 運搬・清掃・包装等従事者	0.6	0.6	-	0.2	1.2	2.2	1.7
無　職　Non-employed	0.2	0.0	-	0.0	0.3	0.6	0.6

注：1）出生順位とは、同じ母がこれまでに生んだ出生子の総数について数えた順序である。
　　2）率表の総数には就業状態不詳が、就業者総数には職業不詳が含まれる。

父の平均年齢及び標準化出生率（男性人口千対），出生順位・父の職業（大分類）別

population) by the age of fathers (5-year age group);mean age of fathers and
live birth order and occupation of father (major groups)

平成27年度
FY 2015

40～44	45～49	50～54	55～59	60～64	65～69	70～74	75歳以上 and over	不詳 Not stated	父の平均年齢（歳） Mean age of father (years)
生　　数			Live births born in wedlock						
6 150	1 714	439	112	50	16	7	-	-	36.6
5 757	1 581	391	104	40	10	4	-	-	36.5
365	123	43	8	4	-	2	-	-	39.6
1 340	341	79	22	8	1	-	-	-	37.5
528	141	23	5	-	-	-	-	-	37.7
557	164	33	5	6	1	1	-	-	36.9
617	157	50	10	4	1	1	-	-	36.3
147	34	7	-	-	1	-	-	-	36.1
132	36	15	7	2	3	-	-	-	35.9
553	142	39	14	3	-	-	-	-	35.5
367	130	28	8	3	-	-	-	-	36.8
828	207	49	18	6	3	-	-	-	35.4
194	62	13	4	2	-	-	-	-	35.7
129	44	12	3	2	-	-	-	-	…
130	57	19	5	10	4	2	-	-	37.1
263	76	29	3	-	2	1	-	-	…
生　　率			Live birth rates born in wedlock						
1.2	0.4	0.1	0.0	0.0	0.0	0.0	-	・	
1.4	0.4	0.1	0.0	0.0	0.0	0.0	-	・	
4.3	1.1	0.3	0.0	0.0	-	0.0	-	・	
2.1	0.6	0.1	0.0	0.0	0.0	-	-	・	
0.8	0.2	0.0	0.0	-	-	-	-	・	
1.0	0.3	0.1	0.0	0.0	0.0	0.0	-	・	
2.9	1.0	0.4	0.1	0.0	0.0	0.0	-	・	
1.4	0.4	0.1	-	-	0.0	-	-	・	
2.0	0.6	0.2	0.1	0.0	0.0	-	-	・	
0.7	0.2	0.1	0.0	0.0	-	-	-	・	
1.5	0.5	0.1	0.0	0.0	-	-	-	・	
2.4	0.8	0.2	0.1	0.0	0.0	-	-	・	
0.9	0.3	0.1	0.0	0.0	-	-	-	・	
0.4	0.2	0.1	0.0	0.0	0.0	0.0	-	・	

Notes: 1) Live birth order refers the number of children to-date born alive to same mother.
2) The total of rate tables includes "employment status not stated", and the total number of employed persons (employed) includes "occupation not stated".

第3表　出生数及び出生率（女性人口千対），母の年齢（5歳階級）；

Table 3. Live births and live birth rates (per 1,000 female population) by the age-standardized live birth rates (per 1,000 female population), by

総 数　Total

母 の 職 業 Occupation of Mother	標準化出生率 Age-standard-ized live birth rates	総　数 Total	15～19歳 Years	20～24	25～29
		出		生	
総　　　　　　　　　　数　Total	・	1 003 169	11 777	83 846	259 286
就 業 者 総 数　Employed	・	425 110	892	21 578	107 819
A　管 理 的 職 業 従 事 者	・	5 137	2	87	764
B　専門的・技術的職業従事者	・	151 213	50	4 870	39 021
C　事　　務　　従　　事　　者	・	129 262	130	4 418	28 875
D　販　　売　　従　　事　　者	・	32 878	85	2 357	9 249
E　サ ー ビ ス 職 業 従 事 者	・	65 135	396	6 392	18 636
F　保　安　職　業　従　事　者	・	2 941	30	255	976
G　農　林　漁　業　従　事　者	・	4 194	3	218	1 076
H　生　産　工　程　従　事　者	・	16 272	107	2 081	4 994
I　輸 送・機 械 運 転 従 事 者	・	1 552	3	101	428
J　建　設・採　掘　従　事　者	・	1 911	8	107	434
K　運搬・清掃・包装等従事者	・	1 717	19	137	441
L　職　　業　　不　　詳	・	12 898	59	555	2 925
無　　　　　職　Non-employed	・	536 758	10 289	58 993	141 273
不　　　　　詳　Not stated	・	41 301	596	3 275	10 194
		出		生	
総　　　　　　　　　　数　Total	27.5	17.7	4.1	29.2	84.1
就 業 者 総 数　Employed	18.1	16.7	2.4	13.0	51.6
A　管 理 的 職 業 従 事 者	・・・	22.9	・・・	211.7	477.2
B　専門的・技術的職業従事者	28.2	33.8	3.8	14.0	75.2
C　事　　務　　従　　事　　者	18.5	19.3	4.2	13.2	48.7
D　販　　売　　従　　事　　者	10.6	10.2	0.8	7.6	30.5
E　サ ー ビ ス 職 業 従 事 者	17.5	14.1	2.8	16.7	57.2
F　保　安　職　業　従　事　者	32.6	43.2	11.1	24.4	92.0
G　農　林　漁　業　従　事　者	25.6	5.3	2.5	31.5	96.3
H　生　産　工　程　従　事　者	10.2	7.4	3.8	18.0	35.7
I　輸 送・機 械 運 転 従 事 者	29.5	23.0	4.4	33.8	93.4
J　建　設・採　掘　従　事　者	42.0	31.2	12.1	35.4	114.7
K　運搬・清掃・包装等従事者	2.2	0.9	1.3	3.0	7.5
無　　　　　職　Non-employed	59.8	19.6	4.4	67.2	230.3

注：1）出生順位とは、同じ母がこれまでに生んだ出生子の総数について数えた順序である。
　　2）率表の総数には就業状態不詳が、就業者総数には職業不詳が含まれる。

母の平均年齢及び標準化出生率（女性人口千対），出生順位・母の職業（大分類）別

age of mothers (5-year age group); mean age of mothers and
live birth order and occupation of mother (major groups)

平成27年度
FY 2015

30〜34	35〜39	40〜44	45〜49	50歳以上 and over	不詳 Not stated	母の平均年齢（歳） Mean age of mother (years)
		数	Live births			
364 664	228 957	53 274	1 311	52	2	31.9
165 362	104 606	24 230	599	24	-	32.5
1 803	1 790	650	40	1	-	34.7
61 397	37 463	8 183	212	17	-	32.7
51 190	35 635	8 819	193	2	-	33.1
12 706	6 866	1 571	44	-	-	31.9
23 401	13 468	2 771	69	2	-	31.5
1 079	495	105	1	-	-	31.0
1 538	1 097	258	4	-	-	32.6
5 170	3 194	715	11	-	-	31.0
606	320	88	6	-	-	32.0
680	535	147	-	-	-	32.9
618	399	101	2	-	-	32.0
5 174	3 344	822	17	2	-	…
184 555	114 280	26 699	642	27	-	31.4
14 747	10 071	2 345	70	1	2	…
		率	Live birth rates			
103.3	56.6	11.2	0.3	0.0	・	
74.4	40.5	7.5	0.2	0.0	・	
447.1	227.2	44.6	2.0	0.0	・	
119.5	67.5	13.9	0.4	0.0	・	
76.2	43.3	8.2	0.2	0.0	・	
44.7	23.3	4.3	0.1	-	・	
67.6	33.4	5.5	0.1	0.0	・	
132.1	68.4	13.1	0.2	-	・	
85.9	44.9	8.1	0.1	-	・	
32.1	15.4	2.5	0.0	-	・	
122.0	48.4	7.1	0.6	-	・	
161.5	96.0	19.8	-	-	・	
7.5	3.2	0.5	0.0	-	・	
198.2	104.4	23.1	0.7	0.0	・	

Notes: 1) Live birth order refers the number of children to-date born alive to same mother.
2) The total of rate tables includes "employment status not stated", and the total number of employed persons (employed) includes "occupation not stated".

第3表 出生数及び出生率（女性人口千対），母の年齢（5歳階級）；
Table 3. Live births and live birth rates (per 1,000 female population) by the age-standardized live birth rates (per 1,000 female population), by

第1子
1 st child

母 の 職 業 Occupation of Mother	標準化出生率 Age-standardized live birth rates	総　数 Total	15～19歳 Years	20～24	25～29
			出		生
総　　　　　数 Total	・	475 671	10 427	56 468	151 517
就 業 者 総 数 Employed	・	217 646	822	16 138	70 636
A 管 理 的 職 業 従 事 者	・	2 353	1	59	501
B 専門的・技術的職業従事者	・	77 953	50	4 191	27 499
C 事 務 従 事 者	・	69 043	117	3 161	19 926
D 販 売 従 事 者	・	17 702	80	1 676	5 850
E サービス職業従事者	・	31 678	363	4 620	10 639
F 保 安 職 業 従 事 者	・	1 522	25	219	635
G 農 林 漁 業 従 事 者	・	1 173	3	104	373
H 生 産 工 程 従 事 者	・	7 341	103	1 487	2 568
I 輸送・機械運転従事者	・	822	3	83	274
J 建 設・採 掘 従 事 者	・	744	7	62	221
K 運搬・清掃・包装等従事者	・	555	19	70	168
L 職 業 不 詳	・	6 760	51	406	1 982
無　　　　　職 Non-employed	・	237 466	9 066	38 085	74 642
不　　　　　詳 Not stated	・	20 559	539	2 245	6 239
			出		生
総　　　　　数 Total	13.4	8.4	3.6	19.7	49.2
就 業 者 総 数 Employed	9.5	8.6	2.2	9.7	33.8
A 管 理 的 職 業 従 事 者	…	10.5	…	143.6	312.9
B 専門的・技術的職業従事者	14.9	17.4	3.8	12.1	53.0
C 事 務 従 事 者	10.3	10.3	3.8	9.4	33.6
D 販 売 従 事 者	5.7	5.5	0.8	5.4	19.3
E サービス職業従事者	8.6	6.9	2.6	12.1	32.6
F 保 安 職 業 従 事 者	16.3	22.4	9.2	21.0	59.8
G 農 林 漁 業 従 事 者	8.0	1.5	2.5	15.0	33.4
H 生 産 工 程 従 事 者	5.0	3.3	3.6	12.9	18.4
I 輸送・機械運転従事者	16.5	12.2	4.4	27.8	59.8
J 建 設・採 掘 従 事 者	17.5	12.2	10.6	20.5	58.4
K 運搬・清掃・包装等従事者	0.8	0.3	1.3	1.5	2.9
無　　　　　職 Non-employed	27.0	8.7	3.9	43.4	121.7

注：1）出生順位とは、同じ母がこれまでに生んだ出生子の総数について数えた順序である。
　　2）率表の総数には就業状態不詳が、就業者総数には職業不詳が含まれる。

母の平均年齢及び標準化出生率（女性人口千対），出生順位・母の職業（大分類）別
age of mothers (5-year age group); mean age of mothers and
live birth order and occupation of mother (major groups)

平成27年度
FY 2015

30～34	35～39	40～44	45～49	50歳以上 and over	不詳 Not stated	母の平均年齢（歳） Mean age of mother (years)
		数	Live births			
154 745	81 097	20 765	617	33	2	30.7
79 292	40 369	10 084	289	16	-	31.5
822	684	262	23	1	-	33.8
29 157	13 684	3 257	106	9	-	31.5
26 652	15 078	4 004	103	2	-	32.3
6 523	2 851	707	15	-	-	31.0
10 022	4 986	1 021	25	2	-	30.3
436	165	42	-	-	-	29.4
387	247	58	1	-	-	31.5
1 937	1 005	236	5	-	-	29.5
301	119	39	3	-	-	31.0
261	140	53	-	-	-	31.6
180	91	27	-	-	-	30.4
2 614	1 319	378	8	2	-	…
68 729	36 927	9 705	295	17	-	29.9
6 724	3 801	976	33	-	2	…
		率	Live birth rates			
43.8	20.0	4.4	0.1	0.0		・
35.7	15.6	3.1	0.1	0.0		・
203.8	86.8	18.0	1.2	0.0		・
56.7	24.7	5.5	0.2	0.0		・
39.7	18.3	3.7	0.1	0.0		・
22.9	9.7	1.9	0.0	-		・
28.9	12.4	2.0	0.1	0.0		・
53.4	22.8	5.2	-	-		・
21.6	10.1	1.8	0.0	-		・
12.0	4.9	0.8	0.0	-		・
60.6	18.0	3.1	0.3	-		・
62.0	25.1	7.1	-	-		・
2.2	0.7	0.1	-	-		・
73.8	33.7	8.4	0.3	0.0		・

Notes: 1) Live birth order refers the number of children to-date born alive to same mother.
2) The total of rate tables includes "employment status not stated", and the total number of employed persons (employed) includes "occupation not stated".

第3表 出生数及び出生率（女性人口千対），母の年齢（5歳階級）；

Table 3. Live births and live birth rates (per 1,000 female population) by the age-standardized live birth rates (per 1,000 female population), by

第2子
2nd child

母 の 職 業 Occupation of Mother	標準化出生率 Age-standardized live birth rates	総　数 Total	15～19歳 Years	20～24	25～29
		出			生
総　　　　　　　　数 Total	・	362 931	1 287	22 766	80 248
就 業 者 総 数 Employed	・	144 258	63	4 490	28 337
A 管 理 的 職 業 従 事 者	・	1 740	-	25	190
B 専門的・技術的職業従事者	・	52 345	-	630	9 655
C 事 務 従 事 者	・	44 309	11	1 002	6 965
D 販 売 従 事 者	・	10 216	4	558	2 399
E サ ー ビ ス 職 業 従 事 者	・	21 212	32	1 433	5 636
F 保 安 職 業 従 事 者	・	1 006	5	32	284
G 農 林 漁 業 従 事 者	・	1 518	-	78	388
H 生 産 工 程 従 事 者	・	5 706	2	514	1 699
I 輸 送・機 械 運 転 従 事 者	・	500	-	13	118
J 建 設・採 掘 従 事 者	・	641	1	33	122
K 運搬・清掃・包装等従事者	・	572		45	154
L 職 業 不 詳	・	4 493	8	127	727
無　　　　　　　職 Non-employed	・	204 340	1 173	17 432	49 022
不　　　　　　　詳 Not stated	・	14 333	51	844	2 889
		出			生
総　　　　　　　　数 Total	9.8	6.4	0.4	7.9	26.0
就 業 者 総 数 Employed	6.0	5.7	0.2	2.7	13.6
A 管 理 的 職 業 従 事 者	…	7.8	…	60.8	118.7
B 専門的・技術的職業従事者	9.5	11.7	-	1.8	18.6
C 事 務 従 事 者	6.1	6.6	0.4	3.0	11.7
D 販 売 従 事 者	3.3	3.2	0.0	1.8	7.9
E サ ー ビ ス 職 業 従 事 者	5.7	4.6	0.2	3.7	17.3
F 保 安 職 業 従 事 者	11.4	14.8	1.8	3.1	26.8
G 農 林 漁 業 従 事 者	9.2	1.9	-	11.3	34.7
H 生 産 工 程 従 事 者	3.4	2.6	0.1	4.4	12.2
I 輸 送・機 械 運 転 従 事 者	9.1	7.4	-	4.3	25.7
J 建 設・採 掘 従 事 者	13.6	10.5	1.5	10.9	32.2
K 運搬・清掃・包装等従事者	0.7	0.3	-	1.0	2.6
無　　　　　　　職 Non-employed	22.6	7.5	0.5	19.9	79.9

注：1）出生順位とは、同じ母がこれまでに生んだ出生子の総数について数えた順序である。
　　2）率表の総数には就業状態不詳が、就業者総数には職業不詳が含まれる。

母の平均年齢及び標準化出生率（女性人口千対），出生順位・母の職業（大分類）別
age of mothers (5-year age group); mean age of mothers and live birth order and occupation of mother (major groups)

平成27年度 FY 2015

30～34	35～39	40～44	45～49	50歳以上 and over	不詳 Not stated	母の平均年齢（歳）Mean age of mother (years)
数　　Live births							
144 601	93 631	20 020	366	12	-	32.6
61 066	41 295	8 832	169	6	-	33.3
652	633	231	9	-	-	35.1
23 681	15 235	3 073	65	6	-	33.5
18 529	14 437	3 313	52	-	-	33.9
4 182	2 546	515	12	-	-	32.5
8 410	4 769	910	22	-	-	32.0
457	189	39	-	-	-	32.1
568	398	86	-	-	-	32.6
1 997	1 225	268	1	-	-	31.6
217	124	28	-	-	-	32.8
226	206	53	-	-	-	33.4
216	135	22	-	-	-	31.9
1 931	1 398	294	8	-	-	…
77 936	48 259	10 337	175	6	-	32.1
5 599	4 077	851	22	-	-	…
率　　Live birth rates							
40.9	23.1	4.2	0.1	0.0		・
27.5	16.0	2.7	0.1	0.0		・
161.7	80.3	15.8	0.5	-		・
46.1	27.4	5.2	0.1	0.0		・
27.6	17.5	3.1	0.1	-		・
14.7	8.6	1.4	0.0	-		・
24.3	11.8	1.8	0.0	-		・
55.9	26.1	4.9	-	-		・
31.7	16.3	2.7	-	-		・
12.4	5.9	1.0	0.0	-		・
43.7	18.8	2.3	-	-		・
53.7	37.0	7.1	-	-		・
2.6	1.1	0.1	-	-		・
83.7	44.1	8.9	0.2	0.0		・

Notes: 1) Live birth order refers the number of children to-date born alive to same mother.
2) The total of rate tables includes "employment status not stated", and the total number of employed persons (employed) includes "occupation not stated".

第3表　出生数及び出生率（女性人口千対），母の年齢（5歳階級）；

Table 3. Live births and live birth rates (per 1,000 female population) by the age-standardized live birth rates (per 1,000 female population), by

第3子
3rd child

母 の 職 業 Occupation of Mother	標準化出生率 Age-standard-ized live birth rates	総　　数 Total	15～19歳 Years	20～24	25～29
		出		生	
総　　　　　　　　　数　Total	・	129 763	58	4 069	22 700
就　業　者　総　数　Employed	・	50 466	6	842	7 424
A　管 理 的 職 業 従 事 者	・	762	-	3	61
B　専門的・技術的職業従事者	・	17 537	-	48	1 687
C　事　　務　　従　　事　　者	・	13 024	2	222	1 677
D　販　　売　　従　　事　　者	・	3 735	1	108	800
E　サ ー ビ ス 職 業 従 事 者	・	9 225	1	304	1 925
F　保　安　職　業　従　事　者	・	354	-	2	53
G　農　林　漁　業　従　事　者	・	1 074	-	33	245
H　生　産　工　程　従　事　者	・	2 496	2	72	613
I　輸 送・機 械 運 転 従 事 者	・	176	-	4	32
J　建　設・採　掘　従　事　者	・	347	-	9	66
K　運搬・清掃・包装等従事者	・	397	-	19	91
L　職　　業　　不　　　詳	・	1 339	-	18	174
無　　　　　職　Non-employed	・	74 278	47	3 057	14 406
不　　　　　詳　Not stated	・	5 019	5	170	870
		出		生	
総　　　　　　　　　数　Total	3.4	2.3	0.0	1.4	7.4
就　業　者　総　数　Employed	2.1	2.0	0.0	0.5	3.6
A　管 理 的 職 業 従 事 者	…	3.4	…	7.3	38.1
B　専門的・技術的職業従事者	3.2	3.9	-	0.1	3.3
C　事　　務　　従　　事　　者	1.7	1.9	0.1	0.7	2.8
D　販　　売　　従　　事　　者	1.2	1.2	0.0	0.3	2.6
E　サ ー ビ ス 職 業 従 事 者	2.4	2.0	0.0	0.8	5.9
F　保　安　職　業　従　事　者	4.2	5.2	-	0.2	5.0
G　農　林　漁　業　従　事　者	6.2	1.4	-	4.8	21.9
H　生　産　工　程　従　事　者	1.4	1.1	0.1	0.6	4.4
I　輸 送・機 械 運 転 従 事 者	3.1	2.6	-	1.3	7.0
J　建　設・採　掘　従　事　者	7.3	5.7	-	3.0	17.4
K　運搬・清掃・包装等従事者	0.5	0.2	-	0.4	1.5
無　　　　　職　Non-employed	8.0	2.7	0.0	3.5	23.5

注：1）出生順位とは、同じ母がこれまでに生んだ出生子の総数について数えた順序である。
　　2）率表の総数には就業状態不詳が、就業者総数には職業不詳が含まれる。

母の平均年齢及び標準化出生率（女性人口千対），出生順位・母の職業（大分類）別

age of mothers (5-year age group); mean age of mothers and live birth order and occupation of mother (major groups)

平成27年度
FY 2015

30～34	35～39	40～44	45～49	50歳以上 and over	不詳 Not stated	母の平均年齢（歳）Mean age of mother (years)
\multicolumn{7}{c}{数　Live births}						
52 588	41 678	8 479	188	3	-	33.6
20 480	17 943	3 685	85	1	-	34.1
237	345	111	5	-	-	35.8
7 431	7 010	1 338	22	1	-	34.8
5 022	4 963	1 111	27	-	-	34.5
1 517	1 069	231	9	-	-	33.1
3 827	2 639	517	12	-	-	33.1
169	113	16	1	-	-	33.8
423	297	74	2	-	-	33.2
959	717	131	2	-	-	32.9
71	57	10	2	-	-	33.5
134	119	19	-	-	-	33.5
162	104	19	2	-	-	32.8
528	510	108	1	-	-	…
30 179	22 046	4 446	96	1	-	33.2
1 929	1 689	348	7	1	-	…
\multicolumn{7}{c}{率　Live birth rates}						
14.9	10.3	1.8	0.0	0.0	・	
9.2	7.0	1.1	0.0	0.0	・	
58.8	43.8	7.6	0.3	-	・	
14.5	12.6	2.3	0.0	0.0	・	
7.5	6.0	1.0	0.0	-	・	
5.3	3.6	0.6	0.0	-	・	
11.1	6.5	1.0	0.0	-	・	
20.7	15.6	2.0	0.2	-	・	
23.6	12.2	2.3	0.1	-	・	
6.0	3.5	0.5	0.0	-	・	
14.3	8.6	0.8	0.2	-	・	
31.8	21.3	2.6	-	-	・	
2.0	0.8	0.1	0.0	-	・	
32.4	20.1	3.8	0.1	0.0	・	

Notes: 1) Live birth order refers the number of children to-date born alive to same mother.
2) The total of rate tables includes "employment status not stated", and the total number of employed persons (employed) includes "occupation not stated".

第3表　出生数及び出生率（女性人口千対），母の年齢（5歳階級）；
Table 3. Live births and live birth rates (per 1,000 female population) by the age-standardized live birth rates (per 1,000 female population), by

第4子以上
4 th child and over

母 の 職 業 Occupation of Mother	標準化出生率 Age-standardized live birth rates	総　　数 Total	15～19歳 Years	20～24	25～29
		出		生	
総　　　　　　　　　数　Total	・	34 804	5	543	4 821
就 業 者 総 数　Employed	・	12 740	1	108	1 422
A 管 理 的 職 業 従 事 者	・	282	1	-	12
B 専門的・技術的職業従事者	・	3 378	-	1	180
C 事 務 従 事 者	・	2 886	-	33	307
D 販 売 従 事 者	・	1 225	-	15	200
E サ ー ビ ス 職 業 従 事 者	・	3 020	-	35	436
F 保 安 職 業 従 事 者	・	59	-	2	4
G 農 林 漁 業 従 事 者	・	429	-	3	70
H 生 産 工 程 従 事 者	・	729	-	8	114
I 輸送・機械運転従事者	・	54	-	1	4
J 建 設 ・ 採 掘 従 事 者	・	179	-	3	25
K 運搬・清掃・包装等従事者	・	193	-	3	28
L 職 業 不 詳	・	306	-	4	42
無　　　　職　Non-employed	・	20 674	3	419	3 203
不　　　　詳　Not stated	・	1 390	1	16	196
		出		生	
総　　　　　　　　　数　Total	0.9	0.6	0.0	0.2	1.6
就 業 者 総 数　Employed	0.5	0.5	0.0	0.1	0.7
A 管 理 的 職 業 従 事 者	…	1.3	…	-	7.5
B 専門的・技術的職業従事者	0.6	0.8	-	0.0	0.3
C 事 務 従 事 者	0.4	0.4	-	0.1	0.5
D 販 売 従 事 者	0.4	0.4	-	0.0	0.7
E サ ー ビ ス 職 業 従 事 者	0.8	0.7	-	0.1	1.3
F 保 安 職 業 従 事 者	0.7	0.9	-	0.2	0.4
G 農 林 漁 業 従 事 者	2.2	0.5	-	0.4	6.3
H 生 産 工 程 従 事 者	0.4	0.3	-	0.1	0.8
I 輸送・機械運転従事者	0.8	0.8	-	0.3	0.9
J 建 設 ・ 採 掘 従 事 者	3.6	2.9	-	1.0	6.6
K 運搬・清掃・包装等従事者	0.2	0.1	-	0.1	0.5
無　　　　職　Non-employed	2.2	0.8	0.0	0.5	5.2

注：1）出生順位とは、同じ母がこれまでに生んだ出生子の総数について数えた順序である。
　　2）率表の総数には就業状態不詳が、就業者総数には職業不詳が含まれる。

母の平均年齢及び標準化出生率（女性人口千対），出生順位・母の職業（大分類）別

age of mothers (5-year age group); mean age of mothers and
live birth order and occupation of mother (major groups)

平成27年度
FY 2015

30～34	35～39	40～44	45～49	50歳以上 and over	不詳 Not stated	母の平均年齢（歳） Mean age of mother (years)
数　　Live births							
12 730	12 551	4 010	140	4	-	34.6
4 524	4 999	1 629	56	1	-	35.2
92	128	46	3	-	-	36.4
1 128	1 534	515	19	1	-	36.1
987	1 157	391	11	-	-	35.3
484	400	118	8	-	-	34.2
1 142	1 074	323	10	-	-	34.6
17	28	8	-	-	-	35.3
160	155	40	1	-	-	34.3
277	247	80	3	-	-	34.4
17	20	11	1	-	-	35.9
59	70	22	-	-	-	34.8
60	69	33	-	-	-	35.0
101	117	42	-	-	-	…
7 711	7 048	2 211	76	3	-	34.3
495	504	170	8	-	-	…
率　　Live birth rates							
3.6	3.1	0.8	0.0	0.0	・	
2.0	1.9	0.5	0.0	0.0	・	
22.8	16.2	3.2	0.2	-	・	
2.2	2.8	0.9	0.0	0.0	・	
1.5	1.4	0.4	0.0	-	・	
1.7	1.4	0.3	0.0	-	・	
3.3	2.7	0.6	0.0	-	・	
2.1	3.9	1.0	-	-	・	
8.9	6.3	1.3	0.0	-	・	
1.7	1.2	0.3	0.0	-	・	
3.4	3.0	0.9	0.1	-	・	
14.0	12.6	3.0	-	-	・	
0.7	0.6	0.2	-	-	・	
8.3	6.4	1.9	0.1	0.0	・	

Notes: 1) Live birth order refers the number of children to-date born alive to same mother.
2) The total of rate tables includes "employment status not stated", and the total number of employed persons (employed) includes "occupation not stated".

第4表 嫡出出生数，父の職業
Table 4. Live births of children in wedlock by

父 の 職 業 Occupation of Father	総 数 Total	就業者総数 Employed	A 管理的 職業従事者	B 専門的・ 技術的 職業従事者	C 事 務 従 事 者	D 販 売 従 事 者	E サービス 職業従事者
総　　　　　　　数 Total	980 219	417 840	5 021	149 718	127 590	31 979	62 927
就 業 者 総 数 Employed	924 472	412 776	4 949	147 486	126 476	31 596	62 066
A 管 理 的 職 業 従 事 者	28 181	13 156	2 931	2 912	5 106	681	1 098
B 専門的・技術的職業従事者	251 798	125 763	748	73 697	33 210	5 550	9 746
C 事 務 従 事 者	113 369	55 036	273	14 633	32 585	2 367	4 015
D 販 売 従 事 者	110 034	46 133	282	11 774	15 256	11 850	5 304
E サ ー ビ ス 職 業 従 事 者	101 597	44 934	207	9 935	8 366	2 718	21 671
F 保 安 職 業 従 事 者	35 644	13 758	54	5 479	3 520	694	1 450
G 農 林 漁 業 従 事 者	14 825	7 696	35	1 502	1 116	312	957
H 生 産 工 程 従 事 者	110 505	45 074	142	13 241	11 961	3 055	7 382
I 輸送・機械運転従事者	32 368	12 216	72	3 290	3 525	1 061	2 417
J 建 設・採 掘 従 事 者	81 695	29 280	144	7 723	9 340	2 461	6 075
K 運搬・清掃・包装等従事者	20 077	7 781	29	2 112	2 210	762	1 662
L 職 業 不 詳	24 379	11 949	32	1 188	281	85	289
無　　職 Non-employed	11 461	3 372	45	1 215	875	306	645
不　　詳 Not stated	44 286	1 692	27	1 017	239	77	216

(大分類)・母の職業(大分類)別

occupation of father/mother (major groups)

平成27年度
FY 2015

職			業				Occupation of Mother	
F 保安職業従事者	G 農林漁業従事者	H 生産工程従事者	I 輸送・機械運転従事者	J 建設・採掘従事者	K 運搬・清掃・包装等従事者	L 職業不詳	無職 Non-employed	不詳 Not stated
2 898	4 156	15 889	1 496	1 873	1 612	12 681	522 675	39 704
2 886	4 137	15 727	1 467	1 860	1 589	12 537	506 128	5 568
15	25	157	26	19	20	166	14 811	214
153	151	1 607	91	80	178	552	125 058	977
193	62	604	62	20	72	150	57 879	454
138	81	815	108	81	109	335	63 490	411
100	114	850	148	128	122	575	56 170	493
2 164	31	185	30	24	25	102	21 769	117
12	3 305	261	31	33	37	95	7 066	63
44	157	8 436	90	85	253	228	65 045	386
17	42	686	752	59	122	173	20 009	143
36	120	1 652	46	1 259	216	208	51 874	541
9	25	442	20	29	427	54	12 231	65
5	24	32	63	43	8	9 899	10 726	1 704
8	12	141	18	10	19	78	8 018	71
4	7	21	11	3	4	66	8 529	34 065

第5表　嫡出出生数，出生時の体重（500g階級）；
Table 5. Live births of children in wedlock by birth weight of mother (employed/not-employed),

総数[1]
Total[1]

父 の 職 業 Occupation of Father	総 数 Total	1.0kg未満 Under 1.0kg	1.0kg以上 1.5kg未満 1.0kg and over, under 1.5kg	1.5〜2.0	2.0〜2.5
総			総		
総　　　　　　　　　数 Total	980 219	2 908	4 156	11 472	73 166
就　業　者　総　数 Employed	924 472	2 718	3 915	10 785	69 019
A 管 理 的 職 業 従 事 者	28 181	66	129	305	2 010
B 専門的・技術的職業従事者	251 798	730	1 011	2 865	18 505
C 事 務 従 事 者	113 369	320	441	1 326	8 388
D 販 売 従 事 者	110 034	333	461	1 216	8 019
E サ ー ビ ス 職 業 従 事 者	101 597	288	428	1 174	7 838
F 保 安 職 業 従 事 者	35 644	88	143	410	2 483
G 農 林 漁 業 従 事 者	14 825	53	70	173	1 057
H 生 産 工 程 従 事 者	110 505	351	505	1 336	8 478
I 輸送・機械運転従事者	32 368	109	155	395	2 632
J 建 設 ・ 採 掘 従 事 者	81 695	247	361	1 004	6 301
K 運搬・清掃・包装等従事者	20 077	61	96	266	1 553
L 職 業 不 詳	24 379	72	115	315	1 755
無　　　職 Non-employed	11 461	49	62	160	884
不　　　詳 Not stated	44 286	141	179	527	3 263
			男		
総　　　　　　　　　数 Total	502 055	1 474	2 170	5 655	32 274
就　業　者　総　数 Employed	473 381	1 389	2 051	5 294	30 436
A 管 理 的 職 業 従 事 者	14 496	29	65	146	867
B 専門的・技術的職業従事者	129 097	370	537	1 396	8 129
C 事 務 従 事 者	58 018	162	229	654	3 703
D 販 売 従 事 者	56 251	168	239	578	3 474
E サ ー ビ ス 職 業 従 事 者	51 721	156	223	580	3 489
F 保 安 職 業 従 事 者	18 131	45	73	195	1 115
G 農 林 漁 業 従 事 者	7 560	25	37	100	478
H 生 産 工 程 従 事 者	56 747	177	261	660	3 776
I 輸送・機械運転従事者	16 499	53	86	182	1 156
J 建 設 ・ 採 掘 従 事 者	42 011	122	189	497	2 792
K 運搬・清掃・包装等従事者	10 232	36	48	134	671
L 職 業 不 詳	12 618	46	64	172	786
無　　　職 Non-employed	5 900	20	28	80	390
不　　　詳 Not stated	22 774	65	91	281	1 448
			女		
総　　　　　　　　　数 Total	478 164	1 434	1 986	5 817	40 892
就　業　者　総　数 Employed	451 091	1 329	1 864	5 491	38 583
A 管 理 的 職 業 従 事 者	13 685	37	64	159	1 143
B 専門的・技術的職業従事者	122 701	360	474	1 469	10 376
C 事 務 従 事 者	55 351	158	212	672	4 685
D 販 売 従 事 者	53 783	165	222	638	4 545
E サ ー ビ ス 職 業 従 事 者	49 876	132	205	594	4 349
F 保 安 職 業 従 事 者	17 513	43	70	215	1 368
G 農 林 漁 業 従 事 者	7 265	28	33	73	579
H 生 産 工 程 従 事 者	53 758	174	244	676	4 702
I 輸送・機械運転従事者	15 869	56	69	213	1 476
J 建 設 ・ 採 掘 従 事 者	39 684	125	172	507	3 509
K 運搬・清掃・包装等従事者	9 845	25	48	132	882
L 職 業 不 詳	11 761	26	51	143	969
無　　　職 Non-employed	5 561	29	34	80	494
不　　　詳 Not stated	21 512	76	88	246	1 815

注：1）総数には、母の職業の有無不詳が含まれる。

出生時の平均体重, 母の職業（有－無）・性・父の職業（大分類）別

(500 g weight group); mean birth weight by occupation sex, occupation of father (major groups)

平成27年度
FY 2015

2.5～3.0	3.0～3.5	3.5～4.0	4.0～4.5	4.5～5.0	5.0kg以上 5.0kg and over	不詳 Not stated	(再掲) 2.5kg未満 (Regrouped) Under 2.5kg	出生時の平均体重(kg) Mean birth weight (kg)
\multicolumn{9}{c}{数　　Total}								
379 764	404 373	96 458	7 449	336	13	124	91 702	3.00
358 098	381 489	90 975	7 020	326	13	114	86 437	3.00
10 747	11 782	2 916	211	8	-	7	2 510	3.02
97 831	104 499	24 379	1 874	67	2	35	23 111	3.00
44 019	47 145	10 897	779	42	3	9	10 475	3.00
43 002	45 587	10 582	790	37	-	7	10 029	3.00
39 553	41 479	10 008	778	31	4	16	9 728	3.00
13 512	15 027	3 679	282	14	-	6	3 124	3.02
5 582	6 157	1 582	142	5	-	4	1 353	3.02
43 009	44 867	11 027	868	55	1	8	10 670	3.00
12 489	13 129	3 195	237	18	1	8	3 291	3.00
31 355	33 369	8 328	685	36	1	8	7 913	3.00
7 604	8 331	1 968	188	8	-	2	1 976	3.00
9 395	10 117	2 414	186	5	1	4	2 257	...
4 510	4 537	1 157	96	2	-	4	1 155	2.99
17 156	18 347	4 326	333	8	-	6	4 110	...
\multicolumn{9}{c}{Male}								
176 278	219 559	59 389	4 963	221	8	64	41 573	3.05
166 042	207 159	56 070	4 659	213	8	60	39 170	3.05
4 944	6 490	1 801	146	4	-	4	1 107	3.06
45 272	57 083	14 988	1 261	44	-	17	10 432	3.05
20 347	25 660	6 732	492	28	3	8	4 748	3.04
19 883	24 779	6 577	524	27	-	2	4 459	3.05
18 324	22 274	6 125	521	20	2	7	4 448	3.04
6 215	8 061	2 227	189	9	-	2	1 428	3.06
2 620	3 269	935	91	1	-	4	640	3.05
20 196	24 234	6 824	581	33	1	4	4 874	3.04
5 780	7 125	1 947	151	14	1	4	1 477	3.04
14 559	18 142	5 226	455	24	-	5	3 600	3.05
3 524	4 485	1 204	124	5	-	1	889	3.05
4 378	5 557	1 484	124	4	1	2	1 068	...
2 143	2 461	706	69	1	-	2	518	3.03
8 093	9 939	2 613	235	7	-	2	1 885	...
\multicolumn{9}{c}{Female}								
203 486	184 814	37 069	2 486	115	5	60	50 129	2.96
192 056	174 330	34 905	2 361	113	5	54	47 267	2.96
5 803	5 292	1 115	65	4	-	3	1 403	2.97
52 559	47 416	9 391	613	23	2	18	12 679	2.96
23 672	21 485	4 165	287	14	-	1	5 727	2.96
23 119	20 808	4 005	266	10	-	5	5 570	2.96
21 229	19 205	3 883	257	11	2	9	5 280	2.96
7 297	6 966	1 452	93	5	-	4	1 696	2.98
2 962	2 888	647	51	4	-	-	713	2.98
22 813	20 633	4 203	287	22	-	4	5 796	2.96
6 709	6 004	1 248	86	4	-	4	1 814	2.95
16 796	15 227	3 102	230	12	1	3	4 313	2.96
4 080	3 846	764	64	3	-	1	1 087	2.96
5 017	4 560	930	62	1	-	2	1 189	...
2 367	2 076	451	27	1	-	2	637	2.95
9 063	8 408	1 713	98	1	-	4	2 225	...

Note: 1) The total includes "Employment status Not stated" of mother

第5表　嫡出出生数，出生時の体重（500g階級）；
Table 5. Live births of children in wedlock by birth weight of mother (employed/not-employed),

母の職業あり
Employed

父 の 職 業 Occupation of Father	総　数 Total	1.0kg未満 Under 1.0kg	1.0kg以上 1.5kg未満 1.0kg and over, under 1.5kg	1.5〜2.0	2.0〜2.5
総					
総　　　　　数　Total	417 840	1 347	1 828	5 067	31 475
就　業　者　総　数　Employed	412 776	1 329	1 807	5 003	31 090
A　管 理 的 職 業 従 事 者	13 156	36	65	144	981
B　専門的・技術的職業従事者	125 763	390	512	1 489	9 354
C　事　　務　　従　　事　　者	55 036	165	215	671	4 134
D　販　　売　　従　　事　　者	46 133	161	209	532	3 393
E　サ ー ビ ス 職 業 従 事 者	44 934	144	215	546	3 479
F　保 安 職 業 従 事 者	13 758	41	67	173	945
G　農 林 漁 業 従 事 者	7 696	24	32	82	576
H　生　産　工　程　従　事　者	45 074	155	205	579	3 506
I　輸送・機械運転従事者	12 216	58	59	162	984
J　建　設・採　掘　従　事　者	29 280	100	127	388	2 276
K　運搬・清掃・包装等従事者	7 781	24	43	109	584
L　職　　業　　不　　詳	11 949	31	58	128	878
無　　　　　職　Non-employed	3 372	10	14	45	256
不　　　　　詳　Not stated	1 692	8	7	19	129
男					
総　　　　　数　Total	214 038	702	950	2 497	13 980
就　業　者　総　数　Employed	211 441	693	942	2 468	13 818
A　管 理 的 職 業 従 事 者	6 720	15	33	73	410
B　専門的・技術的職業従事者	64 536	213	279	720	4 117
C　事　　務　　従　　事　　者	28 187	82	103	343	1 853
D　販　　売　　従　　事　　者	23 629	82	102	257	1 501
E　サ ー ビ ス 職 業 従 事 者	22 824	76	107	266	1 558
F　保 安 職 業 従 事 者	6 974	15	33	80	427
G　農 林 漁 業 従 事 者	3 972	13	15	46	266
H　生　産　工　程　従　事　者	23 129	79	101	294	1 580
I　輸送・機械運転従事者	6 229	31	35	73	434
J　建　設・採　掘　従　事　者	15 066	47	77	188	1 001
K　運搬・清掃・包装等従事者	3 990	18	24	58	257
L　職　　業　　不　　詳	6 185	22	33	70	414
無　　　　　職　Non-employed	1 744	4	6	23	110
不　　　　　詳　Not stated	853	5	2	6	52
女					
総　　　　　数　Total	203 802	645	878	2 570	17 495
就　業　者　総　数　Employed	201 335	636	865	2 535	17 272
A　管 理 的 職 業 従 事 者	6 436	21	32	71	571
B　専門的・技術的職業従事者	61 227	177	233	769	5 237
C　事　　務　　従　　事　　者	26 849	83	112	328	2 281
D　販　　売　　従　　事　　者	22 504	79	107	275	1 892
E　サ ー ビ ス 職 業 従 事 者	22 110	68	108	280	1 921
F　保 安 職 業 従 事 者	6 784	26	34	93	518
G　農 林 漁 業 従 事 者	3 724	11	17	36	310
H　生　産　工　程　従　事　者	21 945	76	104	285	1 926
I　輸送・機械運転従事者	5 987	27	24	89	550
J　建　設・採　掘　従　事　者	14 214	53	50	200	1 275
K　運搬・清掃・包装等従事者	3 791	6	19	51	327
L　職　　業　　不　　詳	5 764	9	25	58	464
無　　　　　職　Non-employed	1 628	6	8	22	146
不　　　　　詳　Not stated	839	3	5	13	77

出生時の平均体重, 母の職業（有-無）・性・父の職業（大分類）別

(500 g weight group); mean birth weight by occupation sex, occupation of father (major groups)

平成27年度
FY 2015

2.5～3.0	3.0～3.5	3.5～4.0	4.0～4.5	4.5～5.0	5.0kg以上 5.0kg and over	不詳 Not stated	(再掲) 2.5kg未満 (Regrouped) Under 2.5kg	出生時の平均体重(kg) Mean birth weight (kg)
\multicolumn{9}{c}{数　Total}							
161 891	172 121	40 803	3 113	129	6	60	39 717	3.00
159 925	170 076	40 290	3 065	127	6	58	39 229	3.00
4 990	5 466	1 374	90	6	-	4	1 226	3.01
48 942	52 197	11 915	925	23	-	16	11 745	3.00
21 598	22 640	5 224	367	17	2	3	5 185	3.00
18 093	18 963	4 442	319	17	-	4	4 295	3.00
17 501	18 260	4 414	351	13	2	9	4 384	3.00
5 224	5 792	1 414	98	3	-	1	1 226	3.01
2 827	3 249	831	70	2	-	3	714	3.02
17 459	18 358	4 462	320	23	-	7	4 445	3.00
4 678	4 926	1 243	95	6	-	5	1 263	3.00
11 114	12 010	2 987	263	12	1	2	2 891	3.00
2 919	3 247	777	73	3	-	2	760	3.01
4 580	4 968	1 207	94	2	1	2	1 095	…
1 317	1 355	338	35	1	-	1	325	3.00
649	690	175	13	1	-	1	163	…
\multicolumn{9}{c}{Male}							
74 920	93 599	25 205	2 069	81	4	31	18 129	3.04
74 018	92 482	24 871	2 035	79	4	31	17 921	3.04
2 265	3 027	831	61	3	-	2	531	3.06
22 696	28 567	7 295	629	13	-	7	5 329	3.04
9 938	12 356	3 261	236	10	2	3	2 381	3.04
8 337	10 319	2 799	220	11	-	1	1 942	3.05
8 095	9 749	2 728	231	9	1	4	2 007	3.04
2 378	3 110	864	64	2	-	1	555	3.06
1 339	1 742	499	49	-	-	3	340	3.06
8 210	9 874	2 765	207	15	-	4	2 054	3.04
2 151	2 686	758	53	5	-	3	573	3.03
5 129	6 572	1 871	172	8	-	1	1 313	3.05
1 360	1 764	461	46	1	-	1	357	3.04
2 120	2 716	739	67	2	1	1	539	…
612	751	210	27	1	-	-	143	3.05
290	366	124	7	1	-	-	65	…
\multicolumn{9}{c}{Female}							
86 971	78 522	15 598	1 044	48	2	29	21 588	2.96
85 907	77 594	15 419	1 030	48	2	27	21 308	2.96
2 725	2 439	543	29	3	-	2	695	2.96
26 246	23 630	4 620	296	10	-	9	6 416	2.96
11 660	10 284	1 963	131	7	-	-	2 804	2.95
9 756	8 644	1 643	99	6	-	3	2 353	2.95
9 406	8 511	1 686	120	4	1	5	2 377	2.96
2 846	2 682	550	34	1	-	-	671	2.97
1 488	1 507	332	21	2	-	-	374	2.99
9 249	8 484	1 697	113	8	-	3	2 391	2.96
2 527	2 240	485	42	1	-	2	690	2.95
5 985	5 438	1 116	91	4	1	1	1 578	2.96
1 559	1 483	316	27	2	-	1	403	2.97
2 460	2 252	468	27	-	-	1	556	…
705	604	128	8	-	-	1	182	2.95
359	324	51	6	-	-	1	98	…

第5表 嫡出出生数，出生時の体重（500g階級）；

Table 5. Live births of children in wedlock by birth weight of mother (employed/not-employed),

母の職業なし
Non-employed

父 の 職 業 Occupation of Father	総 数 Total	1.0kg未満 Under 1.0kg	1.0kg以上 1.5kg未満 1.0kg and over, under 1.5kg	1.5～2.0	2.0～2.5
			総		
総　　　　　　　　　　　数 Total	522 675	1 428	2 167	5 928	38 751
就　業　者　総　数 Employed	506 128	1 365	2 084	5 712	37 532
A 管 理 的 職 業 従 事 者	14 811	30	64	157	1 007
B 専門的・技術的職業従事者	125 058	336	492	1 368	9 087
C 事 務 従 事 者	57 879	151	223	645	4 210
D 販 売 従 事 者	63 490	171	251	682	4 607
E サ ー ビ ス 職 業 従 事 者	56 170	141	213	621	4 320
F 保 安 職 業 従 事 者	21 769	47	73	237	1 534
G 農 林 漁 業 従 事 者	7 066	28	37	91	480
H 生 産 工 程 従 事 者	65 045	193	297	754	4 944
I 輸送・機械運転従事者	20 009	51	96	233	1 638
J 建 設 ・ 採 掘 従 事 者	51 874	145	232	612	3 982
K 運搬・清掃・包装等従事者	12 231	37	53	156	962
L 職 業 不 詳	10 726	35	53	156	761
無　　　　　　　職 Non-employed	8 018	39	47	114	623
不　　　　　　　詳 Not stated	8 529	24	36	102	596
			男		
総　　　　　　　　　　　数 Total	267 560	714	1 129	2 905	16 978
就　業　者　総　数 Employed	259 051	689	1 094	2 787	16 435
A 管 理 的 職 業 従 事 者	7 667	14	32	72	447
B 専門的・技術的職業従事者	64 046	157	255	671	3 983
C 事 務 従 事 者	29 610	79	124	304	1 833
D 販 売 従 事 者	32 402	85	137	320	1 962
E サ ー ビ ス 職 業 従 事 者	28 658	79	116	310	1 912
F 保 安 職 業 従 事 者	11 094	30	38	115	686
G 農 林 漁 業 従 事 者	3 554	12	21	54	211
H 生 産 工 程 従 事 者	33 417	98	157	366	2 181
I 輸送・機械運転従事者	10 203	22	51	109	720
J 建 設 ・ 採 掘 従 事 者	26 649	75	111	307	1 769
K 運搬・清掃・包装等従事者	6 213	18	24	76	413
L 職 業 不 詳	5 538	20	28	83	318
無　　　　　　　職 Non-employed	4 119	16	21	56	277
不　　　　　　　詳 Not stated	4 390	9	14	62	266
			女		
総　　　　　　　　　　　数 Total	255 115	714	1 038	3 023	21 773
就　業　者　総　数 Employed	247 077	676	990	2 925	21 097
A 管 理 的 職 業 従 事 者	7 144	16	32	85	560
B 専門的・技術的職業従事者	61 012	179	237	697	5 104
C 事 務 従 事 者	28 269	72	99	341	2 377
D 販 売 従 事 者	31 088	86	114	362	2 645
E サ ー ビ ス 職 業 従 事 者	27 512	62	97	311	2 408
F 保 安 職 業 従 事 者	10 675	17	35	122	848
G 農 林 漁 業 従 事 者	3 512	16	16	37	269
H 生 産 工 程 従 事 者	31 628	95	140	388	2 763
I 輸送・機械運転従事者	9 806	29	45	124	918
J 建 設 ・ 採 掘 従 事 者	25 225	70	121	305	2 213
K 運搬・清掃・包装等従事者	6 018	19	29	80	549
L 職 業 不 詳	5 188	15	25	73	443
無　　　　　　　職 Non-employed	3 899	23	26	58	346
不　　　　　　　詳 Not stated	4 139	15	22	40	330

出生時の平均体重, 母の職業（有-無）・性・父の職業（大分類）別

(500 g weight group); mean birth weight by occupation sex, occupation of father (major groups)

平成27年度 FY 2015

2.5～3.0	3.0～3.5	3.5～4.0	4.0～4.5	4.5～5.0	5.0kg以上 5.0kg and over	不詳 Not stated	（再掲）2.5kg未満 (Regrouped) Under 2.5kg	出生時の平均体重 (kg) Mean birth weight (kg)
\				数　　Total				
202 545	215 754	51 798	4 039	199	7	59	48 274	3.01
196 045	209 084	50 130	3 919	196	7	54	46 693	3.01
5 684	6 226	1 520	118	2	-	3	1 258	3.02
48 509	51 891	12 365	946	44	2	18	11 283	3.01
22 268	24 310	5 632	408	25	1	6	5 229	3.01
24 733	26 447	6 107	471	18	-	3	5 711	3.01
21 869	23 006	5 548	425	18	2	7	5 295	3.00
8 247	9 183	2 248	184	11	-	5	1 891	3.02
2 737	2 876	741	72	3	-	1	636	3.01
25 399	26 344	6 538	542	32	1	1	6 188	3.00
7 767	8 135	1 932	141	12	1	3	2 018	3.00
20 027	21 141	5 286	419	24	-	6	4 971	3.00
4 658	5 059	1 186	115	5	-	-	1 208	3.00
4 147	4 466	1 027	78	2	-	1	1 005	…
3 163	3 154	813	61	1	-	3	823	2.99
3 337	3 516	855	59	2	-	2	758	…
				Male				
94 180	116 982	31 824	2 681	133	4	30	21 726	3.05
91 049	113 398	30 837	2 600	131	4	27	21 005	3.05
2 642	3 421	953	83	1	-	2	565	3.06
22 406	28 286	7 618	630	31	-	9	5 066	3.05
10 346	13 204	3 443	253	18	1	5	2 340	3.05
11 468	14 355	3 756	304	14	-	1	2 504	3.05
10 150	12 412	3 375	289	11	1	3	2 417	3.04
3 814	4 924	1 354	125	7	-	1	869	3.06
1 271	1 509	432	42	1	-	1	298	3.05
11 917	14 265	4 045	369	18	1	-	2 802	3.04
3 615	4 401	1 176	98	9	1	1	902	3.04
9 331	11 441	3 314	281	16	-	4	2 262	3.05
2 150	2 708	742	78	4	-	-	531	3.05
1 939	2 472	629	48	1	-	-	449	…
1 518	1 696	491	42	-	-	2	370	3.03
1 613	1 888	496	39	2	-	1	351	…
				Female				
108 365	98 772	19 974	1 358	66	3	29	26 548	2.96
104 996	95 686	19 293	1 319	65	3	27	25 688	2.96
3 042	2 805	567	35	1	-	1	693	2.97
26 103	23 605	4 747	316	13	2	9	6 217	2.96
11 922	11 106	2 189	155	7	-	1	2 889	2.97
13 265	12 092	2 351	167	4	-	2	3 207	2.96
11 719	10 594	2 173	136	7	1	4	2 878	2.96
4 433	4 259	894	59	4	-	4	1 022	2.98
1 466	1 367	309	30	2	-	-	338	2.98
13 482	12 079	2 493	173	14	-	1	3 386	2.96
4 152	3 734	756	43	3	-	2	1 116	2.95
10 696	9 700	1 972	138	8	-	2	2 709	2.96
2 508	2 351	444	37	1	-	-	677	2.96
2 208	1 994	398	30	1	-	1	556	…
1 645	1 458	322	19	1	-	1	453	2.95
1 724	1 628	359	20	-	-	1	407	…

第6表　出生数，出生時の体重（500g階級）；
Table 6.　Live births by birth weight (500 g weight group);

母　の　職　業 Occupation of Mother	総　　数 Total	1.0kg未満 Under 1.0kg	1.0kg以上 1.5kg未満 1.0kg and over, under 1.5kg	1.5～2.0	2.0～2.5
総					
総　　　　　　　　数　Total	1 003 169	3 047	4 302	11 889	75 405
就　業　者　総　数　Employed	425 110	1 402	1 885	5 188	32 168
A　管　理　的　職　業　従　事　者	5 137	14	23	47	418
B　専門的・技術的職業従事者	151 213	477	645	1 819	11 279
C　事　　務　　従　　事　　者	129 262	413	584	1 628	9 973
D　販　　売　　従　　事　　者	32 878	112	148	407	2 394
E　サ　ー　ビ　ス　職　業　従　事　者	65 135	252	291	786	4 999
F　保　安　職　業　従　事　者	2 941	7	12	36	176
G　農　林　漁　業　従　事　者	4 194	13	14	35	284
H　生　産　工　程　従　事　者	16 272	58	89	215	1 334
I　輸送・機械運転従事者	1 552	3	4	16	101
J　建　設　・　採　掘　従　事　者	1 911	4	9	27	133
K　運搬・清掃・包装等従事者	1 717	4	7	27	132
L　職　　業　　不　　詳	12 898	45	59	145	945
無　　　　　　　　職　Non-employed	536 758	1 501	2 240	6 186	40 144
不　　　　　　　　詳　Not stated	41 301	144	177	515	3 093
男					
総　　　　　　　　数　Total	513 766	1 543	2 252	5 851	33 282
就　業　者　総　数　Employed	217 709	729	980	2 558	14 273
A　管　理　的　職　業　従　事　者	2 663	5	11	17	186
B　専門的・技術的職業従事者	77 246	245	348	886	5 003
C　事　　務　　従　　事　　者	66 079	211	299	814	4 400
D　販　　売　　従　　事　　者	17 140	64	71	200	1 120
E　サ　ー　ビ　ス　職　業　従　事　者	33 212	132	148	387	2 155
F　保　安　職　業　従　事　者	1 482	1	9	20	79
G　農　林　漁　業　従　事　者	2 168	7	4	21	128
H　生　産　工　程　従　事　者	8 415	26	46	114	603
I　輸送・機械運転従事者	785	2	3	7	46
J　建　設　・　採　掘　従　事　者	944	1	5	12	51
K　運搬・清掃・包装等従事者	874	3	3	10	57
L　職　　業　　不　　詳	6 701	32	33	70	445
無　　　　　　　　職　Non-employed	274 823	750	1 175	3 024	17 619
不　　　　　　　　詳　Not stated	21 234	64	97	269	1 390
女					
総　　　　　　　　数　Total	489 403	1 504	2 050	6 038	42 123
就　業　者　総　数　Employed	207 401	673	905	2 630	17 895
A　管　理　的　職　業　従　事　者	2 474	9	12	30	232
B　専門的・技術的職業従事者	73 967	232	297	933	6 276
C　事　　務　　従　　事　　者	63 183	202	285	814	5 573
D　販　　売　　従　　事　　者	15 738	48	77	207	1 274
E　サ　ー　ビ　ス　職　業　従　事　者	31 923	120	143	399	2 844
F　保　安　職　業　従　事　者	1 459	6	3	16	97
G　農　林　漁　業　従　事　者	2 026	6	10	14	156
H　生　産　工　程　従　事　者	7 857	32	43	101	731
I　輸送・機械運転従事者	767	1	1	9	55
J　建　設　・　採　掘　従　事　者	967	3	4	15	82
K　運搬・清掃・包装等従事者	843	1	4	17	75
L　職　　業　　不　　詳	6 197	13	26	75	500
無　　　　　　　　職　Non-employed	261 935	751	1 065	3 162	22 525
不　　　　　　　　詳　Not stated	20 067	80	80	246	1 703

出生時の平均体重，性・母の職業（大分類）別
mean birth weight by sex, occupation of mother (major groups)

平成27年度
FY 2015

2.5～3.0	3.0～3.5	3.5～4.0	4.0～4.5	4.5～5.0	5.0kg以上 5.0kg and over	不　詳 Not stated	（再　掲） 2.5kg未満 (Regrouped) Under 2.5kg	出生時の 平均体重 (kg) Mean birth weight (kg)
		数		Total				
388 863	413 023	98 506	7 605	348	15	166	94 643	3.00
164 795	174 849	41 449	3 161	133	6	74	40 643	3.00
1 918	2 081	593	41	2	-	-	502	3.02
58 890	62 343	14 567	1 123	45	2	23	14 220	3.00
50 747	52 784	12 233	842	46	1	11	12 598	2.99
12 613	13 658	3 270	260	8	-	8	3 061	3.01
24 888	26 736	6 574	568	17	3	21	6 328	3.00
1 038	1 320	328	24	-	-	-	231	3.04
1 529	1 803	468	44	3	-	1	346	3.04
6 300	6 569	1 576	116	8	-	7	1 696	2.99
594	668	149	16	-	-	1	124	3.02
690	836	198	14	-	-	-	173	3.02
658	697	180	11	1	-	-	170	3.00
4 930	5 354	1 313	102	3	-	2	1 194	…
208 107	221 110	53 045	4 137	204	9	75	50 071	3.00
15 961	17 064	4 012	307	11	-	17	3 929	…
				Male				
180 563	224 274	60 629	5 056	227	8	81	42 928	3.04
76 286	95 057	25 606	2 097	82	4	37	18 540	3.04
912	1 141	365	25	1	-	-	219	3.06
27 106	33 843	9 028	748	27	1	11	6 482	3.04
23 392	28 790	7 564	576	28	1	4	5 724	3.04
5 970	7 533	2 004	169	6	-	3	1 455	3.05
11 515	14 455	4 037	361	9	2	11	2 822	3.05
482	668	206	17	-	-	-	109	3.07
723	979	271	32	2	-	1	160	3.08
2 985	3 567	990	74	5	-	5	789	3.03
279	341	94	12	-	-	1	58	3.06
296	458	115	6	-	-	-	69	3.07
320	354	120	6	1	-	-	73	3.05
2 306	2 928	812	71	3	-	1	580	…
96 815	119 948	32 572	2 741	137	4	38	22 568	3.05
7 462	9 269	2 451	218	8	-	6	1 820	…
				Female				
208 300	188 749	37 877	2 549	121	7	85	51 715	2.96
88 509	79 792	15 843	1 064	51	2	37	22 103	2.96
1 006	940	228	16	1	-	-	283	2.97
31 784	28 500	5 539	375	18	1	12	7 738	2.96
27 355	23 994	4 669	266	18	-	7	6 874	2.95
6 643	6 125	1 266	91	2	-	5	1 606	2.97
13 373	12 281	2 537	207	8	1	10	3 506	2.96
556	652	122	7	-	-	-	122	3.01
806	824	197	12	1	-	-	186	3.00
3 315	3 002	586	42	3	-	2	907	2.95
315	327	55	4	-	-	-	66	2.97
394	378	83	8	-	-	-	104	2.97
338	343	60	5	-	-	-	97	2.96
2 624	2 426	501	31	-	-	1	614	…
111 292	101 162	20 473	1 396	67	5	37	27 503	2.96
8 499	7 795	1 561	89	3	-	11	2 109	…

第7表 出生数，出生時の体重（500g階級）；
Table 7. Live births by birth weight (500 g weight group); mean birth

母 の 職 業 Occupation of Mother	総 数 Total	1.0kg未満 Under 1.0kg	1.0kg以上 1.5kg未満 1.0kg and over, under 1.5kg	1.5～2.0	2.0～2.5
総					
総　　　　　　　数　Total	1 003 169	3 047	4 302	11 889	75 405
就 業 者 総 数　Employed	425 110	1 402	1 885	5 188	32 168
A 管 理 的 職 業 従 事 者	5 137	14	23	47	418
B 専門的・技術的職業従事者	151 213	477	645	1 819	11 279
C 事 務 従 事 者	129 262	413	584	1 628	9 973
D 販 売 従 事 者	32 878	112	148	407	2 394
E サービス職業従事者	65 135	252	291	786	4 999
F 保 安 職 業 従 事 者	2 941	7	12	36	176
G 農 林 漁 業 従 事 者	4 194	13	14	35	284
H 生 産 工 程 従 事 者	16 272	58	89	215	1 334
I 輸送・機械運転従事者	1 552	3	4	16	101
J 建 設・採 掘 従 事 者	1 911	4	9	27	133
K 運搬・清掃・包装等従事者	1 717	4	7	27	132
L 職 業 不 詳	12 898	45	59	145	945
無　　職　Non-employed	536 758	1 501	2 240	6 186	40 144
不　　詳　Not stated	41 301	144	177	515	3 093
単					
総　　　　　　　数　Total	983 513	2 456	3 268	8 619	66 260
就 業 者 総 数　Employed	416 605	1 157	1 474	3 779	28 192
A 管 理 的 職 業 従 事 者	5 016	10	17	30	354
B 専門的・技術的職業従事者	148 041	385	506	1 289	9 803
C 事 務 従 事 者	126 534	337	462	1 164	8 712
D 販 売 従 事 者	32 268	96	116	315	2 101
E サービス職業従事者	64 015	215	219	600	4 485
F 保 安 職 業 従 事 者	2 884	7	10	22	147
G 農 林 漁 業 従 事 者	4 126	11	12	29	251
H 生 産 工 程 従 事 者	15 982	48	77	167	1 193
I 輸送・機械運転従事者	1 537	3	4	13	94
J 建 設・採 掘 従 事 者	1 882	4	6	19	118
K 運搬・清掃・包装等従事者	1 690	4	7	23	120
L 職 業 不 詳	12 630	37	38	108	814
無　　職　Non-employed	526 392	1 176	1 654	4 459	35 331
不　　詳　Not stated	40 516	123	140	381	2 737
複					
総　　　　　　　数　Total	19 656	591	1 034	3 270	9 145
就 業 者 総 数　Employed	8 505	245	411	1 409	3 976
A 管 理 的 職 業 従 事 者	121	4	6	17	64
B 専門的・技術的職業従事者	3 172	92	139	530	1 476
C 事 務 従 事 者	2 728	76	122	464	1 261
D 販 売 従 事 者	610	16	32	92	293
E サービス職業従事者	1 120	37	72	186	514
F 保 安 職 業 従 事 者	57	-	2	14	29
G 農 林 漁 業 従 事 者	68	2	2	6	33
H 生 産 工 程 従 事 者	290	10	12	48	141
I 輸送・機械運転従事者	15	-	-	3	7
J 建 設・採 掘 従 事 者	29	-	3	8	15
K 運搬・清掃・包装等従事者	27	-	-	4	12
L 職 業 不 詳	268	8	21	37	131
無　　職　Non-employed	10 366	325	586	1 727	4 813
不　　詳　Not stated	785	21	37	134	356

出生時の平均体重, 単産－複産・母の職業（大分類）別
weight by single/multiple birth, and occupation of mother (major groups)

平成27年度
FY 2015

2.5～3.0	3.0～3.5	3.5～4.0	4.0～4.5	4.5～5.0	5.0kg以上 5.0kg and over	不詳 Not stated	（再掲）2.5kg未満 (Regrouped) Under 2.5kg	出生時の平均体重 (kg) Mean birth weight (kg)
			数	Total				
388 863	413 023	98 506	7 605	348	15	166	94 643	3.00
164 795	174 849	41 449	3 161	133	6	74	40 643	3.00
1 918	2 081	593	41	2	-	-	502	3.02
58 890	62 343	14 567	1 123	45	2	23	14 220	3.00
50 747	52 784	12 233	842	46	1	11	12 598	2.99
12 613	13 658	3 270	260	8	-	8	3 061	3.01
24 888	26 736	6 574	568	17	3	21	6 328	3.00
1 038	1 320	328	24	-	-	-	231	3.04
1 529	1 803	468	44	3	-	1	346	3.04
6 300	6 569	1 576	116	8	-	7	1 696	2.99
594	668	149	16	-	-	1	124	3.02
690	836	198	14	-	-	-	173	3.02
658	697	180	11	1	-	-	170	3.00
4 930	5 354	1 313	102	3	-	2	1 194	…
208 107	221 110	53 045	4 137	204	9	75	50 071	3.00
15 961	17 064	4 012	307	11	-	17	3 929	…
			産	Single delivery				
383 713	412 586	98 488	7 605	348	15	155	80 603	3.02
162 538	174 659	41 439	3 161	133	6	67	34 602	3.02
1 889	2 080	593	41	2	-	-	411	3.04
58 030	62 269	14 567	1 123	45	2	22	11 983	3.02
50 018	52 717	12 226	842	46	1	9	10 675	3.01
12 448	13 647	3 270	260	8	-	7	2 628	3.02
24 601	26 714	6 573	568	17	3	20	5 519	3.02
1 026	1 320	328	24	-	-	-	186	3.06
1 506	1 801	468	44	3	-	1	303	3.05
6 231	6 562	1 575	116	8	-	5	1 485	3.00
589	668	149	16	-	-	1	114	3.02
687	836	198	14	-	-	-	147	3.04
649	695	180	11	1	-	-	154	3.01
4 864	5 350	1 312	102	3	-	2	997	…
205 431	220 883	53 037	4 137	204	9	71	42 620	3.02
15 744	17 044	4 012	307	11	-	17	3 381	…
			産	Plural delivery				
5 150	437	18	-	-	-	11	14 040	2.22
2 257	190	10	-	-	-	7	6 041	2.23
29	1	-	-	-	-	-	91	2.23
860	74	-	-	-	-	1	2 237	2.24
729	67	7	-	-	-	2	1 923	2.24
165	11	-	-	-	-	1	433	2.23
287	22	1	-	-	-	1	809	2.21
12	-	-	-	-	-	-	45	2.20
23	2	-	-	-	-	-	43	2.31
69	7	1	-	-	-	2	211	2.22
5	-	-	-	-	-	-	10	2.29
3	-	-	-	-	-	-	26	2.04
9	2	-	-	-	-	-	16	2.39
66	4	1	-	-	-	-	197	…
2 676	227	8	-	-	-	4	7 451	2.21
217	20	-	-	-	-	-	548	…

第8表　出生数，出生時の体重（500g階級）；

Table 8. Live births by birth weight (500 g weight group); mean birth

母　の　職　業 Occupation of Mother	総　　数 Total	1.0kg未満 Under 1.0kg	1.0kg以上 1.5kg未満 1.0kg and over, under 1.5kg	1.5～2.0	2.0～2.5
総					
総　　　　　　　数　Total	1 003 169	3 047	4 302	11 889	75 405
就　業　者　総　数　Employed	425 110	1 402	1 885	5 188	32 168
A　管　理　的　職　業　従　事　者	5 137	14	23	47	418
B　専門的・技術的職業従事者	151 213	477	645	1 819	11 279
C　事　　務　　従　　事　　者	129 262	413	584	1 628	9 973
D　販　　売　　従　　事　　者	32 878	112	148	407	2 394
E　サ ー ビ ス 職 業 従 事 者	65 135	252	291	786	4 999
F　保　安　職　業　従　事　者	2 941	7	12	36	176
G　農　林　漁　業　従　事　者	4 194	13	14	35	284
H　生　産　工　程　従　事　者	16 272	58	89	215	1 334
I　輸送・機械運転従事者	1 552	3	4	16	101
J　建　設・採　掘　従　事　者	1 911	4	9	27	133
K　運搬・清掃・包装等従事者	1 717	4	7	27	132
L　職　　業　　不　　詳	12 898	45	59	145	945
無　　　　職　Non-employed	536 758	1 501	2 240	6 186	40 144
不　　　　詳　Not stated	41 301	144	177	515	3 093
嫡					
総　　　　　　　数　Total	980 219	2 908	4 156	11 472	73 166
就　業　者　総　数　Employed	417 840	1 347	1 828	5 067	31 475
A　管　理　的　職　業　従　事　者	5 021	14	23	47	404
B　専門的・技術的職業従事者	149 718	467	639	1 791	11 139
C　事　　務　　従　　事　　者	127 590	404	571	1 600	9 810
D　販　　売　　従　　事　　者	31 979	107	142	392	2 307
E　サ ー ビ ス 職 業 従 事 者	62 927	231	265	753	4 783
F　保　安　職　業　従　事　者	2 898	7	12	35	172
G　農　林　漁　業　従　事　者	4 156	12	13	34	282
H　生　産　工　程　従　事　者	15 889	54	86	207	1 305
I　輸送・機械運転従事者	1 496	1	4	14	97
J　建　設・採　掘　従　事　者	1 873	4	9	25	132
K　運搬・清掃・包装等従事者	1 612	4	7	25	121
L　職　　業　　不　　詳	12 681	42	57	144	923
無　　　　職　Non-employed	522 675	1 428	2 167	5 928	38 751
不　　　　詳　Not stated	39 704	133	161	477	2 940
嫡　　　出　　　で					
総　　　　　　　数　Total	22 950	139	146	417	2 239
就　業　者　総　数　Employed	7 270	55	57	121	693
A　管　理　的　職　業　従　事　者	116	−	−	−	14
B　専門的・技術的職業従事者	1 495	10	6	28	140
C　事　　務　　従　　事　　者	1 672	9	13	28	163
D　販　　売　　従　　事　　者	899	5	6	15	87
E　サ ー ビ ス 職 業 従 事 者	2 208	21	26	33	216
F　保　安　職　業　従　事　者	43	−	−	1	4
G　農　林　漁　業　従　事　者	38	1	1	1	2
H　生　産　工　程　従　事　者	383	4	3	8	29
I　輸送・機械運転従事者	56	2	−	2	4
J　建　設・採　掘　従　事　者	38	−	−	2	1
K　運搬・清掃・包装等従事者	105	−	−	2	11
L　職　　業　　不　　詳	217	3	2	1	22
無　　　　職　Non-employed	14 083	73	73	258	1 393
不　　　　詳　Not stated	1 597	11	16	38	153

出生時の平均体重, 嫡出－嫡出でない子・母の職業（大分類）別
weight by children in wedlock/out of wedlock, occupation of mother (major groups)

平成27年度
FY 2015

2.5～3.0	3.0～3.5	3.5～4.0	4.0～4.5	4.5～5.0	5.0kg以上 5.0kg and over	不 詳 Not stated	（再掲） 2.5kg未満 (Regrouped) Under 2.5kg	出生時の平均体重(kg) Mean birth weight (kg)
			数	Total				
388 863	413 023	98 506	7 605	348	15	166	94 643	3.00
164 795	174 849	41 449	3 161	133	6	74	40 643	3.00
1 918	2 081	593	41	2	-	-	502	3.02
58 890	62 343	14 567	1 123	45	2	23	14 220	3.00
50 747	52 784	12 233	842	46	1	11	12 598	2.99
12 613	13 658	3 270	260	8	-	8	3 061	3.01
24 888	26 736	6 574	568	17	3	21	6 328	3.00
1 038	1 320	328	24	-	-	-	231	3.04
1 529	1 803	468	44	3	-	1	346	3.04
6 300	6 569	1 576	116	8	-	7	1 696	2.99
594	668	149	16	-	-	1	124	3.02
690	836	198	14	-	-	-	173	3.02
658	697	180	11	1	-	-	170	3.00
4 930	5 354	1 313	102	3	-	2	1 194	…
208 107	221 110	53 045	4 137	204	9	75	50 071	3.00
15 961	17 064	4 012	307	11	-	17	3 929	…
出			子	Born in wedlock				
379 764	404 373	96 458	7 449	336	13	124	91 702	3.00
161 891	172 121	40 803	3 113	129	6	60	39 717	3.00
1 879	2 035	576	41	2	-	-	488	3.02
58 271	61 780	14 446	1 116	45	2	22	14 036	3.00
50 082	52 156	12 077	834	46	1	9	12 385	2.99
12 273	13 306	3 188	252	7	-	5	2 948	3.01
24 003	25 941	6 371	547	15	3	15	6 032	3.01
1 022	1 303	324	23	-	-	-	226	3.04
1 519	1 783	465	44	3	-	1	341	3.04
6 152	6 408	1 550	114	7	-	6	1 652	2.99
571	650	144	15	-	-	-	116	3.02
679	813	197	14	-	-	-	170	3.02
608	663	172	11	1	-	-	157	3.01
4 832	5 283	1 293	102	3	-	2	1 166	…
202 545	215 754	51 798	4 039	199	7	59	48 274	3.01
15 328	16 498	3 857	297	8	-	5	3 711	…
な	い		子	Born out of wedlock				
9 099	8 650	2 048	156	12	2	42	2 941	2.95
2 904	2 728	646	48	4	-	14	926	2.95
39	46	17	-	-	-	-	14	3.03
619	563	121	7	-	-	1	184	2.95
665	628	156	8	-	-	2	213	2.95
340	352	82	8	1	-	3	113	2.96
885	795	203	21	2	-	6	296	2.94
16	17	4	1	-	-	-	5	3.00
10	20	3	-	-	-	-	5	2.91
148	161	26	2	1	-	1	44	2.95
23	18	5	1	-	-	1	8	2.87
11	23	1	-	-	-	-	3	2.98
50	34	8	-	-	-	-	13	2.92
98	71	20	-	-	-	-	28	…
5 562	5 356	1 247	98	5	2	16	1 797	2.95
633	566	155	10	3	-	12	218	…

第9表 嫡出出生数，父母の結婚期間；

Table 9. Live births of children born in wedlock by
by live birth order, and

父 の 職 業 Occupation of Father	総数 Total	1年未満 Under 1 year	1年以上 2年未満 1 year and over, under 2 years	2～3	3～4	4～5	5～6	6～7
				総				
総　　　　　　　　数　Total	980 219	154 791	144 003	129 054	117 052	101 738	84 480	65 260
就　業　者　総　数　Employed	924 472	144 393	135 971	122 186	110 989	96 566	80 308	61 865
A 管 理 的 職 業 従 事 者	28 181	3 290	3 358	3 004	2 996	2 847	2 573	2 235
B 専 門 的・技 術 的 職 業 従 事 者	251 798	30 757	39 294	34 239	31 492	27 739	23 589	17 929
C 事 務 従 事 者	113 369	13 148	17 284	15 293	14 112	12 952	10 585	8 290
D 販 売 従 事 者	110 034	17 104	16 194	14 537	13 367	11 768	9 717	7 401
E サ ー ビ ス 職 業 従 事 者	101 597	20 726	14 589	13 257	11 711	9 702	8 131	6 116
F 保 安 職 業 従 事 者	35 644	5 272	5 878	4 880	4 592	3 874	3 156	2 340
G 農 林 漁 業 従 事 者	14 825	2 599	1 919	1 882	1 731	1 459	1 288	995
H 生 産 工 程 従 事 者	110 505	18 988	16 128	14 863	13 663	11 402	9 030	7 047
I 輸 送・機 械 運 転 従 事 者	32 368	5 973	4 302	4 141	3 639	3 156	2 600	2 057
J 建 設・採 掘 従 事 者	81 695	19 103	10 787	10 399	8 541	7 140	5 839	4 568
K 運 搬・清 掃・包 装 等 従 事 者	20 077	4 082	2 751	2 580	2 263	1 956	1 557	1 200
L 職 業 不 詳	24 379	3 351	3 487	3 111	2 882	2 571	2 243	1 687
無　　　　職　Non-employed	11 461	3 510	1 560	1 321	959	830	658	491
不　　　　詳　Not stated	44 286	6 888	6 472	5 547	5 104	4 342	3 514	2 904
				第			1	
総　　　　　　　　数　Total	461 992	131 323	124 094	76 702	43 088	26 457	17 367	10 970
就　業　者　総　数　Employed	434 358	122 641	117 377	72 671	40 713	24 956	16 442	10 325
A 管 理 的 職 業 従 事 者	11 985	2 638	2 907	1 834	1 187	848	640	458
B 専 門 的・技 術 的 職 業 従 事 者	125 147	27 011	36 033	23 478	13 249	8 035	5 477	3 362
C 事 務 従 事 者	55 776	11 413	15 978	10 763	5 936	3 860	2 369	1 526
D 販 売 従 事 者	53 659	14 865	14 192	9 030	5 312	3 271	2 105	1 306
E サ ー ビ ス 職 業 従 事 者	49 642	17 757	12 118	7 152	4 138	2 413	1 643	1 017
F 保 安 職 業 従 事 者	16 272	4 663	5 273	2 731	1 326	741	486	267
G 農 林 漁 業 従 事 者	5 821	2 171	1 515	792	423	265	190	113
H 生 産 工 程 従 事 者	49 037	16 175	13 482	7 782	4 040	2 451	1 502	937
I 輸 送・機 械 運 転 従 事 者	13 270	4 617	3 267	1 987	1 098	666	442	298
J 建 設・採 掘 従 事 者	33 547	15 247	7 447	3 980	2 170	1 277	827	531
K 運 搬・清 掃・包 装 等 従 事 者	8 520	3 244	2 063	1 159	626	428	248	150
L 職 業 不 詳	11 682	2 840	3 102	1 983	1 208	701	513	360
無　　　　職　Non-employed	6 280	2 922	1 113	641	340	236	166	112
不　　　　詳　Not stated	21 354	5 760	5 604	3 390	2 035	1 265	759	533
				第			2	
総　　　　　　　　数　Total	358 430	14 912	15 728	47 313	67 014	62 669	48 342	33 016
就　業　者　総　数　Employed	339 164	13 866	14 731	44 794	63 751	59 657	45 976	31 301
A 管 理 的 職 業 従 事 者	10 448	398	327	1 038	1 632	1 633	1 356	1 084
B 専 門 的・技 術 的 職 業 従 事 者	92 441	2 553	2 717	10 068	17 135	17 324	13 939	9 611
C 事 務 従 事 者	42 843	1 210	1 073	4 239	7 739	8 138	6 440	4 581
D 販 売 従 事 者	40 592	1 444	1 588	5 058	7 387	7 246	5 753	3 918
E サ ー ビ ス 職 業 従 事 者	35 695	1 839	1 948	5 501	6 724	5 911	4 533	3 000
F 保 安 職 業 従 事 者	13 240	418	524	2 009	3 039	2 581	1 785	1 086
G 農 林 漁 業 従 事 者	5 231	257	309	960	1 123	840	587	379
H 生 産 工 程 従 事 者	41 675	1 807	2 158	6 441	8 661	7 331	5 144	3 417
I 輸 送・機 械 運 転 従 事 者	11 946	781	732	1 846	2 206	1 867	1 422	900
J 建 設・採 掘 従 事 者	28 673	2 319	2 528	5 400	5 181	4 046	2 886	1 935
K 運 搬・清 掃・包 装 等 従 事 者	7 266	479	518	1 206	1 380	1 128	812	535
L 職 業 不 詳	9 114	361	309	1 028	1 544	1 612	1 319	855
無　　　　職　Non-employed	3 232	319	316	565	483	427	297	218
不　　　　詳　Not stated	16 034	727	681	1 954	2 780	2 585	2 069	1 497

注：出生順位とは、同じ母がこれまでに生んだ出生子の総数について数えた順序である。

平均結婚期間, 出生順位・父の職業（大分類）別

the duration of parents' marriage; mean duration of marriage, occupation of father (major groups)

平成27年度
FY 2015

7～8	8～9	9～10	10～11	11～12	12～13	13～14	14～15	15～20	20年以上 20 years and over	不詳 Not stated	平均結婚期間（年） Mean duration from marriage (Years)
		数	Total								
50 971	35 779	26 397	18 847	12 587	8 874	6 135	4 205	6 613	508	12 925	4.11
48 350	33 939	25 021	17 817	11 906	8 404	5 785	3 950	6 222	468	10 332	4.12
1 819	1 411	1 109	859	676	545	340	254	457	25	383	5.07
13 754	9 689	7 039	4 875	3 193	2 244	1 442	1 001	1 424	104	1 994	4.23
6 313	4 515	3 264	2 220	1 551	981	730	465	723	40	903	4.31
5 651	3 945	2 894	2 096	1 338	921	665	454	624	49	1 309	4.09
4 888	3 251	2 415	1 770	1 096	769	538	375	620	41	1 602	3.81
1 718	1 170	858	571	355	223	141	103	143	6	364	3.90
822	555	395	352	215	145	108	79	126	15	140	4.22
5 485	3 864	2 822	1 982	1 341	974	673	415	729	56	1 043	4.00
1 757	1 183	889	688	441	334	246	168	325	31	438	4.15
3 812	2 672	2 116	1 511	1 115	827	602	450	744	79	1 390	3.86
961	737	525	370	236	186	133	85	154	10	291	3.93
1 370	947	695	523	349	255	167	101	153	12	475	…
363	272	218	178	123	86	69	61	99	13	650	3.30
2 258	1 568	1 158	852	558	384	281	194	292	27	1 943	…
		子	1 st child								
7 966	4 973	3 640	2 688	1 757	1 298	983	720	1 143	104	6 719	2.42
7 480	4 673	3 416	2 518	1 655	1 234	927	667	1 056	99	5 508	2.43
328	241	180	138	106	91	73	60	91	6	159	3.18
2 362	1 459	1 164	766	527	380	250	200	299	28	1 067	2.63
1 112	697	472	342	270	170	142	96	170	9	451	2.69
944	571	388	324	180	160	114	75	112	17	693	2.45
804	499	325	280	168	118	84	73	116	11	926	2.20
184	116	77	72	27	25	19	12	16	-	237	2.11
84	44	38	31	24	9	17	8	6	1	90	2.10
652	411	297	225	136	117	82	58	87	7	596	2.17
197	135	112	75	39	37	37	16	41	8	198	2.27
424	238	196	139	83	64	59	31	71	9	754	1.86
149	107	62	40	32	25	16	13	21	-	137	2.15
240	155	105	86	63	38	34	25	26	3	200	…
99	64	40	41	22	14	12	9	19	-	430	1.92
387	236	184	129	80	50	44	44	68	5	781	…
		子	2 nd child								
22 795	14 361	9 879	6 631	4 105	2 733	1 797	1 227	1 851	96	3 961	4.91
21 603	13 637	9 318	6 258	3 870	2 588	1 702	1 158	1 736	85	3 133	4.91
838	553	403	313	239	181	105	71	138	3	136	5.65
6 430	4 230	2 752	1 893	1 114	781	485	324	447	16	622	5.17
3 130	2 030	1 423	917	575	362	251	167	223	16	329	5.28
2 697	1 722	1 183	798	478	320	222	145	194	9	430	5.02
2 151	1 226	852	574	350	211	152	109	180	10	424	4.66
640	408	290	138	90	48	32	26	35	-	91	4.56
266	158	97	89	42	32	15	15	33	2	27	4.46
2 297	1 436	974	613	402	248	172	107	181	8	278	4.63
734	419	285	222	123	89	59	43	72	4	142	4.62
1 401	794	594	386	269	187	122	98	144	9	374	4.23
365	250	174	117	71	46	33	23	35	2	92	4.47
654	411	291	198	117	83	54	30	54	6	188	…
135	88	84	65	29	25	18	15	27	4	117	4.31
1 057	636	477	308	206	120	77	54	88	7	711	…

Note: Live birth order refers the number of children to-date born alive to same mother.

第 9 表　嫡出出生数，父母の結婚期間；

Table 9. Live births of children born in wedlock by by live birth order, and

父 の 職 業 Occupation of Father	総数 Total	1年未満 Under 1 year	1年以上 2年未満 1 year and over, under 2 years	2～3	3～4	4～5	5～6	6～7
				第		3		
総　　　　　　　　数　Total	127 027	6 411	3 011	3 687	5 697	11 290	17 092	18 883
就　業　者　総　数　Employed	120 276	5 925	2 799	3 465	5 377	10 711	16 328	17 985
A　管 理 的 職 業 従 事 者	4 469	198	93	91	149	324	535	620
B　専門的・技術的職業従事者	28 401	942	405	526	941	2 212	3 913	4 547
C　事　務　従　事　者	12 580	433	175	237	382	899	1 692	2 028
D　販　売　従　事　者	12 962	622	323	338	566	1 139	1 712	1 955
E　サービス職業従事者	12 800	836	401	458	674	1 216	1 785	1 830
F　保　安　職　業　従　事　者	5 154	159	64	102	205	517	843	914
G　農　林　漁　業　従　事　者	2 817	124	66	97	152	319	458	421
H　生　産　工　程　従　事　者	15 847	764	358	470	800	1 467	2 171	2 412
I　輸送・機械運転従事者	5 242	412	190	211	257	517	628	716
J　建　設・採　掘　従　事　者	13 970	1 082	558	704	940	1 552	1 789	1 710
K　運搬・清掃・包装等従事者	3 127	241	113	158	204	330	425	403
L　職　業　不　詳	2 907	112	53	73	107	219	377	429
無　　　職　Non-employed	1 255	184	72	67	94	141	146	113
不　　　詳　Not stated	5 496	302	140	155	226	438	618	785
				第		4	子	
総　　　　　　　　数　Total	32 770	2 145	1 170	1 352	1 253	1 322	1 679	2 391
就　業　者　総　数　Employed	30 674	1 961	1 064	1 256	1 148	1 242	1 562	2 254
A　管 理 的 職 業 従 事 者	1 279	56	31	41	28	42	42	73
B　専門的・技術的職業従事者	5 809	251	139	167	167	168	260	409
C　事　務　従　事　者	2 170	92	58	54	55	55	84	155
D　販　売　従　事　者	2 821	173	91	111	102	112	147	222
E　サービス職業従事者	3 460	294	122	146	175	162	170	269
F　保　安　職　業　従　事　者	978	32	17	38	22	35	42	73
G　農　林　漁　業　従　事　者	956	47	29	33	33	35	53	82
H　生　産　工　程　従　事　者	3 946	242	130	170	162	153	213	281
I　輸送・機械運転従事者	1 910	163	113	97	78	106	108	143
J　建　設・採　掘　従　事　者	5 505	455	254	315	250	265	337	392
K　運搬・清掃・包装等従事者	1 164	118	57	57	53	70	72	112
L　職　業　不　詳	676	38	23	27	23	39	34	43
無　　　職　Non-employed	694	85	59	48	42	26	49	48
不　　　詳　Not stated	1 402	99	47	48	63	54	68	89

注：出生順位とは、同じ母がこれまでに生んだ出生子の総数について数えた順序である。

平均結婚期間，出生順位・父の職業（大分類）別

the duration of parents' marriage; mean duration of marriage, occupation of father (major groups)

平成27年度
FY 2015

7〜8	8〜9	9〜10	10〜11	11〜12	12〜13	13〜14	14〜15	15〜20	20年以上 20 years and over	不詳 Not stated	平均結婚期間（年） Mean duration from marriage (Years)
子				3rd child							
17 097	13 165	9 715	6 800	4 455	2 985	1 982	1 224	1 764	116	1 653	6.91
16 299	12 532	9 280	6 456	4 233	2 825	1 862	1 152	1 672	108	1 267	6.92
552	475	395	296	214	177	103	62	112	8	65	7.54
4 358	3 322	2 485	1 656	1 099	696	425	271	339	27	237	7.26
1 851	1 554	1 123	730	532	313	221	124	179	6	101	7.34
1 745	1 373	1 048	724	481	283	208	134	154	10	147	6.95
1 608	1 221	890	625	376	266	161	110	158	7	178	6.54
786	521	388	266	144	82	49	35	48	2	29	6.88
362	252	168	138	76	58	32	32	42	4	16	6.66
2 141	1 595	1 155	821	520	381	274	132	241	18	127	6.88
629	464	350	269	163	122	83	52	98	6	75	6.55
1 502	1 158	864	605	428	300	207	157	225	16	173	6.31
344	293	194	134	83	61	43	19	34	2	46	6.22
421	304	220	192	117	86	56	24	42	2	73	…
94	75	62	39	32	18	17	16	20	1	64	5.49
704	558	373	305	190	142	103	56	72	7	322	…
以		上		4th child and over							
3 113	3 280	3 163	2 728	2 270	1 858	1 373	1 034	1 855	192	592	8.31
2 968	3 097	3 007	2 585	2 148	1 757	1 294	973	1 758	176	424	8.35
101	142	131	112	117	96	59	61	116	8	23	9.42
604	678	638	560	453	387	282	206	339	33	68	8.95
220	234	246	231	174	136	116	78	151	9	22	9.11
265	279	275	250	199	158	121	100	164	13	39	8.41
325	305	348	291	202	174	141	83	166	13	74	7.84
108	125	103	95	94	68	41	30	44	4	7	8.86
110	101	92	94	73	46	44	24	45	8	7	8.46
395	422	396	323	283	228	145	118	220	23	42	8.30
197	165	142	122	116	86	67	57	114	13	23	7.69
485	482	462	381	335	276	214	164	304	45	89	7.82
103	87	95	79	50	54	41	30	64	6	16	7.42
55	77	79	47	52	48	23	22	31	1	14	…
35	45	32	33	40	29	22	21	33	8	39	6.87
110	138	124	110	82	72	57	40	64	8	129	…

Note: Live birth order refers the number of children to-date born alive to same mother.

第10表 嫡出出生数，父母の結婚期間；

Table 10. Live births of children born in wedlock by by live birth order and

母 の 職 業 Occupation of Mother	総数 Total	1年未満 Under 1 year	1年以上 2年未満 1 year and over, under 2 years	2～3	3～4	4～5	5～6	6～7
総				総				
総　　　　数　Total	980 219	154 791	144 003	129 054	117 052	101 738	84 480	65 260
就 業 者 総 数　Employed	417 840	61 177	67 274	56 374	49 537	43 850	36 491	27 929
A 管理的職業従事者	5 021	542	640	551	538	510	458	376
B 専門的・技術的職業従事者	149 718	19 487	25 418	20 684	18 458	16 190	13 478	10 204
C 事務従事者	127 590	16 504	20 933	17 719	15 186	13 802	11 493	8 716
D 販売従事者	31 979	6 004	5 107	4 329	3 676	3 157	2 473	1 907
E サービス職業従事者	62 927	12 296	9 278	7 968	7 040	6 088	4 999	3 950
F 保安職業従事者	2 898	525	547	356	378	271	231	166
G 農林漁業従事者	4 156	354	408	442	480	483	466	367
H 生産工程従事者	15 889	2 965	2 297	2 032	1 778	1 523	1 347	1 022
I 輸送・機械運転従事者	1 496	300	223	219	168	164	106	84
J 建設・採掘従事者	1 873	233	255	226	186	188	168	136
K 運搬・清掃・包装等従事者	1 612	267	204	178	136	144	145	127
L 職業不詳	12 681	1 700	1 964	1 670	1 513	1 330	1 127	874
無　　職　Non-employed	522 675	87 325	70 816	67 634	62 985	54 021	44 745	34 747
不　　詳　Not stated	39 704	6 289	5 913	5 046	4 530	3 867	3 244	2 584
第								1
総　　　　数　Total	461 992	131 323	124 094	76 702	43 088	26 457	17 367	10 970
就 業 者 総 数　Employed	213 576	52 847	61 041	38 781	21 123	12 732	8 216	5 061
A 管理的職業従事者	2 289	450	581	383	224	156	122	81
B 専門的・技術的職業従事者	76 995	17 482	23 688	14 683	7 684	4 600	2 831	1 761
C 事務従事者	68 114	14 243	19 371	13 080	7 247	4 466	2 990	1 808
D 販売従事者	17 230	5 060	4 484	2 920	1 663	938	608	383
E サービス職業従事者	30 475	10 344	7 818	4 667	2 613	1 553	978	592
F 保安職業従事者	1 499	464	498	229	116	65	40	25
G 農林漁業従事者	1 156	280	324	193	99	80	58	29
H 生産工程従事者	7 151	2 455	1 931	1 107	565	345	221	140
I 輸送・機械運転従事者	799	256	194	146	78	46	25	17
J 建設・採掘従事者	725	188	211	109	67	44	32	19
K 運搬・清掃・包装等従事者	513	173	126	85	41	25	13	9
L 職業不詳	6 630	1 452	1 815	1 179	726	414	298	197
無　　職　Non-employed	228 816	73 164	57 887	34 774	20 116	12 588	8 440	5 414
不　　詳　Not stated	19 600	5 312	5 166	3 147	1 849	1 137	711	495
第								2
総　　　　数　Total	358 430	14 912	15 728	47 313	67 014	62 669	48 342	33 016
就 業 者 総 数　Employed	142 670	5 324	4 854	15 966	26 179	26 658	20 988	14 377
A 管理的職業従事者	1 712	57	41	147	282	287	228	179
B 専門的・技術的職業従事者	52 046	1 342	1 447	5 655	10 194	10 265	8 086	5 335
C 事務従事者	43 897	1 499	1 240	4 207	7 395	8 276	6 697	4 816
D 販売従事者	10 022	587	458	1 243	1 776	1 818	1 360	934
E サービス職業従事者	20 744	1 148	1 088	2 886	3 884	3 559	2 670	1 826
F 保安職業従事者	995	42	40	117	250	181	135	84
G 農林漁業従事者	1 511	45	56	212	326	269	201	140
H 生産工程従事者	5 623	325	267	813	1 083	925	747	458
I 輸送・機械運転従事者	488	26	23	66	84	93	61	41
J 建設・採掘従事者	634	29	22	93	89	111	85	59
K 運搬・清掃・包装等従事者	552	53	53	73	72	69	65	46
L 職業不詳	4 446	171	119	454	744	805	653	459
無　　職　Non-employed	201 733	8 955	10 304	29 640	38 397	33 724	25 456	17 338
不　　詳　Not stated	14 027	633	570	1 707	2 438	2 287	1 898	1 301

注：出生順位とは、同じ母がこれまでに生んだ出生子の総数について数えた順序である。

平均結婚期間, 出生順位・母の職業（大分類）別

the duration of marriage; mean duration of marriage, occupation of mother (major groups)

平成27年度
FY 2015

7～8	8～9	9～10	10～11	11～12	12～13	13～14	14～15	15～20	20年以上 20 years and over	不　詳 Not stated	平均結婚期間（年） Mean duration from marriage (Years)
			数	Total							
50 971	35 779	26 397	18 847	12 587	8 874	6 135	4 205	6 613	508	12 925	4.11
21 422	15 017	10 807	7 720	5 160	3 632	2 481	1 730	2 675	212	4 352	4.08
323	269	184	147	105	98	61	53	98	11	57	5.12
7 725	5 319	3 751	2 694	1 770	1 220	771	515	779	56	1 199	4.07
6 624	4 773	3 445	2 303	1 602	1 119	802	558	753	48	1 210	4.15
1 494	1 009	699	536	382	236	181	123	217	21	428	3.82
3 072	2 098	1 576	1 141	744	560	384	295	480	35	923	3.93
132	86	50	55	20	15	9	7	10	1	39	3.61
318	227	172	144	90	57	48	31	42	6	21	5.25
796	558	413	320	184	146	96	62	149	11	190	4.02
71	41	33	23	17	8	5	2	14	2	16	3.72
106	86	71	51	40	26	24	18	34	4	21	4.88
99	77	57	53	24	28	17	12	17	7	20	4.70
662	474	356	253	182	119	83	54	82	10	228	…
27 607	19 350	14 563	10 353	6 937	4 894	3 417	2 310	3 667	272	7 032	4.14
1 942	1 412	1 027	774	490	348	237	165	271	24	1 541	…
		子		1 st child							
7 966	4 973	3 640	2 688	1 757	1 298	983	720	1 143	104	6 719	2.42
3 662	2 224	1 651	1 187	778	565	430	327	491	40	2 420	2.48
71	55	34	26	9	10	17	9	25	2	34	3.23
1 203	712	520	371	233	172	113	86	155	9	692	2.44
1 329	821	657	439	318	213	172	130	164	13	653	2.68
290	174	123	103	76	46	30	28	44	3	257	2.39
476	279	182	151	75	77	54	42	60	6	508	2.20
12	11	5	5	1	-	-	2	1	-	25	1.97
30	13	11	5	8	2	10	3	2	-	9	2.71
88	60	40	29	14	15	12	9	17	2	101	2.13
12	7	4	2	1	2	-	-	3	1	5	2.26
11	4	7	6	4	1	3	2	3	1	13	2.57
15	4	4	4	1	2	-	2	-	-	9	2.26
125	84	64	46	38	25	19	14	17	3	114	…
3 957	2 533	1 828	1 379	899	685	515	348	593	58	3 638	2.36
347	216	161	122	80	48	38	45	59	6	661	…
		子		2 nd child							
22 795	14 361	9 879	6 631	4 105	2 733	1 797	1 227	1 851	96	3 961	4.91
9 580	6 014	4 083	2 630	1 666	1 110	723	482	712	46	1 278	5.06
135	105	63	47	39	33	16	13	24	4	12	5.78
3 427	2 088	1 378	915	575	373	224	163	213	16	350	5.07
3 248	2 169	1 467	879	588	372	259	157	218	11	399	5.27
620	375	257	170	115	66	51	34	54	3	101	4.82
1 232	705	517	355	192	149	102	67	106	5	253	4.72
53	33	21	15	3	6	1	2	3	-	9	4.61
91	63	26	35	13	10	5	2	10	1	6	4.88
341	200	152	83	59	40	22	16	35	2	55	4.71
36	16	11	8	5	5	2	1	5	-	5	4.82
37	33	23	11	9	9	7	3	10	1	3	5.29
36	27	16	12	8	8	4	2	2	-	6	4.68
324	200	152	100	60	39	30	22	32	3	79	…
12 330	7 779	5 371	3 725	2 256	1 519	1 009	698	1 059	44	2 129	4.80
885	568	425	276	183	104	65	47	80	6	554	…

Note: Live birth order refers the number of children to-date born alive to same mother.

第10表 嫡出出生数，父母の結婚期間；
Table 10. Live births of children born in wedlock by by live birth order and

母 の 職 業 Occupation of Mother	総数 Total	1年未満 Under 1 year	1年以上2年未満 1 year and over, under 2 years	2～3	3～4	4～5	5～6	6～7
				第			3	
総　　　　　　　数 Total	127 027	6 411	3 011	3 687	5 697	11 290	17 092	18 883
就 業 者 総 数 Employed	49 497	2 290	1 013	1 195	1 820	4 012	6 685	7 592
A 管 理 的 職 業 従 事 者	748	28	15	10	25	57	102	94
B 専門的・技術的職業従事者	17 378	516	213	270	504	1 244	2 409	2 896
C 事 務 従 事 者	12 816	608	246	322	457	978	1 673	1 881
D 販 売 従 事 者	3 598	255	119	119	173	348	454	499
E サ ー ビ ス 職 業 従 事 者	8 908	590	264	295	428	843	1 191	1 311
F 保 安 職 業 従 事 者	351	18	5	8	11	23	54	55
G 農 林 漁 業 従 事 者	1 067	17	18	26	45	126	190	162
H 生 産 工 程 従 事 者	2 437	141	77	86	102	216	338	375
I 輸送・機械運転従事者	166	14	2	6	4	20	18	22
J 建 設 ・ 採 掘 従 事 者	340	13	11	16	26	23	40	45
K 運搬・清掃・包装等従事者	375	27	19	17	14	41	58	57
L 職 業 不 詳	1 313	63	24	20	31	93	158	195
無　　　職 Non-employed	72 703	3 862	1 867	2 348	3 687	6 885	9 832	10 589
不　　　詳 Not stated	4 827	259	131	144	190	393	575	702
				第		4	子	
総　　　　　　　数 Total	32 770	2 145	1 170	1 352	1 253	1 322	1 679	2 391
就 業 者 総 数 Employed	12 097	716	366	432	415	448	602	899
A 管 理 的 職 業 従 事 者	272	7	3	11	7	10	6	22
B 専門的・技術的職業従事者	3 299	147	70	76	76	81	152	212
C 事 務 従 事 者	2 763	154	76	110	87	82	133	211
D 販 売 従 事 者	1 129	102	46	47	64	53	51	91
E サ ー ビ ス 職 業 従 事 者	2 800	214	108	120	115	133	160	221
F 保 安 職 業 従 事 者	53	1	4	2	1	2	2	2
G 農 林 漁 業 従 事 者	422	12	10	11	10	8	17	36
H 生 産 工 程 従 事 者	678	44	22	26	28	37	41	49
I 輸送・機械運転従事者	43	4	4	1	2	5	2	4
J 建 設 ・ 採 掘 従 事 者	174	3	11	8	4	10	11	13
K 運搬・清掃・包装等従事者	172	14	6	3	9	9	9	15
L 職 業 不 詳	292	14	6	17	12	18	18	23
無　　　職 Non-employed	19 423	1 344	758	872	785	824	1 017	1 406
不　　　詳 Not stated	1 250	85	46	48	53	50	60	86

注：出生順位とは、同じ母がこれまでに生んだ出生子の総数について数えた順序である。

平均結婚期間, 出生順位・母の職業（大分類）別

the duration of marriage; mean duration of marriage, occupation of mother (major groups)

平成27年度
FY 2015

7～8	8～9	9～10	10～11	11～12	12～13	13～14	14～15	15～20	20年以上 20 years and over	不詳 Not stated	平均結婚期間（年） Mean duration from marriage (Years)
__			子	3rd child							
17 097	13 165	9 715	6 800	4 455	2 985	1 982	1 224	1 764	116	1 653	6.91
7 054	5 544	3 892	2 800	1 828	1 188	787	508	742	54	493	7.09
98	80	56	49	35	27	22	14	24	3	9	7.73
2 777	2 128	1 499	1 059	667	427	250	156	224	17	122	7.35
1 783	1 494	1 043	730	485	354	252	162	213	9	126	7.20
477	354	232	186	127	60	54	32	54	5	50	6.61
1 128	869	622	414	303	179	123	96	132	9	111	6.66
63	37	22	27	8	5	5	2	4	1	3	6.98
138	104	87	55	34	22	14	10	12	1	6	7.01
306	229	161	147	75	55	28	20	50	4	27	6.78
19	16	13	9	9	1	3	1	4	-	5	6.78
43	40	22	19	14	8	5	4	7	-	4	6.91
33	35	22	22	6	9	5	3	2	3	2	6.30
189	158	113	83	65	41	26	8	16	2	28	...
9 424	7 123	5 500	3 723	2 474	1 665	1 109	673	958	55	929	6.79
619	498	323	277	153	132	86	43	64	7	231	...
以		上		4th child and over							
3 113	3 280	3 163	2 728	2 270	1 858	1 373	1 034	1 855	192	592	8.31
1 126	1 235	1 181	1 103	888	769	541	413	730	72	161	8.60
19	29	31	25	22	28	6	17	25	2	2	9.64
318	391	354	349	295	248	184	110	187	14	35	9.12
264	289	278	255	211	180	119	109	158	15	32	8.67
107	106	87	77	64	64	46	29	65	10	20	7.87
236	245	255	221	174	155	105	90	182	15	51	8.14
4	5	2	8	8	4	3	1	2	-	2	8.79
59	47	48	49	35	23	19	16	18	4	-	9.04
61	69	60	61	36	36	34	17	47	3	7	8.30
4	2	5	4	2	-	-	-	2	1	1	6.94
15	9	19	15	13	8	9	9	14	2	1	8.89
15	11	15	15	9	9	8	5	13	4	3	8.51
24	32	27	24	19	14	8	10	17	2	7	...
1 896	1 915	1 864	1 526	1 308	1 025	784	591	1 057	115	336	8.15
91	130	118	99	74	64	48	30	68	5	95	...

Note: Live birth order refers the number of children to-date born alive to same mother.

第11表 嫡出出生数及び嫡出出生率（男性人口千対），
Table 11. Live births and live birth rates of children born in wedlock
(regrouped for 21 major cities)

嫡出出生数
Live births born in wedlock

都道府県 Prefecture	総数 Total	就業者総数 Employed	A 管理的職業従事者	B 専門的・技術的職業従事者	C 事務従事者	D 販売従事者	E サービス職業従事者
全国 All Japan	980 219	924 472	28 181	251 798	113 369	110 034	101 597
01 北海道	35 582	32 741	885	6 965	4 026	4 000	4 263
02 青森	8 434	8 221	188	1 483	832	871	1 021
03 岩手	8 544	8 191	211	1 557	874	880	916
04 宮城	17 567	16 803	450	3 721	2 075	2 254	2 000
05 秋田	5 764	5 655	108	1 170	713	591	705
06 山形	7 755	7 053	170	1 469	761	713	785
07 福島	13 772	13 183	333	2 537	1 198	1 085	1 484
08 茨城	21 159	20 260	426	5 300	2 209	2 124	1 978
09 栃木	14 784	13 654	332	3 807	1 275	1 571	1 425
10 群馬	13 763	13 137	318	3 195	1 300	1 392	1 496
11 埼玉	55 052	51 170	1 411	13 342	7 258	6 987	5 290
12 千葉	45 846	42 947	1 226	11 677	5 985	5 470	4 569
13 東京	111 418	107 232	6 401	37 297	18 174	14 221	11 241
14 神奈川	71 882	65 139	2 144	22 604	8 921	8 004	6 447
15 新潟	16 090	15 032	341	3 279	1 541	1 679	1 759
16 富山	7 419	7 182	158	1 869	704	701	625
17 石川	8 827	8 556	217	2 215	910	1 026	948
18 福井	6 081	5 959	160	1 495	628	628	558
19 山梨	5 945	5 648	146	1 469	718	563	727
20 長野	15 220	14 882	409	3 628	1 615	1 513	1 887
21 岐阜	15 042	14 589	336	3 699	1 601	1 492	1 447
22 静岡	28 012	26 653	637	6 766	2 581	2 713	2 559
23 愛知	64 214	62 417	1 637	18 866	7 058	7 373	5 481
24 三重	13 574	13 127	294	3 348	1 309	1 186	1 183
25 滋賀	12 333	11 736	260	3 347	1 151	1 106	1 200
26 京都	19 133	18 183	546	5 262	2 191	2 368	2 231
27 大阪	68 214	60 882	1 876	16 973	8 061	8 307	7 357
28 兵庫	42 720	40 845	1 172	11 794	5 049	4 931	4 263
29 奈良	9 562	9 043	282	2 489	1 103	1 147	959
30 和歌山	6 757	6 523	141	1 587	695	660	783
31 鳥取	4 480	3 964	102	856	346	398	498
32 島根	5 381	5 148	139	1 144	552	534	611
33 岡山	15 253	14 471	368	3 463	1 445	1 716	1 410
34 広島	22 957	21 738	518	5 479	2 317	2 556	2 362
35 山口	10 015	9 345	209	2 234	893	873	907
36 徳島	5 385	4 588	165	1 199	399	456	476
37 香川	7 413	7 239	195	1 869	965	854	778
38 愛媛	9 785	8 192	200	1 920	874	833	998
39 高知	4 789	4 564	130	1 041	547	494	572
40 福岡	43 898	41 440	1 143	10 365	4 388	5 935	5 084
41 佐賀	6 829	6 597	121	1 499	675	712	696
42 長崎	10 702	10 243	201	2 663	1 002	939	1 164
43 熊本	15 022	14 485	391	3 371	1 590	1 574	1 830
44 大分	9 024	8 600	201	1 875	843	802	982
45 宮崎	8 843	8 655	206	1 882	930	911	1 133
46 鹿児島	13 691	13 122	341	3 109	1 349	1 424	1 769
47 沖縄	16 228	15 387	330	3 605	1 723	1 459	2 737
外国 Foreign countries	59	51	6	14	15	8	3
21大都市（再掲） 21 major cities (Regrouped)							
50 東京都区部	79 559	77 262	5 367	27 102	13 796	10 578	8 055
51 札幌	14 187	12 355	395	3 224	1 720	2 029	1 814
52 仙台	8 970	8 498	272	2 059	1 307	1 454	1 086
53 さいたま	10 682	9 397	275	2 671	1 502	1 398	845
54 千葉	7 141	6 744	216	2 003	1 036	933	782
55 横浜	29 434	27 363	1 022	10 210	4 172	3 839	2 592
56 川崎	14 430	10 970	363	3 854	1 636	1 278	930
57 相模原	5 298	5 168	125	1 672	637	597	537
58 新潟	6 078	5 642	120	1 338	643	816	665
59 静岡	5 127	4 976	125	1 242	568	753	534
60 浜松	6 723	6 145	162	1 669	560	583	541
61 名古屋	19 196	18 705	717	5 832	2 674	3 171	1 964
62 京都	10 738	10 333	346	3 166	1 293	1 465	1 392
63 大阪	21 591	18 097	717	4 882	2 824	2 542	2 753
64 堺	6 626	6 188	162	1 679	644	776	686
65 神戸	11 535	10 855	373	3 401	1 329	1 433	1 265
66 岡山	6 253	5 754	178	1 545	652	914	613
67 広島	10 499	10 131	233	2 588	1 245	1 521	1 119
68 北九州	7 608	7 200	202	1 750	611	817	784
69 福岡	14 448	13 210	460	3 780	1 734	2 507	1 904
70 熊本	6 827	6 479	225	1 639	872	887	822

都道府県（21大都市再掲）・父の職業（大分類）別

(per 1,000 male population), by each prefecture and occupation of father (major groups)

平成27年度
FY 2015

F 保安職業従事者	G 農林漁業従事者	H 生産工程従事者	I 輸送・機械運転従事者	J 建設・採掘従事者	K 運搬・清掃・包装等従事者	L 職業不詳	無職 Non-employed	不詳 Not stated
35 644	14 825	110 505	32 368	81 695	20 077	24 379	11 461	44 286
2 494	1 908	2 530	1 371	3 064	789	446	500	2 341
781	397	844	327	1 053	197	227	110	103
284	300	1 294	395	1 018	216	246	108	245
784	283	1 696	732	2 183	456	169	205	559
274	182	816	217	693	146	40	59	50
297	230	1 302	232	831	134	129	58	644
488	226	2 469	480	1 923	332	628	138	451
761	432	3 537	930	1 940	462	161	204	695
427	255	2 563	473	1 168	269	89	137	993
435	254	2 687	447	1 175	280	158	149	477
1 869	380	4 357	1 965	4 709	1 184	2 418	501	3 381
1 500	534	3 115	1 746	3 547	995	2 583	461	2 438
2 801	467	2 647	2 324	5 703	1 545	4 411	1 170	3 016
2 317	392	3 924	2 175	4 845	1 244	2 122	597	6 146
595	292	2 333	576	1 959	343	335	151	907
210	97	1 544	247	704	132	191	42	195
370	129	1 431	277	788	159	86	82	189
219	79	1 146	173	707	106	60	53	69
207	98	850	157	530	125	58	67	230
358	403	2 568	507	1 348	283	363	127	211
523	153	3 116	467	1 372	307	76	138	315
960	409	5 540	938	2 223	559	768	206	1 153
1 561	452	11 910	2 125	4 175	1 174	605	504	1 293
482	192	3 156	486	1 144	278	69	133	314
357	143	2 548	378	796	200	250	129	468
840	180	1 611	573	1 501	364	516	303	647
1 653	242	5 133	2 218	5 443	1 448	2 171	1 251	6 081
1 420	340	5 506	1 473	3 111	847	939	599	1 276
365	93	897	298	664	211	535	143	376
298	213	863	280	693	180	130	90	144
200	126	475	160	351	86	366	49	467
226	118	722	129	584	106	283	52	181
506	159	2 803	607	1 522	343	129	224	558
993	219	3 562	822	1 894	447	569	247	972
558	97	1 806	390	1 121	215	42	121	549
215	128	847	147	415	113	28	72	725
286	95	1 117	291	645	137	7	105	69
233	257	1 241	337	934	213	152	161	1 432
214	263	392	156	473	159	123	98	127
1 735	522	4 682	1 667	4 224	1 084	611	738	1 720
303	232	1 120	238	693	163	145	69	163
941	447	1 242	330	958	254	102	117	342
773	651	1 859	541	1 423	364	118	210	327
429	209	1 468	280	967	208	336	122	302
428	539	1 070	298	939	287	32	121	67
659	693	1 420	513	1 360	395	90	176	393
1 015	315	744	475	2 182	538	264	364	477
-	-	2	-	-	-	3	-	8
1 631	267	1 397	1 576	3 588	974	2 931	823	1 474
609	32	511	483	1 123	292	123	235	1 597
383	35	414	295	909	191	93	110	362
321	49	366	267	573	156	974	101	1 184
235	30	396	252	546	141	174	75	322
742	100	1 210	924	1 908	472	172	242	1 829
164	37	318	258	620	132	1 380	83	3 377
182	36	426	209	469	125	153	45	85
239	56	558	236	610	134	227	57	379
155	53	582	198	487	121	158	47	104
205	98	1 155	165	442	111	454	53	525
396	38	1 533	631	1 300	345	104	199	292
317	64	658	306	778	187	361	208	197
264	53	1 095	573	1 468	372	554	525	2 969
289	19	691	257	648	181	156	122	316
331	48	858	428	651	276	462	189	491
206	33	702	205	567	121	18	85	414
379	55	1 028	329	912	220	502	129	239
251	36	1 233	316	852	183	165	110	298
362	67	437	405	1 076	281	197	270	968
400	125	513	226	591	128	51	99	249

第11表 嫡出出生数及び嫡出出生率（男性人口千対），
Table 11. Live births and live birth rates of children born in wedlock (regrouped for 21 major cities)

嫡出出生率
Live birth rates born in wedlock

都道府県 Prefecture	総数 Total	就業者総数 Employed	A 管理的職業従事者	B 専門的・技術的職業従事者	C 事務従事者	D 販売従事者	E サービス職業従事者
全国 All Japan	18.5	28.3	24.4	52.4	25.4	26.6	47.4
01 北海道	16.0	24.4	16.6	41.0	23.7	25.2	44.7
02 青森	15.7	24.3	17.9	45.4	21.8	25.5	48.9
03 岩手	15.9	23.2	16.7	40.5	20.8	24.6	44.7
04 宮城	17.8	27.4	20.1	45.0	22.7	27.7	52.6
05 秋田	13.6	21.4	10.7	40.2	22.0	22.0	43.6
06 山形	16.5	22.9	14.5	44.2	22.2	22.0	42.7
07 福島	16.7	25.0	19.0	45.4	18.4	21.9	51.3
08 茨城	17.0	25.4	18.9	47.8	21.6	27.0	46.7
09 栃木	17.6	25.0	20.2	51.7	19.5	28.6	44.8
10 群馬	16.6	24.5	18.3	48.3	20.1	23.6	43.0
11 埼玉	17.7	25.7	23.0	46.1	23.9	25.1	42.4
12 千葉	17.2	26.3	22.5	45.6	22.1	23.9	42.5
13 東京	19.5	33.3	45.6	57.3	33.9	30.0	49.4
14 神奈川	18.4	27.6	26.0	47.0	22.9	24.7	40.8
15 新潟	16.6	23.9	14.4	44.7	21.1	22.9	43.0
16 富山	16.7	24.5	14.9	50.6	20.4	20.8	39.4
17 石川	18.4	27.7	19.9	55.5	25.3	26.4	46.9
18 福井	18.7	27.7	18.6	55.7	23.0	26.5	43.9
19 山梨	16.9	25.0	17.6	48.8	24.8	23.7	41.7
20 長野	17.4	25.4	18.1	45.9	22.7	23.7	45.6
21 岐阜	18.0	26.4	17.1	54.0	23.2	23.1	43.3
22 静岡	18.1	25.7	18.0	49.0	21.7	23.8	39.6
23 愛知	20.4	30.1	25.5	61.8	26.3	28.2	47.8
24 三重	18.1	27.3	20.6	56.8	21.4	25.0	42.5
25 滋賀	21.1	30.9	21.7	59.0	22.1	27.3	53.9
26 京都	17.9	28.2	24.0	53.1	27.3	27.5	43.3
27 大阪	18.8	29.5	25.3	56.5	29.0	25.7	49.5
28 兵庫	19.0	30.3	23.9	56.5	26.2	27.0	47.3
29 奈良	17.3	27.5	20.5	46.0	21.0	23.2	41.0
30 和歌山	17.2	26.8	16.7	52.9	23.3	24.5	44.7
31 鳥取	19.1	26.4	19.3	46.0	19.2	23.9	47.1
32 島根	18.8	27.8	20.2	50.6	23.6	27.0	48.9
33 岡山	19.4	29.4	22.4	55.9	24.8	30.0	51.3
34 広島	19.6	29.5	19.9	55.0	25.0	26.1	51.4
35 山口	17.5	26.4	16.4	51.7	20.8	24.1	44.8
36 徳島	17.2	24.8	26.2	48.6	18.9	22.9	39.1
37 香川	18.3	29.3	22.0	60.6	29.9	27.2	50.6
38 愛媛	17.4	23.6	17.0	45.4	21.5	21.7	44.2
39 高知	16.1	27.1	20.9	49.4	29.6	25.9	43.7
40 福岡	21.5	34.2	26.5	60.7	28.0	32.9	60.7
41 佐賀	20.6	30.1	16.8	57.4	26.0	30.2	49.9
42 長崎	19.4	29.6	17.2	61.1	25.8	27.3	45.9
43 熊本	21.0	32.8	25.5	58.1	32.2	30.3	55.3
44 大分	19.1	29.0	18.5	50.7	24.0	25.9	48.2
45 宮崎	20.0	31.6	20.5	56.3	29.5	31.0	58.2
46 鹿児島	20.8	32.6	24.8	59.9	26.9	32.1	56.4
47 沖縄	28.4	47.9	32.6	87.1	45.4	43.0	89.8
21大都市（再掲） 21 major cities (Regrouped)							
50 東京都区部	20.3	35.8	51.7	62.9	38.4	32.1	52.7
51 札幌	17.9	27.0	21.7	43.9	24.9	27.8	51.1
52 仙台	19.7	31.7	25.6	43.1	26.0	30.5	55.4
53 さいたま	19.9	28.0	22.1	45.0	23.7	24.5	40.7
54 千葉	17.3	27.8	26.1	47.1	23.9	24.3	48.8
55 横浜	18.5	28.6	27.5	49.7	24.6	26.4	41.6
56 川崎	22.5	28.4	28.4	42.3	23.7	22.2	37.9
57 相模原	17.0	28.0	24.2	49.7	23.1	26.1	43.2
58 新潟	18.0	26.6	15.6	46.3	22.7	25.8	45.9
59 静岡	17.3	25.8	17.2	49.5	23.6	26.6	42.6
60 浜松	20.2	27.5	21.6	50.5	21.9	21.6	42.4
61 名古屋	19.9	30.9	28.7	58.6	31.3	29.9	47.1
62 京都	17.9	29.5	25.9	54.6	32.1	28.8	43.1
63 大阪	19.4	31.0	32.2	57.5	40.2	27.1	56.4
64 堺	19.5	30.3	23.8	58.8	23.3	25.0	48.6
65 神戸	18.7	30.7	27.4	54.1	24.2	27.0	45.9
66 岡山	21.4	31.1	26.6	55.4	27.1	32.5	50.8
67 広島	21.6	32.5	20.0	54.1	27.3	29.0	53.0
68 北九州	19.7	32.0	25.8	55.0	22.4	27.5	52.7
69 福岡	23.6	37.8	33.1	62.4	33.6	36.2	66.1
70 熊本	23.2	36.1	34.7	57.4	36.0	31.5	55.9

注：1）全国には住所地外国が含まれる。
　　2）総数には就業状態不詳が、就業者総数には職業不詳が含まれる。

都道府県（21大都市再掲）・父の職業（大分類）別

(per 1,000 male population), by each prefecture
and occupation of father (major groups)

平成27年度
FY 2015

F 保安職業従事者	G 農林漁業従事者	H 生産工程従事者	I 輸送・機械運転従事者	J 建設・採掘従事者	K 運搬・清掃・包装等従事者	無職 Non-employed
35.1	11.1	20.0	16.8	32.6	9.9	0.7
35.3	19.8	16.4	13.4	26.4	9.5	0.7
39.3	9.6	18.5	12.3	28.1	9.3	0.6
28.4	7.7	21.3	14.1	26.1	9.9	0.6
35.5	9.5	19.7	15.5	35.6	12.1	0.7
32.8	6.4	17.6	12.1	24.6	8.6	0.4
31.8	7.3	20.0	12.9	28.6	7.4	0.4
33.2	6.5	23.3	13.3	31.7	8.8	0.5
31.2	9.3	20.6	17.1	30.0	9.6	0.5
33.0	8.1	19.5	14.0	28.2	7.9	0.5
34.2	9.0	20.5	14.5	27.4	8.1	0.6
30.2	10.9	14.5	16.5	31.8	9.0	0.6
26.7	11.1	15.0	17.0	30.3	9.3	0.6
33.2	28.1	9.8	17.0	35.8	9.0	0.9
32.3	16.7	13.2	17.7	32.3	9.0	0.6
33.3	7.4	18.1	13.2	30.3	8.8	0.5
30.3	8.2	20.5	13.7	26.8	7.1	0.3
38.4	11.2	21.9	15.5	29.2	8.2	0.6
36.1	8.3	23.2	13.0	33.6	7.9	0.5
32.9	5.6	18.9	14.1	26.2	9.7	0.6
31.5	7.6	21.2	17.9	28.4	8.2	0.5
35.8	8.1	23.2	15.1	28.6	8.7	0.5
30.5	9.7	22.1	15.2	27.7	8.2	0.4
32.9	10.9	23.6	19.2	30.9	8.8	0.6
35.4	9.7	25.3	16.4	31.1	8.9	0.6
35.8	10.9	26.8	20.2	33.8	8.6	0.7
35.3	11.1	16.0	17.1	36.8	9.6	0.9
31.1	16.9	16.2	19.2	39.1	10.3	1.1
34.8	10.2	22.0	19.6	34.9	9.9	0.8
35.1	8.9	17.8	19.0	32.3	10.8	0.7
39.8	9.7	20.1	18.7	32.2	11.6	0.7
34.3	8.6	19.6	18.4	26.1	9.0	0.6
35.1	6.9	23.5	11.7	30.1	9.5	0.6
43.1	6.3	26.5	18.7	37.5	10.7	0.9
34.7	9.0	23.9	17.4	32.9	9.7	0.7
39.4	5.0	23.9	15.3	33.4	9.5	0.6
38.0	8.0	24.1	13.5	24.0	10.6	0.6
39.9	6.5	23.0	19.5	32.7	8.3	0.8
27.0	9.0	19.4	15.0	30.8	9.8	0.8
38.2	12.5	18.0	15.7	28.7	15.5	0.9
41.7	14.2	25.3	20.3	42.4	14.3	1.1
42.8	11.4	28.1	16.8	33.6	12.4	0.6
46.9	14.8	23.1	14.0	28.9	12.5	0.6
50.8	14.2	26.7	19.9	35.6	13.8	0.9
43.3	9.4	27.4	14.6	34.9	12.3	0.8
43.3	16.7	25.4	16.7	34.8	18.1	0.8
49.1	15.9	25.9	19.3	34.9	14.9	0.8
65.8	15.5	24.3	22.1	64.8	27.1	2.1
33.5	52.9	8.6	17.6	38.0	8.7	1.0
36.1	12.9	13.2	16.6	31.6	11.2	1.0
40.2	14.1	18.3	19.2	43.4	12.8	0.8
31.6	18.3	11.2	18.2	28.2	9.0	0.7
29.1	15.5	15.6	18.3	33.7	9.4	0.6
31.9	18.6	12.0	19.6	33.8	9.1	0.6
23.5	19.2	8.1	14.9	26.6	6.7	0.6
32.0	23.1	15.2	19.4	33.6	10.0	0.5
36.4	7.2	17.0	16.3	32.0	10.4	0.5
29.4	10.0	16.5	17.1	28.6	9.4	0.5
32.2	11.3	21.0	13.9	26.8	8.1	0.5
28.9	19.5	16.8	20.7	34.1	9.2	0.8
34.7	18.3	13.6	17.7	39.0	9.3	1.2
21.9	59.0	13.7	19.5	42.6	9.3	1.8
44.9	13.6	20.5	21.0	42.6	13.2	1.1
31.4	13.8	18.0	20.8	34.0	11.5	1.0
43.2	6.5	23.9	19.1	38.4	10.6	0.9
39.2	17.1	22.1	17.3	35.6	11.9	0.9
32.7	16.8	27.7	18.9	43.6	13.2	0.8
42.3	24.6	15.7	21.5	45.0	14.6	1.7
48.4	18.1	24.2	25.1	42.2	12.7	1.1

Notes: 1) All Japan in includes address of "Foreign countries"
2) The total includes "employment status not stated", and the total number of employed persons (employed) includes "occupation not stated".

第12表　出生数及び出生率（女性人口千対），
Table 12. Live births and live birth rates (per
(regrouped for 21 major cities)

出生数
Live births

都道府県 Prefecture	総数 Total	就業者総数 Employed	A 管理的職業従事者	B 専門的・技術的職業従事者	C 事務従事者	D 販売従事者	E サービス職業従事者
全国 All Japan	1 003 169	425 110	5 137	151 213	129 262	32 878	65 135
01 北海道	36 639	11 940	140	4 628	2 906	911	1 987
02 青森	8 716	4 412	40	1 340	1 121	357	974
03 岩手	8 753	4 536	31	1 373	1 110	365	983
04 宮城	18 003	7 918	89	2 558	2 363	656	1 512
05 秋田	5 881	3 505	17	1 117	894	274	819
06 山形	7 880	4 498	50	1 433	1 046	333	920
07 福島	14 159	6 759	63	1 995	1 643	471	1 434
08 茨城	21 673	8 991	83	3 170	2 589	706	1 453
09 栃木	15 125	6 119	70	2 150	1 617	529	1 066
10 群馬	14 074	5 887	66	2 155	1 572	437	989
11 埼玉	56 115	21 396	267	6 967	7 171	1 759	2 818
12 千葉	46 732	18 741	189	6 279	5 998	1 488	2 617
13 東京	113 494	58 524	1 110	20 235	21 860	4 670	6 423
14 神奈川	73 188	29 208	295	10 780	9 930	2 445	3 595
15 新潟	16 352	8 553	60	2 702	2 245	683	1 780
16 富山	7 532	4 260	25	1 534	1 112	275	739
17 石川	8 987	4 858	43	1 715	1 372	336	916
18 福井	6 170	3 525	28	1 267	1 004	242	575
19 山梨	6 070	2 586	23	957	779	173	423
20 長野	15 519	6 276	79	2 221	1 567	356	1 136
21 岐阜	15 310	5 676	66	2 038	1 816	400	793
22 静岡	28 558	11 412	118	3 807	3 268	760	1 835
23 愛知	65 471	24 669	303	8 781	8 706	1 630	3 059
24 三重	13 880	5 569	53	1 973	1 682	374	872
25 滋賀	12 536	5 098	42	1 908	1 510	350	717
26 京都	19 686	8 366	101	3 091	2 446	699	1 254
27 大阪	70 378	24 785	379	9 040	8 126	2 038	3 270
28 兵庫	43 674	16 383	223	6 236	5 012	1 329	2 165
29 奈良	9 787	3 632	53	1 421	1 024	268	479
30 和歌山	6 973	2 527	34	1 048	644	196	358
31 鳥取	4 608	2 511	20	873	518	188	477
32 島根	5 484	3 342	27	1 234	800	244	653
33 岡山	15 648	6 959	77	2 704	1 857	553	1 177
34 広島	23 518	9 234	92	3 549	2 589	685	1 502
35 山口	10 284	3 930	39	1 557	1 025	277	712
36 徳島	5 514	2 488	69	1 017	619	193	353
37 香川	7 634	3 570	41	1 374	1 064	278	597
38 愛媛	10 057	3 348	44	1 235	879	226	653
39 高知	5 002	2 739	28	1 049	720	206	499
40 福岡	45 209	17 927	203	6 557	5 067	1 672	3 175
41 佐賀	7 026	3 496	24	1 252	862	252	658
42 長崎	10 952	5 120	37	1 994	1 230	417	1 000
43 熊本	15 419	7 567	107	2 755	1 904	559	1 420
44 大分	9 249	3 851	34	1 497	923	297	629
45 宮崎	9 175	4 520	50	1 628	1 107	301	879
46 鹿児島	14 075	5 673	56	2 220	1 405	397	1 014
47 沖縄	16 938	8 218	48	2 795	2 559	622	1 776
外国 Foreign countries	62	8	1	4	1	1	—
21大都市（再掲） 21 major cities (Regrouped)							
50 東京都区部	81 068	43 775	965	14 828	17 066	3 494	4 518
51 札幌	14 617	4 788	46	1 997	1 392	391	775
52 仙台	9 173	3 868	56	1 382	1 282	334	627
53 さいたま	10 843	4 272	53	1 332	1 384	323	443
54 千葉	7 281	2 929	41	1 061	980	245	416
55 横浜	29 890	12 668	123	4 800	4 686	1 135	1 480
56 川崎	14 646	5 738	55	2 004	1 920	438	511
57 相模原	5 428	2 210	22	827	664	169	297
58 新潟	6 169	3 211	21	1 083	883	288	612
59 静岡	5 234	2 040	23	653	657	191	323
60 浜松	6 839	2 847	30	976	765	157	426
61 名古屋	19 633	7 867	129	2 902	2 919	630	930
62 京都	11 095	4 875	73	1 794	1 450	411	695
63 大阪	22 424	7 697	141	2 571	2 645	674	1 121
64 堺	6 847	2 416	32	943	742	199	299
65 神戸	11 852	4 604	73	1 782	1 358	395	604
66 岡山	6 419	2 840	41	1 185	793	250	413
67 広島	10 730	4 206	30	1 621	1 278	345	588
68 北九州	7 857	2 871	20	1 181	757	229	459
69 福岡	14 840	5 908	90	2 038	1 920	644	964
70 熊本	7 011	3 309	58	1 303	921	258	525

都道府県（21大都市再掲）・母の職業（大分類）別

1,000 female population), by each prefecture
and occupation of mother (major groups)

平成27年度
FY 2015

F 保安職業従事者	G 農林漁業従事者	H 生産工程従事者	I 輸送・機械運転従事者	J 建設・採掘従事者	K 運搬・清掃・包装等従事者	L 職業不詳	無職 Non-employed	不詳 Not stated
2 941	4 194	16 272	1 552	1 911	1 717	12 898	536 758	41 301
166	753	173	25	36	37	178	22 587	2 112
55	127	251	7	14	22	104	4 189	115
22	75	385	24	16	24	128	3 971	246
64	60	405	31	50	33	97	9 582	503
11	41	259	16	11	11	35	2 331	45
20	58	494	14	24	12	94	2 783	599
44	56	638	26	39	27	323	6 932	468
54	147	563	47	52	43	84	12 089	593
34	86	410	37	32	34	54	8 105	901
26	102	364	37	29	32	78	7 776	411
233	93	532	95	124	93	1 244	31 378	3 341
139	133	261	94	107	100	1 336	25 585	2 406
325	117	483	167	219	136	2 779	51 671	3 299
228	86	426	116	116	96	1 095	38 695	5 285
51	92	644	30	29	54	183	6 984	815
19	16	368	16	19	14	123	3 056	216
21	14	297	17	28	22	77	3 947	182
12	12	310	5	6	11	53	2 581	64
13	30	125	9	11	14	29	3 250	234
60	134	472	25	27	23	176	8 988	255
38	44	365	15	37	15	49	9 354	280
79	89	946	33	67	50	360	15 924	1 222
135	158	1 265	80	148	97	307	39 655	1 147
34	47	404	22	26	29	53	8 067	244
26	14	332	29	17	13	140	7 053	385
61	45	235	31	19	26	358	10 677	643
148	30	464	113	112	101	964	39 876	5 717
103	52	576	63	73	67	484	25 953	1 338
32	19	76	15	19	15	211	5 743	412
27	70	69	10	17	15	39	4 301	145
24	26	150	15	7	7	206	1 631	466
15	18	171	5	5	12	158	1 943	199
39	37	344	37	29	28	77	8 210	479
63	43	342	41	43	52	233	13 398	886
45	23	178	10	19	17	28	5 893	461
16	46	131	10	6	7	21	2 470	556
26	20	127	11	16	10	6	4 009	55
15	51	125	14	25	11	70	5 797	912
12	77	58	8	5	15	62	2 174	89
127	156	438	67	92	110	263	25 714	1 568
28	87	207	11	13	21	81	3 385	145
55	128	160	12	10	23	54	5 535	297
51	234	380	20	42	30	65	7 521	331
28	54	213	9	15	23	129	5 063	335
20	155	326	5	16	15	18	4 600	55
37	175	253	19	24	25	48	8 076	326
60	64	77	9	20	45	143	8 210	510
-	-	-	-	-	-	1	46	8
206	76	300	126	137	81	1 978	35 590	1 703
62	5	24	13	14	13	56	8 430	1 399
38	8	40	17	27	17	40	4 953	352
36	12	58	29	22	8	572	5 431	1 140
33	4	34	11	15	6	83	4 073	279
93	27	109	55	36	29	95	15 861	1 361
21	7	39	13	15	15	700	5 859	3 049
15	5	54	16	19	11	111	3 136	82
25	26	129	8	9	13	114	2 611	347
15	16	70	8	16	8	60	3 055	139
21	20	204	8	17	8	215	3 408	584
43	8	137	26	44	22	77	11 516	250
31	9	90	24	8	14	276	5 983	237
32	10	123	35	43	21	281	12 058	2 669
18	2	46	7	15	10	103	4 152	279
22	11	77	11	20	20	231	6 670	578
23	7	79	19	10	11	9	3 238	341
30	5	80	16	15	18	180	6 274	250
11	7	86	7	14	20	80	4 682	304
25	25	47	22	28	26	79	8 119	813
33	58	90	6	20	8	29	3 453	249

第12表 出生数及び出生率（女性人口千対），
Table 12. Live births and live birth rates (per (regrouped for 21 major cities)

出生率
Live birth rates

都道府県 Prefecture	総数 Total	就業者総数 Employed	A 管理的職業従事者	B 専門的・技術的職業従事者	C 事務従事者	D 販売従事者	E サービス職業従事者
全国 All Japan	17.7	16.7	22.9	33.8	19.3	10.2	14.1
01 北海道	14.5	11.1	14.0	25.9	12.0	6.8	9.3
02 青森	14.1	15.5	16.8	29.8	19.4	10.7	17.8
03 岩手	14.9	16.2	13.1	29.9	18.2	11.3	18.4
04 宮城	17.2	17.3	20.7	33.1	18.2	10.4	18.3
05 秋田	12.0	16.2	10.5	31.7	18.4	10.8	18.4
06 山形	15.4	17.9	23.9	36.8	18.2	11.6	19.4
07 福島	16.6	17.3	18.1	32.6	18.1	10.6	20.0
08 茨城	17.1	15.5	19.9	34.0	18.1	9.6	14.1
09 栃木	17.7	15.2	22.3	32.6	17.3	10.6	14.6
10 群馬	16.4	14.4	20.5	31.1	16.2	8.8	12.8
11 埼玉	17.9	14.9	26.7	30.5	17.8	9.1	11.9
12 千葉	17.3	15.7	21.9	31.5	17.5	8.9	12.2
13 東京	19.2	23.4	36.2	43.6	27.3	15.1	17.2
14 神奈川	18.6	17.2	20.3	34.0	19.9	10.1	11.8
15 新潟	15.6	16.9	15.5	32.8	18.3	11.2	18.1
16 富山	15.6	17.8	14.0	35.8	17.8	9.8	16.6
17 石川	17.4	18.9	22.9	37.6	21.1	10.4	19.0
18 福井	17.7	19.9	21.0	39.8	21.5	12.2	17.6
19 山梨	16.4	14.6	15.7	31.9	18.0	7.8	12.4
20 長野	16.7	13.4	22.6	28.2	14.8	6.9	12.8
21 岐阜	17.0	12.9	19.9	28.6	16.3	7.5	9.6
22 静岡	17.7	14.4	18.7	31.4	16.6	7.4	12.5
23 愛知	20.7	16.4	24.4	35.4	21.4	8.6	11.6
24 三重	17.3	14.9	18.5	31.5	18.1	7.9	12.0
25 滋賀	20.6	17.8	20.7	36.4	21.0	9.8	14.2
26 京都	16.6	15.9	19.6	33.2	18.8	10.2	13.1
27 大阪	17.7	15.2	24.1	31.9	17.4	9.8	11.3
28 兵庫	17.4	15.5	22.3	31.6	17.6	9.4	11.1
29 奈良	15.5	14.1	19.9	28.1	14.6	7.5	10.1
30 和歌山	15.5	12.7	19.9	30.2	13.9	8.0	9.0
31 鳥取	17.6	19.5	17.5	35.8	17.6	12.2	19.4
32 島根	17.3	21.7	21.2	40.7	21.3	14.2	20.7
33 岡山	18.0	17.5	21.7	35.5	19.4	11.5	15.9
34 広島	18.6	16.0	16.5	32.0	17.2	9.1	13.7
35 山口	15.8	13.8	14.9	28.0	14.8	7.6	11.9
36 徳島	15.7	16.1	43.8	31.4	16.8	10.8	12.3
37 香川	17.3	17.9	20.8	35.9	19.8	11.7	16.7
38 愛媛	15.6	11.6	17.8	24.1	13.0	6.6	11.5
39 高知	14.6	17.9	19.5	33.6	20.7	12.0	16.5
40 福岡	19.3	17.6	20.9	33.6	18.5	12.5	16.7
41 佐賀	18.5	18.5	17.3	35.5	20.1	11.7	18.1
42 長崎	17.1	17.5	15.1	34.6	18.1	11.6	16.0
43 熊本	18.7	19.5	29.9	35.5	21.6	12.2	18.9
44 大分	17.2	15.8	15.1	31.8	16.9	9.5	12.7
45 宮崎	18.0	18.7	25.1	35.7	20.1	11.0	18.7
46 鹿児島	18.4	16.4	19.3	32.6	17.9	9.6	14.1
47 沖縄	28.1	31.3	25.9	55.4	37.3	20.4	34.6
21大都市（再掲） 21 major cities (Regrouped)							
50 東京都区部	20.0	25.5	39.8	47.8	30.0	16.9	19.1
51 札幌	15.7	12.5	12.8	28.6	13.5	7.8	11.5
52 仙台	18.9	18.6	26.6	34.4	18.9	10.9	17.3
53 さいたま	19.7	17.7	26.6	31.1	17.9	9.7	12.0
54 千葉	17.3	16.2	31.2	32.3	17.4	9.8	13.5
55 横浜	18.6	18.3	19.5	36.1	21.5	11.5	12.4
56 川崎	23.5	20.7	25.0	36.4	21.1	11.5	11.5
57 相模原	17.4	16.3	25.8	33.6	18.6	8.9	11.8
58 新潟	16.7	18.1	15.1	33.6	19.0	12.1	18.9
59 静岡	16.5	13.3	16.7	26.8	15.2	9.0	11.7
60 浜松	19.9	16.9	23.4	35.1	18.1	7.0	14.1
61 名古屋	19.7	17.3	24.1	36.5	21.1	10.3	11.5
62 京都	16.4	16.3	20.8	34.4	19.4	10.2	12.8
63 大阪	18.7	15.8	25.4	33.3	18.4	11.3	13.4
64 堺	18.2	15.4	22.6	32.0	17.1	9.6	10.2
65 神戸	16.9	15.9	25.4	31.2	16.8	9.9	11.3
66 岡山	19.9	18.8	25.5	38.2	19.8	12.9	15.1
67 広島	20.3	17.0	11.6	33.6	17.9	9.8	12.9
68 北九州	17.6	15.5	10.2	31.1	15.6	9.0	12.0
69 福岡	21.1	19.2	26.7	35.1	20.1	15.3	18.8
70 熊本	20.6	20.7	32.9	38.0	21.7	12.5	18.6

注：1）全国には住所地外国が含まれる。
　　2）総数には就業状態不詳が、就業者総数には職業不詳が含まれる。

都道府県（21大都市再掲）・母の職業（大分類）別

1,000 female population), by each prefecture and occupation of mother (major groups)

平成27年度
FY 2015

F 保安職業従事者	G 農林漁業従事者	H 生産工程従事者	I 輸送・機械運転従事者	J 建設・採掘従事者	K 運搬・清掃・包装等従事者	無職 Non-employed
43.2	5.3	7.4	23.0	31.2	0.9	19.6
39.8	12.2	2.3	8.2	14.4	0.4	17.3
44.5	4.2	9.0	11.0	18.0	1.0	13.2
40.2	2.9	11.8	34.4	20.7	1.1	13.4
37.9	4.0	10.1	22.0	34.9	1.0	18.2
24.5	2.6	10.2	33.9	24.3	0.7	9.0
37.3	3.2	13.7	27.4	38.5	0.8	11.0
43.6	2.5	12.5	23.4	22.3	1.0	16.2
35.6	5.0	8.9	23.8	27.5	1.0	19.0
36.9	4.2	8.4	31.0	29.5	1.1	19.4
29.7	5.9	7.1	29.5	28.1	1.0	18.2
44.7	4.7	4.4	20.6	37.4	0.8	20.5
36.6	4.4	3.6	24.4	37.2	1.0	19.6
42.8	19.3	4.2	34.2	50.3	1.1	21.9
45.1	7.9	4.4	23.7	32.8	0.8	20.8
50.0	4.2	10.7	19.3	22.1	1.3	13.4
40.9	3.2	11.6	21.9	24.4	0.8	13.1
42.6	2.8	10.0	26.7	34.4	1.2	16.4
40.7	2.6	12.6	15.0	15.2	0.9	15.9
37.0	2.6	6.5	27.0	32.4	1.3	18.1
90.4	3.6	8.5	19.1	23.4	0.7	20.2
38.9	4.1	6.4	13.8	32.6	0.4	21.2
37.8	3.3	9.6	11.5	32.2	0.7	20.1
36.1	5.0	7.9	16.0	33.8	0.8	26.6
47.2	4.8	9.5	19.7	24.8	1.0	20.3
50.3	2.6	9.1	44.6	23.5	0.6	23.7
41.5	5.9	5.1	26.5	21.5	0.8	18.8
46.2	6.2	4.0	32.8	42.2	0.9	21.0
39.3	3.5	6.3	25.7	39.5	0.9	20.1
56.1	4.0	3.6	28.3	43.6	1.0	16.4
58.2	4.5	4.5	22.2	46.6	1.0	18.1
74.1	2.9	11.3	60.5	21.0	0.9	13.0
45.3	2.1	12.3	14.6	12.3	1.4	12.6
47.2	2.6	8.8	35.8	30.4	1.1	18.7
36.2	3.1	6.8	25.4	26.0	1.3	21.1
35.6	2.1	8.0	10.9	19.1	0.9	16.9
44.9	4.4	10.7	43.7	16.0	0.8	13.6
58.8	2.5	7.1	25.0	29.1	0.7	18.1
31.6	3.0	5.1	21.7	40.1	0.5	17.3
32.9	5.9	6.1	33.2	14.7	1.5	13.2
49.9	6.9	6.2	23.7	31.9	1.6	22.4
52.1	6.7	11.0	25.2	25.0	1.6	18.2
55.6	8.2	7.4	18.9	14.5	1.2	16.4
50.0	8.1	11.8	25.1	33.7	1.2	18.6
58.2	4.5	10.5	16.9	18.5	1.4	18.0
34.8	7.8	14.0	9.0	23.7	1.0	18.2
53.3	7.7	8.5	24.0	25.5	1.1	20.6
72.2	10.8	5.6	9.7	47.8	2.5	31.4
42.4	46.6	4.1	40.1	48.5	1.0	23.9
42.0	4.8	1.2	12.4	17.6	0.4	18.6
41.0	6.6	4.2	27.6	45.5	1.3	21.3
43.7	8.4	4.5	43.7	42.5	0.5	20.6
52.4	3.8	3.9	19.2	37.2	0.5	20.3
51.4	11.9	3.4	32.4	26.0	0.7	20.9
33.7	10.3	3.0	21.9	27.9	1.0	23.0
47.8	10.8	5.3	33.3	58.3	1.0	22.1
49.2	4.9	8.7	15.3	20.1	1.0	14.6
32.8	4.7	4.9	16.7	36.3	0.7	19.6
40.4	3.2	10.1	13.3	37.6	0.6	20.4
34.1	9.5	4.5	22.9	44.4	0.7	25.3
46.8	6.5	3.9	39.7	18.0	0.8	19.7
37.0	39.4	3.9	39.4	58.3	0.6	24.8
48.1	5.5	4.4	18.4	51.9	0.9	21.4
32.0	6.5	4.4	16.6	46.9	1.0	18.7
55.8	2.3	7.2	47.6	26.9	1.2	20.8
39.8	2.9	4.8	23.4	20.9	1.1	25.0
26.1	6.7	7.2	11.9	25.6	1.6	19.9
39.2	19.4	3.3	31.3	39.5	1.4	27.4
47.9	12.4	9.0	16.9	37.4	0.8	22.1

Notes: 1) All Japan in includes address of "Foreign countries"
2) The total includes "employment status not stated", and the total number of employed persons (employed) includes "occupation not stated".

2. 死　　亡　General mortality

第1表　15歳以上の死亡数及び年齢調整
Table 1. Fiscal yearly deaths and age-adjusted death and over, by sex and

職　業 Occupation	死亡 Deaths				
	昭和45年度 FY 1970	50 FY 1975	55 FY 1980	60 FY 1985	平成 2 FY 1990
総					
総　　　　数　Total	647 234	674 941	694 701	745 939	804 620
就　業　者　総　数　Employed	214 226	181 131	173 466	177 235	186 521
A　管理的職業従事者	8 914	9 926	10 576	11 638	13 120
B　専門的・技術的職業従事者	10 768	11 060	12 908	14 329	15 759
C　事　務　従　事　者	16 123	16 715	14 141	15 540	16 338
D　販　売　従　事　者	26 377	24 785	25 260	25 778	25 144
E　サービス職業従事者	9 176	8 301	10 349	10 619	14 153
F　保安職業従事者	1 623	1 770	1 597	1 811	2 167
G　農林漁業従事者	85 673	58 539	45 378	42 232	38 785
H　生産工程従事者 I　輸送・機械運転従事者 J　建設・採掘従事者 K　運搬・清掃・包装等従事者	53 060	45 898	40 976	39 987	41 106
L　職　業　不　詳	2 512	4 137	12 281	15 301	19 949
無　職　Non-employed	433 008	493 810	521 235	568 704	618 099
不　詳　Not stated	…	…	…	…	…
男					
総　　　　数　Total	349 878	361 574	374 202	403 220	435 789
就　業　者　総　数　Employed	161 412	139 003	133 862	133 726	138 041
A　管理的職業従事者	7 802	8 680	9 325	9 966	10 818
B　専門的・技術的職業従事者	8 232	8 445	10 242	11 229	12 151
C　事　務　従　事　者	12 261	12 725	10 694	11 348	11 499
D　販　売　従　事　者	19 815	18 563	18 925	18 906	17 921
E　サービス職業従事者	5 400	4 980	6 391	6 682	9 045
F　保安職業従事者	1 497	1 621	1 482	1 590	1 868
G　農林漁業従事者	58 827	41 429	33 261	30 999	28 456
H　生産工程従事者 I　輸送・機械運転従事者 J　建設・採掘従事者 K　運搬・清掃・包装等従事者	45 545	39 368	35 419	33 414	33 666
L　職　業　不　詳	2 033	3 192	8 123	9 592	12 617
無　職　Non-employed	188 466	222 571	240 340	269 494	297 748
不　詳　Not stated	…	…	…	…	…
女					
総　　　　数　Total	297 356	313 367	320 499	342 719	368 831
就　業　者　総　数　Employed	52 814	42 128	39 604	43 509	48 480
A　管理的職業従事者	1 112	1 246	1 251	1 672	2 302
B　専門的・技術的職業従事者	2 536	2 615	2 666	3 100	3 608
C　事　務　従　事　者	3 862	3 990	3 447	4 192	4 839
D　販　売　従　事　者	6 562	6 222	6 335	6 872	7 223
E　サービス職業従事者	3 776	3 321	3 958	3 937	5 108
F　保安職業従事者	126	149	115	221	299
G　農林漁業従事者	26 846	17 110	12 117	11 233	10 329
H　生産工程従事者 I　輸送・機械運転従事者 J　建設・採掘従事者 K　運搬・清掃・包装等従事者	7 515	6 530	5 557	6 573	7 440
L　職　業　不　詳	479	945	4 158	5 709	7 332
無　職　Non-employed	244 542	271 239	280 895	299 210	320 351
不　詳　Not stated	…	…	…	…	…

注：1）分母に用いた人口は、日本人人口（「無職」＝「完全失業者」＋「非労働力人口」）を使用している。

死亡率（人口千対），性・職業（大分類）・年次別

rates (per 1,000 population) for people of 15 years of age occupation (major groups)

数					年齢調整死亡率[1] Age-adjusted death rates	
7 FY 1995	12 FY 2000	17 FY 2005	22 FY 2010	27 FY 2015	平成22年度 FY 2010	27 FY 2015
		数 Total				
881 448	938 854	1 069 209	1 215 772	1 283 706	...	...
195 636	196 796	134 641	122 791	111 463	...	...
13 918	13 655	12 133	13 381	10 224	...	...
16 893	23 646	20 446	15 928	14 101	...	...
13 212	10 516	7 724	6 604	5 891	...	...
21 777	19 150	16 150	12 597	11 322	...	...
14 431	14 858	14 179	14 989	14 358	...	...
2 070	2 038	2 461	1 240	1 493	...	...
34 885	31 337	28 383	25 038	20 235	...	...
			8 439	7 835	...	...
35 901	26 592	23 087	4 528	4 000	...	...
			7 102	7 827	...	...
			2 113	2 357	...	...
42 549	55 004	10 078	10 832	11 820	...	...
685 812	742 058	851 755	992 974	1 069 861	...	...
...	...	82 813	100 007	102 382	...	...
		Male				
479 686	513 936	576 302	641 816	664 204	7.1	6.4
147 515	145 792	103 982	92 032	81 022	3.4	2.8
11 766	11 386	9 899	10 558	7 939	...	...
13 661	19 486	16 346	12 263	10 542	4.4	3.5
9 525	7 426	5 224	4 185	3 534	1.5	1.2
16 324	14 369	11 853	9 052	8 023	2.8	2.5
9 649	9 954	9 432	9 758	9 098	5.8	4.8
1 859	1 810	2 103	1 079	1 253	1.8	1.4
27 266	24 679	22 204	19 389	15 136	5.0	4.1
			6 811	6 152	1.7	1.5
31 279	22 822	19 856	3 869	3 357	3.5	2.3
			6 301	6 703	3.8	3.5
			1 643	1 816	0.9	0.8
26 186	33 860	7 065	7 124	7 469	...	...
332 171	368 144	424 736	493 262	525 996	13.6	13.2
...	...	47 584	56 522	57 186	...	...
		Female				
401 762	424 918	492 907	573 956	619 502	4.1	3.9
48 121	51 004	30 659	30 759	30 441	1.9	1.7
2 152	2 269	2 234	2 823	2 285	...	...
3 232	4 160	4 100	3 665	3 559	3.4	2.8
3 687	3 090	2 500	2 419	2 357	0.7	0.6
5 453	4 781	4 297	3 545	3 299	1.5	1.4
4 782	4 904	4 747	5 231	5 260	2.1	1.7
211	228	358	161	240	22.1	...
7 619	6 658	6 179	5 649	5 099	2.3	2.0
			1 628	1 683	1.4	1.2
4 622	3 770	3 231	659	643	...	...
			801	1 124	22.8	22.9
			470	541	0.4	0.3
16 363	21 144	3 013	3 708	4 351	...	...
353 641	373 914	427 019	499 712	543 865	5.1	5.0
...	...	35 229	43 485	45 196	...	...

Note: 1) The population used as denominator is Japanese population ("Non-employed" = "Unemployed" + "Population not in labour force").

第2表 15歳以上の死亡数及び年齢調整
Table 2. Fiscal yearly deaths and age-adjusted death and over, by sex and

産　業　Industry	昭和45年度 FY 1970	50 FY 1975	55 FY 1980	60 FY 1985	平成2 FY 1990
総　　　数　Total	647 234	674 941	694 701	745 939	804 620
就業者総数　Employed	214 226	181 131	173 466	177 235	186 521
第1次産業　Primary	85 244	58 041	47 258	44 216	41 170
A　農業，林業	81 738	55 188	43 869	41 017	38 090
B　漁業	3 506	2 853	3 389	3 199	3 080
第2次産業　Secondary	49 984	40 276	39 251	41 905	44 568
C　鉱業，採石業，砂利採取業	3 064	2 460	2 707	2 622	2 126
D　建設業	18 850	15 997	16 032	16 030	17 811
E　製造業	28 070	21 819	20 512	23 253	24 631
第3次産業　Tertiary	70 329	68 722	69 860	71 017	76 355
F　電気・ガス・熱供給・水道業	1 847	2 242	2 059	2 639	3 734
G　情報通信業	} 8 371	} 7 451	} 8 084	} 8 288	} 8 258
H　運輸業，郵便業					
I　卸売業，小売業 1)	26 165	23 861	25 761	24 797	26 161
J　金融業，保険業					2 711
K　不動産業，物品賃貸業	} 3 834	} 3 783	} 5 268	} 5 735	3 018
L　学術研究，専門・技術サービス業	...	...	...	...	...
M　宿泊業，飲食サービス業	...	...	...	...	...
N　生活関連サービス業，娯楽業	...	...	...	...	...
O　教育，学習支援業	...	...	...	...	...
P　医療，福祉	...	...	...	...	...
Q　複合サービス事業					
R　サービス業（他に分類されないもの）1), 2)	} 21 566	} 24 173	} 21 579	} 22 760	} 26 052
S　公務（他に分類されるものを除く）	8 546	7 212	7 109	6 798	6 421
T　産業不詳	8 669	14 092	17 097	20 097	24 428
無職　Non-employed	433 008	493 810	521 235	568 704	618 099
不詳　Not stated					

男

産　業　Industry	FY 1970	FY 1975	FY 1980	FY 1985	FY 1990
総　　　数　Total	349 878	361 574	374 202	403 220	435 789
就業者総数　Employed	161 412	139 003	133 862	133 726	138 041
第1次産業　Primary	58 742	41 241	34 664	32 380	30 142
A　農業，林業	55 678	38 774	31 825	29 754	27 683
B　漁業	3 064	2 467	2 839	2 626	2 459
第2次産業　Secondary	42 497	34 385	33 462	34 491	35 615
C　鉱業，採石業，砂利採取業	2 693	2 162	2 300	2 141	1 676
D　建設業	17 066	14 529	14 426	14 004	15 209
E　製造業	22 738	17 694	16 736	18 346	18 730
第3次産業　Tertiary	53 641	52 861	53 653	53 515	56 217
F　電気・ガス・熱供給・水道業	1 603	1 917	1 813	2 188	2 990
G　情報通信業	} 7 487	} 6 636	} 7 074	} 7 161	} 7 006
H　運輸業，郵便業					
I　卸売業，小売業 1)	19 640	18 048	19 370	18 153	18 600
J　金融業，保険業					1 932
K　不動産業，物品賃貸業	} 2 922	} 2 859	} 4 098	} 4 259	2 235
L　学術研究，専門・技術サービス業	...	...	...	...	...
M　宿泊業，飲食サービス業	...	...	...	...	...
N　生活関連サービス業，娯楽業	...	...	...	...	...
O　教育，学習支援業	...	...	...	...	...
P　医療，福祉	...	...	...	...	...
Q　複合サービス事業					
R　サービス業（他に分類されないもの）1), 2)	} 15 174	} 17 544	} 15 585	} 16 328	} 18 470
S　公務（他に分類されるものを除く）	6 815	5 857	5 713	5 426	4 984
T　産業不詳	6 532	10 516	12 083	13 340	16 067
無職　Non-employed	188 466	222 571	240 340	269 494	297 748
不詳　Not stated	...	...	...	...	...

女

産　業　Industry	FY 1970	FY 1975	FY 1980	FY 1985	FY 1990
総　　　数　Total	297 356	313 367	320 499	342 719	368 831
就業者総数　Employed	52 814	42 128	39 604	43 509	48 480
第1次産業　Primary	26 502	16 800	12 594	11 836	11 028
A　農業，林業	26 060	16 414	12 044	11 263	10 407
B　漁業	442	386	550	573	621
第2次産業　Secondary	7 487	5 891	5 789	7 414	8 953
C　鉱業，採石業，砂利採取業	371	298	407	481	450
D　建設業	1 784	1 468	1 606	2 026	2 602
E　製造業	5 332	4 125	3 776	4 907	5 901
第3次産業　Tertiary	16 688	15 861	16 207	17 502	20 138
F　電気・ガス・熱供給・水道業	244	325	246	451	744
G　情報通信業	} 884	} 815	} 1 010	} 1 127	} 1 252
H　運輸業，郵便業					
I　卸売業，小売業 1)	6 525	5 813	6 391	6 644	7 561
J　金融業，保険業					779
K　不動産業，物品賃貸業	} 912	} 924	} 1 170	} 1 476	783
L　学術研究，専門・技術サービス業	...	...	...	...	...
M　宿泊業，飲食サービス業	...	...	...	...	...
N　生活関連サービス業，娯楽業	...	...	...	...	...
O　教育，学習支援業	...	...	...	...	...
P　医療，福祉	...	...	...	...	...
Q　複合サービス事業					
R　サービス業（他に分類されないもの）1), 2)	} 6 392	} 6 629	} 5 994	} 6 432	} 7 582
S　公務（他に分類されるものを除く）	1 731	1 355	1 396	1 372	1 437
T　産業不詳	2 137	3 576	5 014	6 757	8 361
無職　Non-employed	244 542	271 239	280 895	299 210	320 351
不詳　Not stated					

注：1）昭和45〜平成12年度までは「卸売業，小売業」に「飲食サービス業」が、「サービス業」に「宿泊業」が含まれる。
　　2）平成17年度までは、「サービス業」に「学術研究，専門・技術サービス業」及び「生活関連サービス業，娯楽業」が含まれる。
　　3）分母に用いた人口は、日本人人口（「無職」＝「完全失業者」＋「非労働力人口」）を使用している。

死亡率（人口千対），性・産業（大分類）・年次別

rates (per 1,000 population) for people of 15 years of age
industry (major groups)

数					年齢調整死亡率[3] Age-adjusted death rates	
7 FY 1995	12 FY 2000	17 FY 2005	22 FY 2010	27 FY 2015	平成22年度 FY 2010	27 FY 2015
		数	Total			
881 448	938 854	1 069 209	1 215 772	1 283 706	...	...
195 636	196 796	134 641	122 791	111 463	...	...
37 115	33 892	30 567	26 298	21 589	...	...
34 564	31 549	28 687	24 384	20 013	...	...
2 551	2 343	1 880	1 914	1 576	...	...
39 247	35 281	28 781	24 740	23 173	...	...
1 809	1 555	1 024	692	616	...	...
17 231	15 850	13 190	10 727	10 651	...	...
20 207	17 876	14 567	13 321	11 906	...	...
69 264	65 319	59 193	55 483	51 145	...	...
3 454	3 007	3 029	2 229	1 695	...	...
} 7 425	} 7 097	2 012	2 205	2 373	...	...
		6 579	5 685	5 164	...	...
22 744	20 440	14 188	12 299	10 249	...	...
2 050	1 659	1 400	1 732	1 619	...	...
3 358	3 531	4 040	4 403	4 395	...	...
...	...	...	2 711	2 880	...	...
...	...	5 427	5 060	4 906	...	...
...	...	...	4 553	3 411	...	...
...	...	1 979	1 652	1 657	...	...
...	...	4 087	4 108	4 703	...	...
} 25 135	} 24 978	658	597	467	...	...
		12 646	5 741	5 654	...	...
5 098	4 607	3 148	2 508	1 972	...	...
50 010	62 304	16 100	16 270	15 556	...	...
685 812	742 058	851 755	992 974	1 069 861	...	...
...	...	82 813	100 007	102 382	...	...
			Male			
479 686	513 936	576 302	641 816	664 204	7.1	6.4
147 515	145 792	103 982	92 032	81 022	3.4	2.8
28 894	26 642	23 802	20 293	16 066	5.4	4.5
26 784	24 638	22 234	18 756	14 813	5.2	4.2
2 110	2 004	1 568	1 537	1 253	7.1	6.5
33 421	29 914	24 103	20 234	18 391	3.2	2.6
1 494	1 284	813	524	459	...	31.4
15 499	14 106	11 566	9 219	8 877	3.6	3.0
16 428	14 524	11 724	10 491	9 055	2.9	2.2
53 149	49 713	44 451	40 303	36 364	2.4	2.3
2 945	2 592	2 545	1 841	1 366	...	...
} 6 708	} 6 322	1 638	1 729	1 831	8.8	7.5
		5 734	4 839	4 296	3.1	2.4
16 816	15 042	10 393	8 796	7 160	2.3	1.9
1 487	1 231	1 013	1 238	1 150	5.1	4.9
2 485	2 531	2 791	2 953	2 820	2.9	2.5
...	...	...	2 125	2 224	2.1	1.9
...	...	3 563	3 217	3 195	3.5	3.3
...	...	...	2 986	2 115	3.7	2.3
...	...	1 292	1 070	1 033	1.4	1.3
...	...	2 658	2 504	2 784	2.5	2.2
} 18 571	} 18 252	529	446	339	8.2	4.7
		9 656	4 547	4 482	2.5	2.0
4 137	3 743	2 639	2 012	1 569	2.7	2.6
32 051	39 523	11 626	11 202	10 201	...	...
332 171	368 144	424 736	493 262	525 996	13.6	13.2
...	...	47 584	56 522	57 186	...	...
			Female			
401 762	424 918	492 907	573 956	619 502	4.1	3.9
48 121	51 004	30 659	30 759	30 441	1.9	1.7
8 221	7 250	6 765	6 005	5 523	2.4	2.3
7 780	6 911	6 453	5 628	5 200	2.3	2.1
441	339	312	377	323	...	...
5 826	5 367	4 678	4 506	4 782	2.5	2.3
315	271	211	168	157	...	...
1 732	1 744	1 624	1 508	1 774	4.1	3.6
3 779	3 352	2 843	2 830	2 851	2.0	1.8
16 115	15 606	14 742	15 180	14 781	1.3	1.3
509	415	484	388	329	...	...
} 717	} 775	374	476	542	12.3	...
		845	846	868	6.1	5.5
5 928	5 398	3 795	3 503	3 089	1.2	1.0
563	428	387	494	469	3.0	2.4
873	1 000	1 249	1 450	1 575	1.9	1.9
...	...	...	586	656	2.3	2.2
...	...	1 864	1 843	1 711	1.4	1.1
...	...	...	1 567	1 296	1.6	1.1
...	...	687	582	624	0.9	1.0
...	...	1 429	1 604	1 919	1.1	0.9
} 6 564	} 6 726	129	151	128	7.4	6.5
		2 990	1 194	1 172	1.5	1.1
961	864	509	496	403	3.5	3.7
17 959	22 781	4 474	5 068	5 355	...	...
353 641	373 914	427 019	499 712	543 865	5.1	5.0
...	...	35 229	43 485	45 196	...	...

Notes: 1) "Wholesale and retail trade" includes "Eating and drinking places", and "Services, N.E.C" includes "Accommodations" from FY 1970 to FY2000.
2) "Services, N.E.C" includes "Scientific research, professional and technical services" and "Living-related and personal services and amusement services" from FY 1970 to FY 2005.
3) The population used as denominator is Japanese population ("Non-employed" = "Unemployed" + "Population not in labour force").

第3表　15歳以上の死亡数及び死亡率（人口

Table 3. Deaths and death rates (per 100,000
by sex, age (5-year age groups) and

死亡数
Deaths

職　業 Occupation	総　数 Total	15～19歳 Years	20～24	25～29	30～34	35～39
総						
総　　　　　数 Total	1 283 706	1 187	2 093	2 640	3 497	5 336
就 業 者 総 数 Employed	111 463	200	721	1 105	1 435	2 135
A 管 理 的 職 業 従 事 者	10 224	5	16	16	34	54
B 専門的・技術的職業従事者	14 101	23	87	187	263	365
C 事 務 従 事 者	5 891	17	77	115	149	237
D 販 売 従 事 者	11 322	11	81	110	152	228
E サ ー ビ ス 職 業 従 事 者	14 358	38	125	205	255	338
F 保 安 職 業 従 事 者	1 493	2	21	44	35	44
G 農 林 漁 業 従 事 者	20 235	6	18	30	45	72
H 生 産 工 程 従 事 者	7 835	28	101	146	173	268
I 輸送・機械運転従事者	4 000	8	26	37	44	83
J 建 設 ・ 採 掘 従 事 者	7 827	30	71	88	112	174
K 運搬・清掃・包装等従事者	2 357	3	16	18	30	66
L 職 業 不 詳	11 820	29	82	109	143	206
無　　　　　職 Non-employed	1 069 861	794	1 050	1 065	1 474	2 344
不　　　　　詳 Not stated	102 382	193	322	470	588	857
男						
総　　　　　数 Total	664 204	815	1 503	1 790	2 298	3 376
就 業 者 総 数 Employed	81 022	158	563	834	1 085	1 565
A 管 理 的 職 業 従 事 者	7 939	3	15	12	30	39
B 専門的・技術的職業従事者	10 542	20	62	128	191	252
C 事 務 従 事 者	3 534	10	48	64	92	130
D 販 売 従 事 者	8 023	9	62	86	108	164
E サ ー ビ ス 職 業 従 事 者	9 098	27	79	139	165	217
F 保 安 職 業 従 事 者	1 253	2	21	41	31	37
G 農 林 漁 業 従 事 者	15 136	4	17	28	44	62
H 生 産 工 程 従 事 者	6 152	22	86	130	153	225
I 輸送・機械運転従事者	3 357	6	25	34	41	69
J 建 設 ・ 採 掘 従 事 者	6 703	30	67	80	101	158
K 運搬・清掃・包装等従事者	1 816	3	15	14	23	56
L 職 業 不 詳	7 469	22	66	78	106	156
無　　　　　職 Non-employed	525 996	522	712	639	823	1 256
不　　　　　詳 Not stated	57 186	135	228	317	390	555
女						
総　　　　　数 Total	619 502	372	590	850	1 199	1 960
就 業 者 総 数 Employed	30 441	42	158	271	350	570
A 管 理 的 職 業 従 事 者	2 285	2	1	4	4	15
B 専門的・技術的職業従事者	3 559	3	25	59	72	113
C 事 務 従 事 者	2 357	7	29	51	57	107
D 販 売 従 事 者	3 299	2	19	24	44	64
E サ ー ビ ス 職 業 従 事 者	5 260	11	46	66	90	121
F 保 安 職 業 従 事 者	240	-	-	3	4	7
G 農 林 漁 業 従 事 者	5 099	2	1	2	1	10
H 生 産 工 程 従 事 者	1 683	6	15	16	20	43
I 輸送・機械運転従事者	643	2	1	3	3	14
J 建 設 ・ 採 掘 従 事 者	1 124	-	4	8	11	16
K 運搬・清掃・包装等従事者	541	-	1	4	7	10
L 職 業 不 詳	4 351	7	16	31	37	50
無　　　　　職 Non-employed	543 865	272	338	426	651	1 088
不　　　　　詳 Not stated	45 196	58	94	153	198	302

10万対), 性・職業（大分類）・年齢（5歳階級）別

population) for people of 15 years of age and over,
occupation (major groups)

平成27年度
FY 2015

40～44	45～49	50～54	55～59	60～64	65～69	70～74	75歳以上 and over	不　詳 Not stated
			数		Total			
9 694	13 556	19 682	28 894	51 371	89 666	112 297	943 331	462
3 639	4 917	6 989	9 566	11 408	13 343	10 971	45 018	16
130	214	431	713	893	1 196	1 201	5 321	-
640	812	1 172	1 527	1 565	1 617	1 159	4 684	-
418	626	765	929	717	539	299	1 003	-
347	453	676	852	1 046	1 347	1 243	4 776	-
530	625	863	1 184	1 548	2 051	1 659	4 937	-
60	93	155	220	234	201	135	249	-
105	162	297	601	1 173	1 918	2 008	13 800	-
383	541	708	966	933	863	763	1 962	-
196	292	387	537	658	682	346	704	-
305	429	575	899	1 316	1 264	846	1 717	1
132	175	218	297	327	395	210	470	-
393	495	742	841	998	1 270	1 102	5 395	15
4 493	6 505	9 724	15 361	34 034	67 125	91 216	834 642	34
1 562	2 134	2 969	3 967	5 929	9 198	10 110	63 671	412
				Male				
6 151	8 692	12 770	19 519	35 554	62 470	75 752	433 149	365
2 696	3 637	5 222	7 445	9 097	10 558	8 578	29 571	13
106	166	352	593	733	994	1 004	3 892	-
457	567	848	1 159	1 238	1 353	941	3 326	-
233	372	472	620	512	331	175	475	-
258	332	482	644	816	1 044	959	3 059	-
334	400	532	764	1 028	1 426	1 166	2 821	-
52	78	138	199	218	181	122	133	-
92	136	234	470	951	1 562	1 604	9 932	-
313	441	583	800	779	706	616	1 298	-
181	255	351	485	599	610	297	404	-
271	392	528	812	1 204	1 133	743	1 183	1
113	149	186	249	274	296	148	290	-
286	349	516	650	745	922	803	2 758	12
2 432	3 623	5 578	9 299	22 204	45 285	60 149	373 448	26
1 023	1 432	1 970	2 775	4 253	6 627	7 025	30 130	326
				Female				
3 543	4 864	6 912	9 375	15 817	27 196	36 545	510 182	97
943	1 280	1 767	2 121	2 311	2 785	2 393	15 447	3
24	48	79	120	160	202	197	1 429	-
183	245	324	368	327	264	218	1 358	-
185	254	293	309	205	208	124	528	-
89	121	194	208	230	303	284	1 717	-
196	225	331	420	520	625	493	2 116	-
8	15	17	21	16	20	13	116	-
13	26	63	131	222	356	404	3 868	-
70	100	125	166	154	157	147	664	-
15	37	36	52	59	72	49	300	-
34	37	47	87	112	131	103	534	-
19	26	32	48	53	99	62	180	-
107	146	226	191	253	348	299	2 637	3
2 061	2 882	4 146	6 062	11 830	21 840	31 067	461 194	8
539	702	999	1 192	1 676	2 571	3 085	33 541	86

第3表　15歳以上の死亡数及び死亡率（人口

Table 3. Deaths and death rates (per 100,000 by sex, age (5-year age groups) and

死亡率
Death rates

職業 Occupation	総数 Total	15～19歳 Years	20～24	25～29	30～34	35～39
総				総		
総　　　　　　数 Total	1 172.0	19.9	35.6	42.0	48.7	64.8
就業者総数 Employed	192.1	26.0	21.6	24.4	28.0	35.4
A 管理的職業従事者	741.7	…	1 169.6	220.9	143.3	102.2
B 専門的・技術的職業従事者	152.0	79.9	16.0	19.5	25.4	31.6
C 事務従事者	52.8	37.4	16.2	13.0	14.5	18.4
D 販売従事者	153.9	6.5	14.4	17.1	22.0	30.0
E サービス職業従事者	212.2	16.4	20.0	39.1	45.3	53.9
F 保安職業従事者	137.6	10.8	24.8	39.7	31.5	39.5
G 農林漁業従事者	952.9	92.4	58.0	60.1	61.8	82.4
H 生産工程従事者	101.6	24.6	21.4	22.8	23.7	30.7
I 輸送・機械運転従事者	200.3	140.0	67.9	49.4	37.8	48.2
J 建設・採掘従事者	305.0	82.0	60.6	59.3	54.5	60.9
K 運搬・清掃・包装等従事者	61.3	5.4	9.7	9.1	12.0	20.9
無職 Non-employed	2 478.6	16.7	57.7	115.1	123.3	171.2
				男		
総　　　　　　数 Total	1 254.6	26.5	49.9	55.8	62.9	80.5
就業者総数 Employed	248.4	39.3	33.6	34.3	37.3	45.4
A 管理的職業従事者	687.9	…	1 567.4	212.7	152.4	86.8
B 専門的・技術的職業従事者	219.5	126.9	31.7	29.0	36.6	42.0
C 事務従事者	79.3	68.0	34.1	22.0	25.7	28.1
D 販売従事者	194.0	14.1	24.5	25.2	26.5	35.3
E サービス職業従事者	424.1	29.8	32.6	70.0	76.0	97.1
F 保安職業従事者	123.3	12.6	28.2	40.9	30.1	35.5
G 農林漁業従事者	1 132.7	75.8	70.5	72.2	80.2	98.5
H 生産工程従事者	111.6	25.6	24.1	26.0	26.9	33.8
I 輸送・機械運転従事者	174.0	119.3	70.8	48.4	36.8	41.7
J 建設・採掘従事者	267.5	83.5	58.7	55.3	50.2	56.4
K 運搬・清掃・包装等従事者	89.7	7.3	12.6	10.1	13.8	29.2
無職 Non-employed	3 323.2	21.5	75.6	205.0	311.3	458.8
				女		
総　　　　　　数 Total	1 094.6	12.8	20.6	27.6	34.0	48.4
就業者総数 Employed	119.8	11.4	9.5	13.0	15.8	22.1
A 管理的職業従事者	1 018.5	…	243.3	249.8	99.2	190.4
B 専門的・技術的職業従事者	79.6	23.0	7.2	11.4	14.0	20.4
C 事務従事者	35.2	22.7	8.7	8.6	8.5	13.0
D 販売従事者	102.4	1.9	6.1	7.9	15.5	21.7
E サービス職業従事者	113.9	7.8	12.0	20.2	26.0	30.0
F 保安職業従事者	352.6	-	-	28.3	49.0	96.8
G 農林漁業従事者	647.7	164.2	14.5	17.9	5.6	41.0
H 生産工程従事者	76.6	21.2	13.0	11.4	12.4	20.8
I 輸送・機械運転従事者	954.0	292.0	33.5	65.5	60.4	211.8
J 建設・採掘従事者	1 837.7	-	132.4	211.5	261.3	287.0
K 運搬・清掃・包装等従事者	29.7	-	2.2	6.8	8.5	8.1
無職 Non-employed	1 989.6	11.7	38.5	69.4	69.9	99.4

注：1）年齢の総数には年齢不詳が含まれる。
　　2）職業の総数には就業状態不詳が、就業者総数には職業不詳が含まれる。

10万対），性・職業（大分類）・年齢（5歳階級）別

population) for people of 15 years of age and over,
occupation (major groups)

平成27年度
FY 2015

40～44	45～49	50～54	55～59	60～64	65～69	70～74	75歳以上 and over
		数	Total				
100.1	157.3	248.9	384.2	605.1	923.4	1 448.7	5 797.1
49.7	74.3	114.4	171.2	223.4	335.9	567.8	2 851.7
130.4	165.5	249.4	324.1	393.2	582.4	996.0	4 495.9
52.1	72.0	109.0	167.6	260.9	453.5	823.3	4 146.3
24.4	39.8	53.5	79.9	86.8	122.2	168.7	935.1
36.9	53.3	88.6	130.3	195.3	343.2	624.7	2 468.9
73.6	95.9	141.2	198.5	243.6	358.8	636.8	3 388.2
53.4	100.8	153.3	214.6	231.2	227.9	352.6	2 123.8
106.3	164.8	243.4	342.2	395.2	512.9	728.5	3 173.8
36.5	60.7	91.6	136.6	141.0	190.7	359.5	1 458.2
75.7	111.2	158.7	227.0	251.3	295.1	445.8	4 161.2
86.0	153.5	243.3	347.3	435.8	560.2	1 020.4	5 168.0
31.3	44.2	57.8	73.8	65.4	87.5	95.8	499.2
304.2	514.5	782.3	1 018.3	1 145.8	1 270.5	1 677.1	5 998.6
			Male				
125.0	199.1	320.7	520.5	850.3	1 329.4	2 099.1	6 887.0
65.7	99.9	155.3	236.3	302.3	443.3	740.1	3 132.3
124.6	151.3	241.1	314.3	377.0	585.5	1 021.3	4 282.6
71.6	96.9	152.2	244.9	347.3	573.8	958.8	3 993.6
36.5	59.4	74.9	108.8	119.7	173.7	259.6	1 258.3
45.0	66.4	111.1	176.3	279.4	472.3	833.0	2 899.2
155.4	243.5	384.8	558.2	589.7	760.6	1 204.2	4 710.7
49.8	89.8	143.2	202.1	222.8	210.2	326.4	1 162.7
137.3	213.6	310.2	457.9	535.4	665.8	983.3	3 730.7
40.8	70.8	111.7	174.7	185.1	237.1	411.8	1 347.4
73.4	101.3	148.7	210.3	233.5	268.6	387.5	2 430.5
78.0	143.5	228.7	321.4	409.0	516.9	928.0	3 739.9
50.3	77.8	108.1	140.0	120.5	139.5	134.0	571.6
755.2	1 184.1	1 885.4	2 651.5	2 374.7	2 182.3	2 650.2	7 396.2
			Female				
74.4	114.3	176.0	248.6	367.1	542.7	882.1	5 110.5
29.3	43.0	64.3	87.0	110.2	175.1	309.6	2 434.2
164.5	244.3	294.2	383.1	489.9	567.7	884.1	5 201.5
31.0	45.1	62.6	84.0	134.3	218.7	511.3	4 574.7
17.2	26.9	36.6	52.1	51.5	83.0	112.9	759.6
24.3	34.6	58.9	72.1	94.4	176.7	338.7	1 952.6
38.8	46.2	70.0	91.4	112.8	162.7	301.1	2 465.5
99.5	275.3	361.4	516.1	479.5	950.1	1 425.4	40 701.8
40.9	75.0	135.2	179.5	186.3	255.4	359.0	2 294.4
24.9	37.4	49.9	66.7	63.9	100.9	234.5	1 737.4
120.6	340.9	461.8	876.7	1 111.5	1 813.1	5 062.0	...
456.9	587.1	854.2	1 401.9	1 477.0	2 034.5	3 619.1	33 542.7
9.6	12.7	15.6	21.3	19.4	41.4	57.0	414.6
178.4	300.7	437.8	523.6	581.3	680.7	980.3	5 202.6

Notes: 1) The total of age includes "age not stated".
2) The total of occupation includes "employment status not stated", and the total number of employed persons (employed) includes "occupation not stated".

第4表　15歳以上の死亡数及び死亡率（人口
Table 4. Deaths and death rates (per 100,000
by sex, age (5-year age groups)

死亡数
Deaths

産業 Industry	総数 Total	15～19歳 Years	20～24	25～29	30～34	35～39
総						
総　数 Total	1 283 706	1 187	2 093	2 640	3 497	5 336
就業者総数 Employed	111 463	200	721	1 105	1 435	2 135
第1次産業 Primary	21 589	11	25	38	68	91
A 農業, 林業	20 013	8	14	31	43	66
B 漁業	1 576	3	11	7	25	25
第2次産業 Secondary	23 173	71	219	294	366	576
C 鉱業, 採石業, 砂利採取業	616	2	8	6	9	10
D 建設業	10 651	38	72	90	139	224
E 製造業	11 906	31	139	198	218	342
第3次産業 Tertiary	51 145	85	381	631	810	1 180
F 電気・ガス・熱供給・水道業	1 695	6	13	23	27	40
G 情報通信業	2 373	5	22	45	60	98
H 運輸業, 郵便業	5 164	9	32	54	66	123
I 卸売業, 小売業	10 249	7	75	87	136	200
J 金融業, 保険業	1 619	3	14	21	27	46
K 不動産業, 物品賃貸業	4 395	2	9	12	12	32
L 学術研究, 専門・技術サービス業	2 880	1	15	24	53	49
M 宿泊業, 飲食サービス業	4 906	13	51	83	90	120
N 生活関連サービス業, 娯楽業	3 411	9	27	38	54	79
O 教育, 学習支援業	1 657	6	12	23	36	49
P 医療, 福祉	4 703	7	47	96	118	154
Q 複合サービス事業	467	2	10	4	7	18
R サービス業（他に分類されないもの）	5 654	7	20	63	71	90
S 公務（他に分類されるものを除く）	1 972	8	34	58	53	82
T 産業不詳	15 556	33	96	142	191	288
無職 Non-employed	1 069 861	794	1 050	1 065	1 474	2 344
不詳 Not stated	102 382	193	322	470	588	857
男						
総　数 Total	664 204	815	1 503	1 790	2 298	3 376
就業者総数 Employed	81 022	158	563	834	1 085	1 565
第1次産業 Primary	16 066	7	23	33	61	71
A 農業, 林業	14 813	5	13	29	41	54
B 漁業	1 253	2	10	4	20	17
第2次産業 Secondary	18 391	61	181	256	316	469
C 鉱業, 採石業, 砂利採取業	459	2	7	5	8	7
D 建設業	8 877	34	66	82	125	192
E 製造業	9 055	25	108	169	183	270
第3次産業 Tertiary	36 364	63	278	450	572	809
F 電気・ガス・熱供給・水道業	1 366	5	12	20	22	33
G 情報通信業	1 831	4	17	41	49	75
H 運輸業, 郵便業	4 296	5	32	45	60	100
I 卸売業, 小売業	7 160	5	53	63	87	127
J 金融業, 保険業	1 150	3	13	10	16	31
K 不動産業, 物品賃貸業	2 820	-	9	9	10	31
L 学術研究, 専門・技術サービス業	2 224	1	14	20	47	36
M 宿泊業, 飲食サービス業	3 195	10	27	54	62	82
N 生活関連サービス業, 娯楽業	2 115	5	13	21	31	47
O 教育, 学習支援業	1 033	5	9	15	21	27
P 医療, 福祉	2 784	6	24	50	61	74
Q 複合サービス事業	339	2	10	4	6	14
R サービス業（他に分類されないもの）	4 482	6	15	52	59	68
S 公務（他に分類されるものを除く）	1 569	6	30	46	41	64
T 産業不詳	10 201	27	81	95	136	216
無職 Non-employed	525 996	522	712	639	823	1 256
不詳 Not stated	57 186	135	228	317	390	555
女						
総　数 Total	619 502	372	590	850	1 199	1 960
就業者総数 Employed	30 441	42	158	271	350	570
第1次産業 Primary	5 523	4	2	5	7	20
A 農業, 林業	5 200	3	1	2	2	12
B 漁業	323	1	1	3	5	8
第2次産業 Secondary	4 782	10	38	38	50	107
C 鉱業, 採石業, 砂利採取業	157	-	1	1	1	3
D 建設業	1 774	4	6	8	14	32
E 製造業	2 851	6	31	29	35	72
第3次産業 Tertiary	14 781	22	103	181	238	371
F 電気・ガス・熱供給・水道業	329	1	1	3	5	7
G 情報通信業	542	1	5	4	11	23
H 運輸業, 郵便業	868	4	-	9	6	23
I 卸売業, 小売業	3 089	2	22	24	49	73
J 金融業, 保険業	469	-	1	11	11	15
K 不動産業, 物品賃貸業	1 575	2	-	3	2	1
L 学術研究, 専門・技術サービス業	656	-	1	4	6	13
M 宿泊業, 飲食サービス業	1 711	3	24	29	28	38
N 生活関連サービス業, 娯楽業	1 296	4	14	17	23	32
O 教育, 学習支援業	624	1	3	8	15	22
P 医療, 福祉	1 919	1	23	46	57	80
Q 複合サービス事業	128	-	-	-	1	4
R サービス業（他に分類されないもの）	1 172	1	5	11	12	22
S 公務（他に分類されるものを除く）	403	2	4	12	12	18
T 産業不詳	5 355	6	15	47	55	72
無職 Non-employed	543 865	272	338	426	651	1 088
不詳 Not stated	45 196	58	94	153	198	302

10万対)，性・産業（大分類）・年齢（5歳階級）別

population) for people of 15 years of age and over,
and industry (major groups)

平成27年度
FY 2015

40～44	45～49	50～54	55～59	60～64	65～69	70～74	75歳以上 and over	不　詳 Not stated
			数 Total					
9 694	13 556	19 682	28 894	51 371	89 666	112 297	943 331	462
3 639	4 917	6 989	9 566	11 408	13 343	10 971	45 018	16
133	212	368	674	1 283	2 063	2 138	14 485	-
89	156	293	573	1 120	1 862	1 957	13 801	-
44	56	75	101	163	201	181	684	-
983	1 389	1 817	2 614	3 141	3 046	2 385	6 271	1
25	38	49	72	86	86	58	167	
406	550	727	1 163	1 732	1 729	1 188	2 592	1
552	801	1 041	1 379	1 323	1 231	1 139	3 512	-
2 005	2 641	3 844	5 111	5 637	6 458	4 942	17 420	-
81	109	161	195	215	235	158	432	-
132	177	223	260	248	234	175	694	-
285	418	527	722	773	806	423	926	-
291	397	608	801	1 006	1 208	1 095	4 338	-
73	102	210	223	184	189	133	394	-
42	71	87	125	227	370	409	2 997	-
95	135	188	267	357	386	289	1 021	-
190	222	293	378	591	818	646	1 411	-
120	147	193	265	318	509	478	1 174	-
73	118	190	289	187	158	91	425	-
270	276	448	543	503	523	344	1 374	-
23	37	52	67	67	56	27	97	-
191	238	357	538	760	858	617	1 844	-
139	194	307	438	201	108	57	293	-
518	675	960	1 167	1 347	1 776	1 506	6 842	15
4 493	6 505	9 724	15 361	34 034	67 125	91 216	834 642	34
1 562	2 134	2 969	3 967	5 929	9 198	10 110	63 671	412
			Male					
6 151	8 692	12 770	19 519	35 554	62 470	75 752	433 149	365
2 696	3 637	5 222	7 445	9 097	10 558	8 578	29 571	13
110	172	285	525	1 036	1 687	1 700	10 356	-
77	129	225	447	903	1 515	1 552	9 823	-
33	43	60	78	133	172	148	533	-
796	1 139	1 499	2 184	2 699	2 540	1 961	4 289	1
16	28	39	53	76	68	46	104	
350	475	635	1 030	1 549	1 511	1 013	1 814	1
430	636	825	1 101	1 074	961	902	2 371	-
1 419	1 851	2 760	3 836	4 383	5 011	3 789	11 143	-
66	91	137	173	185	207	130	285	-
107	145	175	225	207	189	140	457	-
254	361	469	645	701	714	351	559	-
198	257	415	574	758	927	831	2 865	-
52	67	144	166	155	150	100	243	-
30	59	72	90	176	275	317	1 742	-
67	91	143	212	287	318	235	753	-
127	149	191	240	391	551	455	856	-
67	86	105	171	211	346	329	683	-
48	62	119	198	131	110	72	216	-
127	115	198	269	307	359	246	948	-
15	26	37	55	48	46	23	53	-
152	191	295	437	648	724	511	1 324	-
109	151	260	381	178	95	49	159	-
371	475	678	900	979	1 320	1 128	3 783	12
2 432	3 623	5 578	9 299	22 204	45 285	60 149	373 448	26
1 023	1 432	1 970	2 775	4 253	6 627	7 025	30 130	326
			Female					
3 543	4 864	6 912	9 375	15 817	27 196	36 545	510 182	97
943	1 280	1 767	2 121	2 311	2 785	2 393	15 447	3
23	40	83	149	247	376	438	4 129	-
12	27	68	126	217	347	405	3 978	-
11	13	15	23	30	29	33	151	-
187	250	318	430	442	506	424	1 982	-
9	10	10	19	10	18	12	63	-
56	75	92	133	183	218	175	778	-
122	165	216	278	249	270	237	1 141	-
586	790	1 084	1 275	1 254	1 447	1 153	6 277	-
15	18	24	22	30	28	28	147	-
25	32	48	35	41	45	35	237	-
31	57	58	77	72	92	72	367	-
93	140	193	227	248	281	264	1 473	-
21	35	66	57	29	39	33	151	-
12	12	15	35	51	95	92	1 255	-
28	44	45	55	70	68	54	268	-
63	73	102	138	200	267	191	555	-
53	61	88	94	107	163	149	491	-
25	56	71	91	56	48	19	209	-
143	161	250	274	196	164	98	426	-
8	11	15	12	19	10	4	44	-
39	47	62	101	112	134	106	520	-
30	43	47	57	23	13	8	134	-
147	200	282	267	368	456	378	3 059	3
2 061	2 882	4 146	6 062	11 830	21 840	31 067	461 194	8
539	702	999	1 192	1 676	2 571	3 085	33 541	86

第4表　15歳以上の死亡数及び死亡率（人口

Table 4. Deaths and death rates (per 100,000 by sex, age (5-year age groups)

死亡率
Death rates

産業 Industry	総数 Total	15～19歳 Years	20～24	25～29	30～34	35～39
総						
総　数 Total	1 172.0	19.9	35.6	42.0	48.7	64.8
就業者総数 Employed	192.1	26.0	21.6	24.4	28.0	35.4
第1次産業 Primary	982.0	166.5	81.1	73.8	89.2	98.0
A　農業，林業	977.8	143.3	51.6	67.6	62.9	78.6
B　漁業	1 039.5	292.4	299.1	123.1	316.0	280.0
第2次産業 Secondary	170.1	48.8	34.6	30.0	30.5	38.1
C　鉱業，採石業，砂利採取業	2 788.6	1 754.4	1 298.7	510.6	646.1	540.8
D　建設業	247.5	88.5	44.3	39.6	43.1	49.5
E　製造業	128.1	30.3	29.6	26.3	24.8	32.3
第3次産業 Tertiary	130.3	15.2	15.6	19.8	22.9	28.8
F　電気・ガス・熱供給・水道業	599.0	259.9	86.3	104.9	136.3	126.5
G　情報通信業	143.3	184.0	24.1	24.1	26.9	37.2
H　運輸業，郵便業	170.7	45.9	31.0	31.3	28.9	40.4
I　卸売業，小売業	114.9	3.8	12.3	12.3	17.4	22.3
J　金融業，保険業	113.8	129.3	18.0	15.4	19.8	33.9
K　不動産業，物品賃貸業	369.8	44.1	21.0	18.5	14.6	33.7
L　学術研究，専門・技術サービス業	151.5	20.9	23.1	16.9	29.5	22.0
M　宿泊業，飲食サービス業	154.5	6.3	14.0	40.7	39.9	43.2
N　生活関連サービス業，娯楽業	166.2	28.9	15.4	20.7	27.7	40.2
O　教育，学習支援業	63.2	21.6	6.9	9.9	16.0	19.6
P　医療，福祉	67.2	24.1	10.5	14.0	16.2	18.8
Q　複合サービス事業	96.8	54.8	39.7	9.1	15.7	33.2
R　サービス業（他に分類されないもの）	161.1	31.2	15.7	31.8	28.3	28.7
S　公務（他に分類されるものを除く）	97.5	41.8	27.8	27.4	25.2	35.0
無職 Non-employed	2 478.6	16.7	57.7	115.1	123.3	171.2
男						
総　数 Total	1 254.6	26.5	49.9	55.8	62.9	80.5
就業者総数 Employed	248.4	39.3	33.6	34.3	37.3	45.4
第1次産業 Primary	1 193.4	135.6	97.1	85.2	111.0	111.9
A　農業，林業	1 202.8	118.5	63.9	85.6	84.8	95.9
B　漁業	1 092.3	211.9	299.0	81.9	302.1	239.7
第2次産業 Secondary	181.5	53.6	38.6	34.7	34.6	41.3
C　鉱業，採石業，砂利採取業	2 464.2	2 000.0	1 431.5	503.5	693.2	456.3
D　建設業	245.4	83.8	46.8	43.0	46.2	50.8
E　製造業	139.4	34.2	32.9	31.0	28.6	35.6
第3次産業 Tertiary	186.7	24.7	26.2	30.2	32.6	39.3
F　電気・ガス・熱供給・水道業	564.3	240.4	94.8	110.9	135.1	125.3
G　情報通信業	150.9	282.1	31.5	34.3	31.8	38.9
H　運輸業，郵便業	176.2	33.2	43.6	35.2	33.5	41.5
I　卸売業，小売業	168.4	6.1	19.2	19.1	22.3	28.3
J　金融業，保険業	180.7	845.1	49.9	19.3	29.0	57.8
K　不動産業，物品賃貸業	392.9	−	40.2	25.4	20.6	53.8
L　学術研究，専門・技術サービス業	177.8	35.7	44.3	25.0	43.8	26.7
M　宿泊業，飲食サービス業	267.0	12.0	16.6	61.9	64.1	72.7
N　生活関連サービス業，娯楽業	259.9	40.8	20.1	30.1	38.0	56.9
O　教育，学習支援業	91.9	35.2	12.9	16.6	22.5	27.0
P　医療，福祉	164.9	84.0	26.8	27.3	30.7	35.2
Q　複合サービス事業	116.4	135.0	82.7	16.1	21.4	40.1
R　サービス業（他に分類されないもの）	208.7	40.5	19.2	43.3	37.7	35.0
S　公務（他に分類されるものを除く）	107.3	37.9	33.7	30.4	27.0	38.3
無職 Non-employed	3 323.2	21.5	75.6	205.0	311.3	458.8
女						
総　数 Total	1 094.6	12.8	20.6	27.6	34.0	48.4
就業者総数 Employed	119.8	11.4	9.5	13.0	15.8	22.1
第1次産業 Primary	648.1	276.8	28.0	39.1	32.9	67.9
A　農業，林業	637.9	220.1	14.7	16.7	10.0	43.5
B　漁業	875.1	…	300.3	374.1	387.3	435.3
第2次産業 Secondary	137.0	31.5	23.3	15.6	17.3	28.5
C　鉱業，採石業，砂利採取業	4 533.6	…	787.4	549.5	418.4	952.4
D　建設業	258.5	171.5	27.9	21.7	26.9	43.1
E　製造業	101.8	20.4	21.9	14.0	14.8	24.0
第3次産業 Tertiary	74.7	7.2	7.4	10.6	13.4	18.2
F　電気・ガス・熱供給・水道業	804.9	436.7	41.7	76.8	141.9	132.2
G　情報通信業	122.3	76.9	13.4	5.9	16.0	32.6
H　運輸業，郵便業	148.0	87.7	−	20.2	12.1	36.1
I　卸売業，小売業	66.1	1.9	6.5	6.4	12.5	16.2
J　金融業，保険業	59.7	−	1.9	13.1	13.5	18.3
K　不動産業，物品賃貸業	334.7	98.1	−	10.1	6.0	2.7
L　学術研究，専門・技術サービス業	101.0	−	3.0	6.4	8.3	14.8
M　宿泊業，飲食サービス業	86.4	2.5	11.9	21.8	21.5	23.0
N　生活関連サービス業，娯楽業	104.7	21.1	12.6	15.0	20.3	28.1
O　教育，学習支援業	41.7	7.4	2.9	5.7	11.4	14.7
P　医療，福祉	36.2	4.6	6.4	9.1	10.8	13.2
Q　複合サービス事業	66.9	−	−	−	6.1	20.8
R　サービス業（他に分類されないもの）	86.0	13.2	10.2	14.1	12.8	18.5
S　公務（他に分類されるものを除く）	71.9	60.2	11.9	19.7	20.6	26.8
無職 Non-employed	1 989.6	11.7	38.5	69.4	69.9	99.4

注：1）年齢の総数には年齢不詳が含まれる。
　　2）産業の総数には就業状態不詳が、就業者総数には産業不詳が含まれる。

10万対), 性・産業（大分類）・年齢（5歳階級）別

population) for people of 15 years of age and over,
and industry (major groups)

平成27年度
FY 2015

40〜44	45〜49	50〜54	55〜59	60〜64	65〜69	70〜74	75歳以上 and over
		数	Total				
100.1	157.3	248.9	384.2	605.1	923.4	1 448.7	5 797.1
49.7	74.3	114.4	171.2	223.4	335.9	567.8	2 851.7
125.7	201.3	280.8	361.6	416.1	537.2	762.2	3 300.7
93.5	166.8	250.4	338.0	389.2	512.8	732.7	3 264.3
413.0	474.5	534.3	597.7	791.2	960.9	1 349.1	4 258.5
51.2	81.1	121.4	193.8	252.9	360.6	642.2	2 951.7
931.4	1 442.7	1 716.3	2 427.5	3 074.7	4 557.5	8 215.3	40 338.2
68.1	109.9	169.0	259.3	343.9	445.8	768.4	3 495.3
41.8	66.3	97.8	153.7	179.9	270.6	527.2	2 547.1
40.6	58.6	90.2	131.7	166.5	252.8	430.0	2 322.3
175.7	253.2	400.4	564.3	1 075.0	3 767.8	10 582.7	...
50.8	79.0	121.3	234.7	361.0	838.2	1 924.8	13 178.9
66.0	101.1	140.8	210.7	251.8	359.2	546.1	3 730.7
25.8	39.4	65.4	93.6	132.7	217.2	399.5	1 888.4
37.9	47.3	102.2	143.2	189.8	439.2	820.1	4 767.7
36.3	66.8	83.6	116.2	163.2	245.9	501.9	3 171.1
36.3	60.2	92.8	146.0	206.5	277.0	486.8	2 347.0
55.4	77.1	115.7	148.8	201.9	294.8	517.8	2 150.5
57.9	77.2	110.5	166.3	179.6	281.5	449.5	1 574.6
23.7	37.9	53.5	84.1	89.2	140.0	205.7	1 485.1
30.3	34.1	57.3	77.3	92.9	145.3	261.2	2 054.0
30.8	60.6	79.6	112.7	183.7	545.5	989.0	8 479.0
48.5	66.9	105.3	153.9	173.3	205.3	301.6	1 847.3
47.8	74.4	121.4	196.6	157.2	227.0	361.2	4 298.7
304.2	514.5	782.3	1 018.3	1 145.8	1 270.5	1 677.1	5 998.6
			Male				
125.0	199.1	320.7	520.5	850.3	1 329.4	2 099.1	6 887.0
65.7	99.9	155.3	236.3	302.3	443.3	740.1	3 132.3
163.8	268.5	369.5	501.7	578.1	714.3	1 035.1	3 868.7
130.5	233.8	337.5	483.7	549.7	685.7	1 003.8	3 846.3
405.0	484.1	573.9	636.8	889.7	1 130.2	1 538.3	4 332.6
56.2	90.3	135.4	217.5	290.7	408.8	723.8	2 845.4
737.0	1 275.0	1 603.0	2 059.9	3 140.5	4 128.7	7 796.6	31 804.3
70.9	114.7	177.9	269.3	355.2	460.8	797.8	3 123.9
46.7	75.3	110.4	177.9	219.1	329.4	629.2	2 567.7
58.8	86.4	134.8	197.8	242.7	353.0	577.1	2 585.3
172.5	249.8	388.1	554.7	1 012.6	3 740.5	10 342.1	62 363.2
55.8	85.0	118.4	248.7	362.9	839.9	1 922.0	11 160.0
75.6	111.2	156.1	226.1	265.3	355.2	505.5	2 676.2
36.5	56.4	99.8	147.2	215.9	323.5	538.4	2 193.5
64.4	67.7	151.8	205.5	257.4	702.8	1 261.7	5 512.7
43.7	95.3	120.6	141.7	192.5	270.6	605.1	3 344.8
42.0	63.9	105.7	162.0	215.5	287.8	492.0	2 135.7
102.5	152.4	224.2	280.1	397.9	594.6	1 015.9	3 283.0
80.3	118.1	169.3	304.1	304.8	446.3	690.7	1 997.5
43.4	55.7	79.8	123.6	112.1	160.6	279.6	1 538.9
63.8	75.9	136.4	182.4	214.4	292.0	459.6	2 589.2
32.8	74.1	94.9	147.1	206.5	667.3	1 270.7	6 734.4
65.0	95.4	155.3	208.7	228.9	269.8	387.4	1 984.1
54.5	82.6	138.4	222.3	184.5	280.7	456.9	3 320.8
755.2	1 184.1	1 885.4	2 651.5	2 374.7	2 182.3	2 650.2	7 396.2
			Female				
74.4	114.3	176.0	248.6	367.1	542.7	882.1	5 110.5
29.3	43.0	64.3	87.0	110.2	175.1	309.6	2 434.2
59.5	97.0	154.0	182.2	191.2	254.2	376.7	2 412.4
33.2	70.4	135.1	163.4	175.7	244.0	360.1	2 376.3
438.9	445.2	418.8	494.8	530.8	508.9	869.6	4 016.0
37.1	55.5	81.5	124.8	141.1	226.6	422.1	3 211.4
1 754.4	2 283.1	2 369.7	4 834.6	2 652.5	7 500.0	10 344.8	...
54.6	86.8	125.8	201.3	270.9	364.1	633.3	4 835.9
30.5	45.3	68.2	100.0	101.5	165.4	326.0	2 505.3
23.2	33.4	49.0	65.7	79.3	127.5	234.0	1 967.2
191.3	271.7	488.7	652.8	1 733.1	3 982.9	11 864.4	...
36.7	59.9	133.1	172.1	352.1	831.0	1 935.8	20 239.1
32.3	64.0	78.4	134.2	168.3	393.1	898.3	9 331.3
15.9	25.4	37.6	48.8	61.0	104.2	220.4	1 486.3
18.8	30.0	59.7	76.1	79.0	179.8	398.0	3 916.0
25.6	27.1	33.8	79.3	107.0	194.5	316.1	2 957.8
27.5	53.7	66.9	105.8	176.3	235.7	465.4	3 250.5
28.7	38.4	60.7	82.0	102.8	144.5	238.9	1 403.7
42.8	51.8	78.2	91.1	99.2	157.9	253.8	1 216.4
12.7	28.0	34.5	49.5	60.4	108.1	102.8	1 433.4
20.7	24.5	39.3	49.4	49.2	69.2	125.3	1 406.9
27.7	42.3	57.0	54.4	143.5	296.6	434.8	12 324.9
24.4	30.3	41.6	72.0	72.0	89.6	145.9	1 571.3
33.0	55.2	72.4	110.9	73.2	94.6	158.2	6 607.5
178.4	300.7	437.8	523.6	581.3	680.7	980.3	5 202.6

Notes: 1) The total of age includes "age not stated".
2) The total of industry includes "employment status not stated", and the total number of employed persons (employed) includes "industry not stated".

第5表 男15歳以上の死亡数及び死亡率－年齢調整死亡率
Table 5. Deaths, death rates and age-adjusted death rates by occupation (major groups) and causes of

職業 Occupation	全死因	Se01 結核	Se02 悪性新生物	Se03 食道の悪性新生物	Se04 胃の悪性新生物
死 亡					
総　　　　　数　Total	664 204	1 167	220 077	9 775	30 468
就　業　者　総　数　Employed	81 022	84	31 904	1 613	4 493
A 管理的職業従事者	7 939	11	3 536	198	460
B 専門的・技術的職業従事者	10 542	10	4 377	244	560
C 事務従事者	3 534	2	1 480	84	198
D 販売従事者	8 023	7	3 191	158	445
E サービス職業従事者	9 098	10	3 474	187	428
F 保安職業従事者	1 253	2	389	23	58
G 農林漁業従事者	15 136	21	5 608	201	872
H 生産工程従事者	6 152	3	2 407	137	350
I 輸送・機械運転従事者	3 357	2	1 294	65	194
J 建設・採掘従事者	6 703	9	2 734	132	427
K 運搬・清掃・包装等従事者	1 816	1	623	36	93
L 職業不詳	7 469	6	2 791	148	408
無　　　　　職　Non-employed	525 996	970	168 967	7 244	23 265
不　　　　　詳　Not stated	57 186	113	19 206	918	2 710
死 亡					
総　　　　　数　Total	1 254.6	2.2	415.7	18.5	57.6
就　業　者　総　数　Employed	248.4	0.3	97.8	4.9	13.8
A 管理的職業従事者	687.9	1.0	306.4	17.2	39.9
B 専門的・技術的職業従事者	219.5	0.2	91.1	5.1	11.7
C 事務従事者	79.3	0.0	33.2	1.9	4.4
D 販売従事者	194.0	0.2	77.2	3.8	10.8
E サービス職業従事者	424.1	0.5	161.9	8.7	19.9
F 保安職業従事者	123.3	0.2	38.3	2.3	5.7
G 農林漁業従事者	1 132.7	1.6	419.7	15.0	65.3
H 生産工程従事者	111.6	0.1	43.6	2.5	6.3
I 輸送・機械運転従事者	174.0	0.1	67.1	3.4	10.1
J 建設・採掘従事者	267.5	0.4	109.1	5.3	17.0
K 運搬・清掃・包装等従事者	89.7	0.0	30.8	1.8	4.6
無　　　　　職　Non-employed	3 323.2	6.1	1 067.5	45.8	147.0
年 齢 調 整					
総　　　　　数　Total	641.9	1.0	214.4	10.0	29.4
就　業　者　総　数　Employed	280.0	0.4	103.6	4.8	14.8
A 管理的職業従事者	…	…	…	…	…
B 専門的・技術的職業従事者	346.2	0.5	134.2	6.3	17.5
C 事務従事者	124.9	0.1	46.5	2.1	5.5
D 販売従事者	253.4	0.3	96.3	4.3	13.3
E サービス職業従事者	479.1	0.7	172.5	8.4	21.4
F 保安職業従事者	143.8	0.2	43.0	2.7	7.0
G 農林漁業従事者	406.8	0.4	131.0	5.0	19.9
H 生産工程従事者	146.8	0.1	56.7	3.0	8.6
I 輸送・機械運転従事者	231.0	0.1	74.4	2.6	11.2
J 建設・採掘従事者	353.7	0.6	136.6	6.4	20.8
K 運搬・清掃・包装等従事者	83.6	0.0	26.0	1.4	3.6
無　　　　　職　Non-employed	1 316.5	1.8	404.8	19.7	52.3

注： 1） 大腸は結腸（Se05）と直腸S状結腸移行部及び直腸（Se06）をいう。
　　 2） 率表の総数には就業状態不詳が、就業者総数には職業不詳が含まれる。

(男性人口10万対), 職業（大分類）・死因（選択死因分類）別
(per 100,000 male population) for males of 15 years of age and over,
death (Selected list of causes of death)

平成27年度
FY 2015

大腸の悪性新生物	Se05 結腸の悪性新生物	Se06 直腸S状結腸移行部及び直腸の悪性新生物	Se07 肝及び肝内胆管の悪性新生物	Se08 胆のう及びその他の胆道の悪性新生物	Se09 膵の悪性新生物	Se10 気管，気管支及び肺の悪性新生物
数 Deaths							
26 979	17 102	9 877	18 946	9 042	16 421	53 481
3 815	2 311	1 504	2 911	1 259	2 991	7 379
369	234	135	358	142	378	814
562	353	209	397	147	444	881
192	113	79	135	54	160	310
405	242	163	311	108	304	721
467	289	178	344	124	306	837
50	31	19	22	12	37	97
576	365	211	448	322	467	1 333
329	180	149	183	86	224	594
169	103	66	125	38	102	345
275	144	131	275	105	248	663
76	40	36	61	15	50	154
345	217	128	252	106	271	630
20 723	13 263	7 460	14 333	7 035	11 993	41 446
2 441	1 528	913	1 702	748	1 437	4 656
率 Death rates							
51.0	32.3	18.7	35.8	17.1	31.0	101.0
11.7	7.1	4.6	8.9	3.9	9.2	22.6
32.0	20.3	11.7	31.0	12.3	32.8	70.5
11.7	7.4	4.4	8.3	3.1	9.2	18.3
4.3	2.5	1.8	3.0	1.2	3.6	7.0
9.8	5.9	3.9	7.5	2.6	7.4	17.4
21.8	13.5	8.3	16.0	5.8	14.3	39.0
4.9	3.0	1.9	2.2	1.2	3.6	9.5
43.1	27.3	15.8	33.5	24.1	34.9	99.8
6.0	3.3	2.7	3.3	1.6	4.1	10.8
8.8	5.3	3.4	6.5	2.0	5.3	17.9
11.0	5.7	5.2	11.0	4.2	9.9	26.5
3.8	2.0	1.8	3.0	0.7	2.5	7.6
130.9	83.8	47.1	90.6	44.4	75.8	261.9
死亡率 Age-adjusted death rates							
27.2	16.8	10.4	18.5	8.3	16.6	51.1
11.8	7.4	4.4	9.2	4.5	9.1	24.1
...	...	...	...	...	...	...
16.2	10.9	5.3	12.4	4.9	12.3	27.8
5.2	3.7	1.6	4.2	2.5	4.7	10.7
11.9	7.4	4.5	9.4	3.6	8.9	22.2
22.2	13.8	8.4	16.2	6.8	14.6	41.6
6.3	3.9	2.4	1.5	0.8	3.8	10.7
14.7	9.2	5.4	10.8	7.0	11.6	30.0
7.5	4.3	3.2	4.2	2.2	4.9	14.2
10.0	7.2	2.8	7.1	2.7	4.5	21.0
11.6	6.5	5.1	13.0	6.1	12.4	32.9
3.0	1.5	1.4	2.8	0.7	2.0	6.6
60.2	34.7	25.4	34.6	12.4	30.1	90.2

Notes: 1) Large intestine (Regrouped) refers to colon (Se05), rectosigmoid junction and rectum (Se06).
2) The total of rate tables includes "employment status not stated", and the total number of employed persons (employed) includes "occupation not stated".

第5表 男15歳以上の死亡数及び死亡率－年齢調整死亡率

Table 5. Deaths, death rates and age-adjusted death rates by occupation (major groups) and causes of

職業 Occupation	Se11 乳房の悪性新生物	Se12 子宮の悪性新生物	Se13 白血病	Se14 糖尿病	Se15 高血圧性疾患
		死		亡	
総数 Total	122	・	5 152	7 134	2 525
就業者総数 Employed	12	・	948	658	236
A 管理的職業従事者	1	・	116	65	19
B 専門的・技術的職業従事者	2	・	153	93	29
C 事務従事者	-	・	44	27	11
D 販売従事者	-	・	90	68	26
E サービス職業従事者	-	・	95	110	29
F 保安職業従事者	-	・	26	7	5
G 農林漁業従事者	2	・	140	95	36
H 生産工程従事者	-	・	69	32	18
I 輸送・機械運転従事者	-	・	39	28	18
J 建設・採掘従事者	2	・	89	58	13
K 運搬・清掃・包装等従事者	1	・	19	16	2
L 職業不詳	4	・	68	59	30
無職 Non-employed	104	・	3 779	5 843	2 028
不詳 Not stated	6	・	425	633	261
		死		亡	
総数 Total	0.2	・	9.7	13.5	4.8
就業者総数 Employed	0.0	・	2.9	2.0	0.7
A 管理的職業従事者	0.1	・	10.1	5.6	1.6
B 専門的・技術的職業従事者	0.0	・	3.2	1.9	0.6
C 事務従事者	-	・	1.0	0.6	0.2
D 販売従事者	-	・	2.2	1.6	0.6
E サービス職業従事者	-	・	4.4	5.1	1.4
F 保安職業従事者	-	・	2.6	0.7	0.5
G 農林漁業従事者	0.1	・	10.5	7.1	2.7
H 生産工程従事者	-	・	1.3	0.6	0.3
I 輸送・機械運転従事者	-	・	2.0	1.5	0.9
J 建設・採掘従事者	0.1	・	3.6	2.3	0.5
K 運搬・清掃・包装等従事者	0.0	・	0.9	0.8	0.1
無職 Non-employed	0.7	・	23.9	36.9	12.8
		年	齢	調	整
総数 Total	…	・	5.5	7.1	2.3
就業者総数 Employed	…	・	3.1	2.3	0.8
A 管理的職業従事者	…	・	…	…	…
B 専門的・技術的職業従事者	…	・	4.5	3.4	0.9
C 事務従事者	…	・	1.9	0.9	0.5
D 販売従事者	…	・	2.6	2.2	0.9
E サービス職業従事者	…	・	4.6	6.0	1.5
F 保安職業従事者	…	・	2.4	0.6	0.3
G 農林漁業従事者	…	・	3.3	2.3	0.8
H 生産工程従事者	…	・	1.7	0.8	0.7
I 輸送・機械運転従事者	…	・	2.3	2.5	0.8
J 建設・採掘従事者	…	・	3.7	3.8	1.0
K 運搬・清掃・包装等従事者	…	・	0.8	0.7	0.1
無職 Non-employed	…	・	12.2	20.5	4.1

注：率表の総数には就業状態不詳が、就業者総数には職業不詳が含まれる。

(男性人口10万対), 職業（大分類）・死因（選択死因分類）別
(per 100,000 male population) for males of 15 years of age and over,
death (Selected list of causes of death)

平成27年度
FY 2015

Se16 心疾患 (高血圧性を除く)	Se17 急性心筋梗塞	Se18 その他の虚血性心疾患	Se19 不整脈及び伝導障害	Se20 心不全	Se21 脳血管疾患	Se22 くも膜下出血
数 Deaths						
91 360	20 635	19 620	14 639	27 008	53 126	4 640
11 457	3 473	2 505	2 083	2 131	6 350	1 493
1 045	299	233	162	218	563	88
1 443	451	335	250	241	786	246
427	148	111	79	45	292	105
1 136	342	258	198	213	616	148
1 304	388	314	237	219	716	165
218	90	55	31	26	111	35
2 141	560	316	433	585	1 180	136
861	286	172	173	119	520	171
579	205	140	114	75	263	75
909	292	184	184	160	549	138
349	127	72	63	54	180	58
1 045	285	315	159	176	574	128
71 587	15 195	14 876	11 396	22 770	42 432	2 602
8 316	1 967	2 239	1 160	2 107	4 344	545
率 Death rates						
172.6	39.0	37.1	27.7	51.0	100.3	8.8
35.1	10.6	7.7	6.4	6.5	19.5	4.6
90.5	25.9	20.2	14.0	18.9	48.8	7.6
30.1	9.4	7.0	5.2	5.0	16.4	5.1
9.6	3.3	2.5	1.8	1.0	6.6	2.4
27.5	8.3	6.2	4.8	5.2	14.9	3.6
60.8	18.1	14.6	11.0	10.2	33.4	7.7
21.4	8.9	5.4	3.0	2.6	10.9	3.4
160.2	41.9	23.6	32.4	43.8	88.3	10.2
15.6	5.2	3.1	3.1	2.2	9.4	3.1
30.0	10.6	7.3	5.9	3.9	13.6	3.9
36.3	11.7	7.3	7.3	6.4	21.9	5.5
17.2	6.3	3.6	3.1	2.7	8.9	2.9
452.3	96.0	94.0	72.0	143.9	268.1	16.4
死亡率 Age-adjusted death rates						
87.4	20.9	19.5	14.3	23.5	50.4	6.0
38.9	10.7	8.2	6.8	8.7	21.4	4.0
...	...	...	...	...	...	...
46.6	12.1	10.5	7.9	10.6	22.6	4.7
13.9	4.0	3.4	2.5	2.6	9.3	1.6
35.8	9.9	8.0	5.9	8.1	19.3	3.3
68.4	18.9	16.6	12.1	13.1	38.4	7.7
20.4	8.7	4.7	2.3	3.2	10.2	2.9
55.4	14.5	8.6	12.5	13.2	31.4	5.7
19.3	5.9	3.8	3.5	3.4	11.4	2.9
36.7	9.9	8.8	5.6	8.7	17.1	3.6
47.2	14.3	8.5	8.4	11.4	27.9	4.8
15.4	5.3	3.3	2.4	2.9	7.9	2.5
174.0	42.8	41.7	28.7	40.6	93.4	11.9

Note: The total of rate tables includes "employment status not stated", and the total number of employed persons (employed) includes "occupation not stated".

第 5 表　男15歳以上の死亡数及び死亡率－年齢調整死亡率
Table 5. Deaths, death rates and age-adjusted death rates by occupation (major groups) and causes of

職業 Occupation	Se23 脳内出血	Se24 脳梗塞	Se25 大動脈瘤及び解離	Se26 肺炎	Se27 慢性閉塞性肺疾患
			死		亡
総数 Total	17 471	29 772	8 906	64 394	12 613
就業者総数 Employed	2 719	2 013	1 683	3 723	883
A 管理的職業従事者	223	238	138	426	122
B 専門的・技術的職業従事者	319	198	216	438	104
C 事務従事者	127	55	81	84	24
D 販売従事者	245	213	200	410	91
E サービス職業従事者	334	203	208	420	81
F 保安職業従事者	61	14	41	28	6
G 農林漁業従事者	437	593	237	1 071	272
H 生産工程従事者	232	109	125	182	38
I 輸送・機械運転従事者	141	41	102	80	12
J 建設・採掘従事者	279	120	141	160	37
K 運搬・清掃・包装等従事者	87	29	47	50	11
L 職業不詳	234	200	147	374	85
無職 Non-employed	13 217	25 596	6 378	55 936	10 799
不詳 Not stated	1 535	2 163	845	4 735	931
			死		亡
総数 Total	33.0	56.2	16.8	121.6	23.8
就業者総数 Employed	8.3	6.2	5.2	11.4	2.7
A 管理的職業従事者	19.3	20.6	12.0	36.9	10.6
B 専門的・技術的職業従事者	6.6	4.1	4.5	9.1	2.2
C 事務従事者	2.9	1.2	1.8	1.9	0.5
D 販売従事者	5.9	5.2	4.8	9.9	2.2
E サービス職業従事者	15.6	9.5	9.7	19.6	3.8
F 保安職業従事者	6.0	1.4	4.0	2.8	0.6
G 農林漁業従事者	32.7	44.4	17.7	80.1	20.4
H 生産工程従事者	4.2	2.0	2.3	3.3	0.7
I 輸送・機械運転従事者	7.3	2.1	5.3	4.1	0.6
J 建設・採掘従事者	11.1	4.8	5.6	6.4	1.5
K 運搬・清掃・包装等従事者	4.3	1.4	2.3	2.5	0.5
無職 Non-employed	83.5	161.7	40.3	353.4	68.2
			年齢	調	整
総数 Total	18.2	24.9	8.7	53.6	10.4
就業者総数 Employed	8.2	8.8	5.2	17.0	4.0
A 管理的職業従事者	...	...	...	...	...
B 専門的・技術的職業従事者	7.9	9.4	6.4	22.2	5.2
C 事務従事者	3.5	4.0	2.4	7.2	1.9
D 販売従事者	7.0	8.7	5.6	17.1	3.6
E サービス職業従事者	16.8	13.0	10.4	28.4	5.2
F 保安職業従事者	4.9	2.4	4.4	8.0	1.5
G 農林漁業従事者	13.6	11.9	6.2	21.8	5.1
H 生産工程従事者	4.6	3.8	2.6	7.4	1.5
I 輸送・機械運転従事者	6.9	5.9	6.2	12.7	1.4
J 建設・採掘従事者	12.1	10.3	6.1	15.2	3.5
K 運搬・清掃・包装等従事者	3.7	1.5	2.0	3.4	0.9
無職 Non-employed	42.8	35.8	13.5	83.3	14.2

注：率表の総数には就業状態不詳が、就業者総数には職業不詳が含まれる。

（男性人口10万対），職業（大分類）・死因（選択死因分類）別

(per 100,000 male population) for males of 15 years of age and over,
death (Selected list of causes of death)

平成27年度
FY 2015

Se28 喘息	Se29 肝疾患	Se30 腎不全	Se31 老衰	Se32 不慮の事故	Se33 交通事故	Se34 自殺
\multicolumn{7}{c}{数　Deaths}						
582	10 065	11 911	21 296	21 763	3 754	15 835
59	1 496	817	966	4 509	1 583	5 435
6	126	117	114	290	74	274
6	176	94	130	513	184	830
2	66	20	14	177	78	429
10	139	85	96	384	130	476
8	211	91	79	460	173	694
1	24	10	1	96	53	168
6	235	205	338	929	227	480
8	78	40	34	412	145	613
3	64	22	15	260	141	271
4	174	42	22	513	183	555
1	31	18	7	137	79	142
4	172	73	116	338	116	503
475	7 491	10 247	19 041	15 130	1 686	8 005
48	1 078	847	1 289	2 124	485	2 395
\multicolumn{7}{c}{率　Death rates}						
1.1	19.0	22.5	40.2	41.1	7.1	29.9
0.2	4.6	2.5	3.0	13.8	4.9	16.7
0.5	10.9	10.1	9.9	25.1	6.4	23.7
0.1	3.7	2.0	2.7	10.7	3.8	17.3
0.0	1.5	0.4	0.3	4.0	1.8	9.6
0.2	3.4	2.1	2.3	9.3	3.1	11.5
0.4	9.8	4.2	3.7	21.4	8.1	32.3
0.1	2.4	1.0	0.1	9.4	5.2	16.5
0.4	17.6	15.3	25.3	69.5	17.0	35.9
0.1	1.4	0.7	0.6	7.5	2.6	11.1
0.2	3.3	1.1	0.8	13.5	7.3	14.0
0.2	6.9	1.7	0.9	20.5	7.3	22.2
0.0	1.5	0.9	0.3	6.8	3.9	7.0
3.0	47.3	64.7	120.3	95.6	10.7	50.6
\multicolumn{7}{c}{死亡率　Age-adjusted death rates}						
0.6	12.5	10.2	16.6	24.3	5.8	28.4
0.2	4.1	3.5	4.9	16.1	5.9	16.7
...	...	...	...	...	...	...
0.2	3.9	4.1	7.6	18.4	7.9	21.1
0.0	1.5	1.0	1.8	6.9	2.9	12.2
0.2	3.4	3.2	4.4	11.8	3.7	11.1
0.4	9.9	5.8	6.3	23.6	8.6	33.1
0.1	2.5	2.2	0.4	11.3	5.2	16.9
0.1	10.4	4.3	6.2	35.2	12.4	39.8
0.2	1.6	1.5	1.6	9.0	3.2	11.0
0.1	2.8	3.3	4.4	25.1	14.4	18.4
0.1	6.2	3.9	3.2	26.7	11.2	22.5
0.1	1.3	1.1	0.7	6.4	3.7	6.8
1.3	53.0	17.6	18.7	48.7	8.1	106.7

Note: The total of rate tables includes "employment status not stated", and the total number of employed persons (employed) includes "occupation not stated".

第6表　女15歳以上の死亡数及び死亡率-年齢調整死亡率
Table 6. Deaths, death rates and age-adjusted death rates by occupation (major groups) and causes of

職　業 Occupation	全死因	Se01 結核	Se02 悪性新生物	Se03 食道の悪性新生物	Se04 胃の悪性新生物
			死		亡
総　　　　数 Total	619 502	737	151 183	1 918	15 818
就業者総数 Employed	30 441	28	11 706	151	1 223
A 管理的職業従事者	2 285	3	894	8	88
B 専門的・技術的職業従事者	3 559	6	1 601	23	164
C 事務従事者	2 357	-	1 196	15	109
D 販売従事者	3 299	4	1 256	11	128
E サービス職業従事者	5 260	1	2 100	40	222
F 保安職業従事者	240	-	88	2	9
G 農林漁業従事者	5 099	-	1 562	10	194
H 生産工程従事者	1 683	3	629	5	62
I 輸送・機械運転従事者	643	-	265	3	28
J 建設・採掘従事者	1 124	3	459	8	53
K 運搬・清掃・包装等従事者	541	-	166	3	21
L 職業不詳	4 351	8	1 490	23	145
無　　職 Non-employed	543 865	666	127 053	1 581	13 341
不　　詳 Not stated	45 196	43	12 424	186	1 254
			死		亡
総　　　　数 Total	1 094.6	1.3	267.1	3.4	28.0
就業者総数 Employed	119.8	0.1	46.1	0.6	4.8
A 管理的職業従事者	1 018.5	1.3	398.5	3.6	39.2
B 専門的・技術的職業従事者	79.6	0.1	35.8	0.5	3.7
C 事務従事者	35.2	-	17.9	0.2	1.6
D 販売従事者	102.4	0.1	39.0	0.3	4.0
E サービス職業従事者	113.9	0.0	45.5	0.9	4.8
F 保安職業従事者	352.6	-	129.3	2.9	13.2
G 農林漁業従事者	647.7	-	198.4	1.3	24.6
H 生産工程従事者	76.6	0.1	28.6	0.2	2.8
I 輸送・機械運転従事者	954.0	-	393.2	4.5	41.5
J 建設・採掘従事者	1 837.7	4.9	750.4	13.1	86.7
K 運搬・清掃・包装等従事者	29.7	-	9.1	0.2	1.2
無　　職 Non-employed	1 989.6	2.4	464.8	5.8	48.8
			年	齢	調整
総　　　　数 Total	390.3	0.4	117.8	1.6	11.5
就業者総数 Employed	169.1	0.2	54.7	0.7	5.9
A 管理的職業従事者	…	…	…	…	…
B 専門的・技術的職業従事者	284.3	0.5	92.2	1.0	8.9
C 事務従事者	64.4	-	25.7	0.3	2.7
D 販売従事者	141.4	0.2	47.9	0.5	4.9
E サービス職業従事者	174.2	0.1	56.6	1.0	6.1
F 保安職業従事者	…	…	…	…	…
G 農林漁業従事者	204.1	-	63.9	0.3	7.3
H 生産工程従事者	123.4	0.3	34.0	0.2	3.6
I 輸送・機械運転従事者	…	-	1 576.1	34.0	205.8
J 建設・採掘従事者	2 293.5	8.4	761.8	12.3	82.9
K 運搬・清掃・包装等従事者	32.6	-	8.2	0.2	1.1
無　　職 Non-employed	498.4	0.4	169.2	2.3	15.2

注：1）大腸は結腸（Se05）と直腸S状結腸移行部及び直腸（Se06）をいう。
　　2）率表の総数には就業状態不詳が、就業者総数には職業不詳が含まれる。

(女性人口10万対)，職業（大分類）・死因（選択死因分類）別

(per 100,000 female population) for females of 15 years of age and over, death (Selected list of causes of death)

平成27年度
FY 2015

大腸の悪性新生物	Se05 結腸の悪性新生物	Se06 直腸S状結腸移行部及び直腸の悪性新生物	Se07 肝及び肝内胆管の悪性新生物	Se08 胆のう及びその他の胆道の悪性新生物	Se09 膵の悪性新生物	Se10 気管，気管支及び肺の悪性新生物
数 Deaths							
22 944	17 360	5 584	9 875	9 095	15 738	21 323
1 506	1 083	423	529	527	1 208	1 332
117	91	26	39	39	100	127
208	142	66	66	55	143	155
117	75	42	55	28	97	103
162	119	43	47	56	139	139
267	190	77	101	93	201	267
13	11	2	6	1	8	10
199	150	49	80	132	204	186
82	61	21	28	28	67	58
46	32	14	10	8	19	36
75	55	20	25	24	44	51
23	12	11	4	9	24	22
197	145	52	68	54	162	178
19 596	14 934	4 662	8 612	7 936	13 307	18 227
1 842	1 343	499	734	632	1 223	1 764
率 Death rates							
40.5	30.7	9.9	17.4	16.1	27.8	37.7
5.9	4.3	1.7	2.1	2.1	4.8	5.2
52.2	40.6	11.6	17.4	17.4	44.6	56.6
4.7	3.2	1.5	1.5	1.2	3.2	3.5
1.7	1.1	0.6	0.8	0.4	1.4	1.5
5.0	3.7	1.3	1.5	1.7	4.3	4.3
5.8	4.1	1.7	2.2	2.0	4.4	5.8
19.1	16.2	2.9	8.8	1.5	11.8	14.7
25.3	19.1	6.2	10.2	16.8	25.9	23.6
3.7	2.8	1.0	1.3	1.3	3.0	2.6
68.2	47.5	20.8	14.8	11.9	28.2	53.4
122.6	89.9	32.7	40.9	39.2	71.9	83.4
1.3	0.7	0.6	0.2	0.5	1.3	1.2
71.7	54.6	17.1	31.5	29.0	48.7	66.7
死亡率 Age-adjusted death rates							
16.9	12.4	4.5	6.3	5.7	11.1	15.1
7.3	5.4	1.9	2.9	3.0	6.1	6.7
...	...	...	...	...	...	...
13.7	10.0	3.7	6.3	4.9	9.1	12.1
2.9	1.8	1.1	1.6	0.8	1.9	2.6
6.2	4.5	1.6	2.1	2.4	5.9	5.8
7.4	5.6	1.8	3.7	3.0	5.7	7.4
...	...	...	...	...	...	...
6.9	5.1	1.8	2.9	4.3	6.7	6.2
4.0	3.1	0.9	2.0	1.8	4.1	2.8
352.9	260.7	92.3	121.0	72.8	75.1	235.0
112.1	83.3	28.8	54.5	52.1	73.1	102.5
1.3	0.8	0.5	0.2	0.5	1.3	1.1
23.4	17.0	6.4	7.6	6.9	14.2	19.9

Notes: 1) Large intestine (Regrouped) refers to colon (Se05), rectosigmoid junction and rectum (Se06).
2) The total of rate tables includes "employment status not stated", and the total number of employed persons (employed) includes "occupation not stated".

第6表　女15歳以上の死亡数及び死亡率－年齢調整死亡率

Table 6. Deaths, death rates and age-adjusted death rates by occupation (major groups) and causes of

職　業　Occupation	Se11 乳房の悪性新生物	Se12 子宮の悪性新生物	Se13 白血病	Se14 糖尿病	Se15 高血圧性疾患
死　亡					
総　　　数　Total	13 695	6 404	3 449	6 147	4 042
就　業　者　総　数　Employed	1 694	814	337	215	113
A　管理的職業従事者	102	54	20	14	13
B　専門的・技術的職業従事者	298	130	38	24	9
C　事務従事者	274	102	40	13	3
D　販売従事者	177	97	40	26	18
E　サービス職業従事者	303	148	56	29	15
F　保安職業従事者	12	4	3	5	-
G　農林漁業従事者	123	63	58	29	27
H　生産工程従事者	90	41	21	14	7
I　輸送・機械運転従事者	45	19	8	12	2
J　建設・採掘従事者	55	32	12	19	-
K　運搬・清掃・包装等従事者	22	10	3	3	1
L　職業不詳	193	114	38	27	18
無　　職　Non-employed	10 635	4 960	2 851	5 488	3 654
不　　詳　Not stated	1 366	630	261	444	275
死　亡					
総　　　数　Total	24.2	11.3	6.1	10.9	7.1
就　業　者　総　数　Employed	6.7	3.2	1.3	0.8	0.4
A　管理的職業従事者	45.5	24.1	8.9	6.2	5.8
B　専門的・技術的職業従事者	6.7	2.9	0.8	0.5	0.2
C　事務従事者	4.1	1.5	0.6	0.2	0.0
D　販売従事者	5.5	3.0	1.2	0.8	0.6
E　サービス職業従事者	6.6	3.2	1.2	0.6	0.3
F　保安職業従事者	17.6	5.9	4.4	7.3	-
G　農林漁業従事者	15.6	8.0	7.4	3.7	3.4
H　生産工程従事者	4.1	1.9	1.0	0.6	0.3
I　輸送・機械運転従事者	66.8	28.2	11.9	17.8	3.0
J　建設・採掘従事者	89.9	52.3	19.6	31.1	-
K　運搬・清掃・包装等従事者	1.2	0.5	0.2	0.2	0.1
無　　職　Non-employed	38.9	18.1	10.4	20.1	13.4
年　齢　調　整					
総　　　数　Total	15.5	7.2	2.9	3.7	2.1
就　業　者　総　数　Employed	6.0	3.1	1.6	1.3	0.8
A　管理的職業従事者	…	…	…	…	…
B　専門的・技術的職業従事者	9.4	5.0	2.3	2.0	1.4
C　事務従事者	3.9	1.4	1.1	0.6	0.2
D　販売従事者	5.3	3.1	1.5	1.3	1.0
E　サービス職業従事者	6.4	3.0	1.4	1.0	0.7
F　保安職業従事者	…	…	…	…	…
G　農林漁業従事者	9.6	4.2	2.5	0.9	0.9
H　生産工程従事者	3.7	1.8	1.0	1.3	0.9
I　輸送・機械運転従事者	101.9	57.4	97.0	97.4	17.6
J　建設・採掘従事者	74.1	41.3	26.3	38.4	-
K　運搬・清掃・包装等従事者	0.9	0.5	0.3	0.1	0.0
無　　職　Non-employed	27.6	12.8	4.2	4.7	2.3

注：率表の総数には就業状態不詳が、就業者総数には職業不詳が含まれる。

(女性人口10万対), 職業（大分類）・死因（選択死因分類）別

(per 100,000 female population) for females of 15 years of age and over, death (Selected list of causes of death)

平成27年度
FY 2015

Se16 心疾患 (高血圧性を除く)	Se17 急性心筋梗塞	Se18 その他の虚血性心疾患	Se19 不整脈及び伝導障害	Se20 心不全	Se21 脳血管疾患	Se22 くも膜下出血
数 Deaths						
102 935	15 788	14 337	15 412	44 623	57 553	7 838
3 985	806	661	654	1 321	2 980	1 016
304	60	51	40	105	198	48
388	83	61	70	112	310	120
221	44	49	42	51	231	120
437	102	71	61	137	311	120
675	145	119	115	198	583	244
29	4	7	2	14	24	7
787	157	69	156	303	522	113
220	49	28	40	74	194	75
87	26	10	11	30	62	14
140	19	23	18	62	89	25
91	24	15	17	26	72	29
606	93	158	82	209	384	101
91 812	13 822	12 460	13 748	40 422	50 568	6 127
7 138	1 160	1 216	1 010	2 880	4 005	695
率 Death rates						
181.9	27.9	25.3	27.2	78.8	101.7	13.8
15.7	3.2	2.6	2.6	5.2	11.7	4.0
135.5	26.7	22.7	17.8	46.8	88.3	21.4
8.7	1.9	1.4	1.6	2.5	6.9	2.7
3.3	0.7	0.7	0.6	0.8	3.5	1.8
13.6	3.2	2.2	1.9	4.3	9.7	3.7
14.6	3.1	2.6	2.5	4.3	12.6	5.3
42.6	5.9	10.3	2.9	20.6	35.3	10.3
100.0	19.9	8.8	19.8	38.5	66.3	14.4
10.0	2.2	1.3	1.8	3.4	8.8	3.4
129.1	38.6	14.8	16.3	44.5	92.0	20.8
228.9	31.1	37.6	29.4	101.4	145.5	40.9
5.0	1.3	0.8	0.9	1.4	4.0	1.6
335.9	50.6	45.6	50.3	147.9	185.0	22.4
死亡率 Age-adjusted death rates						
57.6	9.4	8.6	8.9	23.4	33.8	6.4
25.4	4.7	4.0	4.1	9.3	16.5	4.2
…	…	…	…	…	…	…
45.9	8.8	7.2	7.3	16.1	25.8	4.8
9.0	1.5	1.9	1.7	2.9	5.8	1.8
21.1	4.6	3.2	2.9	7.2	13.1	4.1
27.1	4.9	4.8	4.6	9.0	18.4	5.2
…	…	…	…	…	…	…
25.9	5.2	2.5	5.0	9.3	19.7	5.0
20.8	4.1	2.2	3.6	8.1	14.0	4.1
884.2	230.7	93.4	78.8	406.1	581.6	62.8
334.2	36.0	51.3	38.7	163.7	181.9	37.9
5.8	1.0	0.7	1.0	2.4	3.8	1.1
66.9	11.1	10.3	10.7	26.1	38.4	7.4

Note: The total of rate tables includes "employment status not stated", and the total number of employed persons (employed) includes "occupation not stated".

第6表　女15歳以上の死亡数及び死亡率－年齢調整死亡率
Table 6.　Deaths, death rates and age-adjusted death rates by occupation (major groups) and causes of

職　業　Occupation	Se23 脳内出血	Se24 脳梗塞	Se25 大動脈瘤及び解離	Se26 肺炎	Se27 慢性閉塞性肺疾患
			死	亡	
総　　　　数　Total	14 559	33 662	8 382	53 656	3 023
就業者総数　Employed	890	1 003	564	1 505	82
A 管理的職業従事者	54	92	47	117	8
B 専門的・技術的職業従事者	98	83	57	129	7
C 事務従事者	67	36	33	54	2
D 販売従事者	95	85	58	139	12
E サービス職業従事者	183	148	107	162	18
F 保安職業従事者	9	8	6	11	-
G 農林漁業従事者	150	250	99	380	15
H 生産工程従事者	63	54	44	70	3
I 輸送・機械運転従事者	25	22	11	34	1
J 建設・採掘従事者	30	32	17	75	3
K 運搬・清掃・包装等従事者	25	14	21	23	3
L 職業不詳	91	179	64	311	10
無　　職　Non-employed	12 583	30 519	7 135	48 524	2 723
不　　詳　Not stated	1 086	2 140	683	3 627	218
			死	亡	
総　　　　数　Total	25.7	59.5	14.8	94.8	5.3
就業者総数　Employed	3.5	3.9	2.2	5.9	0.3
A 管理的職業従事者	24.1	41.0	20.9	52.2	3.6
B 専門的・技術的職業従事者	2.2	1.9	1.3	2.9	0.2
C 事務従事者	1.0	0.5	0.5	0.8	0.0
D 販売従事者	2.9	2.6	1.8	4.3	0.4
E サービス職業従事者	4.0	3.2	2.3	3.5	0.4
F 保安職業従事者	13.2	11.8	8.8	16.2	-
G 農林漁業従事者	19.1	31.8	12.6	48.3	1.9
H 生産工程従事者	2.9	2.5	2.0	3.2	0.1
I 輸送・機械運転従事者	37.1	32.6	16.3	50.4	1.5
J 建設・採掘従事者	49.0	52.3	27.8	122.6	4.9
K 運搬・清掃・包装等従事者	1.4	0.8	1.2	1.3	0.2
無　　職　Non-employed	46.0	111.6	26.1	177.5	10.0
			年　齢	調　整	
総　　　　数　Total	9.3	17.3	5.1	28.1	1.7
就業者総数　Employed	4.7	7.2	3.0	10.8	0.5
A 管理的職業従事者	…	…	…	…	…
B 専門的・技術的職業従事者	8.1	12.1	4.9	18.3	0.7
C 事務従事者	1.9	2.0	1.2	3.1	0.0
D 販売従事者	4.1	4.5	2.4	7.2	0.6
E サービス職業従事者	5.4	7.5	3.5	8.2	0.9
F 保安職業従事者	…	…	…	…	…
G 農林漁業従事者	6.3	7.3	3.5	11.6	0.5
H 生産工程従事者	3.8	6.0	2.4	7.8	0.2
I 輸送・機械運転従事者	199.5	302.8	137.3	472.0	16.4
J 建設・採掘従事者	54.7	83.2	31.0	208.8	4.3
K 運搬・清掃・包装等従事者	1.4	1.2	1.0	2.3	0.2
無　　職　Non-employed	11.4	18.4	5.5	31.3	1.9

注：率表の総数には就業状態不詳が、就業者総数には職業不詳が含まれる。

（女性人口10万対），職業（大分類）・死因（選択死因分類）別

(per 100,000 female population) for females of 15 years of age and over,
death (Selected list of causes of death)

平成27年度
FY 2015

Se28 喘息	Se29 肝疾患	Se30 腎不全	Se31 老衰	Se32 不慮の事故	Se33 交通事故	Se34 自殺
\multicolumn{7}{c}{数 Deaths}						
887	5 655	12 515	65 076	16 020	1 699	6 851
33	312	373	1 389	1 143	317	1 223
1	23	29	136	73	13	42
3	32	37	99	96	34	212
1	25	12	30	78	26	181
1	26	52	140	140	41	130
9	61	61	187	253	90	266
-	2	5	13	4	-	7
6	34	59	352	235	45	97
2	24	16	71	58	19	66
2	4	10	27	16	6	24
1	23	16	38	32	5	37
1	8	5	17	30	14	26
6	50	71	279	128	24	135
770	4 858	11 322	59 727	13 657	1 230	4 739
84	485	820	3 960	1 220	152	889
\multicolumn{7}{c}{率 Death rates}						
1.6	10.0	22.1	115.0	28.3	3.0	12.1
0.1	1.2	1.5	5.5	4.5	1.2	4.8
0.4	10.3	12.9	60.6	32.5	5.8	18.7
0.1	0.7	0.8	2.2	2.1	0.8	4.7
0.0	0.4	0.2	0.4	1.2	0.4	2.7
0.0	0.8	1.6	4.3	4.3	1.3	4.0
0.2	1.3	1.3	4.0	5.5	1.9	5.8
-	2.9	7.3	19.1	5.9	-	10.3
0.8	4.3	7.5	44.7	29.8	5.7	12.3
0.1	1.1	0.7	3.2	2.6	0.9	3.0
3.0	5.9	14.8	40.1	23.7	8.9	35.6
1.6	37.6	26.2	62.1	52.3	8.2	60.5
0.1	0.4	0.3	0.9	1.6	0.8	1.4
2.8	17.8	41.4	218.5	50.0	4.5	17.3
\multicolumn{7}{c}{死亡率 Age-adjusted death rates}						
0.5	4.6	6.8	31.8	11.0	1.7	11.0
0.2	1.5	2.6	10.6	6.3	1.5	5.1
...	...	...	...	...	...	...
0.5	2.3	4.8	16.2	6.6	1.2	6.2
0.0	0.7	0.6	2.1	2.0	0.5	3.3
0.1	0.9	2.7	7.7	6.0	1.6	3.9
0.3	1.8	2.8	10.6	7.4	1.9	6.3
...	...	...	...	...	...	...
0.2	2.0	2.0	10.1	7.8	1.7	24.2
0.3	1.1	1.4	9.0	4.1	1.3	4.0
17.2	20.3	126.3	443.4	65.7	7.0	43.4
1.1	35.5	40.4	116.0	69.3	6.1	61.3
0.0	0.4	0.3	1.8	1.9	0.7	1.3
0.7	7.6	7.7	33.0	14.1	1.9	21.2

Note: The total of rate tables includes "employment status not stated", and the total number of employed persons (employed) includes "occupation not stated".

第7表 男15歳以上の死亡数及び死亡率-年齢調整死亡率
Table 7. Deaths, death rates and age-adjusted death rates by industry (major groups) and causes of

産業 Industry	全死因	Se01 結核	Se02 悪性新生物	Se03 食道の悪性新生物	Se04 胃の悪性新生物
死亡数					
総数 Total	664 204	1 167	220 077	9 775	30 468
就業者総数 Employed	81 022	84	31 904	1 613	4 493
第1次産業 Primary	16 066	21	5 967	231	919
A 農業,林業	14 813	20	5 461	213	843
B 漁業	1 253	1	506	18	76
第2次産業 Secondary	18 391	19	7 555	405	1 117
C 鉱業,採石業,砂利採取業	459	-	201	12	33
D 建設業	8 877	10	3 729	199	545
E 製造業	9 055	9	3 625	194	539
第3次産業 Tertiary	36 364	32	14 429	763	1 886
F 電気・ガス・熱供給・水道業	1 366	2	542	29	77
G 情報通信業	1 831	1	676	55	71
H 運輸業,郵便業	4 296	2	1 669	79	240
I 卸売業,小売業	7 160	6	2 936	140	402
J 金融業,保険業	1 150	-	504	25	68
K 不動産業,物品賃貸業	2 820	5	1 034	45	129
L 学術研究,専門・技術サービス業	2 224	1	993	49	129
M 宿泊業,飲食サービス業	3 195	2	1 246	98	151
N 生活関連サービス業,娯楽業	2 115	4	839	39	112
O 教育,学習支援業	1 033	-	447	24	62
P 医療,福祉	2 784	1	1 079	50	139
Q 複合サービス事業	339	1	138	6	18
R サービス業(他に分類されないもの)	4 482	6	1 698	83	214
S 公務(他に分類されるものを除く)	1 569	1	628	41	74
T 産業不詳	10 201	12	3 953	214	571
無職 Non-employed	525 996	970	168 967	7 244	23 265
不詳 Not stated	57 186	113	19 206	918	2 710
死亡率					
総数 Total	1 254.6	2.2	415.7	18.5	57.6
就業者総数 Employed	248.4	0.3	97.8	4.9	13.8
第1次産業 Primary	1 193.4	1.6	443.2	17.2	68.3
A 農業,林業	1 202.8	1.6	443.4	17.3	68.4
B 漁業	1 092.3	0.9	441.1	15.7	66.3
第2次産業 Secondary	181.5	0.2	74.6	4.0	11.0
C 鉱業,採石業,砂利採取業	2 464.2	-	1 079.1	64.4	177.2
D 建設業	245.4	0.3	103.1	5.5	15.1
E 製造業	139.4	0.1	55.8	3.0	8.3
第3次産業 Tertiary	186.7	0.2	74.1	3.9	9.7
F 電気・ガス・熱供給・水道業	564.3	0.8	223.9	12.0	31.8
G 情報通信業	150.9	0.1	55.7	4.5	5.9
H 運輸業,郵便業	176.2	0.1	68.5	3.2	9.8
I 卸売業,小売業	168.4	0.1	69.0	3.3	9.5
J 金融業,保険業	180.7	-	79.2	3.9	10.7
K 不動産業,物品賃貸業	392.9	0.7	144.1	6.3	18.0
L 学術研究,専門・技術サービス業	177.8	0.1	79.4	3.9	10.3
M 宿泊業,飲食サービス業	267.0	0.2	104.1	8.2	12.6
N 生活関連サービス業,娯楽業	259.9	0.5	103.1	4.8	13.8
O 教育,学習支援業	91.9	-	39.8	2.1	5.5
P 医療,福祉	164.9	0.1	63.9	3.0	8.2
Q 複合サービス事業	116.4	0.3	47.4	2.1	6.2
R サービス業(他に分類されないもの)	208.7	0.3	79.1	3.9	10.0
S 公務(他に分類されるものを除く)	107.3	0.1	42.9	2.8	5.1
無職 Non-employed	3 323.2	6.1	1 067.5	45.8	147.0
年齢調整死亡率					
総数 Total	641.9	1.0	214.4	10.0	29.4
就業者総数 Employed	280.0	0.4	103.6	4.8	14.8
第1次産業 Primary	448.9	0.4	143.4	5.8	21.3
A 農業,林業	424.8	0.4	135.9	5.7	20.6
B 漁業	652.7	0.4	222.0	7.5	31.6
第2次産業 Secondary	259.6	0.4	100.8	5.2	14.8
C 鉱業,採石業,砂利採取業	3 140.1	-	1 175.5	89.1	206.5
D 建設業	299.1	0.5	115.6	5.9	16.2
E 製造業	224.0	0.4	85.9	4.4	13.0
第3次産業 Tertiary	230.1	0.3	85.4	4.0	11.2
F 電気・ガス・熱供給・水道業	…	…	…	…	…
G 情報通信業	752.0	0.1	251.8	19.8	25.1
H 運輸業,郵便業	244.1	0.1	85.1	2.7	12.9
I 卸売業,小売業	190.0	0.2	73.7	3.2	9.8
J 金融業,保険業	492.7	-	198.4	6.3	27.1
K 不動産業,物品賃貸業	254.4	0.5	87.1	3.7	10.9
L 学術研究,専門・技術サービス業	194.0	0.1	78.5	3.4	9.8
M 宿泊業,飲食サービス業	330.9	0.4	122.0	8.5	14.8
N 生活関連サービス業,娯楽業	232.0	0.6	86.4	3.7	11.9
O 教育,学習支援業	134.1	-	56.0	2.0	8.8
P 医療,福祉	224.7	0.1	84.5	3.3	11.6
Q 複合サービス事業	472.4	6.2	141.8	1.8	14.1
R サービス業(他に分類されないもの)	195.1	0.2	66.5	2.8	8.2
S 公務(他に分類されるものを除く)	257.2	0.1	109.8	9.3	13.0
無職 Non-employed	1 316.5	1.8	404.8	19.7	52.3

注:1) 大腸は結腸(Se05)と直腸S状結腸移行部及び直腸(Se06)をいう。
   2) 率表の総数には就業状態不詳が、就業者総数には産業不詳が含まれる。

(男性人口10万対)，産業（大分類）・死因（選択死因分類）別

(per 100,000 male population) for males of 15 years of age and over,
death (Selected list of causes of death)

平成27年度
FY 2015

大腸の悪性新生物	Se05 結腸の悪性新生物	Se06 直腸S状結腸移行部及び直腸の悪性新生物	Se07 肝及び肝内胆管の悪性新生物	Se08 胆のう及びその他の胆道の悪性新生物	Se09 膵の悪性新生物	Se10 気管，気管支及び肺の悪性新生物
数 Deaths						
26 979	17 102	9 877	18 946	9 042	16 421	53 481
3 815	2 311	1 504	2 911	1 259	2 991	7 379
620	386	234	476	329	519	1 403
576	360	216	428	304	467	1 265
44	26	18	48	25	52	138
871	475	396	709	260	712	1 786
24	11	13	22	4	18	46
395	205	190	380	141	348	927
452	259	193	307	115	346	813
1 832	1 146	686	1 352	527	1 381	3 297
69	45	24	58	23	58	122
83	52	31	58	19	79	131
219	137	82	160	54	150	418
378	244	134	298	112	280	673
62	36	26	42	11	58	131
128	89	39	103	33	89	259
140	86	54	89	42	92	206
157	89	68	136	50	95	289
104	62	42	73	26	79	218
48	31	17	39	15	46	78
144	88	56	98	51	98	189
19	7	12	9	6	16	26
213	140	73	146	59	158	433
68	40	28	43	26	83	124
492	304	188	374	143	379	893
20 723	13 263	7 460	14 333	7 035	11 993	41 446
2 441	1 528	913	1 702	748	1 437	4 656
率 Death rates						
51.0	32.3	18.7	35.8	17.1	31.0	101.0
11.7	7.1	4.6	8.9	3.9	9.2	22.6
46.1	28.7	17.4	35.4	24.4	38.6	104.2
46.8	29.2	17.5	34.8	24.7	37.9	102.7
38.4	22.7	15.7	41.8	21.8	45.3	120.3
8.6	4.7	3.9	7.0	2.6	7.0	17.6
128.8	59.1	69.8	118.1	21.5	96.6	247.0
10.9	5.7	5.3	10.5	3.9	9.6	25.6
7.0	4.0	3.0	4.7	1.8	5.3	12.5
9.4	5.9	3.5	6.9	2.7	7.1	16.9
28.5	18.6	9.9	24.0	9.5	24.0	50.4
6.8	4.3	2.6	4.8	1.6	6.5	10.8
9.0	5.6	3.4	6.6	2.2	6.2	17.1
8.9	5.7	3.2	7.0	2.6	6.6	15.8
9.7	5.7	4.1	6.6	1.7	9.1	20.6
17.8	12.4	5.4	14.4	4.6	12.4	36.1
11.2	6.9	4.3	7.1	3.4	7.4	16.5
13.1	7.4	5.7	11.4	4.2	7.9	24.2
12.8	7.6	5.2	9.0	3.2	9.7	26.8
4.3	2.8	1.5	3.5	1.3	4.1	6.9
8.5	5.2	3.3	5.8	3.0	5.8	11.2
6.5	2.4	4.1	3.1	2.1	5.5	8.9
9.9	6.5	3.4	6.8	2.7	7.4	20.2
4.6	2.7	1.9	2.9	1.8	5.7	8.5
130.9	83.8	47.1	90.6	44.4	75.8	261.9
死亡率 Age-adjusted death rates						
27.2	16.8	10.4	18.5	8.3	16.6	51.1
11.8	7.4	4.4	9.2	4.5	9.1	24.1
16.4	9.9	6.5	12.0	7.2	13.6	31.9
15.4	9.2	6.1	11.0	7.0	12.2	30.2
22.5	13.7	8.8	21.4	10.4	25.7	54.7
10.9	6.4	4.5	9.4	4.0	9.0	24.2
113.5	56.5	57.0	135.4	12.3	90.6	244.6
11.0	6.1	4.9	11.4	5.1	10.7	29.1
10.3	6.3	4.0	7.5	3.1	7.5	19.8
10.2	6.6	3.6	8.0	3.5	7.6	19.8
...	...	...	...	...	...	...
29.0	19.6	9.4	21.2	9.6	25.6	54.8
10.3	7.1	3.1	8.7	3.2	5.5	22.8
9.0	6.0	3.0	7.4	3.0	6.8	17.3
20.8	12.5	8.3	14.7	5.6	14.2	48.0
10.9	7.6	3.2	8.6	2.9	7.4	21.3
10.7	6.6	4.0	7.6	4.0	7.1	15.1
15.3	8.8	6.5	12.1	5.5	8.9	28.8
10.9	6.6	4.3	7.5	2.8	7.7	22.5
5.5	3.5	2.0	4.7	2.4	3.8	10.1
9.8	6.3	3.5	7.4	3.9	7.1	14.7
14.9	9.4	5.5	16.1	12.6	11.5	33.4
7.9	5.4	2.4	6.0	2.4	5.8	16.5
8.8	5.6	3.2	6.9	5.9	13.8	23.7
60.2	34.7	25.4	34.6	12.4	30.1	90.2

Notes: 1) Large intestine (Regrouped) refers to colon (Se05), rectosigmoid junction and rectum (Se06).
2) The total of rate tables includes "employment status not stated", and the total number of employed persons (employed) includes "industries not stated".

第7表　男15歳以上の死亡数及び死亡率－年齢調整死亡率
Table 7. Deaths, death rates and age-adjusted death rates by industry (major groups) and causes of

産業 Industry	Se11 乳房の悪性新生物	Se12 子宮の悪性新生物	Se13 白血病	Se14 糖尿病	Se15 高血圧性疾患
死亡数					
総数 Total	122	・	5 152	7 134	2 525
就業者総数 Employed	12	・	948	658	236
第1次産業 Primary	2	・	151	107	37
A 農業，林業	2	・	137	101	34
B 漁業	-	・	14	6	3
第2次産業 Secondary	2	・	222	126	41
C 鉱業，採石業，砂利採取業	1	・	9	6	1
D 建設業	1	・	104	69	14
E 製造業	-	・	109	51	26
第3次産業 Tertiary	4	・	466	337	121
F 電気・ガス・熱供給・水道業	-	・	14	11	5
G 情報通信業	-	・	21	16	2
H 運輸業，郵便業	-	・	51	33	19
I 卸売業，小売業	-	・	87	63	26
J 金融業，保険業	-	・	16	8	5
K 不動産業，物品賃貸業	-	・	32	28	10
L 学術研究，専門・技術サービス業	1	・	30	25	8
M 宿泊業，飲食サービス業	-	・	37	37	9
N 生活関連サービス業，娯楽業	-	・	23	25	11
O 教育，学習支援業	-	・	23	4	2
P 医療，福祉	2	・	49	34	6
Q 複合サービス事業	-	・	4	4	1
R サービス業（他に分類されないもの）	1	・	47	37	12
S 公務（他に分類されるものを除く）	-	・	32	12	5
T 産業不詳	4	・	109	88	37
無職 Non-employed	104	・	3 779	5 843	2 028
不詳 Not stated	6	・	425	633	261
死亡率					
総数 Total	0.2	・	9.7	13.5	4.8
就業者総数 Employed	0.0	・	2.9	2.0	0.7
第1次産業 Primary	0.1	・	11.2	7.9	2.7
A 農業，林業	0.2	・	11.1	8.2	2.8
B 漁業	-	・	12.2	5.2	2.6
第2次産業 Secondary	0.0	・	2.2	1.2	0.4
C 鉱業，採石業，砂利採取業	5.4	・	48.3	32.2	5.4
D 建設業	0.0	・	2.9	1.9	0.4
E 製造業	-	・	1.7	0.8	0.4
第3次産業 Tertiary	0.0	・	2.4	1.7	0.6
F 電気・ガス・熱供給・水道業	-	・	5.8	4.5	2.1
G 情報通信業	-	・	1.7	1.3	0.2
H 運輸業，郵便業	-	・	2.1	1.4	0.8
I 卸売業，小売業	-	・	2.0	1.5	0.6
J 金融業，保険業	-	・	2.5	1.3	0.8
K 不動産業，物品賃貸業	-	・	4.5	3.9	1.4
L 学術研究，専門・技術サービス業	0.1	・	2.4	2.0	0.6
M 宿泊業，飲食サービス業	-	・	3.1	3.1	0.8
N 生活関連サービス業，娯楽業	-	・	2.8	3.1	1.4
O 教育，学習支援業	-	・	2.0	0.4	0.2
P 医療，福祉	0.1	・	2.9	2.0	0.4
Q 複合サービス事業	-	・	1.4	1.4	0.3
R サービス業（他に分類されないもの）	0.0	・	2.2	1.7	0.6
S 公務（他に分類されるものを除く）	-	・	2.2	0.8	0.3
無職 Non-employed	0.7	・	23.9	36.9	12.8
年齢調整死亡率					
総数 Total	…	・	5.5	7.1	2.3
就業者総数 Employed	…	・	3.1	2.3	0.8
第1次産業 Primary	…	・	3.7	2.9	0.9
A 農業，林業	…	・	3.5	2.6	0.9
B 漁業	…	・	6.1	4.6	1.1
第2次産業 Secondary	…	・	2.9	2.2	0.7
C 鉱業，採石業，砂利採取業	…	・	51.2	29.4	14.9
D 建設業	…	・	3.0	3.0	0.7
E 製造業	…	・	2.6	1.5	0.7
第3次産業 Tertiary	…	・	2.7	2.2	0.8
F 電気・ガス・熱供給・水道業	…	・	…	…	…
G 情報通信業	…	・	6.2	5.3	0.3
H 運輸業，郵便業	…	・	2.4	1.4	1.2
I 卸売業，小売業	…	・	2.2	1.7	0.7
J 金融業，保険業	…	・	29.3	5.4	2.8
K 不動産業，物品賃貸業	…	・	3.0	2.4	1.0
L 学術研究，専門・技術サービス業	…	・	2.2	2.0	0.8
M 宿泊業，飲食サービス業	…	・	3.5	3.8	0.9
N 生活関連サービス業，娯楽業	…	・	2.4	2.8	1.0
O 教育，学習支援業	…	・	2.6	0.3	0.1
P 医療，福祉	…	・	4.7	2.9	0.4
Q 複合サービス事業	…	・	6.8	14.6	0.3
R サービス業（他に分類されないもの）	…	・	1.9	1.7	0.4
S 公務（他に分類されるものを除く）	…	・	3.9	1.5	2.2
無職 Non-employed	…	・	12.2	20.5	4.1

注：率表の総数には就業状態不詳が、就業者総数には産業不詳が含まれる。

（男性人口10万対），産業（大分類）・死因（選択死因分類）別

(per 100,000 male population) for males of 15 years of age and over,
death (Selected list of causes of death)

平成27年度
FY 2015

Se16 心疾患（高血圧性を除く）	Se17 急性心筋梗塞	Se18 その他の虚血性心疾患	Se19 不整脈及び伝導障害	Se20 心不全	Se21 脳血管疾患	Se22 くも膜下出血
数 Deaths						
91 360	20 635	19 620	14 639	27 008	53 126	4 640
11 457	3 473	2 505	2 083	2 131	6 350	1 493
2 254	594	337	470	601	1 260	151
2 088	536	312	430	576	1 170	128
166	58	25	40	25	90	23
2 479	835	540	443	392	1 448	425
65	26	8	11	10	21	10
1 200	391	266	223	205	722	190
1 214	418	266	209	177	705	225
5 319	1 660	1 206	957	896	2 880	742
186	55	43	34	31	87	39
270	82	51	54	44	153	51
742	274	162	142	102	355	116
1 007	304	225	181	178	556	119
135	49	30	27	21	86	32
382	94	105	44	92	238	22
289	83	74	50	54	154	45
430	124	104	80	75	249	60
302	93	67	52	51	164	44
150	60	25	25	21	82	30
416	123	88	74	81	210	42
51	15	16	6	4	27	9
754	231	171	145	120	420	93
205	73	45	43	22	99	40
1 405	384	422	213	242	762	175
71 587	15 195	14 876	11 396	22 770	42 432	2 602
8 316	1 967	2 239	1 160	2 107	4 344	545
率 Death rates						
172.6	39.0	37.1	27.7	51.0	100.3	8.8
35.1	10.6	7.7	6.4	6.5	19.5	4.6
167.4	44.1	25.0	34.9	44.6	93.6	11.2
169.5	43.5	25.3	34.9	46.8	95.0	10.4
144.7	50.6	21.8	34.9	21.8	78.5	20.1
24.5	8.2	5.3	4.4	3.9	14.3	4.2
349.0	139.6	42.9	59.1	53.7	112.7	53.7
33.2	10.8	7.4	6.2	5.7	20.0	5.3
18.7	6.4	4.1	3.2	2.7	10.9	3.5
27.3	8.5	6.2	4.9	4.6	14.8	3.8
76.8	22.7	17.8	14.0	12.8	35.9	16.1
22.3	6.8	4.2	4.5	3.6	12.6	4.2
30.4	11.2	6.6	5.8	4.2	14.6	4.8
23.7	7.1	5.3	4.3	4.2	13.1	2.8
21.2	7.7	4.7	4.2	3.3	13.5	5.0
53.2	13.1	14.6	6.1	12.8	33.2	3.1
23.1	6.6	5.9	4.0	4.3	12.3	3.6
35.9	10.4	8.7	6.7	6.3	20.8	5.0
37.1	11.4	8.2	6.4	6.3	20.2	5.4
13.3	5.3	2.2	2.2	1.9	7.3	2.7
24.6	7.3	5.2	4.4	4.8	12.4	2.5
17.5	5.2	5.5	2.1	1.4	9.3	3.1
35.1	10.8	8.0	6.8	5.6	19.6	4.3
14.0	5.0	3.1	2.9	1.5	6.8	2.7
452.3	96.0	94.0	72.0	143.9	268.1	16.4
死亡率 Age-adjusted death rates						
87.4	20.9	19.5	14.3	23.5	50.4	6.0
38.9	10.7	8.2	6.8	8.7	21.4	4.0
60.1	15.6	9.2	14.4	13.9	34.3	7.1
57.6	14.0	9.1	14.2	13.9	32.9	5.9
81.5	28.5	11.5	18.7	12.2	45.7	15.7
33.9	10.2	7.0	5.3	7.2	19.0	3.8
480.2	147.4	50.0	70.1	134.9	102.5	45.2
40.0	11.9	8.5	6.4	8.8	23.1	4.3
28.3	8.6	5.9	4.4	5.8	16.0	3.3
33.0	9.0	7.5	5.6	7.1	17.6	3.3
...	...	...	...	...	...	...
121.0	30.9	12.7	27.3	33.7	50.7	6.1
39.7	12.2	8.7	5.4	9.1	21.0	4.4
26.6	7.5	6.0	4.5	5.4	14.8	2.4
51.1	17.8	8.3	11.2	11.5	31.9	6.7
34.6	8.5	9.4	4.1	8.3	21.6	2.3
24.7	5.9	6.4	4.4	5.8	12.6	2.9
44.2	11.4	10.9	7.5	9.4	24.7	5.1
32.8	9.7	7.1	5.9	5.9	17.9	4.7
19.2	4.8	3.7	2.8	4.8	8.1	2.0
32.3	7.7	7.7	5.6	7.8	16.3	2.5
58.8	12.3	27.8	2.6	6.8	50.5	8.5
30.6	8.4	6.3	5.5	6.2	17.6	3.3
32.4	9.5	8.7	6.5	5.0	9.9	3.2
174.0	42.8	41.7	28.7	40.6	93.4	11.9

Note: The total of rate tables includes "employment status not stated", and the total number of employed persons (employed) includes "industries not stated".

第7表　男15歳以上の死亡数及び死亡率－年齢調整死亡率
Table 7. Deaths, death rates and age-adjusted death rates by industry (major groups) and causes of

産業 Industry	Se23 脳内出血	Se24 脳梗塞	Se25 大動脈瘤及び解離	Se26 肺炎	Se27 慢性閉塞性肺疾患
死亡					
総数 Total	17 471	29 772	8 906	64 394	12 613
就業者総数 Employed	2 719	2 013	1 683	3 723	883
第1次産業 Primary	462	633	253	1 112	276
A B 農業，林業	427	603	231	1 067	251
B 漁業	35	30	22	45	25
第2次産業 Secondary	642	353	378	599	140
C 鉱業，採石業，砂利採取業	9	2	14	12	5
D 建設業	342	174	167	254	69
E 製造業	291	177	197	333	66
第3次産業 Tertiary	1 284	783	835	1 526	339
F 電気・ガス・熱供給・水道業	30	16	36	42	8
G 情報通信業	69	28	41	62	20
H 運輸業，郵便業	177	54	114	107	24
I 卸売業，小売業	220	202	170	359	85
J 金融業，保険業	44	8	32	27	13
K 不動産業，物品賃貸業	82	129	48	252	34
L 学術研究，専門・技術サービス業	63	42	50	85	18
M 宿泊業，飲食サービス業	137	49	80	142	23
N 生活関連サービス業，娯楽業	76	41	42	106	25
O 教育，学習支援業	39	10	22	34	7
P 医療，福祉	86	72	55	109	34
Q 複合サービス事業	14	4	11	11	5
R サービス業（他に分類されないもの）	200	118	97	156	42
S 公務（他に分類されるものを除く）	47	10	37	34	6
T 産業不詳	331	244	217	486	128
無職 Non-employed	13 217	25 596	6 378	55 936	10 799
不詳 Not stated	1 535	2 163	845	4 735	931
死亡率					
総数 Total	33.0	56.2	16.8	121.6	23.8
就業者総数 Employed	8.3	6.2	5.2	11.4	2.7
第1次産業 Primary	34.3	47.0	18.8	82.6	20.5
A B 農業，林業	34.7	49.0	18.8	86.6	20.4
B 漁業	30.5	26.2	19.2	39.2	21.8
第2次産業 Secondary	6.3	3.5	3.7	5.9	1.4
C 鉱業，採石業，砂利採取業	48.3	10.7	75.2	64.4	26.8
D 建設業	9.5	4.8	4.6	7.0	1.9
E 製造業	4.5	2.7	3.0	5.1	1.0
第3次産業 Tertiary	6.6	4.0	4.3	7.8	1.7
F 電気・ガス・熱供給・水道業	12.4	6.6	14.9	17.3	3.3
G 情報通信業	5.7	2.3	3.4	5.1	1.6
H 運輸業，郵便業	7.3	2.2	4.7	4.4	1.0
I 卸売業，小売業	5.2	4.7	4.0	8.4	2.0
J 金融業，保険業	6.9	1.3	5.0	4.2	2.0
K 不動産業，物品賃貸業	11.4	18.0	6.7	35.1	4.7
L 学術研究，専門・技術サービス業	5.0	3.4	4.0	6.8	1.4
M 宿泊業，飲食サービス業	11.4	4.1	6.7	11.9	1.9
N 生活関連サービス業，娯楽業	9.3	5.0	5.2	13.0	3.1
O 教育，学習支援業	3.5	0.9	2.0	3.0	0.6
P 医療，福祉	5.1	4.3	3.3	6.5	2.0
Q 複合サービス事業	4.8	1.4	3.8	3.8	
R サービス業（他に分類されないもの）	9.3	5.5	4.5	7.3	2.0
S 公務（他に分類されるものを除く）	3.2	0.7	2.5	2.3	0.4
無職 Non-employed	83.5	161.7	40.3	353.4	68.2
年齢調整					
総数 Total	18.2	24.9	8.7	53.6	10.4
就業者総数 Employed	8.2	8.8	5.2	17.0	4.0
第1次産業 Primary	14.4	12.5	6.4	22.5	5.2
A B 農業，林業	14.2	12.6	6.0	22.7	4.9
B 漁業	17.4	11.8	10.5	18.2	9.9
第2次産業 Secondary	7.2	7.6	4.7	14.8	3.3
C 鉱業，採石業，砂利採取業	27.6	29.7	64.2	243.6	45.0
D 建設業	9.6	8.7	4.4	14.8	3.8
E 製造業	5.6	6.8	4.7	14.2	2.8
第3次産業 Tertiary	6.9	6.9	4.7	14.4	3.2
F 電気・ガス・熱供給・水道業	...	...	...	...	...
G 情報通信業	19.3	21.6	13.5	57.5	21.0
H 運輸業，郵便業	7.6	7.9	5.8	14.8	3.8
I 卸売業，小売業	5.5	6.5	4.3	12.2	2.7
J 金融業，保険業	17.0	6.9	7.2	21.9	11.4
K 不動産業，物品賃貸業	7.6	11.3	4.2	23.1	3.1
L 学術研究，専門・技術サービス業	4.7	4.6	4.1	10.2	2.2
M 宿泊業，飲食サービス業	13.1	6.3	7.9	20.9	3.2
N 生活関連サービス業，娯楽業	8.3	4.6	3.9	12.9	2.9
O 教育，学習支援業	3.5	2.3	2.2	8.4	2.0
P 医療，福祉	5.5	7.6	3.7	12.3	3.6
Q 複合サービス事業	17.3	24.7	21.3	45.5	
R サービス業（他に分類されないもの）	7.3	6.6	3.7	9.3	2.6
S 公務（他に分類されるものを除く）	4.4	2.2	5.3	23.6	4.2
無職 Non-employed	42.8	35.8	13.5	83.3	14.2

注：率表の総数には就業状態不詳が、就業者総数には産業不詳が含まれる。

(男性人口10万対), 産業（大分類）・死因（選択死因分類）別
(per 100,000 male population) for males of 15 years of age and over,
death (Selected list of causes of death)

平成27年度
FY 2015

Se28 喘息	Se29 肝疾患	Se30 腎不全	Se31 老衰	Se32 不慮の事故	Se33 交通事故	Se34 自殺
			数 Deaths			
582	10 065	11 911	21 296	21 763	3 754	15 835
59	1 496	817	966	4 509	1 583	5 435
7	256	216	357	975	247	533
6	229	206	336	866	203	483
1	27	10	21	109	44	50
12	344	150	113	1 213	415	1 520
-	8	1	1	38	11	37
5	201	69	35	642	223	668
7	135	80	77	533	181	815
31	666	350	351	1 856	769	2 747
1	33	9	6	84	35	134
1	44	17	16	83	34	206
3	73	31	15	302	179	383
8	117	81	82	311	117	388
2	25	5	5	50	23	104
2	42	49	70	105	24	78
1	38	27	23	84	28	149
4	109	34	17	170	72	226
-	33	26	17	93	28	148
2	16	9	7	51	23	94
1	43	27	45	115	40	261
-	4	-	1	23	11	30
5	67	32	46	288	109	267
1	22	3	1	97	46	279
9	230	101	145	465	152	635
475	7 491	10 247	19 041	15 130	1 686	8 005
48	1 078	847	1 289	2 124	485	2 395
		率 Death rates				
1.1	19.0	22.5	40.2	41.1	7.1	29.9
0.2	4.6	2.5	3.0	13.8	4.9	16.7
0.5	19.0	16.0	26.5	72.4	18.3	39.6
0.5	18.6	16.7	27.3	70.3	16.5	39.2
0.9	23.5	8.7	18.3	95.0	38.4	43.6
0.1	3.4	1.5	1.1	12.0	4.1	15.0
-	42.9	5.4	5.4	204.0	59.1	198.6
0.1	5.6	1.9	1.0	17.8	6.2	18.5
0.1	2.1	1.2	1.2	8.2	2.8	12.5
0.2	3.4	1.8	1.8	9.5	3.9	14.1
0.4	13.6	3.7	2.5	34.7	14.5	55.4
0.1	3.6	1.4	1.3	6.8	2.8	17.0
0.1	3.0	1.3	0.6	12.4	7.3	15.7
0.2	2.8	1.9	1.9	7.3	2.8	9.1
0.3	3.9	0.8	0.8	7.9	3.6	16.3
0.3	5.9	6.8	9.8	14.6	3.3	10.9
0.1	3.0	2.2	1.8	6.7	2.2	11.9
0.3	9.1	2.8	1.4	14.2	6.0	18.9
-	4.1	3.2	2.1	11.4	3.4	18.2
0.2	1.4	0.8	0.6	4.5	2.0	8.4
0.1	2.5	1.6	2.7	6.8	2.4	15.5
-	1.4	-	0.3	7.9	3.8	10.3
0.2	3.1	1.5	2.1	13.4	5.1	12.4
0.1	1.5	0.2	0.1	6.6	3.1	19.1
3.0	47.3	64.7	120.3	95.6	10.7	50.6
	死 亡 率		Age-adjusted death rates			
0.6	12.5	10.2	16.6	24.3	5.8	28.4
0.2	4.1	3.5	4.9	16.1	5.9	16.7
0.2	11.4	4.5	6.5	39.0	15.1	47.6
0.2	10.4	4.4	6.4	30.8	8.7	47.9
0.4	18.2	4.6	8.3	90.0	53.2	48.2
0.1	3.3	3.3	3.6	16.5	6.1	15.5
-	25.2	2.9	14.9	372.6	85.6	216.6
0.1	4.5	3.5	2.9	22.4	10.1	19.3
0.2	2.4	3.2	4.0	12.0	3.7	13.0
0.2	3.2	3.0	3.9	11.4	4.5	14.0
...	...	...	...	...	...	...
1.2	9.8	16.6	19.0	32.1	11.0	30.7
0.1	2.9	3.3	3.5	16.7	9.2	16.0
0.2	2.5	2.6	3.0	8.2	2.9	8.6
0.3	5.6	3.2	5.5	17.0	6.9	42.2
0.5	3.7	4.3	6.5	10.4	3.1	11.4
0.1	2.5	2.8	3.1	10.0	5.2	11.8
0.4	10.1	4.4	3.2	17.2	7.1	20.0
-	3.3	3.1	2.2	10.9	3.9	19.3
0.1	1.4	2.0	5.4	2.5	9.7	
0.1	2.5	2.3	5.9	7.8	2.6	18.8
	1.0	-	6.2	34.9	16.7	11.6
0.2	2.6	1.9	3.3	13.9	5.8	13.7
0.0	2.0	1.1	1.0	12.9	3.1	18.3
1.3	53.0	17.6	18.7	48.7	8.1	106.7

Note: The total of rate tables includes "employment status not stated", and the total number of employed persons (employed) includes "industries not stated".

第8表　女15歳以上の死亡数及び死亡率－年齢調整死亡率
Table 8.　Deaths, death rates and age-adjusted death rates by industry (major groups) and causes of

産業 Industry	全死因	Se01 結核	Se02 悪性新生物	Se03 食道の悪性新生物	Se04 胃の悪性新生物
			死		亡
総数 Total	619 502	737	151 183	1 918	15 818
就業者総数 Employed	30 441	28	11 706	151	1 223
第1次産業 Primary	5 523	1	1 711	12	207
A 農業，林業	5 200	1	1 578	11	191
B 漁業	323	-	133	1	16
第2次産業 Secondary	4 782	6	1 940	23	212
C 鉱業，採石業，砂利採取業	157	-	71	-	5
D 建設業	1 774	2	750	13	87
E 製造業	2 851	4	1 119	10	120
第3次産業 Tertiary	14 781	14	6 102	89	617
F 電気・ガス・熱供給・水道業	329	-	135	4	11
G 情報通信業	542	2	224	3	21
H 運輸業，郵便業	868	-	372	3	35
I 卸売業，小売業	3 089	3	1 239	9	134
J 金融業，保険業	469	-	245	4	19
K 不動産業，物品賃貸業	1 575	2	461	4	51
L 学術研究，専門・技術サービス業	656	-	323	7	35
M 宿泊業，飲食サービス業	1 711	-	695	23	71
N 生活関連サービス業，娯楽業	1 296	1	540	8	67
O 教育，学習支援業	624	-	304	2	21
P 医療，福祉	1 919	4	900	10	91
Q 複合サービス事業	128	-	54	2	4
R サービス業（他に分類されないもの）	1 172	2	414	6	45
S 公務（他に分類されるものを除く）	403	-	196	4	12
T 産業不詳	5 355	7	1 953	27	187
無職 Non-employed	543 865	666	127 053	1 581	13 341
不詳 Not stated	45 196	43	12 424	186	1 254
			死		亡
総数 Total	1 094.6	1.3	267.1	3.4	28.0
就業者総数 Employed	119.8	0.1	46.1	0.6	4.8
第1次産業 Primary	648.1	0.1	200.8	1.4	24.3
A 農業，林業	637.9	0.1	193.6	1.3	23.4
B 漁業	875.1	-	360.4	2.7	43.4
第2次産業 Secondary	137.0	0.2	55.6	0.7	6.1
C 鉱業，採石業，砂利採取業	4 533.6	-	2 050.2	-	144.4
D 建設業	258.5	0.3	109.3	1.9	12.7
E 製造業	101.8	0.1	40.0	0.4	4.3
第3次産業 Tertiary	74.7	0.1	30.8	0.4	3.1
F 電気・ガス・熱供給・水道業	804.9	-	330.3	9.8	26.9
G 情報通信業	122.3	0.5	50.6	0.7	4.7
H 運輸業，郵便業	148.0	-	63.4	0.5	6.0
I 卸売業，小売業	66.1	0.1	26.5	0.2	2.9
J 金融業，保険業	59.7	-	31.2	0.5	2.4
K 不動産業，物品賃貸業	334.7	0.4	98.0	0.8	10.8
L 学術研究，専門・技術サービス業	101.0	-	49.7	1.1	5.4
M 宿泊業，飲食サービス業	86.4	-	35.1	1.2	3.6
N 生活関連サービス業，娯楽業	104.7	0.1	43.6	0.6	5.4
O 教育，学習支援業	41.7	-	20.3	0.1	1.4
P 医療，福祉	36.2	0.1	17.0	0.2	1.7
Q 複合サービス事業	66.9	-	28.2	1.0	2.1
R サービス業（他に分類されないもの）	86.0	0.1	30.4	0.4	3.3
S 公務（他に分類されるものを除く）	71.9	-	35.0	0.7	2.1
無職 Non-employed	1 989.6	2.4	464.8	5.8	48.8
			年 齢	調	整
総数 Total	390.3	0.4	117.8	1.6	11.5
就業者総数 Employed	169.1	0.2	54.7	0.7	5.9
第1次産業 Primary	234.9	0.0	73.1	0.5	8.8
A 農業，林業	210.3	0.0	64.8	0.4	7.7
B 漁業	...	...	...	...	...
第2次産業 Secondary	225.2	0.4	70.2	0.7	7.9
C 鉱業，採石業，砂利採取業	...	...	...	...	...
D 建設業	355.4	0.6	119.8	1.6	14.3
E 製造業	175.9	0.3	52.1	0.4	5.7
第3次産業 Tertiary	134.0	0.2	44.3	0.6	4.6
F 電気・ガス・熱供給・水道業	...	-	2 018.0	17.1	144.2
G 情報通信業	...	...	...	...	...
H 運輸業，郵便業	553.9	-	162.8	1.8	17.1
I 卸売業，小売業	103.2	0.1	35.6	0.3	3.8
J 金融業，保険業	237.1	-	79.5	2.8	7.5
K 不動産業，物品賃貸業	194.6	0.2	55.9	0.5	6.4
L 学術研究，専門・技術サービス業	219.8	-	84.2	1.0	10.1
M 宿泊業，飲食サービス業	114.6	-	40.4	1.3	4.7
N 生活関連サービス業，娯楽業	112.3	0.1	41.3	0.7	5.3
O 教育，学習支援業	96.0	-	34.3	0.4	2.5
P 医療，福祉	94.1	0.3	33.5	0.5	3.4
Q 複合サービス事業	654.9	-	174.0	0.6	2.5
R サービス業（他に分類されないもの）	110.1	0.2	31.1	0.4	3.7
S 公務（他に分類されるものを除く）	370.4	-	103.1	5.0	4.1
無職 Non-employed	498.4	0.4	169.2	2.3	15.2

注：1）大腸は結腸（Se05）と直腸S状結腸移行部及び直腸（Se06）をいう。
　　2）率表の総数には就業状態不詳が、就業者総数には産業不詳が含まれる。

（女性人口10万対），産業（大分類）・死因（選択死因分類）別

(per 100,000 female population) for females of 15 years of age and over, death (Selected list of causes of death)

平成27年度
FY 2015

大腸の悪性新生物	Se05 結腸の悪性新生物	Se06 直腸S状結腸移行部及び直腸の悪性新生物	Se07 肝及び肝内胆管の悪性新生物	Se08 胆のう及びその他の胆道の悪性新生物	Se09 膵の悪性新生物	Se10 気管，気管支及び肺の悪性新生物
数 Deaths						
22 944	17 360	5 584	9 875	9 095	15 738	21 323
1 506	1 083	423	529	527	1 208	1 332
212	162	50	87	135	225	208
194	148	46	83	125	215	192
18	14	4	4	10	10	16
257	178	79	94	83	183	221
12	8	4	4	5	4	3
105	76	29	42	28	68	94
140	94	46	48	50	111	124
773	547	226	254	232	604	684
21	13	8	6	5	13	16
28	20	8	9	11	25	15
52	35	17	11	16	36	47
156	117	39	55	50	133	135
23	17	6	8	10	19	28
67	51	16	29	24	52	65
34	21	13	17	19	27	37
100	61	39	35	19	59	102
69	50	19	20	24	55	60
32	21	11	12	11	32	24
103	70	33	34	25	89	84
7	4	3	-	1	4	8
55	47	8	11	13	45	48
26	20	6	7	4	15	15
264	196	68	94	77	196	219
19 596	14 934	4 662	8 612	7 936	13 307	18 227
1 842	1 343	499	734	632	1 223	1 764
率 Death rates						
40.5	30.7	9.9	17.4	16.1	27.8	37.7
5.9	4.3	1.7	2.1	2.1	4.8	5.2
24.9	19.0	5.9	10.2	15.8	26.4	24.4
23.8	18.2	5.6	10.2	15.3	26.4	23.6
48.8	37.9	10.8	10.8	27.1	27.1	43.4
7.4	5.1	2.3	2.7	2.4	5.2	6.3
346.5	231.0	115.5	115.5	144.4	115.5	86.6
15.3	11.1	4.2	6.1	4.1	9.9	13.7
5.0	3.4	1.6	1.7	1.8	4.0	4.4
3.9	2.8	1.1	1.3	1.2	3.1	3.5
51.4	31.8	19.6	14.7	12.2	31.8	39.1
6.3	4.5	1.8	2.0	2.5	5.6	3.4
8.9	6.0	2.9	1.9	2.7	6.1	8.0
3.3	2.5	0.8	1.2	1.1	2.8	2.9
2.9	2.2	0.8	1.0	1.3	2.4	3.6
14.2	10.8	3.4	6.2	5.1	11.0	13.8
5.2	3.2	2.0	2.6	2.9	4.2	5.7
5.1	3.1	2.0	1.8	1.0	3.0	5.2
5.6	4.0	1.5	1.6	1.9	4.4	4.8
2.1	1.4	0.7	0.8	0.7	2.1	1.6
1.9	1.3	0.6	0.6	0.5	1.7	1.6
3.7	2.1	1.6	-	0.5	2.1	4.2
4.0	3.4	0.6	0.8	1.0	3.3	3.5
4.6	3.6	1.1	1.2	0.7	2.7	2.7
71.7	54.6	17.1	31.5	29.0	48.7	66.7
死亡率 Age-adjusted death rates						
16.9	12.4	4.5	6.3	5.7	11.1	15.1
7.3	5.4	1.9	2.9	3.0	6.1	6.7
7.3	5.4	1.9	3.1	4.2	7.6	8.3
6.7	5.1	1.6	2.9	3.9	7.2	7.4
...	...	...	...	...	...	...
9.1	6.5	2.6	4.0	3.8	7.3	8.9
...	...	...	...	...	...	...
15.2	10.9	4.3	8.1	5.8	11.2	16.1
6.5	4.8	1.7	2.4	2.9	5.7	6.3
6.0	4.4	1.6	2.5	2.2	4.8	5.6
369.9	308.4	61.5	133.6	99.6	226.9	294.0
...	...	...	...	...	...	...
29.1	20.1	9.1	9.6	12.3	13.5	18.7
4.6	3.5	1.1	2.0	1.8	4.4	4.2
8.1	5.8	2.3	4.8	3.7	8.3	14.8
8.1	6.2	1.9	3.3	2.7	6.5	7.5
7.5	5.3	2.2	7.2	5.2	9.6	11.6
5.9	3.8	2.2	2.8	1.2	3.7	6.2
5.3	3.9	1.3	1.5	2.0	4.2	4.8
4.5	2.7	1.8	2.8	2.0	2.9	4.7
3.4	2.3	1.1	2.1	1.4	3.4	4.6
42.2	28.0	14.2	-	13.6	2.6	48.4
4.7	4.1	0.6	1.1	1.2	3.2	3.6
15.4	12.1	3.3	8.3	2.9	11.0	6.6
23.4	17.0	6.4	7.6	6.9	14.2	19.9

Notes: 1) Large intestine (Regrouped) refers to colon (Se05), rectosigmoid junction and rectum (Se06).
2) The total of rate tables includes "employment status not stated", and the total number of employed persons (employed) includes "industries not stated".

第8表　女15歳以上の死亡数及び死亡率－年齢調整死亡率
Table 8. Deaths, death rates and age-adjusted death rates by industry (major groups) and causes of

産業 Industry	Se11 乳房の 悪性新生物	Se12 子宮の 悪性新生物	Se13 白血病	Se14 糖尿病	Se15 高血圧性疾患
	死			亡	
総　　　　　　数　Total	13 695	6 404	3 449	6 147	4 042
就　業　者　総　数　Employed	1 694	814	337	215	113
第　1　次　産　業　Primary	144	68	63	33	33
A　農　　業　，　林　　業	120	63	61	26	31
B　漁　　　　　　　　　業	24	5	2	7	2
第　2　次　産　業　Secondary	291	129	52	44	15
C　鉱業，採石業，砂利採取業	21	3	1	1	-
D　建　　　設　　　業	92	53	21	20	2
E　製　　　造　　　業	178	73	30	23	13
第　3　次　産　業　Tertiary	983	474	163	107	45
F　電気・ガス・熱供給・水道業	18	14	6	6	1
G　情　　報　　通　　信	46	20	3	2	-
H　運　輸　業，郵　便　業	59	29	6	11	2
I　卸　売　業　，　小　売　業	184	79	41	21	12
J　金　融　業　，　保　険　業	47	30	8	-	1
K　不動産業，物品賃貸業	42	20	5	14	11
L　学術研究，専門・技術サービス業	53	22	6	3	3
M　宿泊業，飲食サービス業	95	49	20	15	5
N　生活関連サービス業，娯楽業	79	47	14	7	3
O　教　育，学　習　支　援　業	73	28	8	2	-
P　医　療　，　福　祉	166	88	23	8	3
Q　複　合　サ　ー　ビ　ス　事　業	17	3	4	2	-
R　サービス業（他に分類されないもの）	62	30	11	12	3
S　公務（他に分類されるものを除く）	42	15	8	4	1
T　産　　業　　不　　詳	276	143	59	31	20
無　　　職　　Non-employed	10 635	4 960	2 851	5 488	3 654
不　　　詳　　Not stated	1 366	630	261	444	275
	死			亡	
総　　　　　　数　Total	24.2	11.3	6.1	10.9	7.1
就　業　者　総　数　Employed	6.7	3.2	1.3	0.8	0.4
第　1　次　産　業　Primary	16.9	8.0	7.4	3.9	3.9
A　農　　業　，　林　　業	14.7	7.7	7.5	3.2	3.8
B　漁　　　　　　　　　業	65.0	13.5	5.4	19.0	5.4
第　2　次　産　業　Secondary	8.3	3.7	1.5	1.3	0.4
C　鉱業，採石業，砂利採取業	606.4	86.6	28.9	28.9	-
D　建　　　設　　　業	13.4	7.7	3.1	2.9	0.3
E　製　　　造　　　業	6.4	2.6	1.1	0.8	0.5
第　3　次　産　業　Tertiary	5.0	2.4	0.8	0.5	0.2
F　電気・ガス・熱供給・水道業	44.0	34.3	14.7	14.7	2.4
G　情　　報　　通　　信	10.4	4.5	0.7	0.5	-
H　運　輸　業，郵　便　業	10.1	4.9	1.0	1.9	0.3
I　卸　売　業　，　小　売　業	3.9	1.7	0.9	0.4	0.3
J　金　融　業　，　保　険　業	6.0	3.8	1.0	-	0.1
K　不動産業，物品賃貸業	8.9	4.2	1.1	3.0	2.3
L　学術研究，専門・技術サービス業	8.2	3.4	0.9	0.5	0.5
M　宿泊業，飲食サービス業	4.8	2.5	1.0	0.8	0.3
N　生活関連サービス業，娯楽業	6.4	3.8	1.1	0.6	0.2
O　教　育，学　習　支　援　業	4.9	1.9	0.5	0.1	-
P　医　療　，　福　祉	3.1	1.7	0.4	0.2	0.1
Q　複　合　サ　ー　ビ　ス　事　業	8.9	1.6	2.1	1.0	-
R　サービス業（他に分類されないもの）	4.5	2.2	0.8	0.9	0.2
S　公務（他に分類されるものを除く）	7.5	2.7	1.4	0.7	0.2
無　　　職　　Non-employed	38.9	18.1	10.4	20.1	13.4
	年	齢	調	整	
総　　　　　　数　Total	15.5	7.2	2.9	3.7	2.1
就　業　者　総　数　Employed	6.0	3.1	1.6	1.3	0.8
第　1　次　産　業　Primary	10.9	4.6	2.5	1.2	1.0
A　農　　業　，　林　　業	8.8	4.2	2.5	0.9	1.0
B　漁　　　　　　　　　業	...	...	...	...	...
第　2　次　産　業　Secondary	7.6	3.7	2.0	2.3	1.1
C　鉱業，採石業，砂利採取業	...	...	...	...	...
D　建　　　設　　　業	11.2	6.6	3.9	4.0	0.6
E　製　　　造　　　業	6.0	2.7	1.4	1.6	1.3
第　3　次　産　業　Tertiary	5.0	2.5	1.1	1.1	0.6
F　電気・ガス・熱供給・水道業	147.1	81.5	144.2	113.1	44.6
G　情　　報　　通　　信	...	...	...	...	...
H　運　輸　業，郵　便　業	11.9	7.7	5.9	6.4	1.4
I　卸　売　業　，　小　売　業	3.7	1.9	1.0	0.9	0.5
J　金　融　業　，　保　険　業	9.1	3.4	2.1	-	1.3
K　不動産業，物品賃貸業	5.1	2.8	0.6	1.6	1.3
L　学術研究，専門・技術サービス業	9.3	5.4	1.5	1.3	1.8
M　宿泊業，飲食サービス業	4.4	2.1	1.1	1.1	0.4
N　生活関連サービス業，娯楽業	5.5	3.3	1.0	0.8	0.3
O　教　育，学　習　支　援　業	5.4	2.2	0.7	0.2	-
P　医　療　，　福　祉	3.7	2.0	0.7	0.6	0.5
Q　複　合　サ　ー　ビ　ス　事　業	20.3	1.1	14.6	14.0	-
R　サービス業（他に分類されないもの）	3.6	1.5	0.9	1.4	0.4
S　公務（他に分類されるものを除く）	8.5	6.4	8.5	5.1	2.4
無　　　職　　Non-employed	27.6	12.8	4.2	4.7	2.3

注：率表の総数には就業状態不詳が，就業者総数には産業不詳が含まれる。

（女性人口10万対），産業（大分類）・死因（選択死因分類）別
(per 100,000 female population) for females of 15 years of age and over, death (Selected list of causes of death)

平成27年度
FY 2015

Se16 心疾患（高血圧性を除く）	Se17 急性心筋梗塞	Se18 その他の虚血性心疾患	Se19 不整脈及び伝導障害	Se20 心不全	Se21 脳血管疾患	Se22 くも膜下出血
\	\	\	数 Deaths	\	\	\
102 935	15 788	14 337	15 412	44 623	57 553	7 838
3 985	806	661	654	1 321	2 980	1 016
836	164	75	160	330	565	118
799	154	73	154	318	545	115
37	10	2	6	12	20	3
598	121	99	91	206	490	184
15	-	5	2	6	19	5
219	40	36	35	82	174	54
364	81	58	54	118	297	125
1 824	403	310	303	546	1 465	584
42	9	7	5	13	21	10
56	6	7	14	18	47	18
105	26	14	14	37	82	29
424	98	66	61	134	286	117
47	13	10	4	14	34	11
264	43	48	43	95	144	31
63	10	13	11	20	53	15
195	51	41	32	44	202	93
155	36	26	27	42	149	65
58	9	11	17	15	65	36
171	47	21	32	42	203	102
12	5	2	3	1	11	3
190	44	37	32	57	140	45
42	6	7	8	14	28	9
727	118	177	100	239	460	130
91 812	13 822	12 460	13 748	40 422	50 568	6 127
7 138	1 160	1 216	1 010	2 880	4 005	695
\	\	率	Death rates	\	\	\
181.9	27.9	25.3	27.2	78.8	101.7	13.8
15.7	3.2	2.6	2.6	5.2	11.7	4.0
98.1	19.2	8.8	18.8	38.7	66.3	13.8
98.0	18.9	9.0	18.9	39.0	66.9	14.1
100.2	27.1	5.4	16.3	32.5	54.2	8.1
17.1	*3.5	2.8	2.6	5.9	14.0	5.3
433.2	-	144.4	57.8	173.3	548.7	144.4
31.9	5.8	5.2	5.1	11.9	25.4	7.9
13.0	2.9	2.1	1.9	4.2	10.6	4.5
9.2	2.0	1.6	1.5	2.8	7.4	3.0
102.8	22.0	17.1	12.2	31.8	51.4	24.5
12.6	1.4	1.6	3.2	4.1	10.6	4.1
17.9	4.4	2.4	2.4	6.3	14.0	4.9
9.1	2.1	1.4	1.3	2.9	6.1	2.5
6.0	1.7	1.3	0.5	1.8	4.3	1.4
56.1	9.1	10.2	9.1	20.2	30.6	6.6
9.7	1.5	2.0	1.7	3.1	8.2	2.3
9.9	2.6	2.1	1.6	2.2	10.2	4.7
12.5	2.9	2.1	1.8	3.4	12.0	5.2
3.9	0.6	0.7	1.1	1.0	4.3	2.4
3.2	0.9	0.4	0.6	0.8	3.8	1.9
6.3	2.6	1.0	1.6	0.5	5.7	1.6
13.9	3.2	2.7	2.3	4.2	10.3	3.3
7.5	1.1	1.2	1.4	2.5	5.0	1.6
335.9	50.6	45.6	50.3	147.9	185.0	22.4
死	亡	率	Age-adjusted death rates	\	\	\
57.6	9.4	8.6	8.9	23.4	33.8	6.4
25.4	4.7	4.0	4.1	9.3	16.5	4.2
27.0	5.3	2.5	5.4	9.8	20.5	5.1
25.9	5.0	2.5	5.2	9.4	19.3	5.1
...	...	...	...	...	...	...
35.1	6.4	5.2	4.9	13.9	22.4	5.7
...	...	...	...	...	...	...
51.1	8.6	8.0	7.5	20.8	33.2	7.3
28.2	5.7	3.9	3.9	10.8	17.4	5.1
20.7	4.0	3.4	3.3	7.2	12.9	3.4
1 319.2	160.6	227.7	179.6	496.0	480.5	120.4
...	...	...	...	...	...	...
89.1	17.7	12.2	9.9	38.4	53.0	8.5
16.7	3.5	2.4	2.3	6.1	9.0	2.8
34.4	8.7	6.9	1.9	12.5	22.4	2.5
30.4	4.8	5.6	4.9	10.9	17.3	4.1
29.4	4.5	6.3	4.6	9.9	18.4	3.0
15.0	3.3	3.2	2.7	3.6	12.5	4.3
14.5	3.3	2.4	2.4	4.2	13.0	5.0
12.8	2.0	2.5	3.5	3.6	10.2	2.6
12.9	3.2	1.6	1.8	4.8	8.6	2.2
70.6	15.1	0.7	27.5	13.6	52.8	0.9
21.0	4.0	3.6	3.5	7.3	12.9	2.9
64.8	9.9	8.1	10.1	29.0	28.7	3.5
66.9	11.1	10.3	10.7	26.1	38.4	7.4

Note: The total of rate tables includes "employment status not stated", and the total number of employed persons (employed) includes "industries not stated".

第8表 女15歳以上の死亡数及び死亡率－年齢調整死亡率
Table 8. Deaths, death rates and age-adjusted death rates by industry (major groups) and causes of

産業 Industry	Se23 脳内出血	Se24 脳梗塞	Se25 大動脈瘤及び解離	Se26 肺炎	Se27 慢性閉塞性肺疾患
死亡数					
総数 Total	14 559	33 662	8 382	53 656	3 023
就業者総数 Employed	890	1 003	564	1 505	82
第1次産業 Primary	162	274	106	403	19
A 農業，林業	151	268	104	383	16
B 漁業	11	6	2	20	3
第2次産業 Secondary	153	145	93	211	10
C 鉱業，採石業，砂利採取業	7	7	2	4	-
D 建設業	62	55	28	91	4
E 製造業	84	83	63	116	6
第3次産業 Tertiary	465	376	289	548	38
F 電気・ガス・熱供給・水道業	7	4	9	17	2
G 情報通信業	13	15	7	26	2
H 運輸業，郵便業	33	18	16	47	4
I 卸売業，小売業	87	73	68	109	8
J 金融業，保険業	13	8	5	17	1
K 不動産業，物品賃貸業	36	73	24	99	6
L 学術研究，専門・技術サービス業	17	20	13	23	1
M 宿泊業，飲食サービス業	61	44	50	49	4
N 生活関連サービス業，娯楽業	52	30	29	38	4
O 教育，学習支援業	12	16	10	28	-
P 医療，福祉	69	24	28	41	2
Q 複合サービス事業	3	5	3	3	-
R サービス業（他に分類されないもの）	51	39	25	39	4
S 公務（他に分類されるものを除く）	11	7	3	12	-
T 産業不詳	110	208	76	343	15
無職 Non-employed	12 583	30 519	7 135	48 524	2 723
不詳 Not stated	1 086	2 140	683	3 627	218
死亡率					
総数 Total	25.7	59.5	14.8	94.8	5.3
就業者総数 Employed	3.5	3.9	2.2	5.9	0.3
第1次産業 Primary	19.0	32.2	12.4	47.3	2.2
A 農業，林業	18.5	32.9	12.8	47.0	2.0
B 漁業	29.8	16.3	5.4	54.2	8.1
第2次産業 Secondary	4.4	4.2	2.7	6.0	0.3
C 鉱業，採石業，砂利採取業	202.1	202.1	57.8	115.5	-
D 建設業	9.0	8.0	4.1	13.3	0.6
E 製造業	3.0	3.0	2.2	4.1	0.2
第3次産業 Tertiary	2.4	1.9	1.5	2.8	0.2
F 電気・ガス・熱供給・水道業	17.1	9.8	22.0	41.6	4.9
G 情報通信業	2.9	3.4	1.6	5.9	0.5
H 運輸業，郵便業	5.6	3.1	2.7	8.0	0.7
I 卸売業，小売業	1.9	1.6	1.5	2.3	0.2
J 金融業，保険業	1.7	1.0	0.6	2.2	0.1
K 不動産業，物品賃貸業	7.6	15.5	5.1	21.0	1.3
L 学術研究，専門・技術サービス業	2.6	3.1	2.0	3.5	0.2
M 宿泊業，飲食サービス業	3.1	2.2	2.5	2.5	0.2
N 生活関連サービス業，娯楽業	4.2	2.4	2.3	3.1	0.3
O 教育，学習支援業	0.8	1.1	0.7	1.9	-
P 医療，福祉	1.3	0.5	0.5	0.8	0.0
Q 複合サービス事業	1.6	2.6	1.6	1.6	-
R サービス業（他に分類されないもの）	3.7	2.9	1.8	2.9	0.3
S 公務（他に分類されるものを除く）	2.0	1.2	0.5	2.1	-
無職 Non-employed	46.0	111.6	26.1	177.5	10.0
年齢調整					
総数 Total	9.3	17.3	5.1	28.1	1.7
就業者総数 Employed	4.7	7.2	3.0	10.8	0.5
第1次産業 Primary	6.1	8.3	3.8	12.2	0.6
A 農業，林業	5.2	8.0	3.9	11.4	0.5
B 漁業	...	...	...	...	...
第2次産業 Secondary	6.1	10.0	4.1	14.8	0.3
C 鉱業，採石業，砂利採取業	...	...	...	...	...
D 建設業	11.1	14.1	5.4	24.9	0.4
E 製造業	4.1	7.9	3.6	10.8	0.3
第3次産業 Tertiary	4.0	5.2	2.6	7.5	0.5
F 電気・ガス・熱供給・水道業	181.8	178.4	208.0	685.8	60.1
G 情報通信業	...	...	...	...	...
H 運輸業，郵便業	21.6	21.2	12.5	52.1	3.9
I 卸売業，小売業	2.7	3.3	2.4	4.8	0.4
J 金融業，保険業	8.5	10.1	2.2	18.2	1.3
K 不動産業，物品賃貸業	4.3	8.4	2.6	11.4	0.7
L 学術研究，専門・技術サービス業	4.9	9.9	4.8	12.1	0.1
M 宿泊業，飲食サービス業	3.3	4.8	3.1	5.0	0.2
N 生活関連サービス業，娯楽業	4.6	3.4	2.4	4.1	0.4
O 教育，学習支援業	2.5	5.1	1.8	7.9	-
P 医療，福祉	3.1	2.9	1.6	5.3	0.0
Q 複合サービス事業	3.1	48.8	15.5	40.8	-
R サービス業（他に分類されないもの）	4.5	5.1	1.8	5.4	0.5
S 公務（他に分類されるものを除く）	6.0	16.8	2.8	22.6	-
無職 Non-employed	11.4	18.4	5.5	31.3	1.9

注：率表の総数には就業状態不詳が、就業者総数には産業不詳が含まれる。

（女性人口10万対），産業（大分類）・死因（選択死因分類）別

(per 100,000 female population) for females of 15 years of age and over,
death (Selected list of causes of death)

平成27年度
FY 2015

Se28 喘息	Se29 肝疾患	Se30 腎不全	Se31 老衰	Se32 不慮の事故	Se33 交通事故	Se34 自殺

数 Deaths

Se28	Se29	Se30	Se31	Se32	Se33	Se34
887	5 655	12 515	65 076	16 020	1 699	6 851
33	312	373	1 389	1 143	317	1 223
6	40	70	381	246	48	103
5	35	61	368	231	45	97
1	5	9	13	15	3	6
5	63	54	182	154	44	189
-	2	1	7	5	1	5
1	33	24	54	47	10	61
4	28	29	121	102	33	123
16	150	162	514	587	195	740
-	3	2	13	14	2	15
-	7	4	27	19	5	34
-	6	8	32	32	15	30
1	35	44	110	127	37	123
-	4	5	10	12	5	25
2	17	24	136	42	3	21
-	5	4	24	9	1	34
2	17	25	32	103	37	101
2	17	15	34	56	26	74
1	6	3	8	15	6	31
3	13	10	29	88	45	165
-	4	1	5	5	2	3
5	14	13	42	48	11	56
-	2	4	12	17	-	28
6	59	87	312	156	30	191
770	4 858	11 322	59 727	13 657	1 230	4 739
84	485	820	3 960	1 220	152	889

率 Death rates

Se28	Se29	Se30	Se31	Se32	Se33	Se34
1.6	10.0	22.1	115.0	28.3	3.0	12.1
0.1	1.2	1.5	5.5	4.5	1.2	4.8
0.7	4.7	8.2	44.7	28.9	5.6	12.1
0.6	4.3	7.5	45.1	28.3	5.5	11.9
2.7	13.5	24.4	35.2	40.6	8.1	16.3
0.1	1.8	1.5	5.2	4.4	1.3	5.4
-	57.8	28.9	202.1	144.4	28.9	144.4
0.1	4.8	3.5	7.9	6.8	1.5	8.9
0.1	1.0	1.0	4.3	3.6	1.2	4.4
0.1	0.8	0.8	2.6	3.0	1.0	3.7
-	7.3	4.9	31.8	34.3	4.9	36.7
-	1.6	0.9	6.1	4.3	1.1	7.7
-	1.0	1.4	5.5	5.5	2.6	5.1
0.0	0.7	0.9	2.4	2.7	0.8	2.6
-	0.5	0.6	1.3	1.5	0.6	3.2
0.4	3.6	5.1	28.9	8.9	0.6	4.5
-	0.8	0.6	3.7	1.4	0.2	5.2
0.1	0.9	1.3	1.6	5.2	1.9	5.1
0.2	1.4	1.2	2.7	4.5	2.1	6.0
0.1	0.4	0.2	0.5	1.0	0.4	2.1
0.1	0.2	0.2	0.5	1.7	0.8	3.1
-	2.1	0.5	2.6	2.6	1.0	1.6
0.4	1.0	1.0	3.1	3.5	0.8	4.1
-	0.4	0.7	2.1	3.0	-	5.0
2.8	17.8	41.4	218.5	50.0	4.5	17.3

死亡率 Age-adjusted death rates

Se28	Se29	Se30	Se31	Se32	Se33	Se34
0.5	4.6	6.8	31.8	11.0	1.7	11.0
0.2	1.5	2.6	10.6	6.3	1.5	5.1
0.2	2.6	2.0	10.8	15.9	1.8	21.8
0.1	1.6	1.8	10.7	7.6	1.7	21.8
...	...	...	...	...	...	...
0.2	2.3	3.5	14.3	7.4	2.0	6.9
...	...	...	...	...	...	...
0.1	5.1	6.3	16.3	12.6	5.2	16.5
0.2	1.3	2.5	12.9	6.2	1.8	5.3
0.2	1.1	2.1	7.8	4.9	1.2	3.9
-	90.6	60.1	579.7	255.2	46.2	112.2
...	...	...	...	...	...	...
-	1.9	7.5	38.5	14.6	5.4	7.8
0.0	0.9	2.0	5.4	4.0	1.0	2.7
-	0.8	5.3	12.6	8.1	2.8	3.8
0.2	2.1	2.7	15.6	9.3	0.3	7.7
-	1.8	1.7	14.1	4.1	0.1	4.4
0.1	1.1	2.5	3.9	6.4	1.8	5.5
0.1	1.4	1.5	4.0	4.6	1.9	6.8
0.3	0.9	1.0	2.7	2.2	0.8	2.4
0.3	0.3	1.0	4.7	3.5	1.1	2.8
-	14.9	0.3	68.1	5.4	0.7	1.0
0.6	1.0	1.2	6.2	3.9	0.6	5.4
-	2.5	7.4	28.8	21.1	-	4.3
0.7	7.6	7.7	33.0	14.1	1.9	21.2

Note: The total of rate tables includes "employment status not stated", and the total number of employed persons (employed) includes "industries not stated".

第9表　男15歳以上の死亡数及び死亡率－年齢調整死亡率

Table 9. Deaths, death rates and age-adjusted death rates by each prefecture (regrouped for 21 major cities)

死亡数
Deaths

都道府県 Prefecture	総数 Total	就業者総数 Employed	A 管理的職業従事者	B 専門的・技術的職業従事者	C 事務従事者	D 販売従事者	E サービス職業従事者
全国 All Japan	664 204	81 022	7 939	10 542	3 534	8 023	9 098
01 北海道	31 671	3 390	377	444	168	394	388
02 青森	8 719	1 357	125	96	47	114	114
03 岩手	8 269	1 533	109	104	59	136	99
04 宮城	11 897	1 416	133	158	59	142	155
05 秋田	7 338	1 183	92	118	46	93	107
06 山形	7 332	1 074	106	100	18	109	96
07 福島	11 975	1 555	169	172	47	157	143
08 茨城	16 172	2 387	172	290	124	228	263
09 栃木	10 744	1 411	154	158	50	150	153
10 群馬	11 084	1 609	157	179	50	160	182
11 埼玉	34 109	3 602	295	421	227	323	382
12 千葉	30 230	3 841	295	482	207	365	394
13 東京	58 657	8 023	939	1 275	380	907	1 156
14 神奈川	41 084	3 873	402	671	268	330	556
15 新潟	14 296	1 775	191	225	53	183	205
16 富山	6 431	566	75	90	18	63	47
17 石川	6 048	796	92	131	36	88	106
18 福井	4 432	610	75	94	24	60	65
19 山梨	4 880	859	88	95	17	65	102
20 長野	12 309	2 433	240	260	75	158	240
21 岐阜	11 356	1 544	180	205	62	170	180
22 静岡	20 241	2 755	305	325	85	269	364
23 愛知	33 850	4 929	553	772	264	543	649
24 三重	10 174	1 472	112	207	61	147	189
25 滋賀	6 348	849	84	140	42	66	91
26 京都	13 019	1 885	200	268	72	207	228
27 大阪	44 862	3 443	341	417	159	324	347
28 兵庫	28 135	2 919	306	403	149	275	303
29 奈良	7 075	720	64	106	33	52	37
30 和歌山	6 219	827	62	90	32	91	71
31 鳥取	3 647	627	49	54	14	31	50
32 島根	4 580	555	67	66	15	55	46
33 岡山	10 939	1 235	117	156	42	130	111
34 広島	14 885	1 252	139	172	54	131	136
35 山口	8 834	963	92	144	45	92	105
36 徳島	4 855	675	65	74	15	51	54
37 香川	5 779	804	85	126	33	79	85
38 愛媛	8 663	1 020	76	120	34	128	90
39 高知	4 902	629	54	71	19	70	64
40 福岡	24 940	2 273	187	329	119	274	265
41 佐賀	4 595	639	60	77	22	77	47
42 長崎	8 128	1 048	94	118	31	115	109
43 熊本	9 995	1 122	95	113	31	89	129
44 大分	6 826	704	57	90	26	56	70
45 宮崎	6 563	878	62	104	31	92	101
46 鹿児島	10 178	1 188	101	144	34	130	129
47 沖縄	5 953	705	43	81	35	49	89
外国 Foreign countries	83	21	3	5	2	2	2
不詳 Not stated	903	48	-	2	-	3	4
21大都市（再掲） 21 major cities (Regrouped)							
50 東京都区部	39 984	5 939	743	949	261	718	866
51 札幌	9 303	802	108	146	46	107	121
52 仙台	4 414	367	35	55	25	40	53
53 さいたま	5 372	461	28	44	17	20	37
54 千葉	4 356	423	36	67	36	55	63
55 横浜	16 462	1 203	142	228	95	106	165
56 川崎	5 723	396	36	74	15	30	55
57 相模原	3 079	416	47	69	25	41	67
58 新潟	4 169	367	59	52	15	34	41
59 静岡	3 964	468	57	57	9	56	62
60 浜松	4 041	519	65	66	16	50	70
61 名古屋	10 971	1 640	236	270	113	221	262
62 京都	6 941	1 127	119	186	37	133	157
63 大阪	15 036	1 386	109	128	54	116	110
64 堺	4 267	218	21	22	8	16	21
65 神戸	7 662	521	59	81	16	32	52
66 岡山	3 318	346	40	55	15	43	42
67 広島	5 062	245	31	35	20	29	23
68 北九州	5 258	326	21	41	12	40	33
69 福岡	5 631	423	51	82	30	53	66
70 熊本	3 245	280	20	37	10	32	41

(男性人口10万対)，都道府県（21大都市再掲）・職業（大分類）別

(per 100,000 male population) for males of 15 years of age and over,
and occupation (major groups)

平成27年度
FY 2015

F 保安職業従事者	G 農林漁業従事者	H 生産工程従事者	I 輸送・機械運転従事者	J 建設・採掘従事者	K 運搬・清掃・包装等従事者	L 職業不詳	無職 Non-employed	不詳 Not stated
1 253	15 136	6 152	3 357	6 703	1 816	7 469	525 996	57 186
69	609	203	173	364	85	116	26 492	1 789
19	515	57	50	124	20	76	7 066	296
14	649	84	54	163	29	33	6 467	269
19	341	94	77	154	25	59	9 981	500
14	426	76	43	136	21	11	6 076	79
13	303	88	25	91	9	116	5 614	644
15	347	138	60	205	36	66	9 690	730
41	536	226	140	258	71	38	13 172	613
15	350	143	60	111	37	30	8 127	1 206
15	393	173	50	150	33	67	8 708	767
55	441	288	143	280	95	652	25 083	5 424
72	511	251	200	315	105	644	23 311	3 078
121	172	352	312	447	193	1 769	45 387	5 247
89	295	232	193	326	89	422	31 539	5 672
22	398	142	66	187	35	54	11 279	1 242
8	100	66	13	61	13	12	4 479	1 386
12	74	90	36	75	17	39	5 164	88
10	120	57	19	57	14	15	3 749	73
15	290	73	18	69	13	14	3 818	203
16	907	186	68	162	46	75	9 398	478
22	241	192	57	155	46	34	9 462	350
51	531	305	99	220	67	134	16 175	1 311
79	539	619	212	332	146	221	27 781	1 140
34	292	150	66	138	31	45	8 484	218
14	122	91	37	75	25	62	5 140	359
34	246	121	72	110	37	290	10 345	789
56	96	218	145	195	73	1 072	31 845	9 574
44	390	246	131	199	66	407	21 614	3 602
9	87	44	15	38	17	218	5 420	935
19	278	62	33	63	11	15	5 184	208
8	217	21	9	39	9	126	2 792	228
9	157	28	16	58	6	32	3 488	537
17	336	111	45	99	37	34	9 049	655
20	268	102	60	85	28	57	12 046	1 587
10	247	63	21	102	22	20	7 261	610
12	258	40	24	55	13	14	3 758	422
6	213	60	33	59	17	8	4 911	64
11	308	78	49	83	17	26	6 964	679
12	200	29	27	66	11	6	4 159	114
37	377	187	100	212	42	144	20 905	1 762
9	222	38	21	41	10	15	3 810	146
20	288	68	54	113	16	22	6 820	260
10	420	74	48	86	12	15	8 758	115
8	226	32	22	62	11	44	5 625	497
12	280	56	37	83	14	6	5 639	46
15	348	63	60	115	28	21	8 801	189
20	170	32	47	77	17	45	4 781	467
-	1	2	-	1	-	3	42	20
1	1	1	3	7	1	25	337	518
76	40	268	246	294	132	1 346	30 334	3 711
22	10	45	41	106	20	30	7 640	861
6	45	18	19	34	8	29	3 736	311
6	14	17	11	17	6	244	3 417	1 494
13	13	34	32	24	20	30	3 713	220
24	33	63	66	95	37	149	12 858	2 401
7	6	10	22	27	9	105	3 292	2 035
9	18	25	19	38	3	55	2 551	112
3	56	18	27	27	13	22	3 123	679
13	65	38	20	32	19	40	3 002	494
5	106	61	16	26	12	26	3 343	179
30	36	153	83	98	43	95	9 173	158
17	56	60	49	42	25	246	5 594	220
12	4	67	38	50	24	674	10 236	3 414
5	10	17	8	15	5	70	3 018	1 031
9	35	22	23	24	10	158	4 926	2 215
4	58	30	14	28	11	6	2 616	356
5	22	12	18	17	3	30	4 367	450
4	19	26	16	31	4	79	4 150	782
8	13	23	16	37	11	33	4 841	367
5	72	16	20	21	2	4	2 927	38

第9表　男15歳以上の死亡数及び死亡率－年齢調整死亡率
Table 9. Deaths, death rates and age-adjusted death rates by each prefecture (regrouped for 21 major cities)

死亡率
Death rates

都道府県 Prefecture	総数 Total	就業者総数 Employed	A 管理的職業従事者	B 専門的・技術的職業従事者	C 事務従事者	D 販売従事者	E サービス職業従事者
全国 All Japan	1 254.6	248.4	687.9	219.5	79.3	194.0	424.1
01 北海道	1 427.9	252.5	709.1	261.7	98.8	247.9	406.4
02 青森	1 622.0	400.9	1 186.9	293.7	123.1	334.1	545.8
03 岩手	1 540.6	434.4	860.5	270.3	140.1	379.5	482.8
04 宮城	1 206.3	231.1	594.1	191.2	64.4	174.8	407.5
05 秋田	1 725.5	446.9	912.3	405.6	142.2	345.7	662.4
06 山形	1 561.3	349.0	901.7	300.8	52.5	335.9	521.9
07 福島	1 451.8	295.3	966.2	307.6	72.2	317.4	494.6
08 茨城	1 296.2	299.3	764.3	261.7	121.1	289.7	620.5
09 栃木	1 277.1	258.3	935.0	214.8	76.4	273.2	481.0
10 群馬	1 337.1	300.0	902.6	270.7	77.4	271.6	523.4
11 埼玉	1 094.0	181.1	480.2	145.4	74.9	116.0	306.5
12 千葉	1 133.7	234.9	541.8	188.3	76.4	159.2	366.5
13 東京	1 025.3	249.1	668.7	195.9	70.8	191.6	508.2
14 神奈川	1 050.1	164.2	488.0	139.7	68.7	101.7	351.7
15 新潟	1 473.8	281.9	807.6	306.5	72.5	249.3	500.6
16 富山	1 446.8	193.4	705.7	243.9	52.2	186.8	296.1
17 石川	1 263.9	257.4	843.5	328.5	100.0	226.5	524.5
18 福井	1 364.1	283.1	870.0	349.9	88.0	252.8	511.5
19 山梨	1 388.7	380.1	1 060.0	315.4	58.6	273.2	585.7
20 長野	1 408.9	414.6	1 059.2	328.7	105.5	247.7	579.3
21 岐阜	1 362.4	279.2	914.0	299.3	90.0	263.0	539.2
22 静岡	1 304.2	266.2	861.3	235.6	71.3	236.3	562.9
23 愛知	1 075.8	237.7	862.1	253.1	98.2	207.6	566.2
24 三重	1 355.4	306.6	783.3	351.5	99.5	310.2	679.5
25 滋賀	1 088.4	223.5	699.6	246.7	80.2	163.0	409.1
26 京都	1 219.4	292.1	880.5	270.4	89.6	240.6	442.6
27 大阪	1 236.7	166.9	460.8	138.7	57.3	100.4	233.4
28 兵庫	1 253.7	216.9	623.8	193.1	77.2	150.7	336.2
29 奈良	1 277.9	218.6	465.3	195.8	62.8	105.2	158.0
30 和歌山	1 586.3	339.5	735.4	300.2	107.3	337.4	405.4
31 鳥取	1 551.4	418.0	926.8	289.9	77.5	186.1	472.8
32 島根	1 598.1	299.6	973.1	291.8	64.2	278.1	368.5
33 岡山	1 390.8	251.0	713.7	251.8	72.0	227.3	404.2
34 広島	1 274.0	169.7	533.5	172.6	58.2	133.8	296.2
35 山口	1 542.0	272.5	723.7	333.1	104.7	253.9	518.3
36 徳島	1 547.4	364.4	1 031.7	299.8	71.1	256.2	443.4
37 香川	1 424.5	324.9	958.2	408.2	102.3	251.6	552.9
38 愛媛	1 537.9	293.3	645.2	283.8	83.7	333.4	398.6
39 高知	1 643.6	373.2	867.7	337.1	102.9	367.6	488.6
40 福岡	1 221.5	187.7	433.1	192.7	75.9	151.8	316.2
41 佐賀	1 383.6	291.9	832.6	294.7	84.9	326.2	337.1
42 長崎	1 476.1	302.7	802.4	270.7	79.7	333.8	429.9
43 熊本	1 399.1	254.0	620.6	194.9	62.9	171.4	389.8
44 大分	1 443.1	237.1	524.8	243.6	74.1	180.6	343.6
45 宮崎	1 486.8	320.1	616.0	311.3	98.5	313.4	518.6
46 鹿児島	1 547.5	295.1	735.5	277.6	67.7	292.7	411.2
47 沖縄	1 040.9	219.3	425.2	195.6	92.2	144.5	291.9
21大都市（再掲） 21 major cities (Regrouped)							
50 東京都区部	1 021.7	275.3	715.7	220.2	72.7	217.7	566.9
51 札幌	1 172.2	175.0	593.7	199.0	66.7	146.5	340.7
52 仙台	969.5	136.9	329.9	115.2	49.7	84.0	270.5
53 さいたま	1 000.5	137.2	225.3	74.1	26.8	35.0	178.0
54 千葉	1 053.2	174.3	434.8	157.6	83.1	143.3	393.3
55 横浜	1 037.0	125.8	382.4	111.0	56.0	73.0	264.7
56 川崎	891.3	102.4	281.5	81.2	21.7	52.1	224.4
57 相模原	988.9	225.5	910.0	205.1	90.5	179.0	538.5
58 新潟	1 235.3	173.0	764.8	179.8	52.9	107.4	282.8
59 静岡	1 336.8	242.4	786.2	227.3	37.4	197.6	494.1
60 浜松	1 212.3	232.3	866.9	199.6	62.5	185.5	548.2
61 名古屋	1 136.5	270.6	944.7	271.4	132.5	208.6	628.6
62 京都	1 156.0	322.1	892.3	320.6	91.9	261.9	486.1
63 大阪	1 348.7	237.7	490.2	150.9	76.9	123.5	225.3
64 堺	1 255.6	106.9	308.2	77.1	29.0	51.6	148.9
65 神戸	1 244.0	147.1	432.8	128.8	29.2	60.4	188.9
66 岡山	1 134.6	186.8	598.4	197.1	62.3	152.9	348.0
67 広島	1 041.7	78.7	266.0	73.1	43.8	55.2	108.9
68 北九州	1 359.2	145.0	268.0	128.9	44.0	134.8	221.8
69 福岡	919.2	120.9	367.2	135.3	58.1	76.6	229.0
70 熊本	1 103.7	156.2	308.8	129.7	41.3	113.7	278.7

注：1）全国には住所地外国、不詳が含まれる。
　　2）総数には就業状態不詳が、就業者総数には職業不詳が含まれる。

（男性人口10万対），都道府県（21大都市再掲）・職業（大分類）別

(per 100,000 male population) for males of 15 years of age and over, and occupation (major groups)

平成27年度
FY 2015

F 保安職業従事者	G 農林漁業従事者	H 生産工程従事者	I 輸送・機械運転従事者	J 建設・採掘従事者	K 運搬・清掃・包装等従事者	無職 Non-employed
123.3	1 132.7	111.6	174.0	267.5	89.7	3 323.2
97.8	633.2	131.8	169.6	314.0	102.9	3 646.9
95.5	1 244.9	124.9	188.7	331.2	94.1	3 905.6
139.8	1 659.7	138.3	193.1	418.4	132.3	3 823.8
86.0	1 149.9	109.1	162.9	251.2	66.5	3 337.1
167.4	1 507.6	163.6	240.3	483.0	124.4	4 165.6
139.2	964.0	135.0	139.3	313.7	49.8	3 733.1
102.0	991.7	130.3	166.2	338.1	95.6	3 855.7
168.4	1 154.8	131.7	258.1	398.8	147.7	3 371.2
115.8	1 110.3	108.6	177.4	268.3	109.0	3 238.3
117.9	1 398.3	132.2	162.6	350.3	95.3	3 338.5
88.8	1 270.0	95.5	120.1	189.0	72.0	2 758.3
128.1	1 060.5	120.9	195.3	268.9	98.2	2 995.6
143.5	1 034.6	130.0	228.4	280.7	112.5	3 481.4
124.1	1 257.8	78.0	156.9	217.5	64.5	2 965.3
123.2	1 012.1	110.2	183.1	289.3	90.1	3 613.2
115.3	849.6	87.7	72.3	232.3	69.9	3 243.4
124.6	640.4	137.5	201.1	277.9	87.3	3 540.9
164.8	1 260.8	115.3	143.1	271.0	103.8	3 839.2
238.6	1 656.5	162.1	161.5	341.5	100.8	3 507.0
140.7	1 703.8	153.7	239.7	341.6	133.3	3 568.9
150.4	1 273.2	142.7	184.2	323.6	130.2	3 661.8
162.1	1 258.0	121.8	160.6	274.6	98.9	3 407.5
166.5	1 305.1	122.6	191.7	245.5	109.2	3 232.4
249.4	1 482.5	120.2	222.4	375.3	98.7	3 665.3
140.3	927.5	95.6	198.0	318.5	108.0	2 982.2
143.0	1 521.1	119.9	214.8	269.7	98.1	3 130.3
105.5	671.8	68.9	125.5	139.9	51.8	2 917.6
107.7	1 174.0	98.5	174.1	223.2	76.8	3 021.7
86.6	828.7	87.3	95.8	185.0	87.3	2 753.7
253.8	1 266.7	144.6	220.6	292.7	70.7	3 907.0
137.3	1 488.2	86.8	103.6	290.4	94.5	3 672.6
139.9	923.0	91.1	144.8	299.0	53.9	3 805.2
144.9	1 326.6	105.0	138.7	244.1	115.6	3 522.2
69.9	1 095.5	68.4	127.3	147.5	60.5	3 339.8
70.6	1 279.6	83.4	82.6	304.1	97.6	3 688.1
211.9	1 616.6	113.6	221.0	318.4	121.8	3 350.9
83.7	1 467.1	123.7	220.7	298.8	102.5	3 714.4
127.4	1 083.4	121.7	217.4	273.8	78.3	3 614.4
214.2	947.7	133.0	271.7	401.1	107.5	4 003.5
88.8	1 024.8	101.2	122.0	212.6	55.5	3 236.4
127.1	1 090.4	95.4	148.5	198.6	75.8	3 572.4
99.6	955.8	126.5	228.8	340.7	78.8	3 565.9
65.7	915.0	106.3	176.9	215.1	45.6	3 648.6
80.7	1 019.4	59.8	114.8	223.6	65.3	3 483.6
121.3	870.1	133.2	207.9	307.9	88.5	3 739.8
111.8	800.3	115.1	225.3	295.0	105.8	3 893.4
129.6	838.2	104.7	218.3	228.8	85.7	2 760.0
156.3	793.2	164.8	275.3	311.4	118.4	3 812.0
130.6	404.4	116.6	141.2	298.3	76.8	3 143.4
62.9	1 806.5	79.4	123.9	162.2	53.6	2 847.5
59.1	524.1	51.8	75.2	83.7	34.8	2 308.6
161.0	673.6	133.8	231.8	148.0	133.3	3 030.2
103.3	614.3	62.6	139.7	168.1	71.5	3 042.3
100.1	312.0	25.3	127.3	115.7	45.8	2 355.1
158.5	1 156.1	89.0	176.5	272.1	23.9	2 971.7
45.7	718.0	54.7	186.2	141.8	101.3	2 885.3
246.9	1 220.7	107.9	172.6	188.0	147.8	3 211.2
78.5	1 225.4	110.8	134.8	157.9	87.6	3 339.9
219.3	1 851.9	168.1	271.7	257.0	114.6	3 585.1
186.0	1 602.3	124.2	283.5	210.3	124.8	3 167.4
99.8	445.4	84.1	129.4	145.0	59.9	3 581.0
77.8	717.4	50.3	65.3	98.7	36.3	2 759.0
85.4	1 007.8	46.1	111.8	125.4	41.5	2 521.4
83.8	1 136.6	102.3	130.7	189.5	96.8	2 919.6
51.8	683.0	25.7	94.7	66.3	16.2	3 180.7
52.1	887.0	58.3	95.5	158.5	28.8	3 133.9
93.4	477.8	82.7	84.8	154.8	57.2	3 045.7
60.5	1 040.2	75.6	221.8	149.9	19.8	3 266.0

Notes: 1) All Japan in includes address of "Foreign countries" and "Not stated"
2) The total includes "employment status not stated", and the total number of employed persons (employed) includes "occupation not stated".

第9表　男15歳以上の死亡数及び死亡率－年齢調整死亡率
Table 9.　Deaths, death rates and age-adjusted death rates by each prefecture (regrouped for 21 major cities)

年齢調整死亡率
Age-adjusted death rates

都道府県 Prefecture	総数 Total	就業者総数 Employed	A 管理的職業従事者	B 専門的・技術的職業従事者	C 事務従事者	D 販売従事者	E サービス職業従事者
全国 All Japan	641.9	280.0	…	346.2	124.9	253.4	479.1
01 北海道	680.3	289.5	…	403.7	145.6	325.6	474.2
02 青森	768.4	391.0	…	…	147.8	455.2	644.8
03 岩手	699.2	415.5	…	488.2	177.4	477.9	602.6
04 宮城	633.8	281.2	…	308.1	60.1	245.7	561.5
05 秋田	720.2	406.9	…	…	158.2	420.8	753.1
06 山形	668.0	331.4	…	…	71.1	394.2	595.2
07 福島	695.5	309.7	…	450.9	148.9	383.9	568.4
08 茨城	673.4	335.6	…	471.5	183.1	352.6	721.0
09 栃木	682.3	295.1	…	413.9	88.8	316.9	509.5
10 群馬	655.9	325.0	…	401.3	140.7	340.4	556.3
11 埼玉	614.1	220.9	…	250.2	122.9	166.7	342.9
12 千葉	610.9	282.1	…	275.0	128.6	232.6	421.2
13 東京	618.2	272.0	…	298.3	126.4	229.3	501.9
14 神奈川	599.4	210.6	…	247.3	104.0	150.1	429.3
15 新潟	669.0	282.4	…	439.0	112.5	300.5	548.9
16 富山	661.4	213.8	…	434.7	…	214.6	294.5
17 石川	642.3	296.0	…	441.4	…	302.7	560.3
18 福井	625.3	291.8	…	…	…	269.5	475.9
19 山梨	644.1	358.1	…	…	…	279.5	603.9
20 長野	607.1	360.0	…	482.9	173.6	292.7	577.2
21 岐阜	637.9	302.1	…	425.8	139.9	312.1	529.4
22 静岡	632.0	306.3	…	369.5	116.5	282.8	562.4
23 愛知	605.8	305.0	…	493.2	167.4	303.5	633.2
24 三重	641.6	338.6	…	497.2	156.0	397.8	696.6
25 滋賀	591.7	286.0	…	393.9	139.6	241.4	490.3
26 京都	607.1	309.2	…	368.9	147.0	283.4	522.4
27 大阪	660.4	199.3	…	234.8	72.1	130.9	277.2
28 兵庫	626.4	262.7	…	298.7	112.8	201.6	375.4
29 奈良	597.1	241.8	…	285.2	85.4	138.0	218.7
30 和歌山	693.3	326.2	…	…	…	330.1	469.5
31 鳥取	716.6	398.1	…	…	…	220.1	643.4
32 島根	663.8	262.7	…	…	…	308.9	444.7
33 岡山	652.5	271.7	…	357.7	109.1	293.6	466.9
34 広島	628.8	196.5	…	245.7	119.1	202.7	334.5
35 山口	666.5	282.5	…	438.0	158.6	277.8	564.3
36 徳島	677.8	359.0	…	…	…	278.7	499.9
37 香川	651.9	336.2	…	…	…	318.1	637.2
38 愛媛	691.6	294.3	…	…	219.6	389.6	466.2
39 高知	697.1	325.2	…	…	…	367.2	580.7
40 福岡	648.9	224.2	…	290.0	105.4	222.8	375.7
41 佐賀	655.4	307.5	…	…	…	384.6	407.8
42 長崎	671.0	331.8	…	363.7	128.1	376.3	506.8
43 熊本	633.1	257.1	…	269.3	114.8	205.9	449.8
44 大分	631.0	247.5	…	…	77.1	176.3	370.0
45 宮崎	663.9	311.2	…	…	100.4	369.8	584.4
46 鹿児島	687.9	288.6	…	…	59.4	347.8	528.0
47 沖縄	647.0	281.9	…	…	163.0	226.0	533.8
21大都市（再掲） 21 major cities (Regrouped)							
50 東京都区部	637.5	290.0	…	339.1	114.9	247.4	524.7
51 札幌	652.7	225.0	…	279.6	145.4	229.2	504.1
52 仙台	581.8	200.4	…	167.0	49.7	120.7	429.6
53 さいたま	594.6	192.1	…	114.3	43.5	54.8	206.7
54 千葉	581.9	207.6	…	198.2	136.4	194.1	516.8
55 横浜	593.5	159.4	…	193.0	90.5	109.3	340.4
56 川崎	619.7	148.2	…	182.5	36.5	72.7	274.3
57 相模原	575.7	284.3	…	387.1	…	286.6	620.6
58 新潟	626.0	196.1	…	258.0	…	156.1	398.8
59 静岡	638.4	266.5	…	…	…	242.1	495.6
60 浜松	596.2	290.5	…	…	…	237.7	610.5
61 名古屋	640.4	335.4	…	433.5	201.7	308.6	667.8
62 京都	601.7	337.0	…	428.0	140.6	284.5	558.6
63 大阪	759.6	269.5	…	272.4	93.1	145.9	252.0
64 堺	650.6	143.1	…	141.2	…	79.3	192.2
65 神戸	624.9	183.2	…	194.8	63.0	82.8	207.3
66 岡山	626.3	222.1	…	268.7	…	210.6	442.7
67 広島	595.5	98.6	…	105.6	48.6	83.5	119.6
68 北九州	653.9	175.1	…	…	…	165.1	239.3
69 福岡	608.3	146.8	…	226.3	73.3	116.2	255.9
70 熊本	590.3	181.3	…	154.4	…	137.5	324.7

注：1）全国には住所地外国、不詳が含まれる。
　　2）総数には就業状態不詳が、就業者総数には職業不詳が含まれる。

（男性人口10万対），都道府県（21大都市再掲）・職業（大分類）別

(per 100,000 male population) for males of 15 years of age and over, and occupation (major groups)

平成27年度
FY 2015

F 保安職業従事者	G 農林漁業従事者	H 生産工程従事者	I 輸送・機械運転従事者	J 建設・採掘従事者	K 運搬・清掃・包装等従事者	無職 Non-employed
143.8	406.8	146.8	231.0	353.7	83.6	1 316.5
115.1	366.8	167.6	305.4	392.2	94.2	1 350.8
...	455.1	172.9	...	532.4	91.6	1 508.5
...	662.8	207.7	...	545.8	113.1	1 375.1
...	505.2	155.5	281.7	346.9	75.1	1 377.4
...	...	191.3	...	518.7	122.4	1 398.4
...	...	214.9	...	375.6	55.4	1 242.6
191.7	...	204.1	...	436.3	148.9	1 490.9
396.2	436.2	185.5	313.9	454.8	145.1	1 377.2
100.7	...	171.9	...	396.8	85.7	1 262.1
187.2	...	169.5	...	482.6	80.0	1 241.3
99.4	398.8	111.2	173.8	250.8	66.7	1 235.5
129.6	389.9	162.5	276.9	360.2	96.6	1 316.3
134.4	...	117.9	205.9	301.7	93.2	1 544.5
158.6	405.2	90.2	183.5	268.0	62.5	1 288.2
175.9	...	134.9	224.0	398.3	99.0	1 218.1
...	...	112.3	...	320.3	66.7	1 153.6
135.7	...	194.8	...	553.1	66.7	1 417.1
...	...	151.8	...	323.5	85.2	1 409.5
...	...	200.6	...	445.3	88.6	1 317.4
196.9	477.8	204.1	...	453.4	109.8	1 223.8
140.8	...	172.8	...	420.4	102.8	1 406.2
189.9	404.9	179.5	209.3	331.9	83.7	1 266.7
194.6	412.9	185.0	302.4	348.8	98.9	1 340.2
258.2	...	188.2	346.4	505.2	90.4	1 353.4
...	...	180.4	...	428.1	119.8	1 247.3
141.2	...	120.6	...	320.9	107.3	1 212.4
102.5	279.0	80.7	178.0	188.7	52.9	1 197.1
99.3	378.2	135.9	286.4	323.0	76.5	1 162.2
...	...	110.4	...	259.2	78.0	1 017.6
...	...	184.2	...	466.9	66.1	1 334.7
...	...	173.9	...	653.8	165.6	1 396.4
...	...	97.3	...	333.9	55.7	1 206.1
274.5	420.1	174.6	167.7	350.7	94.1	1 301.4
72.2	...	95.6	104.7	178.3	54.7	1 255.7
63.8	...	145.7	...	429.9	83.5	1 295.1
...	...	145.7	...	390.2	88.3	1 152.2
...	...	186.6	...	373.8	102.4	1 421.7
...	...	178.7	...	415.8	95.3	1 289.4
...	...	132.4	...	700.0	81.8	1 302.5
84.6	385.7	154.3	181.8	316.3	50.4	1 344.5
...	...	129.5	...	347.6	62.0	1 322.0
...	412.6	193.9	...	529.1	90.7	1 352.5
...	355.3	134.2	...	309.7	42.9	1 396.4
...	...	91.5	...	313.9	51.0	1 184.7
...	341.8	151.0	...	520.4	66.6	1 327.9
...	329.5	142.8	...	408.8	97.9	1 436.3
363.0	...	209.2	...	451.5	89.7	1 319.0
142.4	...	122.9	231.6	310.5	96.2	1 702.9
166.5	...	163.7	...	373.8	88.0	1 240.5
...	...	83.7	...	197.2	103.6	1 378.8
70.9	...	63.3	...	91.7	28.3	1 066.2
...	...	222.2	...	181.4	130.3	1 440.1
121.5	...	77.2	150.3	207.1	74.1	1 329.0
...	...	22.3	...	177.4	46.9	1 098.7
...	...	125.6	...	398.1	15.5	1 479.0
...	...	75.8	...	182.7	81.0	994.4
...	...	117.6	...	244.8	115.7	1 095.0
...	...	175.4	...	210.1	81.8	1 273.7
206.6	...	203.9	...	351.9	98.1	1 437.6
...	...	112.9	...	223.0	132.1	1 273.0
...	...	79.8	...	188.1	59.1	1 455.3
...	...	84.8	...	111.5	37.8	1 083.0
...	...	61.4	...	131.2	30.0	1 008.5
...	...	163.2	...	264.6	74.1	1 219.6
72.0	...	47.9	...	87.4	16.4	1 378.3
42.8	...	107.2	...	269.4	21.7	1 201.4
...	...	108.0	...	183.1	47.9	1 498.4
...	...	104.0	...	281.0	17.2	1 445.0

Notes: 1) All Japan in includes address of "Foreign countries" and "Not stated"
2) The total includes "employment status not stated", and the total number of employed persons (employed) includes "occupation not stated".

第10表 女15歳以上の死亡数及び死亡率－年齢調整死亡率

Table 10. Deaths, death rates and age-adjusted death rates by each prefecture (regrouped for 21 major cities)

死亡数
Deaths

都道府県 Prefecture	総数 Total	就業者総数 Employed	A 管理的職業従事者	B 専門的・技術的職業従事者	C 事務従事者	D 販売従事者	E サービス職業従事者
全国 All Japan	619 502	30 441	2 285	3 559	2 357	3 299	5 260
01 北海道	29 395	1 285	90	165	101	164	243
02 青森	8 477	483	27	34	25	49	76
03 岩手	8 246	502	24	35	38	41	74
04 宮城	11 106	416	36	45	33	47	69
05 秋田	7 485	347	20	35	29	51	69
06 山形	7 603	330	35	22	19	27	65
07 福島	11 829	539	46	69	31	58	87
08 茨城	14 681	770	54	81	69	96	129
09 栃木	9 910	476	42	55	39	47	91
10 群馬	10 365	540	44	53	36	77	87
11 埼玉	28 000	1 348	79	127	119	97	193
12 千葉	25 447	1 669	85	169	126	147	243
13 東京	52 131	3 671	333	462	305	437	688
14 神奈川	34 567	1 668	130	249	156	167	316
15 新潟	14 185	476	48	68	39	50	90
16 富山	6 186	160	11	19	19	21	32
17 石川	6 098	252	15	36	11	36	61
18 福井	4 505	167	8	28	15	24	25
19 山梨	4 714	285	22	26	18	29	59
20 長野	12 145	873	63	85	50	65	162
21 岐阜	10 733	495	33	78	40	62	95
22 静岡	18 723	1 066	85	121	80	137	221
23 愛知	30 094	1 903	187	232	197	227	367
24 三重	9 748	487	31	59	42	56	98
25 滋賀	5 992	240	13	40	26	19	52
26 京都	12 446	771	70	88	44	69	118
27 大阪	38 669	1 484	77	157	95	137	196
28 兵庫	26 721	1 094	94	120	101	121	175
29 奈良	6 854	280	18	34	15	20	29
30 和歌山	6 180	265	20	29	15	27	44
31 鳥取	3 674	254	21	17	6	16	17
32 島根	4 907	208	10	26	19	18	32
33 岡山	10 547	447	33	58	36	54	72
34 広島	14 841	476	38	70	24	44	79
35 山口	9 060	356	28	36	30	41	69
36 徳島	4 862	234	18	24	14	24	35
37 香川	5 785	238	26	32	17	24	44
38 愛媛	8 674	354	26	32	28	36	53
39 高知	5 025	277	25	30	15	37	40
40 福岡	24 905	882	62	147	75	105	138
41 佐賀	4 940	208	14	21	17	21	42
42 長崎	8 663	385	30	47	21	61	71
43 熊本	10 395	470	31	47	29	49	84
44 大分	6 922	248	11	34	18	25	35
45 宮崎	6 697	359	26	43	20	53	52
46 鹿児島	10 846	456	37	44	34	66	86
47 沖縄	5 310	238	8	27	21	19	57
外国 Foreign countries	48	6	1	3	-	1	-
不詳 Not stated	166	3	-	-	-	-	-
21大都市（再掲） 21 major cities (Regrouped)							
50 東京都区部	35 303	2 804	270	343	228	357	533
51 札幌	8 548	275	27	47	28	46	58
52 仙台	4 013	136	9	18	13	11	27
53 さいたま	4 416	222	8	11	7	7	12
54 千葉	3 586	166	9	26	14	24	38
55 横浜	13 981	537	43	73	66	63	94
56 川崎	4 566	175	8	20	14	18	23
57 相模原	2 473	179	7	34	20	18	34
58 新潟	4 102	131	18	18	6	17	22
59 静岡	3 700	218	22	21	17	37	41
60 浜松	3 700	225	28	28	22	24	30
61 名古屋	9 991	660	86	82	87	84	155
62 京都	6 790	531	49	56	27	45	73
63 大阪	12 475	703	19	42	33	50	61
64 堺	3 750	70	6	10	5	5	5
65 神戸	7 381	222	23	21	14	19	24
66 岡山	3 182	130	8	17	9	18	24
67 広島	4 873	85	8	17	7	8	17
68 北九州	5 152	118	9	15	7	10	12
69 福岡	5 521	176	16	39	19	25	33
70 熊本	3 396	167	14	19	11	20	35

(女性人口10万対), 都道府県（21大都市再掲）・職業（大分類）別

(per 100,000 female population) for females of 15 years of age and over, and occupation (major groups)

平成27年度
FY 2015

F 保安職業従事者	G 農林漁業従事者	H 生産工程従事者	I 輸送・機械運転従事者	J 建設・採掘従事者	K 運搬・清掃・包装等従事者	L 職業不詳	無職 Non-employed	不詳 Not stated
240	5 099	1 683	643	1 124	541	4 351	543 865	45 196
15	261	51	39	54	35	67	26 703	1 407
5	191	28	1	14	9	24	7 712	282
2	213	27	12	18	8	10	7 494	250
1	103	21	10	16	6	29	10 309	381
1	80	26	8	10	9	9	7 075	63
1	73	20	3	10	2	53	6 643	630
7	108	45	9	33	6	40	10 666	624
5	190	65	20	33	17	11	13 437	474
2	108	34	13	20	9	16	8 481	953
2	131	37	4	13	12	44	9 191	634
9	194	63	42	60	25	340	22 480	4 172
9	208	64	42	56	35	485	21 637	2 141
29	50	123	61	105	52	1 026	44 609	3 851
27	134	57	50	88	46	248	28 474	4 425
1	104	37	6	8	8	18	12 674	1 035
2	21	15	1	3	7	9	4 719	1 307
4	23	20	7	16	4	19	5 755	91
-	34	15	3	8	4	3	4 288	50
2	84	13	9	10	4	9	4 258	171
3	295	56	14	24	5	51	10 868	404
5	57	60	11	22	15	17	9 911	327
8	162	91	24	40	24	73	16 678	979
12	199	184	33	73	41	151	27 369	822
1	97	39	13	7	9	35	9 079	182
2	31	14	6	6	3	28	5 498	254
6	59	31	6	21	11	248	11 047	628
7	28	58	30	42	21	636	30 117	7 068
12	98	80	18	42	23	210	22 443	3 184
-	26	13	3	7	3	112	5 703	871
-	90	16	4	8	5	7	5 748	167
1	71	10	1	4	3	87	3 241	179
1	58	8	2	7	3	24	4 212	487
3	116	21	12	17	8	17	9 545	555
6	108	43	18	18	3	25	13 100	1 265
3	95	16	13	11	5	9	8 150	554
1	86	13	3	8	2	6	4 259	369
2	60	11	6	8	5	3	5 510	37
1	114	19	9	17	6	13	7 711	609
6	99	5	3	10	3	4	4 631	117
6	157	41	29	54	12	56	22 511	1 512
1	59	5	3	11	4	10	4 607	125
4	95	19	11	12	6	8	8 014	264
3	171	20	6	18	5	7	9 834	91
3	82	8	6	7	3	16	6 231	443
3	106	21	5	17	4	9	6 278	60
3	129	18	7	21	6	5	10 189	201
13	41	2	8	16	5	21	4 685	387
-	-	-	-	1	-	-	35	7
-	-	-	-	-	-	3	56	107
15	10	94	47	62	35	810	29 851	2 648
6	6	8	12	9	9	19	7 604	669
1	30	4	4	7	1	11	3 654	223
1	11	4	2	7	1	151	3 000	1 194
-	4	6	12	8	4	21	3 291	129
10	35	12	21	25	19	76	11 634	1 810
2	-	5	3	8	3	71	2 749	1 642
2	7	5	6	10	1	35	2 227	67
-	32	3	2	3	2	8	3 411	560
2	30	7	7	9	1	24	3 085	397
1	35	22	6	12	10	7	3 347	128
1	13	41	9	14	9	79	9 251	80
2	15	15	5	10	8	226	6 105	154
1	2	9	6	11	6	463	9 518	2 254
-	1	4	2	3	1	28	2 855	825
1	10	6	1	8	10	85	5 130	2 029
2	26	5	7	4	5	5	2 764	288
1	7	-	5	5	1	9	4 478	310
-	7	6	8	10	-	33	4 326	708
3	5	10	8	7	3	8	5 085	260
2	50	4	1	5	1	5	3 197	32

第10表　女15歳以上の死亡数及び死亡率－年齢調整死亡率
Table 10. Deaths, death rates and age-adjusted death rates by each prefecture (regrouped for 21 major cities)

死亡率
Death rates

都道府県 Prefecture	総数 Total	就業者総数 Employed	A 管理的職業従事者	B 専門的・技術的職業従事者	C 事務従事者	D 販売従事者	E サービス職業従事者
全国　All Japan	1 094.6	119.8	1 018.5	79.6	35.2	102.4	113.9
01 北海道	1 160.0	119.1	900.3	92.4	41.6	121.9	113.9
02 青森	1 370.3	169.4	1 132.1	75.6	43.3	146.2	139.3
03 岩手	1 405.3	179.3	1 013.9	76.3	62.2	127.3	138.8
04 宮城	1 062.6	90.7	836.4	58.3	25.5	74.5	83.4
05 秋田	1 531.6	160.3	1 231.5	99.2	59.7	200.2	155.1
06 山形	1 481.8	131.6	1 674.6	56.5	33.3	94.0	136.7
07 福島	1 390.0	138.2	1 323.4	112.9	34.1	130.8	121.2
08 茨城	1 160.3	132.5	1 297.8	86.8	48.2	130.9	125.6
09 栃木	1 157.9	118.4	1 341.0	83.5	41.8	93.8	124.8
10 群馬	1 204.7	131.8	1 365.2	76.4	37.0	155.6	112.2
11 埼玉	891.5	94.0	790.7	55.7	29.6	50.2	81.4
12 千葉	940.6	139.4	983.7	84.8	36.7	88.2	113.2
13 東京	880.5	146.6	1 086.2	99.5	38.1	141.2	183.8
14 神奈川	877.9	98.3	896.2	78.5	31.3	68.7	103.9
15 新潟	1 354.5	94.3	1 241.9	82.7	31.8	82.3	91.5
16 富山	1 281.5	66.9	617.6	44.3	30.4	74.9	71.8
17 石川	1 178.0	97.8	799.6	79.0	16.9	111.8	126.3
18 福井	1 290.3	94.1	598.8	88.0	32.1	121.0	76.5
19 山梨	1 272.1	161.0	1 501.7	86.7	41.5	131.3	172.6
20 長野	1 305.2	187.0	1 801.5	107.9	47.4	126.4	182.1
21 岐阜	1 193.4	112.4	992.8	109.5	35.9	116.0	114.7
22 静岡	1 157.3	134.4	1 346.2	99.9	40.7	133.3	150.3
23 愛知	951.3	126.4	1 503.7	93.6	48.5	119.6	138.7
24 三重	1 213.5	129.9	1 079.8	94.1	45.3	118.3	134.7
25 滋賀	985.8	83.7	639.8	76.3	36.2	53.0	103.1
26 京都	1 050.2	146.9	1 361.9	94.5	33.8	101.1	123.1
27 大阪	974.1	91.0	489.3	55.4	20.4	65.9	67.7
28 兵庫	1 065.6	103.4	940.8	60.8	35.5	85.4	89.3
29 奈良	1 082.8	108.9	674.4	67.3	21.4	56.0	61.3
30 和歌山	1 372.1	133.1	1 168.9	83.5	32.3	110.6	110.9
31 鳥取	1 405.9	197.5	1 832.5	69.7	20.4	109.2	69.1
32 島根	1 552.2	135.3	784.9	85.7	50.5	104.5	101.6
33 岡山	1 214.3	112.6	928.0	76.1	37.7	112.4	97.2
34 広島	1 171.6	82.4	683.0	63.1	16.0	58.5	72.0
35 山口	1 392.8	124.9	1 068.7	64.7	43.2	112.4	115.6
36 徳島	1 385.9	151.3	1 141.4	74.2	37.9	134.3	121.9
37 香川	1 313.2	119.0	1 317.8	83.6	31.7	101.3	122.9
38 愛媛	1 346.9	123.0	1 051.4	62.5	41.4	104.7	93.1
39 高知	1 465.5	181.2	1 743.4	96.1	43.2	215.5	132.1
40 福岡	1 065.6	86.5	637.7	75.2	27.4	78.5	72.8
41 佐賀	1 297.6	110.2	1 010.8	59.5	39.7	97.5	115.2
42 長崎	1 351.3	131.6	1 223.5	81.6	30.9	170.0	113.6
43 熊本	1 264.0	121.4	866.3	60.6	33.0	107.2	111.5
44 大分	1 286.9	101.8	489.8	72.2	32.9	79.8	70.5
45 宮崎	1 315.4	148.2	1 303.3	94.2	36.3	193.8	110.7
46 鹿児島	1 420.9	131.5	1 275.0	64.7	43.3	159.7	119.7
47 沖縄	880.5	90.7	432.0	53.5	30.6	62.5	111.1
21大都市（再掲） 21 major cities (Regrouped)							
50 東京都区部	869.2	163.3	1 112.6	110.5	40.1	173.0	225.2
51 札幌	920.1	72.0	751.7	67.2	27.1	91.5	86.3
52 仙台	825.3	65.4	428.2	44.8	19.1	35.9	74.5
53 さいたま	804.2	92.2	401.2	25.7	9.1	21.0	32.5
54 千葉	852.3	92.0	683.9	79.3	24.9	95.6	123.1
55 横浜	870.3	77.8	683.0	54.9	30.3	63.6	78.5
56 川崎	734.0	63.0	364.3	36.3	15.4	47.3	51.7
57 相模原	793.8	131.7	820.6	138.1	56.1	95.2	135.6
58 新潟	1 107.4	73.7	1 293.1	55.8	12.9	71.1	68.1
59 静岡	1 169.0	141.8	1 595.4	86.3	39.4	173.5	148.6
60 浜松	1 079.2	133.4	2 187.5	100.7	51.9	107.3	99.2
61 名古屋	1 003.2	145.1	1 607.2	103.2	62.8	137.8	191.5
62 京都	1 001.7	177.9	1 397.2	107.2	36.2	112.1	134.0
63 大阪	1 037.7	144.5	342.6	54.3	23.0	83.9	72.9
64 堺	995.8	44.6	423.4	33.9	11.5	24.0	17.1
65 神戸	1 050.2	76.7	800.8	36.8	17.3	47.4	45.0
66 岡山	988.8	85.9	496.6	54.9	22.5	93.2	87.8
67 広島	922.5	34.3	308.0	35.2	9.8	22.8	37.3
68 北九州	1 156.6	63.5	459.7	39.4	14.4	43.4	31.4
69 福岡	785.0	57.3	474.6	67.1	19.8	59.3	64.3
70 熊本	999.7	104.5	795.0	55.3	26.0	97.1	124.0

注：1）全国には住所地外国、不詳が含まれる。
　　2）総数には就業状態不詳が、就業者総数には職業不詳が含まれる。

(女性人口10万対)，都道府県（21大都市再掲）・職業（大分類）別

(per 100,000 female population) for females of 15 years of age and over, and occupation (major groups)

平成27年度
FY 2015

F 保安職業従事者	G 農林漁業従事者	H 生産工程従事者	I 輸送・機械運転従事者	J 建設・採掘従事者	K 運搬・清掃・包装等従事者	無職 Non-employed
352.6	647.7	76.6	954.0	1 837.7	29.7	1 989.6
359.2	423.1	67.5	1 285.0	2 161.7	36.1	2 039.4
404.2	631.1	100.8	157.7	1 804.1	39.3	2 430.4
365.6	822.3	83.0	1 721.7	2 331.6	37.8	2 527.4
59.3	689.0	52.2	708.7	1 116.5	18.1	1 957.1
222.7	506.5	102.3	1 694.9	2 212.4	59.6	2 727.2
186.6	399.8	55.7	587.1	1 605.1	13.2	2 621.8
693.8	478.2	87.9	808.6	1 886.8	22.7	2 498.7
329.6	651.0	102.5	1 011.6	1 743.3	37.6	2 109.0
217.2	525.9	69.9	1 089.7	1 843.3	28.0	2 030.3
228.6	756.6	72.3	318.7	1 259.7	39.0	2 150.5
172.5	973.7	51.7	911.5	1 811.6	20.6	1 471.1
236.9	685.3	89.1	1 089.5	1 945.8	36.6	1 660.9
381.7	824.4	107.3	1 249.0	2 409.9	40.2	1 894.3
534.4	1 231.3	59.1	1 023.3	2 486.6	40.0	1 529.9
98.1	471.5	61.2	321.1	608.4	19.7	2 433.4
431.0	422.5	47.4	137.0	385.6	39.2	2 020.2
811.4	463.1	67.1	1 100.6	1 963.2	21.6	2 388.8
-	736.6	60.8	898.2	2 025.3	33.4	2 646.0
569.8	737.5	67.3	2 702.7	2 949.9	36.4	2 370.2
451.8	787.5	100.8	1 067.9	2 077.9	15.6	2 436.8
511.8	529.3	105.7	1 014.8	1 936.6	41.5	2 246.5
383.0	600.1	92.3	839.2	1 921.2	34.9	2 101.4
321.2	630.8	114.5	660.1	1 669.0	33.0	1 834.7
138.7	988.9	91.8	1 163.8	666.7	30.3	2 285.8
386.8	586.2	38.4	923.1	829.9	14.3	1 850.1
407.9	769.0	66.8	513.7	2 375.6	33.4	1 943.8
218.7	577.8	49.7	871.6	1 582.5	17.9	1 583.6
458.0	657.0	87.2	733.5	2 275.2	30.4	1 742.3
-	552.1	61.9	566.0	1 605.5	19.9	1 631.3
-	574.6	104.9	886.9	2 191.8	34.2	2 423.2
308.6	799.5	75.6	403.2	1 201.2	39.1	2 590.2
302.1	690.8	57.7	583.1	1 724.1	34.3	2 727.1
363.2	808.1	53.7	1 160.5	1 780.1	31.0	2 177.8
344.4	766.4	85.5	1 113.9	1 088.9	7.6	2 066.0
237.3	868.6	72.1	1 417.7	1 103.3	25.2	2 337.0
280.9	813.3	106.1	1 310.0	2 133.3	22.7	2 343.8
452.5	737.3	61.6	1 363.6	1 454.5	36.3	2 486.8
211.0	681.2	77.6	1 395.3	2 728.7	29.8	2 296.2
1 643.8	757.7	52.4	1 244.8	2 949.9	30.6	2 813.4
235.7	690.6	58.3	1 026.2	1 870.5	17.0	1 959.5
186.2	452.8	26.2	688.1	2 111.3	31.1	2 478.5
404.0	609.8	87.5	1 735.0	1 741.7	31.6	2 378.5
293.8	589.0	62.2	752.8	1 444.6	20.5	2 427.4
623.7	688.0	39.4	1 129.9	864.2	18.8	2 216.5
522.6	532.7	89.9	904.2	2 514.8	25.6	2 489.5
432.3	569.4	60.5	882.7	2 234.0	25.6	2 600.6
1 564.4	693.6	14.5	860.2	3 827.8	27.6	1 789.7
308.5	613.5	129.3	1 495.9	2 193.9	41.3	2 008.4
406.5	572.5	39.1	1 140.7	1 132.1	28.9	1 679.0
107.9	2 491.7	42.4	649.4	1 180.4	7.4	1 571.5
121.4	769.2	30.8	301.7	1 351.4	6.5	1 139.2
-	378.8	68.3	2 094.2	1 985.1	31.3	1 644.1
552.5	1 544.6	37.3	1 238.2	1 805.1	48.1	1 535.2
321.0	-	39.1	505.9	1 487.0	19.1	1 080.2
636.9	1 515.2	49.3	1 247.4	3 067.5	8.7	1 571.8
-	607.2	20.3	383.1	669.6	14.7	1 904.8
436.7	872.6	48.8	1 464.4	2 040.8	8.6	1 975.7
192.3	563.7	108.7	996.7	2 654.9	74.0	2 005.9
79.4	1 538.5	134.9	794.4	1 414.1	28.2	2 032.2
302.1	1 078.4	64.7	826.4	2 247.2	45.6	2 006.2
115.7	787.4	28.4	675.7	1 492.5	18.0	1 959.4
-	274.0	38.4	524.9	1 038.1	9.1	1 469.3
145.6	593.5	34.4	151.1	1 877.9	49.1	1 437.8
485.4	855.8	45.8	1 754.4	1 075.3	52.7	1 771.6
132.8	402.5	-	731.0	695.4	6.1	1 786.6
-	665.4	50.1	1 360.5	1 831.5	-	1 838.7
470.2	388.8	71.1	138.0	988.7	16.2	1 716.7
290.3	1 071.4	40.0	282.5	934.6	10.5	2 045.7

Notes: 1) All Japan in includes address of "Foreign countries" and "Not stated"
2) The total includes "employment status not stated", and the total number of employed persons (employed) includes "occupation not stated".

第10表 女15歳以上の死亡数及び死亡率－年齢調整死亡率
Table 10. Deaths, death rates and age-adjusted death rates by each prefecture (regrouped for 21 major cities)

年齢調整死亡率
Age-adjusted death rates

都道府県 Prefecture	総数 Total	就業者総数 Employed	A 管理的職業従事者	B 専門的・技術的職業従事者	C 事務従事者	D 販売従事者	E サービス職業従事者
全国 All Japan	390.3	169.1	…	284.3	64.4	141.4	174.2
01 北海道	402.5	171.4	…	303.9	74.9	184.8	171.6
02 青森	431.0	177.8	…	…	104.9	173.6	192.8
03 岩手	416.2	191.6	…	…	116.3	154.4	185.0
04 宮城	372.7	167.2	…	344.7	46.1	125.4	153.1
05 秋田	422.0	186.7	…	…	110.4	228.1	202.2
06 山形	405.3	158.7	…	…	53.2	113.5	194.0
07 福島	427.7	166.2	…	562.4	59.9	146.7	176.3
08 茨城	420.7	183.8	…	397.9	88.5	181.5	218.9
09 栃木	424.2	154.8	…	406.3	69.0	132.3	177.9
10 群馬	406.6	176.5	…	250.0	59.4	211.0	158.7
11 埼玉	379.5	159.9	…	179.8	60.7	80.8	147.2
12 千葉	378.6	229.9	…	288.4	80.9	155.4	196.9
13 東京	364.8	194.7	…	264.0	61.8	155.7	235.9
14 神奈川	365.9	164.0	…	215.6	79.0	110.3	178.0
15 新潟	398.8	122.0	…	298.8	38.8	107.1	136.0
16 富山	386.7	94.1	…	…	34.0	85.7	108.2
17 石川	388.6	159.5	…	375.7	29.7	156.1	178.2
18 福井	392.6	112.9	…	…	28.2	126.2	80.2
19 山梨	405.9	170.7	…	…	60.8	156.8	190.9
20 長野	380.9	190.4	…	…	85.5	160.2	256.6
21 岐阜	401.4	155.2	…	418.2	53.1	152.7	158.9
22 静岡	386.5	168.5	…	312.2	54.7	166.3	185.5
23 愛知	385.2	189.8	…	360.5	97.7	189.4	214.0
24 三重	402.8	180.7	…	305.4	82.6	169.7	173.5
25 滋賀	376.4	137.6	…	258.1	82.8	103.8	137.8
26 京都	374.0	207.7	…	360.2	47.4	133.6	200.6
27 大阪	383.1	146.5	…	175.7	26.7	91.0	102.6
28 兵庫	386.9	166.4	…	237.1	64.1	129.7	149.2
29 奈良	385.5	177.7	…	344.2	48.3	96.8	96.4
30 和歌山	418.3	150.0	…	…	37.4	117.5	168.5
31 鳥取	403.5	217.3	…	…	50.3	144.9	105.6
32 島根	403.0	150.8	…	…	138.9	104.9	139.8
33 岡山	382.0	154.3	…	340.3	58.1	169.6	161.0
34 広島	395.7	113.3	…	240.6	24.2	84.9	108.1
35 山口	405.3	150.5	…	227.1	63.6	115.0	152.6
36 徳島	418.0	168.7	…	…	59.5	139.8	183.4
37 香川	403.4	146.8	…	…	55.3	121.1	180.9
38 愛媛	403.7	151.0	…	…	89.8	144.1	155.2
39 高知	403.7	181.7	…	…	98.5	210.9	170.5
40 福岡	388.4	138.2	…	336.7	58.0	117.6	111.9
41 佐賀	404.8	136.7	…	…	67.2	115.4	204.5
42 長崎	405.5	183.7	…	349.4	59.3	225.7	180.1
43 熊本	386.0	161.1	…	232.5	65.1	151.7	191.5
44 大分	381.5	139.1	…	…	77.8	111.1	105.4
45 宮崎	400.8	180.4	…	…	62.1	251.6	168.8
46 鹿児島	418.1	164.3	…	…	79.8	197.2	198.6
47 沖縄	388.8	170.1	…	…	133.8	97.1	195.3
21大都市（再掲） 21 major cities (Regrouped)							
50 東京都区部	367.7	203.1	…	281.1	63.8	167.6	254.6
51 札幌	379.3	121.1	…	181.5	44.9	146.8	187.3
52 仙台	350.2	163.4	…	261.4	36.5	61.4	151.9
53 さいたま	354.3	197.2	…	80.9	15.1	35.6	43.7
54 千葉	363.7	165.4	…	292.7	61.3	196.1	206.7
55 横浜	363.8	132.1	…	139.8	80.2	107.9	130.7
56 川崎	354.4	115.3	…	62.3	33.8	82.2	108.4
57 相模原	359.6	232.5	…	…	160.4	179.9	295.5
58 新潟	382.6	114.2	…	217.9	24.2	127.7	98.9
59 静岡	386.4	192.2	…	…	79.0	212.8	193.3
60 浜松	361.8	178.2	…	…	56.0	151.7	152.2
61 名古屋	394.6	204.0	…	277.1	106.1	185.2	242.3
62 京都	366.2	248.0	…	352.7	43.9	135.3	207.9
63 大阪	403.6	203.3	…	158.6	25.3	90.1	91.8
64 堺	395.2	65.3	…	…	20.7	45.1	14.2
65 神戸	387.9	132.2	…	118.0	26.5	87.6	59.5
66 岡山	362.9	140.8	…	220.6	36.7	140.6	169.0
67 広島	376.9	55.2	…	104.3	13.0	38.3	59.9
68 北九州	373.0	99.6	…	…	32.9	65.2	40.3
69 福岡	365.8	95.9	…	261.9	39.1	99.2	95.7
70 熊本	377.6	180.3	…	187.8	60.1	168.5	288.8

注：1）全国には住所地外国、不詳が含まれる。
　　2）総数には就業状態不詳が、就業者総数には職業不詳が含まれる。

（女性人口10万対），都道府県（21大都市再掲）・職業（大分類）別

(per 100,000 female population) for females of 15 years of age and over,
and occupation (major groups)

平成27年度 FY 2015

F 保安職業従事者	G 農林漁業従事者	H 生産工程従事者	I 輸送・機械運転従事者	J 建設・採掘従事者	K 運搬・清掃・包装等従事者	無職 Non-employed
...	204.1	123.4	...	2 293.5	32.6	498.4
...	203.7	70.6	...	...	43.1	516.5
...	...	144.8	...	...	22.9	574.2
...	...	184.3	...	...	60.5	581.1
...	...	93.7	...	...	22.6	486.5
...	...	126.1	...	...	...	610.1
...	...	158.4	...	...	7.1	525.3
...	...	240.1	...	...	48.7	582.3
...	...	173.1	...	...	59.3	558.5
...	...	153.2	...	...	46.6	546.4
...	...	119.9	...	...	56.0	521.0
...	...	96.7	...	...	29.7	437.2
...	...	170.5	...	...	48.2	470.1
740.5	...	114.2	...	...	30.0	500.6
...	...	130.1	...	...	43.3	430.0
...	...	104.0	...	...	23.1	536.9
...	...	93.6	...	...	32.6	462.0
...	...	113.0	...	...	31.1	568.2
...	...	63.5	...	...	...	584.2
...	...	118.2	...	...	40.6	538.9
...	...	199.0	...	...	10.3	529.5
...	...	156.0	...	...	40.1	561.0
...	...	153.7	...	...	41.7	489.8
...	...	175.6	...	...	29.9	515.2
...	...	147.7	...	...	23.2	535.1
...	...	72.9	...	...	23.7	472.8
...	...	69.3	...	...	34.0	493.8
...	...	60.3	...	...	23.7	429.6
...	...	161.0	...	...	30.5	448.9
...	...	78.7	...	...	20.2	423.1
...	...	120.5	...	...	62.7	552.6
...	...	110.5	...	...	...	551.4
...	...	108.1	...	...	...	524.8
...	...	100.3	...	...	47.2	490.1
...	...	139.4	...	...	4.1	501.9
...	...	107.9	...	...	28.3	522.0
...	...	110.4	...	...	...	525.1
...	...	103.5	...	...	48.5	555.3
...	...	113.7	...	...	44.1	511.8
...	...	...	...	...	...	596.7
...	...	121.5	...	...	12.7	511.4
...	...	48.4	...	...	38.4	569.4
...	...	108.1	...	...	44.1	532.0
...	...	142.0	...	...	20.3	566.3
...	...	77.9	...	...	...	496.9
...	...	118.7	...	...	...	555.4
...	...	104.5	...	...	12.4	570.1
...	...	7.9	...	...	14.3	555.5
488.3	...	118.8	...	...	31.2	527.8
...	...	53.9	...	...	31.8	465.8
...	...	...	...	...	40.2	464.5
...	...	39.3	...	...	13.1	333.7
...	...	91.7	...	...	...	492.9
...	...	96.9	...	...	42.1	431.5
...	...	95.9	...	...	15.7	309.2
...	...	44.2	...	...	6.7	500.3
...	...	55.6	...	...	33.8	470.6
...	...	74.3	...	...	...	466.1
...	...	176.7	...	...	...	447.8
...	...	164.5	...	...	19.0	551.8
...	...	56.8	...	...	42.1	521.2
...	...	33.6	...	...	26.5	508.3
...	...	81.9	...	...	2.9	408.3
...	...	77.0	...	...	46.3	379.3
...	...	122.4	...	...	...	436.1
...	...	-	...	...	2.3	497.6
...	...	144.0	...	...	...	427.8
...	...	152.4	...	...	11.0	534.0
...	...	91.1	...	...	...	557.1

Notes: 1) All Japan in includes address of "Foreign countries" and "Not stated"
2) The total includes "employment status not stated", and the total number of employed persons (employed) includes "occupation not stated".

第11表　男15歳以上の死亡数及び死亡率－年齢調整死亡率
Table 11. Deaths, death rates and age-adjusted death rates by each prefecture (regrouped for 21 major cities)

死亡数 / Deaths

都道府県 Prefecture	総数 Total	就業者総数 Employed	第1次産業 Primary	A 農業,林業	B 漁業	第2次産業 Secondary	C 鉱業,採石業砂利採取業	D 建設業	E 製造業	第3次産業 Tertiary	F 電気・ガス・熱供給・水道業	G 情報通信業
全国 All Japan	664 204	81 022	16 066	14 813	1 253	18 391	459	8 877	9 055	36 364	1 366	1 831
01 北海道	31 671	3 390	664	492	172	762	19	511	232	1 710	61	66
02 青森	8 719	1 357	537	481	56	232	3	159	70	493	15	18
03 岩手	8 269	1 533	665	615	50	312	9	206	97	505	20	31
04 宮城	11 897	1 416	362	325	37	347	4	212	131	641	20	35
05 秋田	7 338	1 183	437	433	4	282	4	179	99	443	12	28
06 山形	7 332	1 074	323	318	5	235	6	118	111	361	13	16
07 福島	11 975	1 555	381	368	13	428	9	246	173	661	28	35
08 茨城	16 172	2 387	566	545	21	637	12	321	304	1 102	41	52
09 栃木	10 744	1 411	371	364	7	340	12	149	179	587	21	35
10 群馬	11 084	1 609	396	388	8	420	10	193	217	690	26	26
11 埼玉	34 109	3 602	463	451	12	817	12	372	433	1 475	55	71
12 千葉	30 230	3 841	551	509	42	790	29	425	336	1 771	81	106
13 東京	58 657	8 023	223	183	40	1 415	31	643	741	4 269	99	290
14 神奈川	41 084	3 873	331	289	42	883	18	420	445	2 106	74	166
15 新潟	14 296	1 775	428	402	26	465	11	250	204	800	29	22
16 富山	6 431	566	116	104	12	170	1	85	84	257	19	8
17 石川	6 048	796	115	98	17	252	3	118	131	423	18	20
18 福井	4 432	610	128	107	21	175	2	82	91	288	23	7
19 山梨	4 880	859	305	299	6	210	6	89	115	316	12	14
20 長野	12 309	2 433	935	919	16	530	9	234	287	845	37	75
21 岐阜	11 356	1 544	259	254	5	482	13	203	266	755	36	39
22 静岡	20 241	2 755	572	531	41	752	10	294	448	1 229	50	46
23 愛知	33 850	4 929	583	536	47	1 519	34	479	1 006	2 523	119	94
24 三重	10 174	1 472	312	263	49	399	11	181	207	689	30	22
25 滋賀	6 348	849	128	124	4	241	4	98	139	386	22	21
26 京都	13 019	1 885	260	247	13	332	7	151	174	853	17	27
27 大阪	44 862	3 443	130	104	26	584	20	240	324	1 199	44	42
28 兵庫	28 135	2 919	412	355	57	642	23	256	363	1 261	50	48
29 奈良	7 075	720	96	93	3	124	1	55	68	252	9	9
30 和歌山	6 219	827	285	264	21	159	4	81	74	347	21	17
31 鳥取	3 647	627	223	216	7	82	2	52	28	160	6	10
32 島根	4 580	555	156	141	15	118	2	73	43	218	7	17
33 岡山	10 939	1 235	354	340	14	291	13	123	155	529	22	32
34 広島	14 885	1 252	288	274	14	302	7	123	172	571	24	20
35 山口	8 834	963	256	224	32	219	8	116	95	451	16	14
36 徳島	4 855	675	256	233	23	116	3	60	53	246	9	9
37 香川	5 779	804	221	202	19	197	5	89	103	372	19	13
38 愛媛	8 663	1 020	308	275	33	225	7	103	115	448	22	19
39 高知	4 902	629	211	192	19	130	8	83	39	278	10	7
40 福岡	24 940	2 273	417	388	29	523	19	278	226	1 111	45	60
41 佐賀	4 595	639	227	209	18	113	1	57	55	270	4	16
42 長崎	8 128	1 048	306	243	63	231	6	138	87	484	12	20
43 熊本	9 995	1 122	435	409	26	215	8	118	89	441	17	24
44 大分	6 826	704	245	231	14	133	6	76	51	269	5	18
45 宮崎	6 563	878	290	278	12	166	6	102	58	408	17	21
46 鹿児島	10 178	1 188	358	336	22	250	14	147	89	546	20	25
47 沖縄	5 953	705	178	159	19	130	7	82	41	304	8	19
外国 Foreign countries	83	21	2	2	-	6	-	1	5	10	-	1
不詳 Not stated	903	48	1	-	1	8	-	6	2	11	1	-
21大都市(再掲) 21 major cities (Regrouped)												
50 東京都区部	39 984	5 939	83	51	32	1 023	20	446	557	3 207	64	197
51 札幌	9 303	802	22	15	7	200	2	149	49	467	18	24
52 仙台	4 414	367	51	50	1	78	2	52	24	212	2	11
53 さいたま	5 372	461	17	15	2	49	1	25	23	126	4	6
54 千葉	4 356	423	15	13	2	89	4	44	41	274	11	17
55 横浜	16 462	1 203	35	30	5	277	7	118	152	705	27	62
56 川崎	5 723	396	12	9	3	67	4	34	29	177	7	28
57 相模原	3 079	416	24	23	1	93	4	55	34	238	5	14
58 新潟	4 169	367	67	64	3	79	-	48	31	198	5	7
59 静岡	3 964	468	68	61	7	109	2	41	66	236	11	12
60 浜松	4 041	519	112	104	8	149	1	49	99	216	5	1
61 名古屋	10 971	1 640	50	40	10	467	13	164	290	1 023	33	32
62 京都	6 941	1 127	68	62	6	158	4	61	93	560	5	13
63 大阪	15 036	1 386	11	4	7	161	6	63	92	372	11	14
64 堺	4 267	218	15	12	3	38	2	15	21	64	1	2
65 神戸	7 662	521	36	32	4	73	5	31	37	182	5	11
66 岡山	3 318	346	56	53	3	78	6	34	38	188	10	10
67 広島	5 062	245	27	23	4	60	-	27	33	116	7	6
68 北九州	5 258	326	24	19	5	73	6	37	30	131	8	4
69 福岡	5 631	423	17	14	3	100	6	59	35	254	10	23
70 熊本	3 245	280	72	68	4	52	1	36	15	148	4	8

(男性人口10万対), 都道府県（21大都市再掲）・産業（大分類）別

(per 100,000 male population) for males of 15 years of age and over, and industry (major groups)

平成27年度
FY 2015

H 運輸業, 郵便業	I 卸売業, 小売業	J 金融業, 保険業	K 不動産業, 物品賃貸業	L 学術研究, 専門・技術サービス業	M 宿泊業, 飲食サービス業	N 生活関連サービス業, 娯楽業	O 教育, 学習支援業	P 医療, 福祉	Q 複合サービス事業	R サービス業（他に分類されないもの）	S 公務（他に分類されるものを除く）	T 産業不詳	無職 Non-employed	不詳 Not stated
4 296	7 160	1 150	2 820	2 224	3 195	2 115	1 033	2 784	339	4 482	1 569	10 201	525 996	57 186
210	353	42	97	71	142	107	48	155	20	231	107	254	26 492	1 789
66	112	19	27	15	41	36	8	41	5	53	37	95	7 066	296
54	123	15	22	15	37	27	24	28	13	66	30	51	6 467	269
99	142	15	26	35	47	47	11	51	3	75	35	66	9 981	500
50	92	10	17	27	48	27	14	30	9	58	21	21	6 076	79
30	84	13	23	25	32	12	6	28	4	62	13	155	5 614	644
67	156	19	24	34	54	39	20	59	7	95	24	85	9 690	730
175	214	35	44	65	100	60	35	77	13	135	56	82	13 172	613
79	121	11	21	31	54	51	15	41	8	77	22	113	8 127	1 206
75	149	30	50	33	70	39	22	54	10	83	23	103	8 708	767
193	250	51	123	96	107	98	46	106	14	188	77	847	25 083	5 424
271	309	75	124	115	128	93	41	110	17	215	86	729	23 311	3 078
405	703	143	745	365	362	245	113	276	27	375	121	2 116	45 387	5 247
262	328	56	226	147	171	105	61	155	17	234	104	553	31 539	5 672
93	173	36	23	46	81	48	19	62	8	131	29	82	11 279	1 242
28	54	6	8	8	12	14	10	20	2	50	18	23	4 479	1 386
39	92	12	16	31	46	28	11	23	7	61	19	6	5 164	88
36	70	8	10	13	19	16	6	23	-	45	12	19	3 749	73
21	72	4	19	13	51	15	7	28	4	44	12	28	3 818	203
87	164	14	39	46	103	35	21	72	12	109	31	123	9 398	478
83	173	24	43	37	71	50	18	47	6	104	24	48	9 462	350
138	262	27	86	77	160	82	29	80	8	142	42	202	16 175	1 311
317	524	86	236	156	224	126	73	168	21	307	72	304	27 781	1 140
85	131	14	39	41	84	39	21	46	6	108	23	72	8 484	218
50	68	13	15	23	32	20	11	24	-	64	23	94	5 140	359
88	173	18	96	77	79	57	22	76	4	96	23	440	10 345	789
163	238	31	144	76	91	75	33	83	2	132	45	1 530	31 845	9 574
160	248	45	117	78	102	66	50	98	11	140	48	604	21 614	3 602
25	51	7	17	22	7	15	11	29	2	36	12	248	5 420	935
39	70	12	20	13	31	15	7	27	4	51	20	36	5 184	208
14	29	5	7	13	17	10	3	22	1	17	6	162	2 792	228
17	47	10	7	10	16	15	8	16	5	28	15	63	3 488	537
59	108	22	29	23	39	33	22	41	8	74	17	61	9 049	655
84	119	15	30	29	42	26	17	53	4	75	33	91	12 046	1 587
43	92	23	24	29	36	37	18	33	4	55	27	37	7 261	610
30	53	6	13	11	20	14	1	23	-	45	12	57	3 758	422
35	77	15	17	25	26	22	14	39	2	44	24	14	4 911	64
57	117	20	14	20	38	17	10	47	2	52	13	39	6 964	679
27	66	8	21	12	27	16	8	28	4	29	15	10	4 159	114
123	210	39	58	74	90	55	33	115	9	149	51	222	20 905	1 762
26	70	11	4	12	24	12	9	31	3	34	14	29	3 810	146
62	114	20	18	27	43	27	15	51	4	49	22	27	6 820	260
48	69	16	15	31	37	25	11	45	12	72	19	31	8 758	115
21	54	9	8	14	28	18	8	23	2	43	18	57	5 625	497
41	76	10	17	15	40	34	12	31	4	63	27	14	5 639	46
74	121	18	16	32	51	42	14	43	9	58	23	34	8 801	189
43	35	9	23	16	32	25	16	26	2	26	24	93	4 781	467
1	3	1	2	-	1	-	1	-	-	-	-	3	42	20
3	1	2	-	-	2	-	-	-	-	2	-	28	337	518
311	572	100	573	272	290	184	76	206	23	277	62	1 626	30 334	3 711
51	83	15	60	24	30	26	16	55	4	46	15	113	7 640	861
27	50	6	9	16	15	15	7	22	-	22	10	26	3 736	311
19	22	4	9	6	12	12	5	5	2	15	5	269	3 417	1 494
36	40	11	29	18	21	14	5	22	2	35	13	45	3 713	220
89	102	24	80	54	52	36	21	48	8	75	27	186	12 858	2 401
25	24	2	21	9	17	5	3	14	2	11	9	140	3 292	2 035
23	50	6	33	16	14	10	7	22	1	21	16	61	2 551	112
33	34	11	7	15	10	14	6	17	1	30	8	23	3 123	679
26	58	9	16	9	22	18	8	16	-	25	6	55	3 002	494
25	47	5	19	19	30	11	7	16	1	22	8	42	3 343	179
116	223	33	126	72	92	48	22	69	5	127	25	100	9 173	158
62	103	12	81	54	55	42	13	51	2	56	11	341	5 594	220
43	82	14	44	19	37	30	5	30	1	34	8	842	10 236	3 414
11	13	4	8	8	1	5	2	2	1	6	-	101	3 018	1 031
22	26	6	23	19	14	7	6	20	1	18	4	230	4 926	2 215
18	37	10	12	9	14	13	8	15	4	21	7	24	2 616	356
23	23	6	6	7	3	4	3	10	-	7	11	42	4 367	450
12	32	1	5	9	12	9	4	16	1	17	1	98	4 150	782
20	38	12	21	22	24	10	8	30	4	24	8	52	4 841	367
16	22	8	6	11	11	9	5	15	3	20	10	8	2 927	38

201

第11表　男15歳以上の死亡数及び死亡率－年齢調整死亡率

Table 11. Deaths, death rates and age-adjusted death rates by each prefecture (regrouped for 21 major cities)

死亡率
Death rates

都道府県 Prefecture	総数 Total	就業者総数 Employed	第1次産業 Primary	A 農業,林業	B 漁業	第2次産業 Secondary	C 鉱業,採石業砂利採取業	D 建設業	E 製造業	第3次産業 Tertiary	F 電気・ガス・熱供給・水道業	G 情報通信業
全国 All Japan	1 254.6	248.4	1 193.4	1 202.8	1 092.3	181.5	2 464.2	245.4	139.4	186.7	564.3	150.9
01 北海道	1 427.9	252.5	665.5	623.7	823.1	251.5	1 044.0	289.6	186.1	197.8	532.4	218.9
02 青森	1 622.0	400.9	1 258.4	1 300.0	987.3	262.6	704.2	307.6	193.2	249.8	547.8	464.2
03 岩手	1 540.6	434.4	1 663.0	1 696.6	1 338.0	272.4	1 694.9	368.4	166.9	260.9	765.7	671.6
04 宮城	1 206.3	231.1	1 183.2	1 255.5	786.1	190.5	995.0	220.8	152.8	165.8	291.3	209.3
05 秋田	1 725.5	446.9	1 482.2	1 501.0	627.9	339.6	881.1	436.6	238.0	299.4	554.5	963.2
06 山形	1 561.3	349.0	1 003.3	1 001.3	1 146.8	214.7	2 205.9	281.0	165.2	226.5	610.0	483.4
07 福島	1 451.8	295.3	1 068.8	1 054.5	1 735.6	218.9	2 137.8	288.0	157.7	240.1	425.1	591.0
08 茨城	1 296.2	299.3	1 266.8	1 252.5	1 801.0	218.8	2 823.5	355.8	151.7	256.5	696.1	272.2
09 栃木	1 277.1	258.3	1 197.0	1 178.3	6 930.7	158.2	2 146.7	262.1	113.6	208.9	693.5	437.1
10 群馬	1 337.1	300.0	1 404.0	1 378.8	...	199.3	4 672.9	326.9	143.2	244.4	782.2	296.0
11 埼玉	1 094.0	181.1	1 365.2	1 333.5	...	138.7	2 120.1	175.3	115.1	120.3	512.9	67.9
12 千葉	1 133.7	234.9	1 178.4	1 171.7	1 265.1	185.7	2 986.6	238.2	136.6	163.9	730.2	106.1
13 東京	1 025.3	249.1	1 414.4	1 205.3	6 861.1	217.8	2 618.2	259.3	185.0	195.3	646.8	94.6
14 神奈川	1 050.1	164.2	1 482.8	1 362.2	3 794.0	132.5	3 237.4	185.8	101.1	137.0	556.6	87.9
15 新潟	1 473.8	281.9	1 041.5	1 009.9	2 020.2	202.5	719.9	259.7	154.8	230.8	423.0	223.9
16 富山	1 446.8	193.4	972.2	936.4	1 452.8	137.1	429.2	223.8	97.9	168.7	515.9	130.1
17 石川	1 263.9	257.4	991.3	990.1	998.2	231.5	2 222.2	315.0	183.8	240.0	745.3	247.9
18 福井	1 364.1	283.1	1 314.7	1 208.1	2 389.1	211.6	...	273.6	172.9	241.0	528.1	182.8
19 山梨	1 388.7	380.1	1 761.5	1 732.9	...	260.3	3 061.2	328.4	215.5	255.7	700.5	359.4
20 長野	1 408.9	414.6	1 720.0	1 695.2	10 666.7	247.3	2 479.3	345.4	196.3	277.0	859.5	707.8
21 岐阜	1 362.4	279.2	1 375.0	1 359.9	3 144.7	214.5	2 626.3	305.1	168.7	257.3	949.9	391.6
22 静岡	1 304.9	266.2	1 374.7	1 395.2	1 155.3	177.3	2 341.9	264.9	143.2	228.4	740.6	248.6
23 愛知	1 075.8	237.7	1 420.5	1 409.7	1 557.3	176.5	6 732.7	243.7	151.6	233.3	814.1	170.3
24 三重	1 355.4	306.6	1 575.4	1 671.6	1 203.6	204.2	3 179.2	362.8	142.6	275.6	738.9	327.8
25 滋賀	1 088.4	223.5	1 072.5	1 067.0	1 273.9	151.7	2 985.1	301.3	110.2	196.9	871.6	333.0
26 京都	1 219.4	292.1	1 625.3	1 608.3	2 034.4	182.3	5 072.5	273.5	137.8	216.2	389.8	169.0
27 大阪	1 236.7	166.9	956.2	803.0	4 043.5	95.9	15 503.9	118.3	79.8	94.2	316.0	54.3
28 兵庫	1 253.7	216.9	1 296.1	1 269.2	1 492.9	143.0	8 127.2	198.0	113.7	154.7	432.8	119.4
29 奈良	1 277.9	218.6	928.1	904.7	...	126.7	...	186.1	99.6	119.0	290.9	93.8
30 和歌山	1 586.3	339.5	1 285.5	1 295.4	1 172.5	222.2	...	286.2	171.4	242.3	818.7	517.5
31 鳥取	1 551.4	418.0	1 478.9	1 525.0	765.0	199.2	...	284.9	122.4	179.5	516.4	460.0
32 島根	1 598.1	299.6	893.0	934.7	629.2	213.8	829.9	275.3	151.2	201.6	319.5	711.6
33 岡山	1 390.8	251.0	1 379.2	1 367.9	1 724.1	169.5	3 869.0	215.5	135.7	194.9	616.4	355.4
34 広島	1 274.0	169.7	1 158.6	1 189.7	766.7	118.3	3 056.8	148.5	99.9	131.4	339.9	120.1
35 山口	1 542.0	272.5	1 330.8	1 386.9	1 037.3	173.3	2 162.2	246.2	120.4	225.3	436.8	321.5
36 徳島	1 547.4	364.4	1 576.5	1 604.6	1 339.5	194.0	2 343.8	261.3	144.4	237.4	565.3	374.4
37 香川	1 424.5	324.9	1 512.8	1 535.4	1 307.6	243.7	3 184.7	311.3	197.8	257.2	701.9	280.5
38 愛媛	1 537.9	293.3	1 060.0	1 113.7	756.2	208.4	3 286.4	242.2	176.3	230.7	737.8	328.2
39 高知	1 643.6	373.2	966.2	1 012.5	661.8	321.2	2 272.7	369.2	221.2	276.2	778.2	296.2
40 福岡	1 221.5	187.7	1 126.5	1 134.9	1 024.4	155.5	3 392.9	189.8	119.3	142.3	449.3	154.4
41 佐賀	1 383.6	291.9	1 103.8	1 147.0	768.2	165.2	800.0	196.9	139.8	219.6	185.0	570.6
42 長崎	1 476.1	302.7	1 001.2	1 129.0	696.9	247.8	2 564.1	302.4	183.7	229.2	418.1	477.4
43 熊本	1 399.1	254.0	921.9	934.3	762.9	173.1	2 572.3	216.5	128.5	169.5	626.8	344.7
44 大分	1 443.1	237.1	1 078.3	1 150.0	531.3	143.6	946.4	193.7	96.7	160.0	219.8	399.5
45 宮崎	1 486.8	320.1	868.5	895.7	509.6	220.7	4 316.5	274.2	153.1	255.4	830.5	516.6
46 鹿児島	1 547.5	295.1	800.7	828.5	529.0	246.8	3 118.0	277.2	186.2	219.1	597.2	488.6
47 沖縄	1 040.9	219.3	893.4	900.6	836.6	204.4	3 167.4	178.8	234.0	143.7	300.5	222.3
21大都市（再掲） 21 major cities (Regrouped)												
50 東京都区部	1 021.7	275.3	1 740.4	1 092.5	31 683.2	257.6	3 284.1	292.5	228.2	217.6	642.1	89.8
51 札幌	1 172.2	175.0	871.3	607.3	...	226.4	1 574.8	268.3	150.0	143.3	489.4	107.9
52 仙台	969.5	136.9	2 116.2	2 141.3	...	130.1	...	140.2	105.3	106.5	53.8	88.1
53 さいたま	1 000.5	137.2	665.4	589.4	...	59.2	...	78.5	45.3	56.0	180.6	24.8
54 千葉	1 053.2	174.3	828.7	726.3	...	151.2	...	170.9	124.1	163.2	592.7	108.1
55 横浜	1 037.0	125.8	673.1	596.7	2 907.0	110.0	2 904.6	129.3	94.8	110.0	480.2	70.5
56 川崎	891.3	102.4	668.2	503.4	...	65.0	...	94.4	43.3	69.0	337.5	58.7
57 相模原	988.9	225.0	1 679.5	1 615.2	...	165.0	...	285.2	92.1	205.5	651.0	131.0
58 新潟	1 235.3	173.0	825.6	796.6	...	130.4	−	163.6	100.3	145.7	222.5	120.7
59 静岡	1 336.8	242.4	1 275.3	1 237.1	1 745.6	172.3	...	171.4	167.9	203.8	717.5	218.9
60 浜松	1 212.3	232.3	1 284.8	1 280.9	1 337.8	153.7	...	210.5	134.6	192.6	483.6	29.4
61 名古屋	1 136.5	270.6	2 748.8	2 212.4	...	253.4	...	274.5	233.0	267.3	622.3	129.0
62 京都	1 156.0	322.1	1 998.8	1 826.2	...	178.8	...	225.5	151.7	253.8	281.7	133.1
63 大阪	1 348.7	237.7	1 351.4	514.1	...	106.1	...	122.3	91.8	102.9	358.2	51.1
64 堺	1 255.6	106.9	1 145.0	947.1	...	60.7	...	68.1	51.8	50.7	61.3	32.6
65 神戸	1 244.0	147.1	1 154.6	1 087.7	2 272.7	79.0	...	107.6	58.2	75.5	190.0	86.5
66 岡山	1 134.6	186.8	1 095.2	1 057.3	3 000.0	148.9	...	159.4	122.6	160.3	752.4	190.4
67 広島	1 041.7	78.7	842.4	773.6	1 724.1	64.7	...	70.7	60.5	56.6	182.7	51.9
68 北九州	1 359.2	145.0	1 185.8	1 113.1	1 577.3	96.1	3 243.2	126.5	60.6	95.1	470.9	81.6
69 福岡	919.2	120.9	631.7	619.5	696.1	148.4	...	157.4	117.4	99.8	262.5	111.7
70 熊本	1 103.7	156.2	999.0	1 007.3	877.2	129.9	...	182.8	73.8	119.2	323.1	163.0

注：1）全国には住所地外国、不詳が含まれる。
　　2）総数には就業状態不詳が、就業者総数には産業不詳が含まれる。

(男性人口10万対), 都道府県（21大都市再掲）・産業（大分類）別

(per 100,000 male population) for males of 15 years of age and over,
and industry (major groups)

平成27年度
FY 2015

H 運輸業, 郵便業	I 卸売業, 小売業	J 金融業, 保険業	K 不動産業, 物品賃貸業	L 学術研究, 専門・技術サービス業	M 宿泊業, 飲食サービス業	N 生活関連サービス業, 娯楽業	O 教育, 学習支援業	P 医療, 福祉	Q 複合サービス事業	R サービス業(他に分類されないもの)	S 公務(他に分類されるものを除く)	無職 Non-employed
176.2	168.4	180.7	392.9	177.8	267.0	259.9	91.9	164.9	116.4	208.7	107.3	3 323.2
190.5	197.6	196.9	345.6	165.8	270.9	306.5	92.2	185.8	94.5	238.4	105.8	3 646.9
263.6	246.3	350.6	692.1	185.8	415.9	426.4	69.7	212.4	115.3	240.6	135.1	3 905.6
205.6	267.8	284.7	466.2	160.0	327.5	352.7	199.0	145.0	225.4	325.5	162.7	3 823.8
185.2	155.1	147.5	178.5	162.3	222.2	339.2	44.4	168.0	44.1	179.8	105.9	3 337.1
305.8	255.2	247.6	553.0	415.0	601.7	421.7	157.6	177.8	182.7	359.2	134.3	4 165.6
180.6	208.3	250.9	707.0	353.2	316.2	185.8	57.4	172.8	85.0	361.6	79.1	3 733.1
196.8	253.2	250.2	372.9	230.7	333.5	326.9	125.2	238.2	109.8	246.7	97.5	3 855.7
283.7	232.5	298.9	393.5	170.8	460.2	290.8	135.4	229.5	194.9	287.9	161.5	3 371.2
210.0	189.7	147.6	289.5	124.3	291.0	350.6	91.5	173.5	161.4	256.0	105.9	3 238.3
202.6	224.8	325.0	704.3	213.2	370.0	270.1	125.9	185.4	219.5	280.1	109.9	3 338.5
112.9	95.2	116.6	229.8	122.4	157.9	197.1	73.0	122.4	120.6	133.9	93.8	2 758.3
176.5	141.3	174.4	269.7	169.2	213.4	201.3	76.7	153.9	172.4	170.6	117.5	2 995.6
198.9	177.0	137.7	608.9	181.5	257.3	294.2	101.8	195.1	220.6	162.1	104.5	3 481.4
139.4	111.9	105.2	304.7	116.1	192.8	183.0	77.2	145.1	165.6	135.8	121.4	2 965.3
212.5	199.8	363.5	283.7	284.7	362.0	320.3	89.1	189.5	97.9	338.2	106.7	3 613.2
145.3	142.7	117.9	235.7	101.1	136.2	209.2	113.9	147.8	62.2	279.6	179.0	3 243.4
186.7	216.3	227.4	360.2	326.9	374.7	365.9	100.6	147.3	205.1	317.6	135.3	3 540.9
282.9	242.3	209.2	428.8	175.5	258.0	320.3	80.2	220.1	-	334.1	126.5	3 839.2
167.3	261.6	99.0	568.7	208.2	479.2	232.1	86.9	224.0	154.9	337.3	109.1	3 507.0
264.3	224.9	156.8	510.1	286.9	398.8	250.0	109.8	234.5	134.4	358.6	136.1	3 568.9
231.4	241.2	240.9	600.5	215.9	372.4	350.9	100.5	179.5	102.0	326.6	105.7	3 661.8
184.4	207.5	168.0	544.5	246.6	414.6	323.9	94.7	174.2	83.6	239.9	106.3	3 407.5
205.4	201.7	261.7	609.8	202.4	333.1	280.1	118.1	207.0	168.7	254.6	118.2	3 232.4
229.1	238.7	181.0	651.6	318.8	560.2	334.6	135.7	200.9	115.2	360.5	112.2	3 665.3
205.7	157.1	207.3	271.1	204.9	254.9	204.9	78.3	129.5	-	290.5	145.2	2 982.2
204.0	196.6	164.9	657.2	331.4	251.2	354.9	70.0	198.2	89.4	231.2	74.8	3 130.3
92.0	79.8	85.4	232.9	99.1	109.8	146.7	48.3	74.6	19.9	93.5	68.0	2 917.6
148.6	135.8	168.8	349.0	141.3	208.3	191.5	99.7	138.4	113.1	157.1	88.0	3 021.7
119.8	105.5	89.7	209.1	168.8	61.6	173.6	71.8	134.5	63.9	150.9	70.9	2 753.7
229.0	220.0	292.5	605.7	210.6	356.0	230.8	77.3	159.8	107.2	320.2	141.8	3 907.0
146.6	145.2	182.9	403.2	281.6	302.7	282.0	48.0	216.3	51.6	177.9	59.5	3 672.6
162.0	188.5	346.7	350.7	160.0	248.2	375.7	107.1	126.6	150.5	234.2	134.2	3 805.2
146.9	168.0	262.0	384.8	165.7	275.0	314.9	124.3	148.7	154.9	249.3	86.0	3 522.2
144.1	116.9	118.8	206.4	115.1	179.5	154.1	69.0	131.2	52.2	158.2	86.5	3 339.8
149.8	208.5	418.1	511.6	309.9	358.3	453.5	144.7	157.5	90.5	238.5	130.5	3 688.1
269.0	221.8	179.6	532.4	218.4	334.3	324.4	14.6	178.7	-	414.4	113.1	3 350.9
188.1	218.8	299.8	421.1	336.0	326.6	377.2	171.4	267.6	63.6	298.5	191.0	3 714.4
226.1	261.5	315.6	306.3	198.5	337.1	203.7	84.8	215.6	37.2	258.5	82.6	3 614.4
281.4	274.9	264.7	934.2	243.2	420.8	349.9	123.0	215.5	129.9	301.6	149.9	4 003.5
115.0	116.9	171.4	202.2	164.7	199.4	177.6	76.1	149.4	90.2	174.3	89.8	3 236.4
177.1	253.7	321.7	168.4	210.5	334.0	207.1	108.2	218.3	92.8	255.5	114.8	3 572.4
265.0	261.8	364.8	388.4	237.1	334.6	296.6	114.3	202.8	75.4	226.5	77.3	3 565.9
175.9	116.9	227.5	212.1	247.1	226.1	198.4	66.6	141.1	175.8	268.2	71.6	3 648.6
108.8	147.6	183.7	182.6	158.1	253.0	246.9	78.8	114.3	57.6	234.4	106.9	3 483.6
233.1	211.9	211.6	440.2	191.9	409.0	463.1	119.1	165.7	91.1	380.3	159.6	3 739.8
268.6	218.5	272.9	275.7	276.0	325.4	364.9	84.7	133.3	126.5	238.5	87.0	3 893.4
204.7	92.3	192.1	296.5	141.7	171.0	255.1	127.0	114.3	59.0	97.0	101.4	2 760.0
224.5	211.7	132.8	656.2	194.2	290.6	329.8	118.4	235.5	334.5	185.0	90.0	3 812.0
134.9	117.7	151.0	377.5	113.8	152.7	218.5	84.8	178.4	99.0	129.8	62.3	3 143.4
122.8	104.3	90.4	94.5	122.1	126.6	226.9	50.0	140.0	-	114.7	70.2	2 847.5
79.3	46.9	33.0	79.0	35.0	101.0	146.1	39.9	34.5	121.7	63.4	34.4	2 308.6
169.7	117.4	151.5	379.7	158.9	229.4	215.8	54.5	177.0	197.0	181.0	116.2	3 030.2
112.9	82.7	92.5	240.3	97.1	147.1	165.2	67.3	112.7	259.5	110.5	94.5	3 042.2
91.6	52.0	17.1	156.7	40.4	117.2	52.9	25.5	99.7	145.1	42.3	103.8	2 355.1
152.7	217.7	220.0	612.2	184.0	226.0	206.1	99.6	238.3	99.0	146.5	233.6	2 971.7
183.9	102.3	228.3	169.8	208.6	127.2	275.7	68.2	134.8	58.4	209.8	78.6	2 885.3
163.8	196.2	204.8	420.1	140.3	321.4	402.1	119.2	170.8	-	194.2	85.0	3 211.2
166.7	167.8	148.7	524.0	291.3	411.4	211.7	95.9	151.7	48.1	195.0	106.3	3 339.9
240.8	234.4	245.5	730.4	258.7	361.2	319.0	101.7	236.0	187.3	324.8	142.3	3 585.1
270.1	204.3	199.5	837.7	388.2	256.0	473.1	68.5	236.1	123.8	249.9	98.7	3 167.4
93.2	94.5	150.2	226.7	79.2	121.9	199.5	32.0	103.8	45.0	83.3	63.8	3 581.0
61.4	44.1	110.0	145.8	113.7	13.7	96.0	28.7	16.3	87.0	42.5	-	2 759.0
63.5	48.8	84.5	202.8	116.2	89.1	74.3	39.3	94.2	58.5	71.1	27.4	2 521.4
122.7	129.3	223.1	290.6	140.2	208.6	305.1	95.4	124.2	297.6	183.7	85.7	2 919.6
90.2	47.0	81.4	67.3	51.6	26.0	53.8	27.2	58.4	-	33.6	74.5	3 180.7
54.4	103.0	63.6	109.7	115.9	159.9	166.2	51.7	106.3	73.3	104.0	11.3	3 133.9
70.0	65.7	119.3	165.0	120.1	133.5	102.6	55.5	140.4	199.1	94.5	67.7	3 045.7
147.8	78.9	169.8	131.7	152.2	137.4	169.7	60.5	107.3	137.5	171.5	74.3	3 266.0

Notes: 1) All Japan in includes address of "Foreign countries" and "Not stated"
2) The total includes "employment status not stated", and the total number of employed persons (employed) includes "industries not stated".

第11表 男15歳以上の死亡数及び死亡率－年齢調整死亡率
Table 11. Deaths, death rates and age-adjusted death rates by each prefecture (regrouped for 21 major cities)

年齢調整死亡率
Age-adjusted death rates

都道府県 Prefecture	総数 Total	就業者総数 Employed	第1次産業 Primary	A 農業,林業	B 漁業	第2次産業 Secondary	C 鉱業,採石業,砂利採取業	D 建設業	E 製造業	第3次産業 Tertiary	F 電気・ガス・熱供給・水道業	G 情報通信業
全国 All Japan	641.9	280.0	448.9	424.8	652.7	259.6	3 140.1	299.1	224.0	230.1	…	752.0
01 北海道	680.3	289.5	401.9	386.7	464.9	317.3	…	326.7	280.9	257.9	…	…
02 青森	768.4	391.0	471.6	452.8	…	367.3	…	395.7	330.8	355.4	…	…
03 岩手	699.2	415.5	689.9	581.5	…	407.8	…	447.7	316.8	326.8	…	…
04 宮城	633.8	281.2	541.7	…	…	297.6	…	288.0	307.3	225.1	…	…
05 秋田	720.2	406.9	…	…	…	403.9	…	451.3	361.7	350.6	…	…
06 山形	668.0	331.4	…	…	…	343.4	…	308.9	364.2	289.1	…	…
07 福島	695.5	309.7	…	…	…	367.1	…	382.7	342.8	321.1	…	…
08 茨城	673.4	335.6	576.5	543.7	…	338.5	…	406.6	280.5	325.8	…	…
09 栃木	682.8	295.1	…	…	…	276.8	…	375.2	208.6	247.4	…	…
10 群馬	655.9	325.0	…	…	…	293.1	…	415.5	228.5	297.2	…	…
11 埼玉	614.1	220.9	468.0	429.3	…	173.6	…	209.2	147.6	150.6	…	362.4
12 千葉	610.9	282.1	461.1	414.5	…	257.7	…	290.6	208.5	208.5	…	…
13 東京	618.2	272.0	…	…	…	235.7	…	263.6	212.0	221.0	…	332.0
14 神奈川	599.4	210.6	535.1	…	…	180.9	…	206.9	155.6	178.7	…	372.0
15 新潟	669.0	282.4	…	…	…	282.3	…	318.1	241.4	274.9	…	…
16 富山	661.4	213.8	…	…	…	209.4	…	267.9	168.7	195.4	…	…
17 石川	642.3	296.0	…	…	…	375.4	…	497.9	308.8	276.8	…	…
18 福井	625.3	291.8	…	…	…	307.2	…	324.1	285.9	253.2	…	…
19 山梨	644.1	358.1	…	…	…	368.2	…	405.6	338.6	292.2	…	…
20 長野	607.1	360.0	479.5	469.0	…	361.9	…	397.0	333.4	318.9	…	…
21 岐阜	637.9	302.1	…	…	…	280.8	…	344.6	240.6	290.3	…	…
22 静岡	632.0	306.3	436.2	…	…	283.7	…	318.2	266.4	265.5	…	…
23 愛知	605.8	305.0	533.4	449.4	…	296.3	…	314.6	282.8	294.5	…	…
24 三重	641.6	338.6	…	…	…	347.2	…	450.7	287.4	320.8	…	…
25 滋賀	591.7	286.0	…	…	…	289.7	…	360.4	260.0	252.8	…	…
26 京都	607.1	309.2	…	…	…	226.9	…	321.6	174.8	251.6	…	…
27 大阪	660.4	199.3	…	…	…	119.8	…	149.9	100.9	115.2	…	…
28 兵庫	626.4	262.7	452.8	…	…	235.7	…	265.7	206.3	185.2	…	…
29 奈良	597.1	241.8	…	…	…	163.8	…	219.4	136.6	155.2	…	…
30 和歌山	693.3	326.2	…	…	…	328.4	…	404.3	265.6	278.1	…	…
31 鳥取	716.6	398.1	…	…	…	362.3	…	479.8	255.2	242.2	…	…
32 島根	663.8	262.7	…	…	…	283.2	…	276.0	255.7	243.5	…	…
33 岡山	652.5	271.7	440.6	…	…	281.8	…	265.3	276.5	246.2	…	…
34 広島	628.8	196.5	…	…	…	188.7	…	206.2	177.8	165.0	…	…
35 山口	666.5	282.5	…	…	…	296.7	…	311.0	271.4	258.7	…	…
36 徳島	677.8	359.0	…	…	…	295.1	…	281.3	283.2	279.6	…	…
37 香川	651.9	336.2	…	…	…	380.5	…	392.0	352.6	313.7	…	…
38 愛媛	691.6	294.3	353.9	…	…	319.1	…	341.9	280.8	295.7	…	…
39 高知	697.1	325.2	…	…	…	371.6	…	444.6	232.5	324.8	…	…
40 福岡	648.9	224.2	430.0	411.9	…	227.9	…	242.4	204.7	181.2	…	…
41 佐賀	655.4	307.5	…	…	…	293.1	…	299.4	288.4	277.1	…	…
42 長崎	671.0	331.8	455.5	449.2	…	385.7	…	419.4	344.3	308.3	…	…
43 熊本	633.1	257.1	364.5	363.1	…	300.7	…	318.1	266.0	205.1	…	…
44 大分	631.0	247.5	…	…	…	228.1	…	242.6	230.7	181.2	…	…
45 宮崎	663.9	311.2	362.7	350.0	…	317.2	…	380.3	217.1	292.3	…	…
46 鹿児島	687.9	288.6	328.4	321.3	…	347.4	…	363.9	288.5	277.3	…	…
47 沖縄	647.0	281.9	…	…	…	372.5	…	331.5	391.2	203.2	…	…
21大都市（再掲） 21 major cities (Regrouped)												
50 東京都区部	637.5	290.0	…	…	…	245.6	…	284.4	213.7	238.7	…	305.9
51 札幌	652.7	225.0	…	…	…	267.0	…	289.6	209.7	211.3	…	…
52 仙台	581.8	200.4	…	…	…	164.8	…	164.3	148.6	153.5	…	…
53 さいたま	594.6	192.1	…	…	…	65.5	…	78.4	54.0	76.5	…	…
54 千葉	581.9	207.6	…	…	…	250.3	…	211.7	260.4	191.7	…	…
55 横浜	593.5	159.4	…	…	…	144.4	…	142.4	142.1	143.8	…	…
56 川崎	619.7	148.2	…	…	…	97.1	…	120.7	70.1	97.8	…	…
57 相模原	575.7	284.3	…	…	…	240.3	…	345.3	126.4	273.8	…	…
58 新潟	626.0	196.1	…	…	…	203.2	…	195.4	213.7	183.7	…	…
59 静岡	638.4	266.5	…	…	…	233.4	…	260.9	212.0	233.5	…	…
60 浜松	596.2	290.5	…	…	…	280.7	…	274.3	281.4	253.3	…	…
61 名古屋	640.4	335.4	…	…	…	349.6	…	347.1	340.4	327.8	…	…
62 京都	601.7	337.0	…	…	…	199.8	…	254.9	170.0	271.2	…	…
63 大阪	759.6	269.5	…	…	…	115.5	…	145.3	99.7	119.9	…	…
64 堺	650.6	143.1	…	…	…	101.1	…	85.9	94.6	67.0	…	…
65 神戸	624.9	183.2	…	…	…	124.3	…	155.4	91.7	88.6	…	…
66 岡山	626.3	222.1	…	…	…	216.8	…	165.9	222.6	202.1	…	…
67 広島	595.5	98.6	…	…	…	116.0	…	112.8	120.9	64.9	…	…
68 北九州	653.9	175.1	…	…	…	149.9	…	174.2	115.6	115.0	…	…
69 福岡	608.3	146.8	…	…	…	198.0	…	197.5	189.8	124.8	…	…
70 熊本	590.3	181.3	…	…	…	265.6	…	347.7	164.4	136.2	…	…

注：1) 全国には住所地外国、不詳が含まれる。
　　2) 総数には就業状態不詳が、就業者総数には産業不詳が含まれる。

(男性人口10万対), 都道府県（21大都市再掲）・産業（大分類）別

(per 100,000 male population) for males of 15 years of age and over, and industry (major groups)

平成27年度
FY 2015

H 運輸業, 郵便業	I 卸売業, 小売業	J 金融業, 保険業	K 不動産業, 物品賃貸業	L 学術研究, 専門・技術サービス業	M 宿泊業, 飲食サービス業	N 生活関連サービス業, 娯楽業	O 教育, 学習支援業	P 医療, 福祉	Q 複合サービス事業	R サービス業（他に分類されないもの）	S 公務（他に分類されるものを除く）	無職 Non-employed
244.1	190.0	492.7	254.4	194.0	330.9	232.0	134.1	224.7	472.4	195.1	257.2	1 316.5
275.6	238.6	...	244.6	216.6	333.7	252.6	138.6	292.9	...	228.9	179.9	1 350.8
	307.0	...	...	...	506.4	...	...	278.3	...	244.5	...	1 508.5
237.6	298.5	...	...	...	409.6	...	...	...	...	291.8	197.1	1 375.1
288.7	193.9	...	...	...	331.6	376.4	51.7	275.3	...	199.9	191.8	1 377.4
...	267.4	...	...	...	561.0	...	...	...	...	...	...	1 398.4
...	206.9	...	...	...	329.7	...	...	...	...	...	...	1 242.6
427.5	259.1	...	...	...	369.9	307.3	...	308.1	...	364.2	...	1 490.9
378.3	250.4	...	...	221.6	595.0	287.2	222.6	344.0	...	276.8	308.8	1 377.2
324.0	199.9	...	...	170.3	303.2	373.2	159.3	...	...	236.3	83.7	1 262.1
294.8	251.9	...	...	...	361.7	210.7	132.9	281.1	...	243.1	...	1 241.3
162.7	118.1	...	174.5	...	212.5	185.3	109.2	151.8	...	117.6	229.9	1 235.5
266.0	178.6	...	211.2	174.1	269.1	188.2	99.6	192.0	...	159.3	340.2	1 316.3
210.6	185.4	...	322.6	184.3	315.6	245.3	141.7	221.9	...	126.1	219.5	1 544.5
194.3	149.4	...	207.0	119.9	277.6	191.7	94.6	183.3	...	133.4	272.4	1 288.2
303.4	200.4	...	...	...	376.1	269.2	125.6	250.6	...	326.2	167.8	1 218.1
166.1	137.6	...	...	...	186.7	...	...	...	...	262.0	...	1 153.6
217.1	240.2	...	...	...	359.4	...	...	...	...	335.3	...	1 417.1
...	208.3	...	...	...	222.6	...	...	...	...	267.1	...	1 409.5
...	246.8	...	...	...	473.3	...	...	...	...	...	...	1 317.4
453.1	231.2	...	...	...	367.5	208.6	...	309.6	...	317.3	463.9	1 223.8
287.9	232.7	...	...	...	372.3	280.1	153.1	223.3	...	274.7	...	1 406.2
294.9	212.3	...	...	...	395.8	286.6	161.8	210.3	...	208.6	448.8	1 266.7
345.7	235.3	...	360.0	259.4	412.8	236.5	191.3	326.2	...	240.9	461.9	1 340.2
406.1	236.5	...	...	...	608.8	262.9	239.2	293.8	...	310.7	...	1 353.4
341.3	187.9	...	...	...	315.1	245.6	142.6	...	...	247.7	...	1 247.3
257.5	194.7	...	...	...	347.6	294.9	92.4	245.8	...	193.3	...	1 212.4
128.6	88.8	...	143.6	102.2	150.7	132.2	67.8	110.8	...	90.6	216.3	1 197.1
229.9	150.6	...	231.7	137.9	259.1	192.4	133.3	182.3	...	145.9	200.9	1 162.2
...	118.3	...	...	...	98.0	160.3	126.6	...	...	133.4	...	1 017.6
309.0	190.6	...	...	...	423.2	...	...	...	...	322.7	...	1 334.7
...	176.3	...	...	...	...	...	...	...	...	...	...	1 396.4
...	191.1	...	...	...	291.1	...	...	...	...	...	...	1 206.1
167.9	187.6	...	...	...	373.2	267.7	184.2	271.8	...	252.6	...	1 301.4
160.9	148.1	...	...	...	266.9	135.2	88.5	159.9	...	154.9	186.4	1 255.7
208.3	198.8	...	...	...	364.8	...	...	181.0	...	190.5	...	1 295.1
...	221.0	...	...	...	391.8	...	...	...	...	...	...	1 152.2
229.0	226.9	...	...	...	414.5	...	...	...	...	311.7	...	1 421.7
514.8	281.9	...	...	...	456.9	171.1	...	275.2	...	278.7	...	1 289.4
...	287.1	...	...	...	545.0	...	...	...	...	...	...	1 302.5
165.1	147.4	...	152.4	181.2	280.4	165.6	104.0	217.3	...	172.0	186.0	1 344.5
...	259.2	...	...	...	426.6	...	...	349.7	...	249.5	...	1 322.0
...	278.4	...	...	...	430.5	251.5	...	262.6	...	331.4	...	1 352.5
300.9	122.9	...	...	...	265.9	174.2	102.8	172.7	...	262.1	...	1 396.4
142.3	138.0	...	...	...	257.0	216.0	...	134.0	...	230.3	...	1 184.7
195.6	223.3	...	...	...	485.2	...	...	240.6	...	...	...	1 327.9
351.6	242.8	...	...	...	392.7	317.5	...	194.6	...	236.5	...	1 436.3
196.5	132.5	...	...	...	274.1	366.4	...	164.9	...	93.4	...	1 319.0
219.5	205.9	...	321.2	...	341.0	262.8	162.5	255.6	...	143.8	199.6	1 702.9
106.4	179.9	...	...	...	336.6	222.5	156.3	...	...	144.0	...	1 240.5
183.7	153.2	...	...	...	251.1	280.2	65.6	...	...	137.4	...	1 378.8
143.2	72.0	...	...	...	157.1	135.9	30.3	...	...	55.0	...	1 066.2
241.4	130.3	...	...	...	311.6	198.8	59.7	...	...	160.6	...	1 440.1
146.3	112.0	...	...	...	226.4	178.9	70.8	133.7	...	114.3	...	1 329.0
111.6	75.2	...	...	...	187.5	63.4	74.9	...	...	39.5	...	1 098.7
230.6	322.5	...	...	...	273.6	...	...	...	...	...	...	1 479.0
...	121.9	...	...	...	204.5	...	58.1	...	...	...	...	994.4
325.7	207.4	...	...	...	348.7	...	...	...	...	...	...	1 095.0
278.5	191.3	...	...	...	483.1	...	...	...	...	...	...	1 273.7
342.8	274.4	...	...	...	450.0	242.4	161.2	365.9	...	314.5	...	1 437.6
...	188.1	...	...	...	376.1	378.2	96.3	...	...	206.6	...	1 273.0
99.8	92.2	...	...	...	152.5	179.0	49.5	...	...	90.2	...	1 455.3
...	61.1	...	...	...	10.4	74.2	...	...	...	41.7	...	1 083.0
64.6	58.5	...	...	...	128.8	65.7	71.2	...	...	54.0	...	1 008.5
97.3	168.6	...	...	...	...	...	...	...	...	...	...	1 219.6
62.8	61.6	...	...	...	49.4	56.3	...	...	...	33.1	...	1 378.3
39.4	111.4	...	...	...	164.8	135.7	...	...	...	75.2	...	1 201.4
93.3	96.8	...	...	...	152.2	98.9	75.3	...	...	96.1	...	1 498.4
...	85.0	...	...	...	...	144.2	...	...	...	...	...	1 445.0

Notes: 1) All Japan in includes address of "Foreign countries" and "Not stated".
2) The total includes "employment status not stated", and the total number of employed persons (employed) includes "industries not stated".

第12表 女15歳以上の死亡数及び死亡率－年齢調整死亡率
Table 12. Deaths, death rates and age-adjusted death rates by each prefecture (regrouped for 21 major cities)

死亡数
Deaths

都道府県 Prefecture	総数 Total	就業者総数 Employed	第1次産業 Primary	A 農業,林業	B 漁業	第2次産業 Secondary	C 鉱業,採石業砂利採取業	D 建設業	E 製造業	第3次産業 Tertiary	F 電気・ガス・熱供給・水道業	G 情報通信業
全国 All Japan	619 502	30 441	5 523	5 200	323	4 782	157	1 774	2 851	14 781	329	542
01 北海道	29 395	1 285	289	243	46	192	12	105	75	688	14	25
02 青森	8 477	483	195	178	17	53	—	25	28	204	2	7
03 岩手	8 246	502	219	211	8	60	—	31	29	204	5	7
04 宮城	11 106	416	115	107	8	65	5	28	32	202	5	6
05 秋田	7 485	347	85	83	2	52	2	17	33	196	6	5
06 山形	7 603	330	69	69	—	47	1	15	31	135	1	2
07 福島	11 829	539	123	121	2	111	4	46	61	263	11	9
08 茨城	14 681	770	209	201	8	143	2	61	80	389	15	17
09 栃木	9 910	476	116	111	5	83	—	27	56	236	8	7
10 群馬	10 365	540	144	142	2	76	2	19	55	255	6	9
11 埼玉	28 000	1 348	201	197	4	207	4	81	122	547	11	27
12 千葉	25 447	1 669	227	213	14	208	5	85	118	726	19	38
13 東京	52 131	3 671	77	62	15	484	22	179	283	1 963	31	79
14 神奈川	34 567	1 668	153	138	15	293	15	120	158	924	19	55
15 新潟	14 185	476	115	112	3	92	3	23	66	242	6	10
16 富山	6 186	160	22	22	—	34	—	7	27	90	4	1
17 石川	6 098	252	39	34	5	49	—	21	28	160	2	5
18 福井	4 505	167	37	33	4	28	—	11	17	97	1	4
19 山梨	4 714	285	96	95	1	43	1	18	24	134	—	4
20 長野	12 145	873	304	301	3	134	4	40	90	367	7	15
21 岐阜	10 733	495	67	65	2	119	2	34	83	296	9	3
22 静岡	18 723	1 066	176	164	12	221	3	69	149	563	4	18
23 愛知	30 094	1 903	222	210	12	442	16	117	309	1 051	22	29
24 三重	9 748	487	107	99	8	90	1	17	72	238	7	3
25 滋賀	5 992	240	29	29	—	42	2	15	25	126	3	5
26 京都	12 446	771	69	67	2	95	—	32	63	306	5	6
27 大阪	38 669	1 484	48	38	10	153	9	47	97	475	12	7
28 兵庫	26 721	1 094	114	104	10	207	8	64	135	497	15	18
29 奈良	6 854	280	30	30	—	31	—	2	20	111	3	4
30 和歌山	6 180	265	95	94	1	33	3	11	19	120	1	3
31 鳥取	3 674	254	73	72	1	16	—	5	11	70	—	3
32 島根	4 907	208	57	55	2	22	—	12	10	92	1	5
33 岡山	10 547	447	119	116	3	68	2	25	41	230	9	6
34 広島	14 841	476	125	114	11	97	—	29	68	222	6	14
35 山口	9 060	356	97	91	6	52	2	20	30	190	3	9
36 徳島	4 862	234	82	78	4	34	1	14	19	96	1	4
37 香川	5 785	238	60	56	4	39	3	11	25	130	4	2
38 愛媛	8 674	354	114	106	8	59	2	26	31	158	3	4
39 高知	5 025	277	102	102	—	26	2	17	7	141	4	4
40 福岡	24 905	882	170	157	13	157	5	84	68	478	14	26
41 佐賀	4 940	208	63	57	6	24	—	14	10	101	4	4
42 長崎	8 663	385	101	91	10	53	1	23	29	219	4	4
43 熊本	10 395	470	179	170	9	65	5	29	31	210	5	7
44 大分	6 922	248	88	84	4	25	1	11	13	111	3	4
45 宮崎	6 697	359	112	105	7	66	—	29	37	172	5	8
46 鹿児島	10 846	456	143	131	12	63	3	33	27	238	8	9
47 沖縄	5 310	238	46	42	4	29	2	18	9	114	1	3
外国 Foreign countries	48	6	—	—	—	—	—	—	—	4	—	1
不詳 Not stated	166	3	—	—	—	—	—	—	—	—	—	—
21大都市（再掲） 21 major cities (Regrouped)												
50 東京都区部	35 303	2 804	29	17	12	354	16	116	222	1 519	22	58
51 札幌	8 548	275	10	7	3	44	3	28	13	173	5	3
52 仙台	4 013	136	30	30	—	16	2	9	5	76	2	4
53 さいたま	4 416	222	12	12	—	17	1	4	12	39	2	2
54 千葉	3 586	166	6	5	1	27	1	16	10	110	2	7
55 横浜	13 981	537	39	35	4	91	4	30	57	321	3	21
56 川崎	4 566	175	5	1	4	16	2	7	7	69	2	3
57 相模原	2 473	179	8	7	1	34	3	16	15	102	5	3
58 新潟	4 102	131	42	42	—	13	—	5	8	73	1	4
59 静岡	3 700	218	32	31	1	38	1	12	25	122	1	5
60 浜松	3 700	225	36	35	1	65	1	26	38	111	1	3
61 名古屋	9 991	660	19	16	3	123	5	34	84	434	10	13
62 京都	6 790	531	18	17	1	54	—	17	37	197	2	4
63 大阪	12 475	703	4	3	1	37	3	12	22	136	2	4
64 堺	3 750	70	2	2	—	7	1	3	3	27	1	—
65 神戸	7 381	222	10	8	2	32	1	11	20	75	2	3
66 岡山	3 182	130	27	26	1	16	—	6	10	78	2	5
67 広島	4 873	85	7	6	1	12	—	9	3	50	3	1
68 北九州	5 152	118	10	8	2	22	—	10	11	50	2	2
69 福岡	5 521	176	7	6	1	37	3	20	14	115	6	6
70 熊本	3 396	167	54	52	2	23	1	12	10	85	4	3

(女性人口10万対), 都道府県（21大都市再掲）・産業（大分類）別

(per 100,000 female population) for females of 15 years of age and over, and industry (major groups)

平成27年度
FY 2015

H 運輸業,郵便業	I 卸売業,小売業	J 金融業,保険業	K 不動産業,物品賃貸業	L 学術研究,専門・技術サービス業	M 宿泊業,飲食サービス業	N 生活関連サービス業,娯楽業	O 教育,学習支援業	P 医療,福祉	Q 複合サービス事業	R サービス業(他に分類されないもの)	S 公務(他に分類されるものを除く)	T 産業不詳	無職 Non-employed	不詳 Not stated
868	3 089	469	1 575	656	1 711	1 296	624	1 919	128	1 172	403	5 355	543 865	45 196
40	149	15	53	21	83	68	31	96	10	60	23	116	26 703	1 407
5	63	5	11	9	23	18	7	34	-	16	4	31	7 712	282
11	45	4	16	8	19	21	12	33	4	15	4	19	7 494	250
12	49	4	14	10	18	19	14	28	3	13	7	34	10 309	381
11	51	1	13	7	25	25	5	32	1	7	7	14	7 075	63
2	34	3	7	8	24	18	11	16	-	9	-	79	6 643	630
17	62	15	6	15	37	26	12	29	2	15	7	42	10 666	624
30	88	10	24	15	43	44	14	40	3	34	12	29	13 437	474
12	46	9	14	13	33	25	9	31	3	13	13	41	8 481	953
16	70	5	15	8	33	19	8	39	1	21	5	65	9 191	634
61	88	27	50	15	51	45	18	68	2	73	11	393	22 480	4 172
63	133	42	67	31	77	68	28	71	5	61	23	508	21 637	2 141
74	298	69	561	133	181	126	66	171	8	134	32	1 147	44 609	3 851
65	164	32	132	48	88	74	41	105	10	61	30	298	28 474	4 425
10	56	5	11	4	37	28	12	39	5	14	5	27	12 674	1 035
3	23	4	4	-	12	9	4	13	-	10	3	14	4 719	1 307
11	37	3	2	6	27	17	8	19	3	15	5	4	5 755	91
3	29	1	7	10	7	3	19	-	12	2	5	4 288	50
10	32	5	9	3	21	13	5	18	3	9	2	12	4 258	171
21	75	8	21	13	58	34	18	54	5	28	10	68	10 868	404
19	63	10	14	12	43	30	22	32	2	28	9	13	9 911	327
28	138	21	53	19	68	63	22	71	5	41	12	106	16 678	979
55	241	31	116	42	137	112	39	121	10	77	19	188	27 369	822
18	55	5	16	7	29	24	7	41	1	19	6	52	9 079	182
8	21	5	6	5	17	13	6	24	1	7	5	43	5 498	254
12	67	7	47	15	36	27	11	41	2	22	8	301	11 047	628
31	92	16	80	18	46	25	21	70	2	35	20	808	30 117	7 068
24	104	9	65	17	51	40	26	65	3	48	12	276	22 443	3 184
1	19	2	14	8	4	10	6	24	-	17	5	108	5 703	871
7	27	3	8	7	17	10	3	19	2	10	3	17	5 748	167
4	21	3	1	2	6	8	4	13	-	4	1	95	3 241	179
4	20	4	3	5	13	7	3	16	1	9	7	37	4 212	487
18	52	3	13	7	23	15	12	40	5	20	7	30	9 545	555
18	40	3	15	14	25	20	8	35	3	17	4	32	13 100	1 265
18	42	5	10	9	25	19	7	25	2	13	3	17	8 150	554
3	27	2	4	3	17	5	2	22	-	6	-	22	4 259	369
8	33	1	9	4	18	12	6	23	-	5	5	9	5 510	37
12	47	4	6	10	14	12	4	22	3	10	7	23	7 711	609
9	37	5	10	7	14	8	11	15	-	15	2	8	4 631	117
37	88	23	12	30	43	39	24	62	4	48	28	77	22 511	1 512
3	19	6	2	3	18	12	6	13	1	6	4	20	4 607	125
14	56	11	10	11	26	14	10	30	3	23	3	12	8 014	264
13	50	3	6	14	30	20	10	23	4	19	6	16	9 834	91
4	27	-	2	3	19	6	6	17	1	12	7	24	6 231	443
5	41	8	8	4	15	10	8	34	1	17	8	9	6 278	60
8	55	8	8	4	30	22	8	53	4	16	7	12	10 189	201
10	14	2	8	2	27	9	6	19	-	7	6	49	4 685	387
-	1	1	-	-	-	-	-	-	-	1	-	2	35	7
-	-	-	-	-	-	-	-	-	-	-	-	3	56	107
55	235	55	454	106	145	99	42	125	6	98	19	902	29 851	2 648
11	34	3	25	6	13	15	10	26	2	14	6	48	7 604	669
3	14	1	7	4	8	7	10	10	2	3	1	14	3 654	223
3	10	3	3	1	7	1	-	5	-	2	-	154	3 000	1 194
12	21	7	11	5	15	7	5	10	-	6	2	23	3 291	129
28	49	16	52	14	24	21	14	37	6	26	10	86	11 634	1 810
4	16	5	10	4	2	6	5	3	1	2	2	85	2 749	1 642
6	16	4	9	11	10	11	6	11	1	7	2	35	2 227	67
2	20	2	3	2	15	5	3	12	1	1	2	3	3 411	560
9	30	8	15	3	12	10	3	9	1	12	4	26	3 085	397
11	24	5	14	5	5	18	3	12	3	5	2	13	3 347	128
16	101	6	71	13	63	39	13	57	-	27	5	84	9 251	80
10	41	5	37	10	27	18	8	23	1	15	3	262	6 105	154
4	31	4	27	4	17	9	7	16	1	6	4	526	9 518	2 254
1	5	3	2	4	2	1	1	5	-	1	1	34	2 855	825
3	14	-	12	4	4	7	4	10	1	9	2	105	5 130	2 029
7	20	2	6	2	7	6	3	11	4	4	3	9	2 764	288
6	6	-	3	2	6	5	2	7	-	1	4	16	4 478	310
3	8	4	2	2	5	6	3	9	-	3	1	36	4 326	708
10	19	4	4	14	13	9	4	10	-	6	10	17	5 085	260
4	20	2	5	7	11	7	4	5	1	11	1	5	3 197	32

第12表 女15歳以上の死亡数及び死亡率－年齢調整死亡率
Table 12. Deaths, death rates and age-adjusted death rates by each prefecture (regrouped for 21 major cities)

死亡率
Death rates

都道府県 Prefecture	総数 Total	就業者総数 Employed	第1次産業 Primary	A 農業,林業	B 漁業	第2次産業 Secondary	C 鉱業,採石業砂利採取業	D 建設業	E 製造業	第3次産業 Tertiary	F 電気・ガス・熱供給・水道業	G 情報通信業
全国 All Japan	1 094.6	119.8	648.1	637.9	875.1	137.0	4 533.6	258.5	101.8	74.7	804.9	122.3
01 北海道	1 160.0	119.1	421.9	419.8	433.6	183.8	5 042.0	369.2	98.9	81.1	805.1	204.0
02 青森	1 370.3	169.4	601.6	587.3	808.0	151.8	...	327.1	102.8	97.5	507.6	347.4
03 岩手	1 405.3	179.3	799.0	802.6	714.9	138.6	...	379.0	82.8	99.3	1 179.2	336.5
04 宮城	1 062.6	90.7	707.0	714.2	623.5	104.3	...	165.8	70.5	54.6	399.4	86.3
05 秋田	1 531.6	160.3	502.7	494.2	1 785.7	161.4	...	297.7	124.9	119.6	1 857.6	387.6
06 山形	1 481.8	131.6	357.8	359.9	−	96.7	...	220.8	74.2	76.0	264.6	137.7
07 福島	1 390.0	138.2	513.2	508.2	1 273.9	151.4	...	324.2	103.3	94.7	1 421.2	351.6
08 茨城	1 160.3	132.5	683.9	665.9	2 139.0	143.4	...	342.1	97.8	90.8	1 522.8	290.8
09 栃木	1 157.9	118.4	534.9	512.7	...	112.6	−	245.3	89.5	80.3	1 436.3	270.2
10 群馬	1 204.7	131.8	767.9	758.8	...	100.5	...	165.4	85.8	83.8	943.4	269.3
11 埼玉	891.5	94.0	944.2	927.0	...	104.3	3 773.6	210.2	76.3	48.9	546.7	84.7
12 千葉	940.6	139.4	704.4	679.7	1 573.0	169.2	2 564.1	260.0	131.0	74.1	888.7	134.1
13 東京	880.5	146.6	1 124.6	915.7	...	205.6	7 074.0	320.2	158.0	99.4	879.2	61.6
14 神奈川	877.9	98.3	1 282.7	1 186.5	5 050.5	159.1	12 000.0	268.2	113.4	66.0	838.9	98.8
15 新潟	1 354.5	94.3	475.1	469.9	813.0	101.3	1 250.0	139.4	89.1	63.8	664.5	229.5
16 富山	1 281.9	66.9	396.4	403.7	−	67.8	...	87.9	64.2	50.0	576.4	35.5
17 石川	1 178.0	97.8	705.8	671.1	1 087.0	108.3	...	268.7	74.9	81.2	497.5	130.8
18 福井	1 290.3	94.1	738.7	675.8	3 174.6	77.6	...	195.7	55.8	72.7	231.5	56.8
19 山梨	1 272.1	161.0	804.3	797.4	...	143.0	...	362.3	95.7	101.8	−	255.4
20 長野	1 305.2	187.0	750.7	744.5	...	162.9	...	329.2	128.5	110.2	845.4	306.7
21 岐阜	1 193.4	112.4	551.0	537.5	...	136.4	...	257.7	112.2	89.9	1 085.6	87.1
22 静岡	1 157.3	134.4	608.3	580.0	1 832.1	142.0	2 678.6	290.0	113.1	95.6	280.1	271.9
23 愛知	951.3	126.4	653.0	638.2	1 094.9	162.9	13 913.0	261.0	136.5	92.3	724.2	150.2
24 三重	1 213.5	129.9	967.7	1 052.2	485.4	139.8	...	163.9	133.5	82.9	938.3	112.1
25 滋賀	985.8	83.7	489.2	502.2	−	75.9	...	216.4	51.7	58.5	862.1	236.5
26 京都	1 050.4	146.9	822.0	808.2	1 923.1	133.3	...	298.6	104.1	76.1	782.5	95.6
27 大阪	974.1	91.0	891.7	724.2	7 352.9	72.4	...	123.8	56.0	37.1	541.0	25.4
28 兵庫	1 065.6	103.4	712.2	679.2	1 443.0	139.0	...	265.6	108.2	58.5	1 015.6	136.5
29 奈良	1 082.8	108.9	587.1	591.1	...	91.0	...	162.3	70.2	53.1	653.6	131.6
30 和歌山	1 372.1	133.1	568.2	572.5	334.4	136.1	...	223.0	98.4	78.7	375.9	237.9
31 鳥取	1 405.9	197.5	770.0	772.9	606.1	91.0	...	154.9	76.7	71.6	−	316.5
32 島根	1 552.2	135.3	631.4	638.3	486.6	114.0	...	274.0	67.3	75.7	395.3	482.6
33 岡山	1 214.3	112.6	775.3	772.5	900.9	116.2	...	218.5	87.2	75.4	1 601.4	165.0
34 広島	1 171.6	82.4	804.4	786.3	1 056.7	120.1	...	166.8	107.3	48.0	534.3	207.8
35 山口	1 392.8	124.9	831.1	832.3	814.1	145.1	...	208.3	114.6	81.8	542.5	444.9
36 徳島	1 385.9	151.3	715.0	714.7	720.7	180.5	...	345.2	128.7	80.4	495.0	371.4
37 香川	1 313.2	119.0	681.8	668.6	943.4	130.5	...	180.3	105.4	83.6	952.4	107.7
38 愛媛	1 346.9	123.0	634.2	644.8	521.5	161.4	...	345.0	107.0	71.5	831.0	155.4
39 高知	1 465.3	181.2	705.8	729.2	−	201.9	...	454.1	77.1	116.9	1 739.1	355.2
40 福岡	1 065.6	86.5	679.6	656.5	1 181.8	138.4	...	280.1	81.6	57.4	831.4	167.6
41 佐賀	1 297.6	110.2	450.8	443.1	540.5	90.6	...	291.7	46.1	70.7	1 470.6	323.4
42 長崎	1 351.3	131.6	597.5	614.2	478.5	176.0	...	311.3	127.8	92.2	1 017.8	193.5
43 熊本	1 264.0	121.4	568.5	562.7	717.7	141.9	...	282.4	87.4	69.8	1 171.0	220.1
44 大分	1 286.9	101.8	662.4	667.1	575.5	89.5	...	157.6	62.2	57.4	887.6	191.5
45 宮崎	1 315.4	148.2	509.2	488.2	1 431.5	213.3	...	445.3	151.6	93.2	1 388.9	411.7
46 鹿児島	1 420.9	131.5	575.4	548.3	1 251.3	154.8	...	357.1	86.1	86.6	1 535.5	402.0
47 沖縄	880.5	90.7	713.7	680.3	1 476.0	165.6	...	287.2	80.3	52.3	179.2	66.1

21大都市（再掲） 21 major cities (Regrouped)

都道府県 Prefecture	総数 Total	就業者総数 Employed	第1次産業 Primary	A 農業,林業	B 漁業	第2次産業 Secondary	C 鉱業,採石業砂利採取業	D 建設業	E 製造業	第3次産業 Tertiary	F 電気・ガス・熱供給・水道業	G 情報通信業
50 東京都区部	869.2	163.3	1 519.1	903.8	...	217.2	6 557.4	311.6	176.8	114.3	847.5	58.3
51 札幌	920.1	72.0	794.3	564.5	...	147.3	...	286.7	64.7	54.5	857.6	34.2
52 仙台	825.3	65.4	2 305.9	2 322.0	...	96.4	...	120.5	54.8	41.2	262.1	76.8
53 さいたま	804.2	92.2	767.3	767.8	...	69.2	...	63.1	65.9	19.8	464.0	26.9
54 千葉	852.3	92.0	532.4	445.6	...	172.3	...	322.9	93.5	71.9	546.4	147.6
55 横浜	870.3	77.8	1 537.9	1 413.0	...	135.7	...	162.3	117.4	55.6	304.0	80.4
56 川崎	734.0	63.0	610.5	122.4	...	55.8	...	101.5	32.2	30.2	554.0	45.8
57 相模原	793.8	131.7	1 431.1	1 254.5	...	203.8	...	424.0	116.4	92.8	3 424.7	107.4
58 新潟	1 107.4	73.7	747.2	749.7	...	57.9	...	90.5	47.3	51.1	314.5	144.8
59 静岡	1 169.0	141.8	862.8	859.9	961.5	161.1	...	225.3	137.0	100.9	271.0	223.2
60 浜松	1 079.2	133.4	532.2	527.2	800.0	199.5	...	497.3	139.0	88.1	431.0	223.0
61 名古屋	1 003.2	145.1	2 099.4	1 773.8	...	205.7	...	247.3	182.4	117.7	901.7	136.3
62 京都	1 001.7	177.7	1 107.7	1 047.4	...	147.2	...	307.3	118.8	85.8	334.4	69.8
63 大阪	1 037.7	144.5	1 398.6	1 071.4	...	59.9	...	108.7	43.4	36.7	316.5	34.5
64 堺	995.8	44.6	472.8	475.1	...	37.5	...	73.8	20.5	21.3	469.5	−
65 神戸	1 050.2	76.7	547.3	447.7	...	110.7	...	200.2	85.5	30.8	464.0	67.0
66 岡山	988.8	85.9	844.5	826.2	...	93.9	...	130.6	80.4	63.3	970.9	43.6
67 広島	922.5	34.3	357.9	328.8	763.4	42.3	...	109.5	14.9	24.0	461.5	109.4
68 北九州	1 156.6	63.5	881.1	782.0	1 785.7	104.5	...	160.7	74.3	32.0	732.6	87.7
69 福岡	785.0	57.3	484.4	441.5	...	152.8	...	234.7	89.3	44.3	809.7	68.7
70 熊本	999.7	104.5	1 040.1	1 058.6	714.3	152.1	...	270.8	93.6	64.2	2 051.3	129.6

注：1) 全国には住所地外国、不詳が含まれる。
2) 総数には就業状態不詳が、就業者総数には産業不詳が含まれる。

（女性人口10万対），都道府県（21大都市再掲）・産業（大分類）別

(per 100,000 female population) for females of 15 years of age and over, and industry (major groups)

平成27年度
FY 2015

H 運輸業, 郵便業	I 卸売業, 小売業	J 金融業, 保険業	K 不動産業, 物品賃貸業	L 学術研究, 専門・技術サービス業	M 宿泊業, 飲食サービス業	N 生活関連サービス業, 娯楽業	O 教育, 学習支援業	P 医療, 福祉	Q 複合サービス事業	R サービス業(他に分類されないもの)	S 公務(他に分類されるものを除く)	無職 Non-employed
148.0	66.1	59.7	334.7	101.0	86.4	104.7	41.7	36.2	66.9	86.0	71.9	1 989.6
195.9	74.9	56.2	305.0	102.1	90.9	127.0	59.4	39.6	91.7	80.9	88.9	2 039.4
127.5	122.5	66.8	374.4	218.7	113.0	128.7	48.6	52.9	-	115.1	53.0	2 430.4
240.0	91.6	63.7	519.0	172.7	89.6	154.4	81.4	53.4	125.5	113.9	52.5	2 527.4
106.0	51.8	28.7	164.1	94.4	48.2	83.0	49.9	30.5	78.7	47.9	59.4	1 957.1
450.1	128.6	18.9	663.6	223.2	163.7	211.6	43.6	61.2	33.1	67.6	125.8	2 727.2
67.6	79.8	45.8	291.7	211.0	136.2	143.7	88.0	29.2	-	86.4	-	2 621.8
264.8	93.2	166.1	136.9	207.8	121.6	133.8	57.1	36.9	51.5	81.0	77.3	2 498.7
197.5	82.3	67.1	333.7	82.1	102.3	138.8	40.3	36.9	63.7	137.1	95.3	2 109.0
118.1	63.3	90.6	260.4	157.4	97.9	111.6	38.1	40.9	87.1	78.4	151.0	2 030.3
164.9	95.0	47.5	292.2	97.6	103.8	88.7	34.7	44.2	31.0	123.0	61.8	2 150.5
113.0	32.2	51.6	164.2	39.3	49.0	62.5	22.6	26.2	25.2	87.8	35.9	1 471.1
138.8	56.7	87.8	259.2	91.9	81.7	99.4	38.9	31.8	71.0	86.3	87.9	1 660.9
141.9	73.1	61.2	644.1	110.5	101.4	112.6	44.2	43.2	90.4	81.4	59.6	1 894.3
135.6	50.8	51.9	294.5	80.9	65.4	88.1	37.6	31.7	125.5	57.8	89.1	1 529.9
110.2	58.1	40.1	204.3	46.1	98.8	103.6	45.8	35.4	92.5	58.8	41.4	2 433.4
65.0	55.0	54.4	164.3	-	69.1	75.8	29.1	24.4	-	82.8	62.6	2 020.2
225.4	77.4	44.5	62.3	109.8	127.4	138.1	53.1	34.0	125.3	118.4	97.8	2 388.8
101.9	92.0	37.0	60.2	187.4	75.9	85.8	27.9	47.3	-	154.4	50.0	2 646.0
377.5	101.0	109.2	406.9	87.5	127.2	138.0	45.8	50.9	182.6	128.4	46.0	2 370.2
290.1	98.1	73.5	423.1	153.4	144.8	156.8	79.6	54.3	86.3	140.7	99.6	2 436.8
202.4	75.7	76.0	315.5	136.5	117.6	127.0	87.1	36.2	53.0	145.3	100.0	2 246.5
131.8	91.6	98.7	475.6	110.3	98.9	153.5	49.5	48.1	79.9	110.3	84.0	2 101.4
135.3	83.6	74.5	439.3	109.1	108.9	151.4	45.0	43.2	104.7	98.1	71.9	1 834.7
198.1	78.5	46.3	370.6	100.3	92.5	123.6	30.7	51.8	26.7	107.4	71.9	2 285.8
111.9	40.7	66.6	171.0	81.6	77.0	100.3	30.8	40.3	42.4	50.3	75.9	1 850.1
139.3	69.1	50.4	452.3	112.7	80.3	115.7	29.7	38.2	69.8	85.9	72.1	1 943.8
70.7	30.0	28.9	201.1	41.5	37.1	34.2	22.7	20.5	27.9	36.9	70.8	1 583.6
91.4	50.3	28.3	311.1	64.2	61.5	78.1	37.8	27.5	40.4	86.6	55.9	1 742.3
24.9	37.3	21.9	309.7	125.9	21.2	81.5	30.7	30.6	-	134.4	77.4	1 631.3
209.7	74.8	55.1	336.1	213.3	108.8	115.1	25.0	39.5	87.9	117.3	57.8	2 423.2
224.3	99.4	81.7	74.2	85.5	62.7	139.9	48.9	41.0	-	66.9	26.2	2 590.2
206.9	78.0	95.6	199.2	189.8	115.5	103.6	30.0	38.3	47.3	115.1	21.5	2 727.1
199.0	71.8	30.2	244.1	96.4	83.9	84.8	45.4	41.5	142.4	114.7	90.4	2 177.8
142.0	35.4	20.2	145.7	107.7	57.3	73.0	22.1	25.5	59.3	59.9	30.5	2 066.0
346.8	77.4	68.5	281.2	175.2	108.3	133.1	39.7	33.4	63.7	96.9	38.2	2 337.0
154.2	103.5	45.0	204.4	112.7	162.5	73.8	19.4	53.8	-	90.8	-	2 343.8
192.0	88.3	16.6	309.0	96.2	123.0	132.8	47.1	49.7	-	58.8	96.3	2 486.8
238.9	89.9	47.8	168.0	192.8	67.9	92.7	25.1	30.7	88.9	77.1	115.7	2 296.2
548.1	141.1	123.5	588.9	260.2	116.6	126.0	113.3	36.3	-	244.9	37.0	2 813.4
152.2	45.0	74.5	60.1	126.2	55.7	79.3	39.8	25.5	63.1	76.6	126.2	1 959.5
81.2	60.1	122.2	121.7	103.8	131.3	134.0	52.9	27.6	48.8	70.8	79.0	2 478.5
390.8	106.5	114.8	282.2	218.6	106.5	102.7	58.9	36.6	110.8	177.6	37.5	2 378.5
267.9	74.6	33.0	118.8	193.5	104.6	105.7	47.2	22.2	100.2	105.3	61.2	2 427.4
119.8	59.1	-	64.4	68.1	91.8	52.7	43.8	26.9	43.5	107.7	117.0	2 216.5
172.4	98.1	143.9	302.0	99.4	85.3	86.5	59.7	54.2	37.8	156.8	123.2	2 489.5
163.1	86.9	104.3	157.5	64.6	104.0	141.6	41.4	55.7	100.4	116.5	71.4	2 600.6
247.3	32.2	31.6	182.4	35.4	102.4	71.6	32.8	32.2	-	33.2	60.6	1 789.7
145.4	86.2	68.6	691.1	117.6	121.0	132.5	45.5	52.6	118.8	84.3	54.8	2 008.4
149.3	46.0	25.5	266.3	56.1	41.9	79.0	51.1	31.5	102.4	40.9	86.6	1 679.0
61.8	30.5	12.6	123.0	59.6	42.8	66.9	65.2	24.0	187.6	19.9	18.7	1 571.5
44.8	21.7	25.3	44.9	11.9	39.3	8.9	-	12.1	-	13.2	-	1 139.2
213.0	58.4	82.8	249.1	84.0	104.2	71.9	41.3	29.1	-	50.6	47.8	1 644.1
154.5	37.4	56.4	261.3	53.0	45.8	63.9	31.3	27.3	231.7	57.7	78.0	1 535.2
58.8	32.2	39.9	114.7	34.5	9.7	45.8	29.3	6.2	90.7	10.6	43.1	1 080.2
131.2	62.0	106.6	293.9	284.6	97.7	159.0	66.6	38.5	138.9	88.2	76.9	1 571.8
52.0	54.7	36.4	112.7	51.8	114.9	53.6	29.0	30.6	90.8	10.0	46.5	1 904.8
237.4	93.6	148.8	552.3	77.0	102.7	132.6	33.3	30.6	107.6	137.7	128.0	1 975.7
256.2	73.2	118.7	549.5	128.9	37.0	205.3	30.2	36.0	211.1	71.8	74.1	2 005.9
154.2	108.9	40.8	602.3	85.3	159.3	167.9	45.2	67.0	-	101.2	62.6	2 032.2
238.0	73.0	61.8	506.4	116.2	94.5	140.1	14.0	40.7	88.4	97.9	62.5	2 006.2
34.6	34.5	25.1	197.3	25.4	42.2	41.4	31.8	18.3	61.2	18.8	62.0	1 959.4
25.4	16.5	58.2	58.9	109.0	17.2	13.9	10.6	13.3	-	11.9	32.9	1 469.3
31.6	23.7	-	174.3	48.9	16.8	53.1	20.7	15.2	75.4	54.7	32.9	1 437.8
196.5	68.0	45.3	208.8	54.8	62.6	88.4	26.9	30.4	416.2	51.3	107.0	1 771.6
111.0	11.6	-	48.4	28.4	30.7	41.2	12.0	12.7	-	7.1	70.0	1 786.6
70.3	22.3	80.2	59.1	50.9	33.4	65.8	27.5	17.9	-	26.0	26.8	1 838.7
140.1	31.7	32.7	42.8	133.4	51.2	61.1	20.5	16.6	-	25.1	169.3	1 716.7
199.9	67.6	39.0	149.5	163.9	89.3	89.3	38.9	12.6	84.3	113.7	22.5	2 045.7

Notes: 1) All Japan in includes address of "Foreign countries" and "Not stated"
2) The total includes "employment status not stated", and the total number of employed persons (employed) includes "industries not stated".

第12表　女15歳以上の死亡数及び死亡率－年齢調整死亡率

Table 12. Deaths, death rates and age-adjusted death rates by each prefecture (regrouped for 21 major cities)

年齢調整死亡率
Age-adjusted death rates

都道府県 Prefecture	総数 Total	就業者総数 Employed	第1次産業 Primary	A 農業,林業	B 漁業	第2次産業 Secondary	C 鉱業,採石業,砂利採取業	D 建設業	E 製造業	第3次産業 Tertiary	F 電気・ガス・熱供給・水道業	G 情報通信業
全国 All Japan	390.3	169.1	234.9	210.3	…	225.2	…	355.4	175.9	134.0	…	…
01 北海道	402.5	171.4	254.2	253.7	…	265.6	…	528.8	131.3	145.8	…	…
02 青森	431.0	177.8	…	…	…	305.8	…	…	185.0	162.8	…	…
03 岩手	416.2	191.6	…	…	…	287.2	…	…	185.3	158.7	…	…
04 宮城	372.7	167.2	…	…	…	258.4	…	…	198.0	124.7	…	…
05 秋田	422.0	186.7	…	…	…	234.0	…	…	134.5	198.6	…	…
06 山形	405.3	158.7	…	…	…	270.5	…	…	220.0	129.4	…	…
07 福島	427.7	166.2	…	…	…	432.8	…	…	329.0	165.9	…	…
08 茨城	420.7	183.8	…	…	…	260.8	…	…	194.1	180.6	…	…
09 栃木	424.2	154.8	…	…	…	221.8	…	…	194.1	143.9	…	…
10 群馬	406.6	176.5	…	…	…	165.0	…	…	149.4	147.5	…	…
11 埼玉	379.5	159.9	…	…	…	173.4	…	292.9	126.4	96.8	…	…
12 千葉	378.6	229.9	…	…	…	286.8	…	…	256.9	153.8	…	…
13 東京	364.8	194.7	…	…	…	256.9	…	483.0	188.5	149.1	…	363.3
14 神奈川	365.9	164.0	…	…	…	268.4	…	287.4	240.6	127.4	…	…
15 新潟	398.8	122.0	…	…	…	185.3	…	…	157.1	110.0	…	…
16 富山	386.7	94.1	…	…	…	125.7	…	…	136.8	78.4	…	…
17 石川	388.6	159.5	…	…	…	229.6	…	…	164.2	150.6	…	…
18 福井	392.6	112.9	…	…	…	90.6	…	…	60.0	95.3	…	…
19 山梨	405.9	170.7	…	…	…	248.0	…	…	180.8	136.9	…	…
20 長野	380.9	190.4	…	…	…	312.5	…	…	256.4	189.8	…	…
21 岐阜	401.4	155.2	…	…	…	217.3	…	…	163.7	149.4	…	…
22 静岡	386.5	168.5	…	…	…	235.9	…	…	203.6	145.5	…	…
23 愛知	385.2	189.8	…	…	…	257.2	…	347.4	221.7	171.1	…	…
24 三重	402.8	180.7	…	…	…	271.3	…	…	268.6	130.8	…	…
25 滋賀	376.4	137.6	…	…	…	161.1	…	…	123.4	109.0	…	…
26 京都	374.0	207.7	…	…	…	165.7	…	…	126.7	137.1	…	…
27 大阪	383.1	146.5	…	…	…	91.1	…	…	71.0	65.0	…	…
28 兵庫	386.9	166.4	…	…	…	261.9	…	…	221.4	108.9	…	…
29 奈良	385.5	177.7	…	…	…	131.9	…	…	103.9	124.1	…	…
30 和歌山	418.3	150.0	…	…	…	186.7	…	…	146.7	131.0	…	…
31 鳥取	403.5	217.3	…	…	…	195.4	…	…	177.8	144.0	…	…
32 島根	403.0	150.8	…	…	…	189.4	…	…	96.0	127.1	…	…
33 岡山	382.0	154.3	…	…	…	183.7	…	…	139.6	151.0	…	…
34 広島	395.7	113.3	…	…	…	194.6	…	…	179.2	84.7	…	…
35 山口	405.3	150.5	…	…	…	261.5	…	…	246.0	118.3	…	…
36 徳島	418.0	168.7	…	…	…	211.3	…	…	158.9	134.3	…	…
37 香川	403.4	146.8	…	…	…	219.2	…	…	189.7	131.8	…	…
38 愛媛	403.7	151.0	…	…	…	311.4	…	…	212.5	144.2	…	…
39 高知	403.7	181.7	…	…	…	…	…	…	…	191.2	…	…
40 福岡	388.4	138.2	…	…	…	255.0	…	…	178.6	111.0	…	…
41 佐賀	404.8	136.7	…	…	…	198.9	…	…	123.1	120.5	…	…
42 長崎	405.5	183.7	…	…	…	291.1	…	…	173.3	177.2	…	…
43 熊本	386.0	161.1	…	…	…	281.1	…	…	223.6	140.0	…	…
44 大分	381.5	139.1	…	…	…	168.3	…	…	132.6	102.7	…	…
45 宮崎	400.8	180.4	…	…	…	394.0	…	…	318.0	162.0	…	…
46 鹿児島	418.1	164.3	…	…	…	238.0	…	…	142.2	165.7	…	…
47 沖縄	388.8	170.1	…	…	…	305.2	…	…	…	105.9	…	…
21大都市（再掲） 21 major cities (Regrouped)												
50 東京都区部	367.7	203.1	…	…	…	245.8	…	…	189.0	157.0	…	280.9
51 札幌	379.3	121.1	…	…	…	203.1	…	…	68.7	116.7	…	…
52 仙台	350.2	163.4	…	…	…	190.0	…	…	…	101.7	…	…
53 さいたま	354.3	197.2	…	…	…	103.3	…	…	99.6	40.0	…	…
54 千葉	363.7	165.4	…	…	…	280.5	…	…	…	161.2	…	…
55 横浜	363.8	132.1	…	…	…	254.3	…	…	257.4	105.9	…	…
56 川崎	354.4	115.3	…	…	…	115.3	…	…	…	60.9	…	…
57 相模原	359.6	232.5	…	…	…	284.9	…	…	…	216.1	…	…
58 新潟	382.6	114.2	…	…	…	158.7	…	…	128.0	109.5	…	…
59 静岡	386.4	192.2	…	…	…	253.1	…	…	228.4	172.3	…	…
60 浜松	361.8	178.2	…	…	…	320.6	…	…	216.1	157.7	…	…
61 名古屋	394.6	204.0	…	…	…	246.2	…	…	227.2	186.0	…	…
62 京都	366.2	248.0	…	…	…	162.5	…	…	129.0	141.6	…	…
63 大阪	403.6	203.3	…	…	…	70.3	…	…	52.0	55.1	…	…
64 堺	395.2	65.3	…	…	…	61.6	…	…	44.1	34.6	…	…
65 神戸	387.9	132.2	…	…	…	236.6	…	…	189.5	55.8	…	…
66 岡山	362.9	140.8	…	…	…	116.3	…	…	123.8	133.3	…	…
67 広島	376.9	55.2	…	…	…	62.7	…	…	11.0	38.5	…	…
68 北九州	373.0	99.6	…	…	…	157.4	…	…	168.7	54.5	…	…
69 福岡	365.8	95.9	…	…	…	341.3	…	…	244.6	75.4	…	…
70 熊本	377.6	180.3	…	…	…	322.5	…	…	…	155.4	…	…

注：1）全国には住所地外国、不詳が含まれる。
　　2）総数には就業状態不詳が、就業者総数には産業不詳が含まれる。

（女性人口10万対），都道府県（21大都市再掲）・産業（大分類）別

(per 100,000 female population) for females of 15 years of age and over, and industry (major groups)

平成27年度
FY 2015

H 運輸業, 郵便業	I 卸売業, 小売業	J 金融業, 保険業	K 不動産業, 物品賃貸業	L 学術研究, 専門・技術サービス業	M 宿泊業, 飲食サービス業	N 生活関連サービス業, 娯楽業	O 教育, 学習支援業	P 医療, 福祉	Q 複合サービス事業	R サービス業（他に分類されないもの）	S 公務（他に分類されるものを除く）	無職 Non-employed
553.9	103.2	237.1	194.6	219.8	114.6	112.3	96.0	94.1	654.9	110.1	370.4	498.4
614.7	120.0	235.9	171.1	214.9	127.7	129.1	136.8	111.7	...	109.1	160.2	516.5
...	158.3	...	...	...	126.4	119.1	...	116.8	...	...	...	574.2
...	122.3	...	...	...	105.7	132.4	...	137.4	...	...	...	581.1
...	93.2	...	...	...	85.2	99.9	156.9	180.7	...	95.1	...	486.5
...	166.6	...	...	...	187.3	162.2	...	132.9	...	...	...	610.1
...	111.9	...	...	...	143.0	116.9	...	124.8	...	...	...	525.3
...	122.2	...	...	...	147.9	132.6	...	125.0	...	...	...	582.3
761.2	113.2	...	...	...	139.3	187.2	71.9	95.8	...	...	...	558.5
...	91.4	...	...	...	118.6	116.8	95.5	167.3	...	...	...	546.4
...	140.6	...	...	...	123.2	80.5	38.3	131.2	...	...	...	521.0
589.3	57.3	129.6	113.3	...	91.0	83.7	47.0	71.5	...	134.4	186.1	437.2
778.3	116.3	...	...	...	134.7	111.9	98.6	77.5	...	132.3	419.5	470.1
344.9	107.0	...	256.5	216.5	128.1	115.3	74.7	80.4	...	82.9	186.0	500.6
631.7	107.4	...	164.3	186.3	108.5	109.7	63.3	74.3	...	72.8	437.3	430.0
...	83.7	...	...	...	107.1	93.3	145.4	93.3	...	86.1	...	536.9
...	61.4	...	...	...	92.6	83.8	...	44.2	...	...	...	462.0
...	121.1	...	...	...	136.6	134.5	103.7	152.4	...	...	...	568.2
...	95.1	...	...	...	55.0	...	...	111.4	...	...	...	584.2
...	116.2	...	...	...	118.3	113.1	...	97.5	...	...	...	538.9
...	127.1	...	...	...	157.7	155.6	...	192.7	...	...	...	529.5
...	100.8	...	...	...	147.1	121.3	236.9	61.1	...	...	...	561.0
462.1	123.8	...	...	...	85.5	140.7	93.4	117.5	...	130.4	...	489.8
494.7	141.8	344.4	258.0	237.9	156.6	166.3	95.3	135.7	...	109.9	...	515.2
...	100.9	...	...	...	95.4	118.2	63.2	92.7	...	148.9	...	535.1
...	83.2	...	...	...	111.4	110.2	...	54.8	...	...	...	472.8
...	106.4	...	...	...	113.7	136.2	78.3	84.5	...	110.1	...	493.8
238.8	50.0	...	233.6	113.0	54.5	39.4	59.7	40.1	...	46.8	...	429.6
322.6	79.8	...	...	...	79.1	92.4	100.6	69.5	...	114.9	73.2	448.9
...	68.1	...	...	...	32.1	99.2	114.0	127.5	...	190.0	...	423.1
...	91.3	...	...	...	128.3	139.0	...	115.0	...	...	...	552.6
...	141.2	...	...	...	55.3	...	...	...	...	...	...	551.4
...	75.4	...	...	...	157.2	...	...	83.0	...	...	...	524.8
...	113.7	...	...	...	129.2	97.6	117.3	143.5	...	160.6	...	490.1
...	65.3	...	...	...	73.1	76.4	63.7	45.7	...	70.9	...	501.9
...	89.9	...	...	...	113.1	127.6	50.1	63.4	...	...	...	522.0
...	119.1	...	...	...	258.3	...	...	98.7	...	...	...	525.1
...	109.2	...	...	...	197.1	122.7	...	89.4	...	...	...	555.3
...	129.8	...	...	...	119.7	92.9	...	113.3	...	125.3	...	511.8
...	151.4	...	...	...	113.0	...	...	...	...	...	...	596.7
700.0	74.2	...	...	...	79.2	102.4	133.7	90.9	...	102.1	...	511.4
...	77.1	...	...	...	168.3	140.6	...	51.6	...	...	...	569.4
...	155.8	...	...	...	136.6	116.4	207.5	127.9	...	...	...	532.0
...	120.2	...	...	...	140.9	99.2	91.4	87.3	...	128.0	...	566.3
...	85.0	...	...	...	107.9	48.7	...	98.7	...	...	...	496.9
...	127.4	...	...	...	77.7	95.9	...	209.1	...	...	...	555.4
...	129.0	...	...	...	111.4	165.5	...	196.0	...	...	...	570.1
...	61.5	...	...	...	129.3	111.2	...	49.5	...	73.1	...	555.5
354.6	114.4	...	...	...	136.4	129.8	71.3	94.1	...	85.1	...	527.8
...	90.8	...	...	...	64.7	99.9	88.9	56.9	...	70.1	...	465.8
...	48.6	...	...	...	117.6	94.5	191.9	189.0	...	82.5	...	464.5
...	51.1	...	...	...	47.6	16.7	-	48.0	...	...	...	333.7
...	141.7	...	...	...	159.4	77.2	63.0	...	...	...	...	492.9
...	86.9	...	...	...	70.1	77.1	36.4	50.9	...	64.7	...	431.3
...	80.0	...	...	...	30.0	57.6	22.1	18.9	...	...	...	309.2
...	180.1	...	...	...	221.9	315.9	...	...	...	...	...	500.3
...	111.2	...	...	...	150.5	40.2	...	...	...	...	...	470.6
...	143.4	...	...	...	115.7	113.7	...	53.6	...	...	...	466.1
...	123.1	...	...	...	23.4	194.4	...	158.3	...	...	...	447.8
...	169.5	...	...	...	191.9	174.2	68.7	168.0	...	109.3	...	551.8
...	102.6	...	...	...	130.0	166.6	33.5	73.1	...	...	...	521.2
...	48.9	...	...	...	53.9	40.5	75.1	34.1	...	22.5	...	508.3
...	33.8	...	...	...	18.3	14.4	...	12.5	...	...	...	408.3
...	49.6	...	...	...	24.8	60.9	37.3	10.6	...	...	...	379.3
...	124.0	...	...	...	104.4	115.0	...	145.6	...	...	...	436.1
...	30.2	...	...	...	43.7	49.0	6.9	23.0	...	...	...	497.6
...	40.1	...	...	...	57.5	59.2	...	29.1	...	...	...	427.8
...	62.1	...	...	...	62.2	74.0	68.2	26.7	...	42.4	...	534.0
...	144.6	...	...	...	156.5	109.3	37.0	71.5	...	...	...	557.1

Notes: 1) All Japan in includes address of "Foreign countries" and "Not stated"
2) The total includes "employment status not stated", and the total number of employed persons (employed) includes "industries not stated".

3. 死　　　産　Foetal mortality

第1表　死産数及び死産率（出産
Table 1.　Fiscal yearly foetal deaths by natural/artificial birth

母　の　職　業 Occupation of Mother	死　産 Foetal deaths				
	昭和45年度 FY 1970	50[1] FY 1975	55 FY 1980	60 FY 1985	平成 2 FY 1990
総数　　　　　Total	132 914	100 997	76 857	67 948	52 583
就業者総数　　Employed	37 089	26 547	24 617	23 723	19 895
A 管理的職業従事者	189		75	108	88
B 専門的・技術的職業従事者	2 376	9 827	2 581	2 646	2 221
C 事務従事者	7 761	(7 231)	6 710	6 680	6 302
D 販売従事者	4 374	(3 494)	3 353	3 130	2 510
E サービス職業従事者	6 749	7 863	4 362	4 220	3 551
F 保安職業従事者	52		18	101	101
G 農林漁業従事者	8 883	4 236	2 138	1 306	591
H 生産工程従事者					
I 輸送・機械運転従事者	5 826	3 598	2 924	2 505	1 864
J 建設・採掘従事者					
K 運搬・清掃・包装等従事者					
L 職業不詳	879	1 023	2 456	3 027	2 667
無職　　Non-employed	95 825	74 450	52 240	44 225	32 688
不詳　　Not stated	…	…	…	…	…
総数　　　　　Total	83 343	66 436	46 813	32 444	22 760
就業者総数　　Employed	20 488	15 758	13 591	9 992	7 280
A 管理的職業従事者	128		51	56	49
B 専門的・技術的職業従事者	1 632	6 217	1 834	1 640	1 228
C 事務従事者	4 293	(4 381)	3 690	2 782	2 154
D 販売従事者	2 262	(1 971)	1 657	1 167	779
E サービス職業従事者	3 081	4 030	1 857	1 242	898
F 保安職業従事者	22		13	36	37
G 農林漁業従事者	5 208	2 540	1 282	626	271
H 生産工程従事者					
I 輸送・機械運転従事者	3 300	2 302	1 679	1 119	745
J 建設・採掘従事者					
K 運搬・清掃・包装等従事者					
L 職業不詳	562	669	1 528	1 324	1 119
無職　　Non-employed	62 855	50 678	33 222	22 452	15 480
不詳　　Not stated	…	…	…	…	…
総数　　　　　Total	49 571	34 561	30 044	35 504	29 823
就業者総数　　Employed	16 601	10 789	11 026	13 731	12 615
A 管理的職業従事者	61		24	52	39
B 専門的・技術的職業従事者	744	3 610	747	1 006	993
C 事務従事者	3 468	(2 850)	3 020	3 898	4 148
D 販売従事者	2 112	(1 523)	1 696	1 963	1 731
E サービス職業従事者	3 668	3 833	2 505	2 978	2 653
F 保安職業従事者	30		5	65	64
G 農林漁業従事者	3 675	1 696	856	680	320
H 生産工程従事者					
I 輸送・機械運転従事者	2 526	1 296	1 245	1 386	1 119
J 建設・採掘従事者					
K 運搬・清掃・包装等従事者					
L 職業不詳	317	354	928	1 703	1 548
無職　　Non-employed	32 970	23 772	19 018	21 773	17 208
不詳　　Not stated	…	…	…	…	…

注：1）昭和50年度は職業4部門別に集計されているため、大分類では集計できない職業がある。管理的職業従事者、専門的・技術的職業従事者及び事務従事者は事務関係職業として、また、販売従事者、サービス職業従事者及び保安職業従事者は販売・サービス関係職業として一括して計上し、事務従事者及び販売従事者を再掲している。

千対），自然－人工・母の職業（大分類）・年次別

and foetal death rates (per 1,000 deliveries),
and occupation of mother (major groups)

数					死産率 Foetal death rates	
7 FY 1995	12 FY 2000	17 FY 2005	22 FY 2010	27 FY 2015	平成22年度 FY 2010	27 FY 2015

数 Total

39 349	37 946	31 404	26 412	22 168	24.2	21.6
16 026	15 613	11 119	10 138	10 037	29.8	23.1
86	73	67	122	99	24.2	18.9
1 925	2 051	1 913	2 111	2 322	17.7	15.1
4 282	3 549	2 825	2 453	2 344	23.1	17.8
1 662	1 554	1 200	1 002	841	38.1	24.9
2 637	2 800	2 898	2 678	2 550	56.1	37.7
63	69	115	45	48	17.8	16.1
271	176	112	105	100	26.2	23.3
			491	466	34.3	27.8
			102	89	65.5	54.2
1 172	993	855	67	59	41.0	29.9
			97	96	78.4	53.0
3 928	4 348	1 134	865	1 023	...	...
23 323	22 333	16 365	13 129	9 146	18.6	16.8
...	...	3 920	3 145	2 985		

死産 Spontaneous

18 319	15 978	13 411	12 353	10 808	11.3	10.5
6 510	5 946	4 205	4 581	5 003	13.4	11.5
49	43	33	82	66	16.3	12.6
1 080	1 071	982	1 195	1 429	10.0	9.3
1 735	1 456	1 240	1 294	1 251	12.2	9.5
560	476	396	342	340	13.0	10.1
726	674	757	855	964	17.9	14.2
30	27	41	18	22	7.1	7.4
121	78	48	65	62	16.2	14.4
			226	230	15.8	13.7
502	343	271	44	50	28.2	30.5
			31	31	19.0	15.7
			19	35	15.4	19.3
1 707	1 778	437	410	523	...	...
11 809	10 032	7 544	6 334	4 344	9.0	8.0
...	...	1 662	1 438	1 461		

死産 Artificial

21 030	21 968	17 993	14 059	11 360	12.9	11.1
9 516	9 667	6 914	5 557	5 034	16.3	11.6
37	30	34	40	33	7.9	6.3
845	980	931	916	893	7.7	5.8
2 547	2 093	1 585	1 159	1 093	10.9	8.3
1 102	1 078	804	660	501	25.1	14.9
1 911	2 126	2 141	1 823	1 586	38.2	23.4
33	42	74	27	26	10.7	8.7
150	98	64	40	38	10.0	8.8
			265	236	18.5	14.1
670	650	584	58	39	37.2	23.8
			36	28	22.0	14.2
			78	61	63.1	33.6
2 221	2 570	697	455	500	...	...
11 514	12 301	8 821	6 795	4 802	9.6	8.8
...	...	2 258	1 707	1 524		

Note: 1) There are occupations that can not be calculated by major groups, because figures are calculated by 4 occupational classes in FY 1975. Managers, Specialist and technical workers, Clerical workers are included in clerical related workers. Sales workers, Service workers and Security workers are included in service related workers. Among them, Clerical workers and Sales workers are indicated again as regrouped in the parenthesis.

第2表 死産数，自然－人工・母の職業
Table 2. Foetal deaths by natural/artificial birth, and occupation of

母 の 職 業 Occupation of Mother	総 数 Total	15～19歳 Years	20～24	25～29
総				
総　　　　　　　数 Total	22 168	1 963	3 201	4 187
就 業 者 総 数 Employed	10 037	379	1 420	2 100
A 管 理 的 職 業 従 事 者	99	-	2	12
B 専門的・技術的職業従事者	2 322	17	205	510
C 事 務 従 事 者	2 344	44	207	487
D 販 売 従 事 者	841	41	150	180
E サ ー ビ ス 職 業 従 事 者	2 550	200	643	514
F 保 安 職 業 従 事 者	48	4	14	7
G 農 林 漁 業 従 事 者	100	2	5	21
H 生 産 工 程 従 事 者	466	24	60	117
I 輸送・機械運転従事者	89	5	5	14
J 建 設・採 掘 従 事 者	59	2	7	16
K 運搬・清掃・包装等従事者	96	4	11	19
L 職 業 不 詳	1 023	36	111	203
無　　　　　　　職 Non-employed	9 146	1 358	1 399	1 540
不　　　　　　　詳 Not stated	2 985	226	382	547
自				然
総　　　　　　　数 Total	10 808	182	754	2 170
就 業 者 総 数 Employed	5 003	36	284	1 095
A 管 理 的 職 業 従 事 者	66	-	1	6
B 専門的・技術的職業従事者	1 429	2	61	327
C 事 務 従 事 者	1 251	4	41	264
D 販 売 従 事 者	340	4	27	82
E サ ー ビ ス 職 業 従 事 者	964	22	109	209
F 保 安 職 業 従 事 者	22	-	2	6
G 農 林 漁 業 従 事 者	62	-	2	13
H 生 産 工 程 従 事 者	230	-	10	60
I 輸送・機械運転従事者	50	-	2	10
J 建 設・採 掘 従 事 者	31	-	1	6
K 運搬・清掃・包装等従事者	35	-	2	6
L 職 業 不 詳	523	4	26	106
無　　　　　　　職 Non-employed	4 344	131	375	803
不　　　　　　　詳 Not stated	1 461	15	95	272
人				工
総　　　　　　　数 Total	11 360	1 781	2 447	2 017
就 業 者 総 数 Employed	5 034	343	1 136	1 005
A 管 理 的 職 業 従 事 者	33	-	1	6
B 専門的・技術的職業従事者	893	15	144	183
C 事 務 従 事 者	1 093	40	166	223
D 販 売 従 事 者	501	37	123	98
E サ ー ビ ス 職 業 従 事 者	1 586	178	534	305
F 保 安 職 業 従 事 者	26	4	12	1
G 農 林 漁 業 従 事 者	38	2	3	8
H 生 産 工 程 従 事 者	236	24	50	57
I 輸送・機械運転従事者	39	5	3	4
J 建 設・採 掘 従 事 者	28	2	6	10
K 運搬・清掃・包装等従事者	61	4	9	13
L 職 業 不 詳	500	32	85	97
無　　　　　　　職 Non-employed	4 802	1 227	1 024	737
不　　　　　　　詳 Not stated	1 524	211	287	275

(大分類)・母の年齢(5歳階級)別
mothers (major groups) and age of mothers (5-year age groups)

平成27年度
FY 2015

30～34	35～39	40～44	45～49	50歳以上 and over	不　詳 Not stated
\multicolumn{6}{c}{数　　Total}					
5 660	4 974	2 053	126	1	3
2 730	2 354	990	63	1	-
28	35	22	-	-	-
728	619	228	15	-	-
676	620	297	13	-	-
231	170	64	5	-	-
568	448	163	14	-	-
12	11	-	-	-	-
26	26	18	2	-	-
118	100	45	2	-	-
25	27	12	1	-	-
13	14	6	1	-	-
20	28	12	2	-	-
285	256	123	8	1	-
2 180	1 886	741	42	-	-
750	734	322	21	-	3
死　　産　　Spontaneous					
3 536	3 078	1 041	43	1	3
1 678	1 408	483	18	1	-
22	26	11	-	-	-
491	417	128	3	-	-
427	365	146	4	-	-
114	87	25	1	-	-
319	230	71	4	-	-
4	10	-	-	-	-
19	19	8	1	-	-
69	66	24	1	-	-
19	14	5	-	-	-
8	13	3	-	-	-
6	15	5	1	-	-
180	146	57	3	1	-
1 413	1 212	392	18	-	-
445	458	166	7	-	3
死　　産　　Artificial					
2 124	1 896	1 012	83	-	-
1 052	946	507	45	-	-
6	9	11	-	-	-
237	202	100	12	-	-
249	255	151	9	-	-
117	83	39	4	-	-
249	218	92	10	-	-
8	1	-	-	-	-
7	7	10	1	-	-
49	34	21	1	-	-
6	13	7	1	-	-
5	1	3	1	-	-
14	13	7	1	-	-
105	110	66	5	-	-
767	674	349	24	-	-
305	276	156	14	-	-

第3表 嫡出死産数，父の職業（大分類）・

Table 3. Foetal deaths of children in wedlock by occupation of

父 の 職 業 Occupation of Father	母		の			
	総 数 Total	就業者 総 数 Employed	A 管理的 職業従事者	B 専門的・ 技術的 職業従事者	C 事 務 従事者	D 販 売 従事者
総　　　　　　　　数　Total	14 857	6 742	90	1 898	1 742	494
就 業 者 総 数 Employed	12 372	6 561	86	1 834	1 709	484
A 管 理 的 職 業 従 事 者	422	233	53	47	72	15
B 専門的・技術的職業従事者	2 609	1 493	12	816	380	57
C 事 務 従 事 者	1 524	823	7	198	493	33
D 販 売 従 事 者	1 220	618	5	127	195	157
E サービス職業従事者	1 485	770	5	149	108	46
F 保 安 職 業 従 事 者	418	198	-	84	42	18
G 農 林 漁 業 従 事 者	264	164	1	28	21	9
H 生 産 工 程 従 事 者	1 373	689	1	158	168	52
I 輸送・機械運転従事者	487	246	-	45	56	31
J 建設・採掘従事者	1 092	506	1	118	136	49
K 運搬・清掃・包装等従事者	248	137	-	24	28	11
L 職 業 不 詳	1 230	684	1	40	10	6
無　　　職 Non-employed	247	77	2	26	22	6
不　　　詳 Not stated	2 238	104	2	38	11	4

母の職業（大分類）別
father (major groups) and occupation of mother (major groups)

平成27年度
FY 2015

職							業	Occupation of Mother	
E サービス 職業従事者	F 保　安 職業従事者	G 農林漁業 従　事　者	H 生産工程 従　事　者	I 輸送・機械 運転従事者	J 建設・採掘 従　事　者	K 運搬・清掃・ 包装等従事者	L 職業不詳	無　　職 Non-employed	不　　詳 Not stated
1 217	29	82	302	58	37	53	740	6 058	2 057
1 182	29	81	292	55	37	49	723	5 600	211
24	-	1	6	-	-	-	15	174	15
174	4	1	28	3	-	3	15	1 092	24
69	3	1	13	1	-	2	3	688	13
88	1	2	11	4	7	1	20	596	6
395	1	6	13	7	5	7	28	701	14
31	18	-	1	1	-	1	2	216	4
23	-	58	10	2	2	-	10	98	2
135	1	4	145	2	1	9	13	673	11
51	1	1	17	27	1	6	10	235	6
127	-	5	34	-	21	6	9	572	14
47	-	1	12	1	-	12	1	108	3
18	-	1	2	7	-	2	597	447	99
11	-	1	6	-	-	1	2	164	6
24	-	-	4	3	-	3	15	294	1 840

第4表　死産数，都道府県（21大都市

Table 4. Foetal deaths by each prefecture (regrouped for 21

都道府県 Prefecture	総数 Total	就業者総数 Employed	A 管理的職業従事者	B 専門的・技術的職業従事者	C 事務従事者	D 販売従事者	E サービス職業従事者
全 国 All Japan	22 168	10 037	99	2 322	2 344	841	2 550
01 北 海 道	1 006	415	3	77	96	37	148
02 青　　森	207	109	-	25	23	9	32
03 岩　　手	201	110	3	22	21	10	32
04 宮　　城	404	203	1	37	44	24	59
05 秋　　田	133	86	2	23	16	3	29
06 山　　形	191	105	1	19	24	4	37
07 福　　島	334	168	2	36	29	11	51
08 茨　　城	474	216	1	39	53	30	57
09 栃　　木	316	136	2	32	30	9	39
10 群　　馬	340	179	2	41	44	8	49
11 埼　　玉	1 326	478	3	98	115	43	105
12 千　　葉	1 082	471	1	110	105	41	122
13 東　　京	2 437	1 231	16	260	311	100	229
14 神 奈 川	1 472	536	7	143	123	66	110
15 新　　潟	356	180	1	41	36	15	53
16 富　　山	166	108	-	26	25	5	32
17 石　　川	174	91	3	20	21	14	17
18 福　　井	152	85	1	26	22	11	17
19 山　　梨	128	62	1	15	19	4	12
20 長　　野	317	168	-	36	34	8	53
21 岐　　阜	294	141	-	35	38	5	42
22 静　　岡	546	252	3	63	61	16	52
23 愛　　知	1 281	586	9	158	148	57	112
24 三　　重	268	140	-	29	39	16	41
25 滋　　賀	226	101	1	21	21	4	31
26 京　　都	434	195	5	44	46	9	50
27 大　　阪	1 482	474	5	125	128	38	103
28 兵　　庫	894	369	1	81	79	25	78
29 奈　　良	206	78	-	17	19	1	17
30 和 歌 山	174	67	1	15	17	3	20
31 鳥　　取	101	44	-	7	12	2	13
32 島　　根	104	70	1	15	17	7	13
33 岡　　山	347	170	2	38	33	14	51
34 広　　島	503	225	1	54	46	25	60
35 山　　口	198	74	1	17	22	7	23
36 徳　　島	117	61	-	20	13	4	15
37 香　　川	162	93	-	29	22	6	23
38 愛　　媛	243	89	-	16	25	8	24
39 高　　知	112	63	1	18	11	6	18
40 福　　岡	1 100	502	8	112	133	48	132
41 佐　　賀	151	89	-	21	20	8	25
42 長　　崎	260	145	-	38	28	10	37
43 熊　　本	393	209	4	62	27	23	67
44 大　　分	262	101	1	29	18	4	36
45 宮　　崎	277	160	1	41	31	18	44
46 鹿 児 島	389	184	1	37	46	11	60
47 沖　　縄	414	216	3	54	52	14	79
外 国 Foreign countries	11	2	-	-	1	-	1
不 詳 Not stated	3	-	-	-	-	-	-
21大都市（再掲） 21 major cities (Regrouped)							
50 東京都区部	1 794	932	13	187	238	69	167
51 札　　幌	395	159	1	30	45	18	57
52 仙　　台	190	85	1	16	21	10	25
53 さいたま	232	80	-	13	19	5	15
54 千　　葉	181	87	-	15	19	6	31
55 横　　浜	577	215	4	63	52	24	48
56 川　　崎	282	83	2	20	22	3	12
57 相 模 原	126	51	1	15	9	6	12
58 新　　潟	144	65	-	22	10	8	11
59 静　　岡	112	36	1	7	9	3	7
60 浜　　松	105	36	-	8	12	1	5
61 名 古 屋	393	198	3	47	60	21	48
62 京　　都	262	127	4	30	28	5	26
63 大　　阪	478	139	2	39	38	14	30
64 　　堺	136	51	-	12	18	5	5
65 神　　戸	257	96	-	19	10	7	17
66 岡　　山	140	67	1	12	19	5	22
67 広　　島	216	95	-	19	18	15	22
68 北 九 州	224	87	-	23	16	4	19
69 福　　岡	341	181	7	38	55	24	45
70 熊　　本	163	81	2	29	11	7	21

再掲）・母の職業（大分類）別

major cities) and occupation of mother (major groups)

平成27年度
FY 2015

F 保安職業従事者	G 農林漁業従事者	H 生産工程従事者	I 輸送・機械運転従事者	J 建設・採掘従事者	K 運搬・清掃・包装等従事者	L 職業不詳	無職 Non-employed	不詳 Not stated
48	100	466	89	59	96	1 023	9 146	2 985
1	14	12	7	-	4	16	444	147
-	3	6	-	-	1	10	80	18
-	-	4	-	4	2	12	72	19
2	1	14	1	2	3	15	150	51
-	2	5	-	2	1	3	44	3
-	4	10	1	-	1	4	55	31
1	1	12	3	1	2	19	148	18
1	6	15	5	2	3	4	240	18
1	2	18	1	2	-	-	128	52
1	1	22	-	1	2	8	135	26
2	2	19	3	4	3	81	600	248
3	8	8	10	3	3	64	453	158
4	7	7	10	12	7	268	873	333
4	-	9	8	3	4	59	599	337
1	2	14	1	-	1	15	112	64
-	2	7	-	-	2	9	46	12
1	1	5	1	-	1	7	71	12
-	1	6	-	-	-	1	55	12
-	1	7	-	1	-	1	58	8
-	4	21	3	2	1	6	135	14
-	2	11	1	2	3	2	136	17
1	2	30	1	2	3	18	212	82
1	7	43	7	1	6	37	614	81
-	-	11	1	-	-	3	114	14
-	-	12	1	-	1	9	109	16
3	2	3	2	-	4	31	191	48
-	2	14	2	2	3	49	568	440
-	1	16	3	1	5	79	412	113
-	-	2	2	2	-	20	94	34
-	4	-	1	1	2	3	90	17
-	-	2	-	-	-	8	25	32
-	-	1	-	-	-	16	29	5
1	-	7	1	-	4	19	138	39
-	-	8	1	-	1	28	208	70
-	-	2	-	1	-	1	100	24
1	2	5	-	-	-	1	39	17
2	-	7	1	1	2	-	67	2
-	2	6	-	-	-	8	100	54
-	1	2	1	-	1	4	42	7
4	7	17	3	2	4	32	487	111
-	-	4	-	-	2	9	56	6
1	2	6	3	1	2	17	96	19
2	4	10	1	-	1	8	167	17
-	2	4	-	1	2	4	133	28
1	4	13	1	2	2	2	114	3
7	3	7	-	2	7	3	150	55
1	-	2	1	-	-	10	149	49
-	-	-	-	-	-	-	8	1
-	-	-	-	-	-	-	-	3
3	7	4	8	8	5	223	614	248
1	-	1	2	-	3	1	147	89
1	-	4	-	1	1	5	75	30
-	-	1	1	-	-	26	83	69
1	-	1	3	1	-	10	72	22
3	-	3	2	1	2	13	232	130
-	-	1	4	1	-	18	71	128
-	-	-	1	-	-	7	65	10
-	2	-	-	-	-	12	39	40
-	-	2	-	-	-	7	42	34
-	1	3	-	1	-	5	53	16
-	-	6	1	-	-	12	184	11
-	-	1	2	-	4	27	117	18
2	1	-	-	-	-	13	183	156
-	-	3	-	-	1	7	62	23
-	-	4	-	-	1	38	105	56
-	-	2	-	-	-	6	46	27
-	-	2	-	-	1	18	93	28
-	-	2	-	-	2	21	93	44
-	2	1	1	1	1	6	148	12
-	1	-	3	-	-	-	7	74	8

4. 周産期死亡　Perinatal mortality

第1表　周産期死亡数及び周産期死亡率（出産千対），妊娠満22週

Table 1. Fiscal yearly perinatal deaths and perinatal death rates (per 1,000 and over of gestation / early neonatal deaths

母の職業 Occupation of Mother	昭和50年度[1] FY 1975	55 FY 1980	60 FY 1985	平成 2 FY 1990
周産期 Perinatal 総				
総　数　Total	29 575	18 090	11 092	12 639
就業者総数　Employed	6 441	4 493	2 916	3 616
A　管理的職業従事者	—	20	12	25
B　専門的・技術的職業従事者	2 386	758	621	660
C　事務従事者	(1 525)	1 119	747	1 038
D　販売従事者	(708)	466	295	355
E　サービス職業従事者	1 235	425	268	481
F　保安職業従事者	—	7	9	22
G　農林漁業従事者	1 398	589	223	133
H　生産工程従事者				
I　輸送・機械運転従事者	1 066	674	397	376
J　建設・採掘従事者				
K　運搬・清掃・包装等従事者				
L　職業不詳	356	435	344	526
無職　Non-employed	23 134	13 597	8 176	9 023
不詳　Not stated	…	…	…	…
妊娠満22週				
総　数　Total	19 558	11 920	7 506	10 295
就業者総数　Employed	4 137	3 002	1 981	3 074
A　管理的職業従事者	—	14	10	19
B　専門的・技術的職業従事者	1 534	469	399	520
C　事務従事者	(979)	728	490	880
D　販売従事者	(454)	308	218	311
E　サービス職業従事者	786	279	167	425
F　保安職業従事者	—	5	6	18
G　農林漁業従事者	929	386	135	115
H　生産工程従事者				
I　輸送・機械運転従事者	672	432	260	299
J　建設・採掘従事者				
K　運搬・清掃・包装等従事者				
L　職業不詳	216	381	296	487
無職　Non-employed	15 421	8 918	5 525	7 221
不詳　Not stated	…	…	…	…
早期新生				
総　数　Total	10 017	6 170	3 586	2 344
就業者総数　Employed	2 304	1 491	935	542
A　管理的職業従事者	—	6	2	6
B　専門的・技術的職業従事者	852	289	222	140
C　事務従事者	(546)	391	257	158
D　販売従事者	(254)	158	77	44
E　サービス職業従事者	449	146	101	56
F　保安職業従事者	—	2	3	4
G　農林漁業従事者	469	203	88	18
H　生産工程従事者				
I　輸送・機械運転従事者	394	242	137	77
J　建設・採掘従事者				
K　運搬・清掃・包装等従事者				
L　職業不詳	140	54	48	39
無職　Non-employed	7 713	4 679	2 651	1 802
不詳　Not stated	…	…	…	…

注：1）昭和50年度は職業4部門別に集計されているため、大分類では集計できない職業がある。
　　管理的職業従事者、専門的・技術的職業従事者及び事務従事者は事務関係職業として、また、販売従事者、サービス職業従事者及び保安職業従事者は販売・サービス関係職業として一括して計上し、事務従事者及び販売従事者を再掲している。
　　2）昭和60年度までは妊娠満28週以後の死産数である。

以後の死産－早期新生児死亡・母の職業（大分類）・年次別

deliveries) by foetal deaths at 22 completed weeks and by occupation of mother (major groups)

死亡数 deaths					周産期死亡率 Perinatal death rates	
7 FY 1995	12 FY 2000	17 FY 2005	22 FY 2010	27 FY 2015	平成22年度 FY 2010	27 FY 2015

数 Total

8 424	6 765	5 104	4 516	3 697	4.2	3.7
2 553	2 127	1 281	1 451	1 547	4.4	3.6
19	13	12	21	23	4.3	4.5
487	453	346	419	489	3.6	3.2
665	501	398	421	392	4.0	3.0
167	128	114	108	112	4.2	3.4
217	213	163	212	254	4.7	3.9
16	11	16	9	9	3.6	3.1
58	30	16	25	21	6.4	5.0
			74	69	5.3	4.2
204	127	81	12	13	8.2	8.3
			8	8	5.1	4.2
			8	3	7.0	1.7
720	651	135	134	154	…	…
5 871	4 638	3 235	2 567	1 643	3.7	3.1
…	…	588	498	507	…	…

以後の死産 2) Foetal deaths at 22 completed weeks and over of gestation

6 638	5 280	4 031	3 647	3 013	3.4	3.0
2 087	1 773	1 023	1 174	1 277	3.5	3.0
17	10	11	15	19	3.0	3.7
398	356	260	331	386	2.8	2.5
528	396	313	330	323	3.2	2.5
139	101	97	85	90	3.3	2.7
180	168	139	180	214	4.0	3.3
13	9	13	8	7	3.2	2.4
45	20	11	22	18	5.6	4.3
			59	60	4.2	3.7
163	103	66	12	11	8.2	7.0
			8	8	5.1	4.2
			6	2	5.2	1.2
604	610	113	118	139	…	…
4 551	3 507	2 504	2 036	1 297	2.9	2.4
…	…	504	437	439	…	…

児死亡 Early neonatal deaths (under 1 week)

1 786	1 485	1 073	869	684	0.8	0.7
466	354	258	277	270	0.8	0.6
2	3	1	6	4	1.2	0.8
89	97	86	88	103	0.7	0.7
137	105	85	91	69	0.9	0.5
28	27	17	23	22	0.9	0.7
37	45	24	32	40	0.7	0.6
3	2	3	1	2	0.4	0.7
13	10	5	3	3	0.8	0.7
			15	9	1.1	0.6
41	24	15	-	2	-	1.3
			-	-	-	-
			2	1	1.8	0.6
116	41	22	16	15	…	…
1 320	1 131	731	531	346	0.8	0.6
…	…	84	61	68	…	…

Notes: 1) There are occupations that can not be calculated by major groups, because figures are calculated by 4 occupational classes in FY 1975.
Managers, Specialist and technical workers, Clerical workers are included in clerical related workers.
Sales workers, Service workers and Security workers are included in service related workers.
Among them, Clerical workers and Sales workers are indicated again as regrouped in the parenthesis.
2) Deaths before FY1985 are foetal deaths at 28 completed weeks and over of gestation.

第 2 表　周産期死亡数，妊娠満22週以後の死産－早期新生児

Table 2. Perinatal deaths by foetal deaths at 22 completed by occupation of mother (major groups),

母 の 職 業 Occupation of Mother	総 数 Total	15～19歳 Years	20～24	25～29
\[総\]				
総　　　　　　　　　数　Total	3 697	54	273	828
就　業　者　総　数　Employed	1 547	6	91	390
A　管 理 的 職 業 従 事 者	23	-	1	3
B　専門的・技術的職業従事者	489	-	17	124
C　事　務　従　事　者	392	-	15	80
D　販　売　従　事　者	112	-	10	31
E　サ ー ビ ス 職 業 従 事 者	254	6	32	76
F　保 安 職 業 従 事 者	9	-	-	4
G　農 林 漁 業 従 事 者	21	-	1	6
H　生 産 工 程 従 事 者	69	-	4	23
I　輸送・機械運転従事者	13	-	1	4
J　建 設 ・ 採 掘 従 事 者	8	-	-	2
K　運搬・清掃・包装等従事者	3	-	-	1
L　職　業　不　詳	154	-	10	36
無　　　　職　Non-employed	1 643	40	147	336
不　　　　詳　Not stated	507	8	35	102
\[妊娠満22週\]				
総　　　　　　　　数　Total	3 013	43	220	679
就　業　者　総　数　Employed	1 277	5	76	333
A　管 理 的 職 業 従 事 者	19	-	-	3
B　専門的・技術的職業従事者	386	-	16	103
C　事　務　従　事　者	323	-	12	70
D　販　売　従　事　者	90	-	8	26
E　サ ー ビ ス 職 業 従 事 者	214	5	28	63
F　保 安 職 業 従 事 者	7	-	-	4
G　農 林 漁 業 従 事 者	18	-	1	5
H　生 産 工 程 従 事 者	60	-	3	18
I　輸送・機械運転従事者	11	-	1	4
J　建 設 ・ 採 掘 従 事 者	8	-	-	2
K　運搬・清掃・包装等従事者	2	-	-	1
L　職　業　不　詳	139	-	7	34
無　　　　職　Non-employed	1 297	32	114	258
不　　　　詳　Not stated	439	6	30	88
\[早期新生\]				
総　　　　　　　　数　Total	684	11	53	149
就　業　者　総　数　Employed	270	1	15	57
A　管 理 的 職 業 従 事 者	4	-	1	-
B　専門的・技術的職業従事者	103	-	1	21
C　事　務　従　事　者	69	-	3	10
D　販　売　従　事　者	22	-	2	5
E　サ ー ビ ス 職 業 従 事 者	40	1	4	13
F　保 安 職 業 従 事 者	2	-	-	-
G　農 林 漁 業 従 事 者	3	-	-	1
H　生 産 工 程 従 事 者	9	-	1	5
I　輸送・機械運転従事者	2	-	-	-
J　建 設 ・ 採 掘 従 事 者	-	-	-	-
K　運搬・清掃・包装等従事者	1	-	-	-
L　職　業　不　詳	15	-	3	2
無　　　　職　Non-employed	346	8	33	78
不　　　　詳　Not stated	68	2	5	14

死亡・母の職業（大分類）・母の年齢（5歳階級）別

weeks and over of gestation / early neonatal deaths,
and by age of mothers (5-year age group)

平成27年度
FY 2015

30～34	35～39	40～44	45～49	50歳以上 and over	不　詳 Not stated
		数　　Total			
1 199	997	328	14	-	4
507	405	141	7	-	-
6	7	6	-	-	-
168	135	44	1	-	-
142	112	41	2	-	-
35	30	6	-	-	-
69	52	17	2	-	-
1	4	-	-	-	-
7	5	2	-	-	-
18	18	6	-	-	-
1	6	1	-	-	-
3	2	1	-	-	-
-	-	1	1	-	-
57	34	16	1	-	-
552	432	131	5	-	-
140	160	56	2	-	4
以　　後　　の　　死　　産　　Foetal deaths at 22 completed weeks and over of gestation					
988	819	250	13	-	1
414	334	109	6	-	-
5	7	4	-	-	-
127	107	32	1	-	-
121	87	32	1	-	-
26	26	4	-	-	-
58	43	15	2	-	-
-	3	-	-	-	-
5	5	2	-	-	-
17	16	6	-	-	-
1	4	1	-	-	-
3	2	1	-	-	-
-	-	-	1	-	-
51	34	12	1	-	-
451	343	94	5	-	-
123	142	47	2	-	1
児　　　　死　　　　亡　　Early neonatal deaths (under 1 week)					
211	178	78	1	-	3
93	71	32	1	-	-
1	-	2	-	-	-
41	28	12	-	-	-
21	25	9	1	-	-
9	4	2	-	-	-
11	9	2	-	-	-
1	1	-	-	-	-
2	-	-	-	-	-
1	2	-	-	-	-
-	2	-	-	-	-
-	-	-	-	-	-
-	-	1	-	-	-
6	-	4	-	-	-
101	89	37	-	-	-
17	18	9	-	-	3

第3表 周産期死亡数, 都道府県
Table 3. Perinatal deaths by each prefecture (regrouped

都道府県 Prefecture	総数 Total	就業者総数 Employed	A 管理的職業従事者	B 専門的・技術的職業従事者	C 事務従事者	D 販売従事者	E サービス職業従事者
全国 All Japan	3 697	1 547	23	489	392	112	254
01 北海道	154	56	2	14	13	6	12
02 青森	38	26	-	6	7	2	5
03 岩手	29	15	1	5	1	2	6
04 宮城	55	25	-	7	6	1	4
05 秋田	22	16	1	3	2	1	7
06 山形	35	19	-	7	2	1	7
07 福島	73	36	-	12	7	1	10
08 茨城	93	41	-	13	11	1	10
09 栃木	48	21	-	10	2	2	5
10 群馬	55	19	1	8	5	1	3
11 埼玉	204	76	-	20	25	4	8
12 千葉	175	63	-	22	19	6	11
13 東京	406	181	4	40	49	17	20
14 神奈川	283	83	2	32	19	9	10
15 新潟	65	37	1	11	7	1	10
16 富山	43	27	-	7	7	3	8
17 石川	47	22	1	3	7	2	3
18 福井	28	16	-	7	5	1	2
19 山梨	16	4	-	1	1	2	1
20 長野	50	22	-	5	6	1	7
21 岐阜	50	28	-	10	10	2	4
22 静岡	100	43	1	10	14	2	4
23 愛知	247	103	1	45	27	8	9
24 三重	50	25	-	6	6	3	5
25 滋賀	45	16	-	6	4	-	4
26 京都	85	39	1	13	7	3	7
27 大阪	215	63	1	21	20	3	6
28 兵庫	138	54	-	13	17	5	4
29 奈良	46	22	-	10	5	-	1
30 和歌山	19	9	-	3	1	1	4
31 鳥取	28	14	1	3	5	-	1
32 島根	15	9	-	4	3	-	1
33 岡山	55	27	-	8	7	2	4
34 広島	80	28	-	7	7	4	4
35 山口	50	19	-	5	10	1	2
36 徳島	21	9	1	4	2	-	2
37 香川	25	13	-	6	2	-	3
38 愛媛	24	6	-	2	2	-	2
39 高知	19	13	-	3	2	5	1
40 福岡	169	63	1	20	23	4	10
41 佐賀	20	13	-	4	1	-	4
42 長崎	43	26	-	11	3	2	5
43 熊本	40	19	1	11	1	-	5
44 大分	44	13	-	4	2	2	3
45 宮崎	36	19	1	10	4	-	2
46 鹿児島	61	24	-	9	3	1	3
47 沖縄	51	25	-	8	6	2	7
外国 Foreign countries	-	-	-	-	-	-	-
不詳 Not stated	2	-	-	-	-	-	-
21大都市（再掲） 21 major cities (Regrouped)							
50 東京都区部	299	139	3	28	39	11	15
51 札幌	61	20	1	9	5	2	3
52 仙台	24	11	-	4	4	-	1
53 さいたま	32	12	-	3	6	1	2
54 千葉	28	12	-	4	4	2	2
55 横浜	128	39	1	20	5	5	5
56 川崎	47	14	-	4	3	1	1
57 相模原	20	8	-	4	2	-	1
58 新潟	28	12	-	8	1	-	-
59 静岡	17	6	1	1	3	-	1
60 浜松	19	7	-	-	3	-	2
61 名古屋	72	31	-	12	10	3	2
62 京都	44	19	-	7	2	-	3
63 大阪	67	21	1	7	5	3	2
64 堺	22	10	-	4	3	-	-
65 神戸	26	9	-	1	2	1	2
66 岡山	28	10	-	3	4	1	2
67 広島	36	12	-	1	4	2	2
68 北九州	34	11	-	4	3	1	3
69 福岡	60	25	-	9	11	1	-
70 熊本	20	9	1	5	-	-	2

(21大都市再掲)・母の職業(大分類)別

for 21 major cities) and occupation of mother (major groups)

平成27年度
FY 2015

F 保安職業従事者	G 農林漁業従事者	H 生産工程従事者	I 輸送・機械運転従事者	J 建設・採掘従事者	K 運搬・清掃・包装等従事者	L 職業不詳	無職 Non-employed	不詳 Not stated
9	21	69	13	8	3	154	1 643	507
-	5	1	-	-	-	3	75	23
2	-	2	-	-	-	2	11	1
-	-	-	-	-	-	-	12	2
-	1	1	-	-	-	5	23	7
-	-	-	-	-	1	1	6	-
-	1	1	-	-	-	-	13	3
-	1	3	-	-	-	2	35	2
1	1	2	1	1	-	-	48	4
-	-	1	1	-	-	-	20	7
-	-	1	-	-	-	-	31	5
-	-	2	-	1	1	15	92	36
-	-	-	-	-	-	5	81	31
-	2	3	-	2	-	44	159	66
-	-	-	2	1	-	8	133	67
1	1	1	-	-	-	4	16	12
-	-	-	-	-	-	2	11	5
1	1	1	1	-	-	2	22	3
-	-	2	-	-	-	-	8	4
-	-	-	-	-	-	-	9	3
-	1	2	-	-	-	-	26	2
-	-	2	-	-	-	-	18	4
-	-	11	1	-	-	2	42	15
1	-	6	-	-	-	6	127	17
-	-	4	1	-	-	-	22	3
-	-	-	-	-	-	2	26	3
-	-	-	1	-	-	7	34	12
-	-	4	-	-	-	8	87	65
-	1	5	1	-	-	8	69	15
-	-	-	-	-	-	6	22	2
-	-	-	-	-	-	-	9	1
-	-	1	-	-	-	3	7	7
-	-	-	-	-	-	1	6	-
-	-	2	1	-	1	2	22	6
-	-	-	-	-	-	6	39	13
-	-	1	-	-	-	-	26	5
-	-	2	-	1	-	-	8	4
-	-	-	-	-	-	-	12	-
-	1	-	-	-	-	-	12	6
2	-	-	1	-	-	2	86	20
-	1	1	-	-	-	2	7	-
-	-	1	-	1	-	3	13	4
-	-	-	1	-	-	1	16	5
-	-	2	-	-	-	-	25	6
-	1	1	-	-	-	-	17	-
1	3	2	-	1	-	1	32	5
-	-	1	1	-	-	-	22	4
-	-	-	-	-	-	-	-	-
-	-	-	-	-	-	-	-	2
-	2	2	-	2	-	37	112	48
-	-	-	-	-	-	-	21	20
-	-	-	-	-	-	2	10	3
-	-	-	-	-	-	3	7	13
-	-	-	-	-	-	-	12	4
-	-	-	1	-	-	2	57	32
-	-	-	-	1	-	4	11	22
-	-	-	-	-	-	1	10	2
-	1	-	-	-	-	2	5	11
-	-	-	-	-	-	-	5	6
-	-	1	-	-	-	2	11	1
-	-	2	-	-	-	2	40	1
-	-	-	1	-	-	3	20	5
-	-	1	-	-	-	2	19	27
-	-	1	-	-	-	2	8	4
-	-	-	-	-	-	4	10	7
-	-	-	-	-	-	-	12	6
-	-	-	-	-	-	3	19	5
-	-	-	-	-	-	-	18	5
1	-	-	-	-	-	1	31	4
-	-	-	-	-	-	1	9	2

5. 婚 姻 Marriages

第1表－1 婚姻件数,
Table 1-1. Fiscal yearly marriages by

職　業　Occupation	昭和45年度[1] FY 1970	50[2] FY 1975	55 FY 1980	60 FY 1985
総　　　　数　Total	821 749	925 979	769 067	738 403
就　業　者　総　数　Employed	813 541	909 622	755 015	723 643
A　管 理 的 職 業 従 事 者	10 929	} 306 001	10 446	12 504
B　専門的・技術的職業従事者	71 957		108 893	120 338
C　事　務　従　事　者	169 630	(198 684)	149 727	139 319
D　販　売　従　事　者	125 558	(149 982)	132 120	131 352
E　サ ー ビ ス 職 業 従 事 者	32 391	} 215 536	41 689	43 414
F　保 安 職 業 従 事 者	14 247		17 176	16 872
G　農 林 漁 業 従 事 者	43 861	40 472	26 022	20 191
H　生 産 工 程 従 事 者	} 340 430	} 340 361	} 261 640	} 231 583
I　輸送・機械運転従事者				
J　建 設・採 掘 従 事 者				
K　運搬・清掃・包装等従事者				
L　職　業　不　詳	4 538	7 252	7 302	8 070
無　　　　職　Non-employed	8 208	16 357	14 052	14 760
不　　　　詳　Not stated	...	...	...	...
総　　　　数　Total	784 556	925 979	769 067	738 403
就　業　者　総　数　Employed	387 485	467 419	402 837	390 779
A　管 理 的 職 業 従 事 者	977	} 287 554	1 142	1 433
B　専門的・技術的職業従事者	43 343		85 429	90 146
C　事　務　従　事　者	166 697	(213 800)	179 658	172 026
D　販　売　従　事　者	41 101	(51 069)	43 763	39 834
E　サ ー ビ ス 職 業 従 事 者	31 836	} 90 434	34 163	34 794
F　保 安 職 業 従 事 者	418		971	1 032
G　農 林 漁 業 従 事 者	27 953	19 026	7 880	4 153
H　生 産 工 程 従 事 者	} 73 398	} 68 160	} 44 621	} 40 896
I　輸送・機械運転従事者				
J　建 設・採 掘 従 事 者				
K　運搬・清掃・包装等従事者				
L　職　業　不　詳	1 762	2 245	5 210	6 465
無　　　　職　Non-employed	397 071	458 560	366 230	347 624
不　　　　詳　Not stated	...	...	...	...

注：1）昭和45年度は当該年度に結婚生活に入ったものであり、妻は初婚のみの数字である。
　　2）昭和50年度は職業4部門別に集計されているため、大分類では集計できない職業がある。
　　　管理的職業従事者、専門的・技術的職業従事者及び事務従事者は事務関係職業として、また、販売従事者、サービス職業従事者及び保安職業従事者は販売・サービス関係職業として一括して計上し、事務従事者及び販売従事者を再掲している。

夫－妻の職業（大分類）・年次別

occupation of bride/groom (major groups)

姻 件 数 Marriages					
平成2 FY 1990	7 FY 1995	12 FY 2000	17 FY 2005	22 FY 2010	27 FY 2015

夫 Groom

FY 1990	FY 1995	FY 2000	FY 2005	FY 2010	FY 2015
728 520	793 412	790 619	723 122	683 312	636 555
715 021	776 365	765 077	660 661	625 936	585 406
14 005	15 466	17 480	18 749	22 058	17 835
131 651	149 217	230 002	181 777	164 175	156 863
130 951	131 429	100 986	77 214	74 552	65 946
119 228	120 923	114 603	93 989	82 935	74 242
56 558	65 792	70 695	79 500	81 815	73 905
14 985	16 081	18 406	22 635	20 359	20 967
12 128	10 056	9 336	8 781	9 099	8 827
				70 792	65 800
223 307	242 468	170 166	158 388	27 565	23 880
				43 611	49 036
				14 142	14 565
12 208	24 933	33 403	19 628	14 833	13 540
13 499	17 047	25 542	26 207	23 301	18 233
...	...	...	36 254	34 075	32 916

妻 Bride

FY 1990	FY 1995	FY 2000	FY 2005	FY 2010	FY 2015
728 520	793 412	790 619	723 122	683 312	636 555
408 415	467 847	490 593	454 131	475 114	478 906
1 968	2 369	2 469	2 546	3 487	3 146
89 389	100 361	122 730	114 777	133 626	138 853
181 174	203 418	188 547	154 813	143 381	137 201
42 534	49 363	54 784	52 255	56 307	52 730
42 078	54 719	66 540	82 858	93 942	100 022
1 683	2 155	2 245	3 527	2 397	2 539
2 012	1 621	1 465	1 449	1 957	1 980
				19 269	19 794
38 557	37 089	30 886	27 438	3 263	3 571
				1 755	1 974
				3 274	4 386
9 020	16 752	20 927	14 468	12 456	12 710
320 105	325 565	300 026	229 908	173 479	124 738
...	...	...	39 083	34 719	32 911

Notes: 1) Marriages who entered into matrimony in FY 1970, and the figures of bride is only first marriages.
2) There are occupations that can not be calculated by major groups, because figures are calculated by 4 occupational classes in FY 1975.
Managers, Specialist and technical workers, Clerical workers are included in clerical related workers.
Sales workers, Service workers and Security workers are included in service related workers.
Among them, Clerical workers and Sales workers are indicated again as regrouped in the parenthesis.

第1表-2 婚姻件数・標準化婚姻率（人口 （当該年度に結婚生活に入り

Table 1-2. Fiscal yearly marriages, age-standardized marriage rates (per 1,000 population) (marriages entered and registered in the relevant

職　業　Occupation	婚姻件数 Marriages			
	平成7年度 FY 1995	12 FY 2000	17 FY 2005	22 FY 2010
総　　　　　　数　Total	709 743	705 936	621 683	566 978
就　業　者　総　数　Employed	696 894	685 907	571 157	522 540
A 管 理 的 職 業 従 事 者	12 967	14 752	15 510	17 860
B 専門的・技術的職業従事者	136 478	208 553	158 256	137 460
C 事　務　従　事　者	122 034	93 607	68 928	64 368
D 販　売　従　事　者	109 446	103 764	82 067	69 442
E サービス職業従事者	55 876	60 525	65 691	65 043
F 保 安 職 業 従 事 者	14 861	17 113	20 696	18 627
G 農 林 漁 業 従 事 者	8 952	8 357	7 695	7 814
H 生 産 工 程 従 事 者				61 059
I 輸送・機械運転従事者	214 658	150 283	135 839	22 046
J 建 設・採 掘 従 事 者				35 524
K 運搬・清掃・包装等従事者				11 339
L 職　業　不　詳	21 622	28 953	16 475	11 958
無　職　Non-employed	12 849	20 029	20 108	17 069
不　詳　Not stated	…	…	30 418	27 369
総　　　　　　数　Total	709 743	705 936	621 683	566 978
就　業　者　総　数　Employed	423 708	443 174	393 437	396 264
A 管 理 的 職 業 従 事 者	1 971	1 974	1 969	2 756
B 専門的・技術的職業従事者	92 443	112 204	100 615	112 966
C 事　務　従　事　者	189 067	175 502	138 276	123 589
D 販　売　従　事　者	43 343	48 087	44 286	45 585
E サービス職業従事者	45 800	56 808	68 545	74 994
F 保 安 職 業 従 事 者	1 979	2 020	3 162	2 167
G 農 林 漁 業 従 事 者	1 295	1 223	1 207	1 599
H 生 産 工 程 従 事 者				16 084
I 輸送・機械運転従事者	33 266	27 358	23 342	2 619
J 建 設・採 掘 従 事 者				1 502
K 運搬・清掃・包装等従事者				2 435
L 職　業　不　詳	14 544	17 998	12 035	9 968
無　職　Non-employed	286 035	262 762	195 419	142 769
不　詳　Not stated	…	…	32 827	27 945

注：分母に用いた人口は、日本人人口（「無職」＝「完全失業者」＋「非労働力人口」）を使用している。

千対）及び標準化無配偶婚姻率（無配偶人口千対）
届け出たもの），夫－妻の職業（大分類）・年次別

and age-standardized marriage rates for unmarried population (per 1,000 unmarried population)
fiscal year), by occupation of bride/groom (major groups)

	標準化婚姻率 Age-standardized marriage rates		標準化無配偶婚姻率 Age-standardized marriage rates for unmarried population	
27 FY 2015	平成22年度 FY 2010	27 FY 2015	平成22年度 FY 2010	27 FY 2015
夫　Groom				
510 695	13.5	13.3	26.1	26.4
472 152	17.2	17.2	34.4	34.3
14 067	…	…	…	…
127 119	31.7	28.2	66.0	60.0
55 369	17.8	16.0	36.8	33.0
59 756	14.8	15.2	33.6	34.8
56 339	26.7	25.7	52.0	48.3
18 678	18.4	18.7	38.1	41.3
7 349	16.2	16.2	27.4	26.8
54 589	10.5	10.5	18.9	18.7
18 622	19.7	19.1	36.1	34.8
38 467	19.7	24.3	37.9	45.0
11 197	6.6	6.8	10.7	10.5
10 600	…	…	…	…
12 992	2.8	2.5	3.6	3.1
25 551	…	…	…	…
妻　Bride				
510 695	14.5	14.3	29.4	30.2
385 494	16.5	17.4	28.0	30.8
2 387	…	…	…	…
113 730	22.6	22.7	38.8	41.0
114 184	17.8	18.5	28.2	30.6
41 160	13.0	13.1	21.5	22.8
76 960	18.5	20.5	32.6	37.2
2 228	24.1	23.7	42.4	44.0
1 536	12.7	11.6	28.1	25.6
15 819	10.0	10.6	16.0	17.1
2 796	48.8	56.3	68.2	83.7
1 585	44.2	38.6	74.3	66.3
3 193	3.1	3.9	5.9	7.2
9 916	…	…	…	…
99 547	12.1	10.7	40.9	35.1
25 654	…	…	…	…

Note: The population used as denominator is Japanese population ("Non-employed" = "Unemployed" + "Population not in labour force").

第2表 婚姻件数・婚姻率（男性人口千対）及び無配偶婚姻率（無配偶男性標準化婚姻率（男性人口千対）・標準化無配偶婚姻率（無配偶男性

Table 2. Marriages, marriage rates (per 1,000 male population) and marriage rates for unmarried population (per 1,000 unmarried rates (per 1,000 male population) and age-standardized marriage rates for unmarried population (per 1,000 unmarried

総数
Total

夫の職業 Occupation of Groom	標準化婚姻率・標準化無配偶婚姻率 Age-standardized marriage rates, Age-standardized marriage rates for unmarried population	総数 Total	19歳以下 Years or less	20～24	25～29	30～34	35～39
		婚				姻	
総数 Total	・	510 695	5 120	52 196	159 711	124 163	76 520
就業者総数 Employed	・	472 152	4 378	47 510	150 255	116 503	71 546
A 管理的職業従事者	・	14 067	11	294	1 679	2 537	2 757
B 専門的・技術的職業従事者	・	127 119	351	8 480	45 517	34 743	19 592
C 事務従事者	・	55 369	90	3 080	19 428	14 596	8 628
D 販売従事者	・	59 756	279	5 149	21 039	15 903	8 652
E サービス職業従事者	・	56 339	579	6 934	16 264	14 094	8 995
F 保安職業従事者	・	18 678	68	2 930	8 195	4 073	1 708
G 農林漁業従事者	・	7 349	94	837	1 908	1 773	1 256
H 生産工程従事者	・	54 589	659	8 443	17 100	12 192	7 967
I 輸送・機械運転従事者	・	18 622	112	1 703	4 067	3 832	3 110
J 建設・採掘従事者	・	38 467	1 863	7 374	9 156	7 549	5 430
K 運搬・清掃・包装等従事者	・	11 197	181	1 338	2 671	2 655	1 836
L 職業不詳	・	10 600	91	948	3 231	2 556	1 615
無職 Non-employed	・	12 992	474	2 245	1 942	1 541	1 097
不詳 Not stated	・	25 551	268	2 441	7 514	6 119	3 877
		婚					
総数 Total	13.3	9.6	1.7	17.3	49.8	34.0	18.3
就業者総数 Employed	17.2	14.5	10.9	28.3	61.8	40.0	20.8
A 管理的職業従事者	…	12.2	…	307.2	297.5	128.9	61.4
B 専門的・技術的職業従事者	28.2	26.5	22.3	43.4	103.0	66.6	32.7
C 事務従事者	16.0	12.4	6.1	21.9	66.8	40.7	18.7
D 販売従事者	15.2	14.4	4.4	20.3	61.7	39.1	18.6
E サービス職業従事者	25.7	26.3	6.4	28.6	81.9	64.9	40.2
F 保安職業従事者	18.7	18.4	4.3	39.4	81.8	39.5	16.4
G 農林漁業従事者	16.2	5.5	17.8	34.7	49.2	32.3	20.0
H 生産工程従事者	10.5	9.9	7.7	23.7	34.1	21.4	12.0
I 輸送・機械運転従事者	19.1	9.7	22.3	48.3	57.9	34.4	18.8
J 建設・採掘従事者	24.3	15.4	51.8	64.6	63.3	37.5	19.4
K 運搬・清掃・包装等従事者	6.8	5.5	4.4	11.2	19.2	15.9	9.6
無職 Non-employed	2.5	0.8	0.2	2.4	6.2	5.8	4.0
		無		配		偶	
総数 Total	26.4	25.5	1.7	19.1	72.0	72.7	49.6
就業者総数 Employed	34.3	43.4	11.1	30.8	88.5	89.4	61.3
A 管理的職業従事者	…	105.5	…	365.7	473.2	364.4	272.8
B 専門的・技術的職業従事者	60.0	88.0	22.4	44.9	140.5	157.4	114.1
C 事務従事者	33.0	46.1	6.2	22.7	89.0	91.4	61.9
D 販売従事者	34.8	46.7	4.4	21.2	86.7	98.7	69.1
E サービス職業従事者	48.3	57.0	6.4	29.8	108.1	122.5	97.0
F 保安職業従事者	41.3	53.5	4.3	42.2	133.0	123.9	66.5
G 農林漁業従事者	26.8	22.6	18.1	38.3	69.1	62.1	45.8
H 生産工程従事者	18.7	25.0	7.8	26.0	49.1	44.3	30.9
I 輸送・機械運転従事者	34.8	29.6	23.0	56.3	93.1	78.7	50.4
J 建設・採掘従事者	45.0	48.3	54.1	77.7	106.1	95.0	61.9
K 運搬・清掃・包装等従事者	10.5	12.0	4.5	11.9	24.3	25.5	17.9
無職 Non-employed	3.1	1.7	0.2	2.4	6.6	6.6	4.7

注：率表の総数には就業状態不詳が、就業者総数には職業不詳が含まれる。

人口千対）（平成27年度に結婚生活に入り届け出たもの），夫の年齢（5歳階級）；
人口千対）及び夫の平均婚姻年齢，夫の初婚－再婚・夫の職業（大分類）別

male population) (marriages entered and registered in FY2015), by age of grooms (5-year age groups); age-standardized marriage male population) and groom's mean age of marriage, by first marriage/remarriage and occupation of groom (major groups)

平成27年度
FY 2015

40～44	45～49	50～54	55～59	60～64	65～69	70～74	75歳以上 and over	不詳 Not stated	夫の平均婚姻年齢（歳） Mean age of groom (years)
件		数			Marriages				
45 005	21 061	10 872	6 294	4 377	2 941	1 323	1 112	－	33.3
41 733	19 235	9 730	5 512	3 353	1 682	501	214	－	33.1
2 437	1 731	1 127	718	413	237	86	40	－	40.9
10 028	4 301	2 074	1 096	551	249	88	49	－	32.8
5 263	2 195	1 093	578	290	98	17	13	－	33.3
4 861	2 067	931	437	253	115	49	21	－	32.5
4 876	2 093	1 021	645	455	279	70	34	－	33.0
827	410	202	109	84	51	15	6	－	30.5
658	281	185	121	130	71	24	11	－	34.1
4 542	1 906	889	503	246	97	35	10	－	32.0
2 487	1 458	812	464	337	198	38	4	－	36.2
3 498	1 671	828	521	352	171	38	16	－	32.1
1 234	586	294	172	131	68	23	8	－	34.1
1 022	536	274	148	111	48	18	2	－	…
822	603	431	395	763	1 084	752	843	－	42.7
2 450	1 223	711	387	261	175	70	55	－	…
姻		率			Marriage rates				
9.1	4.8	2.7	1.7	1.0	0.6	0.4	0.2	・	
10.2	5.3	2.9	1.7	1.1	0.7	0.4	0.2	・	
28.6	15.8	7.7	3.8	2.1	1.4	0.9	0.4	・	
15.7	7.4	3.7	2.3	1.5	1.1	0.9	0.6	・	
8.3	3.5	1.7	1.0	0.7	0.5	0.3	0.3	・	
8.5	4.1	2.1	1.2	0.9	0.5	0.4	0.2	・	
22.7	12.7	7.4	4.7	2.6	1.5	0.7	0.6	・	
7.9	4.7	2.1	1.1	0.9	0.6	0.4	0.5	・	
9.8	4.4	2.5	1.2	0.7	0.3	0.1	0.0	・	
5.9	3.1	1.7	1.1	0.6	0.3	0.2	0.1	・	
10.1	5.8	3.4	2.0	1.3	0.9	0.5	0.2	・	
10.1	6.1	3.6	2.1	1.2	0.8	0.5	0.5	・	
5.5	3.1	1.7	1.0	0.6	0.3	0.2	0.2	・	
2.6	2.0	1.5	1.1	0.8	0.5	0.3	0.2	・	
婚		姻		率		Marriage rates for unmarried population			
27.4	15.5	9.9	6.9	4.7	3.2	2.2	0.8	・	
33.8	19.4	12.3	8.9	6.6	5.0	3.5	1.5	・	
163.7	108.4	65.6	44.1	28.7	18.3	10.7	3.3	・	
65.0	34.9	21.1	16.8	14.1	10.9	10.1	4.1	・	
34.0	17.2	10.3	7.8	6.9	5.6	2.7	2.4	・	
38.7	21.4	12.5	7.9	6.6	4.3	4.0	1.3	・	
58.2	35.0	22.8	17.5	13.1	10.1	5.9	4.0	・	
30.5	16.9	8.7	5.1	3.7	3.1	2.4	2.9	・	
24.1	11.3	7.2	4.3	4.0	2.6	1.7	0.3	・	
16.7	9.3	6.0	4.6	3.1	2.2	1.9	0.7	・	
27.7	16.3	10.7	7.3	5.7	4.5	2.7	1.2	・	
34.3	20.9	13.1	8.6	6.1	5.0	3.5	3.2	・	
11.0	6.5	4.0	2.7	2.2	1.7	1.4	0.9	・	
3.1	2.5	2.0	1.7	2.1	2.1	1.8	0.7	・	

Note: The total of rate tables includes "employment status not stated", and the total number of employed persons (employed) includes "occupation not stated".

第2表 婚姻件数・婚姻率（男性人口千対）及び無配偶婚姻率（無配偶男性標準化婚姻率（男性人口千対）・標準化無配偶婚姻率（無配偶男性

Table 2. Marriages, marriage rates (per 1,000 male population) and marriage rates for unmarried population (per 1,000 unmarried rates (per 1,000 male population) and age-standardized marriage rates for unmarried population (per 1,000 unmarried

夫・初婚
First married groom

夫 の 職 業 Occupation of Groom	標準化婚姻率・標準化無配偶婚姻率 Age-standardized marriage rates, Age-standardized marriage rates for unmarried population	総数 Total	19歳以下 Years or less	20～24	25～29	30～34	35～39
婚 姻							
総　　　　　数 Total	·	415 580	5 093	50 846	152 954	108 676	56 597
就 業 者 総 数 Employed	·	388 806	4 353	46 324	144 136	102 354	53 302
A 管理的職業従事者	·	8 181	11	287	1 589	2 153	1 894
B 専門的・技術的職業従事者	·	112 004	350	8 386	44 721	32 168	16 027
C 事　務　従　事　者	·	47 946	88	3 052	19 121	13 467	6 955
D 販　売　従　事　者	·	50 392	279	5 065	20 325	14 169	6 443
E サービス職業従事者	·	45 375	577	6 752	15 248	11 982	6 454
F 保安職業従事者	·	16 712	68	2 909	8 012	3 666	1 306
G 農林漁業従事者	·	5 815	94	816	1 777	1 515	920
H 生産工程従事者	·	45 872	656	8 285	16 208	10 426	5 934
I 輸送・機械運転従事者	·	12 089	112	1 641	3 699	2 936	1 873
J 建設・採掘従事者	·	27 735	1 847	6 923	7 942	5 514	3 100
K 運搬・清掃・包装等従事者	·	8 320	181	1 293	2 410	2 139	1 255
L 職　業　不　詳	·	8 365	90	915	3 084	2 219	1 141
無　　　職 Non-employed	·	7 199	472	2 184	1 708	1 155	645
不　　　詳 Not stated	·	19 575	268	2 338	7 110	5 167	2 650
婚　姻							
総　　　数 Total	11.2	7.8	1.7	16.9	47.6	29.8	13.5
就 業 者 総 数 Employed	14.9	11.9	10.8	27.6	59.3	35.2	15.5
A 管理的職業従事者	…	7.1	…	299.9	281.6	109.4	42.2
B 専門的・技術的職業従事者	25.6	23.3	22.2	42.9	101.2	61.6	26.7
C 事　務　従　事　者	14.6	10.8	6.0	21.7	65.7	37.6	15.0
D 販　売　従　事　者	13.3	12.2	4.4	20.0	59.6	34.8	13.9
E サービス職業従事者	20.6	21.1	6.4	27.8	76.8	55.2	28.9
F 保安職業従事者	16.9	16.4	4.3	39.1	80.0	35.6	12.5
G 農林漁業従事者	14.0	4.4	17.8	33.8	45.8	27.6	14.6
H 生産工程従事者	9.1	8.3	7.6	23.2	32.4	18.3	8.9
I 輸送・機械運転従事者	15.6	6.3	22.3	46.5	52.6	26.4	11.3
J 建設・採掘従事者	19.9	11.1	51.4	60.6	54.9	27.4	11.1
K 運搬・清掃・包装等従事者	5.4	4.1	4.4	10.8	17.3	12.8	6.5
無　　　職 Non-employed	1.6	0.5	0.2	2.3	5.5	4.4	2.4
無　配　偶							
総　　　数 Total	20.6	20.7	1.7	18.6	68.9	63.7	36.7
就 業 者 総 数 Employed	27.0	35.8	11.0	30.1	84.9	78.6	45.7
A 管理的職業従事者	…	61.3	…	357.0	447.9	309.2	187.4
B 専門的・技術的職業従事者	49.4	77.5	22.3	44.4	138.0	145.8	93.3
C 事　務　従　事　者	27.4	39.9	6.0	22.5	87.6	84.3	49.9
D 販　売　従　事　者	27.2	39.3	4.4	20.8	83.8	87.9	51.5
E サービス職業従事者	35.4	45.9	6.4	29.0	101.4	104.2	69.6
F 保安職業従事者	34.9	47.9	4.3	41.9	130.0	111.5	50.8
G 農林漁業従事者	21.9	17.9	18.1	37.3	64.4	53.0	33.5
H 生産工程従事者	15.1	21.0	7.8	25.5	46.5	37.9	23.0
I 輸送・機械運転従事者	25.8	19.2	23.0	54.2	84.7	60.3	30.4
J 建設・採掘従事者	32.9	34.8	53.7	73.0	92.0	69.4	35.4
K 運搬・清掃・包装等従事者	7.7	8.9	4.5	11.5	21.9	20.6	12.2
無　　　職 Non-employed	1.8	1.0	0.2	2.4	5.8	4.9	2.8

注：率表の総数には就業状態不詳が、就業者総数には職業不詳が含まれる。

人口千対）（平成27年度に結婚生活に入り届け出たもの），夫の年齢（5歳階級）；
人口千対）及び夫の平均婚姻年齢，夫の初婚－再婚・夫の職業（大分類）別

male population) (marriages entered and registered in FY2015), by age of grooms (5-year age groups); age-standardized marriage
male population) and groom's mean age of marriage, by first marriage/remarriage and occupation of groom (major groups)

平成27年度
FY 2015

40～44	45～49	50～54	55～59	60～64	65～69	70～74	75歳以上 and over	不　詳 Not stated	夫の平均婚姻年齢（歳） Mean age of groom (years)
件		数			Marriages				
27 039	9 048	3 108	1 186	629	294	75	35	－	31.1
25 376	8 430	2 831	1 059	454	161	21	5	－	31.1
1 252	589	257	105	23	16	4	1	－	36.0
6 952	2 313	741	245	76	23	2	－	－	31.5
3 559	1 132	402	121	37	10	1	1	－	31.9
2 917	850	213	85	31	11	2	2	－	31.0
2 914	915	305	129	71	23	5	－	－	31.0
478	166	63	26	10	8	－	－	－	29.2
411	138	73	28	28	15	－	－	－	31.7
2 914	963	295	129	49	11	2	－	－	30.5
1 114	430	156	67	43	16	2	－	－	32.2
1 596	503	170	74	47	18	1	－	－	29.2
683	222	79	28	24	5	－	1	－	31.5
586	209	77	22	15	5	2	－	－	…
362	177	94	71	142	116	49	24	－	30.6
1 301	441	183	56	33	17	5	6	－	…
姻		率			Marriage rates				
5.5	2.1	0.8	0.3	0.2	0.1	0.0	0.0	・	
6.2	2.3	0.8	0.3	0.2	0.1	0.0	0.0	・	
14.7	5.4	1.8	0.6	0.1	0.1	0.0	0.0	・	
10.9	4.0	1.3	0.5	0.2	0.1	0.0	－	・	
5.6	1.8	0.6	0.2	0.1	0.1	0.0	0.0	・	
5.1	1.7	0.5	0.2	0.1	0.0	0.0	0.0	・	
13.6	5.6	2.2	0.9	0.4	0.1	0.1	－	・	
4.6	1.9	0.7	0.3	0.1	0.1	－	－	・	
6.1	2.2	1.0	0.3	0.2	0.1	－	－	・	
3.8	1.5	0.6	0.3	0.1	0.0	0.0	－	・	
4.5	1.7	0.7	0.3	0.2	0.1	0.0	－	・	
4.6	1.8	0.7	0.3	0.2	0.1	0.0	－	・	
3.0	1.2	0.5	0.2	0.1	0.0	－	0.0	・	
1.1	0.6	0.3	0.2	0.2	0.1	0.0	0.0	・	
婚	姻	率			Marriage rates for unmarried population				
16.4	6.7	2.8	1.3	0.7	0.3	0.1	0.0	・	
20.6	8.5	3.6	1.7	0.9	0.5	0.1	0.0	・	
84.1	36.9	15.0	6.5	1.6	1.2	0.5	0.1	・	
45.1	18.8	7.5	3.8	1.9	1.0	0.2	－	・	
23.0	8.8	3.8	1.6	0.9	0.6	0.2	0.2	・	
23.2	8.8	2.8	1.5	0.8	0.4	0.2	0.1	・	
34.8	15.3	6.8	3.5	2.1	0.8	0.4	－	・	
17.6	6.9	2.7	1.2	0.4	0.5	－	－	・	
15.0	5.5	2.8	1.0	0.9	0.6	－	－	・	
10.7	4.7	2.0	1.2	0.6	0.2	0.1	－	・	
12.4	4.8	2.0	1.1	0.7	0.4	0.1	－	・	
15.7	6.3	2.7	1.2	0.8	0.5	0.1	－	・	
6.1	2.5	1.1	0.4	0.4	0.1	－	0.1	・	
1.4	0.7	0.4	0.3	0.4	0.2	0.1	0.0	・	

Note: The total of rate tables includes "employment status not stated", and the total number of employed persons (employed) includes "occupation not stated".

第2表 婚姻件数・婚姻率（男性人口千対）及び無配偶婚姻率（無配偶男性 標準化婚姻率（男性人口千対）・標準化無配偶婚姻率（無配偶男性

Table 2. Marriages, marriage rates (per 1,000 male population) and marriage rates for unmarried population (per 1,000 unmarried rates (per 1,000 male population) and age-standardized marriage rates for unmarried population (per 1,000 unmarried

夫・再婚
Remarried groom

夫の職業 Occupation of Groom	標準化婚姻率・標準化無配偶婚姻率 Age-standardized marriage rates, Age-standardized marriage rates for unmarried population	総数 Total	19歳以下 Years or less	20〜24	25〜29	30〜34	35〜39
		婚				姻	
総数 Total	·	95 115	27	1 350	6 757	15 487	19 923
就業者総数 Employed	·	83 346	25	1 186	6 119	14 149	18 244
A 管理的職業従事者	·	5 886	−	7	90	384	863
B 専門的・技術的職業従事者	·	15 115	1	94	796	2 575	3 565
C 事務従事者	·	7 423	2	28	307	1 129	1 673
D 販売従事者	·	9 364	−	84	714	1 734	2 209
E サービス職業従事者	·	10 964	2	182	1 016	2 112	2 541
F 保安職業従事者	·	1 966	−	21	183	407	402
G 農林漁業従事者	·	1 534	−	21	131	258	336
H 生産工程従事者	·	8 717	3	158	892	1 766	2 033
I 輸送・機械運転従事者	·	6 533	−	62	368	896	1 237
J 建設・採掘従事者	·	10 732	16	451	1 214	2 035	2 330
K 運搬・清掃・包装等従事者	·	2 877	−	45	261	516	581
L 職業不詳	·	2 235	1	33	147	337	474
無職 Non-employed	·	5 793	2	61	234	386	452
不詳 Not stated	·	5 976	−	103	404	952	1 227
		婚					
総数 Total	2.1	1.8	0.0	0.4	2.1	4.2	4.8
就業者総数 Employed	2.3	2.6	0.1	0.7	2.5	4.9	5.3
A 管理的職業従事者	...	5.1	...	7.3	15.9	19.5	19.2
B 専門的・技術的職業従事者	2.6	3.1	0.1	0.5	1.8	4.9	5.9
C 事務従事者	1.4	1.7	0.1	0.2	1.1	3.2	3.6
D 販売従事者	1.9	2.3	−	0.3	2.1	4.3	4.8
E サービス職業従事者	5.1	5.1	0.0	0.8	5.1	9.7	11.4
F 保安職業従事者	1.8	1.9		0.3	1.8	3.9	3.9
G 農林漁業従事者	2.2	1.1		0.9	3.4	4.7	5.3
H 生産工程従事者	1.4	1.6	0.0	0.4	1.8	3.1	3.1
I 輸送・機械運転従事者	3.5	3.4		1.8	5.2	8.0	7.5
J 建設・採掘従事者	4.4	4.3	0.4	4.0	8.4	10.1	8.3
K 運搬・清掃・包装等従事者	1.4	1.4		0.4	1.9	3.1	3.0
無職 Non-employed	0.9	0.4	0.0	0.1	0.8	1.5	1.7
		無		配		偶	
総数 Total	5.8	4.7	0.0	0.5	3.0	9.1	12.9
就業者総数 Employed	7.2	7.7	0.1	0.8	3.6	10.9	15.6
A 管理的職業従事者	...	44.1	...	8.7	25.4	55.1	85.4
B 専門的・技術的職業従事者	10.6	10.5	0.1	0.5	2.5	11.7	20.8
C 事務従事者	5.6	6.2	0.1	0.2	1.4	7.1	12.0
D 販売従事者	7.7	7.3	−	0.3	2.9	10.8	17.7
E サービス職業従事者	13.0	11.1	0.0	0.8	6.8	18.4	27.4
F 保安職業従事者	6.5	5.6		0.3	3.0	12.4	15.6
G 農林漁業従事者	4.9	4.7	−	1.0	4.7	9.0	12.2
H 生産工程従事者	3.6	4.0	0.0	0.5	2.6	6.4	7.9
I 輸送・機械運転従事者	9.0	10.4	−	2.0	8.4	18.4	20.1
J 建設・採掘従事者	12.2	13.5	0.5	4.8	14.1	25.6	26.6
K 運搬・清掃・包装等従事者	2.8	3.1	−	0.4	2.4	5.0	5.7
無職 Non-employed	1.3	0.8	0.0	0.1	0.8	1.6	1.9

注：率表の総数には就業状態不詳が、就業者総数には職業不詳が含まれる。

人口千対）（平成27年度に結婚生活に入り届け出たもの），夫の年齢（5歳階級）；
人口千対）及び夫の平均婚姻年齢，夫の初婚－再婚・夫の職業（大分類）別

male population) (marriages entered and registered in FY2015), by age of grooms (5-year age groups); age-standardized marriage male population) and groom's mean age of marriage, by first marriage/remarriage and occupation of groom (major groups)

平成27年度
FY 2015

40〜44	45〜49	50〜54	55〜59	60〜64	65〜69	70〜74	75歳以上 and over	不詳 Not stated	夫の平均婚姻年齢（歳） Mean age of groom (years)
件			数		Marriages				
17 966	12 013	7 764	5 108	3 748	2 647	1 248	1 077	-	43.0
16 357	10 805	6 899	4 453	2 899	1 521	480	209	-	42.0
1 185	1 142	870	613	390	221	82	39	-	47.8
3 076	1 988	1 333	851	475	226	86	49	-	42.3
1 704	1 063	691	457	253	88	16	12	-	42.8
1 944	1 217	718	352	222	104	47	19	-	41.0
1 962	1 178	716	516	384	256	65	34	-	41.1
349	244	139	83	74	43	15	6	-	41.3
247	143	112	93	102	56	24	11	-	43.2
1 628	943	594	374	197	86	33	10	-	40.1
1 373	1 028	656	397	294	182	36	4	-	43.6
1 902	1 168	658	447	305	153	37	16	-	39.7
551	364	215	144	107	63	23	7	-	41.7
436	327	197	126	96	43	16	2	-	…
460	426	337	324	621	968	703	819	-	57.7
1 149	782	528	331	228	158	65	49	-	…
婚		姻		率		Marriage rates			
3.6	2.8	1.9	1.4	0.9	0.6	0.3	0.2	・	
4.0	3.0	2.1	1.4	1.0	0.6	0.4	0.2	・	
13.9	10.4	6.0	3.2	2.0	1.3	0.8	0.4	・	
4.8	3.4	2.4	1.8	1.3	1.0	0.9	0.6	・	
2.7	1.7	1.1	0.8	0.6	0.5	0.2	0.3	・	
3.4	2.4	1.7	1.0	0.8	0.5	0.4	0.2	・	
9.1	7.2	5.2	3.8	2.2	1.4	0.7	0.6	・	
3.3	2.8	1.4	0.8	0.8	0.5	0.4	0.5	・	
3.7	2.2	1.5	0.9	0.6	0.2	0.1	0.0	・	
2.1	1.5	1.1	0.8	0.5	0.3	0.2	0.1	・	
5.6	4.1	2.8	1.7	1.1	0.8	0.5	0.2	・	
5.5	4.3	2.9	1.8	1.0	0.7	0.5	0.5	・	
2.5	1.9	1.2	0.8	0.5	0.3	0.2	0.1	・	
1.4	1.4	1.1	0.9	0.7	0.5	0.3	0.2	・	
婚		姻		率		Marriage rates for unmarried population			
10.9	8.9	7.1	5.6	4.0	2.9	2.1	0.8	・	
13.3	10.9	8.7	7.2	5.7	4.5	3.4	1.5	・	
79.6	71.5	50.7	37.7	27.1	17.1	10.2	3.2	・	
19.9	16.1	13.5	13.1	12.1	9.9	9.8	4.1	・	
11.0	8.3	6.5	6.1	6.0	5.0	2.6	2.3	・	
15.6	12.6	9.6	6.4	5.8	3.9	3.8	1.2	・	
23.4	19.7	16.0	14.0	11.1	9.3	5.5	4.0	・	
12.9	10.1	6.0	3.9	3.3	2.6	2.4	2.9	・	
9.0	5.7	4.3	3.3	3.1	2.1	1.7	0.3	・	
6.0	4.6	4.0	3.5	2.5	1.9	1.8	0.7	・	
15.3	11.5	8.6	6.2	4.9	4.1	2.6	1.2	・	
18.7	14.6	10.4	7.4	5.3	4.4	3.4	3.2	・	
4.9	4.0	3.0	2.3	1.8	1.6	1.4	0.8	・	
1.7	1.8	1.5	1.4	1.7	1.9	1.7	0.7	・	

Note: The total of rate tables includes "employment status not stated", and the total number of employed persons (employed) includes "occupation not stated".

第3表　婚姻件数・婚姻率（女性人口千対）及び無配偶婚姻率（無配偶女性
　　　　標準化婚姻率（女性人口千対）・標準化無配偶婚姻率（無配偶女性

Table 3.　Marriages, marriage rates (per 1,000 female population) and marriage rates for unmarried population (per 1,000 unmarried
　　　　　rates (per 1,000 female population) and age-standardized marriage rates for unmarried population (per 1,000 unmarried

総数
Total

妻の職業　Occupation of Bride	標準化婚姻率・標準化無配偶婚姻率 Age-standardized marriage rates, Age-standardized marriage rates for unmarried population	総数 Total	19歳以下 Years or less	20～24	25～29	30～34	35～39
婚 姻								
総　　数　Total	・	510 695	9 321	76 995	187 005	118 618	63 363
就業者総数　Employed	・	385 494	2 871	52 495	149 959	94 354	48 916
A　管理的職業従事者	・	2 387	7	136	599	541	455
B　専門的・技術的職業従事者	・	113 730	140	13 025	50 862	28 402	13 447
C　事務従事者	・	114 184	344	11 101	44 019	30 455	16 944
D　販売従事者	・	41 160	452	6 500	15 883	9 754	4 884
E　サービス職業従事者	・	76 960	1 347	15 261	26 191	17 094	8 544
F　保安職業従事者	・	2 228	40	462	967	423	174
G　農林漁業従事者	・	1 536	16	213	480	392	220
H　生産工程従事者	・	15 819	308	3 405	4 927	3 294	1 934
I　輸送・機械運転従事者	・	2 796	27	385	949	636	335
J　建設・採掘従事者	・	1 585	23	203	622	320	203
K　運搬・清掃・包装等従事者	・	3 193	52	462	746	674	482
L　職業不詳	・	9 916	115	1 342	3 714	2 369	1 294
無　職　Non-employed	・	99 547	5 927	20 719	28 134	18 342	11 178
不　詳　Not stated	・	25 654	523	3 781	8 912	5 922	3 269
婚								
総　　数　Total	14.3	9.0	3.2	26.8	60.7	33.6	15.7
就業者総数　Employed	17.4	15.2	7.8	31.6	71.8	42.5	19.0
A　管理的職業従事者	…	10.6	…	330.9	374.1	134.1	57.7
B　専門的・技術的職業従事者	22.7	25.4	10.7	37.6	98.1	55.3	24.2
C　事務従事者	18.5	17.1	11.2	33.2	74.2	45.3	20.6
D　販売従事者	13.1	12.8	4.3	20.9	52.4	34.3	16.6
E　サービス職業従事者	20.5	16.7	9.6	39.9	80.3	49.4	21.2
F　保安職業従事者	23.7	32.7	14.8	44.2	91.1	51.8	24.1
G　農林漁業従事者	11.6	2.0	13.1	30.8	42.9	21.9	9.0
H　生産工程従事者	10.6	7.2	10.9	29.4	35.3	20.5	9.4
I　輸送・機械運転従事者	56.3	41.5	39.4	128.8	207.1	128.0	50.7
J　建設・採掘従事者	38.6	25.9	34.7	67.2	164.4	76.0	36.4
K　運搬・清掃・包装等従事者	3.9	1.8	3.5	10.1	12.7	8.1	3.9
無　職　Non-employed	10.7	3.6	2.6	23.6	45.9	19.7	10.2
無 配 偶								
総　　数　Total	30.2	21.1	3.3	30.3	99.5	88.8	53.0
就業者総数　Employed	30.8	37.7	7.9	33.8	100.6	89.7	52.3
A　管理的職業従事者	…	32.7	…	374.7	564.6	343.3	185.3
B　専門的・技術的職業従事者	41.0	61.3	10.8	39.0	134.8	124.6	73.6
C　事務従事者	30.6	42.0	11.3	34.9	99.4	89.2	51.9
D　販売従事者	22.8	27.9	4.3	22.0	70.6	66.9	42.1
E　サービス職業従事者	37.2	39.2	9.6	42.4	114.4	106.6	62.0
F　保安職業従事者	44.0	61.8	14.9	46.7	130.9	123.5	71.4
G　農林漁業従事者	25.6	10.1	13.4	35.5	76.5	69.5	41.1
H　生産工程従事者	17.1	18.9	11.1	32.0	49.6	40.9	24.2
I　輸送・機械運転従事者	83.7	83.3	39.7	139.0	280.9	228.5	100.7
J　建設・採掘従事者	66.3	79.4	35.4	72.1	220.3	158.7	102.0
K　運搬・清掃・包装等従事者	7.2	5.0	3.5	11.1	18.8	17.6	11.7
無　職　Non-employed	35.1	7.9	2.6	26.5	118.7	98.3	62.0

注：率表の総数には就業状態不詳が、就業者総数には職業不詳が含まれる。

人口千対）（平成27年度に結婚生活に入り届け出たもの），妻の年齢（5歳階級）；
人口千対）及び妻の平均婚姻年齢，妻の初婚－再婚・妻の職業（大分類）別

female population) (marriages entered and registered in FY2015), by age of brides (5-year age groups); age-standardized marriage female population) and mean age of brides by first marriage/remarriage and occupation of bride (major groups)

平成27年度
FY 2015

40～44	45～49	50～54	55～59	60～64	65～69	70～74	75歳以上 and over	不詳 Not stated	妻の平均婚姻年齢（歳） Mean age of bride (years)
件		数			Marriages				
28 467	12 124	6 660	3 418	2 032	1 500	711	481	－	31.1
20 765	8 159	4 268	2 023	974	527	144	39	－	31.0
280	143	99	62	26	27	8	4	－	36.0
4 831	1 596	822	371	146	69	17	2	－	30.6
7 210	2 395	1 087	426	146	43	12	2	－	31.5
2 009	825	456	210	100	58	24	5	－	30.6
3 975	1 994	1 222	634	388	233	57	20	－	30.8
83	36	21	10	7	4	1	－	－	29.3
103	41	28	15	11	12	2	3	－	32.4
1 020	457	245	137	61	28	3	－	－	30.8
238	127	51	30	14	2	2	－	－	32.2
120	55	24	9	4	1	1	－	－	31.5
317	218	106	52	42	33	7	2	－	34.3
579	272	107	67	29	17	10	1	－	…
6 067	3 198	1 982	1 205	950	898	522	425	－	31.4
1 635	767	410	190	108	75	45	17	－	…
姻			率		Marriage rates				
6.0	2.8	1.7	0.9	0.5	0.3	0.2	0.0	・	
6.5	2.7	1.6	0.8	0.5	0.3	0.2	0.1	・	
19.2	7.3	3.7	2.0	0.8	0.8	0.4	0.1	・	
8.2	2.9	1.6	0.8	0.6	0.6	0.4	0.1	・	
6.7	2.5	1.4	0.7	0.4	0.2	0.1	0.0	・	
5.5	2.4	1.4	0.7	0.4	0.3	0.3	0.1	・	
7.9	4.1	2.6	1.4	0.8	0.6	0.3	0.2	・	
10.3	6.6	4.5	2.5	2.1	1.9	1.1	－	・	
3.2	1.2	0.6	0.2	0.1	0.1	0.0	0.0	・	
3.6	1.7	1.0	0.6	0.3	0.2	0.0	－	・	
19.1	11.7	6.5	5.1	2.6	0.5	2.1	－	・	
16.1	8.7	4.4	1.5	0.5	0.2	0.4	－	・	
1.6	1.1	0.5	0.2	0.2	0.1	0.1	0.0	・	
5.3	3.3	2.1	1.0	0.5	0.3	0.2	0.0	・	
婚		姻		率		Marriage rates for unmarried population			
21.5	10.6	6.9	4.0	2.0	1.1	0.5	0.1	・	
20.2	9.3	5.9	3.4	1.8	1.1	0.5	0.1	・	
66.5	26.8	14.2	8.7	3.3	2.6	0.9	0.2	・	
27.1	10.3	6.1	3.5	2.2	1.7	0.9	0.1	・	
19.2	7.8	4.8	2.9	1.6	0.8	0.4	0.1	・	
16.9	8.1	5.2	2.8	1.5	1.0	0.8	0.1	・	
26.7	14.7	9.7	5.2	2.8	1.6	0.8	0.4	・	
31.5	20.3	14.0	7.7	5.7	3.8	1.9	－	・	
18.3	8.1	5.5	2.3	1.0	0.8	0.1	0.1	・	
11.0	5.8	3.9	2.4	1.0	0.6	0.1	－	・	
38.9	25.2	15.9	14.3	7.1	1.3	4.4	－	・	
51.0	31.5	20.2	9.2	3.9	1.0	1.5	－	・	
6.0	4.4	2.2	1.0	0.5	0.4	0.1	0.1	・	
28.7	16.3	10.7	5.8	2.3	1.1	0.5	0.1	・	

Note: The total of rate tables includes "employment status not stated", and the total number of employed persons (employed) includes "occupation not stated".

第3表 婚姻件数・婚姻率（女性人口千対）及び無配偶婚姻率（無配偶女性
標準化婚姻率（女性人口千対）・標準化無配偶婚姻率（無配偶女性

Table 3. Marriages, marriage rates (per 1,000 female population) and marriage rates for unmarried population (per 1,000 unmarried
rates (per 1,000 female population) and age-standardized marriage rates for unmarried population (per 1,000 unmarried

妻・初婚
First married bride

妻 の 職 業 / Occupation of Bride	標準化婚姻率・標準化無配偶婚姻率 Age-standardized marriage rates, Age-standardized marriage rates for unmarried population	総 数 Total	19歳以下 Years or less	20～24	25～29	30～34	35～39
		婚				姻	
総　　　　　数 Total	・	429 785	9 226	74 302	177 161	101 423	46 257
就 業 者 総 数 Employed	・	333 483	2 857	51 251	143 803	82 545	37 012
A 管 理 的 職 業 従 事 者	・	1 764	7	135	578	469	336
B 専門的・技術的職業従事者	・	104 289	140	12 938	50 047	26 044	10 907
C 事 務 従 事 者	・	100 922	344	10 905	42 601	27 256	13 535
D 販 売 従 事 者	・	35 201	449	6 342	15 017	8 430	3 575
E サ ー ビ ス 職 業 従 事 者	・	61 989	1 340	14 693	24 112	13 793	5 645
F 保 安 職 業 従 事 者	・	1 958	40	455	929	352	126
G 農 林 漁 業 従 事 者	・	1 198	16	206	431	322	150
H 生 産 工 程 従 事 者	・	12 473	306	3 275	4 467	2 590	1 245
I 輸 送・機 械 運 転 従 事 者	・	2 099	27	372	872	512	198
J 建 設・採 掘 従 事 者	・	1 229	23	189	575	259	123
K 運搬・清掃・包装等従事者	・	2 019	51	431	639	481	269
L 職 業 不 詳	・	8 342	114	1 310	3 535	2 037	903
無　　　　　職 Non-employed	・	75 529	5 853	19 439	25 031	13 967	6 979
不　　　　　詳 Not stated	・	20 773	516	3 612	8 327	4 911	2 266
		婚					
総　　　　　数 Total	12.4	7.6	3.2	25.9	57.5	28.7	11.4
就 業 者 総 数 Employed	15.5	13.1	7.8	30.8	68.8	37.2	14.3
A 管 理 的 職 業 従 事 者	…	7.9	…	328.5	361.0	116.3	42.6
B 専門的・技術的職業従事者	21.0	23.3	10.7	37.3	96.5	50.7	19.6
C 事 務 従 事 者	16.9	15.1	11.2	32.6	71.8	40.6	16.5
D 販 売 従 事 者	11.3	10.9	4.2	20.4	49.5	29.7	12.1
E サ ー ビ ス 職 業 従 事 者	17.0	13.4	9.5	38.4	74.0	39.8	14.0
F 保 安 職 業 従 事 者	20.2	28.8	14.8	43.6	87.5	43.1	17.4
G 農 林 漁 業 従 事 者	10.1	1.5	13.1	29.8	38.6	18.0	6.1
H 生 産 工 程 従 事 者	8.9	5.7	10.8	28.3	32.0	16.1	6.0
I 輸 送・機 械 運 転 従 事 者	46.8	31.1	39.4	124.5	190.3	103.1	30.0
J 建 設・採 掘 従 事 者	32.1	20.1	34.7	62.5	152.0	61.5	22.1
K 運搬・清掃・包装等従事者	3.0	1.1	3.4	9.4	10.8	5.8	2.2
無　　　　　職 Non-employed	8.5	2.8	2.5	22.1	40.8	15.0	6.4
		無		配		偶	
総　　　　　数 Total	24.5	17.8	3.2	29.2	94.2	75.9	38.7
就 業 者 総 数 Employed	25.8	32.6	7.8	33.0	96.5	78.5	39.6
A 管 理 的 職 業 従 事 者	…	24.2	…	371.9	544.8	297.6	136.9
B 専門的・技術的職業従事者	36.2	56.2	10.8	38.7	132.6	114.2	59.7
C 事 務 従 事 者	26.7	37.1	11.3	34.3	96.2	79.8	41.5
D 販 売 従 事 者	18.4	23.8	4.3	21.5	66.7	57.9	30.8
E サ ー ビ ス 職 業 従 事 者	28.4	31.6	9.6	40.8	105.3	86.1	41.0
F 保 安 職 業 従 事 者	34.7	54.3	14.9	46.0	125.8	102.7	51.7
G 農 林 漁 業 従 事 者	20.3	7.9	13.4	34.4	68.7	57.1	28.0
H 生 産 工 程 従 事 者	13.3	14.9	11.0	30.8	45.0	32.2	15.6
I 輸 送・機 械 運 転 従 事 者	65.8	62.6	39.7	134.3	258.1	184.0	59.5
J 建 設・採 掘 従 事 者	49.7	61.6	35.4	67.1	203.7	128.5	61.8
K 運搬・清掃・包装等従事者	4.9	3.2	3.5	10.3	16.1	12.6	6.5
無　　　　　職 Non-employed	25.3	6.0	2.5	24.9	105.6	74.8	38.7

注：率表の総数には就業状態不詳が、就業者総数には職業不詳が含まれる。

人口千対）（平成27年度に結婚生活に入り届け出たもの），妻の年齢（5歳階級）；
人口千対）及び妻の平均婚姻年齢，妻の初婚－再婚・妻の職業（大分類）別

female population) (marriages entered and registered in FY2015), by age of brides (5-year age groups); age-standardized marriage female population) and mean age of brides by first marriage/remarriage and occupation of bride (major groups)

平成27年度
FY 2015

40～44	45～49	50～54	55～59	60～64	65～69	70～74	75歳以上 and over	不　詳 Not stated	妻の平均婚姻年齢（歳） Mean age of bride (years)
件		数			Marriages				
15 531	3 927	1 190	410	175	113	40	30	－	29.5
12 027	2 808	804	248	74	47	5	2		29.7
150	56	17	12	2	－	2	－	－	32.7
3 222	710	208	51	8	13	1	－	－	29.8
4 833	1 060	281	75	24	7	1	－	－	30.6
1 023	239	81	29	8	7	－	1		29.3
1 714	461	139	52	23	15	1	1	－	28.7
39	10	3	3	－	1	－	－	－	28.1
50	14	8	－	－	1	－	－	－	30.1
453	101	26	6	4	－	－	－	－	28.7
84	24	7	2	1	－	－	－	－	29.5
43	12	4	1	－	－	－	－	－	29.3
102	27	13	4	2	－	－	－	－	29.9
314	94	17	13	2	3	－	－	－	…
2 706	878	323	138	91	64	34	26	－	28.3
798	241	63	24	10	2	1	2		…
姻			率		Marriage rates				
3.3	0.9	0.3	0.1	0.0	0.0	0.0	0.0	・	
3.7	0.9	0.3	0.1	0.0	0.0	0.0	0.0	・	
10.3	2.9	0.6	0.4	0.1	－	0.1	－	・	
5.5	1.3	0.4	0.1	0.0	0.1	0.0	－	・	
4.5	1.1	0.4	0.1	0.1	0.0	0.0	－	・	
2.8	0.7	0.2	0.1	0.0	0.0	－	0.0	・	
3.4	0.9	0.3	0.1	0.0	0.0	0.0	0.0	・	
4.9	1.8	0.6	0.7	－	0.5	－	－	・	
1.6	0.4	0.2	－	－	0.0	－	－	・	
1.6	0.4	0.1	0.0	0.0	－	－	－	・	
6.8	2.2	0.9	0.3	0.2	－	－	－	・	
5.8	1.9	0.7	0.2	－	－	－	－	・	
0.5	0.1	0.1	0.0	0.0	－	－	－	・	
2.3	0.9	0.3	0.1	0.0	0.0	0.0	0.0	・	
婚		姻		率		Marriage rates for unmarried population			
11.8	3.4	1.2	0.5	0.2	0.1	0.0	0.0	・	
11.7	3.2	1.1	0.4	0.1	0.1	0.0	0.0	・	
35.6	10.5	2.4	1.7	0.3	－	0.2	－	・	
18.1	4.6	1.6	0.5	0.1	0.3	0.1	－	・	
12.9	3.5	1.2	0.5	0.3	0.1	0.0	－	・	
8.6	2.4	0.9	0.4	0.1	0.1	－	0.0	・	
11.5	3.4	1.1	0.4	0.2	0.1	0.0	0.0	・	
14.8	5.6	2.0	2.3	－	1.0	－	－	・	
8.9	2.8	1.6	－	－	0.1	－	－	・	
4.9	1.3	0.4	0.1	0.1	－	－	－	・	
13.7	4.8	2.2	1.0	0.5	－	－	－	・	
18.3	6.9	3.4	1.0	－	－	－	－	・	
1.9	0.5	0.3	0.1	0.0	－	－	－	・	
12.8	4.5	1.7	0.7	0.2	0.1	0.0	0.0	・	

Note: The total of rate tables includes "employment status not stated", and the total number of employed persons (employed) includes "occupation not stated".

第3表 婚姻件数・婚姻率（女性人口千対）及び無配偶婚姻率（無配偶女性標準化婚姻率（女性人口千対）・標準化無配偶婚姻率（無配偶女性

Table 3. Marriages, marriage rates (per 1,000 female population) and marriage rates for unmarried population (per 1,000 unmarried rates (per 1,000 female population) and age-standardized marriage rates for unmarried population (per 1,000 unmarried

妻・再婚
Remarried bride

妻の職業 Occupation of Bride	標準化婚姻率・標準化無配偶婚姻率 Age-standardized marriage rates, Age-standardized marriage rates for unmarried population	総数 Total	19歳以下 Years or less	20～24	25～29	30～34	35～39
		婚				姻	
総数 Total	・	80 910	95	2 693	9 844	17 195	17 106
就業者総数 Employed	・	52 011	14	1 244	6 156	11 809	11 904
A 管理的職業従事者	・	623	-	1	21	72	119
B 専門的・技術的職業従事者	・	9 441	-	87	815	2 358	2 540
C 事務従事者	・	13 262	-	196	1 418	3 199	3 409
D 販売従事者	・	5 959	3	158	866	1 324	1 309
E サービス職業従事者	・	14 971	7	568	2 079	3 301	2 899
F 保安職業従事者	・	270	-	7	38	71	48
G 農林漁業従事者	・	338	-	7	49	70	70
H 生産工程従事者	・	3 346	2	130	460	704	689
I 輸送・機械運転従事者	・	697	-	13	77	124	137
J 建設・採掘従事者	・	356	-	14	47	61	80
K 運搬・清掃・包装等従事者	・	1 174	1	31	107	193	213
L 職業不詳	・	1 574	1	32	179	332	391
無職 Non-employed	・	24 018	74	1 280	3 103	4 375	4 199
不詳 Not stated	・	4 881	7	169	585	1 011	1 003
		婚					
総数 Total	1.9	1.4	0.0	0.9	3.2	4.9	4.2
就業者総数 Employed	1.9	2.0	0.0	0.7	2.9	5.3	4.6
A 管理的職業従事者	…	2.8	…	2.4	13.1	17.9	15.1
B 専門的・技術的職業従事者	1.7	2.1	-	0.3	1.6	4.6	4.6
C 事務従事者	1.6	2.0	-	0.6	2.4	4.8	4.1
D 販売従事者	1.8	1.9	0.0	0.5	2.9	4.7	4.4
E サービス職業従事者	3.4	3.2	0.0	1.5	6.4	9.5	7.2
F 保安職業従事者	3.5	4.0	-	0.7	3.6	8.7	6.6
G 農林漁業従事者	1.5	0.4	-	1.0	4.4	3.9	2.9
H 生産工程従事者	1.6	1.5	0.1	1.1	3.3	4.4	3.3
I 輸送・機械運転従事者	9.5	10.3	-	4.3	16.8	25.0	20.7
J 建設・採掘従事者	6.5	5.8	-	4.6	12.4	14.5	14.4
K 運搬・清掃・包装等従事者	0.9	0.6	0.1	0.7	1.8	2.3	1.7
無職 Non-employed	2.2	0.9	0.0	1.5	5.1	4.7	3.8
		無		配		偶	
総数 Total	5.7	3.3	0.0	1.1	5.2	12.9	14.3
就業者総数 Employed	4.9	5.1	0.0	0.8	4.1	11.2	12.7
A 管理的職業従事者	…	8.5	…	2.8	19.8	45.7	48.5
B 専門的・技術的職業従事者	4.8	5.1	-	0.3	2.2	10.3	13.9
C 事務従事者	3.9	4.9	-	0.6	3.2	9.4	10.4
D 販売従事者	4.4	4.0	0.0	0.6	3.8	9.1	11.3
E サービス職業従事者	8.8	7.6	0.1	1.6	9.1	20.6	21.0
F 保安職業従事者	9.3	7.5	-	0.7	5.1	20.7	19.7
G 農林漁業従事者	5.3	2.2	-	1.2	7.8	12.4	13.1
H 生産工程従事者	3.8	4.0	0.1	1.2	4.6	8.7	8.6
I 輸送・機械運転従事者	17.8	20.8	-	4.7	22.8	44.6	41.2
J 建設・採掘従事者	16.5	17.8	-	5.0	16.6	30.3	40.2
K 運搬・清掃・包装等従事者	2.3	1.9	0.1	0.7	2.7	5.0	5.2
無職 Non-employed	9.8	1.9	0.0	1.6	13.1	23.4	23.3

注：率表の総数には就業状態不詳が、就業者総数には職業不詳が含まれる。

人口千対）（平成27年度に結婚生活に入り届け出たもの），妻の年齢（5歳階級）；
人口千対）及び妻の平均婚姻年齢，妻の初婚－再婚・妻の職業（大分類）別

female population) (marriages entered and registered in FY2015), by age of brides (5-year age groups); age-standardized marriage female population) and mean age of brides by first marriage/remarriage and occupation of bride (major groups)

平成27年度
FY 2015

40～44	45～49	50～54	55～59	60～64	65～69	70～74	75歳以上 and over	不詳 Not stated	妻の平均婚姻年齢（歳） Mean age of bride (years)
件		数			Marriages				
12 936	8 197	5 470	3 008	1 857	1 387	671	451	－	39.8
8 738	5 351	3 464	1 775	900	480	139	37	－	39.1
130	87	82	50	24	27	6	4	－	45.3
1 609	886	614	320	138	56	16	2	－	39.2
2 377	1 335	806	351	122	36	11	2	－	38.6
986	586	375	181	92	51	24	4	－	38.6
2 261	1 533	1 083	582	365	218	56	19	－	39.3
44	26	18	7	7	3	1	－	－	38.6
53	27	20	15	11	11	2	3	－	40.4
567	356	219	131	57	28	3	－	－	38.8
154	103	44	28	13	2	2	－	－	40.1
77	43	20	8	4	1	1	－	－	38.8
215	191	93	48	40	33	7	2	－	41.9
265	178	90	54	27	14	10	1	－	…
3 361	2 320	1 659	1 067	859	834	488	399	－	41.3
837	526	347	166	98	73	44	15		…
姻			率		Marriage rates				
2.7	1.9	1.4	0.8	0.4	0.3	0.2	0.0	・	
2.7	1.8	1.3	0.7	0.4	0.3	0.2	0.1	・	
8.9	4.4	3.1	1.6	0.7	0.8	0.3	0.1	・	
2.7	1.6	1.2	0.7	0.6	0.5	0.4	0.1	・	
2.2	1.4	1.0	0.6	0.3	0.1	0.1	0.0	・	
2.7	1.7	1.1	0.6	0.4	0.3	0.3	0.0	・	
4.5	3.1	2.3	1.3	0.8	0.6	0.3	0.2	・	
5.5	4.8	3.8	1.7	2.1	1.4	1.1	－	・	
1.7	0.8	0.4	0.2	0.1	0.1	0.0	0.0	・	
2.0	1.3	0.9	0.5	0.2	0.2	0.0	－	・	
12.4	9.5	5.6	4.7	2.4	0.5	2.1	－	・	
10.3	6.8	3.6	1.3	0.5	0.2	0.4	－	・	
1.1	0.9	0.5	0.2	0.1	0.1	0.1	0.0	・	
2.9	2.4	1.8	0.9	0.4	0.3	0.2	0.0	・	
婚		姻		率		Marriage rates for unmarried population			
9.8	7.2	5.7	3.6	1.9	1.0	0.5	0.1	・	
8.5	6.1	4.8	3.0	1.6	1.0	0.5	0.1	・	
30.9	16.3	11.8	7.1	3.1	2.6	0.7	0.2	・	
9.0	5.7	4.6	3.0	2.1	1.4	0.9	0.1	・	
6.3	4.4	3.6	2.4	1.3	0.7	0.4	0.1	・	
8.3	5.8	4.3	2.5	1.4	0.9	0.8	0.1	・	
15.2	11.3	8.6	4.8	2.6	1.5	0.8	0.4	・	
16.7	14.7	12.0	5.4	5.7	2.9	1.9	－	・	
9.4	5.3	4.0	2.3	1.0	0.7	0.1	0.1	・	
6.1	4.5	3.5	2.3	0.9	0.6	0.1	－	・	
25.2	20.5	13.7	13.4	6.6	1.3	4.4	－	・	
32.8	24.6	16.8	8.2	3.9	1.0	1.5	－	・	
4.0	3.8	2.0	0.9	0.5	0.4	0.1	0.1	・	
15.9	11.8	9.0	5.1	2.1	1.0	0.5	0.1	・	

Note: The total of rate tables includes "employment status not stated", and the total number of employed persons (employed) includes "occupation not stated".

第4表 婚姻件数，夫妻の初婚—再婚の組合せ・
Table 4. Marriages by the combination of marriage/remarriage

夫 の 職 業 Occupation of Groom	妻 の					
	総 数 Total	就業者総数 Employed	A 管理的 職業従事者	B 専門的・技術的 職業従事者	C 事 務 従 事 者	D 販 売 従 事 者
総						
総　　　　　　　　　数 Total	636 555	478 906	3 146	138 853	137 201	52 730
就 業 者 総 数 Employed	585 406	469 588	3 052	136 310	135 401	51 700
A 管 理 的 職 業 従 事 者	17 835	13 350	1 383	3 057	4 850	1 268
B 専門的・技術的職業従事者	156 863	133 074	589	64 930	37 012	9 956
C 事 務 従 事 者	65 946	56 296	224	12 961	31 542	3 902
D 販 売 従 事 者	74 242	60 702	252	12 819	18 092	17 049
E サ ー ビ ス 職 業 従 事 者	73 905	58 060	167	10 028	9 706	5 171
F 保 安 職 業 従 事 者	20 967	17 033	57	5 977	4 346	1 518
G 農 林 漁 業 従 事 者	8 827	6 454	23	1 352	1 298	586
H 生 産 工 程 従 事 者	65 800	52 174	129	12 154	12 847	4 905
I 輸送・機械運転従事者	23 880	17 695	75	3 345	4 279	2 002
J 建 設・採 掘 従 事 者	49 036	32 964	100	6 740	8 234	3 833
K 運搬・清掃・包装等従事者	14 565	10 935	34	2 081	2 763	1 341
L 職 業 不 詳	13 540	10 851	19	866	432	169
無 職 Non-employed	18 233	7 710	82	1 856	1 488	925
不 詳 Not stated	32 916	1 608	12	687	312	105
夫 妻 と も						
総　　　　　　　　　数 Total	465 394	366 477	1 741	116 386	107 368	39 787
就 業 者 総 数 Employed	435 312	361 489	1 710	114 665	106 284	39 231
A 管 理 的 職 業 従 事 者	8 724	6 978	670	1 795	2 503	685
B 専門的・技術的職業従事者	129 156	111 784	369	56 408	30 994	8 206
C 事 務 従 事 者	53 089	46 330	143	11 267	26 022	3 203
D 販 売 従 事 者	57 359	48 132	162	10 923	14 593	13 290
E サ ー ビ ス 職 業 従 事 者	52 728	42 539	113	7 937	7 250	3 902
F 保 安 職 業 従 事 者	17 536	14 524	43	5 356	3 733	1 251
G 農 林 漁 業 従 事 者	6 094	4 654	9	1 076	971	402
H 生 産 工 程 従 事 者	49 336	40 323	89	10 384	10 187	3 752
I 輸送・機械運転従事者	12 780	10 050	43	2 280	2 512	1 101
J 建 設・採 掘 従 事 者	29 933	21 119	41	4 956	5 358	2 419
K 運搬・清掃・包装等従事者	9 092	7 106	17	1 593	1 853	891
L 職 業 不 詳	9 485	7 950	11	690	308	129
無 職 Non-employed	7 757	3 868	25	1 195	863	484
不 詳 Not stated	22 325	1 120	6	526	221	72
夫 初 婚・						
総　　　　　　　　　数 Total	45 390	31 014	265	5 945	8 143	3 741
就 業 者 総 数 Employed	41 182	30 225	256	5 773	7 984	3 651
A 管 理 的 職 業 従 事 者	1 373	999	103	212	333	92
B 専門的・技術的職業従事者	8 408	6 536	69	2 518	1 834	541
C 事 務 従 事 者	3 596	2 843	19	442	1 608	219
D 販 売 従 事 者	4 801	3 650	21	466	1 015	1 188
E サ ー ビ ス 職 業 従 事 者	6 294	4 756	12	587	715	377
F 保 安 職 業 従 事 者	966	686	1	153	191	75
G 農 林 漁 業 従 事 者	767	499	3	74	97	51
H 生 産 工 程 従 事 者	5 412	3 881	11	521	853	393
I 輸送・機械運転従事者	2 302	1 566	6	213	337	171
J 建 設・採 掘 従 事 者	4 648	2 911	9	408	704	379
K 運搬・清掃・包装等従事者	1 554	1 095	2	124	260	148
L 職 業 不 詳	1 061	803	-	55	37	17
無 職 Non-employed	1 664	671	7	134	136	83
不 詳 Not stated	2 544	118	2	38	23	7

夫の職業（大分類）・妻の職業（大分類）別
and occupation of bride and groom (major groups)

平成27年度
FY 2015

職				業				Occupation of Bride	
E サービス 職業従事者	F 保 安 職業従事者	G 農林漁業 従 事 者	H 生産工程 従 事 者	I 輸送・機械 運転従事者	J 建設・採掘 従 事 者	K 運搬・清掃・ 包装等従事者	L 職業不詳	無　職 Non-employed	不　詳 Not stated

数　　Total

100 022	2 539	1 980	19 794	3 571	1 974	4 386	12 710	124 738	32 911
97 302	2 516	1 921	19 390	3 476	1 938	4 177	12 405	112 783	3 035
2 129	19	38	262	63	38	70	173	4 340	145
16 648	201	160	2 248	232	131	498	469	23 312	477
6 064	206	80	843	93	49	170	162	9 421	229
9 674	145	121	1 149	325	141	296	639	13 280	260
29 572	117	188	1 252	422	214	354	869	15 448	397
2 769	1 623	29	338	74	36	77	189	3 842	92
1 587	11	858	319	102	57	63	198	2 306	67
11 146	67	144	9 398	250	136	624	374	13 407	219
4 509	36	88	948	1 505	122	437	349	6 036	149
9 973	60	132	1 955	164	901	555	317	15 702	370
2 762	25	38	626	87	43	1 010	125	3 561	69
469	6	45	52	159	70	23	8 541	2 128	561
2 400	20	49	376	67	24	195	228	10 288	235
320	3	10	28	28	12	14	77	1 667	29 641

初　　婚　　Both first married

69 728	1 922	1 293	13 295	2 258	1 249	2 239	9 211	76 680	22 237
68 588	1 911	1 268	13 150	2 214	1 228	2 191	9 049	72 017	1 806
1 032	10	15	107	29	22	23	87	1 698	48
12 826	136	118	1 748	177	106	334	362	17 034	338
4 584	123	60	607	60	41	100	120	6 598	161
7 251	100	86	815	214	79	169	450	9 057	170
20 903	75	136	845	314	167	218	679	9 923	266
2 241	1 342	21	267	59	29	40	142	2 938	74
1 088	7	558	214	76	48	42	163	1 406	34
8 249	45	102	6 635	156	84	385	255	8 882	131
2 303	18	48	404	858	86	147	250	2 660	70
6 082	33	70	1 126	99	485	245	205	8 648	166
1 719	18	17	350	52	29	478	89	1 955	31
310	4	37	32	120	52	10	6 247	1 218	317
949	8	17	129	28	14	40	116	3 799	90
191	3	8	16	16	7	8	46	864	20 341

妻　　再　　婚　　First married groom and remarried bride

8 631	150	175	1 950	336	173	605	900	11 832	2 544
8 379	148	166	1 911	324	169	585	879	10 688	269
189	2	5	34	4	5	4	16	364	10
1 231	18	13	191	24	10	54	33	1 843	29
424	20	4	67	10	3	21	6	738	15
713	8	7	112	25	20	36	39	1 126	25
2 738	18	24	134	33	18	46	54	1 504	34
162	60	-	15	4	3	12	10	272	8
149	1	63	38	3	4	5	11	256	12
995	8	16	916	30	21	82	35	1 511	20
472	3	11	102	155	6	68	22	723	13
972	8	12	227	16	72	80	24	1 691	46
293	2	10	70	9	1	171	5	451	8
41	-	1	5	11	6	6	624	209	49
221	2	8	36	6	1	19	18	970	23
31	-	1	3	6	3	1	3	174	2 252

第4表 婚姻件数，夫妻の初婚―再婚の組合せ・
Table 4. Marriages by the combination of marriage/remarriage

夫 の 職 業 Occupation of Groom	妻					の
	総 数 Total	就業者総数 Employed	A 管理的職業従事者	B 専門的・技術的職業従事者	C 事務従事者	D 販売従事者
夫 再 婚 ・						
総 数 Total	64 000	44 455	480	10 472	13 112	5 081
就 業 者 総 数 Employed	57 707	43 318	463	10 190	12 846	4 953
A 管理的職業従事者	3 837	2 746	259	605	1 095	270
B 専門的・技術的職業従事者	11 489	9 230	68	4 119	2 698	728
C 事務従事者	5 221	4 210	30	786	2 475	276
D 販売従事者	7 049	5 431	33	934	1 655	1 644
E サービス職業従事者	8 551	6 332	16	990	1 126	526
F 保安職業従事者	1 357	1 080	6	304	273	113
G 農林漁業従事者	935	670	4	127	137	67
H 生産工程従事者	5 650	4 295	12	789	1 118	384
I 輸送・機械運転従事者	3 568	2 556	7	428	708	305
J 建設・採掘従事者	6 775	4 363	20	822	1 152	492
K 運搬・清掃・包装等従事者	1 694	1 246	4	209	353	136
L 職業不詳	1 581	1 159	4	77	56	12
無 職 Non-employed	2 245	939	16	201	224	118
不 詳 Not stated	4 048	198	1	81	42	10
夫 妻 と も						
総 数 Total	61 771	36 960	660	6 050	8 578	4 121
就 業 者 総 数 Employed	51 205	34 556	623	5 682	8 287	3 865
A 管理的職業従事者	3 901	2 627	351	445	919	221
B 専門的・技術的職業従事者	7 810	5 524	83	1 885	1 486	481
C 事務従事者	4 040	2 913	32	466	1 437	204
D 販売従事者	5 033	3 489	36	496	829	927
E サービス職業従事者	6 332	4 433	26	514	615	366
F 保安職業従事者	1 108	743	7	164	149	79
G 農林漁業従事者	1 031	631	7	75	93	66
H 生産工程従事者	5 402	3 675	17	460	689	376
I 輸送・機械運転従事者	5 230	3 523	19	424	722	425
J 建設・採掘従事者	7 680	4 571	30	554	1 020	543
K 運搬・清掃・包装等従事者	2 225	1 488	11	155	297	166
L 職業不詳	1 413	939	4	44	31	11
無 職 Non-employed	6 567	2 232	34	326	265	240
不 詳 Not stated	3 999	172	3	42	26	16

夫の職業（大分類）・妻の職業（大分類）別

and occupation of bride and groom (major groups)

平成27年度
FY 2015

E サービス職業従事者	F 保安職業従事者	G 農林漁業従事者	H 生産工程従事者	I 輸送・機械運転従事者	J 建設・採掘従事者	K 運搬・清掃・包装等従事者	L 職業不詳	無職 Non-employed	不詳 Not stated
妻 初 婚				Remarried groom and first married bride					
10 330	258	222	2 043	387	230	465	1 375	15 435	4 110
10 011	257	215	1 989	376	226	451	1 341	13 915	474
404	2	10	44	6	5	9	37	1 047	44
1 320	20	15	153	14	7	40	48	2 199	60
502	19	7	72	10	4	17	12	984	27
860	19	14	103	45	22	21	81	1 588	30
3 364	11	17	124	41	9	35	73	2 160	59
166	159	3	22	5	1	8	20	271	6
171	1	101	30	10	3	2	17	253	12
892	6	12	947	29	14	51	41	1 327	28
644	9	10	159	181	14	61	30	980	32
1 331	10	21	245	14	138	77	41	2 348	64
304	1	4	80	7	5	129	14	432	16
53	-	1	10	14	4	1	927	326	96
278	1	6	50	8	3	14	20	1 260	46
41	-	1	4	3	1	-	14	260	3 590
再 婚				Both remarried					
11 333	209	290	2 506	590	322	1 077	1 224	20 791	4 020
10 324	200	272	2 340	562	315	950	1 136	16 163	486
504	5	8	77	24	6	34	33	1 231	43
1 271	27	14	156	17	8	70	26	2 236	50
554	44	9	97	13	1	32	24	1 101	26
850	18	14	119	41	20	70	69	1 509	35
2 567	13	11	149	34	20	55	63	1 861	38
200	62	5	34	6	3	17	17	361	4
179	2	136	37	13	2	14	7	391	9
1 010	8	14	900	35	17	106	43	1 687	40
1 090	6	19	283	311	16	161	47	1 673	34
1 588	9	29	357	35	206	153	47	3 015	94
446	4	7	126	19	8	232	17	723	14
65	2	6	5	14	8	6	743	375	99
952	9	18	161	25	6	122	74	4 259	76
57	-	-	5	3	1	5	14	369	3 458

第5表 婚姻件数（平成27年度に結婚生活に入り届け出たもの），

Table 5. Marriages (marriages entered and registered in FY2015), and groom, by the combination of marriage/

夫 の 職 業 Occupation of Groom	総 数 Total	妻年上 Elder bride	4歳以上 4 years and over	3歳 Year	2歳	1歳	夫妻同年齢 Same age
総							
総　　　　　　　　数 Total	510 695	124 219	40 592	15 870	23 187	44 570	91 501
就 業 者 総 数 Employed	472 152	115 052	37 161	14 762	21 595	41 534	84 925
A 管 理 的 職 業 従 事 者	14 067	2 083	683	247	385	768	1 480
B 専門的・技術的職業従事者	127 119	30 755	9 233	3 986	6 009	11 527	23 311
C 事 務 従 事 者	55 369	13 591	4 098	1 817	2 651	5 025	10 061
D 販 売 従 事 者	59 756	14 521	4 628	1 828	2 637	5 428	11 037
E サ ー ビ ス 職 業 従 事 者	56 339	14 166	5 433	1 756	2 538	4 439	8 665
F 保 安 職 業 従 事 者	18 678	5 296	1 544	714	1 055	1 983	4 158
G 農 林 漁 業 従 事 者	7 349	1 794	627	223	320	624	1 229
H 生 産 工 程 従 事 者	54 589	13 750	4 414	1 758	2 508	5 070	10 755
I 輸送・機械運転従事者	18 622	4 491	1 640	595	815	1 441	2 855
J 建 設 ・ 採 掘 従 事 者	38 467	9 178	2 924	1 111	1 712	3 431	7 701
K 運搬・清掃・包装等従事者	11 197	2 861	1 076	375	479	931	1 818
L 職 業 不 詳	10 600	2 566	861	352	486	867	1 855
無　　　　　職 Non-employed	12 992	3 169	1 358	368	503	940	1 978
不　　　　　詳 Not stated	25 551	5 998	2 073	740	1 089	2 096	4 598
夫 妻 と も							
総　　　　　　　　数 Total	380 484	91 879	25 085	11 806	18 003	36 985	78 623
就 業 者 総 数 Employed	356 730	86 069	23 352	11 092	16 931	34 694	73 288
A 管 理 的 職 業 従 事 者	7 130	1 150	299	129	218	504	1 007
B 専門的・技術的職業従事者	105 539	25 444	6 733	3 306	5 121	10 284	21 220
C 事 務 従 事 者	45 054	11 023	2 947	1 463	2 237	4 376	9 055
D 販 売 従 事 者	46 652	11 240	3 070	1 402	2 141	4 627	9 651
E サ ー ビ ス 職 業 従 事 者	40 559	9 899	3 201	1 256	1 905	3 537	7 295
F 保 安 職 業 従 事 者	15 897	4 508	1 168	608	929	1 803	3 842
G 農 林 漁 業 従 事 者	5 174	1 214	345	166	219	484	1 018
H 生 産 工 程 従 事 者	41 559	10 074	2 617	1 296	1 909	4 252	9 275
I 輸送・機械運転従事者	10 330	2 470	699	328	477	966	2 001
J 建 設 ・ 採 掘 従 事 者	24 156	5 541	1 283	651	1 098	2 509	5 941
K 運搬・清掃・包装等従事者	7 130	1 690	497	224	307	662	1 414
L 職 業 不 詳	7 550	1 816	493	263	370	690	1 569
無　　　　　職 Non-employed	6 094	1 706	576	206	282	642	1 496
不　　　　　詳 Not stated	17 660	4 104	1 157	508	790	1 649	3 839
夫 初 婚 ・							
総　　　　　　　　数 Total	35 096	15 579	8 973	1 823	2 114	2 669	4 328
就 業 者 総 数 Employed	32 076	14 245	8 158	1 672	1 950	2 465	3 976
A 管 理 的 職 業 従 事 者	1 051	310	154	37	57	62	101
B 専門的・技術的職業従事者	6 465	2 882	1 636	358	411	477	781
C 事 務 従 事 者	2 892	1 305	722	166	180	237	365
D 販 売 従 事 者	3 740	1 695	959	197	229	310	504
E サ ー ビ ス 職 業 従 事 者	4 816	2 305	1 425	229	293	358	519
F 保 安 職 業 従 事 者	815	394	230	52	43	69	106
G 農 林 漁 業 従 事 者	641	270	154	26	35	55	60
H 生 産 工 程 従 事 者	4 313	1 923	1 124	218	254	327	561
I 輸送・機械運転従事者	1 759	684	379	86	104	115	222
J 建 設 ・ 採 掘 従 事 者	3 579	1 556	846	189	229	292	524
K 運搬・清掃・包装等従事者	1 190	545	311	73	70	91	139
L 職 業 不 詳	815	376	218	41	45	72	94
無　　　　　職 Non-employed	1 105	501	340	50	49	62	105
不　　　　　詳 Not stated	1 915	833	475	101	115	142	247

夫妻の年齢差；夫妻の平均年齢差, 夫妻の初婚―再婚の組合せ・夫の職業（大分類）別

by age difference between bride and groom; mean age difference between bride remarriage and by occupation of groom (major groups)

平成27年度
FY 2015

夫年上 Elder groom	1歳 Year	2歳	3歳	4歳	5歳	6歳	7歳以上 7 years and over	不詳 Not stated	平均年齢差（歳） Mean difference of age (years)
				数	Total				
294 975	61 188	43 167	35 037	28 796	23 982	19 629	83 176	-	2.2
272 175	56 939	40 267	32 585	26 707	22 239	18 181	75 257	-	2.2
10 504	1 092	943	912	832	820	770	5 135	-	5.3
73 053	16 258	11 580	9 336	7 333	6 037	4 826	17 683	-	2.0
31 717	6 890	4 868	3 978	3 249	2 628	2 183	7 921	-	2.0
34 198	7 476	5 164	4 131	3 371	2 791	2 321	8 944	-	2.0
33 508	5 869	4 426	3 747	3 249	2 799	2 309	11 109	-	2.5
9 224	2 581	1 629	1 243	945	691	524	1 611	-	1.1
4 326	850	614	498	422	337	295	1 310	-	2.4
30 084	6 647	4 698	3 718	3 024	2 521	1 939	7 537	-	1.8
11 276	1 918	1 452	1 206	1 000	882	811	4 007	-	2.9
21 588	4 849	3 126	2 431	1 977	1 713	1 372	6 120	-	2.2
6 518	1 265	886	697	679	538	452	2 001	-	2.3
6 179	1 244	881	688	626	482	379	1 879	-	…
7 845	1 304	856	741	635	554	428	3 327	-	3.6
14 955	2 945	2 044	1 711	1 454	1 189	1 020	4 592	-	…
			初	婚	Both first married				
209 982	51 480	35 057	27 417	21 613	17 285	13 567	43 563	-	1.7
197 373	48 248	33 016	25 808	20 354	16 290	12 787	40 870	-	1.7
4 973	701	589	550	454	429	420	1 830	-	3.8
58 875	14 617	10 204	8 005	6 141	4 897	3 742	11 269	-	1.6
24 976	6 113	4 220	3 374	2 632	2 071	1 665	4 901	-	1.6
25 761	6 432	4 311	3 357	2 666	2 085	1 699	5 211	-	1.6
23 365	4 794	3 492	2 843	2 406	2 003	1 627	6 200	-	2.0
7 547	2 327	1 423	1 076	793	564	394	970	-	0.9
2 942	695	468	386	306	222	189	676	-	1.8
22 210	5 649	3 849	2 974	2 272	1 854	1 364	4 248	-	1.5
5 859	1 300	954	707	573	463	427	1 435	-	2.0
12 674	3 689	2 179	1 563	1 197	1 016	729	2 301	-	1.5
4 026	943	613	454	461	343	285	927	-	1.8
4 165	988	714	519	453	343	246	902	-	…
2 892	856	457	345	256	192	126	660	-	1.3
9 717	2 376	1 584	1 264	1 003	803	654	2 033	-	…
		妻	再	婚	First married groom and remarried bride				
15 189	2 863	2 128	1 784	1 471	1 292	1 048	4 603	-	0.0
13 855	2 646	1 975	1 621	1 342	1 181	971	4 119	-	0.0
640	86	68	52	49	56	44	285	-	2.8
2 802	532	415	341	254	254	203	803	-	0.0
1 222	243	167	135	124	105	84	364	-	-0.1
1 541	327	232	179	140	146	117	400	-	-0.4
1 992	363	279	265	208	168	129	580	-	-0.6
315	81	59	38	26	24	17	70	-	-0.8
311	45	39	33	29	32	20	113	-	0.9
1 829	340	277	220	192	138	122	540	-	-0.1
853	140	109	100	79	77	64	284	-	0.8
1 499	316	222	171	155	113	109	413	-	-0.1
506	90	71	54	50	40	40	161	-	0.0
345	83	37	33	36	28	22	106	-	…
499	68	43	54	49	34	27	224	-	0.2
835	149	110	109	80	77	50	260	-	…

第5表 婚姻件数（平成27年度に結婚生活に入り届け出たもの），
Table 5. Marriages (marriages entered and registered in FY2015),
and groom, by the combination of marriage/

夫 の 職 業 Occupation of Groom	総数 Total	妻年上 Elder bride	4歳以上 4 years and over	3歳 Year	2歳	1歳	夫妻同年齢 Same age
		夫	再	婚	・		
総　　　　　　　　数 Total	49 301	6 045	1 914	874	1 213	2 044	3 632
就 業 者 総 数 Employed	44 855	5 526	1 727	808	1 120	1 871	3 377
A 管 理 的 職 業 従 事 者	2 980	180	56	18	36	70	119
B 専門的・技術的職業従事者	9 156	1 116	353	155	231	377	674
C 事 務 従 事 者	4 333	573	169	92	116	196	310
D 販 売 従 事 者	5 471	677	216	96	119	246	418
E サ ー ビ ス 職 業 従 事 者	6 316	751	242	118	168	223	385
F 保 安 職 業 従 事 者	1 125	194	56	34	48	56	118
G 農 林 漁 業 従 事 者	739	118	42	11	23	42	63
H 生 産 工 程 従 事 者	4 549	636	196	93	131	216	401
I 輸送・機械運転従事者	2 730	344	115	53	71	105	208
J 建 設・採 掘 従 事 者	5 021	625	179	95	123	228	491
K 運搬・清掃・包装等従事者	1 252	170	58	28	26	58	102
L 職 業 不 詳	1 183	142	45	15	28	54	88
無　　　職 Non-employed	1 413	145	57	17	19	52	65
不　　　詳 Not stated	3 033	374	130	49	74	121	190
		夫	妻	と	も		
総　　　　　　　　数 Total	45 814	10 716	4 620	1 367	1 857	2 872	4 918
就 業 者 総 数 Employed	38 491	9 212	3 924	1 190	1 594	2 504	4 284
A 管 理 的 職 業 従 事 者	2 906	443	174	63	74	132	253
B 専門的・技術的職業従事者	5 959	1 313	511	167	246	389	636
C 事 務 従 事 者	3 090	690	260	96	118	216	331
D 販 売 従 事 者	3 893	909	383	133	148	245	464
E サ ー ビ ス 職 業 従 事 者	4 648	1 211	565	153	172	321	466
F 保 安 職 業 従 事 者	841	200	90	20	35	55	92
G 農 林 漁 業 従 事 者	795	192	86	20	43	43	88
H 生 産 工 程 従 事 者	4 168	1 117	477	151	214	275	518
I 輸送・機械運転従事者	3 803	993	447	128	163	255	424
J 建 設・採 掘 従 事 者	5 711	1 456	616	176	262	402	745
K 運搬・清掃・包装等従事者	1 625	456	210	50	76	120	163
L 職 業 不 詳	1 052	232	105	33	43	51	104
無　　　職 Non-employed	4 380	817	385	95	153	184	312
不　　　詳 Not stated	2 943	687	311	82	110	184	322

夫妻の年齢差；**夫妻の平均年齢差,** 夫妻の初婚—再婚の組合せ・夫の職業（大分類）別

by age difference between bride and groom; mean age difference between bride remarriage and by occupation of groom (major groups)

平成27年度
FY 2015

夫年上 Elder groom	1歳 Year	2歳	3歳	4歳	5歳	6歳	7歳以上 7 years and over	不　詳 Not stated	平均年齢差（歳） Mean difference of age (years)
\multicolumn{10}{c}{妻　初　婚　Remarried groom and first married bride}
39 624	3 110	2 812	2 976	3 066	2 955	2 885	21 820	-	6.6
35 952	2 869	2 588	2 743	2 814	2 710	2 627	19 601	-	6.5
2 681	127	106	132	160	166	159	1 831	-	9.5
7 366	617	538	591	597	585	569	3 869	-	6.3
3 450	285	257	285	293	258	264	1 808	-	5.8
4 376	355	360	338	355	348	327	2 293	-	6.0
5 180	381	350	342	360	401	345	3 001	-	7.0
813	92	82	67	78	52	67	375	-	5.1
558	43	40	43	44	46	44	298	-	6.0
3 512	323	267	290	319	290	266	1 757	-	5.7
2 178	168	131	167	145	147	153	1 267	-	7.2
3 905	323	304	339	300	295	299	2 045	-	6.2
980	84	90	86	78	71	68	503	-	6.0
953	71	63	63	85	51	66	554	-	…
1 203	76	64	62	62	67	74	798	-	9.7
2 469	165	160	171	190	178	184	1 421	-	…
\multicolumn{10}{c}{再　婚　Both remarried}
30 180	3 735	3 170	2 860	2 646	2 450	2 129	13 190	-	3.8
24 995	3 176	2 688	2 413	2 197	2 058	1 796	10 667	-	3.6
2 210	178	180	178	169	169	147	1 189	-	5.9
4 010	492	423	399	341	301	312	1 742	-	3.9
2 069	249	224	184	200	194	170	848	-	3.7
2 520	362	261	257	210	212	178	1 040	-	3.5
2 971	331	305	297	275	227	208	1 328	-	3.6
549	81	65	62	48	51	46	196	-	3.2
515	67	67	36	43	37	42	223	-	3.8
2 533	335	305	234	241	239	187	992	-	2.9
2 386	310	258	232	203	195	167	1 021	-	3.3
3 510	521	421	358	325	289	235	1 361	-	3.0
1 006	148	112	103	90	84	59	410	-	2.9
716	102	67	73	52	60	45	317	-	…
3 251	304	292	280	268	261	201	1 645	-	5.6
1 934	255	190	167	181	131	132	878	-	…

第6表 婚姻件数（平成27年度に結婚生活に入り届け出たもの），

Table 6. Marriages (marriages entered and registered in FY2015), by age difference and groom, by the combination of marriage/

妻 の 職 業 Occupation of Bride	総数 Total	妻年上 Elder bride	4歳以上 4 years and over	3歳 Year	2歳	1歳	夫妻同年齢 Same age
				総			
総　　　　　数 Total	510 695	124 219	40 592	15 870	23 187	44 570	91 501
就　業　者　総　数 Employed	385 494	96 661	30 972	12 462	18 143	35 084	70 792
A 管 理 的 職 業 従 事 者	2 387	637	252	84	127	174	327
B 専 門 的・技 術 的 職 業 従 事 者	113 730	28 219	8 112	3 581	5 420	11 106	23 196
C 事 務 従 事 者	114 184	29 064	9 125	3 867	5 528	10 544	20 644
D 販 売 従 事 者	41 160	10 092	3 346	1 282	1 805	3 659	7 343
E サ ー ビ ス 職 業 従 事 者	76 960	19 207	6 686	2 453	3 519	6 549	13 234
F 保 安 職 業 従 事 者	2 228	548	172	69	128	179	314
G 農 林 漁 業 従 事 者	1 536	393	140	60	70	123	207
H 生 産 工 程 従 事 者	15 819	4 078	1 510	498	751	1 319	2 587
I 輸 送・機 械 運 転 従 事 者	2 796	746	277	98	153	218	421
J 建 設・採 掘 従 事 者	1 585	381	129	46	65	141	289
K 運 搬・清 掃・包 装 等 従 事 者	3 193	879	425	99	134	221	426
L 職 業 不 詳	9 916	2 417	798	325	443	851	1 804
無　　　　職 Non-employed	99 547	21 559	7 584	2 653	3 932	7 390	16 157
不　　　　詳 Not stated	25 654	5 999	2 036	755	1 112	2 096	4 552
				夫 妻 と も			
総　　　　　数 Total	380 484	91 879	25 085	11 806	18 003	36 985	78 623
就　業　者　総　数 Employed	298 861	74 203	20 359	9 658	14 510	29 676	61 777
A 管 理 的 職 業 従 事 者	1 418	401	134	50	81	136	244
B 専 門 的・技 術 的 職 業 従 事 者	95 866	23 790	6 121	3 026	4 674	9 969	21 259
C 事 務 従 事 者	90 282	23 020	6 434	3 082	4 505	8 999	18 081
D 販 売 従 事 者	31 366	7 515	2 085	957	1 437	3 036	6 323
E サ ー ビ ス 職 業 従 事 者	54 356	13 189	3 736	1 710	2 570	5 173	10 900
F 保 安 職 業 従 事 者	1 740	445	117	58	113	157	272
G 農 林 漁 業 従 事 者	1 026	271	86	42	46	97	170
H 生 産 工 程 従 事 者	10 910	2 650	788	341	525	996	2 114
I 輸 送・機 械 運 転 従 事 者	1 806	477	137	65	103	172	329
J 建 設・採 掘 従 事 者	1 063	245	63	32	43	107	251
K 運 搬・清 掃・包 装 等 従 事 者	1 692	412	166	42	73	131	295
L 職 業 不 詳	7 336	1 788	492	253	340	703	1 539
無　　　　職 Non-employed	63 954	13 552	3 588	1 621	2 685	5 658	13 049
不　　　　詳 Not stated	17 669	4 124	1 138	527	808	1 651	3 797
				夫 初 婚・			
総　　　　　数 Total	35 096	15 579	8 973	1 823	2 114	2 669	4 328
就　業　者　総　数 Employed	24 284	11 038	6 314	1 261	1 528	1 935	3 079
A 管 理 的 職 業 従 事 者	178	89	52	12	17	8	19
B 専 門 的・技 術 的 職 業 従 事 者	4 723	2 129	1 201	233	298	397	638
C 事 務 従 事 者	6 553	2 938	1 593	370	427	548	881
D 販 売 従 事 者	2 854	1 333	779	148	165	241	368
E サ ー ビ ス 職 業 従 事 者	6 692	3 019	1 777	330	419	493	795
F 保 安 職 業 従 事 者	119	54	36	8	4	6	18
G 農 林 漁 業 従 事 者	138	57	27	8	9	13	13
H 生 産 工 程 従 事 者	1 535	738	435	73	109	121	185
I 輸 送・機 械 運 転 従 事 者	254	113	67	16	18	12	26
J 建 設・採 掘 従 事 者	127	52	25	5	7	15	11
K 運 搬・清 掃・包 装 等 従 事 者	432	222	141	32	21	28	36
L 職 業 不 詳	679	294	181	26	34	53	89
無　　　　職 Non-employed	8 889	3 698	2 185	462	471	580	1 001
不　　　　詳 Not stated	1 923	843	474	100	115	154	248

夫妻の年齢差；夫妻の平均年齢差，夫妻の初婚―再婚の組合せ・妻の職業（大分類）別

between bride and groom; mean age difference between bride
remarriage and by occupation of bride (major groups)

平成27年度
FY 2015

夫年上 Elder groom	1歳 Year	2歳	3歳	4歳	5歳	6歳	7歳以上 7 years and over	不詳 Not stated	平均年齢差（歳） Mean difference of age (years)
				数	Total				
294 975	61 188	43 167	35 037	28 796	23 982	19 629	83 176	-	2.2
218 041	47 193	33 164	26 914	21 780	18 102	14 668	56 220	-	1.9
1 423	219	197	152	152	120	105	478	-	2.5
62 315	14 979	10 157	8 098	6 244	5 123	4 120	13 594	-	1.7
64 476	14 083	10 172	8 350	6 575	5 444	4 264	15 588	-	1.8
23 725	5 043	3 529	2 788	2 367	1 969	1 609	6 420	-	2.1
44 519	8 698	6 126	5 077	4 343	3 677	3 042	13 556	-	2.3
1 366	283	153	174	133	104	102	417	-	2.5
936	158	109	100	94	60	72	343	-	3.0
9 154	1 709	1 292	1 049	886	775	658	2 785	-	2.2
1 629	318	231	182	164	141	90	503	-	2.2
915	196	133	99	81	71	76	259	-	2.2
1 888	289	236	198	156	157	138	714	-	2.5
5 695	1 218	829	647	585	461	392	1 563	-	…
61 831	11 037	7 957	6 445	5 561	4 697	3 951	22 183	-	3.2
15 103	2 958	2 046	1 678	1 455	1 183	1 010	4 773	-	…
		初	婚		Both first married				
209 982	51 480	35 057	27 417	21 613	17 285	13 567	43 563	-	1.7
162 881	40 485	27 539	21 685	16 876	13 540	10 565	32 191	-	1.5
773	146	134	88	98	61	70	176	-	1.5
50 817	13 548	8 963	6 993	5 198	4 120	3 200	8 795	-	1.4
49 181	12 265	8 557	6 809	5 165	4 177	3 121	9 087	-	1.5
17 528	4 311	2 895	2 198	1 837	1 424	1 154	3 709	-	1.7
30 267	6 905	4 712	3 808	3 103	2 553	2 031	7 155	-	1.8
1 023	239	120	148	109	80	77	250	-	2.0
585	121	76	74	65	38	43	168	-	2.1
6 146	1 366	995	773	616	531	430	1 435	-	1.8
1 000	248	168	129	103	91	54	207	-	1.6
567	158	101	65	51	47	46	99	-	1.5
985	190	140	115	95	86	69	290	-	2.2
4 009	988	678	485	436	332	270	820	-	…
37 353	8 604	5 931	4 478	3 723	2 952	2 353	9 312	-	2.2
9 748	2 391	1 587	1 254	1 014	793	649	2 060	-	…
	妻	再	婚		First married groom and remarried bride				
15 189	2 863	2 128	1 784	1 471	1 292	1 048	4 603	-	0.0
10 167	2 045	1 529	1 224	988	871	732	2 778	-	-0.3
70	14	9	9	6	12	2	18	-	-1.0
1 956	410	307	232	191	182	140	494	-	-0.3
2 734	549	434	352	271	212	193	723	-	-0.2
1 153	214	188	138	101	112	76	324	-	-0.4
2 878	589	411	324	281	245	216	812	-	-0.3
47	15	6	5	-	3	5	13	-	-0.6
68	9	9	8	6	5	7	24	-	1.0
612	111	94	73	63	45	45	181	-	-0.6
115	27	12	13	11	7	9	36	-	-0.1
64	13	9	8	12	3	6	13	-	0.5
174	24	20	23	16	16	13	62	-	-0.6
296	70	30	39	30	29	20	78	-	…
4 190	678	499	450	409	345	265	1 544	-	0.7
832	140	100	110	74	76	51	281	-	…

第6表 婚姻件数（平成27年度に結婚生活に入り届け出たもの），

Table 6. Marriages (marriages entered and registered in FY2015), by age difference and groom, by the combination of marriage/

妻 の 職 業 Occupation of Bride	総数 Total	妻年上 Elder bride	4歳以上 4 years and over	3歳 Year	2歳	1歳	夫妻同年齢 Same age
			夫	再	婚	·	
総　　　　　　数 Total	49 301	6 045	1 914	874	1 213	2 044	3 632
就 業 者 総 数 Employed	34 622	4 610	1 441	671	925	1 573	2 772
A 管 理 的 職 業 従 事 者	346	39	13	4	11	11	20
B 専 門 的・技 術 的 職 業 従 事 者	8 423	1 155	330	168	236	421	737
C 事 務 従 事 者	10 640	1 524	481	218	294	531	885
D 販 売 従 事 者	3 835	462	147	69	85	161	300
E サ ー ビ ス 職 業 従 事 者	7 633	953	291	158	201	303	577
F 保 安 職 業 従 事 者	218	17	6	1	6	4	16
G 農 林 漁 業 従 事 者	172	22	8	2	8	4	12
H 生 産 工 程 従 事 者	1 563	204	79	19	33	73	98
I 輸 送・機 械 運 転 従 事 者	293	33	12	3	8	10	22
J 建 設・採 掘 従 事 者	166	20	7	4	6	3	11
K 運 搬・清 掃・包 装 等 従 事 者	327	44	20	6	9	9	18
L 職 業 不 詳	1 006	137	47	19	28	43	76
無　　　　職 Non-employed	11 575	1 068	351	154	211	352	670
不　　　　詳 Not stated	3 104	367	122	49	77	119	190
			夫	妻	と	も	
総　　　　　　数 Total	45 814	10 716	4 620	1 367	1 857	2 872	4 918
就 業 者 総 数 Employed	27 727	6 810	2 858	872	1 180	1 900	3 164
A 管 理 的 職 業 従 事 者	445	108	53	18	18	19	44
B 専 門 的・技 術 的 職 業 従 事 者	4 718	1 145	460	154	212	319	562
C 事 務 従 事 者	6 709	1 582	617	197	302	466	797
D 販 売 従 事 者	3 105	782	335	108	118	221	352
E サ ー ビ ス 職 業 従 事 者	8 279	2 046	882	255	329	580	962
F 保 安 職 業 従 事 者	151	32	13	2	5	12	8
G 農 林 漁 業 従 事 者	200	43	19	8	7	9	12
H 生 産 工 程 従 事 者	1 811	486	208	65	84	129	190
I 輸 送・機 械 運 転 従 事 者	443	123	61	14	24	24	44
J 建 設・採 掘 従 事 者	229	64	34	5	9	16	16
K 運 搬・清 掃・包 装 等 従 事 者	742	201	98	19	31	53	77
L 職 業 不 詳	895	198	78	27	41	52	100
無　　　　職 Non-employed	15 129	3 241	1 460	416	565	800	1 437
不　　　　詳 Not stated	2 958	665	302	79	112	172	317

夫妻の年齢差；夫妻の平均年齢差，夫婦の初婚―再婚の組合せ・妻の職業（大分類）別

between bride and groom; mean age difference between bride
remarriage and by occupation of bride (major groups)

平成27年度
FY 2015

夫年上 Elder groom	1歳 Year	2歳	3歳	4歳	5歳	6歳	7歳以上 7 years and over	不詳 Not stated	平均年齢差（歳） Mean difference of age (years)
妻 初 婚				Remarried groom and first married bride					
39 624	3 110	2 812	2 976	3 066	2 955	2 885	21 820	-	6.6
27 240	2 341	2 109	2 239	2 307	2 172	2 065	14 007	-	5.8
287	22	20	26	23	24	18	154	-	6.7
6 531	606	558	567	573	538	533	3 156	-	5.4
8 231	754	671	734	727	676	610	4 059	-	5.4
3 073	247	217	249	276	263	240	1 581	-	6.1
6 103	485	435	461	456	451	442	3 373	-	6.4
185	15	21	8	17	8	14	102	-	6.6
138	12	11	6	14	9	10	76	-	6.9
1 261	94	74	88	103	106	98	698	-	6.3
238	9	18	18	23	24	11	135	-	6.7
135	5	6	11	9	6	11	87	-	7.4
265	20	23	12	13	14	19	164	-	6.7
793	72	55	59	73	53	59	422	-	…
9 837	598	536	580	570	604	635	6 314	-	8.8
2 547	171	167	157	189	179	185	1 499	-	…
再 婚				Both remarried					
30 180	3 735	3 170	2 860	2 646	2 450	2 129	13 190	-	3.8
17 753	2 322	1 987	1 766	1 609	1 519	1 306	7 244	-	3.3
293	37	34	29	25	23	15	130	-	3.6
3 011	415	329	306	282	283	247	1 149	-	3.2
4 330	515	510	455	412	379	340	1 719	-	3.3
1 971	271	229	203	153	170	139	806	-	3.2
5 271	719	568	484	503	428	353	2 216	-	3.4
111	14	6	13	7	13	6	52	-	4.5
145	16	13	12	9	8	12	75	-	5.1
1 135	138	129	115	104	93	85	471	-	3.3
276	34	33	22	27	19	16	125	-	3.1
149	20	17	15	9	15	13	60	-	2.9
464	55	53	48	32	41	37	198	-	3.2
597	88	66	64	46	47	43	243	-	…
10 451	1 157	991	937	859	796	698	5 013	-	4.7
1 976	256	192	157	178	135	125	933	-	…

第7表 再婚件数（平成27年度に結婚生活に入り届け出たもの），

Table 7. Remarriages (marriages entered and registered in FY2015), by period between termination of the last marriage and remarriage,

夫 の 職 業 Occupation of Groom	総数 Total	1年未満 Under 1 year	1年以上 2年未満 1 year and over, under 2 years	2～3	3～4	4～5
総　　　　　　　　　数　Total	95 115	14 837	12 166	10 607	8 921	7 396
就　業　者　総　数　Employed	83 346	12 637	10 867	9 526	8 036	6 615
A　管 理 的 職 業 従 事 者	5 886	1 016	729	611	491	414
B　専門的・技術的職業従事者	15 115	2 275	2 155	1 937	1 571	1 280
C　事 務 従 事 者	7 423	1 025	1 072	893	783	625
D　販 売 従 事 者	9 364	1 451	1 262	1 139	958	771
E　サ ー ビ ス 職 業 従 事 者	10 964	1 826	1 437	1 216	1 018	846
F　保 安 職 業 従 事 者	1 966	270	306	297	192	159
G　農 林 漁 業 従 事 者	1 534	192	186	191	157	131
H　生 産 工 程 従 事 者	8 717	1 203	1 173	939	829	734
I　輸 送・機 械 運 転 従 事 者	6 533	954	683	599	530	485
J　建 設・採 掘 従 事 者	10 732	1 586	1 270	1 158	1 034	801
K　運搬・清掃・包装等従事者	2 877	446	308	297	267	195
L　職 業 不 詳	2 235	393	286	249	206	174
無　　　　　職　Non-employed	5 793	1 194	507	428	351	311
不　　　　　詳　Not stated	5 976	1 006	792	653	534	470

第8表 再婚件数（平成27年度に結婚生活に入り届け出たもの），

Table 8. Remarriages (marriages entered and registered in FY2015), by period between termination of the last marriage and remarriage,

妻 の 職 業 Occupation of Bride	総数 Total	1年未満 Under 1 year	1年以上 2年未満 1 year and over, under 2 years	2～3	3～4	4～5
総　　　　　　　　　数　Total	80 910	10 581	10 151	8 792	7 509	6 531
就　業　者　総　数　Employed	52 011	5 410	6 428	5 855	5 094	4 539
A　管 理 的 職 業 従 事 者	623	73	58	60	50	31
B　専門的・技術的職業従事者	9 441	908	1 244	1 115	964	828
C　事 務 従 事 者	13 262	1 174	1 575	1 502	1 392	1 198
D　販 売 従 事 者	5 959	656	824	701	576	537
E　サ ー ビ ス 職 業 従 事 者	14 971	1 683	1 852	1 610	1 419	1 285
F　保 安 職 業 従 事 者	270	37	35	34	35	22
G　農 林 漁 業 従 事 者	338	51	44	37	29	26
H　生 産 工 程 従 事 者	3 346	374	385	353	308	309
I　輸 送・機 械 運 転 従 事 者	697	85	71	76	47	60
J　建 設・採 掘 従 事 者	356	45	39	52	33	28
K　運搬・清掃・包装等従事者	1 174	138	121	122	93	83
L　職 業 不 詳	1 574	186	180	193	148	132
無　　　　　職　Non-employed	24 018	4 475	3 085	2 385	1 964	1 619
不　　　　　詳　Not stated	4 881	696	638	552	451	373

前婚解消後から再婚までの期間；**前婚解消後から再婚までの平均期間**, 夫の職業（大分類）別

termination of the last marriage and remarriage; mean period between by occupation of groom (major groups)

平成27年度
FY 2015

5〜6	6〜7	7〜8	8〜9	9〜10	10年以上 10 years and over	不詳 Not stated	前婚解消後から再婚までの平均期間（年） Mean period between termination of the last marriage and remarriage (Years)
6 416	5 318	4 494	3 987	3 289	17 676	8	5.77
5 764	4 747	4 024	3 570	2 901	14 652	7	5.60
345	339	276	275	203	1 186	1	5.88
1 078	826	718	611	484	2 178	2	5.15
516	385	364	311	246	1 202	1	5.40
665	566	431	362	324	1 435	-	5.21
765	587	547	469	352	1 900	1	5.53
138	103	87	74	56	284	-	5.09
98	79	68	56	66	310	-	6.16
622	556	452	407	308	1 493	1	5.61
419	359	325	307	262	1 610	-	6.61
765	650	512	476	427	2 053	-	5.86
184	176	136	128	108	632	-	6.27
169	121	108	94	65	369	1	…
266	244	203	204	162	1 923	-	8.37
386	327	267	213	226	1 101	1	…

前婚解消後から再婚までの期間；**前婚解消後から再婚までの平均期間**, 妻の職業（大分類）別

termination of the last marriage and remarriage; mean period between by occupation of bride (major groups)

平成27年度
FY 2015

5〜6	6〜7	7〜8	8〜9	9〜10	10年以上 10 years and over	不詳 Not stated	前婚解消後から再婚までの平均期間（年） Mean period between termination of the last marriage and remarriage (Years)
5 523	4 603	3 885	3 234	2 943	17 110	48	6.30
3 830	3 139	2 637	2 274	2 042	10 749	14	6.28
44	38	34	22	31	182	-	7.68
747	612	512	383	380	1 748	-	6.00
1 049	820	685	631	566	2 668	2	6.24
438	352	272	258	223	1 120	2	5.93
1 009	909	730	629	544	3 294	7	6.47
17	11	6	7	11	55	-	5.97
23	16	12	17	11	71	1	6.04
226	167	191	153	117	762	1	6.47
42	35	43	26	35	177	-	6.81
24	18	17	19	13	68	-	5.97
88	54	58	62	42	312	1	7.12
123	107	77	67	69	292	-	…
1 358	1 165	1 018	820	742	5 365	22	6.41
335	299	230	140	159	996	12	…

第9表　婚姻件数及び婚姻率（男性人口千対），

Table 9. Marriages and marriage rates (per (regrouped for 21 major cities) and

婚姻件数
Marriages

都道府県 Prefecture	総数 Total	就業者総数 Employed	A 管理的 職業従事者	B 専門的・技術的 職業従事者	C 事務 従事者	D 販売 従事者	E サービス 職業従事者
全国 All Japan	636 555	585 406	17 835	156 863	65 946	74 242	73 905
01 北海道	25 435	22 769	679	4 728	2 604	2 958	3 372
02 青森	5 432	5 210	122	882	497	585	665
03 岩手	5 217	4 847	135	838	523	532	629
04 宮城	11 388	10 603	299	2 190	1 189	1 601	1 430
05 秋田	3 625	3 506	72	713	364	368	493
06 山形	4 544	4 255	105	879	403	457	527
07 福島	9 000	8 422	218	1 678	766	818	1 045
08 茨城	13 606	12 796	278	3 274	1 293	1 324	1 431
09 栃木	9 445	8 333	178	2 144	735	923	983
10 群馬	8 756	8 092	242	1 903	777	861	962
11 埼玉	34 964	31 735	858	8 090	4 051	4 440	3 661
12 千葉	30 158	27 411	790	7 277	3 517	3 682	3 220
13 東京	87 800	83 458	4 391	29 112	12 523	12 049	10 308
14 神奈川	48 124	42 417	1 456	14 402	5 037	5 440	4 888
15 新潟	9 458	8 567	168	1 842	849	1 048	1 076
16 富山	4 542	4 312	103	1 057	406	472	440
17 石川	5 096	4 874	116	1 215	495	633	619
18 福井	3 469	3 356	83	799	368	383	366
19 山梨	3 834	3 576	87	888	376	412	525
20 長野	9 503	9 076	231	2 182	906	1 006	1 274
21 岐阜	8 807	8 394	176	1 990	860	896	940
22 静岡	17 641	16 416	410	4 088	1 495	1 792	1 867
23 愛知	41 214	39 173	961	11 111	4 053	4 848	4 181
24 三重	8 581	8 153	181	1 982	733	739	918
25 滋賀	6 914	6 368	142	1 723	514	630	779
26 京都	12 505	11 606	370	3 231	1 299	1 475	1 639
27 大阪	46 873	39 559	1 175	10 607	4 841	5 800	5 420
28 兵庫	26 395	24 392	687	6 827	2 644	3 033	3 031
29 奈良	5 726	5 151	143	1 355	543	691	644
30 和歌山	4 272	3 859	84	894	362	378	558
31 鳥取	2 655	2 383	67	492	201	282	317
32 島根	2 916	2 671	63	635	256	272	344
33 岡山	9 345	8 719	211	2 125	787	990	1 011
34 広島	13 966	12 755	297	3 061	1 260	1 623	1 589
35 山口	5 960	5 452	127	1 239	502	600	626
36 徳島	3 262	2 862	85	721	251	292	331
37 香川	4 725	4 538	118	1 115	501	585	551
38 愛媛	6 081	5 262	122	1 202	564	616	691
39 高知	3 070	2 866	69	635	262	369	440
40 福岡	27 522	25 321	713	6 276	2 352	3 862	3 526
41 佐賀	3 646	3 454	66	735	349	386	424
42 長崎	6 118	5 719	134	1 374	483	571	761
43 熊本	8 185	7 759	201	1 817	738	905	1 195
44 大分	5 395	5 028	122	1 137	453	489	746
45 宮崎	5 068	4 860	132	1 063	463	508	765
46 鹿児島	7 607	7 112	182	1 638	700	830	1 089
47 沖縄	8 710	7 959	186	1 697	801	788	1 608
21大都市（再掲） 21 major cities (Regrouped)							
50 東京都区部	67 546	64 611	3 780	22 879	10 274	9 618	7 917
51 札幌	10 784	9 046	313	2 246	1 153	1 548	1 511
52 仙台	6 130	5 598	171	1 324	756	1 059	795
53 さいたま	6 756	5 978	146	1 744	816	962	602
54 千葉	4 637	4 276	153	1 142	579	607	553
55 横浜	19 646	17 247	679	6 153	2 235	2 424	1 963
56 川崎	10 226	8 340	259	3 195	1 100	1 159	899
57 相模原	3 384	3 153	89	947	361	385	389
58 新潟	3 645	3 150	63	722	294	478	413
59 静岡	3 407	3 161	84	752	331	487	403
60 浜松	3 985	3 600	82	1 005	309	410	336
61 名古屋	13 751	12 995	466	3 739	1 688	2 290	1 604
62 京都	7 783	7 298	241	2 192	870	994	1 140
63 大阪	17 891	14 521	512	3 890	2 032	2 206	2 410
64 堺	4 210	3 716	91	990	356	524	450
65 神戸	7 585	6 850	243	1 994	743	881	973
66 岡山	3 965	3 614	90	956	362	525	466
67 広島	6 468	5 953	133	1 433	671	937	747
68 北九州	4 976	4 608	118	1 158	344	574	554
69 福岡	9 966	8 963	330	2 498	990	1 842	1 455
70 熊本	3 924	3 694	108	952	393	537	568

都道府県（21大都市再掲）・夫の職業（大分類）別
1,000 male population) by each prefecture
occupation of groom (major groups)

平成27年度
FY 2015

F 保安職業従事者	G 農林漁業従事者	H 生産工程従事者	I 輸送・機械運転従事者	J 建設・採掘従事者	K 運搬・清掃・包装等従事者	L 職業不詳	無職 Non-employed	不詳 Not stated
20 967	8 827	65 800	23 880	49 036	14 565	13 540	18 233	32 916
1 479	1 059	1 681	1 160	2 172	624	253	876	1 790
542	230	530	236	645	124	152	159	63
182	173	711	238	602	135	149	121	249
451	178	1 017	549	1 267	275	157	301	484
172	100	468	158	470	101	27	86	33
213	115	748	167	464	101	76	84	205
316	123	1 437	331	1 261	215	214	237	341
477	264	2 262	643	1 117	318	115	340	470
278	147	1 603	340	732	198	72	244	868
247	125	1 637	345	690	202	101	214	450
1 091	213	2 696	1 495	2 920	935	1 285	815	2 414
983	328	2 159	1 286	2 312	793	1 064	842	1 905
2 049	557	2 028	2 165	3 895	1 461	2 920	2 029	2 313
1 398	280	2 678	1 721	3 139	1 000	978	1 140	4 567
333	153	1 347	361	1 009	222	159	222	669
111	58	894	158	384	83	146	84	146
188	75	740	195	443	112	43	120	102
123	34	576	123	395	67	39	66	47
120	64	529	131	290	91	63	88	170
238	254	1 498	350	763	196	178	219	208
299	95	1 735	328	809	206	60	220	193
617	234	3 143	666	1 340	414	350	466	759
906	294	7 339	1 562	2 640	869	409	958	1 083
254	113	1 851	396	741	199	46	231	197
160	74	1 374	237	431	162	142	167	379
504	109	1 074	444	851	276	334	444	455
974	200	3 257	1 613	3 398	1 133	1 141	1 812	5 502
740	216	3 226	1 012	1 849	592	535	856	1 147
170	54	519	216	376	147	293	234	341
153	121	538	181	405	105	80	181	232
142	73	300	120	220	47	122	71	201
121	76	356	94	269	63	122	71	174
246	94	1 547	501	895	235	77	315	311
512	135	1 927	589	1 029	308	425	400	811
281	68	982	224	646	125	32	201	307
132	81	521	99	261	72	16	117	283
174	82	654	230	389	130	9	135	52
148	160	744	265	526	145	79	201	618
136	148	236	113	284	104	70	144	60
907	303	2 684	1 180	2 362	741	415	1 081	1 120
151	100	608	146	336	89	64	109	83
507	234	655	222	554	174	50	214	185
373	335	899	308	705	214	69	270	156
234	126	754	169	537	116	145	180	187
213	279	599	196	481	134	27	175	33
344	327	666	349	728	229	30	275	220
578	166	373	268	1 004	283	207	418	333
1 323	408	1 198	1 557	2 615	1 009	2 033	1 495	1 440
315	33	379	434	827	230	57	433	1 305
208	29	271	231	548	116	90	167	365
251	24	267	200	418	134	414	118	660
155	21	302	198	362	126	78	159	202
421	83	846	666	1 201	398	178	448	1 951
148	45	293	237	489	129	387	156	1 730
85	19	252	129	285	88	124	94	137
144	41	347	145	331	79	93	90	405
90	35	343	138	319	83	96	104	142
126	44	669	131	261	78	149	91	294
277	36	1 108	517	905	261	104	426	330
199	51	498	252	494	146	221	324	161
252	64	838	476	1 084	356	401	719	2 651
138	16	407	166	350	106	122	184	310
203	33	571	301	427	174	307	282	453
113	21	426	193	360	90	12	134	217
188	35	588	238	482	144	357	191	324
155	10	730	238	485	113	129	197	171
188	41	314	289	649	235	132	405	598
243	69	235	143	317	89	40	132	98

第9表 婚姻件数及び婚姻率（男性人口千対），
Table 9. Marriages and marriage rates (per (regrouped for 21 major cities) and

婚姻率 / Marriage rates

都道府県 Prefecture	総数 Total	就業者総数 Employed	A 管理的職業従事者	B 専門的・技術的職業従事者	C 事務従事者	D 販売従事者	E サービス職業従事者
全国 All Japan	12.0	17.9	15.5	32.7	14.8	18.0	34.4
01 北海道	11.5	17.0	12.8	27.9	15.3	18.6	35.3
02 青森	10.1	15.4	11.6	27.0	13.0	17.1	31.8
03 岩手	9.7	13.7	10.7	21.8	12.4	14.8	30.7
04 宮城	11.5	17.3	13.4	26.5	13.0	19.7	37.6
05 秋田	8.5	13.2	7.1	24.5	11.3	13.7	30.5
06 山形	9.7	13.8	8.9	26.4	11.7	14.1	28.6
07 福島	10.9	16.0	12.5	30.0	11.8	16.5	36.1
08 茨城	10.9	16.0	12.4	29.5	12.6	16.8	33.8
09 栃木	11.2	15.3	10.8	29.1	11.2	16.8	30.9
10 群馬	10.6	15.1	13.9	28.8	12.0	14.6	27.7
11 埼玉	11.2	16.0	14.0	27.9	13.4	15.9	29.4
12 千葉	11.3	16.8	14.5	28.4	13.0	16.1	30.0
13 東京	15.3	25.9	31.3	44.7	23.3	25.5	45.3
14 神奈川	12.3	18.0	17.7	30.0	12.9	16.8	30.9
15 新潟	9.8	13.6	7.1	25.1	11.6	14.3	26.3
16 富山	10.2	14.7	9.7	28.6	11.8	14.0	27.7
17 石川	10.6	15.8	10.6	30.5	13.7	16.3	30.6
18 福井	10.7	15.6	9.6	29.7	13.5	16.1	28.8
19 山梨	10.9	15.8	10.5	29.5	13.0	17.3	30.1
20 長野	10.9	15.5	10.2	27.6	12.7	15.8	30.8
21 岐阜	10.6	15.2	8.9	29.1	12.5	13.9	28.2
22 静岡	11.4	15.9	11.6	29.6	12.5	15.7	28.9
23 愛知	13.1	18.9	15.0	36.4	15.1	18.5	36.5
24 三重	11.4	17.0	12.7	33.7	12.0	15.6	33.0
25 滋賀	11.9	16.8	11.8	30.4	9.9	15.6	35.0
26 京都	11.7	18.0	16.3	32.6	16.2	17.1	31.8
27 大阪	12.9	19.2	15.9	35.3	17.4	18.0	36.5
28 兵庫	11.8	18.1	14.0	32.7	13.7	16.6	33.6
29 奈良	10.3	15.6	10.4	25.0	10.3	14.0	27.5
30 和歌山	10.9	15.8	10.0	29.8	12.1	14.0	31.9
31 鳥取	11.3	15.9	12.7	26.4	11.1	16.9	30.0
32 島根	10.2	14.4	9.2	28.1	11.0	13.8	27.6
33 岡山	11.9	17.7	12.9	34.3	13.5	17.3	36.8
34 広島	12.0	17.3	11.4	30.7	13.6	16.6	34.6
35 山口	10.4	15.4	10.0	28.7	11.7	16.6	30.9
36 徳島	10.4	15.5	13.5	29.2	11.9	14.7	27.2
37 香川	11.6	18.3	13.3	36.1	15.5	18.6	35.8
38 愛媛	10.8	15.1	10.4	28.4	13.9	16.0	30.6
39 高知	10.3	17.0	11.1	30.1	14.2	19.4	33.6
40 福岡	13.5	20.9	16.5	36.8	15.0	21.4	42.1
41 佐賀	11.0	15.8	9.2	28.1	13.5	16.4	30.4
42 長崎	11.1	16.5	11.4	31.5	12.4	16.6	30.0
43 熊本	11.5	17.6	13.1	31.3	14.9	17.4	36.1
44 大分	11.4	16.9	11.2	30.8	12.9	15.8	36.6
45 宮崎	11.5	17.7	13.1	31.8	14.7	17.3	39.3
46 鹿児島	11.6	17.7	13.3	31.6	13.9	18.7	34.7
47 沖縄	15.2	24.8	18.4	41.0	21.1	23.2	52.7
21大都市（再掲）21 major cities (Regrouped)							
50 東京都区部	17.3	30.0	36.4	53.1	28.6	29.2	51.8
51 札幌	13.6	19.7	17.2	30.6	16.7	21.2	42.5
52 仙台	13.5	20.9	16.1	27.7	15.0	22.2	40.6
53 さいたま	12.6	17.8	11.7	29.4	12.9	16.8	29.0
54 千葉	11.2	17.6	18.5	26.9	13.4	15.8	34.5
55 横浜	12.4	18.0	18.3	30.0	13.2	16.7	31.5
56 川崎	15.9	21.6	20.3	35.1	15.9	20.1	36.7
57 相模原	10.9	17.1	17.2	28.2	13.1	16.8	31.3
58 新潟	10.8	14.8	8.2	25.0	10.4	15.1	28.5
59 静岡	11.5	16.4	11.6	30.0	13.7	17.2	32.1
60 浜松	12.0	16.1	10.9	30.4	12.1	15.2	26.3
61 名古屋	14.2	21.4	18.7	37.6	19.8	21.6	38.5
62 京都	13.0	20.9	18.1	37.8	21.6	19.6	35.3
63 大阪	16.0	24.9	23.0	45.8	29.0	23.5	49.4
64 堺	12.4	18.2	13.4	34.7	12.9	16.9	31.9
65 神戸	12.3	19.3	17.8	31.7	13.5	16.6	35.3
66 岡山	13.6	19.5	13.5	34.9	15.0	18.7	38.6
67 広島	13.3	19.1	11.4	29.9	14.7	17.6	35.4
68 北九州	12.9	20.5	15.1	36.4	12.6	19.3	37.2
69 福岡	16.3	25.6	23.8	41.2	19.2	26.6	50.5
70 熊本	13.3	20.6	16.7	33.4	16.2	19.1	38.6

注：総数には就業状態不詳が、就業者総数には職業不詳が含まれる。

都道府県（21大都市再掲）・夫の職業（大分類）別

1,000 male population) by each prefecture
occupation of groom (major groups)

平成27年度
FY 2015

F 保安職業従事者	G 農林漁業従事者	H 生産工程従事者	I 輸送・機械運転従事者	J 建設・採掘従事者	K 運搬・清掃・包装等従事者	無職 Non-employed
20.6	6.6	11.9	12.4	19.6	7.2	1.2
21.0	11.0	10.9	11.4	18.7	7.6	1.2
27.3	5.6	11.6	8.9	17.2	5.8	0.9
18.2	4.4	11.7	8.5	15.5	6.2	0.7
20.4	6.0	11.8	11.6	20.7	7.3	1.0
20.6	3.5	10.1	8.8	16.7	6.0	0.6
22.8	3.7	11.5	9.3	16.0	5.6	0.6
21.5	3.5	13.6	9.2	20.8	5.7	0.9
19.6	5.7	13.2	11.9	17.3	6.6	0.9
21.5	4.7	12.2	10.1	17.7	5.8	1.0
19.4	4.4	12.5	11.2	16.1	5.8	0.8
17.6	6.1	8.9	12.6	19.7	7.1	0.9
17.5	6.8	10.4	12.6	19.7	7.4	1.1
24.3	33.5	7.5	15.9	24.5	8.5	1.6
19.5	11.9	9.0	14.0	20.9	7.2	1.1
18.6	3.9	10.5	8.3	15.6	5.7	0.7
16.0	4.9	11.9	8.8	14.6	4.5	0.6
19.5	6.5	11.3	10.9	16.4	5.7	0.8
20.3	3.6	11.7	9.3	18.8	5.0	0.7
19.1	3.7	11.7	11.8	14.4	7.1	0.8
20.9	4.8	12.4	12.3	16.1	5.7	0.8
20.4	5.0	12.9	10.6	16.9	5.8	0.9
19.6	5.5	12.6	10.8	16.7	6.1	1.0
19.1	7.1	14.5	14.1	19.5	6.5	1.1
18.6	5.7	14.8	13.3	20.2	6.3	1.0
16.0	5.6	14.4	12.7	18.3	7.0	1.0
21.2	6.7	10.6	13.2	20.9	7.3	1.3
18.3	14.0	10.3	14.0	24.4	8.0	1.7
18.1	6.5	12.9	13.4	20.7	6.9	1.2
16.4	5.1	10.3	13.8	18.3	7.5	1.2
20.4	5.5	12.5	12.1	18.8	6.7	1.4
24.4	5.0	12.4	13.8	16.4	4.9	0.9
18.8	4.5	11.6	8.5	13.9	5.7	0.8
21.0	3.7	14.6	15.4	22.1	7.3	1.2
17.9	5.5	12.9	12.5	17.9	6.7	1.1
19.8	3.5	13.0	8.8	19.3	5.5	1.0
23.3	5.1	14.8	9.1	15.1	6.7	1.0
24.3	5.6	13.5	15.4	19.7	7.8	1.0
17.1	5.6	11.6	11.8	17.4	6.7	1.0
24.3	7.0	10.8	11.4	17.3	10.2	1.4
21.8	8.2	14.5	14.4	23.7	9.8	1.7
21.3	4.9	15.3	10.3	16.3	6.8	1.0
25.3	7.8	12.2	9.4	16.7	8.6	1.1
24.5	7.3	12.9	11.3	17.6	8.1	1.1
23.6	5.7	14.1	8.8	19.4	6.9	1.1
21.5	8.7	14.2	11.0	17.8	8.5	1.2
25.6	7.5	12.2	13.1	18.7	8.7	1.2
37.4	8.2	12.2	12.4	29.8	14.3	2.4
27.2	80.9	7.4	17.4	27.7	9.1	1.9
18.7	13.3	9.8	15.0	23.3	8.8	1.8
21.8	11.6	12.0	15.1	26.1	7.8	1.3
24.7	9.0	8.1	13.7	20.6	7.8	0.8
19.2	10.9	11.9	14.3	22.3	8.4	1.3
18.1	15.5	8.4	14.1	21.3	7.7	1.1
21.2	23.4	7.4	13.7	20.9	6.6	1.1
15.0	12.2	9.0	12.0	20.4	7.0	1.1
21.9	5.3	10.6	10.0	17.4	6.2	0.8
17.1	6.6	9.7	11.9	18.7	6.5	1.1
19.8	5.1	12.1	11.0	15.9	5.7	0.9
20.2	18.5	12.2	16.9	23.7	7.0	1.7
21.8	14.6	10.3	14.6	24.7	7.3	1.8
21.0	71.3	10.5	16.2	31.4	8.9	2.5
21.5	11.5	12.0	13.5	23.0	7.7	1.7
19.3	9.5	12.0	14.6	22.3	7.2	1.4
23.7	4.1	14.5	18.0	24.4	7.9	1.5
19.5	10.9	12.6	12.5	18.8	7.8	1.4
20.2	4.7	16.4	14.2	24.8	8.1	1.5
22.0	15.1	11.3	15.3	27.1	12.2	2.5
29.4	10.0	11.1	15.9	22.6	8.8	1.5

Note: The total of rate tables includes "employment status not stated", and the total number of employed persons (employed) includes "occupation not stated".

第10表 婚姻件数及び婚姻率（女性人口千対），

Table 10. Marriages and marriage rates (per (regrouped for 21 major cities)

婚姻件数
Marriages

都道府県 Prefecture	総数 Total	就業者総数 Employed	A 管理的職業従事者	B 専門的・技術的職業従事者	C 事務従事者	D 販売従事者	E サービス職業従事者
全 国 All Japan	636 555	478 906	3 146	138 853	137 201	52 730	100 022
01 北海道	25 435	18 094	104	4 990	4 796	2 286	4 561
02 青森	5 432	4 274	24	1 114	1 027	474	1 118
03 岩手	5 217	4 085	19	1 027	978	423	1 072
04 宮城	11 388	8 637	54	2 225	2 381	1 104	2 000
05 秋田	3 625	2 943	15	817	728	305	782
06 山形	4 544	3 628	20	997	842	342	818
07 福島	9 000	6 737	35	1 703	1 684	678	1 648
08 茨城	13 606	10 223	48	2 873	2 682	1 114	2 274
09 栃木	9 445	6 781	32	1 934	1 655	730	1 552
10 群馬	8 756	6 559	44	1 952	1 686	618	1 423
11 埼玉	34 964	25 846	133	7 002	7 833	3 039	4 935
12 千葉	30 158	22 282	132	5 942	6 575	2 624	4 674
13 東京	87 800	72 132	774	21 829	24 411	8 112	11 901
14 神奈川	48 124	35 172	259	10 714	10 532	4 349	6 682
15 新潟	9 458	7 347	19	1 989	1 773	789	1 818
16 富山	4 542	3 680	17	1 131	908	295	747
17 石川	5 096	4 208	21	1 235	1 145	446	890
18 福井	3 469	2 835	14	831	790	254	623
19 山梨	3 834	2 951	10	840	826	286	654
20 長野	9 503	7 530	42	2 122	1 775	699	1 772
21 岐阜	8 807	6 830	41	1 899	1 984	650	1 437
22 静岡	17 641	13 460	78	3 515	3 639	1 474	2 934
23 愛知	41 214	31 288	170	8 677	9 878	3 127	6 119
24 三重	8 581	6 470	33	1 817	1 831	592	1 434
25 滋賀	6 914	5 116	33	1 537	1 315	446	1 062
26 京都	12 505	9 428	84	2 821	2 644	1 094	1 930
27 大阪	46 873	31 188	218	8 847	9 429	3 584	6 332
28 兵庫	26 395	19 354	128	5 766	5 548	2 169	3 937
29 奈良	5 726	4 059	31	1 251	1 092	445	801
30 和歌山	4 272	3 008	14	877	789	316	744
31 鳥取	2 655	2 033	8	621	452	197	468
32 島根	2 916	2 269	7	733	523	181	538
33 岡山	9 345	7 091	47	2 255	1 782	770	1 569
34 広島	13 966	10 132	51	3 049	2 639	1 120	2 186
35 山口	5 960	4 358	21	1 345	1 135	452	1 044
36 徳島	3 262	2 406	23	832	611	239	492
37 香川	4 725	3 721	24	1 154	1 031	401	815
38 愛媛	6 081	4 220	18	1 151	1 215	422	1 009
39 高知	3 070	2 422	15	772	593	256	587
40 福岡	27 522	20 279	95	6 118	5 564	2 469	4 418
41 佐賀	3 646	2 848	12	898	697	244	659
42 長崎	6 118	4 573	20	1 472	1 161	476	1 104
43 熊本	8 185	6 291	58	2 016	1 505	651	1 490
44 大分	5 395	4 104	24	1 300	988	416	932
45 宮崎	5 068	3 983	19	1 212	960	380	980
46 鹿児島	7 607	5 706	24	1 817	1 459	595	1 375
47 沖縄	8 710	6 325	34	1 834	1 710	597	1 682
21大都市（再掲） 21 major cities (Regrouped)							
50 東京都区部	67 546	56 386	673	16 961	19 788	6 296	9 030
51 札幌	10 784	7 372	41	2 106	2 170	987	1 708
52 仙台	6 130	4 674	38	1 253	1 413	634	1 003
53 さいたま	6 756	5 014	26	1 396	1 597	602	816
54 千葉	4 637	3 418	28	973	1 023	403	721
55 横浜	19 646	14 423	112	4 525	4 609	1 774	2 653
56 川崎	10 226	7 199	57	2 220	2 375	870	1 116
57 相模原	3 384	2 554	13	726	695	323	508
58 新潟	3 645	2 703	11	749	689	343	626
59 静岡	3 407	2 585	11	676	786	336	510
60 浜松	3 985	2 965	13	819	806	293	604
61 名古屋	13 751	10 398	71	2 966	3 539	1 186	2 015
62 京都	7 783	5 995	57	1 810	1 696	745	1 211
63 大阪	17 891	11 660	100	3 067	3 746	1 378	2 432
64 堺	4 210	2 833	17	824	804	329	574
65 神戸	7 585	5 496	46	1 619	1 533	651	1 131
66 岡山	3 965	2 957	23	1 043	782	324	586
67 広島	6 468	4 781	18	1 353	1 326	573	978
68 北九州	4 976	3 629	14	1 207	867	414	781
69 福岡	9 966	7 347	45	2 118	2 287	1 009	1 497
70 熊本	3 924	3 032	36	1 013	770	352	635

都道府県（21大都市再掲）・妻の職業（大分類）別

1,000 female population) by each prefecture
and occupation of bride (major groups)

平成27年度
FY 2015

F 保安職業従事者	G 農林漁業従事者	H 生産工程従事者	I 輸送・機械運転従事者	J 建設・採掘従事者	K 運搬・清掃・包装等従事者	L 職業不詳	無職 Non-employed	不詳 Not stated
2 539	1 980	19 794	3 571	1 974	4 386	12 710	124 738	32 911
156	167	450	109	54	181	240	5 654	1 687
50	52	233	24	14	38	106	1 086	72
16	33	313	44	9	32	119	882	250
68	46	375	79	52	79	174	2 260	491
12	16	190	16	13	20	29	645	37
23	18	403	28	13	26	98	709	207
32	29	618	40	35	57	178	1 909	354
43	54	752	74	53	101	155	2 940	443
36	41	523	65	35	82	96	1 812	852
40	46	508	47	28	66	101	1 738	459
179	61	872	241	131	311	1 109	6 631	2 487
150	77	521	198	120	305	964	5 949	1 927
352	239	779	447	249	359	2 680	13 258	2 410
166	91	708	299	140	311	921	8 460	4 492
33	26	559	53	42	83	163	1 441	670
12	10	347	33	15	34	131	703	159
24	16	263	36	21	46	65	781	107
18	5	202	15	12	24	47	590	44
14	15	178	17	11	33	67	707	176
34	71	620	64	43	72	216	1 758	215
34	24	520	58	28	73	82	1 787	190
75	31	1 134	75	56	127	322	3 407	774
122	97	1 936	233	131	339	459	8 842	1 084
24	19	531	50	31	54	54	1 908	203
17	18	416	38	22	55	157	1 414	384
62	15	310	75	30	67	296	2 605	472
113	74	860	284	126	341	980	10 226	5 459
89	35	801	140	63	190	488	5 861	1 180
12	12	134	20	15	32	214	1 324	343
13	20	95	23	13	36	68	1 017	247
11	16	121	10	4	17	108	414	208
6	14	121	15	8	14	109	464	183
33	27	356	57	36	76	83	1 922	332
57	38	401	91	45	84	371	3 013	821
32	9	182	23	21	45	49	1 309	293
8	13	116	20	4	20	28	597	259
28	16	139	44	17	42	10	954	50
19	35	169	30	26	31	95	1 292	569
7	19	55	20	10	14	74	583	65
113	57	657	118	71	208	391	6 168	1 075
18	19	174	20	7	25	75	720	78
34	32	138	22	21	24	69	1 370	175
29	66	272	41	24	64	75	1 743	151
22	19	209	35	22	34	103	1 096	195
22	57	250	27	22	25	29	1 054	31
26	51	194	41	22	46	56	1 686	215
55	34	89	32	9	43	206	2 049	336
258	195	520	316	178	254	1 917	9 659	1 501
55	15	97	46	23	57	67	2 210	1 202
46	18	72	41	27	40	89	1 081	375
37	10	74	49	19	43	345	1 079	663
32	8	55	39	16	46	74	1 016	203
51	31	202	94	57	119	196	3 367	1 856
20	27	68	51	33	36	326	1 272	1 755
21	5	66	33	15	33	116	696	134
13	7	137	16	18	29	65	532	410
13	11	106	17	12	26	81	672	150
19	6	240	15	10	21	119	713	307
39	17	268	59	46	89	103	3 023	330
29	8	150	44	16	34	195	1 614	174
43	31	220	103	56	111	373	3 657	2 574
13	6	93	37	9	26	101	1 061	316
22	8	149	29	16	58	234	1 604	485
16	10	92	22	14	27	18	774	234
19	8	119	35	23	31	298	1 342	345
16	3	137	20	10	35	125	1 173	174
39	14	92	48	24	66	108	2 070	549
24	23	76	18	15	26	44	796	96

第10表 婚姻件数及び婚姻率（女性人口千対），
Table 10. Marriages and marriage rates (per (regrouped for 21 major cities)

婚姻率
Marriage rates

都道府県 Prefecture	総数 Total	就業者総数 Employed	A 管理的職業従事者	B 専門的・技術的職業従事者	C 事務従事者	D 販売従事者	E サービス職業従事者
全国 All Japan	11.2	18.9	14.0	31.0	20.5	16.4	21.7
01 北海道	10.0	16.8	10.4	27.9	19.8	17.0	21.4
02 青森	8.8	15.0	10.1	24.8	17.8	14.1	20.5
03 岩手	8.9	14.6	8.0	22.4	16.0	13.1	20.1
04 宮城	10.9	18.8	12.5	28.8	18.4	17.5	24.2
05 秋田	7.4	13.6	9.2	23.2	15.0	12.0	17.6
06 山形	8.9	14.5	9.6	25.6	14.7	11.9	17.2
07 福島	10.6	17.3	10.1	27.9	18.5	15.3	23.0
08 茨城	10.8	17.6	11.5	30.8	18.7	15.2	22.1
09 栃木	11.0	16.9	10.2	29.4	17.7	14.6	21.3
10 群馬	10.2	16.0	13.7	28.1	17.3	12.5	18.3
11 埼玉	11.1	18.0	13.3	30.7	19.5	15.7	20.8
12 千葉	11.1	18.6	15.3	29.8	19.1	15.7	21.8
13 東京	14.8	28.8	25.2	47.0	30.5	26.2	31.8
14 神奈川	12.2	20.7	17.9	33.8	21.1	17.9	22.0
15 新潟	9.0	14.6	4.9	24.2	14.4	13.0	18.5
16 富山	9.4	15.4	9.5	26.4	14.5	10.5	16.8
17 石川	9.8	16.3	11.2	27.1	17.6	13.9	18.4
18 福井	9.9	16.0	10.5	26.1	16.9	12.8	19.1
19 山梨	10.3	16.7	6.8	28.0	19.0	12.9	19.1
20 長野	10.2	16.1	12.0	26.9	16.8	13.6	19.9
21 岐阜	9.8	15.5	12.3	26.6	17.8	12.2	17.4
22 静岡	10.9	17.0	12.4	29.0	18.5	14.3	19.9
23 愛知	13.0	20.8	13.7	35.0	24.3	16.5	23.1
24 三重	10.7	17.3	11.5	29.0	19.7	12.5	19.7
25 滋賀	11.4	17.8	16.2	29.3	18.3	12.4	21.1
26 京都	10.6	18.0	16.3	30.3	20.3	16.0	20.1
27 大阪	11.8	19.1	13.9	31.2	20.2	17.2	21.9
28 兵庫	10.5	18.3	12.8	29.2	19.5	15.3	20.1
29 奈良	9.0	15.8	11.6	24.8	15.5	12.4	16.9
30 和歌山	9.5	15.1	8.2	25.3	17.0	12.9	18.8
31 鳥取	10.2	15.8	7.0	25.5	15.4	13.4	19.0
32 島根	9.2	14.8	5.5	24.2	13.9	10.5	17.1
33 岡山	10.8	17.9	13.2	29.6	18.7	16.0	21.2
34 広島	11.0	17.5	9.2	27.5	17.6	14.9	19.9
35 山口	9.2	15.3	8.0	24.2	16.3	12.4	17.5
36 徳島	9.3	15.6	14.6	25.7	16.5	13.4	17.1
37 香川	10.7	18.6	12.2	30.2	19.2	16.9	22.8
38 愛媛	9.4	14.7	7.3	22.5	18.0	12.3	17.7
39 高知	9.0	15.8	10.5	24.7	17.1	14.9	19.4
40 福岡	11.8	19.9	9.8	31.3	20.3	18.5	23.3
41 佐賀	9.6	15.1	8.7	25.5	16.3	11.3	18.1
42 長崎	9.5	15.6	8.2	25.5	17.1	13.3	17.7
43 熊本	10.0	16.3	16.2	26.0	17.1	14.2	19.8
44 大分	10.0	16.8	10.7	27.6	18.1	13.3	18.8
45 宮崎	10.0	16.4	9.5	26.5	17.4	13.9	20.9
46 鹿児島	10.0	16.5	8.3	26.7	18.6	14.4	19.1
47 沖縄	14.4	24.1	18.4	36.4	24.9	19.6	32.8
21大都市（再掲） 21 major cities (Regrouped)							
50 東京都区部	16.6	32.8	27.7	54.6	34.8	30.5	38.1
51 札幌	11.6	19.3	11.4	30.1	21.0	19.6	25.4
52 仙台	12.6	22.5	18.1	31.2	20.8	20.7	27.7
53 さいたま	12.3	20.8	13.0	32.6	20.7	18.0	22.1
54 千葉	11.0	18.9	21.3	29.7	18.2	16.0	23.3
55 横浜	12.2	20.9	17.8	34.0	21.1	17.9	22.2
56 川崎	16.4	25.9	26.0	40.3	26.1	22.8	25.1
57 相模原	10.9	18.8	15.2	29.5	19.5	17.1	20.3
58 新潟	9.8	15.2	7.9	23.2	14.8	14.4	19.4
59 静岡	10.8	16.8	8.0	27.8	18.2	15.8	18.5
60 浜松	11.6	17.6	10.2	29.5	19.0	13.1	20.0
61 名古屋	13.8	22.9	13.3	37.3	25.6	19.5	24.9
62 京都	11.5	20.1	16.3	34.7	22.7	18.6	22.2
63 大阪	14.9	24.0	18.0	39.7	26.1	23.1	29.1
64 堺	11.2	18.0	12.0	27.9	18.6	15.8	19.6
65 神戸	10.8	19.0	16.0	28.4	18.9	16.3	21.2
66 岡山	12.3	19.5	14.3	33.7	19.6	16.8	21.4
67 広島	12.2	19.3	6.9	28.0	18.6	16.3	21.4
68 北九州	11.2	19.5	7.2	31.7	17.9	16.4	20.4
69 福岡	14.2	23.9	13.3	36.5	23.9	24.0	29.2
70 熊本	11.6	19.0	20.4	29.5	18.2	17.1	22.5

注：総数には就業状態不詳が、就業者総数には職業不詳が含まれる。

都道府県（21大都市再掲）・妻の職業（大分類）別

1,000 female population) by each prefecture and occupation of bride (major groups)

平成27年度
FY 2015

F 保安職業従事者	G 農林漁業従事者	H 生産工程従事者	I 輸送・機械運転従事者	J 建設・採掘従事者	K 運搬・清掃・包装等従事者	無　職 Non-employed
37.3	2.5	9.0	53.0	32.3	2.4	4.6
37.4	2.7	6.0	35.9	21.6	1.9	4.3
40.4	1.7	8.4	37.9	18.0	1.7	3.4
29.3	1.3	9.6	63.1	11.7	1.5	3.0
40.3	3.1	9.3	56.0	36.3	2.4	4.3
26.7	1.0	7.5	33.9	28.8	1.3	2.5
42.9	1.0	11.2	54.8	20.9	1.7	2.8
31.7	1.3	12.1	35.9	20.0	2.2	4.5
28.3	1.9	11.9	37.4	28.0	2.2	4.6
39.1	2.0	10.8	54.5	32.3	2.6	4.3
45.7	2.7	9.9	37.5	27.1	2.1	4.1
34.3	3.1	7.2	52.3	39.6	2.6	4.3
39.5	2.5	7.3	51.4	41.7	3.2	4.6
46.3	39.4	6.8	91.5	57.1	2.8	5.6
32.9	8.4	7.3	61.2	39.6	2.7	4.5
32.4	1.2	9.3	34.0	31.9	2.0	2.8
25.9	2.0	11.0	45.2	19.3	1.9	3.0
48.7	3.2	8.8	56.6	25.8	2.5	3.2
61.0	1.1	8.2	44.9	30.4	2.0	3.6
39.9	1.3	9.2	51.1	32.4	3.0	3.9
51.2	1.9	11.2	48.8	37.2	2.2	3.9
34.8	2.2	9.2	53.5	24.6	2.0	4.1
35.9	1.1	11.5	26.2	26.9	1.8	4.3
32.7	3.1	12.1	46.6	29.9	2.7	5.9
33.3	1.9	12.5	44.8	29.5	1.8	4.8
32.9	3.4	11.4	58.5	30.4	2.6	4.8
42.1	2.0	6.7	64.2	33.9	2.0	4.6
35.3	15.3	7.4	82.5	47.5	2.9	5.4
34.0	2.3	8.7	57.0	34.1	2.5	4.5
21.1	2.5	6.4	37.7	34.4	2.1	3.8
28.0	1.3	6.2	51.0	35.6	2.5	4.3
34.0	1.8	9.2	40.3	12.0	2.2	3.3
18.1	1.7	8.7	43.7	19.7	1.6	3.0
40.0	1.9	9.1	55.1	37.7	2.9	4.4
32.7	2.7	8.0	56.3	27.2	2.1	4.8
25.3	0.8	8.2	25.1	21.1	2.3	3.8
22.5	1.2	9.5	87.3	10.7	2.3	3.3
63.3	2.0	7.8	100.0	30.9	3.1	4.3
40.1	2.1	6.9	46.5	41.7	1.5	3.8
19.2	1.5	5.8	83.0	29.5	1.4	3.5
44.4	2.5	9.3	41.8	24.6	2.9	5.4
33.5	1.5	9.3	45.9	13.4	1.9	3.9
34.3	2.1	6.4	34.7	30.5	1.3	4.1
28.4	2.3	8.5	51.4	19.3	2.6	4.3
45.7	1.6	10.3	65.9	27.2	2.1	3.9
38.3	2.9	10.7	48.8	32.5	1.6	4.2
37.5	2.3	6.5	51.7	23.4	2.0	4.3
66.2	5.8	6.4	34.4	21.5	2.4	7.8
53.1	119.6	7.2	100.6	63.0	3.0	6.5
37.3	14.3	4.7	43.7	28.9	1.8	4.9
49.6	15.0	7.6	66.6	45.5	2.9	4.6
44.9	7.0	5.7	73.9	36.7	2.8	4.1
50.8	7.6	6.3	68.1	39.7	3.6	5.1
28.2	13.7	6.3	55.4	41.2	3.0	4.4
32.1	39.6	5.3	86.0	61.3	2.3	5.0
66.9	10.8	6.5	68.6	46.0	2.9	4.9
25.6	1.3	9.3	30.7	40.2	2.1	3.0
28.4	3.2	7.4	35.6	27.2	2.2	4.3
36.5	1.0	11.9	24.9	22.1	1.6	4.3
31.0	20.1	8.8	52.1	46.5	2.8	6.6
43.8	5.8	6.5	72.7	36.0	1.9	5.3
49.8	122.0	6.9	116.0	76.0	3.3	7.5
34.8	16.4	8.9	97.1	31.1	2.4	5.5
32.0	4.7	8.5	43.8	37.6	2.8	4.5
38.8	3.3	8.4	55.1	37.6	2.8	5.0
25.2	4.6	7.2	51.2	32.0	1.9	5.4
37.9	2.9	11.4	34.0	18.3	2.8	5.0
61.1	10.9	6.5	68.3	33.9	3.6	7.0
34.8	4.9	7.6	50.8	28.0	2.7	5.1

Note: The total of rate tables includes "employment status not stated", and the total number of employed persons (employed) includes "occupation not stated".

第11表　夫の平均初婚年齢, 都道府県
Table 11. Mean age of first married groom and occupation of

都道府県 Prefecture	総数 Total	就業者総数 Employed	A 管理的職業従事者	B 専門的・技術的職業従事者	C 事務従事者	D 販売従事者	E サービス職業従事者
全国　All Japan	31.1	31.1	36.0	31.5	31.9	31.0	31.0
01 北海道	30.8	30.8	35.9	31.3	31.0	30.8	30.8
02 青森	30.7	30.6	34.9	31.0	32.1	31.1	30.6
03 岩手	30.8	30.8	37.6	30.9	31.2	30.6	30.0
04 宮城	30.9	30.9	35.8	31.1	31.5	31.0	30.6
05 秋田	30.9	30.8	34.7	31.1	31.9	31.4	30.6
06 山形	30.7	30.7	36.7	31.0	31.2	30.8	30.1
07 福島	30.4	30.4	34.9	30.8	31.5	30.9	30.6
08 茨城	31.0	31.0	36.5	31.6	32.0	30.8	30.9
09 栃木	31.0	30.9	35.8	31.0	31.8	31.3	31.1
10 群馬	30.9	31.0	36.4	31.2	31.7	30.5	31.0
11 埼玉	31.6	31.6	37.0	31.8	32.2	31.1	31.6
12 千葉	31.5	31.4	36.6	31.6	32.2	30.9	31.7
13 東京	32.4	32.4	37.1	32.7	32.5	31.5	32.1
14 神奈川	31.9	31.9	36.5	32.3	32.4	31.2	31.5
15 新潟	30.8	30.8	35.6	31.0	31.6	31.2	30.3
16 富山	30.8	30.8	36.0	31.1	32.3	30.9	31.1
17 石川	30.9	31.0	35.4	31.1	31.4	30.9	31.5
18 福井	30.6	30.6	35.1	31.0	30.8	30.5	30.3
19 山梨	31.3	31.3	34.6	31.5	32.3	30.9	31.3
20 長野	31.3	31.3	35.7	31.5	31.6	31.3	31.3
21 岐阜	30.7	30.7	34.9	30.8	31.5	30.5	30.7
22 静岡	31.0	31.0	36.2	31.2	32.0	30.6	31.1
23 愛知	30.9	30.9	35.4	31.1	31.4	30.9	30.8
24 三重	30.7	30.7	36.3	30.8	31.5	31.0	30.9
25 滋賀	30.7	30.7	34.6	30.8	32.0	30.5	30.7
26 京都	31.4	31.5	35.9	31.7	32.2	31.2	30.9
27 大阪	31.1	31.1	35.3	31.3	32.0	30.8	30.9
28 兵庫	30.8	30.9	35.8	31.2	31.4	30.8	30.9
29 奈良	30.9	31.0	35.1	31.2	31.4	31.0	30.1
30 和歌山	30.4	30.4	33.2	30.2	31.1	31.1	30.3
31 鳥取	30.9	30.8	36.6	30.8	32.1	30.9	30.5
32 島根	30.5	30.5	32.0	30.6	31.6	29.8	30.6
33 岡山	30.3	30.2	34.0	30.5	31.4	30.3	30.8
34 広島	30.4	30.4	35.3	30.7	31.2	30.5	30.3
35 山口	30.2	30.3	36.6	30.7	31.5	30.9	30.3
36 徳島	30.5	30.5	34.3	30.7	31.3	30.9	30.1
37 香川	30.4	30.4	35.3	30.6	31.1	30.7	30.4
38 愛媛	30.3	30.3	35.0	30.6	31.5	30.3	29.8
39 高知	31.3	31.3	33.8	31.2	32.0	31.3	30.6
40 福岡	30.8	30.8	34.6	31.3	31.4	30.7	31.0
41 佐賀	30.2	30.1	34.2	30.2	32.0	30.6	29.4
42 長崎	30.4	30.4	35.3	30.7	31.2	30.7	30.4
43 熊本	30.2	30.2	34.3	30.7	31.2	30.1	30.1
44 大分	30.3	30.3	35.1	30.4	30.8	30.9	30.9
45 宮崎	29.9	29.9	33.4	30.2	30.9	30.2	29.8
46 鹿児島	30.4	30.3	34.7	30.6	31.0	31.0	30.1
47 沖縄	30.3	30.4	35.3	31.1	31.2	30.7	30.1
21大都市 (再掲) 21 major cities (Regrouped)							
50 東京都区部	32.5	32.5	37.0	32.7	32.5	31.6	32.2
51 札幌	31.3	31.3	36.8	31.8	31.5	30.7	31.3
52 仙台	31.2	31.2	36.3	31.3	31.9	31.0	30.9
53 さいたま	31.7	31.6	37.6	31.8	31.9	31.0	31.4
54 千葉	31.6	31.6	35.4	31.5	32.4	31.1	31.4
55 横浜	32.1	32.1	36.9	32.3	32.5	31.5	31.6
56 川崎	31.9	31.9	36.4	32.1	32.3	30.8	31.3
57 相模原	31.6	31.6	35.7	32.1	31.9	31.8	30.8
58 新潟	30.8	30.8	36.1	31.0	31.6	30.8	30.5
59 静岡	31.4	31.4	35.8	31.3	31.6	30.4	31.9
60 浜松	31.0	30.9	36.8	31.0	31.2	30.4	30.5
61 名古屋	31.4	31.4	36.0	31.7	31.0	31.0	31.2
62 京都	31.7	31.7	36.4	31.8	32.2	31.5	31.3
63 大阪	31.4	31.4	35.0	31.6	31.8	30.9	31.2
64 堺	30.7	30.8	36.6	31.2	30.5	30.5	30.9
65 神戸	31.1	31.1	36.1	31.4	31.7	30.9	30.9
66 岡山	30.7	30.6	36.2	31.1	31.2	30.3	30.6
67 広島	30.6	30.7	37.3	31.0	31.2	30.6	30.4
68 北九州	30.5	30.5	36.0	31.2	31.5	30.4	31.2
69 福岡	31.4	31.4	35.9	31.9	31.5	30.9	31.1
70 熊本	30.4	30.4	34.3	31.0	31.3	30.1	30.4

注： 1） 平成27年度に結婚生活に入り届け出たものについて集計したものである。
　　 2） 総数には就業状態不詳が、就業者総数には職業不詳が含まれる。

(21大都市再掲)・夫の職業(大分類)別

by each prefecture (regrouped for 21 major cities)
groom (major groups)

平成27年度
FY 2015

F 保安職業従事者	G 農林漁業従事者	H 生産工程従事者	I 輸送・機械運転従事者	J 建設・採掘従事者	K 運搬・清掃・包装等従事者	無 職 Non-employed
29.2	31.7	30.5	32.2	29.2	31.5	30.6
28.8	30.2	30.5	32.0	29.1	32.2	30.2
28.5	31.5	30.1	31.9	29.4	31.9	31.5
28.7	32.2	30.9	31.9	29.6	31.7	28.6
30.0	30.7	30.5	31.5	29.5	32.3	29.8
28.5	30.4	30.4	32.8	29.4	32.9	32.0
28.5	32.5	30.8	31.9	28.6	32.3	29.9
28.6	33.0	29.9	30.8	28.7	30.2	29.2
29.2	32.6	30.4	31.4	28.8	30.4	29.7
29.2	31.6	30.5	32.9	29.0	30.5	29.5
29.0	32.5	30.7	32.4	28.8	31.3	30.8
29.9	32.6	31.9	33.4	29.2	31.6	30.7
30.0	32.3	31.1	31.9	29.2	31.7	30.7
29.8	32.9	32.9	33.4	30.5	32.7	32.3
30.4	32.5	32.2	32.9	29.6	31.8	32.2
28.7	32.0	30.6	31.3	29.4	30.8	29.4
28.7	30.8	29.8	31.1	29.6	30.3	35.9
29.5	32.3	30.6	33.0	29.3	31.3	27.4
28.4	34.4	30.2	33.1	29.4	32.5	31.0
29.8	31.9	30.6	31.9	30.7	30.3	32.8
28.8	32.7	31.4	31.7	29.6	30.6	31.9
29.3	33.5	30.2	32.2	29.7	31.3	29.7
29.9	32.4	30.5	32.9	29.3	31.4	31.7
29.5	32.4	30.3	32.4	29.3	31.9	30.0
29.4	32.7	30.3	31.6	28.9	30.9	29.3
29.1	32.9	30.1	31.0	30.0	30.5	30.5
29.1	32.1	31.8	32.9	29.4	31.6	30.7
29.5	31.8	31.2	31.7	28.6	31.5	30.2
29.1	32.3	30.3	31.7	28.6	30.8	30.0
28.7	31.9	30.5	31.9	30.2	31.1	28.4
29.3	31.9	29.5	31.7	29.3	30.7	30.9
28.5	32.2	30.7	32.2	30.3	30.6	29.9
28.8	30.6	30.2	32.9	29.3	31.9	29.9
28.2	31.9	29.5	31.2	28.5	30.2	29.6
29.3	30.2	29.5	30.9	28.9	31.1	30.8
28.5	33.0	29.4	31.2	28.4	31.4	30.1
29.1	32.1	29.5	32.1	29.8	30.3	31.0
28.3	30.7	29.8	30.7	28.2	32.0	30.5
28.9	32.3	29.3	31.4	28.1	31.9	29.7
29.0	32.9	31.1	32.6	31.4	31.2	30.7
28.6	31.6	29.7	32.2	28.7	31.5	30.3
29.6	32.9	29.0	31.4	28.6	29.5	32.0
28.4	30.4	29.4	32.1	29.0	31.9	32.2
27.8	30.9	29.8	30.4	28.9	30.1	30.7
28.4	31.5	29.1	33.0	29.0	30.2	30.6
27.3	30.4	29.1	31.6	27.9	31.9	27.9
27.9	30.8	29.6	31.6	29.2	30.4	32.2
28.4	31.5	30.2	33.6	28.4	31.1	27.9
29.8	32.7	33.3	33.5	30.9	32.7	32.6
29.6	29.6	32.0	32.6	29.3	32.1	30.9
30.5	32.0	31.8	31.4	29.8	32.1	30.4
30.0	31.8	33.7	33.2	29.9	31.7	32.3
30.6	35.2	30.8	33.1	29.8	32.4	31.0
30.3	32.8	32.4	33.3	29.4	31.7	30.9
30.8	30.9	32.2	32.5	30.6	32.5	36.4
30.6	36.8	31.4	32.6	28.8	33.6	33.1
28.8	32.1	30.4	31.6	29.1	31.2	29.8
29.6	34.7	31.5	33.7	29.6	32.7	29.6
30.7	31.3	30.6	32.5	29.8	32.2	35.0
29.9	33.1	30.9	32.4	29.7	32.5	31.5
28.8	33.0	32.1	33.8	29.9	33.1	31.0
30.0	31.1	32.0	32.6	29.1	32.6	31.0
29.7	30.3	30.8	31.0	28.3	30.2	28.3
29.2	31.5	30.4	32.0	29.2	30.5	31.0
28.6	34.8	30.0	30.3	29.8	30.5	28.6
28.3	31.1	29.4	30.9	29.7	31.7	30.3
28.1	28.5	29.3	31.9	28.5	32.6	29.3
28.8	30.9	31.0	32.2	29.4	31.9	32.2
27.7	29.9	30.2	30.9	29.4	30.8	29.7

Notes: 1) Marriages entered and registered in FY2015 were calculated.
2) The total includes "employment status not stated", and the total number of employed persons (employed) includes "occupation not stated".

第12表　妻の平均初婚年齢, 都道府県

Table 12. Mean age of first married bride 21 major cities) and occupation

都道府県 Prefecture	総数 Total	就業者総数 Employed	A 管理的職業従事者	B 専門的・技術的職業従事者	C 事務従事者	D 販売従事者	E サービス職業従事者
全国 All Japan	29.5	29.7	32.7	29.8	30.6	29.3	28.7
01 北海道	29.4	29.6	32.7	29.7	30.2	29.0	28.9
02 青森	29.0	29.2	35.2	29.2	30.1	29.4	28.3
03 岩手	29.0	29.1	35.1	29.3	29.8	29.1	28.1
04 宮城	29.4	29.5	34.6	29.8	30.0	29.5	28.6
05 秋田	29.2	29.4	34.2	29.5	30.5	28.7	28.7
06 山形	28.9	29.0	29.5	29.1	30.1	29.0	28.4
07 福島	28.7	28.9	33.7	29.0	29.8	28.9	27.9
08 茨城	29.2	29.4	30.6	29.6	30.4	29.0	28.4
09 栃木	29.1	29.4	32.2	29.2	30.6	29.1	28.7
10 群馬	29.2	29.5	32.9	29.5	30.4	29.5	28.5
11 埼玉	29.7	29.9	34.0	29.9	30.8	29.2	29.0
12 千葉	29.6	29.9	31.3	29.8	30.9	29.2	28.9
13 東京	30.6	30.8	33.8	30.8	31.3	29.9	29.7
14 神奈川	30.1	30.3	32.9	30.3	31.3	29.5	29.3
15 新潟	29.3	29.4	30.7	29.6	30.3	29.6	28.5
16 富山	29.2	29.2	32.7	29.3	30.0	28.7	28.1
17 石川	29.2	29.3	32.4	29.3	30.0	28.7	28.4
18 福井	28.9	29.1	32.8	29.3	29.8	28.3	28.1
19 山梨	29.3	29.5	32.6	29.7	30.4	29.3	28.4
20 長野	29.5	29.6	34.2	29.6	30.5	29.6	29.1
21 岐阜	28.8	29.0	32.5	29.2	29.5	28.5	28.4
22 静岡	29.2	29.3	32.1	29.4	30.0	29.5	28.6
23 愛知	29.1	29.3	30.9	29.3	30.1	29.2	28.2
24 三重	28.9	29.1	30.8	29.4	29.7	28.8	28.1
25 滋賀	29.1	29.3	32.3	29.1	30.3	29.0	28.5
26 京都	29.8	30.1	33.9	29.9	30.8	29.8	29.0
27 大阪	29.6	30.0	33.4	29.8	30.9	29.4	29.0
28 兵庫	29.4	29.7	31.2	29.6	30.7	28.9	28.8
29 奈良	29.4	29.8	31.4	29.6	30.8	29.6	28.8
30 和歌山	28.8	29.0	29.2	28.8	29.8	29.0	28.0
31 鳥取	29.1	29.3	34.0	29.6	30.5	28.7	28.3
32 島根	29.0	29.2	32.3	29.1	30.0	29.5	28.7
33 岡山	28.7	29.0	30.9	29.0	29.9	28.6	28.0
34 広島	28.9	29.3	31.7	29.2	30.3	28.8	28.3
35 山口	28.8	29.1	32.6	29.1	30.1	28.7	28.3
36 徳島	29.1	29.3	30.2	29.1	30.5	28.5	28.6
37 香川	29.0	29.2	32.9	29.3	30.2	28.8	28.1
38 愛媛	28.8	29.0	33.3	29.4	29.7	28.5	27.9
39 高知	29.6	30.0	33.2	30.1	31.3	28.8	28.7
40 福岡	29.4	29.8	33.3	29.9	30.6	29.5	28.8
41 佐賀	28.9	29.3	31.4	29.4	30.3	29.4	28.1
42 長崎	29.2	29.5	29.6	30.0	30.0	29.3	28.5
43 熊本	29.0	29.3	32.5	29.4	30.2	28.8	28.5
44 大分	29.0	29.3	32.4	29.4	30.1	28.7	28.5
45 宮崎	28.7	29.0	29.2	29.6	29.6	28.9	27.6
46 鹿児島	29.0	29.3	28.5	29.6	30.3	28.7	27.9
47 沖縄	29.0	29.8	31.9	30.3	30.4	28.8	28.4
21大都市（再掲） 21 major cities (Regrouped)							
50 東京都区部	30.6	30.8	33.7	30.9	31.3	30.0	29.9
51 札幌	29.9	30.2	36.1	30.0	31.0	29.3	29.6
52 仙台	29.8	29.9	34.6	30.0	30.3	29.5	28.9
53 さいたま	29.9	30.1	33.4	29.9	30.8	29.7	29.4
54 千葉	29.9	30.1	28.0	30.0	31.2	29.4	28.9
55 横浜	30.3	30.5	33.0	30.4	31.4	29.4	29.4
56 川崎	30.1	30.3	33.1	30.2	31.0	29.7	29.1
57 相模原	29.6	30.1	33.3	30.0	31.3	29.5	29.0
58 新潟	29.5	29.7	30.3	29.5	30.8	29.3	28.9
59 静岡	29.5	29.7	27.4	29.9	30.1	29.1	29.2
60 浜松	29.2	29.2	31.4	29.3	29.7	29.1	28.5
61 名古屋	29.5	29.7	30.6	29.7	30.4	29.6	28.7
62 京都	30.0	30.3	35.0	30.2	30.9	30.0	29.3
63 大阪	29.9	30.3	33.7	30.0	31.1	29.8	29.4
64 堺	29.1	29.5	33.1	29.3	30.6	28.3	28.8
65 神戸	29.7	29.9	30.4	29.9	30.8	29.3	28.9
66 岡山	29.2	29.4	31.5	29.4	30.0	29.1	28.6
67 広島	29.1	29.5	31.9	29.2	30.4	29.2	28.6
68 北九州	29.1	29.5	34.0	29.5	30.2	29.5	28.7
69 福岡	30.0	30.4	34.1	30.4	31.1	29.8	29.4
70 熊本	29.3	29.6	31.8	29.6	30.4	28.9	29.1

注：1）平成27年度に結婚生活に入り届け出たものについて集計したものである。
　　2）総数には就業状態不詳が、就業者総数には職業不詳が含まれる。

(21大都市再掲)・妻の職業（大分類）別

by each prefecture (regrouped for
of bride (major groups)

平成27年度
FY 2015

F 保安職業従事者	G 農林漁業従事者	H 生産工程従事者	I 輸送・機械運転従事者	J 建設・採掘従事者	K 運搬・清掃・包装等従事者	無職 Non-employed
28.1	30.1	28.7	29.5	29.3	29.9	28.3
28.1	31.1	29.9	29.9	28.1	30.9	28.4
27.0	29.5	28.9	29.0	27.6	28.9	27.9
30.1	29.6	28.6	28.9	36.4	29.6	28.3
27.0	32.3	28.5	29.5	31.1	31.1	28.6
26.9	31.6	28.1	29.1	32.2	29.0	28.1
26.0	27.3	27.8	28.9	25.0	27.5	28.1
25.6	30.5	28.0	28.2	30.6	29.6	27.7
26.4	28.2	28.7	30.5	28.8	28.4	28.1
27.7	30.1	28.9	29.6	28.7	28.4	27.5
27.1	30.5	28.5	29.9	27.7	29.5	28.0
28.1	28.8	29.6	29.4	28.7	30.3	28.5
28.5	29.9	29.4	29.7	29.2	31.0	28.4
28.5	31.2	31.1	30.3	29.6	30.9	29.5
28.3	29.3	30.9	29.3	29.3	30.7	29.0
28.0	31.3	28.4	28.7	29.6	29.7	28.2
29.3	27.5	28.3	27.6	29.6	30.5	29.3
27.9	30.6	28.2	30.7	30.1	28.1	28.9
28.1	31.3	28.3	31.4	30.6	30.5	27.9
28.8	34.1	28.9	26.2	29.1	27.8	27.9
27.1	31.3	28.4	29.0	29.1	28.5	28.8
30.7	29.9	28.0	29.2	29.0	28.9	27.9
27.4	30.1	28.5	30.3	29.3	28.9	28.5
27.6	29.2	27.7	29.5	29.5	29.6	28.2
30.0	32.3	28.3	27.0	30.7	30.6	27.9
28.1	27.6	28.1	29.6	27.8	29.4	28.2
27.8	28.3	30.8	30.1	28.2	30.9	28.5
28.7	32.2	29.9	30.0	30.0	29.2	28.1
30.1	27.5	28.5	28.6	29.4	30.8	28.1
26.9	34.4	29.1	29.6	29.6	28.2	28.2
30.7	31.7	28.8	28.2	27.8	29.3	27.9
24.8	28.9	27.8	32.7	27.5	29.3	27.5
26.1	26.2	28.2	27.8	27.1	27.3	28.3
29.0	26.3	28.5	31.0	29.1	28.8	27.6
26.8	31.1	27.9	28.2	30.0	30.3	27.8
28.4	25.6	28.0	30.8	26.4	26.8	27.7
26.8	28.2	28.6	28.5	29.2	33.1	27.9
28.1	29.8	28.2	27.3	27.9	30.6	27.7
29.0	29.6	27.7	29.3	27.6	30.0	28.0
26.0	33.3	30.3	28.3	29.5	35.6	27.6
27.6	30.6	28.9	29.6	29.4	30.1	27.8
30.0	29.4	28.6	27.2	28.9	28.4	27.4
28.6	29.8	28.4	27.5	30.3	28.6	27.9
28.5	28.4	27.9	28.9	28.7	29.7	27.7
27.2	30.7	28.4	30.4	30.8	30.3	27.7
27.2	27.8	27.9	30.2	30.6	25.8	27.3
28.0	28.5	27.8	31.4	29.7	30.6	28.0
26.5	33.3	31.0	32.4	29.3	32.5	26.5
28.7	31.1	31.3	30.7	29.2	30.8	29.6
29.5	35.5	29.7	29.2	28.3	32.6	28.7
26.7	31.8	31.0	29.0	32.7	33.3	29.5
27.7	28.5	29.0	29.5	28.7	31.2	28.9
28.5	32.2	27.7	29.8	29.3	31.2	28.9
29.6	28.6	31.1	29.4	30.0	32.8	29.3
30.3	29.3	28.9	29.8	29.0	32.5	29.2
26.9	29.9	30.8	31.4	29.5	28.9	27.5
29.9	32.2	28.9	27.4	30.9	30.2	28.5
27.7	29.6	30.5	29.2	27.9	30.7	28.3
26.6	34.0	28.8	30.7	29.8	24.7	29.2
28.6	30.8	29.1	29.7	31.0	28.8	28.7
28.8	28.3	31.4	29.7	27.0	30.3	29.0
28.9	32.8	30.7	31.4	29.5	29.5	28.3
27.6	29.7	28.7	28.9	31.1	29.6	27.8
31.2	26.9	28.9	31.9	28.9	29.5	28.6
26.8	26.5	29.0	31.7	29.0	30.1	27.9
27.5	29.1	28.8	27.7	30.1	31.6	28.0
27.3	28.2	28.7	30.9	26.1	30.2	27.6
27.7	32.5	31.1	29.3	29.5	29.4	28.4
28.9	31.7	28.3	29.1	27.3	29.4	28.1

Notes: 1) Marriages entered and registered in FY2015 were calculated.
2) The total includes "employment status not stated", and the total number of employed persons (employed) includes "occupation not stated".

6. 離　　婚　Divorces

第1表－1　離婚件数,
Table 1-1. Fiscal yearly divorces by

職業 Occupation	昭和45年度[1] FY 1970	50[2] FY 1975	55 FY 1980	60 FY 1985
総　　数　Total	55 926	121 294	144 411	167 161
就業者総数　Employed	52 666	110 652	131 225	148 380
A　管理的職業従事者	1 199		2 398	4 980
B　専門的・技術的職業従事者	2 449	24 438	9 863	12 630
C　事務従事者	6 813	(15 363)	17 206	17 756
D　販売従事者	7 620	(18 346)	24 916	28 781
E　サービス職業従事者	3 737	28 887	11 726	14 795
F　保安職業従事者	553	…	1 422	1 735
G　農林漁業従事者	3 799	5 569	4 790	4 852
H　生産工程従事者				
I　輸送・機械運転従事者	26 156	50 316	56 168	58 751
J　建設・採掘従事者				
K　運搬・清掃・包装等従事者				
L　職業不詳	340	1 442	2 736	4 100
無　　職　Non-employed	3 260	10 642	13 186	18 781
不　　詳　Not stated	…	…	…	…
総　　数　Total	55 926	121 294	144 411	167 161
就業者総数　Employed	18 428	43 935	60 183	75 089
A　管理的職業従事者	108		264	630
B　専門的・技術的職業従事者	1 211	14 636	5 682	7 740
C　事務従事者	3 641	(10 559)	13 580	17 073
D　販売従事者	2 803	(7 639)	12 412	15 248
E　サービス職業従事者	4 177	18 978	15 471	18 506
F　保安職業従事者	39	…	61	159
G　農林漁業従事者	2 509	2 746	1 858	1 583
H　生産工程従事者				
I　輸送・機械運転従事者	3 737	7 045	9 121	11 609
J　建設・採掘従事者				
K　運搬・清掃・包装等従事者				
L　職業不詳	203	530	1 734	2 541
無　　職　Non-employed	37 498	77 359	84 228	92 072
不　　詳　Not stated	…	…	…	…

注：1）昭和45年度は当該年度に同居をやめたもの。
　　2）昭和50年度は職業4部門別に集計されているため、大分類では集計できない職業がある。
　　　管理的職業従事者、専門的・技術的職業従事者及び事務従事者は事務関係職業として、また、販売従事者、サービス職業従事者及び保安職業従事者は販売・サービス関係職業として一括して計上し、事務従事者及び販売従事者を再掲している。

夫－妻の職業（大分類）・年次別

occupation of wife/husband (major groups)

離婚件数 Divorces					
平成2 FY 1990	7 FY 1995	12 FY 2000	17 FY 2005	22 FY 2010	27 FY 2015

夫　Husband

159 287	198 402	268 258	263 335	245 996	224 692
146 108	181 029	238 801	216 066	197 267	187 031
5 582	7 507	10 307	9 618	10 929	8 579
14 808	20 351	50 453	41 825	32 824	30 654
19 542	21 915	23 252	20 546	18 249	17 224
24 089	27 130	32 821	28 059	22 628	20 820
16 667	20 323	27 339	29 622	29 667	28 110
1 832	2 574	3 842	4 925	3 737	4 128
3 457	3 253	3 989	3 891	3 804	3 681
				22 302	21 941
56 148	69 188	71 215	69 480	15 907	13 708
				23 995	25 180
				7 129	7 547
3 983	8 788	15 583	8 100	6 096	5 459
13 179	17 373	29 457	28 624	29 688	21 447
...	...	...	18 645	19 041	16 214

妻　Wife

159 287	198 402	268 258	263 335	245 996	224 692
80 718	101 881	145 254	144 657	139 645	142 857
869	1 280	1 747	1 649	2 003	1 709
9 074	12 664	21 375	22 273	24 475	25 899
22 023	26 283	34 893	35 156	30 909	32 295
14 841	18 290	24 325	21 872	19 087	17 679
18 931	24 109	34 521	39 289	41 087	42 973
198	387	626	1 004	432	487
1 010	874	973	949	1 114	992
				10 532	10 216
10 929	12 546	17 208	17 136	1 386	1 507
				683	770
				3 493	3 812
2 843	5 448	9 586	5 329	4 444	4 518
78 569	96 521	123 004	99 301	87 386	66 080
...	...	...	19 377	18 965	15 755

Notes: 1) Divorces who separated in FY 1970.
2) There are occupations that can not be calculated by major groups, because figures are calculated by 4 occupational classes in FY 1975.
　　Managers, Specialist and technical workers, Clerical workers are included in clerical related workers.
　　Sales workers, Service workers and Security workers are included in service related workers.
　　Among them, Clerical workers and Sales workers are indicated again as regrouped in the parenthesis.

第1表-2　離婚件数・標準化離婚率（人口千対）
（当該年度に別居し届け出たもの），

Table 1-2. Fiscal yearly divorces, age-standardized divorce rates (per 1,000 population) (registered divorces for couples who separated in the relevant fiscal year),

職業 Occupation	離婚件数 Divorces			
	平成7年度 FY 1995	12 FY 2000	17 FY 2005	22 FY 2010
総　　　　　　数　Total	136 588	197 483	194 261	180 276
就　業　者　総　数　Employed	124 832	176 256	160 574	145 521
A　管　理　的　職　業　従　事　者	4 641	6 912	6 616	7 498
B　専門的・技術的職業従事者	13 620	37 235	30 399	23 489
C　事　務　従　事　者	14 400	16 418	14 486	12 582
D　販　売　従　事　者	18 605	23 991	20 452	16 445
E　サービス職業従事者	14 048	20 407	22 282	22 350
F　保　安　職　業　従　事　者	1 809	2 839	3 640	2 674
G　農　林　漁　業　従　事　者	2 119	2 819	2 795	2 722
H　生　産　工　程　従　事　者				17 053
I　輸送・機械運転従事者	50 174	55 085	54 067	12 285
J　建　設・採　掘　従　事　者				18 530
K　運搬・清掃・包装等従事者				5 555
L　職　業　不　詳	5 416	10 550	5 837	4 338
無　　　　　　職　Non-employed	11 756	21 227	20 762	21 550
不　　　　　　詳　Not stated	…	…	12 925	13 205
総　　　　　　数　Total	136 588	197 483	194 261	180 276
就　業　者　総　数　Employed	67 101	103 975	105 345	100 806
A　管　理　的　職　業　従　事　者	784	1 174	1 106	1 390
B　専門的・技術的職業従事者	8 152	14 816	15 489	16 789
C　事　務　従　事　者	17 059	24 841	25 090	21 786
D　販　売　従　事　者	12 375	17 887	16 263	14 122
E　サービス職業従事者	15 968	24 755	29 079	30 245
F　保　安　職　業　従　事　者	273	476	751	307
G　農　林　漁　業　従　事　者	566	675	721	843
H　生　産　工　程　従　事　者				7 971
I　輸送・機械運転従事者	8 585	12 838	13 032	1 062
J　建　設・採　掘　従　事　者				514
K　運搬・清掃・包装等従事者				2 651
L　職　業　不　詳	3 339	6 513	3 814	3 126
無　　　　　　職　Non-employed	69 487	93 508	75 289	66 015
不　　　　　　詳　Not stated	…	…	13 627	13 455

注：分母に用いた人口は、日本人人口（「無職」＝「完全失業者」＋「非労働力人口」）を使用している。

及び標準化有配偶離婚率（有配偶人口千対）
夫－妻の職業（大分類）・年次別
and age-standardized divorce rates for married population (per 1,000 married population)
by occupation of wife and husband (major groups)

	標準化離婚率 Age-standardized divorce rates		標準化有配偶離婚率 Age-standardized divorce rates for married population	
27 FY 2015	平成22年度 FY 2010	27 FY 2015	平成22年度 FY 2010	27 FY 2015
夫　Husband				
162 245	3.9	3.6	15.7	16.7
136 222	4.1	4.1	16.5	19.5
5 619	…	…	…	…
21 243	4.5	4.0	…	…
11 799	2.6	2.5	12.9	12.9
15 031	3.1	3.3	11.2	13.9
20 945	10.1	9.7	33.0	38.1
2 887	2.5	2.7	…	…
2 643	3.9	4.0	15.6	…
16 764	2.6	2.8	9.7	10.6
10 415	6.6	6.4	21.2	19.3
19 344	7.5	8.9	25.8	34.5
5 748	2.9	2.9	11.4	12.3
3 784	…	…	…	…
14 891	4.0	2.9	32.7	32.0
11 132	…	…	…	…
妻　Wife				
162 245	4.1	4.0	18.5	18.7
102 548	3.7	3.9	19.0	20.1
1 128	18.3	…	…	…
17 404	3.3	3.2	…	…
22 675	2.6	2.9	13.1	14.4
12 959	4.0	3.9	17.0	17.2
31 671	6.9	7.4	36.7	36.7
353	4.2	4.3	…	…
740	3.5	3.4	…	…
7 783	3.6	3.8	14.4	17.3
1 173	14.8	16.1	…	…
600	11.9	11.7	…	…
2 912	2.1	2.4	8.3	9.8
3 150	…	…	…	…
48 676	5.0	4.6	17.9	20.8
11 021	…	…	…	…

Note: The population used as denominator is Japanese population ("Non-employed" = "Unemployed" + "Population not in labour force").

第2表　離婚件数・離婚率（男性人口千対）及び有配偶離婚率（有配偶標準化離婚率（男性人口千対）及び標準化有配偶

Table 2. Divorces, divorce rates (per 1,000 male population) and divorce rates for married population (per 1,000 husbands (5-year age groups); age-standardized divorce rates (per 1,000 male population) and age-standardized

夫 の 職 業 Occupation of Husband	標準化離婚率・標準化有配偶離婚率 Age-standardized divorce rates, Age-standardized divorce rates for married population	総　数 Total	19歳以下 Years or less	20～24	25～29	30～34	35～39
		離					婚
総　　　　　　　　　数　Total	・	162 245	479	7 676	18 350	26 907	27 347
就　業　者　総　数　Employed	・	136 222	404	6 666	16 194	23 794	24 173
A　管理的職業従事者	・	5 619	1	27	160	457	755
B　専門的・技術的職業従事者	・	21 243	30	628	2 535	4 017	4 098
C　事　務　従　事　者	・	11 799	5	265	1 118	2 070	2 119
D　販　売　従　事　者	・	15 031	16	527	1 844	2 992	2 838
E　サービス職業従事者	・	20 945	57	1 163	2 896	4 236	3 890
F　保安職業従事者	・	2 887	7	117	440	535	447
G　農林漁業従事者	・	2 643	7	99	272	425	441
H　生産工程従事者	・	16 764	44	1 024	2 520	3 028	3 065
I　輸送・機械運転従事者	・	10 415	6	299	837	1 332	1 673
J　建設・採掘従事者	・	19 344	215	2 066	2 493	3 113	3 219
K　運搬・清掃・包装等従事者	・	5 748	8	277	627	925	984
L　職　業　不　詳	・	3 784	8	174	452	664	644
無　　　　職　Non-employed	・	14 891	51	579	961	1 282	1 355
不　　　　詳　Not stated	・	11 132	24	431	1 195	1 831	1 819
		離					婚
総　　　　　　　　　数　Total	3.6	3.1	0.2	2.5	5.7	7.4	6.5
就　業　者　総　数　Employed	4.1	4.2	1.0	4.0	6.7	8.2	7.0
A　管理的職業従事者	…	4.9	…	28.2	28.4	23.2	16.8
B　専門的・技術的職業従事者	4.0	4.4	1.9	3.2	5.7	7.7	6.8
C　事　務　従　事　者	2.5	2.6	0.3	1.9	3.8	5.8	4.6
D　販　売　従　事　者	3.3	3.6	0.3	2.1	5.4	7.4	6.1
E　サービス職業従事者	9.7	9.8	0.6	4.8	14.6	19.5	17.4
F　保安職業従事者	2.7	2.8	0.4	1.6	4.4	5.2	4.3
G　農林漁業従事者	4.0	2.0	1.3	4.1	7.0	7.7	7.0
H　生産工程従事者	2.8	3.0	0.5	2.9	5.0	5.3	4.6
I　輸送・機械運転従事者	6.4	5.4	1.2	8.5	11.9	12.0	10.1
J　建設・採掘従事者	8.9	7.7	6.0	18.1	17.2	15.5	11.5
K　運搬・清掃・包装等従事者	2.9	2.8	0.2	2.3	4.5	5.5	5.1
無　　　　職　Non-employed	2.9	0.9	0.0	0.6	3.1	4.8	4.9
		有		配			偶
総　　　　　　　　　数　Total	16.7	5.2	50.3	56.4	23.1	15.3	11.0
就　業　者　総　数　Employed	19.5	6.3	77.4	61.2	23.5	15.2	10.8
A　管理的職業従事者	…	5.5	…	180.0	76.6	35.9	21.7
B　専門的・技術的職業従事者	…	6.3	…	94.8	21.6	13.3	9.6
C　事　務　従　事　者	12.9	3.6	43.5	50.6	15.4	10.4	6.6
D　販　売　従　事　者	13.9	5.3	40.5	53.2	18.7	12.2	8.4
E　サービス職業従事者	38.1	18.2	89.3	118.2	60.3	41.5	29.8
F　保安職業従事者	…	4.3	…	24.8	11.5	7.6	5.7
G　農林漁業従事者	…	2.6	…	44.3	24.4	16.2	12.4
H　生産工程従事者	10.6	5.0	32.1	32.3	16.6	10.3	7.5
I　輸送・機械運転従事者	19.3	8.0	42.0	59.8	31.5	21.3	16.1
J　建設・採掘従事者	34.5	11.4	142.9	107.7	42.8	25.6	16.7
K　運搬・清掃・包装等従事者	12.3	5.3	18.2	42.0	21.3	14.7	11.1
無　　　　職　Non-employed	32.0	1.8	21.7	83.2	67.6	49.2	38.4

注：率表の総数には就業状態不詳が、就業者総数には職業不詳が含まれる。

男性人口千対）（平成27年度に別居し届け出たもの），夫の年齢（5歳階級）；
離婚率（有配偶男性人口千対），夫の職業（大分類）別

married male population) (registered divorces for couples who separated in the relevant fiscal year), by age of divorce rates for married population (per 1,000 married male population), by occupation of husband (major groups)

平成27年度
FY 2015

40～44	45～49	50～54	55～59	60～64	65～69	70～74	75歳以上 and over	不　詳 Not stated
件			数		Divorces			
26 753	19 432	13 257	8 299	5 815	4 324	2 033	1 573	-
23 344	16 684	11 097	6 640	4 021	2 201	706	298	-
1 060	1 055	887	546	332	203	83	53	-
3 601	2 590	1 727	1 033	588	273	83	40	-
2 225	1 656	1 167	681	344	104	36	9	-
2 658	1 806	1 121	614	335	184	63	33	-
3 155	2 119	1 410	865	606	371	125	52	-
432	260	225	168	122	94	36	4	-
374	282	256	180	145	100	33	29	-
2 858	1 854	1 125	642	360	160	57	27	-
2 052	1 698	1 148	681	381	228	65	15	-
3 261	2 120	1 222	753	502	291	66	23	-
1 015	771	481	301	184	135	33	7	-
653	473	328	176	122	58	26	6	-
1 553	1 398	1 163	1 047	1 358	1 809	1 178	1 157	-
1 856	1 350	997	612	436	314	149	118	-
		率		Divorce rates				
5.4	4.5	3.3	2.2	1.4	0.9	0.6	0.3	・
5.7	4.6	3.3	2.1	1.3	0.9	0.6	0.3	・
12.5	9.6	6.1	2.9	1.7	1.2	0.8	0.6	・
5.6	4.4	3.1	2.2	1.6	1.2	0.8	0.5	・
3.5	2.6	1.9	1.2	0.8	0.5	0.5	0.2	・
4.6	3.6	2.6	1.7	1.1	0.8	0.5	0.5	・
14.7	12.9	10.2	6.3	3.5	2.0	1.3	0.9	・
4.1	3.0	2.3	1.7	1.2	1.1	1.0	0.3	・
5.6	4.4	3.4	1.8	0.8	0.4	0.2	0.1	・
3.7	3.0	2.2	1.4	0.9	0.5	0.4	0.3	・
8.3	6.7	4.9	3.0	1.5	1.0	0.8	0.9	・
9.4	7.8	5.3	3.0	1.7	1.3	0.8	0.7	・
4.5	4.0	2.8	1.7	0.8	0.6	0.3	0.1	・
4.8	4.6	3.9	3.0	1.5	0.9	0.5	0.2	・
離	婚	率		Divorce rates for married population				
8.6	6.8	4.8	3.0	1.8	1.2	0.7	0.3	・
8.2	6.4	4.3	2.6	1.6	1.1	0.7	0.4	・
15.1	11.3	6.9	3.2	1.8	1.3	0.9	0.7	・
7.4	5.6	3.8	2.5	1.9	1.3	0.9	0.6	・
4.6	3.3	2.2	1.4	0.9	0.6	0.6	0.3	・
5.9	4.5	3.1	2.0	1.3	0.9	0.6	0.4	・
24.1	20.3	15.1	8.7	4.4	2.3	1.5	1.0	・
5.6	4.2	3.1	2.2	1.6	1.4	1.2	0.4	・
9.4	7.3	5.2	2.4	1.0	0.5	0.2	0.1	・
5.8	4.4	3.0	1.8	1.1	0.6	0.4	0.3	・
13.1	10.5	7.2	4.1	1.9	1.3	1.0	1.1	・
13.3	11.0	7.3	3.9	2.1	1.6	1.0	0.9	・
9.1	7.6	4.9	2.6	1.1	0.8	0.4	0.2	・
31.2	24.5	16.6	8.9	2.5	1.2	0.6	0.3	・

Note: The total of rate tables includes "employment status not stated", and the total number of employed persons (employed) includes "occupation not stated".

第3表 離婚件数・離婚率（女性人口千対）及び有配偶離婚率（有配偶標準化離婚率（女性人口千対）及び標準化有配偶

Table 3. Divorces, divorce rates (per 1,000 female population) and divorce rates for married population (per 1,000 wives (5-year age groups); age-standardized divorce rates (per 1,000 female population) and age-standardized

妻 の 職 業 Occupation of Wife	標準化離婚率・標準化有配偶離婚率 Age-standardized divorce rates, Age-standardized divorce rates for married population	総　数 Total	19歳以下 Years or less	20～24	25～29	30～34	35～39
			離			婚	
総　　　　　　数 Total	・	162 245	1 196	11 908	24 443	29 894	28 160
就 業 者 総 数 Employed	・	102 548	299	5 469	14 804	19 643	19 251
A 管 理 的 職 業 従 事 者	・	1 128	1	6	47	140	158
B 専門的・技術的職業従事者	・	17 404	11	474	2 477	3 761	3 552
C 事 務 従 事 者	・	22 675	19	765	3 111	4 530	4 583
D 販 売 従 事 者	・	12 959	38	889	2 127	2 464	2 260
E サ ー ビ ス 職 業 従 事 者	・	31 671	172	2 395	4 792	5 906	5 599
F 保 安 職 業 従 事 者	・	353	4	36	79	77	45
G 農 林 漁 業 従 事 者	・	740	3	31	93	119	137
H 生 産 工 程 従 事 者	・	7 783	26	485	1 031	1 350	1 476
I 輸 送・機 械 運 転 従 事 者	・	1 173	2	44	119	183	205
J 建 設・採 掘 従 事 者	・	600	5	36	93	104	100
K 運搬・清掃・包装等従事者	・	2 912	6	144	336	418	528
L 職 業 不 詳	・	3 150	12	164	499	591	608
無　　　　職 Non-employed	・	48 676	838	5 795	8 018	8 220	7 052
不　　　　詳 Not stated	・	11 021	59	644	1 621	2 031	1 857
			離			婚	
総　　　　　　数 Total	4.0	2.9	0.4	4.2	7.9	8.5	7.0
就 業 者 総 数 Employed	3.9	4.0	0.8	3.3	7.1	8.8	7.5
A 管 理 的 職 業 従 事 者	…	5.0	…	14.6	29.4	34.7	20.1
B 専門的・技術的職業従事者	3.2	3.9	0.8	1.4	4.8	7.3	6.4
C 事 務 従 事 者	2.9	3.4	0.6	2.3	5.2	6.7	5.6
D 販 売 従 事 者	3.9	4.0	0.4	2.9	7.0	8.7	7.7
E サ ー ビ ス 職 業 従 事 者	7.4	6.9	1.2	6.3	14.7	17.1	13.9
F 保 安 職 業 従 事 者	4.3	5.2	1.5	3.4	7.4	9.4	6.2
G 農 林 漁 業 従 事 者	3.4	0.9	2.5	4.5	8.3	6.6	5.6
H 生 産 工 程 従 事 者	3.8	3.5	0.9	4.2	7.4	8.4	7.1
I 輸 送・機 械 運 転 従 事 者	16.1	17.4	2.9	14.7	26.0	36.8	31.0
J 建 設・採 掘 従 事 者	11.7	9.8	7.5	11.9	24.6	24.7	17.9
K 運搬・清掃・包装等従事者	2.4	1.6	0.4	3.1	5.7	5.0	4.3
無　　　　職 Non-employed	4.6	1.8	0.4	6.6	13.1	8.8	6.4
			有	配		偶	
総　　　　　　数 Total	18.7	5.2	81.2	54.2	22.8	14.3	10.2
就 業 者 総 数 Employed	20.1	6.8	82.4	59.7	25.8	17.1	11.8
A 管 理 的 職 業 従 事 者	…	7.5	…	…	87.7	57.1	29.2
B 専門的・技術的職業従事者	…	6.7	…	38.4	17.5	13.2	9.5
C 事 務 従 事 者	14.4	5.7	51.5	45.3	20.7	13.7	9.2
D 販 売 従 事 者	17.2	7.4	49.4	56.7	27.2	17.8	12.6
E サ ー ビ ス 職 業 従 事 者	36.7	12.0	149.7	109.4	49.5	31.8	21.1
F 保 安 職 業 従 事 者	…	11.1	…	66.9	24.6	16.3	9.4
G 農 林 漁 業 従 事 者	…	1.2	…	33.8	19.0	9.7	7.2
H 生 産 工 程 従 事 者	17.3	5.7	62.7	52.3	25.5	16.8	11.6
I 輸 送・機 械 運 転 従 事 者	…	34.8	…	203.7	99.3	83.8	62.6
J 建 設・採 掘 従 事 者	…	14.6	…	175.6	97.6	47.5	28.0
K 運搬・清掃・包装等従事者	9.8	2.5	28.6	34.2	17.6	9.4	6.4
無　　　　職 Non-employed	20.8	3.4	105.5	62.6	21.4	11.1	7.7

注：率表の総数には就業状態不詳が、就業者総数には職業不詳が含まれる。

女性人口千対）（平成27年度に別居し届け出たもの）, 妻の年齢（5歳階級）；
離婚率（有配偶女性人口千対）, 妻の職業（大分類）別

married female population) (registered divorces for couples who separated in the relevant fiscal year), by age of divorce rates for married population (per 1,000 married female population), by occupation of wife (major groups)

平成27年度
FY 2015

40～44	45～49	50～54	55～59	60～64	65～69	70～74	75歳以上 and over	不　詳 Not stated
件		数			Divorces			
25 783	17 477	10 082	5 169	3 358	2 649	1 264	862	-
18 191	12 317	6 931	3 100	1 494	782	194	73	-
213	203	160	91	43	45	11	10	-
2 978	2 027	1 255	541	213	85	21	9	-
4 541	2 800	1 514	537	188	63	15	9	-
2 149	1 535	840	381	168	84	17	7	-
5 088	3 630	2 018	1 025	595	337	88	26	-
55	30	13	5	4	5	-	-	-
137	83	53	34	22	15	7	6	-
1 526	1 023	507	223	91	37	6	2	-
282	187	89	39	14	9	-	-	-
115	59	42	24	13	6	3	-	-
596	364	229	111	91	66	20	3	-
511	376	211	89	52	30	6	1	-
5 788	3 878	2 418	1 677	1 606	1 697	967	722	-
1 804	1 282	733	392	258	170	103	67	-
		率			Divorce rates			
5.4	4.1	2.6	1.4	0.8	0.5	0.3	0.1	・
5.7	4.1	2.5	1.3	0.7	0.5	0.3	0.1	・
14.6	10.3	6.0	2.9	1.3	1.3	0.5	0.4	・
5.0	3.7	2.4	1.2	0.9	0.7	0.5	0.3	・
4.2	3.0	1.9	0.9	0.5	0.3	0.1	0.1	・
5.9	4.4	2.5	1.3	0.7	0.5	0.2	0.1	・
10.1	7.4	4.3	2.2	1.3	0.9	0.5	0.3	・
6.8	5.5	2.8	1.2	1.2	2.4	-	-	・
4.3	2.4	1.1	0.5	0.2	0.1	0.1	0.0	・
5.4	3.8	2.0	0.9	0.4	0.2	0.1	0.1	・
22.7	17.2	11.4	6.6	2.6	2.3	-	-	・
15.5	9.4	7.6	3.9	1.7	0.9	1.1	-	・
3.0	1.8	1.1	0.5	0.3	0.3	0.2	0.1	・
5.0	4.0	2.6	1.4	0.8	0.5	0.3	0.1	・
離		婚	率		Divorce rates for married population			
7.7	5.7	3.5	1.8	1.0	0.7	0.5	0.3	・
8.4	5.9	3.4	1.7	1.0	0.7	0.4	0.2	・
20.6	14.2	8.1	3.8	1.7	1.8	0.8	1.0	・
7.2	5.2	3.3	1.6	1.2	1.1	0.9	0.8	・
6.5	4.4	2.6	1.2	0.6	0.3	0.2	0.2	・
8.7	6.2	3.5	1.8	1.0	0.7	0.3	0.2	・
14.3	10.3	5.8	3.0	1.9	1.4	1.0	0.7	・
10.2	8.2	4.1	1.8	1.9	4.8	-	…	・
5.2	2.8	1.3	0.5	0.2	0.1	0.1	0.1	・
8.1	5.4	2.7	1.2	0.5	0.3	0.1	0.1	・
44.8	32.2	19.5	10.2	4.2	3.8	-	-	・
22.6	13.0	9.8	4.6	2.0	1.1	1.4	-	・
4.1	2.4	1.4	0.6	0.5	0.5	0.4	0.2	・
6.2	5.1	3.2	1.8	1.0	0.7	0.5	0.2	・

Note: The total of rate tables includes "employment status not stated", and the total number of employed persons (employed) includes "occupation not stated".

第4表　離婚件数，離婚の種類・夫の
Table 4. Divorces by legal type, and occupation

夫 の 職 業 Occupation of Husband	妻					の
	総　数 Total	就業者総数 Employed	A 管理的職業 従事者	B 専門的・技術的 職業従事者	C 事　務 従事者	D 販　売 従事者
			総			
総　　　　　　　数　Total	224 692	142 857	1 709	25 899	32 295	17 679
就　業　者　総　数　Employed	187 031	131 071	1 540	23 829	30 232	16 257
A 管理的職業従事者	8 579	5 723	785	1 012	1 750	576
B 専門的・技術的職業従事者	30 654	22 159	214	8 191	5 510	2 065
C 事務従事者	17 224	12 463	94	2 266	5 589	1 143
D 販売従事者	20 820	14 891	116	2 270	3 689	3 644
E サービス職業従事者	28 110	19 942	110	2 645	3 360	2 072
F 保安職業従事者	4 128	2 778	14	615	581	309
G 農林漁業従事者	3 681	2 595	14	353	375	279
H 生産工程従事	21 941	15 706	49	2 213	2 991	1 887
I 輸送・機械運転従事者	13 708	9 663	43	1 292	1 797	1 273
J 建設・採掘従事	25 180	16 145	62	2 105	3 346	2 162
K 運搬・清掃・包装等従事者	7 547	5 318	18	635	1 044	744
L 職業不詳	5 459	3 688	21	232	200	103
無　　　　　職　Non-employed	21 447	10 118	146	1 659	1 739	1 234
不　　　　　詳　Not stated	16 214	1 668	23	411	324	188
			協　議　離			
総　　　　　　　数　Total	196 519	124 727	1 541	21 727	27 780	15 628
就　業　者　総　数　Employed	163 786	114 516	1 393	20 044	26 034	14 381
A 管理的職業従事者	7 387	4 965	712	840	1 520	496
B 専門的・技術的職業従事者	26 009	18 836	195	6 854	4 651	1 786
C 事務従事者	14 523	10 512	82	1 859	4 696	966
D 販売従事者	18 285	13 052	103	1 916	3 214	3 222
E サービス職業従事者	25 091	17 727	98	2 273	2 955	1 869
F 保安職業従事者	3 424	2 298	14	498	464	256
G 農林漁業従事者	3 308	2 330	13	305	336	261
H 生産工程従事	19 119	13 633	47	1 819	2 544	1 658
I 輸送・機械運転従事者	12 228	8 598	39	1 097	1 587	1 139
J 建設・採掘従事	22 862	14 614	55	1 840	2 997	1 975
K 運搬・清掃・包装等従事者	6 694	4 682	15	551	897	665
L 職業不詳	4 856	3 269	20	192	173	88
無　　　　　職　Non-employed	19 451	9 141	132	1 429	1 550	1 125
不　　　　　詳　Not stated	13 282	1 070	16	254	196	122
			その他（調停・審判・和解・認諾・判決離婚）			
総　　　　　　　数　Total	28 173	18 130	168	4 172	4 515	2 051
就　業　者　総　数　Employed	23 245	16 555	147	3 785	4 198	1 876
A 管理的職業従事者	1 192	758	73	172	230	80
B 専門的・技術的職業従事者	4 645	3 323	19	1 337	859	279
C 事務従事者	2 701	1 951	12	407	893	177
D 販売従事者	2 535	1 839	13	354	475	422
E サービス職業従事者	3 019	2 215	12	372	405	203
F 保安職業従事者	704	480	−	117	117	53
G 農林漁業従事者	373	265	1	48	39	18
H 生産工程従事	2 822	2 073	2	394	447	229
I 輸送・機械運転従事者	1 480	1 065	4	195	210	134
J 建設・採掘従事	2 318	1 531	7	265	349	187
K 運搬・清掃・包装等従事者	853	636	3	84	147	79
L 職業不詳	603	419	1	40	27	15
無　　　　　職　Non-employed	1 996	977	14	230	189	109
不　　　　　詳　Not stated	2 932	598	7	157	128	66

職業（大分類）・妻の職業（大分類）別
of wife and husband (major groups)

平成27年度
FY 2015

	職			業				Occupation of Wife		
E サービス 職業従事者	F 保　　安 職業従事者	G 農林漁業 従　事　者	H 生産工程 従　事　者	I 輸送・機械 運転従事者	J 建設・採掘 従　事　者	K 運搬・清掃・ 包装等従事者	L 職業不詳		無　　職 Non-employed	不　　詳 Not stated

総数 Total

42 973	487	992	10 216	1 507	770	3 812	4 518	66 080	15 755
39 011	462	909	9 240	1 370	714	3 373	4 134	53 628	2 332
1 189	6	12	187	33	12	60	101	2 716	140
4 736	27	44	784	86	34	331	137	8 201	294
2 629	57	32	381	33	12	152	75	4 595	166
3 654	34	44	701	133	64	289	253	5 736	193
9 749	35	71	985	173	64	395	283	7 873	295
742	214	12	140	29	12	58	52	1 304	46
751	5	458	213	27	12	61	47	1 045	41
4 691	18	72	2 876	178	62	495	174	6 057	178
3 219	20	46	954	474	43	367	135	3 905	140
5 670	28	85	1 479	123	358	595	132	8 751	284
1 688	12	21	513	34	28	540	41	2 165	64
293	6	12	27	47	13	30	2 704	1 280	491
3 499	22	75	895	117	51	403	278	11 001	328
463	3	8	81	20	5	36	106	1 451	13 095

協議離婚 Divorces by mutual agreement

38 107	408	872	9 072	1 378	696	3 440	4 078	58 500	13 292
34 595	384	795	8 196	1 255	646	3 045	3 748	47 286	1 984
1 039	5	8	161	31	10	50	93	2 312	110
4 089	21	37	689	75	29	284	126	6 936	237
2 258	49	24	339	26	10	132	71	3 875	136
3 245	29	33	609	126	60	263	232	5 063	170
8 741	31	61	869	157	54	353	266	7 110	254
631	173	11	116	27	12	50	46	1 089	37
672	5	409	188	27	11	59	44	943	35
4 131	16	63	2 534	157	58	447	159	5 344	142
2 869	17	42	870	439	41	333	125	3 505	125
5 193	23	79	1 333	115	326	551	127	8 004	244
1 476	10	18	465	31	24	496	34	1 957	55
251	5	10	23	44	11	27	2 425	1 148	439
3 201	22	70	829	109	48	370	256	10 031	279
311	2	7	47	14	2	25	74	1 183	11 029

Other (Divorces by conciliation, adjustment, compromise, acknowledgment of claim and judicial)

4 866	79	120	1 144	129	74	372	440	7 580	2 463
4 416	78	114	1 044	115	68	328	386	6 342	348
150	1	4	26	2	2	10	8	404	30
647	6	7	95	11	5	47	11	1 265	57
371	8	8	42	7	2	20	4	720	30
409	5	11	92	7	4	26	21	673	23
1 008	4	10	116	16	10	42	17	763	41
111	41	1	24	2	-	8	6	215	9
79	-	49	25	-	1	2	3	102	6
560	2	9	342	21	4	48	15	713	36
350	3	4	84	35	2	34	10	400	15
477	5	6	146	8	32	44	5	747	40
212	2	3	48	3	4	44	7	208	9
42	1	2	4	3	2	3	279	132	52
298	-	5	66	8	3	33	22	970	49
152	1	1	34	6	3	11	32	268	2 066

第5表　離婚件数，同居期間；平均

Table 5.　Divorces by the duration of cohabitation; mean duration

夫 の 職 業 Occupation of Husband	総数 Total	5年未満 Under 5 years	1年未満 Under 1 year	1年以上 2年未満 1 year and over, under 2 years	2～3
総　　　　　　　　　　　数　Total	224 692	71 163	13 643	16 071	15 252
就　業　者　総　数　Employed	187 031	61 106	11 373	13 796	13 158
A　管理的職業従事者	8 579	1 629	330	313	341
B　専門的・技術的職業従事者	30 654	10 292	1 875	2 345	2 235
C　事務従事者	17 224	5 314	1 026	1 164	1 147
D　販売従事者	20 820	6 903	1 114	1 548	1 515
E　サービス職業従事者	28 110	10 494	1 885	2 371	2 267
F　保安職業従事者	4 128	1 404	268	322	322
G　農林漁業従事者	3 681	1 033	199	208	232
H　生産工程従事者	21 941	7 379	1 412	1 629	1 532
I　輸送・機械運転従事者	13 708	3 669	702	785	812
J　建設・採掘従事者	25 180	8 802	1 756	2 202	1 849
K　運搬・清掃・包装等従事者	7 547	2 283	436	494	512
L　職業不詳	5 459	1 904	370	415	394
無　　　　職　Non-employed	21 447	5 300	1 333	1 247	1 028
不　　　　詳　Not stated	16 214	4 757	937	1 028	1 066

注：同居期間とは結婚式を挙げた時または同居を始めた時から同居をやめた時までの期間である。

第6表　離婚件数，同居期間；平均

Table 6.　Divorces by the duration of cohabitation; mean duration

妻 の 職 業 Occupation of Wife	総数 Total	5年未満 Under 5 years	1年未満 Under 1 year	1年以上 2年未満 1 year and over, under 2 years	2～3
総　　　　　　　　　　　数　Total	224 692	71 163	13 643	16 071	15 252
就　業　者　総　数　Employed	142 857	40 313	6 388	8 695	8 862
A　管理的職業従事者	1 709	298	52	67	66
B　専門的・技術的職業従事者	25 899	7 822	1 270	1 795	1 735
C　事務従事者	32 295	9 348	1 452	1 952	2 122
D　販売従事者	17 679	5 043	740	1 081	1 116
E　サービス職業従事者	42 973	12 121	1 915	2 640	2 637
F　保安職業従事者	487	200	50	44	42
G　農林漁業従事者	992	232	38	41	50
H　生産工程従事者	10 216	2 505	405	514	548
I　輸送・機械運転従事者	1 507	371	67	75	68
J　建設・採掘従事者	770	209	35	44	40
K　運搬・清掃・包装等従事者	3 812	771	112	161	152
L　職業不詳	4 518	1 393	252	281	286
無　　　　職　Non-employed	66 080	26 398	6 379	6 425	5 400
不　　　　詳　Not stated	15 755	4 452	876	951	990

注：同居期間とは結婚式を挙げた時または同居を始めた時から同居をやめた時までの期間である。

同居期間, 夫の職業（大分類）別
of cohabitation by occupation of husband (major groups)

平成27年度
FY 2015

3～4	4～5	5～10	10～15	15～20	20 年以上 20 years and over	不 詳 Not stated	平均同居期間（年） Mean duration of cohabitation (Years)
13 869	12 328	46 803	30 866	23 788	38 597	13 475	11.3
12 065	10 714	40 668	26 598	20 366	28 928	9 365	10.7
337	308	1 412	1 287	1 247	2 545	459	15.0
2 076	1 761	6 822	4 359	3 243	4 448	1 490	10.3
1 065	912	3 551	2 398	2 097	3 024	840	11.2
1 427	1 299	4 670	2 973	2 295	2 930	1 049	10.4
2 117	1 854	6 534	3 737	2 385	3 529	1 431	9.6
254	238	870	545	395	699	215	10.9
207	187	768	513	401	823	143	12.8
1 491	1 315	5 032	3 249	2 438	2 937	906	10.1
675	695	2 888	2 150	1 763	2 529	709	11.9
1 640	1 355	5 239	3 573	2 681	3 522	1 363	10.2
424	417	1 723	1 122	866	1 166	387	10.8
352	373	1 159	692	555	776	373	…
890	802	3 085	2 237	1 892	7 128	1 805	17.1
914	812	3 050	2 031	1 530	2 541	2 305	…

Note: Duration of cohabitation is from the day of wedding or the starting day of cohabitation until the day of terminating cohabitation.

同居期間, 妻の職業（大分類）別
of cohabitation by occupation of wife (major groups)

平成27年度
FY 2015

3～4	4～5	5～10	10～15	15～20	20 年以上 20 years and over	不 詳 Not stated	平均同居期間（年） Mean duration of cohabitation (Years)
13 869	12 328	46 803	30 866	23 788	38 597	13 475	11.3
8 528	7 840	31 422	21 897	17 736	24 815	6 674	11.5
56	57	281	256	253	518	103	15.6
1 583	1 439	5 711	3 952	3 045	4 176	1 193	11.0
1 978	1 844	7 072	5 087	4 167	5 176	1 445	11.1
1 112	994	3 939	2 610	2 201	3 089	797	11.4
2 576	2 353	9 578	6 446	5 065	7 727	2 036	11.6
25	39	118	51	39	48	31	8.4
47	56	215	174	104	233	34	13.8
549	489	2 294	1 695	1 436	1 856	430	11.9
81	80	319	249	215	273	80	12.0
44	46	167	127	87	138	42	11.8
174	172	776	635	582	857	191	13.8
303	271	952	615	542	724	292	…
4 488	3 706	12 404	6 991	4 562	11 286	4 439	10.9
853	782	2 977	1 978	1 490	2 496	2 362	…

Note: Duration of cohabitation is from the day of wedding or the starting day of cohabitation until the day of terminating cohabitation.

第7表　離婚件数，夫の職業（大分類）・

Table 7. Divorces by occupation of husband (major whom the wife and/or husband

夫 の 職 業 Occupation of Husband	総数 Total	子どもなし Divorces where no children are involved	子どもあり Divorces where children are involved	夫 妻 が 親 権 を 行	
				1 人	2 人
総　　　　　　　　　数　Total	224 692	93 586	131 106	60 313	50 656
就 業 者 総 数　Employed	187 031	72 950	114 081	51 931	44 517
A　管理的職業従事者	8 579	4 299	4 280	2 037	1 606
B　専門的・技術的職業従事者	30 654	13 766	16 888	8 159	6 540
C　事務従事者	17 224	7 847	9 377	4 473	3 776
D　販売従事者	20 820	8 231	12 589	5 919	4 860
E　サービス職業従事者	28 110	10 933	17 177	8 447	6 393
F　保安職業従事者	4 128	1 784	2 344	1 096	956
G　農林漁業従事者	3 681	1 576	2 105	818	843
H　生産工程従事者	21 941	7 290	14 651	6 327	6 040
I　輸送・機械運転従事者	13 708	5 030	8 678	3 543	3 486
J　建設・採掘従事者	25 180	7 220	17 960	7 480	6 918
K　運搬・清掃・包装等従事者	7 547	2 559	4 988	2 158	1 975
L　職業不詳	5 459	2 415	3 044	1 474	1 124
無　　職　Non-employed	21 447	13 339	8 108	4 123	2 777
不　　詳　Not stated	16 214	7 297	8 917	4 259	3 362

注：親権を行う子とは、20歳未満の未婚の子をいう。

第8表　離婚件数，妻の職業（大分類）・

Table 8. Divorces by occupation of wife (major whom the wife and/or husband

妻 の 職 業 Occupation of Wife	総数 Total	子どもなし Divorces where no children are involved	子どもあり Divorces where children are involved	夫 妻 が 親 権 を 行	
				1 人	2 人
総　　　　　　　　　数　Total	224 692	93 586	131 106	60 313	50 656
就 業 者 総 数　Employed	142 857	56 350	86 507	37 019	35 460
A　管理的職業従事者	1 709	911	798	395	288
B　専門的・技術的職業従事者	25 899	10 824	15 075	6 623	6 177
C　事務従事者	32 295	13 408	18 887	8 561	7 810
D　販売従事者	17 679	6 648	11 031	4 688	4 530
E　サービス職業従事者	42 973	16 129	26 844	11 162	10 947
F　保安職業従事者	487	222	265	153	87
G　農林漁業従事者	992	410	582	217	240
H　生産工程従事者	10 216	3 514	6 702	2 684	2 823
I　輸送・機械運転従事者	1 507	595	912	351	358
J　建設・採掘従事者	770	265	505	204	193
K　運搬・清掃・包装等従事者	3 812	1 408	2 404	845	1 041
L　職業不詳	4 518	2 016	2 502	1 136	966
無　　職　Non-employed	66 080	29 968	36 112	19 270	11 968
不　　詳　Not stated	15 755	7 268	8 487	4 024	3 228

注：親権を行う子とは、20歳未満の未婚の子をいう。

夫妻が親権を行う子の有（子の数）無別

groups) and the number of children for exercise parental authority

平成27年度
FY 2015

う 子 の 数			Number of dependent children involved in divoce				
Children							
3 人	4 人	5 人	6 人	7 人	8 人	9 人	10人以上 and over
16 208	3 070	649	157	35	12	4	2
14 270	2 663	534	127	28	9	-	2
525	86	20	6	-	-	-	-
1 803	316	56	10	3	-	-	1
966	132	24	3	2	1	-	-
1 501	246	43	16	4	-	-	-
1 930	320	69	13	5	-	-	-
242	41	6	3	-	-	-	-
349	76	15	4	-	-	-	-
1 889	322	57	13	2	1	-	-
1 288	268	73	13	4	3	-	-
2 714	671	131	39	4	2	-	1
689	126	31	5	2	2	-	-
374	59	9	2	2	-	-	-
910	209	62	17	5	2	3	-
1 028	198	53	13	2	1	1	-

Note: Person who exercises parental authority is one who has unmarried children under twenty.

夫妻が親権を行う子の有（子の数）無別

groups) and the number of children for exercise parental authority

平成27年度
FY 2015

う 子 の 数			Number of dependent children involved in divoce				
Children							
3 人	4 人	5 人	6 人	7 人	8 人	9 人	10人以上 and over
16 208	3 070	649	157	35	12	4	2
11 489	2 039	391	85	20	3	-	1
100	10	5	-	-	-	-	-
1 901	309	51	11	2	-	-	1
2 123	323	60	7	2	1	-	-
1 455	294	49	14	1	-	-	-
3 836	714	139	37	8	1	-	-
19	4	2	-	-	-	-	-
102	19	4	-	-	-	-	-
983	171	27	11	3	-	-	-
165	28	6	1	2	1	-	-
78	23	7	-	-	-	-	-
400	83	30	4	1	-	-	-
327	61	11	-	1	-	-	-
3 728	846	212	62	14	8	3	1
991	185	46	10	1	1	1	-

Note: Person who exercises parental authority is one who has unmarried children under twenty.

第9表 離婚件数，妻の職業（有―無）・夫の職業（大分類）・
Table 9. Divorces by occupation of wife (employed/non-employed), for whom the wife and/or husband

夫 の 職 業 Occupation of Husband	総 数 Total	子どもなし Divorces where no children are involved	夫妻が親権を行			
			子ども 総 数 Total			も
			総 数 Total	夫が全児の親権を行う場合 In case husband has parental authority for their children of all	妻が全児の親権を行う場合 In case wife has parental authority for their children of all	その他2) Other	総 数 Total

	Total	子どもなし	総数	夫全児	妻全児	その他	総数
総							
総　　　　　　　　　数 Total	224 692	93 586	131 106	15 792	110 532	4 782	60 313
就　業　者　総　数 Employed	187 031	72 950	114 081	14 147	95 684	4 250	51 931
A 管 理 的 職 業 従 事 者	8 579	4 299	4 280	858	3 251	171	2 037
B 専門的・技術的職業従事者	30 654	13 766	16 888	2 302	13 990	596	8 159
C 事 務 従 事 者	17 224	7 847	9 377	1 366	7 625	386	4 473
D 販 売 従 事 者	20 820	8 231	12 589	1 491	10 695	403	5 919
E サービス職業従事者	28 110	10 933	17 177	1 787	14 941	449	8 447
F 保 安 職 業 従 事 者	4 128	1 784	2 344	308	1 957	79	1 096
G 農 林 漁 業 従 事 者	3 681	1 576	2 105	328	1 631	146	818
H 生 産 工 程 従 事 者	21 941	7 290	14 651	1 920	12 118	613	6 327
I 輸送・機械運転従事者	13 708	5 030	8 678	1 009	7 287	382	3 543
J 建 設 ・ 採 掘 従 事 者	25 180	7 220	17 960	1 881	15 355	724	7 480
K 運搬・清掃・包装等従事者	7 547	2 559	4 988	527	4 270	191	2 158
L 職 業 不 詳	5 459	2 415	3 044	370	2 564	110	1 474
無　　　　　職 Non-employed	21 447	13 339	8 108	602	7 306	200	4 123
不　　　　　詳 Not stated	16 214	7 297	8 917	1 043	7 542	332	4 259
妻 の 職							
総　　　　　　　　　数 Total	142 857	56 350	86 507	10 105	73 081	3 321	37 019
就　業　者　総　数 Employed	131 071	50 356	80 715	9 776	67 762	3 177	34 244
A 管 理 的 職 業 従 事 者	5 723	2 745	2 978	566	2 289	123	1 357
B 専門的・技術的職業従事者	22 159	9 874	12 285	1 627	10 199	459	5 605
C 事 務 従 事 者	12 463	5 669	6 794	949	5 553	292	3 088
D 販 売 従 事 者	14 891	5 915	8 976	1 085	7 599	292	3 978
E サービス職業従事者	19 942	7 763	12 179	1 217	10 635	327	5 567
F 保 安 職 業 従 事 者	2 778	1 163	1 615	213	1 336	66	705
G 農 林 漁 業 従 事 者	2 595	1 065	1 530	230	1 184	116	546
H 生 産 工 程 従 事 者	15 706	5 067	10 639	1 346	8 813	480	4 191
I 輸送・機械運転従事者	9 663	3 277	6 386	700	5 390	296	2 420
J 建 設 ・ 採 掘 従 事 者	16 145	4 435	11 710	1 231	9 974	505	4 382
K 運搬・清掃・包装等従事者	5 318	1 712	3 606	379	3 083	144	1 457
L 職 業 不 詳	3 688	1 671	2 017	233	1 707	77	948
無　　　　　職 Non-employed	10 118	5 311	4 807	267	4 437	103	2 294
不　　　　　詳 Not stated	1 668	683	985	62	882	41	481
妻 の 職							
総　　　　　　　　　数 Total	66 080	29 968	36 112	4 542	30 413	1 157	19 270
就　業　者　総　数 Employed	53 628	21 512	32 116	4 132	26 953	1 031	17 084
A 管 理 的 職 業 従 事 者	2 716	1 482	1 234	276	914	44	642
B 専門的・技術的職業従事者	8 201	3 747	4 454	646	3 675	133	2 481
C 事 務 従 事 者	4 595	2 089	2 506	396	2 021	89	1 352
D 販 売 従 事 者	5 736	2 235	3 501	380	3 012	109	1 891
E サービス職業従事者	7 873	3 031	4 842	543	4 185	114	2 804
F 保 安 職 業 従 事 者	1 304	590	714	93	608	13	384
G 農 林 漁 業 従 事 者	1 045	486	559	94	435	30	267
H 生 産 工 程 従 事 者	6 057	2 147	3 910	549	3 232	129	2 096
I 輸送・機械運転従事者	3 905	1 683	2 222	299	1 839	84	1 092
J 建 設 ・ 採 掘 従 事 者	8 751	2 673	6 078	617	5 248	213	3 006
K 運搬・清掃・包装等従事者	2 165	814	1 351	142	1 163	46	688
L 職 業 不 詳	1 280	535	745	97	621	27	381
無　　　　　職 Non-employed	11 001	7 807	3 194	314	2 785	95	1 769
不　　　　　詳 Not stated	1 451	649	802	96	675	31	417

注：1）親権を行う子とは、20歳未満の未婚の子をいう。
　　2）その他とは夫妻がそれぞれ分け合って子どもの親権を行う場合である。
　　3）総数には、妻の職業の有無不詳が含まれる。

夫妻が親権を行う子の有（子の数）無・親権者（夫－妻）別

occupation of husband (major groups), the number of children exercise parental authority

平成27年度
FY 2015

| \multicolumn{11}{c}{う　子　の　数　Number of dependent children involved in divorce} |
| \multicolumn{11}{c}{あ　　　り　Divorces where children are involved} |
| 1 人 | | 2 人 | | | | 3 人 以 上　and over | | | |
夫が親権を行う場合 In case husband has parental authority for their child	妻が親権を行う場合 In case wife has parental authority for their child	総　数 Total	夫が全児の親権を行う場合 In case husband has parental authority for their children of all	妻が全児の親権を行う場合 In case wife has parental authority for their children of all	その他 Other	総　数 Total	夫が全児の親権を行う場合 In case husband has parental authority for their children of all	妻が全児の親権を行う場合 In case wife has parental authority for their children of all	その他 Other
\multicolumn{10}{c}{数 3)　　　Total}
7 892	52 421	50 656	5 815	42 233	2 608	20 137	2 085	15 878	2 174
7 007	44 924	44 517	5 249	36 941	2 327	17 633	1 891	13 819	1 923
468	1 569	1 606	284	1 231	91	637	106	451	80
1 168	6 991	6 540	854	5 345	341	2 189	280	1 654	255
703	3 770	3 776	527	3 014	235	1 128	136	841	151
746	5 173	4 860	548	4 084	228	1 810	197	1 438	175
912	7 535	6 393	671	5 472	250	2 337	204	1 934	199
152	944	956	112	791	53	292	44	222	26
148	670	843	119	651	73	444	61	310	73
885	5 442	6 040	771	4 914	355	2 284	264	1 762	258
505	3 038	3 486	361	2 916	209	1 649	143	1 333	173
877	6 603	6 918	673	5 920	325	3 562	331	2 832	399
255	1 903	1 975	198	1 676	101	855	74	691	90
188	1 286	1 124	131	927	66	446	51	351	44
355	3 768	2 777	175	2 503	99	1 208	72	1 035	101
530	3 729	3 362	391	2 789	182	1 296	122	1 024	150
\multicolumn{10}{c}{業　　　あ　　　り　　Wife with occupation}
4 848	32 171	35 460	3 899	29 722	1 839	14 028	1 358	11 188	1 482
4 660	29 584	33 307	3 795	27 749	1 763	13 164	1 321	10 429	1 414
305	1 052	1 170	189	913	68	451	72	324	55
802	4 803	5 006	627	4 121	258	1 674	198	1 275	201
476	2 612	2 849	379	2 296	174	857	94	645	118
544	3 434	3 638	405	3 068	165	1 360	136	1 097	127
592	4 975	4 813	480	4 145	188	1 799	145	1 515	139
108	597	698	79	577	42	212	26	162	24
101	445	637	87	491	59	347	42	248	57
577	3 614	4 685	578	3 828	279	1 763	191	1 371	201
326	2 094	2 707	277	2 264	166	1 259	97	1 032	130
532	3 850	4 834	468	4 133	233	2 494	231	1 991	272
177	1 280	1 491	147	1 262	82	658	55	541	62
120	828	779	79	651	49	290	34	228	28
154	2 140	1 788	82	1 648	58	725	31	649	45
34	447	365	22	325	18	139	6	110	23
\multicolumn{10}{c}{業　　　な　　　し　　Wife without occupation}
2 461	16 809	11 968	1 489	9 879	600	4 874	592	3 725	557
2 228	14 856	10 755	1 364	8 848	543	4 277	540	3 249	488
152	490	417	91	305	21	175	33	119	23
352	2 129	1 480	217	1 183	80	493	77	363	53
218	1 134	896	137	699	60	258	41	188	29
192	1 699	1 177	131	984	62	433	57	329	47
305	2 499	1 522	181	1 282	59	516	57	404	55
43	341	253	33	209	11	77	17	58	2
46	221	199	30	155	14	93	18	59	16
297	1 799	1 309	182	1 053	74	505	70	380	55
173	919	755	81	632	42	375	45	288	42
324	2 682	2 030	196	1 746	88	1 042	97	820	125
76	612	474	50	405	19	189	16	146	27
50	331	243	35	195	13	121	12	95	14
190	1 579	953	85	828	40	472	39	378	55
43	374	260	40	203	17	125	13	98	14

Notes: 1) Person who exercises parental authority is one who has unmarried children under twenty.
2) "Others" means that wife and husband share their parental authority.
3) The total includes "Employment status Not stated" of wife

第10表 離婚件数及び離婚率（男性人口千対），

Table 10. Divorces and divorce rates (per (regrouped for 21 major cities) and

離婚件数
Divorces

都道府県 Prefecture	総数 Total	就業者総数 Employed	A 管理的職業従事者	B 専門的・技術的職業従事者	C 事務従事者	D 販売従事者	E サービス職業従事者
全国 All Japan	224 692	187 031	8 579	30 654	17 224	20 820	28 110
01 北海道	11 085	8 617	354	1 164	864	1 040	1 357
02 青森	2 289	1 999	63	225	143	219	269
03 岩手	1 945	1 655	66	196	112	144	235
04 宮城	3 906	3 320	121	442	322	425	514
05 秋田	1 484	1 339	51	174	114	161	210
06 山形	1 528	1 252	38	160	81	136	171
07 福島	3 317	2 917	100	348	201	246	428
08 茨城	5 152	4 475	150	676	337	425	594
09 栃木	3 392	2 750	93	409	174	298	412
10 群馬	3 391	2 858	114	347	171	313	427
11 埼玉	12 701	10 445	483	1 613	1 157	1 299	1 445
12 千葉	10 837	9 080	459	1 487	973	1 014	1 250
13 東京	24 016	20 418	1 701	4 664	2 626	2 425	3 127
14 神奈川	16 266	12 906	739	2 688	1 445	1 441	1 748
15 新潟	3 105	2 571	73	348	212	271	421
16 富山	1 452	1 265	46	205	99	111	156
17 石川	1 671	1 493	57	235	147	184	243
18 福井	1 181	1 038	43	164	68	106	150
19 山梨	1 465	1 268	48	193	99	132	216
20 長野	3 372	2 985	131	430	219	296	514
21 岐阜	3 057	2 736	106	438	215	279	394
22 静岡	6 428	5 503	228	734	378	522	792
23 愛知	13 086	11 498	486	1 823	919	1 224	1 526
24 三重	3 101	2 749	90	376	195	240	349
25 滋賀	2 331	2 032	71	298	156	169	313
26 京都	4 473	3 743	166	654	324	428	638
27 大阪	17 869	13 229	551	2 258	1 370	1 591	2 147
28 兵庫	9 639	8 061	363	1 478	763	898	1 130
29 奈良	2 271	1 881	82	294	170	216	303
30 和歌山	1 910	1 673	48	255	110	151	300
31 鳥取	947	729	23	76	41	78	108
32 島根	1 015	857	29	93	70	95	132
33 岡山	3 370	2 810	125	416	204	280	376
34 広島	4 962	4 153	160	676	317	451	580
35 山口	2 338	1 985	78	284	121	213	272
36 徳島	1 181	850	35	136	58	90	132
37 香川	1 720	1 499	59	237	135	186	244
38 愛媛	2 360	1 766	56	254	138	160	287
39 高知	1 327	1 122	38	164	92	134	188
40 福岡	9 859	8 091	328	1 312	670	1 076	1 280
41 佐賀	1 373	1 215	38	153	96	131	196
42 長崎	2 287	1 992	56	331	152	229	283
43 熊本	3 232	2 758	94	411	237	310	497
44 大分	2 049	1 740	74	247	133	203	276
45 宮崎	2 302	2 044	65	301	156	215	345
46 鹿児島	3 013	2 580	87	375	178	286	477
47 沖縄	3 637	3 084	113	412	262	279	658
21大都市（再掲） 21 major cities (Regrouped)							
50 東京都区部	17 313	14 916	1 403	3 463	2 031	1 768	2 322
51 札幌	4 418	3 028	189	490	362	455	527
52 仙台	1 823	1 488	62	221	185	234	287
53 さいたま	1 971	1 526	96	255	191	223	198
54 千葉	1 699	1 428	97	236	165	181	221
55 横浜	6 528	5 136	346	1 155	653	659	678
56 川崎	2 624	1 751	96	410	222	168	221
57 相模原	1 386	1 178	50	225	122	126	173
58 新潟	1 129	883	29	130	72	122	130
59 静岡	1 195	992	42	139	66	138	154
60 浜松	1 316	1 094	46	161	77	113	136
61 名古屋	4 332	3 719	213	646	367	501	609
62 京都	2 556	2 140	101	412	175	255	411
63 大阪	6 141	4 135	185	727	473	527	822
64 堺	1 735	1 385	48	225	118	141	204
65 神戸	2 832	2 272	130	458	223	261	340
66 岡山	1 322	1 045	55	195	70	131	151
67 広島	2 190	1 851	92	301	157	239	296
68 北九州	1 816	1 482	61	231	79	160	196
69 福岡	3 014	2 350	138	444	267	396	448
70 熊本	1 404	1 151	44	219	125	157	227

都道府県（21大都市再掲）・夫の職業（大分類）別

1,000 male population) by each prefecture
occupation of husband (major groups)

平成27年度
FY 2015

F 保安職業従事者	G 農林漁業従事者	H 生産工程従事者	I 輸送・機械運転従事者	J 建設・採掘従事者	K 運搬・清掃・包装等従事者	L 職業不詳	無職 Non-employed	不詳 Not stated
4 128	3 681	21 941	13 708	25 180	7 547	5 459	21 447	16 214
373	405	673	757	1 188	311	131	1 143	1 325
111	150	190	130	368	70	61	252	38
38	90	248	127	274	64	61	168	122
93	87	327	261	539	146	43	394	192
37	66	165	87	215	48	11	128	17
30	65	218	82	195	51	25	116	160
49	78	483	190	567	120	107	255	145
95	118	784	405	686	163	42	466	211
50	55	530	208	390	111	20	274	368
35	49	604	217	406	131	44	345	188
187	91	935	846	1 429	449	511	1 064	1 192
219	135	744	771	1 191	400	437	885	872
323	106	639	1 045	1 868	645	1 249	2 172	1 426
338	90	965	890	1 610	536	416	1 406	1 954
47	56	331	180	472	96	64	269	265
11	27	229	100	190	49	42	115	72
30	30	217	88	187	57	18	135	43
17	15	170	67	197	28	13	117	26
36	27	193	79	178	51	16	143	54
39	91	491	212	394	102	66	286	101
56	34	493	219	376	111	15	257	64
114	92	1 073	434	726	234	176	574	351
180	91	2 232	979	1 361	522	155	1 153	435
56	49	631	252	382	113	16	270	82
33	29	438	156	241	89	39	198	101
100	37	376	285	476	125	134	457	273
212	65	1 225	1 000	1 776	606	428	2 035	2 605
145	79	1 025	565	1 033	361	221	1 026	552
43	28	203	125	236	72	109	211	179
46	55	207	136	259	74	32	174	63
27	32	84	51	111	23	75	95	123
21	32	93	73	135	35	49	84	74
38	44	475	253	440	134	25	325	235
105	59	629	322	563	159	132	456	353
54	41	351	151	328	77	15	206	147
20	34	116	56	131	41	1	138	193
28	27	204	127	189	54	9	187	34
27	68	276	126	263	70	41	260	334
32	75	91	69	156	54	29	158	47
174	99	915	613	1 137	344	143	1 190	578
34	45	185	99	178	42	18	116	42
93	80	245	141	287	81	14	230	65
62	145	342	166	352	118	24	337	137
36	65	220	113	243	60	70	201	108
41	165	253	116	273	96	18	237	21
71	176	260	192	361	101	16	335	98
122	104	163	147	623	123	78	404	149
209	70	408	708	1 218	451	865	1 526	871
94	12	121	240	390	114	34	451	939
36	8	86	97	183	60	29	212	123
23	8	85	86	176	48	137	157	288
34	6	94	109	188	59	38	131	140
105	23	272	354	622	190	79	595	797
16	9	97	79	209	54	170	172	701
31	7	93	91	144	73	43	146	62
20	12	85	68	155	30	30	93	153
19	12	112	60	152	50	48	121	82
24	14	220	85	115	28	75	109	113
67	8	386	291	426	160	45	485	128
42	17	169	143	237	70	108	302	114
44	15	285	245	502	164	146	769	1 237
27	5	140	132	226	68	51	187	163
46	15	180	166	230	116	107	306	254
11	8	119	98	149	54	4	132	145
42	9	162	123	253	67	110	204	135
29	13	220	110	271	67	45	238	96
35	7	85	144	255	86	39	362	302
36	23	84	64	115	46	11	159	94

第10表 離婚件数及び離婚率（男性人口千対），
Table 10. Divorces and divorce rates (per (regrouped for 21 major cities) and

離婚率
Divorce rates

都道府県 Prefecture	総数 Total	就業者総数 Employed	A 管理的職業従事者	B 専門的・技術的職業従事者	C 事務従事者	D 販売従事者	E サービス職業従事者
全国 All Japan	4.2	5.7	7.4	6.4	3.9	5.0	13.1
01 北海道	5.0	6.4	6.7	6.9	5.1	6.5	14.2
02 青森	4.3	5.9	6.0	6.9	3.7	6.4	12.9
03 岩手	3.6	4.7	5.2	5.1	2.7	4.0	11.5
04 宮城	4.0	5.4	5.4	5.3	3.5	5.2	13.5
05 秋田	3.5	5.1	5.1	6.0	3.5	6.0	13.0
06 山形	3.3	4.1	3.2	4.8	2.4	4.2	9.3
07 福島	4.0	5.5	5.7	6.2	3.1	5.0	14.8
08 茨城	4.1	5.6	6.7	6.1	3.3	5.4	14.0
09 栃木	4.0	5.0	5.6	5.6	2.7	5.4	13.0
10 群馬	4.1	5.3	6.6	5.2	2.6	5.3	12.3
11 埼玉	4.1	5.3	7.9	5.6	3.8	4.7	11.6
12 千葉	4.1	5.6	8.4	5.8	3.6	4.4	11.6
13 東京	4.2	6.3	12.1	7.2	4.9	5.1	13.7
14 神奈川	4.2	5.5	9.0	5.6	3.7	4.4	11.1
15 新潟	3.2	4.1	3.1	4.7	2.9	3.7	10.3
16 富山	3.3	4.3	4.3	5.6	2.9	3.3	9.8
17 石川	3.5	4.8	5.2	5.9	4.1	4.7	12.0
18 福井	3.6	4.8	5.0	6.1	2.5	4.5	11.8
19 山梨	4.2	5.6	5.8	6.4	3.4	5.5	12.4
20 長野	3.9	5.1	5.8	5.4	3.1	4.6	12.4
21 岐阜	3.7	4.9	5.4	6.4	3.1	4.3	11.8
22 静岡	4.1	5.3	6.4	5.3	3.2	4.6	12.2
23 愛知	4.2	5.5	7.6	6.0	3.4	4.7	13.3
24 三重	4.1	5.7	6.3	6.4	3.2	5.1	12.5
25 滋賀	4.0	5.3	5.9	5.3	3.0	4.2	14.1
26 京都	4.2	5.8	7.3	6.6	4.0	5.0	12.4
27 大阪	4.9	6.4	7.4	7.5	4.9	4.9	14.4
28 兵庫	4.3	6.0	7.4	7.1	4.0	4.9	12.5
29 奈良	4.1	5.7	6.0	5.4	3.2	4.4	12.9
30 和歌山	4.9	6.9	5.7	8.5	3.7	5.6	17.1
31 鳥取	4.0	4.9	4.4	4.1	2.3	4.7	10.2
32 島根	3.5	4.6	4.2	4.1	3.0	4.8	10.6
33 岡山	4.3	5.7	7.6	6.7	3.5	4.9	13.7
34 広島	4.2	5.6	6.1	6.8	3.4	4.6	12.6
35 山口	4.1	5.6	6.1	6.6	2.8	5.9	13.4
36 徳島	3.8	4.6	5.6	5.5	2.7	4.5	10.8
37 香川	4.2	6.1	6.7	7.7	4.2	5.9	15.9
38 愛媛	4.2	5.1	4.8	6.0	3.4	4.2	12.7
39 高知	4.4	6.7	6.1	7.8	5.0	7.0	14.4
40 福岡	4.8	6.7	7.6	7.7	4.3	6.0	15.3
41 佐賀	4.1	5.6	5.3	5.9	3.7	5.6	14.1
42 長崎	4.2	5.8	4.8	7.6	3.9	6.6	11.2
43 熊本	4.5	6.2	6.1	7.1	4.8	6.0	15.0
44 大分	4.3	5.9	6.8	6.7	3.8	6.5	13.5
45 宮崎	5.2	7.5	6.5	9.0	5.0	7.3	17.7
46 鹿児島	4.6	6.4	6.3	7.2	3.5	6.4	15.2
47 沖縄	6.4	9.6	11.2	10.0	6.9	8.2	21.6
21大都市（再掲） 21 major cities (Regrouped)							
50 東京都区部	4.4	6.9	13.5	8.0	5.7	5.4	15.2
51 札幌	5.6	6.6	10.4	6.7	5.2	6.2	14.8
52 仙台	4.0	5.6	5.8	4.6	3.7	4.9	14.7
53 さいたま	3.7	4.5	7.7	4.3	3.0	3.9	9.5
54 千葉	4.1	5.9	11.7	5.6	3.8	4.7	13.8
55 横浜	4.1	5.4	9.3	5.6	3.8	4.5	10.9
56 川崎	4.1	4.5	7.5	4.5	3.2	2.9	9.0
57 相模原	4.5	6.4	9.7	6.7	4.4	5.5	13.9
58 新潟	3.3	4.2	3.8	4.5	2.5	3.9	9.0
59 静岡	4.0	5.1	5.8	5.5	2.7	4.9	12.3
60 浜松	3.9	4.9	6.1	4.9	3.0	4.2	10.6
61 名古屋	4.5	6.1	8.5	6.5	4.3	4.7	14.6
62 京都	4.3	6.1	7.6	7.1	4.3	5.0	12.7
63 大阪	5.5	7.1	8.3	8.6	6.7	5.6	16.8
64 堺	5.1	6.8	7.0	7.9	4.3	4.6	14.5
65 神戸	4.6	6.2	9.5	7.3	4.1	4.9	12.3
66 岡山	4.5	5.6	8.2	7.0	2.9	4.7	12.5
67 広島	4.5	5.9	7.9	6.3	3.4	4.6	14.0
68 北九州	4.7	6.6	7.8	7.3	2.9	5.4	13.2
69 福岡	4.9	6.7	9.9	7.3	5.2	5.7	15.5
70 熊本	4.8	6.4	6.8	7.7	5.2	5.6	15.4

注：総数には就業状態不詳が、就業者総数には職業不詳が含まれる。

都道府県（21大都市再掲）・夫の職業（大分類）別

1,000 male population) by each prefecture
occupation of husband (major groups)

平成27年度
FY 2015

F 保安職業従事者	G 農林漁業従事者	H 生産工程従事者	I 輸送・機械運転従事者	J 建設・採掘従事者	K 運搬・清掃・包装等従事者	無職 Non-employed
4.1	2.8	4.0	7.1	10.1	3.7	1.4
5.3	4.2	4.4	7.4	10.2	3.8	1.6
5.6	3.6	4.2	4.9	9.8	3.3	1.4
3.8	2.3	4.1	4.5	7.0	2.9	1.0
4.2	2.9	3.8	5.5	8.8	3.9	1.3
4.4	2.3	3.6	4.9	7.6	2.8	0.9
3.2	2.1	3.3	4.6	6.7	2.8	0.8
3.3	2.2	4.6	5.3	9.4	3.2	1.0
3.9	2.5	4.6	7.5	10.6	3.4	1.2
3.9	1.7	4.0	6.2	9.4	3.3	1.1
2.8	1.7	4.6	7.1	9.5	3.8	1.3
3.0	2.6	3.1	7.1	9.6	3.4	1.2
3.9	2.8	3.6	7.5	10.2	3.7	1.1
3.8	6.4	2.4	7.7	11.7	3.8	1.7
4.7	3.8	3.2	7.2	10.7	3.9	1.3
2.6	1.4	2.6	4.1	7.3	2.5	0.9
1.6	2.3	3.0	5.6	7.2	2.6	0.8
3.1	2.6	3.3	4.9	6.9	2.9	0.9
2.8	1.6	3.4	5.0	9.4	2.1	1.2
5.7	1.5	4.3	7.1	8.8	4.0	1.3
3.4	1.7	4.1	7.5	8.3	3.0	1.1
3.8	1.8	3.7	7.1	7.9	3.1	1.0
3.6	2.2	4.3	7.0	9.1	3.5	1.2
3.8	2.2	4.4	8.9	10.1	3.9	1.3
4.1	2.5	5.1	8.5	10.4	3.6	1.2
3.3	2.2	4.6	8.3	10.2	3.8	1.1
4.2	2.3	3.7	8.5	11.7	3.3	1.4
4.0	4.5	3.9	8.7	12.7	4.3	1.9
3.6	2.4	4.1	7.5	11.6	4.2	1.4
4.1	2.7	4.0	8.5	11.5	3.7	1.1
6.1	2.5	4.8	9.1	12.0	4.8	1.3
4.6	2.2	3.5	5.9	8.3	2.4	1.2
3.3	1.9	3.0	6.6	7.0	3.1	0.9
3.2	1.7	4.5	7.8	10.9	4.2	1.3
3.7	2.4	4.2	6.8	9.8	3.4	1.3
3.8	2.1	4.6	5.9	9.8	3.4	1.0
3.5	2.1	3.3	5.2	7.6	3.8	1.2
3.9	1.9	4.2	8.5	9.6	3.3	1.4
3.1	2.4	4.3	5.6	8.7	3.2	1.3
5.7	3.6	4.2	6.9	9.5	5.3	1.5
4.2	2.7	5.0	7.5	11.4	4.5	1.8
4.8	2.2	4.6	7.0	8.6	2.4	1.1
4.6	2.7	4.6	6.0	8.7	4.0	1.2
4.1	3.2	4.9	6.1	8.8	4.5	1.4
3.6	2.9	4.1	5.9	8.8	3.6	1.2
4.1	5.1	6.0	6.5	10.1	6.1	1.6
5.3	4.0	4.7	7.2	9.3	3.8	1.5
7.9	5.1	5.3	6.8	18.5	6.2	2.3
4.3	13.9	2.5	7.9	12.9	4.0	1.9
5.6	4.9	3.1	8.3	11.0	4.4	1.9
3.8	3.2	3.8	6.3	8.7	4.0	1.6
2.3	3.0	2.6	5.9	8.7	2.8	1.1
4.2	3.1	3.7	7.9	11.6	3.9	1.1
4.5	4.3	2.7	7.5	11.0	3.7	1.4
2.3	4.7	2.5	4.6	9.0	2.7	1.2
5.5	4.5	3.3	8.5	10.3	5.8	1.7
3.0	1.5	2.6	4.7	8.1	2.3	0.9
3.6	2.3	3.2	5.2	8.9	3.9	1.3
3.8	1.6	4.0	7.2	7.0	2.0	1.1
4.9	4.1	4.2	9.5	11.2	4.3	1.9
4.6	4.9	3.5	8.3	11.9	3.5	1.7
3.7	16.7	3.6	8.3	14.6	4.1	2.7
4.2	3.6	4.1	10.8	14.9	4.9	1.7
4.4	4.3	3.8	8.1	12.0	4.8	1.6
2.3	1.6	4.1	9.2	10.1	4.8	1.5
4.3	2.8	3.5	6.5	9.9	3.6	1.5
3.8	6.1	4.9	6.6	13.9	4.8	1.8
4.1	4.8	3.1	7.6	10.7	4.5	2.3
4.4	3.3	4.0	7.1	8.2	4.6	1.8

Note: The total includes "employment status not stated", and the total number of employed persons (employed) includes "occupation not stated".

第11表　離婚件数及び離婚率（女性人口千対），
Table 11. Divorces and divorce rates (per (regrouped for 21 major cities) and

離婚件数 / Divorces

都道府県 Prefecture	総数 Total	就業者総数 Employed	A 管理的職業従事者	B 専門的・技術的職業従事者	C 事務従事者	D 販売従事者	E サービス職業従事者
全国 All Japan	224 692	142 857	1 709	25 899	32 295	17 679	42 973
01 北海道	11 085	6 303	68	1 187	1 222	921	2 032
02 青森	2 289	1 634	8	240	302	229	533
03 岩手	1 945	1 385	15	206	287	174	410
04 宮城	3 906	2 515	20	384	583	372	764
05 秋田	1 484	1 068	10	181	240	126	354
06 山形	1 528	1 053	5	165	202	131	317
07 福島	3 317	2 234	26	319	456	236	717
08 茨城	5 152	3 383	28	538	676	429	1 052
09 栃木	3 392	2 125	12	364	401	253	672
10 群馬	3 391	2 283	31	393	427	270	712
11 埼玉	12 701	7 720	74	1 258	1 852	969	2 142
12 千葉	10 837	6 642	84	1 113	1 563	855	1 978
13 東京	24 016	15 509	346	3 285	4 456	1 775	3 857
14 神奈川	16 266	9 692	123	1 735	2 462	1 269	2 868
15 新潟	3 105	2 145	15	341	453	241	666
16 富山	1 452	1 068	10	203	231	99	290
17 石川	1 671	1 224	10	234	260	158	389
18 福井	1 181	880	8	152	194	108	251
19 山梨	1 465	1 007	15	186	201	121	324
20 長野	3 372	2 405	22	395	475	274	750
21 岐阜	3 057	2 035	20	349	409	269	628
22 静岡	6 428	4 370	38	614	913	541	1 353
23 愛知	13 086	8 518	101	1 300	1 939	1 060	2 631
24 三重	3 101	2 124	18	353	423	255	691
25 滋賀	2 331	1 486	11	271	314	154	447
26 京都	4 473	2 861	40	533	637	340	882
27 大阪	17 869	9 630	111	1 844	2 247	1 133	2 884
28 兵庫	9 639	5 957	76	1 136	1 329	781	1 800
29 奈良	2 271	1 364	14	293	291	134	424
30 和歌山	1 910	1 209	14	243	238	152	395
31 鳥取	947	600	7	104	105	59	169
32 島根	1 015	746	8	122	153	99	233
33 岡山	3 370	2 161	27	446	421	245	691
34 広島	4 962	3 115	28	582	679	376	997
35 山口	2 338	1 543	12	310	306	199	498
36 徳島	1 181	700	6	155	140	85	221
37 香川	1 720	1 217	16	269	298	132	361
38 愛媛	2 360	1 362	14	260	279	146	446
39 高知	1 327	959	9	232	188	127	285
40 福岡	9 859	6 239	70	1 193	1 470	815	1 850
41 佐賀	1 373	1 021	13	181	211	121	336
42 長崎	2 287	1 592	14	315	324	228	526
43 熊本	3 232	2 228	32	471	447	283	673
44 大分	2 049	1 351	18	268	238	173	445
45 宮崎	2 302	1 678	11	320	345	198	516
46 鹿児島	3 013	2 048	27	437	366	282	665
47 沖縄	3 637	2 468	24	419	642	282	848

21大都市（再掲） / 21 major cities (Regrouped)

都道府県 Prefecture	総数 Total	就業者総数 Employed	A	B	C	D	E
50 東京都区部	17 313	11 345	300	2 421	3 437	1 286	2 696
51 札幌	4 418	2 189	34	436	498	355	673
52 仙台	1 823	1 101	12	180	281	175	319
53 さいたま	1 971	1 126	19	194	297	129	277
54 千葉	1 699	1 004	17	175	262	136	292
55 横浜	6 528	3 849	57	694	1 103	508	1 148
56 川崎	2 624	1 313	11	248	365	175	313
57 相模原	1 386	911	7	159	202	111	257
58 新潟	1 129	730	6	124	159	98	230
59 静岡	1 195	788	9	120	176	110	243
60 浜松	1 316	871	9	123	173	101	281
61 名古屋	4 332	2 706	43	468	690	372	826
62 京都	2 556	1 624	24	310	361	202	494
63 大阪	6 141	2 978	43	576	731	342	885
64 堺	1 735	993	9	190	206	117	329
65 神戸	2 832	1 676	26	311	400	208	502
66 岡山	1 322	784	15	178	166	104	243
67 広島	2 190	1 348	14	241	301	185	418
68 北九州	1 816	1 125	11	215	261	140	339
69 福岡	3 014	1 812	39	333	492	260	524
70 熊本	1 404	892	17	210	194	136	249

都道府県（21大都市再掲）・妻の職業（大分類）別

1,000 female population) by each prefecture
occupation of wife (major groups)

平成27年度
FY 2015

F 保安職業従事者	G 農林漁業従事者	H 生産工程従事者	I 輸送・機械運転従事者	J 建設・採掘従事者	K 運搬・清掃・包装等従事者	L 職業不詳	無職 Non-employed	不詳 Not stated
487	992	10 216	1 507	770	3 812	4 518	66 080	15 755
35	134	319	53	27	191	114	3 557	1 225
8	62	136	6	7	44	59	612	43
3	20	170	9	8	38	45	440	120
13	16	180	29	23	79	52	1 205	186
2	13	100	8	4	20	10	401	15
2	15	159	5	8	13	31	324	151
7	13	250	26	33	55	96	933	150
12	40	379	49	29	98	53	1 581	188
9	18	260	20	13	66	37	902	365
1	23	304	19	6	63	34	933	175
32	20	521	141	53	274	384	3 764	1 217
32	31	278	103	42	227	336	3 310	885
33	35	302	113	72	276	959	7 002	1 505
48	17	418	100	60	287	305	4 695	1 879
8	14	238	25	14	66	64	696	264
3	4	147	16	3	27	35	308	76
6	3	95	14	7	25	23	405	42
3	1	113	6	3	27	14	275	26
3	4	101	12	1	21	18	413	45
4	29	289	35	20	43	69	867	100
8	10	237	24	12	43	26	963	59
14	20	552	61	27	122	115	1 712	346
20	42	849	114	53	277	132	4 164	404
5	9	253	30	9	63	15	900	77
–	5	193	15	9	34	33	741	104
15	7	177	26	11	63	130	1 350	262
23	8	598	103	32	292	355	5 758	2 481
13	13	411	50	14	178	156	3 120	562
6	3	79	7	8	21	84	733	174
2	16	69	16	6	34	24	640	61
4	8	60	6	3	14	61	214	133
–	7	55	5	4	12	48	187	82
9	13	163	19	14	75	38	1 002	207
20	11	215	29	16	72	90	1 473	374
4	4	106	25	9	57	13	656	139
1	10	48	4	3	19	8	304	177
3	9	78	20	4	23	4	474	29
2	15	108	14	8	32	38	718	280
4	21	38	4	4	17	30	326	42
19	34	380	55	29	177	147	3 076	544
5	11	85	7	7	20	24	315	37
11	22	91	12	6	20	23	634	61
6	58	155	22	8	48	25	879	125
7	17	90	15	7	22	51	590	108
5	45	155	13	11	35	24	605	19
3	42	142	11	9	41	23	889	76
14	20	70	11	14	61	63	1 034	135
23	24	189	76	45	191	657	5 041	927
8	4	81	17	4	53	26	1 371	858
6	1	37	11	10	38	31	598	124
4	–	32	18	9	31	116	550	295
6	2	30	15	7	31	31	563	132
10	5	114	39	23	86	62	1 942	737
5	1	32	12	7	22	122	603	708
11	3	67	6	4	47	37	412	63
4	6	48	6	4	17	28	248	151
3	1	66	11	5	19	25	325	82
1	4	99	11	3	17	49	330	115
7	2	144	27	13	73	41	1 511	115
7	5	69	10	6	35	101	812	120
6	3	130	31	8	83	140	1 977	1 186
2	–	60	6	4	36	34	589	153
5	3	72	12	4	55	78	897	259
3	2	30	10	8	20	5	408	130
7	2	54	11	10	36	69	680	162
1	3	66	10	5	38	36	596	95
7	6	48	17	7	38	41	936	266
5	12	29	11	2	15	12	421	91

第11表　離婚件数及び離婚率（女性人口千対），

Table 11.　Divorces and divorce rates (per (regrouped for 21 major cities) and

離婚率
Divorce rates

都道府県 Prefecture	総数 Total	就業者総数 Employed	A 管理的職業従事者	B 専門的・技術的職業従事者	C 事務従事者	D 販売従事者	E サービス職業従事者
全　　　　国　All Japan	4.0	5.6	7.6	5.8	4.8	5.5	9.3
01 北　海　道	4.4	5.8	6.8	6.6	5.0	6.8	9.5
02 青　　森	3.7	5.7	3.4	5.3	5.2	6.8	9.8
03 岩　　手	3.3	4.9	6.3	4.5	4.7	5.4	7.7
04 宮　　城	3.7	5.5	4.6	5.0	4.5	5.9	9.2
05 秋　　田	3.0	4.9	6.2	5.1	4.9	4.9	8.0
06 山　　形	3.0	4.2	2.4	4.2	3.5	4.6	6.7
07 福　　島	3.9	5.7	7.5	5.2	5.0	5.3	10.0
08 茨　　城	4.1	5.8	6.7	5.8	4.7	5.8	10.2
09 栃　　木	4.0	5.3	3.8	5.5	4.3	5.0	9.2
10 群　　馬	3.9	5.6	9.6	5.7	4.4	5.5	9.2
11 埼　　玉	4.0	5.4	7.4	5.5	4.6	5.0	9.0
12 千　　葉	4.0	5.5	9.7	5.6	4.6	5.1	9.2
13 東　　京	4.1	6.2	11.3	7.1	5.6	5.7	10.3
14 神 奈 川	4.1	5.7	8.5	5.5	4.9	5.2	9.4
15 新　　潟	3.0	4.2	3.9	4.1	3.7	4.0	6.8
16 富　　山	3.0	4.5	5.6	4.7	3.7	3.5	6.5
17 石　　川	3.2	4.8	5.3	5.1	4.0	4.9	8.1
18 福　　井	3.4	5.0	6.0	4.8	4.1	5.4	7.7
19 山　　梨	4.0	5.7	10.2	6.2	4.6	5.5	9.5
20 長　　野	3.6	5.2	6.3	5.0	4.5	5.3	8.4
21 岐　　阜	3.4	4.6	6.0	4.9	3.7	5.0	7.6
22 静　　岡	4.0	5.5	6.0	5.1	4.7	5.3	9.2
23 愛　　知	4.1	5.7	8.1	5.2	4.8	5.6	9.9
24 三　　重	3.9	5.7	6.3	5.6	4.6	5.4	9.5
25 滋　　賀	3.8	5.2	5.4	5.2	4.4	4.3	8.9
26 京　　都	3.8	5.5	7.8	5.7	4.9	5.0	9.2
27 大　　阪	4.5	5.9	7.1	6.5	4.8	5.4	10.0
28 兵　　庫	3.8	5.6	7.6	5.8	4.7	5.5	9.2
29 奈　　良	3.6	5.3	5.2	5.8	4.1	3.7	9.0
30 和 歌 山	4.2	6.1	8.2	7.0	5.1	6.2	10.0
31 鳥　　取	3.6	4.7	6.1	4.3	3.6	4.0	6.9
32 島　　根	3.2	4.9	6.3	4.0	4.1	5.7	7.4
33 岡　　山	3.9	5.4	7.6	5.9	4.4	5.1	9.3
34 広　　島	3.9	5.4	5.0	5.2	4.5	5.0	9.1
35 山　　口	3.6	5.4	4.6	5.6	4.4	5.5	8.3
36 徳　　島	3.4	4.5	3.8	4.8	3.8	4.8	7.7
37 香　　川	3.9	6.1	8.1	7.0	5.6	5.6	10.1
38 愛　　媛	3.7	4.7	5.7	5.1	4.1	4.2	7.8
39 高　　知	3.9	6.3	6.3	7.4	5.4	7.4	9.4
40 福　　岡	4.2	6.1	7.2	6.1	5.4	6.1	9.8
41 佐　　賀	3.6	5.4	9.4	5.1	4.9	5.6	9.2
42 長　　崎	3.6	5.4	5.7	5.5	4.8	6.4	8.4
43 熊　　本	3.9	5.8	8.9	6.1	5.1	6.2	8.9
44 大　　分	3.8	5.5	8.0	5.7	4.4	5.5	9.0
45 宮　　崎	4.5	6.9	5.5	7.0	6.3	7.2	11.0
46 鹿 児 島	3.9	5.9	9.3	6.4	4.7	6.8	9.3
47 沖　　縄	6.0	9.4	13.0	8.3	9.4	9.3	16.5
21大都市（再掲） 21 major cities (Regrouped)							
50 東京都区部	4.3	6.6	12.4	7.8	6.0	6.2	11.4
51 札　　幌	4.8	5.7	9.5	6.2	4.8	7.1	10.0
52 仙　　台	3.7	5.3	5.7	4.5	4.1	5.7	8.8
53 さいたま	3.6	4.7	9.5	4.5	3.8	3.9	7.5
54 千　　葉	4.0	5.6	12.9	5.3	4.7	5.4	9.5
55 横　　浜	4.1	5.6	9.1	5.2	5.1	5.1	9.6
56 川　　崎	4.2	4.7	5.0	4.5	4.0	4.6	7.0
57 相　模　原	4.4	6.7	8.2	6.5	5.7	5.9	10.3
58 新　　潟	3.0	4.1	4.3	3.8	3.4	4.1	7.1
59 静　　岡	3.8	5.1	6.5	4.9	4.1	5.2	8.8
60 浜　　松	3.8	5.2	7.0	4.4	4.1	4.5	9.3
61 名　古　屋	4.3	5.9	8.0	5.9	5.0	6.1	10.2
62 京　　都	3.8	5.4	6.8	5.9	4.8	5.4	9.1
63 大　　阪	5.1	6.1	7.8	7.5	5.1	5.7	10.6
64 堺	4.6	6.3	6.4	6.4	4.8	5.6	11.3
65 神　　戸	4.0	5.8	9.1	5.5	4.9	5.2	9.4
66 岡　　山	4.1	5.2	9.3	5.7	4.2	5.4	8.9
67 広　　島	4.1	5.4	5.4	5.0	4.2	5.3	9.2
68 北　九　州	4.1	6.1	5.6	5.7	5.4	5.5	8.9
69 福　　岡	4.3	5.9	11.6	5.7	5.1	6.2	10.2
70 熊　　本	4.1	5.6	9.7	6.1	4.6	6.6	8.8

注：総数には就業状態不詳が、就業者総数には職業不詳が含まれる。

都道府県（21大都市再掲）・妻の職業（大分類）別

1,000 female population) by each prefecture
occupation of wife (major groups)

平成27年度
FY 2015

F 保安職業従事者	G 農林漁業従事者	H 生産工程従事者	I 輸送・機械運転従事者	J 建設・採掘従事者	K 運搬・清掃・包装等従事者	無職 Non-employed
7.2	1.3	4.6	22.4	12.6	2.1	2.4
8.4	2.2	4.2	17.5	10.8	2.0	2.7
6.5	2.0	4.9	9.5	9.0	1.9	1.9
5.5	0.8	5.2	12.9	10.4	1.8	1.5
7.7	1.1	4.5	20.6	16.1	2.4	2.3
4.5	0.8	3.9	16.9	8.8	1.3	1.5
3.7	0.8	4.4	9.8	12.8	0.9	1.3
6.9	0.6	4.9	23.4	18.9	2.1	2.2
7.9	1.4	6.0	24.8	15.3	2.2	2.5
9.8	0.9	5.3	16.8	12.0	2.1	2.2
1.1	1.3	5.9	15.1	5.8	2.0	2.2
6.1	1.0	4.3	30.6	16.0	2.3	2.5
8.4	1.0	3.9	26.7	14.6	2.4	2.5
4.3	5.8	2.6	23.1	16.5	2.1	3.0
9.5	1.6	4.3	20.5	17.0	2.5	2.5
7.9	0.6	3.9	16.1	10.6	1.6	1.3
6.5	0.8	4.6	21.9	3.9	1.5	1.3
12.2	0.6	3.2	22.0	8.6	1.4	1.7
10.2	0.2	4.6	18.0	7.6	2.3	1.7
8.5	0.4	5.2	36.0	2.9	1.9	2.3
6.0	0.8	5.2	26.7	17.3	1.3	1.9
8.2	0.9	4.2	22.1	10.6	1.2	2.2
6.7	0.7	5.6	21.3	13.0	1.8	2.2
5.4	1.3	5.3	22.8	12.1	2.2	2.8
6.9	0.9	6.0	26.9	8.6	2.1	2.3
-	0.9	5.3	23.1	12.4	1.6	2.5
10.2	0.9	3.8	22.3	12.4	1.9	2.4
7.2	1.7	5.1	29.9	12.1	2.5	3.0
5.0	0.9	4.5	20.4	7.6	2.4	2.4
10.5	0.6	3.8	13.2	18.3	1.4	2.1
4.3	1.0	4.5	35.5	16.4	2.3	2.7
12.3	0.9	4.5	24.2	9.0	1.8	1.7
-	0.8	4.0	14.6	9.9	1.4	1.2
10.9	0.9	4.2	18.4	14.7	2.9	2.3
11.5	0.8	4.3	17.9	9.7	1.8	2.3
3.2	0.4	4.8	27.3	9.0	2.9	1.9
2.8	0.9	3.9	17.5	8.0	2.2	1.7
6.8	1.1	4.4	45.5	7.3	1.7	2.1
4.2	0.9	4.4	21.7	12.8	1.6	2.1
11.0	1.6	4.0	16.6	11.8	1.7	2.0
7.5	1.5	5.4	19.5	10.0	2.5	2.7
9.3	0.8	4.5	16.1	13.4	1.6	1.7
11.1	1.4	4.2	18.9	8.7	1.1	1.9
5.9	2.0	4.8	27.6	6.4	2.0	2.2
14.6	1.4	4.4	28.2	8.6	1.4	2.1
8.7	2.3	6.6	23.5	16.3	2.2	2.4
4.3	1.9	4.8	13.9	9.6	1.8	2.3
16.8	3.4	5.1	11.8	33.5	3.4	3.9
4.7	14.7	2.6	24.2	15.9	2.3	3.4
5.4	3.8	4.0	16.2	5.0	1.7	3.0
6.5	0.8	3.9	17.9	16.9	2.8	2.6
4.9	-	2.5	27.1	17.4	2.0	2.1
9.5	1.9	3.4	26.2	17.4	2.4	2.8
5.5	2.2	3.5	23.0	16.6	2.2	2.6
8.0	1.5	2.5	20.2	13.0	1.4	2.4
35.0	6.5	6.6	12.5	12.3	4.1	2.9
7.9	1.1	3.2	11.5	8.9	1.3	1.4
6.6	0.3	4.6	23.0	11.3	1.6	2.1
1.9	0.6	4.9	18.3	6.6	1.3	2.0
5.6	2.4	4.7	23.8	13.1	2.3	3.3
10.6	3.6	3.0	16.5	13.5	2.0	2.7
6.9	11.8	4.1	34.9	10.9	2.5	4.1
5.3	-	5.8	15.7	13.8	3.3	3.0
7.3	1.8	4.1	18.1	9.4	2.7	2.5
7.3	0.7	2.7	25.1	21.5	2.1	2.6
9.3	1.2	3.3	16.1	13.9	2.2	2.7
2.4	2.9	5.5	17.0	9.2	3.1	2.5
11.0	4.7	3.4	24.2	9.9	2.1	3.2
7.3	2.6	2.9	31.1	3.7	1.6	2.7

Note: The total includes "employment status not stated", and the total number of employed persons (employed) includes "occupation not stated".

IV 参　考

Part IV References

1 用語の解説

標 準 化 出 生 率	年齢構成の異なる人口集団の間での出生率について、その年齢構成の差を取り除いて比較ができるようにした出生率をいう。
年 齢 調 整 死 亡 率	年齢構成の異なる人口集団の間での死亡率について、その年齢構成の差を取り除いて比較ができるようにした死亡率をいう。
無 配 偶 婚 姻 率	配偶者を有さない者の数に対する婚姻数の比率をいう。
標 準 化 婚 姻 率	年齢構成の異なる人口集団の間での婚姻率について、その年齢構成の差を取り除いて比較ができるようにした婚姻率をいう。
標準化無配偶婚姻率	年齢構成の異なる人口集団の間での無配偶婚姻率について、その年齢構成の差を取り除いて比較ができるようにした無配偶婚姻率をいう。
有 配 偶 離 婚 率	配偶者を有する者の数に対する離婚数の比率をいう。
標 準 化 離 婚 率	年齢構成の異なる人口集団の間での離婚率について、その年齢構成の差を取り除いて比較ができるようにした離婚率をいう。
標準化有配偶離婚率	年齢構成の異なる人口集団の間での有配偶離婚率について、その年齢構成の差を取り除いて比較ができるようにした有配偶離婚率をいう。
人 口	平成27年国勢調査による人口の労働力状態は以下のとおりに区分される。

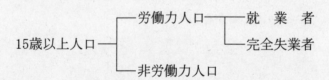

就　業　者：収入を伴う仕事を少しでもした人（但し休業者を含む）
完全失業者：収入を伴う仕事を少しもしなかった人のうち、仕事に就くことが可能であって、かつハローワークに申し込むなどして積極的に仕事を探していた人
非労働力人口：収入を伴う仕事を少しもしなかった人のうち、休業者及び完全失業者以外の人

本報告書では、上記の就業者を「有職」、完全失業者と非労働力人口を合わせたものを「無職」という。

1 Description of terms

Age-standardized live birth rate	The regulated birth rate to be able to compare the rate between population groups whose age structure is different except the differences of age structure.
Age-adjusted death rate	The regulated death rate to be able to compare the rate between population groups whose age structure is different except the differences of age structure.
Marriage rate for unmarried population	Marriages per unmarried population.
Age-standardized marriage rate	The marriage rate to be able to compare the rate between population groups whose age structure is different except the differences of age structure.
Age-standardized marriage rate for unmarried population	The marriage rate for unmarried population to be able to compare the rates between population groups whose age structure is different except the differences of age structure.
Divorce rate for married population	Divorces per population for married population.
Age-standardized divorce rate	The divorce rate to be able to compare the rates between population groups whose age structure is different except the differences of age structure.
Age-standardized divorce rate for married population	The divorce rate for married population to be able to compare the rates between population groups whose age structure is different except the differences of age structure.
Population	According to "2015 Population Census of Japan" the labour force status is classified as follows;

```
                          ┌─ Labour force ─┬─ Employed
Population 15 years ──────┤                └─ Unemployed
of age and over           └─ Not in labour force
```

Employed: People who were on the some payroll. (including employed persons who are taking leaves)

Unemployed: People who were able to work and sought a job at Public Employment Security Offices (Hello Works) and so on among people who were not on the any payroll.

Not in labour force: People left of absence from work and others except complete unemployed among people who were not on the any payroll.

In this report, the sum of "Unemployed" and "Not in labour force" are referred to as the "Non-employed".

2 比率の解説

(1) 出　生

父（母）の職業別（年齢階級別）出生率

$$= \frac{\text{父（母）の職業別（年齢階級別）出生数}}{\text{性・職業別（年齢階級別）人口}} \times 1,000$$

父（母）の職業別標準化出生率

$$= \frac{\Sigma\left[\begin{array}{l}\text{父（母）の職業・年齢階級別出生率×}\\ \text{基準人口の当該年齢階級の人口}\end{array}\right]}{\text{対象年齢範囲の基準人口の合計}}$$

注：父の場合は、出生子が嫡出子に限る。

(2) 死　亡

性・職業（産業）別（年齢階級別）死亡率

$$= \frac{\text{性・職業（産業）別（年齢階級別）死亡数}}{\text{性・職業（産業）別（年齢階級別）人口}} \times 1,000\ (100,000)$$

性・職業（産業）別年齢調整死亡率

$$= \frac{\Sigma\left[\begin{array}{l}\text{性・職業（産業）・年齢階級別死亡率×}\\ \text{基準人口の当該年齢階級の人口}\end{array}\right]}{\text{対象年齢範囲の基準人口の合計}}$$

(3) 死　産

出産数　＝　出生数　＋　死産数

父（母）の職業別死産率

$$= \frac{\text{父（母）の職業別死産数}}{\text{父（母）の職業別出産数}} \times 1,000$$

注：父の場合は、出生子及び死産胎児が嫡出子に限る。

(4) 周産期死亡

周産期死亡数　＝　妊娠満22週以後の死産数　＋　早期新生児死亡数

父（母）の職業別周産期死亡率

$$= \frac{\text{父（母）の職業別周産期死亡数}}{\text{父（母）の職業別出生数＋父（母）の職業別妊娠満22週以後の死産数}} \times 1,000$$

父（母）の職業別早期新生児死亡率

$$= \frac{\text{父（母）の職業別早期新生児死亡数}}{\text{父（母）の職業別出生数}} \times 1,000$$

注：父の場合は、出生子及び死産胎児が嫡出子に限る。

(5) 婚　姻

夫（妻）の職業別（年齢階級別）婚姻率

$$= \frac{\text{夫（妻）の職業別（年齢階級別）婚姻数}}{\text{性・職業別（年齢階級別）人口}} \times 1,000$$

夫（妻）の職業別（年齢階級別）無配偶婚姻率

$$= \frac{\text{夫（妻）の職業別（年齢階級別）婚姻数}}{\text{性・職業別（年齢階級別）無配偶人口}} \times 1,000$$

夫（妻）の職業別標準化婚姻率

$$= \frac{\Sigma\left[\begin{array}{l}\text{夫（妻）の職業・年齢階級別婚姻率×}\\ \text{基準人口の当該年齢階級の人口}\end{array}\right]}{\text{対象年齢範囲の基準人口の合計}}$$

夫（妻）の職業別標準化無配偶婚姻率

$$= \frac{\Sigma\left[\begin{array}{l}\text{夫（妻）の職業・年齢階級別無配偶婚姻率×}\\ \text{基準人口の当該年齢階級の人口}\end{array}\right]}{\text{対象年齢範囲の基準人口の合計}}$$

(6) 離　婚

夫（妻）の職業別（年齢階級別）離婚率

$$= \frac{\text{夫（妻）の職業別（年齢階級別）離婚数}}{\text{性・職業別（年齢階級別）人口}} \times 1,000$$

夫（妻）の職業別（年齢階級別）有配偶離婚率

$$= \frac{\text{夫（妻）の職業別（年齢階級別）離婚数}}{\text{性・職業別（年齢階級別）有配偶人口}} \times 1,000$$

夫（妻）の職業別標準化離婚率

$$= \frac{\Sigma\left[\begin{array}{l}\text{夫（妻）の職業・年齢階級別離婚率×}\\ \text{基準人口の当該年齢階級の人口}\end{array}\right]}{\text{対象年齢範囲の基準人口の合計}}$$

夫（妻）の職業別標準化有配偶離婚率

$$= \frac{\Sigma\left[\begin{array}{l}\text{夫（妻）の職業・年齢階級別有配偶離婚率×}\\ \text{基準人口の当該年齢階級の人口}\end{array}\right]}{\text{対象年齢範囲の基準人口の合計}}$$

2 Description of rates

(1) Natality

Live birth rate by occupation (and age group) of father (mother)

$$= \frac{\text{Live births by occupation (and age group) of father (mother)}}{\text{Population by sex, occupation (and age group)}} \times 1,000$$

Age-standardized live birth rate by occupation of father (mother)

$$= \frac{\Sigma \left[\times \begin{array}{l} \text{Live birth rate by occupation and age group of father (mother)} \\ \text{Population in the relevant age group of the standard population} \end{array} \right]}{\text{Total standard population in the age range covered}}$$

Note: Fathers in natality are limited to children born in wedlock.

(2) General mortality

Death rate by sex, occupation (industry) (and age group)

$$= \frac{\text{Deaths by sex, occupation (industry) (and age group)}}{\text{Population by sex, occupation (industry) (and age group)}} \times 1,000$$

Age-adjusted death rate by sex and occupation (industry)

$$= \frac{\Sigma \left[\times \begin{array}{l} \text{Death rate by sex, occupation (industry) (and age group)} \\ \text{Population in the relevant age group of the standard population} \end{array} \right]}{\text{Total standard population in the age range covered}}$$

(3) Foetal mortality

Total births = live births + foetal deaths

Foetal death rate by occupation of father (mother)

$$= \frac{\text{Foetal deaths by occupation of father (mother)}}{\text{Total births by occupation of father (mother)}} \times 1,000$$

Note: Fathers in natality, foetal and perinatal natality are limited to children (dead fetuses) born in wedlock.

(4) Perinatal mortality

Perinatal deaths = foetal deaths at 22 completed weeks and over of gestation
+ early neonatal deaths

Perinatal death rate by occupation of father (mother)

$$= \frac{\text{Perinatal deaths by occupation of father (mother)}}{\begin{array}{c}\text{Live births by occupation of father (mother)} + \\ \text{Foetal deaths at 22 completed weeks and over of gestation} \\ \text{by occupation of father (mother)}\end{array}} \times 1,000$$

Early neonatal death rate by occupation of father (mother)

$$= \frac{\text{Early neonatal deaths by occupation of father (mother)}}{\text{Live births by occupation of father (mother)}} \times 1,000$$

Note: Fathers in natality, foetal and perinatal natality are limited to children (dead fetuses) born in wedlock.

(5) Marriages

Marriage rate by occupation (and age group) of groom (bride)

$$= \frac{\text{Marriages by occupation (and age group) of groom (bride)}}{\text{Population by sex, occupation (and age group)}} \times 1,000$$

Marriage rate for unmarried population by occupation (and age group) of groom (bride)

$$= \frac{\text{Marriages by occupation (and age group) of groom (bride)}}{\text{Unmarried population by sex, occupation (and age group)}} \times 1,000$$

Age-standardized marriage rate by occupation of groom (bride)

$$= \frac{\Sigma \left[\begin{array}{l} \text{Marriage rate by occupation (and age group) of groom (bride)} \\ \times \text{ Population in the relevant age group of the standard population} \end{array} \right]}{\text{Total standard population in the age range covered}}$$

Age-standardized marriage rate for unmarried population by occupation of groom (bride)

$$= \frac{\Sigma \left[\begin{array}{l} \text{Marriage rate for unmarried population by occupation (and age group) of groom (bride)} \\ \times \text{ Population in the relevant age group of the standard population} \end{array} \right]}{\text{Total standard population in the age range covered}}$$

(6) Divorces

Divorce rate by occupation (and age group) of husband (wife)

$$= \frac{\text{Divorces by occupation (and age group) of husband (wife)}}{\text{Population by sex, occupation (and age group)}} \times 1,000$$

Divorce rate for married population by occupation (and age group) of husband (wife)

$$= \frac{\text{Divorces by occupation (and age group) of husband (wife)}}{\text{Married population by sex, occupation (and age group)}} \times 1,000$$

Age-standardized divorce rate by occupation of husband (wife)

$$= \frac{\Sigma \left[\begin{array}{l} \text{Divorce rate by occupation (and age group) of husband (wife)} \\ \times \text{ Population in the relevant age group of the standard population} \end{array} \right]}{\text{Total standard population in the age range covered}}$$

Age-standardized divorce rates for married population by occupation of husband (wife)

$$= \frac{\Sigma \left[\begin{array}{l} \text{Divorce rate for married population by occupation (and age group) of husband (wife)} \\ \times \text{ Population in the relevant age group of the standard population} \end{array} \right]}{\text{Total standard population in the age range covered}}$$

3 職業・産業分類　Classification of occupation and industry

本報告書で用いた職業及び産業は、統計基準である「日本標準職業分類（大分類）」及び「日本標準産業分類（大分類）」に準拠している。

Occupations and industries used in this statistic are based on statistical standards "Japan Standard Occupational Classification (Major Classification)" and "Japan Standard Industrial Classification (Major Classification)."

(1) 職業分類と例示　OCCUPATION

	職業（大分類） Occupation (Major Groups)	職業略称	仕事の内容例示 この分類に含まれる職業
A	管理的職業従事者 ADMINISTRATIVE AND MANAGERIAL WORKERS	管理職	事業経営方針の決定・経営方針に基づく執行関係の樹立・作業の監督・統制など、経営体の全般又は課（課相当を含む）以上の内部組織の経営・管理に従事するものをいう。国・地方公共団体の各機関の公選された公務員も含まれる。 管理的公務員、法人・団体役員、法人・団体等管理職員、その他の管理的職業従事者
B	専門的・技術的職業従事者 PROFESSIONAL AND ENGINEERING WORKERS	専門・技術職	高度の専門的水準において、科学的知識を応用した技術的な仕事に従事するもの、及び医療・教育・法律・宗教・芸術・その他の専門的性質の仕事に従事するものをいう。この仕事を遂行するには、通例、大学・研究機関などにおける高度の科学的訓練・その他専門的分野の訓練、又はこれと同程度以上の実務的経験あるいは芸術上の創造的才能を必要とする。 研究者、農林水産技術者、製造技術者、建築・土木・測量技術者、情報処理・通信技術者、その他の技術者、医師、歯科医師、獣医師、薬剤師、保健師、助産師、看護師（准看護師を含む）、医療技術者、その他の保健医療従事者、社会福祉専門職業従事者、法務従事者、経営・金融・保険専門職業従事者、教員、宗教家、著述家、記者、編集者、美術家、デザイナー、写真家、映像撮影者、音楽家、舞台芸術家、その他の専門的職業従事者
C	事務従事者 CLERICAL WORKERS	事務職	一般に課長（課長相当職を含む）以上の職務にあるものの監督を受けて、庶務・文書・人事・調査・企画・会計などの仕事、並びに生産関連・営業販売・外勤・運輸・通信に関する事務及び事務用機器の操作の仕事に従事するものをいう。 一般事務従事者、会計事務従事者、生産関連事務従事者、営業・販売事務従事者、外勤事務従事者、運輸・郵便事務従事者、事務用機器操作員
D	販売従事者 SALES WORKERS	販売職	有体的商品の仕入・販売、不動産・有価証券などの売買の仕事、有体的商品・不動産・有価証券などの売買の仲立・取次・代理などの販売類似の仕事、商品の売買・製造・サービスなどに関する取引上の勧誘・交渉・受注・契約締結、保険の代理・募集などの営業の仕事に従事するものをいう。 商品販売従事者、販売類似職業従事者、営業職業従事者
E	サービス職業従事者 SERVICE WORKERS	サービス職	個人の家庭における家事サービス、介護・身の回り用務・調理・接客・娯楽など個人に対するサービス、及び他に分類されないサービスの仕事に従事するものをいう。 家庭生活支援サービス職業従事者、介護サービス職業従事者、保健医療サービス職業従事者、生活衛生サービス職業従事者、飲食物調理従事者、接客・給仕職業従事者、居住施設・ビル等管理人、その他のサービス職業従事者
F	保安職業従事者 SECURITY WORKERS	保安職	国家の防衛、社会・個人・財産の保護、法と秩序の維持などの仕事に従事するものをいう。自衛官・警察官・海上保安官・消防員として任用されていて、医療・教育・事務などのように、他の分類項目に該当する仕事に従事するものも含まれる。 自衛官、司法警察職員、その他の保安職業従事者
G	農林漁業従事者 AGRICULTURE, FORESTRY AND FISHERY WORKERS	農林漁業職	農作物の栽培・収穫、養蚕・家畜・家きん（禽）・その他の動物の飼育、木材の育成・伐採・搬出、水産動植物（両せい（棲）類を含む）の捕獲・採取・養殖をする仕事、及びその他の農林漁業類似の仕事並びにこれらに関連する仕事に従事するものをいう。 農業従事者、林業従事者、漁業従事者
H	生産工程従事者 MANUFACTURING PROCESS WORKERS	生産工程職	生産設備の制御・監視の仕事、機械・器具・手動具などを用いて原料・材料を加工する仕事、各種の機械器具を組立・調整・修理・検査する仕事、製版・印刷・製本の作業、生産工程で行われる仕事に関連する仕事及び生産に類似する技能的な仕事に従事するものをいう。 生産設備制御・監視従事者、機械組立設備制御・監視従事者、製品製造・加工処理従事者、機械組立従事者、機械整備・修理従事者、製品検査従事者、機械検査従事者、生産関連・生産類似職業従事者
I	輸送・機械運転従事者 TRANSPORT AND MACHINE OPERATION WORKERS	輸送・機械運転職	機関車・電車・自動車・船舶・航空機などの運転・操縦の仕事、及びその他の関連する仕事、並びに定置機関・機械及び建設機械を操作する仕事に従事するものをいう。 鉄道運転従事者、自動車運転従事者、船舶（漁労船は除く）・航空機運転従事者、その他の輸送従事者、定置・建設機械運転従事者
J	建設・採掘従事者 CONSTRUCTION AND MINING WORKERS	建設・採掘職	建設の仕事、電気工事に係る作業を行う仕事、ダム・トンネルの掘削などの仕事、鉱物の探査・試掘・採掘・選鉱の仕事に従事するものをいう。 建設躯体工事従事者、建設従事者、電気工事従事者、土木作業従事者、採掘従事者
K	運搬・清掃・包装等従事者 CARRYING, CLEANING, PACKAGING, AND RELATED WORKERS	運搬・清掃・包装等職	主に身体を使った定型的な作業のうち、運搬・配達・梱包・清掃・包装に従事するものをいう。 運搬従事者、清掃従事者、包装従事者、その他の運搬・清掃・包装等従事者
L	職業不詳 WORKERS NOT CLASSIFIABLE BY OCCUPATION	職業不詳	（有職だが、職業が不詳の人） (Person who is not engaged in an unknown occupation)
無職 NON-EMPLOYED		無職	（報酬を伴う仕事、又は報酬を目的とする仕事に従事していない人） (Person who is not engaged in any work with income or with the aim of getting income)
不詳 NOT STATED		不詳	（有職か無職か不詳の人） (Person who is not known to have or not have occupation)

(2) 産業分類と例示

産業（死亡のみ）　INDUSTRY (for death reports only)

		産業（大分類） Industry (Major Groups)	産業略称	仕事の内容例示 この分類に含まれる産業
第1次産業	A	農業, 林業 AGRICULTURE AND FORESTRY	農業, 林業	耕種農業(稲, 麦類, 雑穀, 豆類, いも類, 野菜, 果樹, 工芸農作物, 飼肥料作物, 花き, 薬用作物, 採種用作物, 桑の栽培), 養畜農業(養きん, 養ほう, 養蚕を含む)及び農業に直接関係するサービス業務並びに林業(山林用苗木の育成・植栽, 材木の保育・保護, 材木からの素材生産, 薪及び木炭の製造, 樹脂, 樹皮, その他の林産物の採集及び野生動物の狩猟など)及び林業に直接関係するサービス業務を行う事業をいう。植木の刈り込みのような園芸サービスを行う事業も含まれる。 耕種農業, 畜産農業, 農業サービス, 育林業, 素材生産業, 特用林産物生産業, 林業サービス業, その他の林業　等
	B	漁業 FISHERIES	漁業	海面又は内水面において自然繁殖している(まき付, 放苗, 投石, 耕うんなどいわゆる増殖によって繁殖しているものを含む)水産動植物を採捕する事業, 海面又は内水面において人工的設備を施し, 水産動植物の養殖を行う事業及びこれらに直接関係するサービス業務を行う事業をいう。漁船内で製造, 加工を行う事業も含まれる。 海面漁業, 内水面漁業, 海面養殖業, 内水面養殖業　等
第2次産業	C	鉱業, 採石業, 砂利採取業 MINING AND QUARRYING OF STONE AND GRAVEL	鉱業, 採石業, 砂利採取業	有機物, 無機物を問わず, 天然に固体, 液体又はガスの状態で生ずる鉱物を掘採, 採石する事業及びこれらの選鉱その他の品位向上処理を行う事業をいう。鉱物を探査するための地質調査, 物理探鉱, 地化学探鉱, 試すい(錐)等の探鉱作業及び開坑, 掘さく, 排土などの鉱山開発作業又は鉱山内の鉱物運搬作業を請負う事業, 硫黄鉱を掘採し, 硫黄の製錬を行う事業及びろう石クレー, 陶石クレーの製造を行う事業も含まれる。 金属鉱業, 石炭・亜炭鉱業, 原油・天然ガス鉱業, 採石業, 砂・砂利・玉石採取業, 窯業原料用鉱物鉱業, その他の鉱業　等
	D	建設業 CONSTRUCTION	建設業	建築物, 土木施設その他土地に継続的に接着する工作物及びそれらに附帯する設備を新設, 改造, 修繕, 解体, 除却若しくは移設する工事, 土地, 航路, 流路などを改良若しくは造成する工事, 機械装置をすえ付け, 解体若しくは移設する工事を施工する事業をいう。 総合工事業, 職別工事業, 設備工事業　等
	E	製造業 MANUFACTURING	製造業	有機又は無機の物質に物理的, 化学的変化を加えて新製品を製造し, これを卸売する事業をいう。完成された部品を組立てるだけの作業(組立作業), 船舶の修理, 鉄道車両の修理又は改造(鉄道業の自家用を除く), 航空機用原動機のオーバーホール並びに金属工作機械又は金属加工機械をすえ付け, 多種多様の機械及び部分品の製造加工と修理を行う事業, 他の業者の所有に属する原材料に加工処理を行って加工賃を受取る賃加工業をいう。 食料品, 飲料・たばこ・飼料, 木材・木製品, 家具・装備品, パルプ・紙・紙加工品, 石油製品・石炭製品, プラスチック製品, ゴム製品, なめし革・同製品・毛皮, 窯業・土石製品, 非鉄金属, 金属製品, はん用機械器具, 生産用機械器具, 業務用機械器具, 電子部品・デバイス・電子回路, 電気機械器具, 情報通信機械器具, 輸送用機械器具等の製造業, 繊維工業, 印刷・同関連業, 化学工業, 鉄鋼業　等
	F	電気・ガス・熱供給・水道業 ELECTRICITY, GAS, HEAT SUPPLY AND WATER	電気・ガス・熱供給・水道業	一般の需要に応じ電気, ガス, 熱又は水(かんがい用水を除く)を供給する事業所並びに汚水・雨水の処理等を行う事業をいう。 電気業, ガス業, 熱供給業, 上水道業, 工業用水道業, 下水道業　等
	G	情報通信業 INFORMATION AND COMMUNICATIONS	情報通信業	情報の伝達, 情報の処理, 提供などのサービスを行う事業, インターネットに付随したサービスを行う事業及び伝達することを目的として情報の加工を行う事業をいう。 通信業, 放送業, 情報サービス業, インターネット附随サービス業, 映像・音声・文字情報制作業　等
	H	運輸業, 郵便業 TRANSPORT AND POSTAL ACTIVITIES	運輸業, 郵便業	鉄道, 自動車, 船舶, 航空機又はその他の運送用具による旅客, 貨物の運送業, 倉庫業, 及び運輸に附帯するサービス業を営む事業並びに郵便物または信書便物を送達する事業をいう。 鉄道業, 道路旅客運送業, 道路貨物運送業, 水運業 航空運輸業, 倉庫業, 運輸に附帯するサービス業, 郵便業(信書便事業を含む)　等
	I	卸売業, 小売業 WHOLESALE AND RETAIL TRADE	卸売業, 小売業	有体的商品を購入して販売する事業, 個人用又は家庭用消費のために商品を販売する事業, 他の事業所のために商品の売買の代理行為を行い, 又は仲立人として商品の売買のあっせんを行う事業, 製造した商品をその場所でそれら家庭用消費者に販売する事業をいう。官公庁, 会社, 工場, 団体, 劇場, 遊園地などの中にある売店で当該事業所の経営に係わるものはその事業所に含めるが, その売店が当該事業所以外のものによって経営される場合には別の独立した事業所として本分類に含まれる。 各種商品, 繊維・衣服等, 飲食料品, 建築材料, 鉱物・金属材料等, 機械器具等の卸売業, 各種商品, 織物・衣服・身の回り品, 飲食料品, 機械器具の小売業, 無店舗小売業　等
第3次産業	J	金融業, 保険業 FINANCE AND INSURANCE	金融業, 保険業	金融業(資金の貸し手と借り手の間に立って資金の融通を行う事業及び両者の間の資金取引の仲介を行う事業)又は保険業(不測の事故に備えようとする者から保険料の払込みを受け, 所定の事故が発生した場合に保険金を支払う事業)を営む事業。郵便貯金, 簡易生命保険を営む事業所, 専ら金融又は保険の事業を営む協同組合, 農業又は漁業に係る共済事業を行う事業並びに漁船保険を行う事業も含まれる。 ただし, 社会保険事業を行う事業所は「16 医療, 福祉」又は「19 公務(他に分類されるものを除く)」に分類される。 銀行業, 協同組織金融業, 貸金業, クレジットカード業等非預金信用機関, 金融商品取引業, 商品先物取引業, 補助的金融業等, 保険業(保険媒介代理業, 保険サービス業を含む)　等
	K	不動産業, 物品賃貸業 REAL ESTATE AND GOODS RENTAL AND LEASING	不動産業, 物品賃貸業	不動産(土地, 建物その他土地に定着する工作物)の売買, 交換, 賃貸, 管理又は不動産の売買, 貸借, 交換の代理若しくは仲介を行う事業並びに主として産業用機械器具, 自動車, スポーツ・娯楽用品, 映画・演劇用品などの物品を賃貸する事業をいう。 不動産取引業, 不動産賃貸業・管理業, 物品賃貸業　等
	L	学術研究, 専門・技術サービス業 SCIENTIFIC RESEARCH, PROFESSIONAL AND TECHNICAL SERVICES	学術研究, 専門・技術サービス業	主として学術的研究などを行う事業, 個人または事業所に対して専門的な知識・技術を提供する事業で, 他に分類されないサービスを提供する事業をいう。 学術・開発研究機関, 専門サービス業(他に分類されないもの), 広告業, 技術サービス業(他に分類されないもの)　等
	M	宿泊業, 飲食サービス業 ACCOMMODATIONS, EATING AND DRINKING SERVICES	宿泊業, 飲食サービス業	一般公衆, 特定の会員等に対して宿泊又は宿泊と食事を提供する事業並びに主として客の注文に応じ調理した飲食料品, その他の食料品又は飲料をその場所又は客の求める場所に届ける事業及び客の求める場所において, 調理した飲食料品を提供する事業をいう。 宿泊業, 飲食店, 持ち帰り・配達飲食サービス業　等
	N	生活関連サービス業, 娯楽業 LIVING-RELATED AND PERSONAL SERVICES AND AMUSEMENT SERVICES	生活関連サービス業, 娯楽業	主として個人に対して日常生活と関連して技能・技術を提供し, 又は施設を提供するサービス及び娯楽あるいは余暇利用に係る施設又は技能・技術を提供するサービスを行う事業をいう。 洗濯・理容・美容・浴場業, 旅行業, 家事サービス業, 衣服裁縫修理業, 物品預り業, 火葬・墓地管理業, 冠婚葬祭業, 娯楽業　等
	O	教育, 学習支援業 EDUCATION, LEARNING SUPPORT	教育, 学習支援業	学校教育を行う事業, 学校教育を除く組織的な教育活動を行う事業, 学校教育の補習教育を行う事業及び教養, 技能, 技術などを教授する事業をいう。通信教育事業, 学習塾, 図書館, 博物館, 植物園などの事業も含まれる。 学校教育, 社会教育, 職業・教育支援施設, 学習塾, 教養・技能教授業　等
	P	医療, 福祉 MEDICAL, HEALTH CARE AND WELFARE	医療, 福祉	医療, 保健衛生, 社会保険, 社会福祉及び介護に関するサービスを提供する事業をいう。 医療業, 保健衛生, 社会保険・社会福祉・介護事業　等
	Q	複合サービス事業 COMPOUND SERVICES	複合サービス事業	信用事業, 保険事業又は共済事業と併せて複数の大分類にわたる各種のサービスを提供する事業をいう。 郵便局, 協同組合(他に分類されないもの)　等
	R	サービス業 (他に分類されないもの) SERVICES, N.E.C.	その他のサービス業	主として個人又は事業所に対してサービスを提供する他の大分類に分類されない事業をいう。 廃棄物処理業, 自動車整備業, 機械等修理業, 職業紹介・労働者派遣業, 速記・ワープロ入力・複写業, 建物サービス業, 警備業, 政治・経済・文化団体, 宗教, 集会場, と畜場, 外国公務　等
	S	公務 (他に分類されるものを除く) GOVERNMENT, EXCEPT ELSEWHERE CLASSIFIED	公務	国又は地方公共団体の機関のうち, 国会, 裁判所, 中央官庁及びその地方支分部局, 都道府県庁, 市区役所, 町村役場など本来の立法事務, 司法事務及び行政事務を行う官公署が分類される。 国家公務, 立法機関, 司法機関, 行政機関, 地方公務, 都道府県機関, 市町村機関　等
T		産業不詳 INDUSTRIES UNABLE TO CLASSIFY	産業不詳	(有職だが, 産業が不詳の人) (Person who is not engaged in an unknown industry)
無職 NON-EMPLOYED			無職	(報酬を伴う仕事, 又は報酬を目的とする仕事に従事していない人) (Person who is not engaged in any work with income or with the aim of getting income)
不詳 NOT STATED			不詳	(有職か無職か不詳の人) (Person who is not known to have or not have occupation)

4 選択死因分類表

選択死因 分類コード	分類名	死因基本分類 コード
Se 01	結核	A15-A19
Se 02	悪性新生物	C00-C97
	（再掲）	
Se 03	食道の悪性新生物	C15
Se 04	胃の悪性新生物	C16
Se 05	結腸の悪性新生物	C18
Se 06	直腸Ｓ状結腸移行部及び直腸の悪性新生物	C19-C20
Se 07	肝及び肝内胆管の悪性新生物	C22
Se 08	胆のう及びその他の胆道の悪性新生物	C23-C24
Se 09	膵の悪性新生物	C25
Se 10	気管，気管支及び肺の悪性新生物	C33-C34
Se 11	乳房の悪性新生物	C50
Se 12	子宮の悪性新生物	C53-C55
Se 13	白血病	C91-C95
Se 14	糖尿病	E10-E14
Se 15	高血圧性疾患	I10-I13
Se 16	心疾患（高血圧性を除く）	I01-I02.0, I05-I09, I20-I25, I27, I30-I51
	（再掲）	
Se 17	急性心筋梗塞	I21-I22
Se 18	その他の虚血性心疾患	I20, I24-I25
Se 19	不整脈及び伝導障害	I44-I49
Se 20	心不全	I50
Se 21	脳血管疾患	I60-I69
	（再掲）	
Se 22	くも膜下出血	I60, I69.0
Se 23	脳内出血	I61, I69.1
Se 24	脳梗塞	I63, I69.3
Se 25	大動脈瘤及び解離	I71
Se 26	肺炎	J12-J18
Se 27	慢性閉塞性肺疾患	J41-J44
Se 28	喘息	J45-J46
Se 29	肝疾患	K70-K76
Se 30	腎不全	N17-N19
Se 31	老衰	R54
Se 32	不慮の事故	V01-X59
	（再掲）	
Se 33	交通事故	V01-V98
Se 34	自殺	X60-X84

注： 選択死因分類は「疾病及び関連保健問題の国際統計分類第10回改訂ICD－10（2003年版）」に準拠し，社会的に関心の強い死因について分類したものである。死因の名称及び分類内容の詳細については「平成27年人口動態統計」（上巻）を参照されたい。

4 The selected list of causes of death for Japan

Selected list of causes code	Causes of death	ICD-10 (2003)
Se 01	Tuberculosis	A15-A19
Se 02	Malignant neoplasms (Regrouped)	C00-C97
Se 03	Malignant neoplasm of oesophagus	C15
Se 04	Malignant neoplasm of stomach	C16
Se 05	Malignant neoplasm of colon	C18
Se 06	Malignant neoplasm of rectosigmoid junction and rectum	C19-C20
Se 07	Malignant neoplasm of liver and intrahepatic bile ducts	C22
Se 08	Malignant neoplasm of gallbladder and other biliary tract	C23-C24
Se 09	Malignant neoplasm of pancreas	C25
Se 10	Malignant neoplasm of trachea, bronchus and lung	C33-C34
Se 11	Malignant neoplasm of breast	C50
Se 12	Malignant neoplasm of uterus	C53-C55
Se 13	Leukaemia	C91-C95
Se 14	Diabetes mellitus	E10-E14
Se 15	Hypertensive diseases	I10-I13
Se 16	Heart diseases (excluding hypertensive heart diseases) (Regrouped)	I01-I02.0, I05-I09, I20-I25, I27, I30-I51
Se 17	Acute myocardial infarction	I21-I22
Se 18	Other ischaemic heart diseases	I20, I24-I25
Se 19	Cardiac arrhythmias and conduction disorders	I44-I49
Se 20	Heart failure	I50
Se 21	Cerebrovascular diseases (Regrouped)	I60-I69
Se 22	Subarachnoid heamorrhage	I60, I69.0
Se 23	Intracerebral haemorrhage	I61, I69.1
Se 24	Cerebral infarction	I63, I69.3
Se 25	Aortic aneurysm and dissection	I71
Se 26	Pneumonia	J12-J18
Se 27	Chronic obstructive pulmonary disease	J41-J44
Se 28	Asthma	J45-J46
Se 29	Diseases of liver	K70-K76
Se 30	Renal failure	N17-N19
Se 31	Senility	R54
Se 32	Accidents (Regrouped)	V01-X59
Se 33	Transport accidents	V01-V98
Se 34	Suicide	X60-X84

付　録
Appendix

(1) 基礎人口
　　Fundamental population

表1　15歳以上人口，年齢

Table 1.　Population 15 years of age and over,

職　　業　（大分類） Occupation (major groups)	総　　数 Total	15～19歳 Years	20～24	25～29	30～34	35～39
総　　　　数　Total						
総　　　　　　　　　　数　Total	109 534 740	5 977 783	5 883 485	6 292 857	7 184 240	8 238 135
就　業　者　総　数　Employed	58 018 675	769 936	3 339 674	4 521 798	5 132 301	6 027 463
A　管理的職業従事者	1 378 446	53	1 368	7 244	23 720	52 812
B　専門的・技術的職業従事者	9 274 837	28 804	542 290	960 394	1 035 769	1 154 669
C　事務従事者	11 148 369	45 478	475 420	884 100	1 029 926	1 285 234
D　販売従事者	7 356 073	169 887	563 846	644 436	691 277	759 150
E　サービス職業従事者	6 765 051	231 711	625 047	524 592	563 389	627 203
F　保安職業従事者	1 084 656	18 527	84 811	110 818	111 271	111 499
G　農林漁業従事者	2 123 617	6 497	31 024	49 953	72 782	87 362
H　生産工程従事者	7 711 550	114 043	472 493	640 706	730 724	872 629
I　輸送・機械運転従事者	1 996 780	5 715	38 282	74 853	116 346	172 175
J　建設・採掘従事者	2 566 554	36 602	117 172	148 366	205 427	285 918
K　運搬・清掃・包装等従事者	3 846 730	55 780	165 354	198 167	249 840	315 219
L　分類不能の職業	2 766 012	56 839	222 567	278 169	301 830	303 593
無　　　　　職　Non-employed	43 163 859	4 755 063	1 819 979	925 242	1 195 669	1 368 846
不　　　　　詳　Not stated	8 352 206	452 784	723 832	845 817	856 270	841 826
男　Male						
総　　　　　　　　　　数　Total	52 940 825	3 073 597	3 014 733	3 210 180	3 652 706	4 191 265
就　業　者　総　数　Employed	32 619 348	401 742	1 676 852	2 431 980	2 910 460	3 447 620
A　管理的職業従事者	1 154 097	33	957	5 643	19 687	44 933
B　専門的・技術的職業従事者	4 801 988	15 762	195 521	441 747	521 979	599 578
C　事務従事者	4 455 042	14 698	140 777	290 841	358 314	462 460
D　販売従事者	4 135 676	63 956	253 041	341 130	406 967	464 263
E　サービス職業従事者	2 145 434	90 749	242 609	198 608	217 110	223 533
F　保安職業従事者	1 016 587	15 819	74 365	100 206	103 102	104 266
G　農林漁業従事者	1 336 317	5 279	24 108	38 776	54 887	62 942
H　生産工程従事者	5 514 460	85 803	356 787	500 937	569 662	665 844
I　輸送・機械運転従事者	1 929 380	5 030	35 293	70 270	111 378	165 565
J　建設・採掘従事者	2 505 390	35 939	114 150	144 583	201 217	280 344
K　運搬・清掃・包装等従事者	2 024 935	40 843	119 436	139 270	167 030	191 774
L　分類不能の職業	1 600 042	27 831	119 808	159 969	179 127	182 118
無　　　　　職　Non-employed	15 828 077	2 432 711	941 910	311 779	264 403	273 776
不　　　　　詳　Not stated	4 493 400	239 144	395 971	466 421	477 843	469 869
女　Female						
総　　　　　　　　　　数　Total	56 593 915	2 904 186	2 868 752	3 082 677	3 531 534	4 046 870
就　業　者　総　数　Employed	25 399 327	368 194	1 662 822	2 089 818	2 221 841	2 579 843
A　管理的職業従事者	224 349	20	411	1 601	4 033	7 879
B　専門的・技術的職業従事者	4 472 849	13 042	346 769	518 647	513 790	555 091
C　事務従事者	6 693 327	30 780	334 643	593 259	671 612	822 774
D　販売従事者	3 220 397	105 931	310 805	303 306	284 310	294 887
E　サービス職業従事者	4 619 617	140 962	382 438	325 984	346 279	403 670
F　保安職業従事者	68 069	2 708	10 446	10 612	8 169	7 233
G　農林漁業従事者	787 300	1 218	6 916	11 177	17 895	24 420
H　生産工程従事者	2 197 090	28 240	115 706	139 769	161 062	206 785
I　輸送・機械運転従事者	67 400	685	2 989	4 583	4 968	6 610
J　建設・採掘従事者	61 164	663	3 022	3 783	4 210	5 574
K　運搬・清掃・包装等従事者	1 821 795	14 937	45 918	58 897	82 810	123 445
L　分類不能の職業	1 165 970	29 008	102 759	118 200	122 703	121 475
無　　　　　職　Non-employed	27 335 782	2 322 352	878 069	613 463	931 266	1 095 070
不　　　　　詳　Not stated	3 858 806	213 640	327 861	379 396	378 427	371 957

注：1）「国勢調査」平成27年10月1日現在の日本人人口（不詳按分済み）。
　　2）「無職」は国勢調査による労働力状態が「完全失業者」と「非労働力人口」を合計したものである。
　　3）「不詳」は総数から就業者総数と無職を引いたものである。

（5歳階級）・職業（大分類）・性別

by age (5-year age groups), occupation (major groups) and sex

平成27年度
FY 2015

40～44	45～49	50～54	55～59	60～64	65～69	70～74	75歳以上 and over	（再掲）50歳以上 (Regrouped) 50 years and over
9 686 096	8 619 451	7 908 558	7 520 250	8 489 534	9 710 272	7 751 648	16 272 431	57 652 693
7 321 342	6 618 006	6 110 127	5 588 378	5 106 858	3 972 112	1 932 030	1 578 650	24 288 155
99 685	129 330	172 839	219 984	227 110	205 362	120 586	118 353	1 064 234
1 228 474	1 128 321	1 074 737	911 217	599 888	356 526	140 779	112 969	3 196 116
1 712 081	1 571 485	1 430 342	1 163 024	825 597	441 226	177 198	107 258	4 144 645
940 499	849 346	763 369	653 698	535 626	392 501	198 991	193 447	2 737 632
720 523	651 735	611 308	596 380	635 347	571 570	260 535	145 711	2 820 851
112 403	92 286	101 093	102 536	101 191	88 208	38 289	11 724	443 041
98 803	98 314	122 016	175 639	296 784	373 985	275 652	434 806	1 678 882
1 048 507	890 699	772 748	706 959	661 851	453 388	212 252	134 551	2 941 749
258 935	262 704	243 783	236 566	261 818	231 079	77 606	16 918	1 067 770
354 742	279 410	236 346	258 842	301 971	225 627	82 907	33 224	1 138 917
422 017	395 602	377 485	402 696	499 944	451 231	219 245	94 150	2 044 751
324 673	268 774	204 061	160 837	159 731	181 409	127 990	175 539	1 009 567
1 477 003	1 264 252	1 242 941	1 508 488	2 970 203	5 283 385	5 438 916	13 913 872	30 357 805
887 751	737 193	555 490	423 384	412 473	454 775	380 702	779 909	3 006 733
4 922 423	4 365 334	3 982 000	3 749 854	4 181 397	4 699 236	3 608 735	6 289 365	26 510 587
4 102 939	3 639 438	3 362 638	3 151 033	3 009 707	2 381 872	1 159 010	944 057	14 008 317
85 099	109 686	145 984	188 660	194 451	169 781	98 303	90 880	888 059
638 104	585 103	557 178	473 343	356 436	235 811	98 142	83 284	1 804 194
637 869	626 230	630 187	570 050	427 865	190 598	67 403	37 750	1 923 853
573 914	499 634	433 752	365 278	292 075	221 025	115 130	105 511	1 532 771
214 882	164 286	138 255	136 872	174 336	187 485	96 824	59 885	793 657
104 363	86 837	96 389	98 467	97 854	86 103	37 377	11 439	427 629
67 006	63 662	75 428	102 645	177 637	234 605	163 118	266 224	1 019 657
767 541	623 257	522 061	458 001	420 917	297 747	149 570	96 333	1 944 629
246 494	251 850	235 987	230 635	256 510	227 108	76 638	16 622	1 043 500
347 300	273 108	230 844	252 636	294 388	219 188	80 061	31 632	1 108 749
224 562	191 451	172 036	177 840	227 341	212 193	110 422	50 737	950 569
195 805	164 334	124 537	96 606	89 897	100 228	66 022	93 760	571 050
322 025	305 968	295 854	350 703	935 033	2 075 065	2 269 643	5 049 207	10 975 505
497 459	419 928	323 508	248 118	236 657	242 299	180 082	296 101	1 526 765
4 763 673	4 254 117	3 926 558	3 770 396	4 308 137	5 011 036	4 142 913	9 983 066	31 142 106
3 218 403	2 978 568	2 747 489	2 437 345	2 097 151	1 590 240	773 020	634 593	10 279 838
14 586	19 644	26 855	31 324	32 659	35 581	22 283	27 473	176 175
590 370	543 218	517 559	437 874	243 452	120 715	42 637	29 685	1 391 922
1 074 212	945 255	800 155	592 974	397 732	250 628	109 795	69 508	2 220 792
366 585	349 712	329 617	288 420	243 551	171 476	83 861	87 936	1 204 861
505 641	487 449	473 053	459 508	461 011	384 085	163 711	85 826	2 027 194
8 040	5 449	4 704	4 069	3 337	2 105	912	285	15 412
31 797	34 652	46 588	72 994	119 147	139 380	112 534	168 582	659 225
280 966	267 442	250 687	248 958	240 934	155 641	62 682	38 218	997 120
12 441	10 854	7 796	5 931	5 308	3 971	968	296	24 270
7 442	6 302	5 502	6 206	7 583	6 439	2 846	1 592	30 168
197 455	204 151	205 449	224 856	272 603	239 038	108 823	43 413	1 094 182
128 868	104 440	79 524	64 231	69 834	81 181	61 968	81 779	438 517
1 154 978	958 284	947 087	1 157 785	2 035 170	3 208 320	3 169 273	8 864 665	19 382 300
390 292	317 265	231 982	175 266	175 816	212 476	200 620	483 808	1 479 968

Notes: 1) "Population Census (Statistics Bureau, Ministry of Internal Affairs and Communications)" Population in Japan as of October 1, 2015
(Unknown people have been proportionally distributed)
2) Non-employed is total of "Unemployed" and "Population not in labour force" by population census.
3) Not stated is the one that the total of employed and the non-employed were subtracted from total.

表2　15歳以上人口，年齢

Table 2.　Population 15 years of age and over,

男　Male

職　業　（大分類） Occupation (major groups)	総　数 Total	15〜19歳 Years	20〜24	25〜29	30〜34	35〜39
有　配　偶　Married						
総　　　　　　　　　数　Total	31 348 423	9 526	136 201	794 101	1 763 888	2 488 709
就　業　者　総　数　Employed	21 461 977	5 220	108 962	687 888	1 567 462	2 246 390
A　管理的職業従事者	1 020 207	3	150	2 090	12 716	34 817
B　専門的・技術的職業従事者	3 355 768	64	6 622	117 576	301 147	427 759
C　事務従事者	3 252 141	115	5 242	72 442	198 522	322 926
D　販売従事者	2 852 445	395	9 908	98 457	245 651	338 987
E　サービス職業従事者	1 153 630	638	9 836	48 056	101 976	130 603
F　保安職業従事者	665 779	73	4 717	38 424	70 161	78 522
G　農林漁業従事者	1 010 462	93	2 233	11 158	26 302	35 452
H　生産工程従事者	3 329 208	1 372	31 663	152 123	294 162	407 530
I　輸送・機械運転従事者	1 295 769	143	5 001	26 532	62 620	103 761
J　建設・採掘従事者	1 703 999	1 505	19 183	58 181	121 560	192 363
K　運搬・清掃・包装等従事者	1 088 110	439	6 599	29 387	62 859	88 867
L　分類不能の職業	734 459	380	7 808	33 462	69 786	84 803
無　　　　　職　Non-employed	8 177 166	2 353	6 962	14 213	26 061	35 282
不　　　　　詳　Not stated	1 709 280	1 953	20 277	92 000	170 365	207 037
無　配　偶　Unmarried						
総　　　　　　　　　数　Total	20 039 610	3 031 362	2 734 642	2 219 343	1 707 018	1 542 106
就　業　者　総　数　Employed	10 867 291	395 531	1 541 249	1 698 593	1 302 563	1 166 659
A　管理的職業従事者	133 369	30	804	3 548	6 963	10 105
B　専門的・技術的職業従事者	1 444 592	15 684	188 803	323 993	220 694	171 695
C　事務従事者	1 201 378	14 572	135 434	218 255	159 689	139 437
D　販売従事者	1 280 732	63 546	243 007	242 540	161 176	125 149
E　サービス職業従事者	988 798	90 069	232 658	150 404	115 014	92 765
F　保安職業従事者	349 091	15 716	69 502	61 637	32 879	25 687
G　農林漁業従事者	324 849	5 184	21 859	27 598	28 561	27 446
H　生産工程従事者	2 179 339	84 348	324 852	348 486	275 213	257 989
I　輸送・機械運転従事者	629 333	4 872	30 263	43 684	48 695	61 676
J　建設・採掘従事者	796 372	34 414	94 855	86 298	79 462	87 693
K　運搬・清掃・包装等従事者	932 830	40 379	112 772	109 801	104 073	102 780
L　分類不能の職業	606 608	26 717	86 440	82 349	70 144	64 237
無　　　　　職　Non-employed	7 506 796	2 429 935	926 744	293 228	234 484	234 231
不　　　　　詳　Not stated	1 665 523	205 896	266 649	227 522	169 971	141 216

注：1）「国勢調査」平成27年10月1日現在の日本人人口（不詳按分済み）。
　　2）「無職」は国勢調査による労働力状態が「完全失業者」と「非労働力人口」を合計したものである。
　　3）「有配偶」は国勢調査による配偶関係が「有配偶」で、「無配偶」は配偶関係が「未婚」「死別」「離別」を合計したものである。
　　4）「不詳」は総数から就業者総数と無職を引いたものである。

（5歳階級）・職業（大分類）・性別・有配偶－無配偶別

by age (5-year age groups), occupation (major groups), sex and married / unmarried

平成27年度
FY 2015

40～44	45～49	50～54	55～59	60～64	65～69	70～74	75歳以上 and over	(再掲) 50歳以上 (Regrouped) 50 years and over
3 114 601	2 874 128	2 778 731	2 750 382	3 154 003	3 698 058	2 948 791	4 837 304	20 167 269
2 834 052	2 617 487	2 551 909	2 512 256	2 488 133	2 030 003	1 011 117	801 098	11 394 516
70 186	93 692	128 755	172 338	179 984	156 740	90 201	78 535	806 553
483 694	461 725	458 617	407 999	317 049	212 907	89 330	71 279	1 557 181
482 735	498 118	524 403	495 478	385 668	172 973	61 144	32 375	1 672 041
448 040	402 797	358 762	309 976	253 381	193 881	102 556	89 654	1 308 210
130 857	104 307	93 222	99 681	139 250	159 437	84 656	51 111	627 357
77 163	62 505	73 023	76 781	75 064	69 146	30 887	9 313	334 214
39 608	38 748	49 605	74 155	144 910	207 301	148 703	232 194	856 868
494 529	417 962	373 974	349 005	341 457	252 358	130 996	82 077	1 529 867
156 343	162 171	159 450	166 306	196 111	181 840	62 399	13 092	779 198
244 918	192 527	167 190	191 645	235 591	183 921	68 949	26 466	873 762
111 777	101 042	99 033	114 621	166 928	171 390	93 402	41 766	687 140
94 202	81 893	65 875	54 271	52 740	68 109	47 894	73 236	362 125
49 734	57 016	69 952	117 454	553 896	1 547 932	1 840 959	3 855 352	7 985 545
230 815	199 625	156 870	120 672	111 974	120 123	96 715	180 854	787 208
1 644 842	1 355 184	1 099 388	916 286	939 122	908 342	594 108	1 347 867	5 805 113
1 233 817	993 489	789 655	621 792	505 247	338 608	141 696	138 392	2 535 390
14 889	15 963	17 173	16 269	14 397	12 948	8 025	12 255	81 067
154 274	123 238	98 412	65 192	39 217	22 754	8 735	11 901	246 211
155 005	127 951	105 609	74 389	42 030	17 494	6 196	5 317	251 035
125 686	96 616	74 756	55 040	38 387	26 817	12 360	15 652	223 012
83 833	59 769	44 801	36 876	34 612	27 511	11 880	8 606	164 286
27 112	24 222	23 252	21 514	22 514	16 646	6 323	2 087	92 336
27 346	24 871	25 773	28 406	32 547	27 110	14 318	33 830	161 984
272 479	204 777	147 531	108 292	78 557	44 630	18 188	13 997	411 195
89 883	89 309	76 135	63 770	59 491	44 304	13 829	3 422	260 951
101 936	80 106	63 140	60 314	57 768	34 489	10 846	5 051	231 608
112 554	90 152	72 635	62 706	59 565	40 011	16 635	8 767	260 319
68 820	56 515	40 438	29 024	26 162	23 894	14 361	17 507	151 386
266 863	243 124	220 207	226 781	368 870	506 851	409 484	1 145 994	2 878 187
144 162	118 571	89 526	67 713	65 005	62 883	42 928	63 481	391 536

Notes : 1) "Population Census (Statistics Bureau, Ministry of Internal Affairs and Communications)" Population in Japan as of October 1, 2015 (Unknown people have been proportionally distributed)
2) Non-employed is total of "Unemployed" and "Population not in labour force" by population census.
3) "Married" is same as "Married" in marital status of population census, "Unmarried" is the sum of "Never married", "Widowed" and "Divorced" in the marital status.
4) Not stated is the one that the total of employed and the non-employed were subtracted from total.

表2　15歳以上人口，年齢
Table 2.　Population 15 years of age and over,

女　Female

職　業　（大分類） Occupation (major groups)	総　数 Total	15～19歳 Years	20～24	25～29	30～34	35～39
有　配　偶　Married						
総　　　　　　　　　　数　Total	31 232 926	14 731	219 735	1 072 448	2 089 805	2 762 044
就　業　者　総　数　Employed	15 018 890	3 628	91 543	573 044	1 149 561	1 627 232
A　管 理 的 職 業 従 事 者	151 060	1	48	536	2 453	5 419
B　専 門 的・技 術 的 職 業 従 事 者	2 616 089	58	12 329	141 197	285 639	372 186
C　事　務　従　事　者	3 969 546	369	16 891	150 375	330 029	496 188
D　販　売　従　事　者	1 739 633	769	15 687	78 116	138 474	178 821
E　サ ー ビ ス 職 業 従 事 者	2 649 686	1 149	21 897	96 816	185 754	265 592
F　保　安　職　業　従　事　者	31 918	11	538	3 216	4 736	4 791
G　農 林 漁 業 従 事 者	635 133	20	916	4 902	12 251	19 053
H　生 産 工 程 従 事 者	1 357 332	415	9 280	40 424	80 483	126 889
I　輸 送・機 械 運 転 従 事 者	33 687	4	216	1 198	2 183	3 273
J　建　設・採　掘　従　事　者	41 101	13	205	953	2 191	3 576
K　運 搬・清 掃・包 装 等 従 事 者	1 183 780	210	4 206	19 101	44 429	82 220
L　分　類　不　能　の　職　業	609 925	609	9 330	36 210	60 939	69 224
無　　　　　　　　　職　Non-employed	14 507 584	7 940	92 589	373 934	742 441	912 361
不　　　　　　　　　詳　Not stated	1 706 452	3 163	35 603	125 470	197 803	222 451
無　配　偶　Unmarried						
総　　　　　　　　　　数　Total	24 211 466	2 864 556	2 544 469	1 879 995	1 336 416	1 196 355
就　業　者　総　数　Employed	10 224 317	364 093	1 551 652	1 489 980	1 051 438	935 721
A　管 理 的 職 業 従 事 者	72 997	19	363	1 061	1 576	2 455
B　専 門 的・技 術 的 職 業 従 事 者	1 854 336	12 975	334 292	377 288	227 970	182 695
C　事　務　従　事　者	2 720 845	30 408	317 674	442 728	341 371	326 356
D　販　売　従　事　者	1 477 708	105 139	295 031	225 059	145 693	115 927
E　サ ー ビ ス 職 業 従 事 者	1 962 631	139 750	360 318	228 997	160 286	137 795
F　保　安　職　業　従　事　者	36 043	2 689	9 890	7 387	3 426	2 438
G　農 林 漁 業 従 事 者	151 542	1 197	5 995	6 272	5 638	5 350
H　生 産 工 程 従 事 者	837 104	27 813	106 374	99 275	80 472	79 770
I　輸 送・機 械 運 転 従 事 者	33 548	680	2 770	3 379	2 783	3 326
J　建　設・採　掘　従　事　者	19 951	650	2 815	2 823	2 016	1 990
K　運 搬・清 掃・包 装 等 従 事 者	633 882	14 722	41 699	39 742	38 319	41 134
L　分　類　不　能　の　職　業	423 730	28 051	74 431	55 969	41 888	36 485
無　　　　　　　　　職　Non-employed	12 617 034	2 313 993	780 738	237 010	186 685	180 400
不　　　　　　　　　詳　Not stated	1 370 115	186 470	212 079	153 005	98 293	80 234

注：1）「国勢調査」平成27年10月1日現在の日本人人口（不詳按分済み）。
　　2）「無職」は国勢調査による労働力状態が「完全失業者」と「非労働力人口」を合計したものである。
　　3）「有配偶」は国勢調査による配偶関係が「有配偶」で、「無配偶」は配偶関係が「未婚」「死別」「離別」を合計したものである。
　　4）「不詳」は総数から就業者総数と無職を引いたものである。

（5歳階級）・職業（大分類）・性別・有配偶－無配偶別

by age (5-year age groups), occupation (major groups), sex and married / unmarried

平成27年度
FY 2015

40～44	45～49	50～54	55～59	60～64	65～69	70～74	75歳以上 and over	（再掲） 50歳以上 (Regrouped) 50 years and over
3 356 655	3 039 871	2 907 853	2 879 053	3 254 233	3 588 284	2 663 077	3 385 137	18 677 637
2 176 464	2 090 184	2 014 903	1 835 685	1 542 398	1 098 902	496 163	319 183	7 307 234
10 360	14 300	19 864	24 211	24 781	25 297	13 632	10 158	117 943
412 089	387 659	383 230	331 498	176 031	79 164	24 085	10 924	1 004 932
698 780	638 864	572 978	443 482	303 814	195 748	81 940	40 088	1 638 050
247 275	248 255	242 028	214 269	175 207	114 775	51 879	34 078	832 236
356 280	351 207	347 180	337 462	321 177	239 362	89 801	36 009	1 370 991
5 401	3 676	3 199	2 758	2 092	1 042	369	89	9 549
26 173	29 559	41 527	66 324	107 943	123 299	94 555	108 611	542 259
188 137	188 644	187 104	190 620	178 375	107 884	40 427	18 650	723 060
6 300	5 808	4 561	3 821	3 317	2 353	508	145	14 705
5 081	4 547	4 305	5 220	6 527	5 372	2 180	931	24 535
144 022	154 177	157 950	171 760	192 410	144 696	53 236	15 363	735 415
76 566	63 488	50 977	44 260	50 724	59 910	43 551	44 137	293 559
940 885	758 615	758 598	946 322	1 619 100	2 378 394	2 067 006	2 909 399	10 678 819
239 306	191 072	134 352	97 046	92 735	110 988	99 908	156 555	691 584
1 321 330	1 144 016	963 822	845 300	1 001 171	1 356 254	1 416 506	6 341 276	11 924 329
1 026 404	876 234	723 272	593 975	546 650	483 363	271 880	309 655	2 928 795
4 212	5 332	6 969	7 087	7 853	10 240	8 608	17 222	57 979
178 037	155 349	134 088	106 119	67 166	41 316	18 444	18 597	385 730
375 099	306 065	226 854	149 188	93 632	54 592	27 674	29 204	581 144
119 057	101 244	87 327	73 854	67 931	56 269	31 714	53 463	370 558
148 975	135 792	125 401	121 364	138 682	143 163	72 933	49 175	650 718
2 632	1 770	1 501	1 304	1 233	1 046	537	190	5 811
5 614	5 084	5 046	6 642	11 168	15 998	17 898	59 640	116 392
92 646	78 602	63 373	58 055	62 093	47 275	22 013	19 343	272 152
6 119	5 031	3 210	2 094	1 970	1 590	451	145	9 460
2 351	1 745	1 190	981	1 037	1 052	656	645	5 561
53 272	49 789	47 267	52 766	79 416	93 266	54 825	27 665	355 205
38 390	30 431	21 046	14 521	14 469	17 556	16 127	34 366	118 085
211 187	196 651	185 291	207 646	408 903	814 851	1 081 632	5 812 047	8 510 370
83 739	71 131	55 259	43 679	45 618	58 040	62 994	219 574	485 164

Notes：1) "Population Census (Statistics Bureau, Ministry of Internal Affairs and Communications)" Population in Japan as of October 1, 2015
(Unknown people have been proportionally distributed)
2) Non-employed is total of "Unemployed" and "Population not in labour force" by population census.
3) "Married" is same as "Married" in marital status of population census, "Unmarried" is the sum of "Never married", "Widowed" and "Divorced" in the marital status.
4) Not stated is the one that the total of employed and the non-employed were subtracted from total.

表3　15歳以上人口，職業
Table 3. Population of 15 years of age and over, by occupation

総数
Total

都道府県 Prefecture	総数 Total	就業者総数 Employed	A 管理的職業従事者	B 専門的・技術的職業従事者	C 事務従事者	D 販売従事者	E サービス職業従事者
全国 All Japan	109 534 740	58 018 675	1 378 446	9 274 837	11 148 369	7 356 073	6 765 051
01 北海道	4 752 029	2 420 913	63 162	348 233	412 833	293 458	308 880
02 青森	1 156 165	623 631	12 917	77 673	95 966	67 632	75 463
03 岩手	1 123 538	632 842	15 034	84 368	103 170	68 042	73 823
04 宮城	2 031 410	1 071 558	26 691	159 810	221 150	144 356	120 801
05 秋田	913 974	481 119	11 708	64 384	80 921	52 380	60 628
06 山形	982 701	558 597	13 845	72 207	91 684	61 175	65 931
07 福島	1 675 837	916 659	20 967	117 034	155 998	93 805	100 712
08 茨城	2 513 013	1 378 486	26 665	204 125	245 511	152 040	145 112
09 栃木	1 697 152	948 375	19 603	139 424	158 737	105 016	104 753
10 群馬	1 689 320	946 122	20 617	135 468	161 842	108 376	112 324
11 埼玉	6 258 390	3 423 624	71 419	517 580	705 114	471 465	361 725
12 千葉	5 371 974	2 832 216	63 091	455 109	614 169	396 077	322 212
13 東京	11 641 664	5 725 919	171 086	1 115 313	1 336 447	782 790	601 787
14 神奈川	7 849 790	4 057 084	96 882	797 718	889 098	567 480	462 283
15 新潟	2 017 279	1 134 473	27 515	155 669	195 792	134 189	139 344
16 富山	927 064	531 993	12 408	79 746	96 945	61 770	60 445
17 石川	996 168	566 851	12 783	85 458	101 130	71 052	68 505
18 福井	674 053	393 004	9 957	58 691	74 023	43 571	45 400
19 山梨	721 968	403 063	9 767	60 113	72 383	45 886	51 603
20 長野	1 804 156	1 053 746	26 156	157 875	176 666	115 224	130 399
21 岐阜	1 732 864	993 242	23 017	139 757	180 435	118 090	116 172
22 静岡	3 168 972	1 828 442	41 726	259 120	315 536	216 595	211 755
23 愛知	6 310 192	3 578 570	76 581	552 870	674 779	451 306	379 172
24 三重	1 553 908	855 111	17 170	121 618	154 039	94 726	100 569
25 滋賀	1 191 116	666 510	14 039	109 152	123 865	76 346	72 658
26 京都	2 252 564	1 170 125	27 854	192 216	210 725	154 303	147 365
27 大阪	7 597 082	3 693 239	89 742	583 844	744 414	530 590	438 366
28 兵庫	4 751 731	2 403 652	59 046	406 154	477 401	324 156	286 000
29 奈良	1 186 644	586 406	16 423	104 647	122 779	85 190	70 753
30 和歌山	842 458	442 732	10 142	64 712	76 237	51 377	57 191
31 鳥取	496 401	278 589	6 433	43 012	47 487	31 319	35 174
32 島根	602 730	338 990	8 159	52 937	61 006	37 003	43 992
33 岡山	1 655 125	888 993	19 949	138 189	153 851	105 248	101 547
34 広島	2 435 095	1 315 454	31 616	210 586	243 067	173 089	155 669
35 山口	1 223 398	638 452	15 332	98 861	112 431	72 706	79 967
36 徳島	664 588	339 874	7 877	57 042	58 037	37 770	40 886
37 香川	846 191	447 424	10 844	69 121	85 921	55 092	51 186
38 愛媛	1 207 301	635 624	14 253	93 519	108 301	72 768	79 523
39 高知	641 168	321 438	7 657	52 267	53 155	36 207	43 383
40 福岡	4 378 830	2 230 066	52 899	366 184	430 802	314 204	273 460
41 佐賀	712 821	407 614	8 591	61 400	68 706	45 147	50 391
42 長崎	1 191 712	638 738	14 167	101 217	106 805	70 326	87 851
43 熊本	1 536 790	828 793	18 887	135 514	137 397	97 620	108 399
44 大分	1 010 894	540 479	13 108	84 070	89 753	62 328	70 000
45 宮崎	950 552	516 467	12 060	79 072	86 504	56 709	66 461
46 鹿児島	1 421 003	749 389	16 635	119 919	128 782	85 740	103 212
47 沖縄	1 174 965	583 987	11 966	91 839	106 575	64 334	81 819
21大都市（再掲） 21 major cities (Regrouped)							
50 東京都区部	7 975 166	3 874 851	128 088	741 368	927 658	536 229	389 473
51 札幌	1 722 669	840 086	21 784	143 289	172 139	123 277	102 728
52 仙台	941 554	476 043	12 710	87 877	118 201	78 294	55 851
53 さいたま	1 086 071	576 768	14 423	102 148	140 714	90 504	57 747
54 千葉	834 318	423 127	9 596	75 325	99 586	63 499	46 900
55 横浜	3 194 022	1 646 399	43 434	338 348	387 549	244 356	182 079
56 川崎	1 264 213	664 130	14 986	146 168	160 035	95 658	69 035
57 相模原	622 907	320 369	6 018	58 252	63 292	41 818	37 508
58 新潟	707 915	389 911	9 106	61 167	74 794	55 570	46 807
59 静岡	613 054	346 749	8 629	49 403	67 249	49 674	40 143
60 浜松	676 198	392 088	8 778	60 875	67 943	49 313	43 001
61 名古屋	1 961 310	1 060 951	30 332	178 993	223 789	166 869	122 637
62 京都	1 278 265	648 328	16 845	110 237	114 851	90 931	86 759
63 大阪	2 316 969	1 069 852	27 784	162 135	213 955	153 512	132 462
64 堺	716 390	360 924	8 231	58 041	70 887	51 782	43 333
65 神戸	1 318 742	643 532	16 504	119 910	135 891	93 031	80 841
66 岡山	614 237	336 475	8 296	58 899	64 065	47 450	39 404
67 広島	1 014 197	559 126	14 249	96 161	116 891	87 582	66 760
68 北九州	832 289	410 539	9 793	69 841	75 816	54 993	53 154
69 福岡	1 315 945	656 776	17 260	118 707	147 386	111 321	80 112
70 熊本	633 733	339 048	8 238	62 861	66 597	48 755	42 934

注：1）「国勢調査」平成27年10月1日現在の日本人人口（不詳按分済み）。
　　2）「無職」は国勢調査による労働力状態が「完全失業者」と「非労働力人口」を合計したものである。
　　3）「不詳」は総数から、就業者総数と無職を引いたものである。

(大分類)・都道府県 (21大都市再掲)・性別

(major groups), each prefecture (regrouped for 21 major cities) and sex

平成27年度
FY 2015

F 保安職業従事者	G 農林漁業従事者	H 生産工程従事者	I 輸送・機械運転従事者	J 建設・採掘従事者	K 運搬・清掃・包装等従事者	L 分類不能の職業	無 職 Non-employed	不 詳 Not stated
1 084 656	2 123 617	7 711 550	1 996 780	2 566 554	3 846 730	2 766 012	43 163 859	8 352 206
74 743	157 859	229 508	105 037	118 433	179 600	129 167	2 035 755	295 361
21 122	71 633	73 425	27 128	38 218	44 165	18 289	498 234	34 300
10 560	65 008	93 283	28 663	39 729	43 065	8 097	465 631	25 065
23 792	44 604	126 378	48 672	62 747	70 749	21 808	825 837	134 015
8 812	44 052	71 894	18 365	28 610	31 989	7 376	405 286	27 569
9 874	49 688	101 103	18 461	29 635	33 268	11 726	403 757	20 347
15 712	57 576	157 097	37 215	62 380	64 100	34 063	678 183	80 995
25 871	75 600	235 069	56 213	66 582	93 224	52 474	1 027 844	106 683
13 873	52 059	180 263	35 011	42 461	66 088	31 087	668 685	80 092
13 598	45 419	182 047	32 014	43 856	65 383	25 178	688 234	54 964
67 158	54 647	423 386	123 695	151 440	253 424	222 571	2 437 495	397 271
60 017	78 535	279 417	106 283	120 013	202 591	134 702	2 080 910	458 848
91 942	22 689	385 430	141 458	163 594	301 012	612 371	3 658 627	2 257 118
76 771	34 337	393 901	127 868	153 434	253 083	204 229	2 924 759	867 947
18 876	61 381	189 292	45 253	65 956	79 360	21 846	832 994	49 812
7 401	16 741	106 871	18 700	27 039	36 464	7 463	371 682	23 389
10 122	16 522	95 286	18 536	27 806	37 966	21 685	386 756	42 561
6 364	14 134	74 127	13 614	21 430	25 479	6 214	259 706	21 343
6 637	28 897	64 344	11 480	20 542	23 885	7 526	288 514	30 391
12 032	90 692	176 550	29 674	48 580	66 539	23 359	709 314	41 096
15 603	29 696	191 367	32 030	49 033	71 497	26 545	699 579	40 043
33 544	69 206	348 971	64 498	82 196	136 604	48 691	1 268 360	72 170
51 170	72 843	665 527	115 600	139 624	257 814	141 284	2 351 183	380 439
14 355	29 506	167 223	30 790	37 822	61 139	26 154	628 655	70 142
10 496	18 441	131 710	19 339	24 269	44 102	22 093	469 535	55 071
25 253	23 845	147 344	34 692	41 666	70 658	94 204	898 805	183 634
56 294	19 136	432 982	118 998	142 035	258 082	278 756	2 993 282	910 561
43 456	48 136	341 553	77 700	91 001	161 681	87 368	2 003 433	344 646
10 962	15 208	71 419	16 189	20 976	34 537	17 323	546 432	53 806
7 951	37 611	58 121	15 410	21 887	30 208	11 885	369 896	29 830
6 152	23 462	37 409	8 934	13 762	17 195	8 250	201 147	16 665
6 766	25 405	44 605	11 389	19 804	19 879	8 045	246 113	17 627
12 556	39 681	144 789	33 479	41 505	57 837	40 362	695 201	70 931
30 340	38 555	199 331	48 751	59 272	85 508	39 670	994 759	124 882
15 433	30 240	97 715	26 342	34 540	42 394	12 491	545 619	39 327
6 020	26 533	47 453	11 089	17 651	19 464	10 052	293 863	30 851
7 608	22 656	66 352	15 390	20 297	30 349	12 608	353 788	44 979
9 106	45 162	88 591	23 180	30 933	41 874	28 414	528 495	43 182
5 966	34 169	31 353	10 180	16 793	20 020	10 288	268 492	51 238
44 198	59 520	255 061	84 765	102 588	146 308	100 077	1 794 738	354 026
7 616	33 390	58 609	14 580	21 164	26 052	11 968	292 529	12 678
21 067	45 710	75 472	24 236	33 859	39 274	18 754	528 196	24 778
16 234	74 938	101 808	27 934	41 224	50 721	18 117	645 170	62 827
10 390	34 087	73 823	19 699	28 542	32 811	21 868	442 583	27 832
10 463	52 078	65 409	18 353	27 637	31 443	10 278	402 961	31 124
14 113	66 137	84 479	27 430	39 919	49 868	13 155	617 835	53 779
16 267	26 193	44 403	22 463	34 070	37 977	46 081	435 007	155 971
53 484	6 673	235 366	92 503	97 230	196 220	470 559	2 282 040	1 818 275
18 327	3 521	59 071	30 081	36 329	57 156	72 384	695 941	186 642
10 460	3 695	32 093	15 952	21 551	28 496	10 863	363 720	101 791
10 981	4 101	45 769	15 296	20 834	32 619	41 632	411 343	97 960
8 703	2 986	34 209	14 380	16 620	27 791	23 532	322 705	88 486
25 045	7 638	132 806	48 957	57 894	91 279	87 014	1 180 484	367 139
7 616	2 604	52 299	17 875	23 883	35 374	38 597	394 265	205 818
5 993	2 019	38 245	11 247	14 291	24 084	17 602	227 527	75 011
7 073	13 069	47 653	15 025	19 493	26 405	13 749	287 317	30 687
5 724	8 763	49 564	12 064	17 464	24 462	13 610	249 628	16 677
6 892	14 859	75 308	12 472	16 914	27 225	8 508	266 946	17 164
14 942	2 789	121 402	31 679	39 127	69 427	58 965	711 076	189 283
9 802	4 886	71 489	17 891	20 419	37 556	66 662	480 921	149 016
12 892	1 152	111 398	30 258	35 231	73 327	115 746	771 607	475 510
6 804	1 759	44 211	12 638	15 488	24 723	23 027	303 704	51 762
11 222	5 158	65 128	21 228	19 569	44 435	30 615	552 149	123 061
5 183	8 141	40 242	11 108	15 150	20 855	17 682	245 614	32 148
10 413	4 960	63 124	19 691	26 348	34 984	17 963	387 940	67 131
8 094	3 194	56 545	17 349	20 107	26 329	15 324	367 692	54 058
9 202	4 007	41 883	19 560	24 613	37 726	44 999	455 152	204 017
8 959	11 589	31 167	9 373	14 546	19 647	14 382	245 901	48 784

Notes : 1) "Population Census (Statistics Bureau, Ministry of Internal Affairs and Communications)" Population in Japan as of October 1, 2015
(Unknown people have been proportionally distributed)
2) Non-employed is total of "Unemployed" and "Population not in labour force" by population census.
3) Not stated is the one that the total of employed and the non-employed were subtracted from total.

表3　15歳以上人口，職業
Table 3. Population of 15 years of age and over, by occupation

男 / Male

都道府県 Prefecture	総数 Total	就業者総数 Employed	A 管理的職業従事者	B 専門的・技術的職業従事者	C 事務従事者	D 販売従事者	E サービス職業従事者
全国 All Japan	52 940 825	32 619 348	1 154 097	4 801 988	4 455 042	4 135 676	2 145 434
01 北海道	2 218 034	1 342 404	53 165	169 692	170 039	158 965	95 471
02 青森	537 544	338 491	10 532	32 686	38 184	34 120	20 885
03 岩手	536 755	352 860	12 667	38 477	42 109	35 832	20 507
04 宮城	986 210	612 652	22 387	82 617	91 599	81 237	38 034
05 秋田	425 269	264 703	10 084	29 096	32 338	26 905	16 154
06 山形	469 617	307 772	11 755	33 247	34 305	32 453	18 395
07 福島	824 830	526 537	17 491	55 919	65 065	49 461	28 914
08 茨城	1 247 684	797 451	22 504	110 821	102 418	78 703	42 383
09 栃木	841 307	546 336	16 471	73 570	65 454	54 907	31 809
10 群馬	828 929	536 289	17 394	66 118	64 562	58 900	34 770
11 埼玉	3 117 792	1 988 883	61 428	289 447	303 205	278 425	124 621
12 千葉	2 666 477	1 635 360	54 450	255 926	270 782	229 342	107 502
13 東京	5 721 102	3 221 156	140 428	650 915	536 625	473 367	227 476
14 神奈川	3 912 500	2 359 416	82 376	480 428	390 376	324 554	158 079
15 新潟	970 036	629 734	23 650	73 403	73 074	73 407	40 952
16 富山	444 484	292 669	10 627	36 903	34 486	33 730	15 873
17 石川	478 532	309 234	10 907	39 879	36 005	38 858	20 209
18 福井	324 914	215 505	8 621	26 862	27 271	23 730	12 708
19 山梨	351 397	226 016	8 302	30 119	28 999	23 793	17 416
20 長野	873 641	586 839	22 659	79 093	71 090	63 792	41 426
21 岐阜	833 536	552 932	19 693	68 499	68 873	64 643	33 383
22 静岡	1 551 202	1 035 129	35 412	137 964	119 203	113 852	64 670
23 愛知	3 146 638	2 073 275	64 145	305 065	268 718	261 541	114 629
24 三重	750 613	480 177	14 299	58 892	61 277	47 387	27 815
25 滋賀	583 259	379 865	12 007	56 753	51 964	40 479	22 243
26 京都	1 067 668	645 374	22 714	99 097	80 356	86 036	51 514
27 大阪	3 627 546	2 063 246	74 006	300 619	277 611	322 680	148 692
28 兵庫	2 244 218	1 345 933	49 055	208 732	193 005	182 542	90 118
29 奈良	553 655	329 379	13 754	54 126	52 526	49 444	23 417
30 和歌山	392 056	243 577	8 431	29 984	29 836	26 968	17 515
31 鳥取	235 074	150 004	5 287	18 624	18 055	16 661	10 575
32 島根	286 592	185 226	6 885	22 615	23 360	19 779	12 484
33 岡山	786 539	492 082	16 393	61 957	58 318	57 190	27 463
34 広島	1 168 374	737 837	26 052	99 642	92 818	97 901	45 915
35 山口	572 888	353 344	12 712	43 230	42 979	36 231	20 260
36 徳島	313 759	185 232	6 300	24 682	21 104	19 906	12 178
37 香川	405 675	247 463	8 871	30 864	32 255	31 400	15 373
38 愛媛	563 300	347 758	11 780	42 287	40 627	38 391	22 579
39 高知	298 244	168 561	6 223	21 062	18 456	19 040	13 099
40 福岡	2 041 747	1 210 733	43 176	170 746	156 713	180 459	83 820
41 佐賀	332 107	218 896	7 206	26 128	25 925	23 603	13 942
42 長崎	550 624	346 214	11 715	43 585	38 912	34 447	25 357
43 熊本	714 402	441 706	15 309	57 988	49 397	51 923	33 091
44 大分	473 020	296 872	10 862	36 947	35 087	31 000	20 371
45 宮崎	441 415	274 254	10 065	33 410	31 477	29 358	19 477
46 鹿児島	657 707	402 523	13 733	51 867	50 233	44 419	31 375
47 沖縄	571 913	321 449	10 114	41 405	37 971	33 915	30 495
21大都市（再掲） 21 major cities (Regrouped)							
50 東京都区部	3 913 629	2 157 269	103 820	430 970	358 919	329 870	152 766
51 札幌	793 662	458 316	18 192	73 385	68 985	73 025	35 516
52 仙台	455 292	267 993	10 608	47 736	50 274	47 634	19 590
53 さいたま	536 957	336 080	12 429	59 372	63 425	57 118	20 784
54 千葉	413 591	242 661	8 280	42 521	43 311	38 382	16 020
55 横浜	1 587 491	955 962	37 138	205 373	169 614	145 277	62 323
56 川崎	642 130	386 565	12 790	91 116	68 967	57 577	24 507
57 相模原	311 367	184 474	5 165	33 639	27 622	22 906	12 442
58 新潟	337 489	212 153	7 714	28 915	28 360	31 670	14 498
59 静岡	296 535	193 047	7 250	25 079	24 093	28 344	12 549
60 浜松	333 347	223 379	7 498	33 070	25 580	26 956	12 770
61 名古屋	965 349	606 036	24 981	99 502	85 303	105 930	41 679
62 京都	600 439	349 848	13 338	58 015	40 241	50 788	32 299
63 大阪	1 114 814	583 208	22 238	84 846	70 189	93 890	48 816
64 堺	339 826	203 958	6 814	28 541	27 593	30 986	14 103
65 神戸	615 911	354 083	13 632	62 885	54 875	52 978	27 534
66 岡山	292 429	185 205	6 685	27 910	24 066	28 132	12 069
67 広島	485 941	311 443	11 652	47 849	45 613	52 524	21 127
68 北九州	386 857	224 826	7 835	31 810	27 269	29 672	14 879
69 福岡	612 621	349 854	13 889	60 607	51 631	69 193	28 818
70 熊本	294 021	179 260	6 477	28 530	24 232	28 150	14 712

注：1）「国勢調査」平成27年10月1日現在の日本人人口（不詳按分済み）。
　　2）「無職」は国勢調査による労働力状態が「完全失業者」と「非労働力人口」を合計したものである。
　　3）「不詳」は総数から、就業者総数と無職を引いたものである。

(大分類)・都道府県（21大都市再掲）・性別
(major groups), each prefecture (regrouped for 21 major cities) and sex

平成27年度
FY 2015

F 保安職業従事者	G 農林漁業従事者	H 生産工程従事者	I 輸送・機械運転従事者	J 建設・採掘従事者	K 運搬・清掃・包装等従事者	L 分類不能の職業	無職 Non-employed	不詳 Not stated
1 016 587	1 336 317	5 514 460	1 929 380	2 505 390	2 024 935	1 600 042	15 828 077	4 493 400
70 567	96 176	153 979	102 002	115 935	82 640	73 773	726 426	149 204
19 885	41 369	45 654	26 494	37 442	21 250	9 990	180 918	18 135
10 013	39 104	60 739	27 966	38 957	21 918	4 571	169 124	14 771
22 105	29 655	86 134	47 261	61 314	37 610	12 699	299 088	74 470
8 363	28 257	46 467	17 893	28 158	16 882	4 106	145 862	14 704
9 338	31 431	65 172	17 950	29 012	18 076	6 638	150 384	11 461
14 703	34 991	105 896	36 102	60 631	37 660	19 704	251 315	46 978
24 354	46 414	171 632	54 236	64 689	48 061	31 236	390 725	59 508
12 952	31 524	131 625	33 818	41 376	33 938	18 892	250 968	44 003
12 723	28 105	130 893	30 759	42 824	34 635	14 606	260 836	31 804
61 942	34 724	301 459	119 087	148 128	131 879	134 538	909 373	219 536
56 218	48 184	207 616	102 428	117 135	106 892	78 885	778 183	252 934
84 344	16 624	270 851	136 574	159 237	171 631	353 084	1 303 716	1 196 230
71 719	23 454	297 474	122 982	149 895	137 944	120 135	1 063 597	489 487
17 857	39 323	128 865	43 696	64 641	38 845	12 021	312 161	28 141
6 937	11 770	75 257	17 970	26 261	18 604	4 251	138 095	13 720
9 629	11 556	65 472	17 900	26 991	19 480	12 348	145 839	23 459
6 069	9 518	49 437	13 280	21 035	13 485	3 489	97 650	11 759
6 286	17 507	45 034	11 147	20 203	12 892	4 318	108 868	16 513
11 368	53 234	120 998	28 363	47 425	34 514	12 877	263 327	23 475
14 626	18 928	134 592	30 946	47 897	35 327	15 525	258 398	22 206
31 455	42 209	250 430	61 638	80 114	67 762	30 420	474 694	41 379
47 434	41 298	504 881	110 601	135 250	133 693	86 020	859 464	213 899
13 634	19 697	124 742	29 673	36 772	31 409	14 580	231 466	38 970
9 979	13 153	95 228	18 689	23 546	23 154	12 670	172 357	31 037
23 782	16 173	100 941	33 524	40 782	37 728	52 727	330 482	91 812
53 093	14 290	316 336	115 556	139 381	140 890	160 092	1 091 472	472 828
40 836	33 219	249 772	75 246	89 155	85 976	48 277	715 287	182 998
10 392	10 499	50 406	15 659	20 540	19 483	9 133	196 823	27 453
7 487	21 947	42 869	14 959	21 522	15 567	6 492	132 686	15 793
5 828	14 581	24 188	8 686	13 429	9 521	4 569	76 022	9 048
6 435	17 009	30 742	11 046	19 398	11 129	4 344	91 665	9 701
11 730	25 327	105 687	32 445	40 550	32 017	23 005	256 914	37 543
28 598	24 464	149 065	47 135	57 619	46 267	22 361	360 684	69 853
14 169	19 303	75 527	25 425	33 543	22 533	7 432	196 874	22 670
5 664	15 959	35 199	10 860	17 276	10 671	5 433	112 150	16 377
7 166	14 518	48 497	14 950	19 747	16 586	7 236	132 214	25 998
8 632	28 428	64 099	22 535	30 310	21 715	16 375	192 676	22 866
5 601	21 103	21 802	9 939	16 454	10 231	5 551	103 884	25 799
41 652	36 786	184 700	81 939	99 701	75 638	55 403	645 939	185 075
7 079	20 359	39 834	14 144	20 643	13 184	6 849	106 651	6 560
20 077	30 131	53 758	23 602	33 170	20 314	11 146	191 254	13 156
15 213	45 904	69 637	27 137	39 978	26 326	9 803	240 040	32 656
9 909	22 169	53 510	19 168	27 732	16 856	13 261	161 470	14 678
9 889	32 180	42 056	17 800	26 961	15 821	5 760	150 784	16 377
13 419	43 481	54 742	26 637	38 979	26 457	7 181	226 048	29 136
15 436	20 282	30 566	21 533	33 652	19 844	26 236	173 224	77 240
48 622	5 043	162 661	89 361	94 404	111 462	269 371	795 741	960 619
16 851	2 473	38 595	29 029	35 534	26 041	40 690	243 052	92 294
9 533	2 491	22 668	15 336	20 958	14 915	6 250	131 203	56 096
10 157	2 671	32 788	14 633	20 316	17 251	25 136	148 010	52 867
8 073	1 930	25 418	13 807	16 217	15 001	13 701	122 535	48 395
23 235	5 372	100 646	47 261	56 509	51 739	51 475	422 651	208 878
6 993	1 923	39 503	17 282	23 345	19 663	22 899	139 781	115 784
5 679	1 557	28 104	10 766	13 965	12 541	10 088	85 842	41 051
6 565	7 799	32 881	14 503	19 045	12 833	7 370	108 239	17 097
5 266	5 325	35 222	11 586	17 023	12 854	8 456	93 484	10 004
6 372	8 650	55 065	11 870	16 462	13 703	5 383	100 092	9 876
13 682	1 944	91 013	30 546	38 137	37 510	35 809	255 861	103 452
9 140	3 495	48 307	17 286	19 974	20 029	36 936	176 612	73 979
12 028	898	79 712	29 370	34 494	40 039	66 688	285 842	245 764
6 430	1 394	33 787	12 257	15 199	13 762	13 092	109 389	26 479
10 535	3 473	47 680	20 566	19 143	24 072	16 710	195 364	66 464
4 771	5 103	29 331	10 709	14 778	11 364	10 287	89 600	17 624
9 660	3 221	46 612	19 007	25 629	18 526	10 023	137 296	37 202
7 672	2 142	44 572	16 761	19 561	13 902	8 751	132 422	29 609
8 564	2 721	27 824	18 857	23 905	19 220	24 625	158 946	103 821
8 270	6 922	21 178	9 019	14 011	10 100	7 659	89 621	25 140

Notes : 1) "Population Census (Statistics Bureau, Ministry of Internal Affairs and Communications)" Population in Japan as of October 1, 2015
(Unknown people have been proportionally distributed)
2) Non-employed is total of "Unemployed" and "Population not in labour force" by population census.
3) Not stated is the one that the total of employed and the non-employed were subtracted from total.

表3　15歳以上人口，職業
Table 3. Population of 15 years of age and over, by occupation

女
Female

都道府県 Prefecture	総数 Total	就業者総数 Employed	A 管理的職業従事者	B 専門的・技術的職業従事者	C 事務従事者	D 販売従事者	E サービス職業従事者
全国 All Japan	56 593 915	25 399 327	224 349	4 472 849	6 693 327	3 220 397	4 619 617
01 北海道	2 533 995	1 078 509	9 997	178 541	242 794	134 493	213 409
02 青森	618 621	285 140	2 385	44 987	57 782	33 512	54 578
03 岩手	586 783	279 982	2 367	45 891	61 061	32 210	53 316
04 宮城	1 045 200	458 906	4 304	77 193	129 551	63 119	82 767
05 秋田	488 705	216 416	1 624	35 288	48 583	25 475	44 474
06 山形	513 084	250 825	2 090	38 960	57 379	28 722	47 536
07 福島	851 007	390 122	3 476	61 115	90 933	44 344	71 798
08 茨城	1 265 329	581 035	4 161	93 304	143 093	73 337	102 729
09 栃木	855 845	402 039	3 132	65 854	93 283	50 109	72 944
10 群馬	860 391	409 833	3 223	69 350	97 280	49 476	77 554
11 埼玉	3 140 598	1 434 741	9 991	228 133	401 909	193 040	237 104
12 千葉	2 705 497	1 196 856	8 641	199 183	343 387	166 735	214 710
13 東京	5 920 562	2 504 763	30 658	464 398	799 822	309 423	374 311
14 神奈川	3 937 290	1 697 668	14 506	317 290	498 722	242 926	304 204
15 新潟	1 047 243	504 739	3 865	82 266	122 718	60 782	98 392
16 富山	482 580	239 324	1 781	42 843	62 459	28 040	44 572
17 石川	517 636	257 617	1 876	45 579	65 125	32 194	48 296
18 福井	349 139	177 499	1 336	31 829	46 752	19 841	32 692
19 山梨	370 571	177 047	1 465	29 994	43 384	22 093	34 187
20 長野	930 515	466 907	3 497	78 782	105 576	51 432	88 973
21 岐阜	899 328	440 310	3 324	71 258	111 562	53 447	82 789
22 静岡	1 617 770	793 313	6 314	121 156	196 333	102 743	147 085
23 愛知	3 163 554	1 505 295	12 436	247 805	406 061	189 765	264 543
24 三重	803 295	374 934	2 871	62 726	92 762	47 339	72 754
25 滋賀	607 857	286 645	2 032	52 399	71 901	35 867	50 415
26 京都	1 184 896	524 751	5 140	93 119	130 369	68 267	95 851
27 大阪	3 969 536	1 629 993	15 736	283 225	466 803	207 910	289 674
28 兵庫	2 507 513	1 057 719	9 991	197 422	284 396	141 614	195 882
29 奈良	632 989	257 027	2 669	50 521	70 253	35 746	47 336
30 和歌山	450 402	199 155	1 711	34 728	46 401	24 409	39 676
31 鳥取	261 327	128 585	1 146	24 388	29 432	14 658	24 599
32 島根	316 138	153 764	1 274	30 322	37 646	17 224	31 508
33 岡山	868 586	396 911	3 556	76 232	95 533	48 058	74 084
34 広島	1 266 721	577 617	5 564	110 944	150 249	75 188	109 754
35 山口	650 510	285 108	2 620	55 631	69 452	36 475	59 707
36 徳島	350 829	154 642	1 577	32 360	36 933	17 864	28 708
37 香川	440 516	199 961	1 973	38 257	53 666	23 692	35 813
38 愛媛	644 001	287 866	2 473	51 232	67 674	34 377	56 944
39 高知	342 924	152 877	1 434	31 205	34 699	17 167	30 284
40 福岡	2 337 083	1 019 333	9 723	195 438	274 089	133 745	189 640
41 佐賀	380 714	188 718	1 385	35 272	42 781	21 544	36 449
42 長崎	641 088	292 524	2 452	57 632	67 893	35 879	62 494
43 熊本	822 388	387 087	3 578	77 526	88 000	45 697	75 308
44 大分	537 874	243 607	2 246	47 123	54 666	31 328	49 629
45 宮崎	509 137	242 213	1 995	45 662	55 027	27 351	46 984
46 鹿児島	763 296	346 866	2 902	68 052	78 549	41 321	71 837
47 沖縄	603 052	262 538	1 852	50 434	68 604	30 419	51 324
21大都市（再掲） 21 major cities (Regrouped)							
50 東京都区部	4 061 537	1 717 582	24 268	310 398	568 739	206 359	236 707
51 札幌	929 007	381 770	3 592	69 904	103 154	50 252	67 212
52 仙台	486 262	208 050	2 102	40 141	67 927	30 660	36 261
53 さいたま	549 114	240 688	1 994	42 776	77 289	33 386	36 963
54 千葉	420 727	180 466	1 316	32 804	56 275	25 117	30 880
55 横浜	1 606 531	690 437	6 296	132 975	217 935	99 079	119 756
56 川崎	622 083	277 565	2 196	55 052	91 068	38 081	44 528
57 相模原	311 540	135 895	853	24 613	35 670	18 912	25 066
58 新潟	370 426	177 758	1 392	32 252	46 434	23 900	32 309
59 静岡	316 519	153 702	1 379	24 324	43 156	21 330	27 594
60 浜松	342 851	168 709	1 280	27 805	42 363	22 357	30 231
61 名古屋	995 961	454 915	5 351	79 491	138 486	60 939	80 958
62 京都	677 826	298 480	3 507	52 222	74 610	40 143	54 460
63 大阪	1 202 155	486 644	5 546	77 289	143 766	59 622	83 646
64 堺	376 564	156 966	1 417	29 500	43 294	20 796	29 230
65 神戸	702 831	289 449	2 872	57 025	81 016	40 053	53 307
66 岡山	321 808	151 270	1 611	30 989	39 999	19 318	27 335
67 広島	528 256	247 683	2 597	48 312	71 278	35 058	45 633
68 北九州	445 432	185 713	1 958	38 031	48 547	25 321	38 275
69 福岡	703 324	306 922	3 371	58 100	95 755	42 128	51 294
70 熊本	339 712	159 788	1 761	34 331	42 365	20 605	28 222

注：1）「国勢調査」平成27年10月1日現在の日本人人口（不詳按分済み）。
2）「無職」は国勢調査による労働力状態が「完全失業者」と「非労働力人口」を合計したものである。
3）「不詳」は総数から、就業者総数と無職を引いたものである。

（大分類）・都道府県（21大都市再掲）・性別

(major groups), each prefecture (regrouped for 21 major cities) and sex

平成27年度
FY 2015

F 保安職業従事者	G 農林漁業従事者	H 生産工程従事者	I 輸送・機械運転従事者	J 建設・採掘従事者	K 運搬・清掃・包装等従事者	L 分類不能の職業	無職 Non-employed	不詳 Not stated
68 069	787 300	2 197 090	67 400	61 164	1 821 795	1 165 970	27 335 782	3 858 806
4 176	61 683	75 529	3 035	2 498	96 960	55 394	1 309 329	146 157
1 237	30 264	27 771	634	776	22 915	8 299	317 316	16 165
547	25 904	32 544	697	772	21 147	3 526	296 507	10 294
1 687	14 949	40 244	1 411	1 433	33 139	9 109	526 749	59 545
449	15 795	25 427	472	452	15 107	3 270	259 424	12 865
536	18 257	35 931	511	623	15 192	5 088	253 373	8 886
1 009	22 585	51 201	1 113	1 749	26 440	14 359	426 868	34 017
1 517	29 186	63 437	1 977	1 893	45 163	21 238	637 119	47 175
921	20 535	48 638	1 193	1 085	32 150	12 195	417 717	36 089
875	17 314	51 154	1 255	1 032	30 748	10 572	427 398	23 160
5 216	19 923	121 927	4 608	3 312	121 545	88 033	1 528 122	177 735
3 799	30 351	71 801	3 855	2 878	95 699	55 817	1 302 727	205 914
7 598	6 065	114 579	4 884	4 357	129 381	259 287	2 354 911	1 060 888
5 052	10 883	96 427	4 886	3 539	115 139	84 094	1 861 162	378 460
1 019	22 058	60 427	1 557	1 315	40 515	9 825	520 833	21 671
464	4 971	31 614	730	778	17 860	3 212	233 587	9 669
493	4 966	29 814	636	815	18 486	9 337	240 917	19 102
295	4 616	24 690	334	395	11 994	2 725	162 056	9 584
351	11 390	19 310	333	339	10 993	3 208	179 646	13 878
664	37 458	55 552	1 311	1 155	32 025	10 482	445 987	17 621
977	10 768	56 775	1 084	1 136	36 170	11 020	441 181	17 837
2 089	26 997	98 541	2 860	2 082	68 842	18 271	793 666	30 791
3 736	31 545	160 646	4 999	4 374	124 121	55 264	1 491 719	166 540
721	9 809	42 481	1 117	1 050	29 730	11 574	397 189	31 172
517	5 288	36 482	650	723	20 948	9 423	297 178	24 034
1 471	7 672	46 403	1 168	884	32 930	41 477	568 323	91 822
3 201	4 846	116 646	3 442	2 654	117 192	118 664	1 901 810	437 733
2 620	14 917	91 781	2 454	1 846	75 705	39 091	1 288 146	161 648
570	4 709	21 013	530	436	15 054	8 190	349 609	26 353
464	15 664	15 252	451	365	14 641	5 393	237 210	14 037
324	8 881	13 221	248	333	7 674	3 681	125 125	7 617
331	8 396	13 863	343	406	8 750	3 701	154 448	7 926
826	14 354	39 102	1 034	955	25 820	17 357	438 287	33 388
1 742	14 091	50 266	1 616	1 653	39 241	17 309	634 075	55 029
1 264	10 937	22 188	917	997	19 861	5 059	348 745	16 657
356	10 574	12 254	229	375	8 793	4 619	181 713	14 474
442	8 138	17 855	440	550	13 763	5 372	221 574	18 981
474	16 734	24 492	645	623	20 159	12 039	335 819	20 316
365	13 066	9 551	241	339	9 789	4 737	164 608	25 439
2 546	22 734	70 361	2 826	2 887	70 670	44 674	1 148 799	168 951
537	13 031	18 775	436	521	12 868	5 119	185 878	6 118
990	15 579	21 714	634	689	18 960	7 608	336 942	11 622
1 021	29 034	32 171	797	1 246	24 395	8 314	405 130	30 171
481	11 918	20 313	531	810	15 955	8 607	281 113	13 154
574	19 898	23 353	553	676	15 622	4 518	252 177	14 747
694	22 656	29 737	793	940	23 411	5 974	391 787	24 643
831	5 911	13 837	930	418	18 133	19 845	261 783	78 731
4 862	1 630	72 705	3 142	2 826	84 758	201 188	1 486 299	857 656
1 476	1 048	20 476	1 052	795	31 115	31 694	452 889	94 348
927	1 204	9 425	616	593	13 581	4 613	232 517	45 695
824	1 430	12 981	663	518	15 368	16 496	263 333	45 093
630	1 056	8 791	573	403	12 790	9 831	200 170	40 091
1 810	2 266	32 160	1 696	1 385	39 540	35 539	757 833	158 261
623	681	12 796	593	538	15 711	15 698	254 484	90 034
314	462	10 141	481	326	11 543	7 514	141 685	33 960
508	5 270	14 772	522	448	13 572	6 379	179 078	13 590
458	3 438	14 342	478	441	11 608	5 154	156 144	6 673
520	6 209	20 243	602	452	13 522	3 125	166 854	7 288
1 260	845	30 389	1 133	990	31 917	23 156	455 215	85 831
662	1 391	23 182	605	445	17 527	29 726	304 309	75 037
864	254	31 686	888	737	33 288	49 058	485 765	229 746
374	365	10 424	381	289	10 961	9 935	194 315	25 283
687	1 685	17 448	662	426	20 363	13 905	356 785	56 597
412	3 038	10 911	399	372	9 491	7 395	156 014	14 524
753	1 739	16 512	684	719	16 458	7 940	250 644	29 929
422	1 052	11 973	588	546	12 427	6 573	235 270	24 449
638	1 286	14 059	703	708	18 506	20 374	296 206	100 196
689	4 667	9 989	354	535	9 547	6 723	156 280	23 644

Notes : 1) "Population Census (Statistics Bureau, Ministry of Internal Affairs and Communications)" Population in Japan as of October 1, 2015
(Unknown people have been proportionally distributed)
2) Non-employed is total of "Unemployed" and "Population not in labour force" by population census.
3) Not stated is the one that the total of employed and the non-employed were subtracted from total.

表4　15歳以上人口，年齢

Table 4. Population 15 years of age and over,

産　業　（大分類） Industry (major groups)	総　数 Total	15～19歳 Years	20～24	25～29	30～34	35～39
総　数　Total						
総　　数　Total	109 534 740	5 977 783	5 883 485	6 292 857	7 184 240	8 238 135
就業者総数　Employed	58 018 675	769 936	3 339 674	4 521 798	5 132 301	6 027 463
第1次産業　Primary	2 198 438	6 607	30 830	51 521	76 264	92 877
A 農業，林業	2 046 820	5 581	27 152	45 835	68 352	83 948
B 漁　業	151 618	1 026	3 678	5 686	7 912	8 929
第2次産業　Secondary	13 620 995	145 470	632 329	981 453	1 201 675	1 511 972
C 鉱業，採石業，砂利採取業	22 090	114	616	1 175	1 393	1 849
D 建　設　業	4 302 991	42 920	162 380	227 395	322 604	452 180
E 製　造　業	9 295 914	102 436	469 333	752 883	877 678	1 057 943
第3次産業　Tertiary	39 257 128	560 402	2 444 989	3 191 477	3 530 926	4 094 897
F 電気・ガス・熱供給・水道業	282 960	2 309	15 059	21 934	19 803	31 629
G 情報通信業	1 656 504	2 718	91 324	186 859	222 832	263 251
H 運輸業，郵便業	3 024 855	19 625	103 306	172 461	228 711	304 620
I 卸売業，小売業	8 923 490	186 078	611 667	708 025	782 226	898 561
J 金融業，保険業	1 422 052	2 320	77 568	136 100	136 465	135 865
K 不動産業，物品賃貸業	1 188 355	4 538	42 760	64 993	81 983	94 993
L 学術研究，専門・技術サービス業	1 900 535	4 794	64 986	142 123	179 813	222 672
M 宿泊業，飲食サービス業	3 175 825	204 861	364 166	204 076	225 805	278 085
N 生活関連サービス業，娯楽業	2 052 122	31 178	175 885	183 339	194 946	196 341
O 教育，学習支援業	2 619 980	27 727	173 673	231 296	225 261	249 518
P 医療，福祉	6 994 067	29 047	449 453	686 012	727 791	817 660
Q 複合サービス事業	482 575	3 650	25 220	43 976	44 539	54 159
R サービス業（他に分類されないもの）	3 510 635	22 412	127 411	198 250	250 666	313 219
S 公務（他に分類されるものを除く）	2 023 173	19 145	122 511	212 033	210 085	234 324
T 分類不能の産業	2 942 114	57 457	231 526	297 347	323 436	327 717
無　　職　Non-employed	43 163 859	4 755 063	1 819 979	925 242	1 195 669	1 368 846
不　　詳　Not stated	8 352 206	452 784	723 832	845 817	856 270	841 826
男　Male						
総　　数　Total	52 940 825	3 073 597	3 014 733	3 210 180	3 652 706	4 191 265
就業者総数　Employed	32 619 348	401 742	1 676 852	2 431 980	2 910 460	3 447 620
第1次産業　Primary	1 346 294	5 162	23 683	38 748	54 977	63 424
A 農業，林業	1 231 584	4 218	20 338	33 864	48 356	56 333
B 漁　業	114 710	944	3 345	4 884	6 621	7 091
第2次産業　Secondary	10 130 375	113 713	469 200	737 522	912 622	1 136 899
C 鉱業，採石業，砂利採取業	18 627	100	489	993	1 154	1 534
D 建　設　業	3 616 627	40 588	140 890	190 509	270 586	377 986
E 製　造　業	6 495 121	73 025	327 821	546 020	640 882	757 379
第3次産業　Tertiary	19 476 555	254 822	1 061 217	1 489 722	1 756 883	2 057 478
F 電気・ガス・熱供給・水道業	242 086	2 080	12 663	18 030	16 280	26 333
G 情報通信業	1 213 408	1 418	53 892	119 610	154 247	192 725
H 運輸業，郵便業	2 438 257	15 064	73 347	128 008	179 168	240 996
I 卸売業，小売業	4 252 910	81 551	275 356	330 101	389 526	449 313
J 金融業，保険業	636 445	355	26 053	51 889	55 188	53 679
K 不動産業，物品賃貸業	717 763	2 499	22 412	35 409	48 550	57 605
L 学術研究，専門・技術サービス業	1 251 067	2 804	31 632	79 853	107 186	135 014
M 宿泊業，飲食サービス業	1 196 592	83 334	162 293	87 208	96 699	112 727
N 生活関連サービス業，娯楽業	813 881	12 242	64 709	69 656	81 641	82 597
O 教育，学習支援業	1 124 329	14 223	69 945	90 554	93 371	99 941
P 医療，福祉	1 688 071	7 139	89 696	183 271	198 466	210 024
Q 複合サービス事業	291 260	1 481	12 091	24 824	28 055	34 899
R サービス業（他に分類されないもの）	2 147 583	14 808	78 167	120 110	156 604	194 439
S 公務（他に分類されるものを除く）	1 462 903	15 824	88 961	151 199	151 902	167 186
T 分類不能の産業	1 666 124	28 045	122 752	165 988	185 978	189 819
無　　職　Non-employed	15 828 077	2 432 711	941 910	311 779	264 403	273 776
不　　詳　Not stated	4 493 400	239 144	395 971	466 421	477 843	469 869
女　Female						
総　　数　Total	56 593 915	2 904 186	2 868 752	3 082 677	3 531 534	4 046 870
就業者総数　Employed	25 399 327	368 194	1 662 822	2 089 818	2 221 841	2 579 843
第1次産業　Primary	852 144	1 445	7 147	12 773	21 287	29 453
A 農業，林業	815 236	1 363	6 814	11 971	19 996	27 615
B 漁　業	36 908	82	333	802	1 291	1 838
第2次産業　Secondary	3 490 620	31 757	163 129	243 931	289 053	375 073
C 鉱業，採石業，砂利採取業	3 463	14	127	182	239	315
D 建　設　業	686 364	2 332	21 490	36 886	52 018	74 194
E 製　造　業	2 800 793	29 411	141 512	206 863	236 796	300 564
第3次産業　Tertiary	19 780 573	305 580	1 383 772	1 701 755	1 774 043	2 037 419
F 電気・ガス・熱供給・水道業	40 874	229	2 396	3 904	3 523	5 296
G 情報通信業	443 096	1 300	37 432	67 249	68 585	70 526
H 運輸業，郵便業	586 598	4 561	29 959	44 453	49 543	63 624
I 卸売業，小売業	4 670 580	104 527	336 311	377 924	392 700	449 248
J 金融業，保険業	785 607	1 965	51 515	84 211	81 277	82 186
K 不動産業，物品賃貸業	470 592	2 039	20 348	29 584	33 433	37 388
L 学術研究，専門・技術サービス業	649 468	1 990	33 354	62 270	72 627	87 658
M 宿泊業，飲食サービス業	1 979 233	121 527	201 873	116 868	129 106	165 358
N 生活関連サービス業，娯楽業	1 238 241	18 936	111 176	113 683	113 305	113 744
O 教育，学習支援業	1 495 651	13 504	103 728	140 742	131 890	149 577
P 医療，福祉	5 305 996	21 908	359 757	502 741	529 325	607 636
Q 複合サービス事業	191 315	2 169	13 129	19 152	16 484	19 260
R サービス業（他に分類されないもの）	1 363 052	7 604	49 244	78 140	94 062	118 780
S 公務（他に分類されるものを除く）	560 270	3 321	33 550	60 834	58 183	67 138
T 分類不能の産業	1 275 990	29 412	108 774	131 359	137 458	137 898
無　　職　Non-employed	27 335 782	2 322 352	878 069	613 463	931 266	1 095 070
不　　詳　Not stated	3 858 806	213 640	327 861	379 396	378 427	371 957

注：1）「国勢調査」平成27年10月1日現在の日本人人口（不詳按分済み）。
　　2）「無職」は国勢調査による労働力状態が「完全失業者」と「非労働力人口」を合計したものである。
　　3）「不詳」は総数から、就業者総数と無職を引いたものである。

（5歳階級）・産業（大分類）・性別

by age (5-year age groups), industry (major groups) and sex

平成27年度
FY 2015

40～44	45～49	50～54	55～59	60～64	65～69	70～74	75歳以上 and over	(再掲) 50歳以上 (Regrouped) 50 years and over
9 686 096	8 619 451	7 908 558	7 520 250	8 489 534	9 710 272	7 751 648	16 272 431	57 652 693
7 321 342	6 618 006	6 110 127	5 588 378	5 106 858	3 972 112	1 932 030	1 578 650	24 288 155
105 812	105 319	131 035	186 411	308 363	384 052	280 500	438 847	1 729 208
95 157	93 517	116 998	169 514	287 762	363 135	267 084	422 785	1 627 278
10 655	11 802	14 037	16 897	20 601	20 917	13 416	16 062	101 930
1 920 186	1 712 085	1 497 072	1 348 521	1 241 805	844 603	371 370	212 454	5 515 825
2 684	2 634	2 855	2 966	2 797	1 887	706	414	11 625
596 338	500 402	430 063	448 502	503 633	387 807	154 611	74 156	1 998 772
1 321 164	1 209 049	1 064 154	897 053	735 375	454 909	216 053	137 884	3 505 428
4 943 064	4 509 267	4 261 300	3 880 451	3 386 588	2 554 329	1 149 326	750 112	15 982 106
46 110	43 049	40 214	34 557	20 000	6 237	1 493	566	103 067
259 936	223 932	183 884	110 801	68 692	27 917	9 092	5 266	405 652
431 968	413 554	374 307	342 599	307 036	224 391	77 456	24 821	1 350 610
1 127 565	1 006 845	929 288	855 372	757 847	556 190	274 110	229 716	3 602 523
192 592	215 564	205 445	155 673	96 943	43 036	16 217	8 264	525 578
115 575	106 268	104 104	107 609	139 090	150 445	81 486	94 511	677 245
261 400	224 271	202 550	182 823	172 886	139 348	59 366	43 503	800 476
343 209	287 762	253 327	253 965	292 770	277 436	124 750	65 613	1 267 861
207 205	190 505	174 595	159 396	177 041	180 793	106 339	74 559	872 723
307 472	310 982	354 962	343 797	209 557	112 888	44 230	28 617	1 094 051
891 078	809 222	781 411	702 089	541 732	359 958	131 721	66 893	2 583 804
74 583	61 083	65 304	59 443	36 479	10 265	2 730	1 144	175 365
393 542	355 606	339 079	349 590	438 640	417 841	204 556	99 823	1 849 529
290 829	260 624	252 830	222 737	127 875	47 584	15 780	6 816	673 622
352 280	291 335	220 720	172 995	170 102	189 128	130 834	177 237	1 061 016
1 477 003	1 264 252	1 242 941	1 508 488	2 970 203	5 283 385	5 438 916	13 913 872	30 357 805
887 751	737 193	555 490	423 384	412 473	454 775	380 702	779 909	3 006 733
4 922 423	4 365 334	3 982 000	3 749 854	4 181 397	4 699 236	3 608 735	6 289 365	26 510 587
4 102 939	3 639 438	3 362 638	3 151 033	3 009 707	2 381 872	1 159 010	944 057	14 008 317
67 161	64 066	77 122	104 654	179 207	236 162	164 241	267 167	1 029 073
59 012	55 184	66 667	92 405	164 258	220 944	154 620	255 385	954 279
8 149	8 882	10 455	12 249	14 949	15 218	9 621	12 302	74 794
1 416 685	1 261 363	1 106 858	1 003 969	928 591	621 292	270 925	150 736	4 082 371
2 171	2 196	2 433	2 573	2 420	1 647	590	327	9 990
493 694	413 997	356 903	382 418	436 076	327 936	126 976	58 068	1 688 377
920 820	845 170	747 522	618 978	490 095	291 709	143 359	92 341	2 384 004
2 414 462	2 141 824	2 047 417	1 939 653	1 805 841	1 419 674	656 541	431 021	8 300 147
38 269	36 424	35 303	31 187	18 269	5 534	1 257	457	92 007
191 796	170 496	147 833	90 463	57 047	22 502	7 284	4 095	329 224
335 992	324 520	300 364	285 221	264 260	200 988	69 441	20 888	1 141 162
543 170	455 632	415 629	390 036	351 080	286 552	154 351	130 613	1 728 261
80 727	99 036	94 858	80 760	60 223	21 343	7 926	4 408	269 518
68 684	61 913	59 679	63 500	91 437	101 610	52 384	52 081	420 691
159 405	142 347	135 302	130 829	133 180	110 494	47 763	35 258	592 826
123 875	97 771	85 204	85 692	98 264	92 664	44 787	26 074	432 685
83 411	72 789	62 021	56 235	69 225	77 532	47 630	34 193	346 836
110 489	111 311	149 194	160 142	116 894	68 479	25 750	14 036	534 495
199 189	151 417	145 131	147 471	143 198	122 933	53 523	36 613	648 869
45 681	35 108	39 006	37 386	23 239	6 893	1 810	787	109 121
233 784	200 266	190 010	209 372	283 071	268 311	131 911	66 730	1 149 405
199 990	182 794	187 883	171 359	96 454	33 839	10 724	4 788	505 047
204 631	172 185	131 241	102 757	96 068	104 744	67 303	94 613	596 726
322 025	305 968	295 854	350 703	935 033	2 075 065	2 269 643	5 049 207	10 975 505
497 459	419 928	323 508	248 118	236 657	242 299	180 082	296 101	1 526 765
4 763 673	4 254 117	3 926 558	3 770 396	4 308 137	5 011 036	4 142 913	9 983 066	31 142 106
3 218 403	2 978 568	2 747 489	2 437 345	2 097 151	1 590 240	773 020	634 593	10 279 838
38 651	41 253	53 913	81 757	129 156	147 890	116 259	171 160	700 135
36 145	38 333	50 331	77 109	123 504	142 191	112 464	167 400	672 999
2 506	2 920	3 582	4 648	5 652	5 699	3 795	3 760	27 136
503 501	450 722	390 214	344 552	313 214	223 311	100 445	61 718	1 433 454
513	438	422	393	377	240	116	87	1 635
102 644	86 405	73 160	66 084	67 557	59 871	27 635	16 088	310 395
400 344	363 879	316 632	278 075	245 280	163 200	72 694	45 543	1 121 424
2 528 602	2 367 443	2 213 883	1 940 798	1 580 747	1 134 655	492 785	319 091	7 681 959
7 841	6 625	4 911	3 370	1 731	703	236	109	11 060
68 140	53 436	36 051	20 338	11 645	5 415	1 808	1 171	76 428
95 976	89 034	73 943	57 378	42 776	23 403	8 015	3 933	209 448
584 395	551 213	513 659	465 336	406 767	269 638	119 759	99 103	1 874 262
111 865	116 528	110 587	74 913	36 720	21 693	8 291	3 856	256 060
46 891	44 355	44 425	44 109	47 653	48 835	29 102	42 430	256 554
101 995	81 924	67 248	51 994	39 706	28 854	11 603	8 245	207 650
219 334	189 991	168 123	168 273	194 506	184 772	79 963	39 539	835 176
123 794	117 716	112 754	103 161	107 816	103 261	58 709	40 366	525 887
196 983	199 671	205 768	183 655	92 663	44 409	18 480	14 581	559 556
691 889	657 805	636 280	554 618	398 534	237 025	78 198	30 280	1 934 935
28 902	25 975	26 298	22 057	13 240	3 372	920	357	66 244
159 758	155 340	149 069	140 218	155 569	149 530	72 645	33 093	700 124
90 839	77 830	64 947	51 378	31 421	13 745	5 056	2 028	168 575
147 649	119 150	89 479	70 238	74 034	84 384	63 531	82 624	464 290
1 154 978	958 284	947 087	1 157 785	2 035 170	3 208 320	3 169 273	8 864 665	19 382 300
390 292	317 265	231 982	175 266	175 816	212 476	200 620	483 808	1 479 968

Notes: 1) "Population Census (Statistics Bureau, Ministry of Internal Affairs and Communications)" Population in Japan as of October 1, 2015
(Unknown people have been proportionally distributed)
2) Non-employed is total of "Unemployed" and "Population not in labour force" by population census.
3) Not stated is the one that the total of employed and the non-employed were subtracted from total.

表5　15歳以上人口，産業
Table 5. Population 15 years of age and over, by industry

総数 Total

都道府県 Prefecture	総数 Total	就業者総数 Employed	第1次産業 Primary	A 農業，林業	B 漁業	第2次産業 Secondary	C 鉱業，採石業，砂利採取業	D 建設業	E 製造業	第3次産業 Tertiary	F 電気・ガス・熱供給・水道業	G 情報通信業
全国 All Japan	109 534 740	58 018 675	2 198 438	2 046 820	151 618	13 620 995	22 090	4 302 991	9 295 914	39 257 128	282 960	1 656 504
01 北海道	4 752 029	2 420 913	168 282	136 777	31 505	407 421	2 058	204 880	200 483	1 712 860	13 197	42 410
02 青森	1 156 165	623 631	75 087	67 311	7 776	123 273	484	59 334	63 455	406 522	3 132	5 893
03 岩手	1 123 538	632 842	67 395	62 539	4 856	157 833	618	64 089	93 126	399 110	3 036	6 696
04 宮城	2 031 410	1 071 558	46 859	40 869	5 990	244 496	485	112 919	131 092	756 572	8 118	23 676
05 秋田	913 974	481 119	46 392	45 643	749	115 261	534	46 714	68 013	311 769	2 487	4 197
06 山形	982 701	558 597	51 480	50 930	550	158 077	316	48 793	108 968	337 018	2 509	4 762
07 福島	1 675 837	916 659	59 612	58 706	906	268 863	501	99 613	168 749	553 040	7 361	8 482
08 茨城	2 513 013	1 378 486	75 238	73 698	1 540	390 768	511	108 058	282 199	858 013	6 875	24 948
09 栃木	1 697 152	948 375	52 682	52 542	140	288 624	665	67 849	220 110	574 800	3 585	10 599
10 群馬	1 689 320	946 122	46 958	46 854	104	286 366	261	70 532	215 573	586 472	3 960	12 125
11 埼玉	6 258 390	3 423 624	55 202	55 073	129	787 621	672	250 787	536 162	2 344 878	12 736	136 392
12 千葉	5 371 974	2 832 216	78 987	74 777	4 210	548 420	1 166	211 141	336 113	2 060 058	13 231	128 241
13 東京	11 641 664	5 725 919	22 613	21 954	659	885 085	1 495	303 849	579 741	4 160 465	18 833	434 904
14 神奈川	7 849 790	4 057 084	34 251	32 847	1 404	850 832	681	270 748	579 403	2 937 769	15 560	244 405
15 新潟	2 017 279	1 134 473	65 298	63 642	1 656	320 428	1 768	112 762	205 898	725 975	7 759	14 185
16 富山	927 064	531 993	17 482	16 555	927	174 124	307	45 946	127 871	332 383	4 377	8 969
17 石川	996 168	566 851	17 127	14 964	2 163	154 096	166	45 281	108 649	373 215	2 817	11 893
18 福井	674 053	393 004	14 745	13 740	1 005	118 776	100	35 593	83 083	252 862	4 787	5 592
19 山梨	721 968	403 063	29 251	29 167	84	110 737	223	32 070	78 444	255 237	2 039	5 461
20 長野	1 804 156	1 053 746	94 856	94 641	215	296 614	446	79 906	216 262	638 217	5 133	15 486
21 岐阜	1 732 864	993 242	30 996	30 772	224	311 996	582	79 737	231 677	622 588	4 619	13 404
22 静岡	3 168 972	1 828 442	70 542	66 338	4 204	579 761	539	134 763	444 459	1 127 195	8 179	25 124
23 愛知	6 310 192	3 578 570	75 040	70 926	4 114	1 132 094	620	241 360	890 114	2 220 487	17 655	74 513
24 三重	1 553 908	855 111	30 861	25 142	5 719	259 745	403	60 266	199 076	537 142	4 806	9 387
25 滋賀	1 191 116	666 510	17 863	17 396	467	214 140	161	39 461	174 518	411 294	2 872	8 420
26 京都	2 252 564	1 170 125	24 391	23 648	743	252 893	172	65 929	186 792	796 504	5 000	22 251
27 大阪	7 597 082	3 693 239	18 978	18 199	779	820 240	158	240 763	579 319	2 551 970	16 143	104 872
28 兵庫	4 751 731	2 403 652	47 794	43 283	4 511	597 815	334	153 393	444 088	1 665 430	13 029	53 399
29 奈良	1 186 644	586 406	15 454	15 355	99	131 950	43	35 093	96 814	420 696	3 553	12 634
30 和歌山	842 458	442 732	38 889	36 799	2 090	95 805	78	33 235	62 492	295 749	2 831	4 546
31 鳥取	496 401	278 589	24 560	23 480	1 080	58 751	49	21 482	37 220	186 840	1 343	3 122
32 島根	602 730	338 990	26 497	23 702	2 795	74 505	306	30 900	43 299	229 679	2 443	3 425
33 岡山	1 655 125	888 993	41 016	39 871	1 145	230 163	405	68 509	161 249	576 303	4 131	12 641
34 広島	2 435 095	1 315 454	40 396	37 529	2 867	336 048	270	100 202	235 576	897 267	8 183	23 385
35 山口	1 223 398	638 452	30 907	27 085	3 822	162 210	418	56 717	105 075	432 394	4 216	6 377
36 徳島	664 588	339 874	27 707	25 435	2 272	78 627	154	27 021	51 452	223 063	1 794	3 481
37 香川	846 191	447 424	23 409	21 532	1 877	110 699	211	34 692	75 796	300 101	3 127	6 491
38 愛媛	1 207 301	635 624	47 030	41 132	5 898	144 509	247	50 059	94 203	415 016	3 343	8 363
39 高知	641 168	321 438	36 290	32 956	3 334	53 343	403	26 227	26 713	221 313	1 515	3 489
40 福岡	4 378 830	2 230 066	62 031	58 100	3 931	449 893	654	176 454	272 785	1 613 579	11 700	54 382
41 佐賀	712 821	407 614	34 540	31 087	3 453	94 907	100	33 743	61 014	265 880	2 434	4 041
42 長崎	1 191 712	638 738	47 469	36 339	11 130	123 339	281	53 027	70 031	448 651	3 263	6 256
43 熊本	1 536 790	828 793	78 652	73 990	4 662	170 020	360	64 770	104 890	561 140	3 139	10 144
44 大分	1 010 894	540 479	36 008	32 678	3 330	120 557	691	46 209	73 657	361 532	2 613	6 595
45 宮崎	950 552	516 467	55 387	52 543	2 844	106 174	160	43 707	62 307	344 226	2 407	6 008
46 鹿児島	1 421 003	749 389	69 564	64 446	5 118	141 974	530	62 272	79 172	524 128	3 870	7 356
47 沖縄	1 174 965	583 987	26 370	23 828	2 542	81 122	254	52 136	28 732	429 726	3 220	13 082

21大都市（再掲） 21 major cities (Regrouped)

都道府県	総数	就業者総数	第1次産業	A	B	第2次産業	C	D	E	第3次産業	F	G
50 東京都区部	7 975 166	3 874 851	6 678	6 549	129	560 151	853	189 712	369 586	2 802 583	12 564	318 748
51 札幌	1 722 669	840 086	3 784	3 710	74	118 211	152	65 298	52 761	643 511	4 261	30 998
52 仙台	941 554	476 043	3 711	3 627	84	76 546	67	44 554	31 925	383 697	4 480	17 693
53 さいたま	1 086 071	576 768	4 119	4 108	11	107 317	97	38 188	69 032	421 570	2 646	31 602
54 千葉	834 318	423 127	2 937	2 912	25	74 544	113	30 701	43 730	320 805	2 222	20 474
55 横浜	3 194 022	1 646 399	7 736	7 505	231	318 934	293	109 759	208 882	1 217 957	6 610	114 040
56 川崎	1 264 213	664 130	2 615	2 605	10	131 676	115	42 911	88 650	485 212	2 435	62 986
57 相模原	622 907	320 369	1 988	1 982	6	72 933	45	23 062	49 826	225 766	914	13 481
58 新潟	707 915	389 911	13 736	13 636	100	83 017	343	34 862	47 812	278 854	2 565	8 563
59 静岡	613 054	346 749	9 041	8 536	505	86 857	54	29 245	57 558	236 669	1 902	7 721
60 浜松	676 198	392 088	15 481	14 758	723	129 505	115	28 509	100 881	238 116	1 266	4 743
61 名古屋	1 961 310	1 060 951	2 724	2 710	14	244 072	49	73 491	170 532	751 502	6 412	34 341
62 京都	1 278 265	648 328	5 027	5 018	9	125 069	30	32 581	92 458	450 166	2 074	14 070
63 大阪	2 316 969	1 069 852	1 100	1 058	42	213 488	41	62 545	150 902	732 279	3 703	38 998
64 堺	716 390	360 924	1 733	1 688	45	81 235	14	26 083	55 138	253 104	1 844	8 184
65 神戸	1 318 742	643 532	4 945	4 729	216	121 355	31	34 307	87 017	484 842	3 063	17 194
66 岡山	614 237	336 475	8 310	8 160	150	69 415	53	25 927	43 435	240 507	1 535	7 545
67 広島	1 014 197	559 126	5 161	4 798	363	121 084	31	46 389	74 664	413 633	4 481	16 131
68 北九州	832 289	410 539	3 159	2 730	429	97 025	210	35 466	61 349	294 171	1 972	7 182
69 福岡	1 315 945	656 776	4 136	3 619	517	91 580	71	46 014	45 495	514 123	4 551	29 336
70 熊本	633 733	339 048	12 399	11 663	736	55 147	22	24 125	31 000	256 520	1 433	7 224

注：1）「国勢調査」平成27年10月1日現在の日本人人口（不詳按分済み）。
　　2）「無業」は国勢調査による労働力状態が「完全失業者」と「非労働力人口」を合計したものである。
　　3）「不詳」は総数から、就業者総数と無職を引いたものである。

（大分類）・都道府県（21大都市再掲）・性別
(major groups), each prefecture (regrouped for 21 major cities) and sex

平成27年度
FY 2015

H 運輸業, 郵便業	I 卸売業, 小売業	J 金融業, 保険業	K 不動産業, 物品賃貸業	L 学術研究, 専門・技術サービス業	M 宿泊業, 飲食サービス業	N 生活関連サービス業, 娯楽業	O 教育, 学習支援業	P 医療, 福祉	Q 複合サービス事業	R サービス業（他に分類されないもの）	S 公務（他に分類されるものを除く）	T 分類不能の産業	無職 Non-employed	不詳 Not stated
3 024 855	8 923 490	1 422 052	1 188 355	1 900 535	3 175 825	2 052 122	2 619 980	6 994 067	482 575	3 510 635	2 023 173	2 942 114	43 163 859	8 352 206
130 636	377 523	48 032	45 444	63 393	143 680	88 465	104 248	325 694	32 061	171 071	127 006	132 350	2 035 755	295 361
28 957	96 882	12 900	6 839	12 190	30 220	22 427	25 878	83 535	6 823	35 919	34 927	18 749	498 234	34 300
30 848	95 049	11 545	7 802	14 008	32 504	21 253	26 803	81 106	8 956	33 451	26 053	8 504	465 631	25 065
64 761	186 128	24 092	23 095	32 160	58 537	36 743	52 824	122 151	10 624	68 841	44 822	23 631	825 837	134 015
18 795	75 703	9 341	5 033	9 642	23 250	18 220	20 340	69 118	7 944	26 502	21 197	7 697	405 286	27 569
19 569	82 928	11 731	5 653	10 870	27 739	18 983	22 948	71 032	7 896	27 561	22 837	12 022	403 757	20 347
40 465	128 121	16 626	10 818	21 952	46 612	31 357	37 005	103 295	10 261	57 020	33 665	35 144	678 183	80 995
76 867	199 020	26 607	18 374	56 340	63 780	52 320	60 620	141 919	11 380	71 701	47 262	54 467	1 027 844	106 683
47 781	136 519	17 392	12 629	33 192	52 280	36 948	40 020	99 392	8 402	46 666	29 395	32 269	668 685	80 092
46 718	139 925	19 760	12 232	23 673	50 727	35 849	40 533	117 450	7 786	46 715	29 019	26 326	688 234	54 964
224 944	536 159	96 052	83 989	116 603	171 906	121 714	142 793	345 737	19 561	223 542	112 750	235 923	2 437 495	397 271
198 933	453 335	90 867	71 829	101 712	154 197	114 623	125 401	294 716	16 909	196 729	99 335	144 751	2 080 910	458 848
255 722	804 929	216 591	209 447	321 417	319 236	195 143	260 264	537 413	21 093	395 956	169 517	657 756	3 658 627	2 257 118
235 854	615 872	114 867	119 002	185 958	223 293	141 385	188 178	438 000	18 237	277 832	119 326	234 232	2 924 759	867 947
52 836	182 991	22 366	13 490	24 832	59 837	42 022	47 523	142 754	13 576	62 551	39 253	22 772	832 994	49 812
23 877	79 661	12 442	5 828	12 580	26 183	18 565	22 500	66 826	5 765	29 961	14 849	8 004	371 682	23 389
25 773	90 349	12 024	7 653	14 950	33 470	19 959	25 999	71 493	5 807	31 877	19 151	22 413	386 756	42 561
15 668	60 398	9 225	3 993	11 141	20 533	13 151	18 232	50 595	4 815	21 243	13 489	6 621	259 706	21 343
15 205	59 198	8 623	5 553	9 671	27 154	15 884	18 981	47 849	4 225	20 055	15 539	7 838	288 514	30 391
40 155	149 355	19 813	12 609	24 508	65 870	35 679	41 721	130 064	14 722	50 292	32 810	24 059	709 314	41 096
45 252	154 948	23 117	11 599	25 935	55 637	37 865	43 175	114 568	9 653	51 116	31 700	27 662	699 579	40 043
96 094	276 865	37 341	26 931	48 446	107 377	66 355	75 101	193 431	15 829	96 349	53 773	50 944	1 268 360	72 170
194 978	547 981	74 443	65 106	115 565	193 080	118 980	148 563	361 177	21 995	199 120	87 331	150 949	2 351 183	380 439
46 183	124 977	18 524	10 302	19 840	46 334	31 069	38 272	102 016	8 952	47 641	28 839	27 363	628 655	70 142
31 452	94 820	13 780	9 043	17 700	34 621	22 723	33 546	78 107	5 839	35 946	22 425	23 213	469 535	55 071
51 745	184 967	24 801	24 999	36 544	76 306	39 400	68 427	145 737	7 339	67 138	41 850	96 337	898 805	183 634
221 078	604 383	91 718	101 621	120 007	206 781	124 130	160 958	452 635	17 232	235 998	94 414	302 051	2 993 282	910 561
133 885	389 385	58 489	54 419	81 687	131 842	85 649	118 938	307 059	17 148	144 498	76 003	92 613	2 003 433	344 646
24 886	99 276	16 946	12 650	19 386	30 227	20 906	34 857	80 318	5 174	36 502	23 381	18 306	546 432	53 806
20 372	67 908	9 550	5 682	9 453	24 337	15 185	21 081	65 051	6 007	24 454	19 292	12 289	369 896	29 830
11 336	41 095	6 404	3 084	6 954	15 193	9 265	14 432	41 843	3 337	15 538	13 894	8 438	201 147	16 665
12 427	50 585	7 068	3 502	8 885	17 700	10 753	17 486	54 368	5 436	19 774	15 827	8 309	246 113	17 627
49 202	136 745	18 326	12 861	21 138	41 604	28 172	44 148	124 021	8 678	47 117	27 519	41 511	695 201	70 931
70 981	214 770	27 467	24 827	38 188	67 015	44 256	60 897	177 530	12 713	75 766	51 289	41 743	994 759	124 882
33 897	98 407	12 798	8 247	14 496	33 126	22 431	30 076	95 741	7 561	36 477	28 544	12 941	545 619	39 327
13 100	49 997	7 788	4 399	7 700	16 444	11 086	17 149	53 776	3 822	17 470	15 057	10 477	293 863	30 851
22 778	72 548	11 018	6 950	11 599	22 592	14 871	20 920	60 854	5 345	23 248	17 760	13 215	353 788	44 979
30 231	97 012	14 698	8 142	15 264	31 885	21 296	27 733	93 424	8 746	33 089	21 790	29 069	528 495	43 182
11 237	50 228	7 071	3 946	7 625	18 420	10 920	16 212	54 266	5 228	15 740	15 416	10 492	268 492	51 238
131 254	375 183	53 619	48 662	68 699	122 366	80 135	103 655	320 501	16 317	148 145	78 961	104 563	1 794 738	354 026
18 375	59 188	8 328	4 019	8 592	20 890	14 751	19 660	61 286	5 280	21 783	17 253	12 287	292 529	12 678
26 976	96 128	15 065	8 177	16 421	37 277	22 730	30 116	107 172	8 013	34 589	36 468	19 279	528 196	24 778
32 145	126 077	16 129	12 121	19 782	45 034	31 518	37 718	135 276	10 816	44 889	36 352	18 981	645 170	62 827
22 636	82 239	11 102	7 486	13 264	31 773	18 673	23 844	83 236	5 767	29 491	22 813	22 382	442 583	27 832
20 488	77 680	10 286	6 511	11 842	27 357	18 906	23 485	81 398	7 037	27 406	23 415	10 680	402 961	31 124
32 454	118 687	14 265	9 612	17 791	44 519	27 043	35 860	127 330	11 097	38 019	36 225	13 723	617 835	53 779
25 049	81 366	11 015	12 145	16 940	45 080	22 364	30 860	81 807	5 371	47 847	33 580	46 769	435 007	155 971
176 359	542 852	155 529	153 015	230 259	219 642	130 497	156 456	325 285	11 925	265 904	103 548	505 439	2 282 040	1 818 275
45 181	144 387	21 689	25 282	31 784	50 673	30 887	38 435	113 266	5 993	69 658	31 017	74 580	695 941	186 642
26 835	93 754	14 597	15 217	19 813	30 544	17 075	29 341	57 380	3 122	34 251	19 955	12 089	363 720	101 791
30 659	92 949	23 980	18 068	25 573	29 688	19 401	28 766	55 934	2 847	38 827	20 630	43 762	411 343	97 960
26 845	70 030	15 720	12 053	17 282	23 552	16 219	21 283	46 810	1 739	31 206	15 370	24 841	322 705	88 486
96 921	254 384	54 293	53 188	82 047	87 716	54 678	75 888	178 185	5 673	112 943	41 391	101 772	1 180 484	367 139
34 108	95 894	24 221	22 122	33 862	35 067	22 552	28 851	62 391	2 481	44 924	13 318	44 627	394 265	205 818
19 634	48 784	6 479	8 452	12 560	16 426	11 769	16 040	37 780	1 730	22 266	9 451	19 682	227 527	75 011
21 794	69 816	10 307	6 786	11 053	20 918	14 406	19 156	51 841	2 814	24 349	14 486	14 304	287 317	30 687
19 665	61 625	9 771	6 525	10 315	18 529	12 018	15 734	38 763	2 331	21 586	10 184	14 182	249 628	16 677
19 291	60 802	7 576	6 174	10 402	20 810	13 962	17 218	43 898	3 500	18 247	10 227	8 986	266 946	17 164
58 551	187 848	28 136	29 039	43 080	65 022	38 272	50 397	114 334	4 734	65 787	25 549	62 653	711 076	189 283
27 156	106 553	14 102	16 975	22 520	50 065	21 728	40 341	78 159	2 747	37 723	15 953	68 066	480 921	149 016
57 690	176 551	25 245	33 092	39 734	70 668	36 771	37 675	116 514	3 855	72 790	18 993	122 985	771 607	475 510
21 854	59 779	8 786	8 885	10 702	18 894	12 393	16 358	49 924	1 961	22 519	11 021	24 852	303 704	51 762
44 131	112 243	16 114	18 226	24 519	39 525	22 607	34 580	87 175	3 035	41 774	20 656	32 390	552 149	123 061
18 230	58 026	8 901	7 003	10 066	17 900	11 049	19 540	48 205	2 305	19 229	10 973	18 243	245 614	32 148
30 898	100 802	15 164	15 112	20 607	31 064	19 577	27 759	72 381	4 283	34 903	20 471	19 248	387 940	67 131
26 337	66 945	8 484	7 942	11 690	22 472	14 533	18 629	65 316	2 225	27 879	12 565	16 184	367 692	54 058
35 707	117 788	22 296	22 074	28 812	43 385	24 478	33 882	81 508	3 270	49 312	17 724	46 937	455 152	204 017
12 824	57 446	9 835	7 902	11 497	20 327	13 143	18 553	53 717	3 368	21 339	17 912	14 982	245 901	48 784

Notes : 1) "Population Census (Statistics Bureau, Ministry of Internal Affairs and Communications)" Population in Japan as of October 1, 2015
(Unknown people have been proportionally distributed)
2) Non-employed is total of "Unemployed" and "Population not in labour force" by population census.
3) Not stated is the one that the total of employed and the non-employed were subtracted from total.

表5　15歳以上人口, 産業
Table 5. Population 15 years of age and over, by industry

男
Male

都道府県 Prefecture	総数 Total	就業者総数 Employed	第1次産業 Primary	A 農業,林業	B 漁業	第2次産業 Secondary	C 鉱業,採石業,砂利採取業	D 建設業	E 製造業	第3次産業 Tertiary	F 電気・ガス・熱供給・水道業	G 情報通信業
全国 All Japan	52 940 825	32 619 348	1 346 294	1 231 584	114 710	10 130 375	18 627	3 616 627	6 495 121	19 476 555	242 086	1 213 408
01 北海道	2 218 034	1 342 404	99 782	78 886	20 896	302 941	1 820	176 439	124 682	864 711	11 458	30 156
02 青森	537 544	338 491	42 673	37 001	5 672	88 348	426	51 692	36 230	197 337	2 738	3 878
03 岩手	536 755	352 860	39 987	36 250	3 737	114 550	531	55 910	58 109	193 592	2 612	4 616
04 宮城	986 210	612 652	30 594	25 887	4 707	182 156	402	96 031	85 723	386 603	6 866	16 720
05 秋田	425 269	264 703	29 484	28 847	637	83 046	454	41 003	41 589	147 940	2 164	2 907
06 山形	469 617	307 772	32 195	31 759	436	109 452	272	41 999	67 181	159 397	2 131	3 310
07 福島	824 830	526 537	35 646	34 897	749	195 532	421	85 425	109 686	275 301	6 587	5 922
08 茨城	1 247 684	797 451	44 678	43 512	1 166	291 078	425	90 226	200 427	429 690	5 890	19 102
09 栃木	841 307	546 336	30 994	30 893	101	214 921	559	56 842	157 520	281 027	3 028	8 008
10 群馬	828 929	536 289	28 205	28 141	64	210 749	214	59 044	151 491	282 284	3 324	8 783
11 埼玉	3 117 792	1 988 883	33 915	33 821	94	589 129	566	212 244	376 319	1 225 753	10 724	104 523
12 千葉	2 666 477	1 635 360	46 760	43 440	3 320	425 455	971	178 443	246 041	1 080 379	11 093	99 897
13 東京	5 721 102	3 221 156	15 766	15 183	583	649 729	1 184	247 944	400 601	2 185 819	15 307	306 572
14 神奈川	3 912 500	2 359 416	22 323	21 216	1 107	666 665	556	225 997	440 112	1 537 393	13 295	188 756
15 新潟	970 036	629 734	41 094	39 807	1 287	229 600	1 528	96 266	131 806	346 690	6 856	9 827
16 富山	444 484	292 669	11 932	11 106	826	124 002	233	37 985	85 784	152 308	3 683	6 150
17 石川	478 532	309 234	11 601	9 898	1 703	108 860	135	37 465	71 260	176 246	2 415	8 069
18 福井	324 914	215 505	9 736	8 857	879	82 688	79	29 973	52 636	119 488	4 355	3 830
19 山梨	351 397	226 016	17 315	17 254	61	80 674	196	27 102	53 376	123 595	1 713	3 895
20 長野	873 641	586 839	54 361	54 211	150	214 336	363	67 757	146 216	305 079	4 305	10 596
21 岐阜	833 536	552 932	18 837	18 678	159	224 743	495	66 541	157 707	293 452	3 790	9 960
22 静岡	1 551 202	1 035 129	41 609	38 060	3 549	424 145	427	110 967	312 751	538 147	6 751	18 503
23 愛知	3 146 638	2 073 275	41 041	38 023	3 018	860 761	505	196 529	663 727	1 081 654	14 617	55 211
24 三重	750 613	480 177	19 804	15 733	4 071	195 372	346	49 896	145 130	249 989	4 060	6 711
25 滋賀	583 259	379 865	11 935	11 621	314	158 834	134	32 528	126 172	196 037	2 524	6 306
26 京都	1 067 668	645 374	15 997	15 358	639	181 620	138	55 214	126 268	394 284	4 361	15 973
27 大阪	3 627 546	2 063 246	13 595	12 952	643	608 935	129	202 808	405 998	1 272 300	13 925	77 314
28 兵庫	2 244 218	1 345 933	31 788	27 970	3 818	448 917	283	129 301	319 333	815 178	11 552	40 212
29 奈良	553 655	329 379	10 344	10 280	64	97 884	32	29 547	68 305	211 678	3 094	9 595
30 和歌山	392 056	243 577	22 171	20 380	1 791	71 553	65	28 303	43 185	143 208	2 565	3 285
31 鳥取	235 074	150 004	15 079	14 164	915	41 164	39	18 255	22 870	89 112	1 162	2 174
32 島根	286 592	185 226	17 469	15 085	2 384	55 199	241	26 520	28 438	108 150	2 190	2 389
33 岡山	786 539	492 082	25 667	24 855	812	171 648	336	57 067	114 245	271 406	3 569	9 005
34 広島	1 168 374	737 837	24 857	23 031	1 826	255 258	229	82 820	172 209	434 670	7 060	16 648
35 山口	572 888	353 344	19 236	16 151	3 085	126 379	370	47 117	78 892	200 171	3 663	4 354
36 徳島	313 759	185 232	16 238	14 521	1 717	59 786	128	22 965	36 693	103 638	1 592	2 404
37 香川	405 675	247 463	14 609	13 156	1 453	80 823	157	28 591	52 075	144 620	2 707	4 634
38 愛媛	563 300	347 758	29 056	24 692	4 364	107 964	213	42 522	65 229	194 158	2 982	5 789
39 高知	298 244	168 561	21 839	18 968	2 871	40 468	352	22 483	17 633	100 646	1 285	2 363
40 福岡	2 041 747	1 210 733	37 018	34 187	2 831	336 426	560	146 461	189 405	780 519	10 016	38 871
41 佐賀	332 107	218 896	20 565	18 222	2 343	68 411	125	28 943	39 343	122 962	2 162	2 804
42 長崎	550 624	346 214	30 564	21 524	9 040	93 220	234	45 639	47 347	211 143	2 870	4 189
43 熊本	714 402	441 706	47 184	43 776	3 408	124 221	311	54 502	69 408	260 235	2 712	6 963
44 大分	473 020	296 872	22 722	20 087	2 635	92 609	634	39 229	52 746	168 090	2 275	4 506
45 宮崎	441 415	274 254	33 392	31 037	2 355	75 227	139	37 194	37 894	159 751	2 047	4 065
46 鹿児島	657 707	402 523	44 712	40 553	4 159	101 289	449	53 030	47 810	249 165	3 349	5 117
47 沖縄	571 913	321 449	19 925	17 654	2 271	63 608	221	45 868	17 519	211 560	2 662	8 546

21大都市 (再掲)
21 major cities (Regrouped)

都道府県 Prefecture	総数 Total	就業者総数 Employed	第1次産業 Primary	A 農業,林業	B 漁業	第2次産業 Secondary	C 鉱業,採石業,砂利採取業	D 建設業	E 製造業	第3次産業 Tertiary	F 電気・ガス・熱供給・水道業	G 情報通信業
50 東京都区部	3 913 629	2 157 269	4 769	4 668	101	397 140	609	152 479	244 052	1 473 467	9 968	219 259
51 札幌	793 662	458 316	2 525	2 470	55	88 330	127	55 532	32 671	325 930	3 678	22 235
52 仙台	455 292	267 993	2 410	2 335	75	59 940	52	37 088	22 800	199 007	3 717	12 486
53 さいたま	536 957	336 080	2 555	2 545	10	82 746	80	31 849	50 817	224 861	2 215	24 179
54 千葉	413 591	242 661	1 810	1 790	20	58 873	89	25 746	33 038	167 880	1 856	15 732
55 横浜	1 587 491	955 962	5 200	5 028	172	251 858	241	91 276	160 341	641 082	5 623	87 927
56 川崎	642 130	386 565	1 796	1 788	8	103 018	88	36 017	66 913	256 410	2 074	47 702
57 相模原	311 367	184 474	1 429	1 424	5	56 253	30	19 288	36 935	115 794	768	10 689
58 新潟	337 489	212 153	8 115	8 034	81	60 560	304	29 340	30 916	135 905	2 247	5 480
59 静岡	296 535	193 047	5 332	4 931	401	63 271	42	23 918	39 311	115 811	1 533	5 401
60 浜松	333 347	223 379	8 717	8 119	598	96 916	97	23 281	73 538	112 178	1 034	3 398
61 名古屋	965 349	606 036	1 819	1 808	11	184 265	39	59 740	124 486	382 676	5 303	24 801
62 京都	600 439	349 848	3 402	3 395	7	88 391	26	27 049	61 316	220 617	1 775	9 769
63 大阪	1 114 814	583 208	814	778	36	151 754	31	51 508	100 215	361 592	3 071	27 411
64 堺	339 826	203 958	1 310	1 267	43	62 558	12	22 020	40 526	126 335	1 631	6 132
65 神戸	615 911	354 083	3 118	2 942	176	92 458	29	28 813	63 616	241 205	2 632	12 715
66 岡山	292 429	185 205	5 113	5 013	100	52 367	38	21 332	30 997	117 271	1 329	5 251
67 広島	485 941	311 443	3 205	2 973	232	92 734	27	38 167	54 540	205 052	3 831	11 560
68 北九州	386 857	224 826	2 024	1 707	317	75 963	185	29 242	46 536	137 798	1 699	4 901
69 福岡	612 621	349 864	2 691	2 260	431	67 366	54	37 492	29 820	254 620	3 810	20 599
70 熊本	294 021	179 260	7 207	6 751	456	40 023	17	19 694	20 312	124 210	1 238	4 909

注：1) 「国勢調査」平成27年10月1日現在の日本人人口（不詳按分済み）。
　　2) 「無業」は国勢調査による労働力状態が「完全失業者」と「非労働力人口」を合計したものである。
　　3) 「不詳」は総数から、就業者総数と無職を引いたものである。

(大分類)・都道府県(21大都市再掲)・性別
(major groups), each prefecture (regrouped for 21 major cities) and sex

平成27年度
FY 2015

H 運輸業,郵便業	I 卸売業,小売業	J 金融業,保険業	K 不動産業,物品賃貸業	L 学術研究,専門・技術サービス業	M 宿泊業,飲食サービス業	N 生活関連サービス業,娯楽業	O 教育,学習支援業	P 医療,福祉	Q 複合サービス事業	R サービス業(他に分類されないもの)	S 公務(他に分類されるものを除く)	T 分類不能の産業	無職 Non-employed	不詳 Not stated
2 438 257	4 252 910	636 445	717 763	1 251 067	1 196 592	813 881	1 124 329	1 688 071	291 260	2 147 583	1 462 903	1 666 124	15 828 077	4 493 400
110 219	178 642	21 336	28 065	42 825	52 421	34 914	52 085	83 423	21 158	96 876	101 133	74 970	726 426	149 204
25 034	45 464	5 420	3 901	8 075	9 859	8 443	11 478	19 306	4 336	22 024	27 381	10 133	180 918	18 135
26 264	45 932	5 268	4 719	9 376	11 297	7 655	12 059	19 311	5 768	20 278	18 437	4 731	169 124	14 771
53 443	91 562	10 172	14 565	21 569	21 155	13 857	24 766	30 362	6 810	41 717	33 039	13 299	299 088	74 470
16 351	36 057	4 038	3 074	6 506	7 978	6 403	8 882	16 872	4 926	16 148	15 634	4 233	145 862	14 704
16 610	40 326	5 181	3 253	7 078	10 119	6 458	10 445	16 203	4 704	17 147	16 432	6 728	150 384	11 461
34 044	61 617	7 593	6 436	14 735	16 192	11 929	15 972	24 774	6 376	38 509	24 615	20 058	251 315	46 978
61 675	92 062	11 709	11 182	38 066	21 729	20 630	25 850	33 556	6 670	46 893	34 676	32 005	390 725	59 508
37 616	63 793	7 454	7 253	24 931	18 557	14 545	16 394	23 631	4 957	30 077	20 783	19 394	250 968	44 003
37 018	66 268	9 231	7 099	15 476	18 920	14 440	17 480	29 129	4 556	29 637	20 923	15 051	260 836	31 804
170 943	262 574	43 755	53 532	78 403	67 772	49 730	63 046	86 627	11 613	140 394	82 117	140 086	909 373	219 536
153 533	218 678	43 008	45 976	67 965	59 992	46 200	53 488	71 455	9 863	126 061	83 170	82 766	778 183	252 934
203 569	397 143	103 858	122 342	201 103	140 717	83 264	111 050	141 467	12 241	231 370	115 816	369 842	1 303 716	1 196 230
187 908	293 232	53 226	74 173	126 635	88 673	57 368	79 049	106 851	10 267	172 309	85 651	133 035	1 063 597	489 487
43 762	86 592	9 903	8 107	16 159	22 373	14 985	21 333	32 712	8 173	38 732	27 716	12 350	312 161	28 141
19 265	37 846	5 089	3 394	7 913	8 810	6 693	8 777	13 532	3 217	17 884	10 055	4 427	138 095	13 720
20 893	42 533	5 276	4 442	9 484	12 277	7 653	10 929	15 618	3 413	19 206	14 038	12 527	145 839	23 459
12 725	28 889	3 824	2 332	7 406	7 364	4 996	7 482	10 452	2 876	13 471	9 486	3 593	97 650	11 759
12 556	27 521	4 041	3 341	6 244	10 643	6 464	8 055	12 499	2 582	13 046	10 995	4 432	108 868	16 513
32 916	72 919	8 926	7 646	16 032	25 825	13 999	19 118	30 705	8 927	30 395	22 770	13 063	263 327	23 475
35 866	71 735	9 963	7 161	17 141	19 064	14 251	17 919	26 177	5 881	31 845	22 699	15 900	258 398	22 206
74 853	126 243	16 074	15 787	31 223	38 588	25 313	30 637	45 919	9 575	59 187	39 494	31 228	474 694	41 379
154 336	259 754	32 858	38 699	77 079	67 244	44 987	61 803	81 143	12 445	120 590	60 888	89 819	859 464	213 899
37 095	54 873	7 735	5 985	12 859	14 994	11 654	15 471	22 892	5 208	29 956	20 496	15 012	231 466	38 970
24 304	43 275	6 271	5 534	11 571	12 555	9 763	14 044	18 533	3 483	22 034	15 840	13 059	172 357	31 037
43 129	88 017	10 915	14 607	23 234	31 452	16 060	31 440	38 343	4 472	41 522	30 759	53 473	330 482	91 812
177 254	298 090	36 319	61 836	76 674	82 873	51 110	68 266	111 268	10 063	141 134	66 174	168 416	1 091 472	472 828
107 636	182 612	26 663	33 527	55 194	48 977	34 459	50 172	70 816	9 727	89 097	54 534	50 050	715 287	182 998
20 870	48 349	7 803	8 129	13 032	11 361	8 640	15 324	21 567	3 132	23 857	16 925	9 473	196 823	27 453
17 034	31 821	4 102	3 302	6 172	8 707	6 500	9 059	16 901	3 732	15 927	14 101	6 645	132 686	15 793
9 553	19 977	2 734	1 736	4 616	5 616	3 546	6 250	10 173	1 937	9 558	10 080	4 649	76 022	9 048
10 494	24 937	2 884	1 996	6 251	6 447	3 993	7 473	12 638	3 322	11 958	11 178	4 408	91 665	9 701
40 158	64 303	8 397	7 536	13 880	14 182	10 481	17 698	27 579	5 166	29 679	19 773	23 361	256 914	37 543
58 309	101 757	12 621	14 534	25 194	23 404	16 868	24 652	40 397	7 657	47 398	38 171	23 052	360 684	69 853
28 707	44 118	5 501	4 691	9 359	10 047	8 158	12 442	20 952	4 421	23 064	20 694	7 558	196 874	22 670
11 154	23 900	3 341	2 442	5 037	5 983	4 315	6 828	12 874	2 297	10 860	10 611	-5 570	112 150	16 377
18 612	35 195	5 004	4 037	7 440	7 960	5 833	8 170	14 573	3 147	14 741	12 567	7 411	132 214	25 998
25 207	44 749	6 337	4 571	10 077	11 273	8 346	11 794	21 804	5 370	20 118	15 741	16 580	192 676	22 866
9 595	24 010	3 022	2 248	4 935	6 417	4 573	6 504	12 993	3 079	9 615	10 007	5 608	103 884	25 799
106 939	179 656	22 749	28 687	44 924	45 141	30 962	43 337	76 992	9 982	85 489	56 774	56 770	645 939	185 075
14 681	27 588	3 419	2 376	5 702	7 186	5 794	8 316	14 202	3 232	13 309	12 191	6 705	106 651	6 560
23 394	43 537	5 483	4 634	11 390	12 853	9 104	13 125	25 147	5 306	21 638	28 473	11 287	191 254	13 156
27 293	59 037	7 033	7 071	12 545	16 364	12 601	16 515	31 882	6 824	26 846	26 549	10 066	240 040	32 656
19 297	36 587	4 900	4 382	8 856	11 066	7 291	10 156	20 124	3 470	18 348	16 832	13 451	161 470	14 678
17 587	35 867	4 727	3 862	7 818	9 779	7 342	10 074	18 704	4 393	16 565	16 921	5 884	150 784	16 377
27 550	55 368	6 596	5 803	11 595	15 672	11 510	16 528	32 255	7 114	24 282	26 426	7 357	226 048	29 136
21 006	37 905	4 686	7 758	11 288	18 714	9 801	12 594	22 738	3 392	26 792	23 678	26 356	173 224	77 240
138 541	270 221	75 324	87 324	140 086	99 799	55 790	64 201	87 467	6 875	149 714	68 898	281 893	795 741	960 619
37 811	70 511	9 934	15 895	21 082	19 649	11 899	18 858	30 826	4 039	35 427	24 086	41 531	243 052	92 294
21 981	47 924	6 636	9 524	13 103	11 846	6 610	13 995	15 710	2 056	19 178	14 241	6 636	131 203	56 096
23 963	46 872	12 120	11 387	17 144	11 884	8 216	12 546	14 479	1 644	23 667	14 545	25 918	148 010	52 867
21 212	34 067	7 261	7 637	11 327	9 156	6 487	9 167	12 432	1 015	19 342	11 189	14 098	122 535	48 395
78 798	123 398	25 935	33 290	55 637	35 361	21 794	31 186	42 585	3 083	67 900	28 565	57 822	422 651	208 878
27 303	46 139	11 690	13 402	22 281	14 511	9 450	11 758	14 049	1 378	26 000	8 673	25 341	139 781	115 784
15 060	22 969	2 727	5 390	8 695	6 194	4 852	7 025	9 233	1 010	14 332	6 850	10 998	85 842	41 051
17 945	33 229	4 819	4 123	7 192	7 861	5 078	8 801	12 614	1 713	14 301	10 182	7 573	108 239	17 097
15 874	29 568	4 394	3 809	6 417	6 845	4 476	6 713	9 368	1 402	12 872	7 059	8 633	93 484	10 004
14 997	28 013	3 362	3 626	6 522	7 293	5 195	7 298	10 549	2 079	11 283	7 529	5 568	100 092	9 876
48 175	95 143	13 443	17 251	27 833	25 472	15 048	21 642	29 237	2 669	39 095	17 564	37 276	255 861	103 452
22 955	50 417	6 014	9 669	13 911	21 484	8 877	18 971	21 602	1 616	22 407	11 150	37 438	176 612	73 979
46 144	86 771	9 293	19 406	23 977	30 359	15 037	15 644	28 899	2 221	40 822	12 537	69 048	285 842	245 764
17 911	29 503	3 635	5 488	7 033	7 275	5 210	6 961	12 292	1 149	14 129	7 986	13 755	109 389	26 479
34 630	53 228	7 104	11 343	16 346	15 706	9 423	15 257	21 223	1 708	25 311	14 579	17 302	195 364	66 464
14 668	28 614	4 482	4 130	6 419	6 712	4 261	8 387	12 073	1 344	11 431	8 170	10 454	89 600	17 624
25 491	48 932	7 372	8 915	13 575	11 524	7 437	11 039	17 114	2 680	20 825	14 757	10 452	137 296	37 202
22 069	31 059	3 495	4 558	7 764	7 503	5 414	7 733	15 054	1 365	16 350	8 834	9 041	132 422	29 609
28 570	57 815	10 056	12 727	18 321	17 973	9 744	14 410	21 364	2 009	25 406	11 816	25 177	158 946	103 821
10 823	27 879	4 712	4 557	7 225	8 007	5 302	8 267	13 982	2 182	11 663	13 464	7 820	89 621	25 140

Notes : 1) "Population Census (Statistics Bureau, Ministry of Internal Affairs and Communications)" Population in Japan as of October 1, 2015
(Unknown people have been proportionally distributed)
2) Non-employed is total of "Unemployed" and "Population not in labour force" by population census.
3) Not stated is the one that the total of employed and the non-employed were subtracted from total.

表5　15歳以上人口，産業

Table 5. Population 15 years of age and over, by industry

女
Female

都道府県 Prefecture	総数 Total	就業者総数 Employed	第1次産業 Primary	A 農業,林業	B 漁業	第2次産業 Secondary	C 鉱業,採石業,砂利採取業	D 建設業	E 製造業	第3次産業 Tertiary	F 電気・ガス・熱供給・水道業	G 情報通信業
全　　　　国 All Japan	56 593 915	25 399 327	852 144	815 236	36 908	3 490 620	3 463	686 364	2 800 793	19 780 573	40 874	443 096
01 北　海　道	2 533 995	1 078 509	68 500	57 891	10 609	104 480	238	28 441	75 801	848 149	1 739	12 254
02 青　　森	618 621	285 140	32 414	30 310	2 104	34 925	58	7 642	27 225	209 185	394	2 015
03 岩　　手	586 783	279 982	27 408	26 289	1 119	43 283	87	8 179	35 017	205 518	424	2 080
04 宮　　城	1 045 200	458 906	16 265	14 982	1 283	62 340	83	16 888	45 369	369 969	1 252	6 956
05 秋　　田	488 705	216 416	16 908	16 796	112	32 215	80	5 711	26 424	163 829	323	1 290
06 山　　形	513 084	250 825	19 285	19 171	114	48 625	44	6 794	41 787	177 621	378	1 452
07 福　　島	851 007	390 122	23 966	23 809	157	73 331	80	14 188	59 063	277 739	774	2 560
08 茨　　城	1 265 329	581 035	30 560	30 186	374	99 690	86	17 832	81 772	428 323	985	5 846
09 栃　　木	855 845	402 039	21 688	21 649	39	73 703	106	11 007	62 590	293 773	557	2 591
10 群　　馬	860 391	409 833	18 753	18 713	40	75 617	47	11 488	64 082	304 188	636	3 342
11 埼　　玉	3 140 598	1 434 741	21 287	21 252	35	198 492	106	38 543	159 843	1 119 125	2 012	31 869
12 千　　葉	2 705 497	1 196 856	32 227	31 337	890	122 965	195	32 698	90 072	979 679	2 138	28 344
13 東　　京	5 920 562	2 504 763	6 847	6 771	76	235 356	311	55 905	179 140	1 974 646	3 526	128 332
14 神 奈 川	3 937 290	1 697 668	11 928	11 631	297	184 167	125	44 751	139 291	1 400 376	2 265	55 649
15 新　　潟	1 047 243	504 739	24 204	23 835	369	90 828	240	16 496	74 092	379 285	903	4 358
16 富　　山	482 580	239 324	5 550	5 449	101	50 122	74	7 961	42 087	180 075	694	2 819
17 石　　川	517 636	257 617	5 526	5 066	460	45 236	31	7 816	37 389	196 969	402	3 824
18 福　　井	349 139	177 499	5 009	4 883	126	36 088	21	5 620	30 447	133 374	432	1 762
19 山　　梨	370 571	177 047	11 936	11 913	23	30 063	27	4 968	25 068	131 642	326	1 566
20 長　　野	930 515	466 907	40 495	40 430	65	82 278	83	12 149	70 046	333 138	828	4 890
21 岐　　阜	899 328	440 310	12 159	12 094	65	87 253	87	13 196	73 970	329 136	829	3 444
22 静　　岡	1 617 770	793 313	28 933	28 278	655	155 616	112	23 796	131 708	589 048	1 428	6 621
23 愛　　知	3 163 554	1 505 295	33 999	32 903	1 096	271 333	115	44 831	226 387	1 138 833	3 038	19 302
24 三　　重	803 295	374 934	11 057	9 409	1 648	64 373	57	10 370	53 946	287 153	746	2 676
25 滋　　賀	607 857	286 645	5 928	5 775	153	55 306	27	6 933	48 346	215 257	348	2 114
26 京　　都	1 184 896	524 751	8 394	8 290	*104	71 273	34	10 715	60 524	402 220	639	6 278
27 大　　阪	3 969 536	1 629 993	5 383	5 247	136	211 305	29	37 955	173 321	1 279 670	2 218	27 558
28 兵　　庫	2 507 513	1 057 719	16 006	15 313	693	148 898	51	24 092	124 755	850 252	1 477	13 187
29 奈　　良	632 989	257 027	5 110	5 075	35	34 066	11	5 546	28 509	209 018	459	3 039
30 和 歌 山	450 402	199 155	16 718	16 419	299	24 252	13	4 932	19 307	152 541	266	1 261
31 鳥　　取	261 327	128 585	9 481	9 316	165	17 587	10	3 227	14 350	97 728	181	948
32 島　　根	316 138	153 764	9 028	8 617	411	19 306	65	4 380	14 861	121 529	253	1 036
33 岡　　山	868 586	396 911	15 349	15 016	333	58 515	69	11 442	47 004	304 897	562	3 636
34 広　　島	1 266 721	577 617	15 539	14 498	1 041	80 790	41	17 382	63 367	462 597	1 123	6 737
35 山　　口	650 510	285 108	11 671	10 934	737	35 831	48	9 600	26 183	232 223	553	2 023
36 徳　　島	350 829	154 642	11 469	10 914	555	18 841	26	4 056	14 759	119 425	202	1 077
37 香　　川	440 516	199 961	8 800	8 376	424	29 876	56	6 101	23 721	155 481	420	1 857
38 愛　　媛	644 001	287 866	17 974	16 440	1 534	36 545	34	7 537	28 974	220 858	361	2 574
39 高　　知	342 924	152 877	14 451	13 988	463	12 875	51	3 744	9 080	120 667	230	1 126
40 福　　岡	2 337 083	1 019 333	25 013	23 913	1 100	113 467	94	29 993	83 380	833 060	1 684	15 511
41 佐　　賀	380 714	188 718	13 975	12 865	1 110	26 496	25	4 800	21 671	142 918	272	1 237
42 長　　崎	641 088	292 524	16 905	14 815	2 090	30 119	47	7 388	22 684	237 508	393	2 067
43 熊　　本	822 388	387 087	31 468	30 214	1 254	45 799	49	10 268	35 482	300 905	427	3 181
44 大　　分	537 874	243 607	13 286	12 591	695	27 948	57	6 980	20 911	193 442	338	2 089
45 宮　　崎	509 137	242 213	21 995	21 506	489	30 947	21	6 513	24 413	184 475	360	1 943
46 鹿 児 島	763 296	346 866	24 852	23 893	959	40 685	81	9 242	31 362	274 963	521	2 239
47 沖　　縄	603 052	262 538	6 445	6 174	271	17 514	33	6 268	11 213	218 166	558	4 536

21大都市（再掲）
21 major cities (Regrouped)

都道府県	総数	就業者総数	第1次産業	A	B	第2次産業	C	D	E	第3次産業	F	G
50 東京都区部	4 061 537	1 717 582	1 909	1 881	28	163 011	244	37 233	125 534	1 329 116	2 596	99 489
51 札　　幌	929 007	381 770	1 259	1 240	19	29 881	25	9 766	20 090	317 581	583	8 763
52 仙　　台	486 262	208 050	1 301	1 292	9	16 606	15	7 466	9 125	184 690	763	5 207
53 さいたま	549 114	240 688	1 564	1 563	1	24 571	17	6 339	18 215	196 709	431	7 423
54 千　　葉	420 727	180 466	1 127	1 122	5	15 671	24	4 955	10 692	152 925	366	4 742
55 横　　浜	1 606 531	690 437	2 536	2 477	59	67 076	52	18 483	48 541	576 875	987	26 113
56 川　　崎	622 083	277 565	819	817	2	28 658	27	6 894	21 737	228 802	361	15 284
57 相 模 原	311 540	135 895	559	558	1	16 680	15	3 774	12 891	109 972	146	2 792
58 新　　潟	370 426	177 758	5 621	5 602	19	22 457	39	5 522	16 896	142 949	318	2 763
59 静　　岡	316 519	153 702	3 709	3 605	104	23 586	12	5 327	18 247	120 858	369	2 240
60 浜　　松	342 851	168 709	6 764	6 639	125	32 589	18	5 228	27 343	125 938	232	1 345
61 名 古 屋	995 961	454 915	905	902	3	59 807	10	13 751	46 046	368 826	1 109	9 540
62 京　　都	677 826	298 480	1 625	1 623	2	36 678	4	5 532	31 142	229 549	299	4 301
63 大　　阪	1 202 155	486 644	286	280	6	61 734	10	11 037	50 687	370 687	632	11 587
64 　　堺	376 564	156 966	423	421	2	18 677	2	4 063	14 612	126 769	213	2 052
65 神　　戸	702 831	289 449	1 827	1 787	40	28 897	2	5 494	23 401	243 637	431	4 479
66 岡　　山	321 908	151 270	3 197	3 147	50	17 048	15	4 595	12 438	123 236	206	2 294
67 広　　島	528 256	247 683	1 956	1 825	131	28 350	4	8 222	20 124	208 581	650	4 571
68 北 九 州	445 432	185 713	1 135	1 023	112	21 062	25	6 224	14 813	156 373	273	2 281
69 福　　岡	703 324	306 922	1 445	1 359	86	24 214	17	8 522	15 675	259 503	741	8 737
70 熊　　本	339 712	159 788	5 192	4 912	280	15 124	5	4 431	10 688	132 310	195	2 315

注：1）「国勢調査」平成27年10月1日現在の日本人人口（不詳按分済み）。
　　2）「無業」は国勢調査による労働力状態が「完全失業者」と「非労働力人口」を合計したものである。
　　3）「不詳」は総数から、就業者総数と無職を引いたものである。

（大分類）・都道府県（21大都市再掲）・性別

(major groups), each prefecture (regrouped for 21 major cities) and sex

平成27年度
FY 2015

H 運輸業,郵便業	I 卸売業,小売業	J 金融業,保険業	K 不動産業,物品賃貸業	L 学術研究,専門・技術サービス業	M 宿泊業,飲食サービス業	N 生活関連サービス業,娯楽業	O 教育,学習支援業	P 医療,福祉	Q 複合サービス事業	R サービス業(他に分類されないもの)	S 公務(他に分類されるものを除く)	T 分類不能の産業	無職 Non-employed	不詳 Not stated
586 598	4 670 580	785 607	470 592	649 468	1 979 233	1 238 241	1 495 651	5 305 996	191 315	1 363 052	560 270	1 275 990	27 335 782	3 858 806
20 417	198 881	26 696	17 379	20 568	91 259	53 551	52 163	242 271	10 903	74 195	25 873	57 380	1 309 329	146 157
3 923	51 418	7 480	2 938	4 115	20 361	13 984	14 400	64 229	2 487	13 895	7 546	8 616	317 316	16 165
4 584	49 117	6 277	3 083	4 632	21 207	13 598	14 744	61 795	3 188	13 173	7 616	3 773	296 507	10 294
11 318	94 566	13 920	8 530	10 591	37 382	22 886	28 058	91 789	3 814	27 124	11 783	10 332	526 749	59 545
2 444	39 646	5 303	1 959	3 136	15 272	11 817	11 458	52 246	3 018	10 354	5 563	3 464	259 424	12 865
2 959	42 602	6 550	2 400	3 792	17 620	12 525	12 503	54 829	3 192	10 414	6 405	5 294	253 373	8 886
6 421	66 504	9 033	4 382	7 217	30 420	19 428	21 033	78 521	3 885	18 511	9 050	15 086	426 868	34 017
15 192	106 958	14 898	7 192	18 274	42 051	31 690	34 770	108 363	4 710	24 808	12 586	22 462	637 119	47 175
10 165	72 726	9 938	5 376	8 261	33 723	22 403	23 626	75 761	3 445	16 589	8 612	12 875	417 717	36 089
9 700	73 657	10 529	5 133	8 197	31 807	21 409	23 053	88 321	3 230	17 078	8 096	11 275	427 398	23 160
54 001	273 585	52 297	30 457	38 200	104 134	71 984	79 747	259 110	7 948	83 148	30 633	95 837	1 528 122	177 735
45 400	234 657	47 859	25 853	33 747	94 205	68 423	71 913	223 261	7 046	70 668	26 165	61 985	1 302 727	205 914
52 153	407 786	112 733	87 105	120 314	178 519	111 879	149 214	395 946	8 852	164 586	53 701	287 914	2 354 911	1 060 888
47 946	322 640	61 641	44 829	59 323	134 620	84 017	109 129	331 149	7 970	105 523	33 675	101 197	1 861 162	378 460
9 074	96 399	12 463	5 383	8 673	37 464	27 037	26 190	110 042	5 403	23 819	12 077	10 422	520 833	21 671
4 612	41 815	7 353	2 434	4 667	17 373	11 872	13 723	53 294	2 548	12 077	4 794	3 577	233 587	9 669
4 880	47 816	6 748	3 211	5 466	21 193	12 306	15 070	55 875	2 394	12 671	5 113	9 886	240 917	19 102
2 943	31 509	5 401	1 661	3 735	13 169	8 155	10 750	40 143	1 939	7 772	4 003	3 028	162 056	9 584
2 649	31 677	4 582	2 212	3 427	16 511	9 420	10 926	35 350	1 643	7 009	4 344	3 406	179 646	13 878
7 239	76 436	10 887	4 963	8 476	40 045	21 680	22 603	99 359	5 795	19 897	10 040	10 996	445 987	17 621
9 386	83 213	13 154	4 438	8 794	36 573	23 614	25 256	88 391	3 772	19 271	9 001	11 762	441 181	17 837
21 241	150 622	21 267	11 144	17 223	68 789	41 042	44 464	147 512	6 254	37 162	14 279	19 716	793 666	30 791
40 642	288 227	41 585	26 407	38 486	125 836	73 993	86 760	280 034	9 550	78 530	26 443	61 130	1 491 719	166 540
9 088	70 104	10 789	4 317	6 981	31 340	19 415	22 801	79 124	3 744	17 685	8 343	12 351	397 189	31 172
7 148	51 545	7 509	3 509	6 129	22 066	12 960	19 502	59 574	2 356	13 912	6 585	10 154	297 178	24 034
8 616	96 950	13 886	10 392	13 310	44 854	23 340	36 987	107 394	2 867	25 616	11 091	42 864	568 323	91 822
43 824	306 293	55 399	39 785	43 333	123 908	73 020	92 692	341 367	7 169	94 864	28 240	133 635	1 901 810	437 733
26 249	206 773	31 826	20 892	26 493	82 865	51 190	68 766	236 243	7 421	55 401	21 469	42 563	1 288 146	161 648
4 016	50 927	9 143	4 521	6 354	18 866	12 266	19 533	58 751	2 042	12 645	6 456	8 833	349 609	26 353
3 338	36 087	5 448	2 380	3 281	15 630	8 685	12 022	48 150	2 275	8 527	5 191	5 644	237 210	14 037
1 783	21 118	3 670	1 348	2 338	9 577	5 719	8 182	31 670	1 400	5 980	3 814	3 789	125 125	7 617
1 933	25 648	4 184	1 506	2 634	11 253	6 760	10 013	41 730	2 114	7 816	4 649	3 901	154 448	7 926
9 044	72 442	9 929	5 325	7 258	27 422	17 691	26 450	96 442	3 512	17 438	7 746	18 150	438 287	33 388
12 672	113 013	14 846	10 293	12 994	43 611	27 388	36 245	137 133	5 056	28 368	13 118	18 691	634 075	55 029
5 190	54 289	7 297	3 556	5 137	23 079	14 273	17 634	74 789	3 140	13 413	7 850	5 383	348 745	16 657
1 946	26 097	4 447	1 957	2 663	10 461	6 771	10 321	40 902	1 525	6 610	4 446	4 907	181 713	14 474
4 166	37 353	6 014	2 913	4 159	14 632	9 038	12 750	46 281	2 198	8 507	5 193	5 804	221 574	18 981
5 024	52 263	8 361	3 571	5 187	20 612	12 950	15 939	71 620	2 376	12 971	6 049	12 489	335 819	20 316
1 642	26 218	4 049	1 698	2 690	12 003	6 347	9 708	41 273	2 149	6 125	5 409	4 884	164 608	25 439
24 315	195 527	30 870	19 975	23 775	77 225	49 173	60 318	243 509	6 335	62 656	22 187	47 793	1 148 799	168 951
3 694	31 600	4 909	1 643	2 890	13 704	8 957	11 344	47 084	2 048	8 474	5 062	5 329	185 878	6 118
3 582	52 591	9 582	3 543	5 031	24 424	13 626	16 991	82 025	2 707	12 951	7 995	7 992	336 942	11 622
4 852	67 040	9 096	5 050	7 237	28 670	18 917	21 203	103 394	3 992	18 043	9 803	8 915	405 130	30 171
3 339	45 652	6 202	3 104	4 408	20 707	11 382	13 688	63 112	2 297	11 143	5 981	8 931	281 113	13 154
2 901	41 813	5 559	2 649	4 024	17 578	11 564	13 411	62 694	2 644	10 841	6 494	4 796	252 177	14 747
4 904	63 319	7 669	3 809	6 196	28 847	15 533	19 332	95 075	3 983	13 737	9 799	6 366	391 787	24 643
4 043	43 461	6 329	4 387	5 652	26 366	12 563	18 266	59 069	1 979	21 055	9 902	20 413	261 783	78 731
37 818	272 631	80 205	65 691	90 173	119 843	74 707	92 255	237 818	5 050	116 190	34 650	223 546	1 486 299	857 656
7 370	73 876	11 755	9 387	10 702	31 024	18 988	19 577	82 440	1 954	34 231	6 931	33 049	452 889	94 348
4 854	45 830	7 961	5 693	6 710	18 698	10 465	15 346	41 670	1 066	15 073	5 354	5 453	232 517	45 695
6 696	46 077	11 860	6 681	8 429	17 804	11 185	16 220	41 455	1 203	15 160	6 085	17 844	263 333	45 093
5 633	35 963	8 459	4 416	5 955	14 396	9 732	12 116	34 378	724	11 864	4 181	10 743	200 170	40 091
18 123	130 986	28 358	19 898	26 410	52 355	32 884	44 702	135 600	2 590	45 043	12 826	43 950	757 833	158 261
6 805	49 755	12 551	8 720	11 581	20 556	13 102	17 093	48 342	1 103	18 924	4 645	19 286	254 484	90 034
4 574	25 815	3 752	3 062	3 865	10 232	6 917	9 015	28 547	720	7 934	2 601	8 684	141 685	33 960
3 849	36 587	5 488	2 663	3 861	13 057	9 328	10 355	39 227	1 101	10 048	4 304	6 731	179 078	13 590
3 791	32 057	5 377	2 716	3 898	11 684	7 542	9 021	29 395	929	8 714	3 125	5 549	156 144	6 673
4 294	32 789	4 214	2 548	3 880	13 517	8 767	9 920	33 349	1 421	6 964	2 698	3 418	166 854	7 288
10 376	92 705	14 693	11 788	15 247	39 550	23 224	28 755	85 097	2 065	26 692	7 985	25 377	455 215	85 831
4 201	56 136	8 088	7 306	8 609	28 581	12 851	21 370	56 557	1 131	15 316	4 803	30 628	304 309	75 037
11 546	89 780	15 952	13 686	15 757	40 309	21 734	22 031	87 615	1 634	31 968	6 456	53 937	485 765	229 746
3 943	30 276	5 151	3 397	3 669	11 619	7 183	9 397	37 632	812	8 390	3 035	11 097	194 315	25 283
9 501	59 015	9 010	6 883	8 173	23 819	13 184	19 323	65 952	1 327	16 463	6 077	15 088	356 785	56 597
3 562	29 412	4 419	2 873	3 647	11 188	6 788	11 153	36 132	961	7 798	2 803	7 789	156 014	14 524
5 407	51 870	7 792	6 197	7 032	19 540	12 140	16 720	55 267	1 603	14 078	5 714	8 796	250 644	29 929
4 268	35 886	4 989	3 384	3 926	14 969	9 119	10 896	50 262	860	11 529	3 731	7 143	235 270	24 449
7 137	59 973	12 240	9 347	10 491	25 412	14 734	19 472	60 144	1 261	23 906	5 908	21 760	296 206	100 196
2 001	29 567	5 123	3 345	4 272	12 320	7 841	10 286	39 735	1 186	9 676	4 448	7 162	156 280	23 644

Notes : 1) "Population Census (Statistics Bureau, Ministry of Internal Affairs and Communications)" Population in Japan as of October 1, 2015
 (Unknown people have been proportionally distributed)
2) Non-employed is total of "Unemployed" and "Population not in labour force" by population census.
3) Not stated is the one that the total of employed and the non-employed were subtracted from total.

(2) 基準人口
Standard population

表6　15歳以上基準人口，年齢（5歳階級）別－昭和60年モデル人口－
Table 6. Population 15 years of age and over by age (5-years age groups), Model population in 1985

年　齢 Age	基準人口 Standard population
総　数　Total	95 272 000
15～19歳　Years	8 655 000
20～24	8 814 000
25～29	8 972 000
30～34	9 130 000
35～39	9 289 000
40～44	9 400 000
45～49	8 651 000
50～54	7 616 000
55～59	6 581 000
60～64	5 546 000
65～69	4 511 000
70～74	3 476 000
75歳～　and over	4 631 000

(3) 人口動態調査票

様式第２号（第６条関係）

数字記入例 0 1 2 3 4 5 6 7 8 9

人口動態調査死亡票 ２

平成　　年　　月　　日 市区町村受付

平成　　年　　月　　日 保健所受付

統計法に基づく基幹統計調査 政府統計

市区町村符号及び保健所符号（支所　保健所）

事件簿番号

照会

(1) 氏名

(3) 生年月日　明 大 昭 平　年　月　日　午前 午後　時　分　生年月日不詳

(4) 死亡したとき　昭 平　年　月　日　午前 午後　時　分　死亡したとき不詳

(2) 男女別　男　女

(6) 死亡した人の住所　日本　外国　不詳　—都道府県—　—市，郡，東京都の区—　—町，村，指定都市の区—

届出地と同じ市区町村　届出地以外の市区町村

市区町村符号　保健所符号

指定都市の町，字，丁目，番地，番号，アパート・マンション，様方

(5) 死亡したところ　日本　日本外

(7) 死亡した人の国籍　日本　韓国朝鮮　中国　フィリピン　タイ　米国　英国　ブラジル　ペルー　その他の国　不詳

(8)(9) 死亡した人の夫または妻　いる　満　　歳　いない（未婚　死別　離別）　不詳

(10) 死亡したときの世帯の主な仕事　1農家　2自営　3勤Ⅰ　4勤Ⅱ　5その他　6無職

(11) 死亡したときの職業・産業　職業　産業

(12)(13) 死亡したところの種別　1病院　2診療所　3介護老人保健施設　4助産所　5老人ホーム　6自宅　7その他　施設の名称

原死因符号　外因の状況符号　発生したところ符号　傷害発生したところ符号　母側符号

(14) 死亡の原因

Ⅰ
(ア) 直接死因　▼枠内に記入しきれない分は下欄に記入してください。
(イ) (ア)の原因　▼枠内に記入しきれない分は下欄に記入してください。
(ウ) (イ)の原因　▼枠内に記入しきれない分は下欄に記入してください。
(エ) (ウ)の原因　▼枠内に記入しきれない分は下欄に記入してください。

Ⅱ
Ⅰ欄に影響を及ぼした傷病名等　▼枠内に記入しきれない分は下欄に記入してください。

発病（発症）又は受傷から死亡までの期間　▼枠内に記入しきれない分は下欄に記入してください。

手術　1無　2有　［部位及び主要所見］　手術年月日　平成 昭和　年　月　日

解剖　1無　2有　［主要所見］

(15) 死因の種類　1病死・自然死　不慮の外因死（2交通　3転倒　4溺水　5火災　6窒息　7中毒　8その他）　その他及び不詳の外因死（9自殺　10他殺　11不詳）　12不詳の死

(16) 外因死の追加事項

傷害が発生したとき　平成・昭和　年　月　日　午前・午後　時　分

傷害が発生したところの種別　1住居　2工場及び建築現場　3道路　4その他（　　）

傷害が発生したところ　都道府県　市郡　区町村

手段及び状況

(17) 生後1年未満で病死した場合の追加事項

出生時体重　g　不詳

単胎・多胎の別　1単胎　2多胎（　子中第　子）

妊娠週数　満　週　不詳

妊娠・分娩時における母体の病態又は異状　1無　2有　［　］　3不詳

母の生年月日　昭 平　年　月　日

前回までの妊娠の結果　出生児　人　妊娠満22週以後の死産児　胎

(18) その他特に付言すべきことがら

(19) 施設の所在地又は医師の住所及び氏名　住所　番地　丁目　番　号　氏名

確認欄

備考

この調査は、統計法に基づく基幹統計を作成するために行う調査です。

この調査の対象となっている市区町村長には統計法に基づく報告の義務があり、報告の拒否や虚偽報告については罰則があります。

様式第3号（第6条関係）

人口動態調査死産票

（日本国政府統計・基幹統計調査）

数字記入例 0123456789

平成　年　月　日　市区町村受付
平成　年　月　日　保健所受付

市区町村符号及び保健所符号　　　支所　保健所
事件簿番号
照会

(1) 父母の国籍
　父：日本／韓国朝鮮／中国／フィリピン／タイ／米国／英国／ブラジル／ペルー／その他／不詳
　母：日本／韓国朝鮮／中国／フィリピン／タイ／米国／英国／ブラジル／ペルー／その他／不詳

(2) 父母の氏名及び年齢
　父　　　　満　歳
　母　　　　満　歳

(3) 死産児の男女別及び嫡出子か否かの別
　男／女／不詳　　嫡出子／嫡出でない子

(4) 死産があったとき
　昭和／平成　年　月　日　午前／午後　時

(5) 死産があったときの母の住所
　日本／外国／不詳
　届出地の市区町村と同じ／届出地以外の市区町村
　都道府県／市,郡,東京都の区／町,村,指定都市の区
　市区町村符号　保健所符号
　指定都市の町,字,丁目,番地,番号,アパート・マンション,様方

(6) 死産があったときの世帯の主な仕事
　1農家　2自営　3勤Ⅰ　4勤Ⅱ　5その他　6無職

(7) 死産があったときの父母の職業
　父　母

(8) この母の出産した子の数
　出生子　人
　妊娠満22週以後の死産児　胎
　妊娠満21週以前の死産児　胎

(9) 妊娠週数　満　週　日

(10) 死産児の体重及び身長　　g／不詳　　cm／不詳

(11) 胎児死亡の時期（妊娠満22週以後の自然死産）
　1分娩前　2分娩中　3不詳

(12) 死産があったところの種別
　1病院　2診療所　3助産所　4自宅　5その他

(13) 単胎・多胎の別
　1単胎　2多胎（　子中第　子）　3不詳

(14) 死産の自然人工別
　1自然　2法による人工死産　3法によらない人工死産　4不明

(15) 自然死産の原因若しくは理由又は人工死産の理由

	胎児の側	母の側
Ⅰ (ア) 直接又は接原因理由		
(イ) (ア)の原因		
(ウ) (イ)の原因		
(エ) (ウ)の原因		
Ⅱ Ⅰ欄に影響を及ぼした傷病名等		

母体保護法による場合　1母体側の疾患　2その他　疾患名又は理由
母体保護法によらない場合　1母体側の疾患　2その他　疾患名又は理由

(16) 胎児手術の有無　1無　2有　部位及び主要所見

(17) 死胎解剖の有無　1無　2有　主要所見

(18) 死産に立ち会った者　1医師　2助産師　3その他

双子以上の場合は他の子の事件簿番号
　出生票第　号
　死産票第　号
確認欄　備考

この調査は、統計法に基づく基幹統計を作成するために行う調査です。
この調査の対象となっている市区町村長には統計法に基づく報告の義務があり、報告の拒否や虚偽報告については罰則があります。

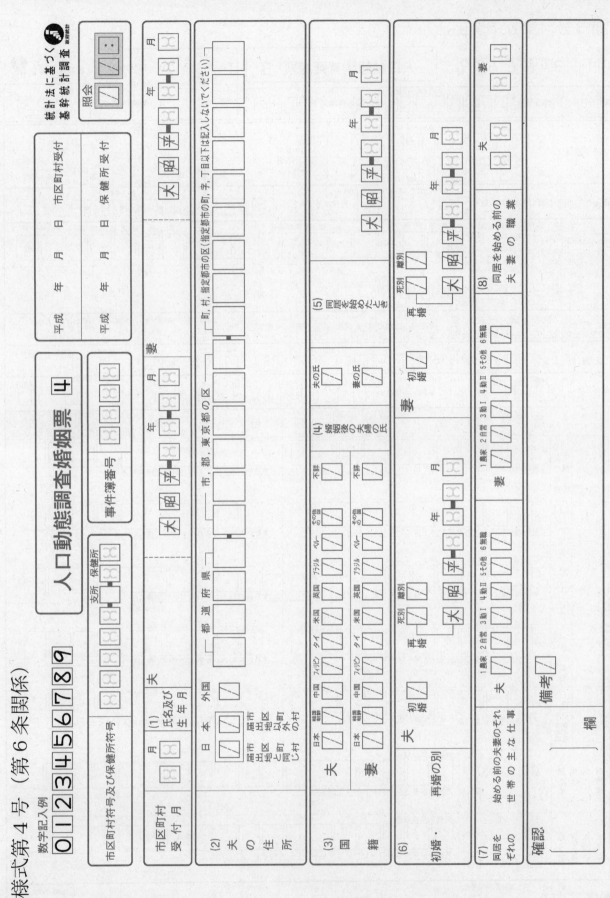

様式第5号（第6条関係）

人口動態調査離婚票

平成7年度　人口動態職業・産業別統計

報告書　正誤表

P124～129	死亡	第4表	女15歳以上の選択死因別死亡数及び死亡率・年齢調整死亡率（女子人口10万対），職業（大分類）別
P130～135	死亡	第5表	男15歳以上の選択死因別死亡数及び死亡率・年齢調整死亡率（男子人口10万対），産業（大分類）別
P136～141	死亡	第6表	女15歳以上の選択死因別死亡数及び死亡率・年齢調整死亡率（女子人口10万対），産業（大分類）別
P153	死亡	第8表	女15歳以上の死亡数及び死亡率・年齢調整死亡率（女子人口10万対），職業（大分類）・都道府県（13大都市再掲）別【年齢調整死亡率】
P159	死亡	第9表	男15歳以上の死亡数及び死亡率・年齢調整死亡率（男子人口10万対），産業（大分類）・都道府県（13大都市再掲）別【年齢調整死亡率】
P164～165	死亡	第10表	女15歳以上の死亡数及び死亡率・年齢調整死亡率（女子人口10万対），産業（大分類）・都道府県（13大都市再掲）別【年齢調整死亡率】
P172～173	周産期死亡	第2表	周産期死亡数，母の職業（大分類）・都道府県（13大都市再掲）別

○報告書P124〜129
死亡　第4表　女15歳以上の選択死因別死亡数及び死亡率・年齢調整死亡率（女子人口10万対），職業（大分類）別

（正）

	全死因	Se01結核	Se02悪性新生物	Se03食道	Se04胃	（再掲）大腸	Se05結腸	Se06直腸S状結腸移行部及び直腸	Se07肝及び肝内胆管	Se08胆のう及びその他の胆道	Se09膵	Se10気管、気管支及び肺
F　保安職業従事者	…	…	…	…	…	…	…	…	…	…	…	…
H　運輸・通信従事者	…	…	…	…	…	…	…	…	…	…	…	…
	Se11乳房	Se12子宮	Se13白血病	Se14糖尿病	Se15高血圧性疾患	Se16心疾患	Se17急性心筋梗塞	Se18その他の虚血性心疾患	Se19不整脈及び伝導障害	Se20心不全	Se21脳血管疾患	Se22くも膜下出血
F　保安職業従事者	…	…	…	…	…	…	…	…	…	…	…	…
H　運輸・通信従事者	…	…	…	…	…	…	…	…	…	…	…	…
	Se23脳内出血	Se24脳梗塞	Se25大動脈瘤及び解離	Se26肺炎	Se27慢性閉塞性肺疾患	Se28喘息	Se29肝疾患	Se30腎不全	Se31老衰	Se32不慮の事故	Se33交通事故	Se34自殺
F　保安職業従事者	…	…	…	…	…	…	…	…	…	…	…	…
H　運輸・通信従事者	…	…	…	…	…	…	…	…	…	…	…	…

（誤）

	全死因	Se01結核	Se02悪性新生物	Se03食道	Se04胃	（再掲）大腸	Se05結腸	Se06直腸S状結腸移行部及び直腸	Se07肝及び肝内胆管	Se08胆のう及びその他の胆道	Se09膵	Se10気管、気管支及び肺
F　保安職業従事者	958.9	3.4	2088.3	-	539.1	185.6	181.9	3.7	109.9	97.4	8.6	505.5
H　運輸・通信従事者	3781.6		1105.6	6.4	2434.6	984.6	895.4	89.3	3185.7	986.7	902.6	2316.1
	Se11乳房	Se12子宮	Se13白血病	Se14糖尿病	Se15高血圧性疾患	Se16心疾患	Se17急性心筋梗塞	Se18その他の虚血性心疾患	Se19不整脈及び伝導障害	Se20心不全	Se21脳血管疾患	Se22くも膜下出血
F　保安職業従事者	188.4	6.7	-	177.0	-	1566.4	611.5	189.5	341.1	325.3	1071.7	161.5
H　運輸・通信従事者	29.4	16.0	7.2	2834.3	886.6	787.4	473.1	2754.2	453.7	4165.0	611.9	2401.6
	Se23脳内出血	Se24脳梗塞	Se25大動脈瘤及び解離	Se26肺炎	Se27慢性閉塞性肺疾患	Se28喘息	Se29肝疾患	Se30腎不全	Se31老衰	Se32不慮の事故	Se33交通事故	Se34自殺
F　保安職業従事者	207.4	702.8	3.4	429.4	-	85.3	102.8	182.7	170.6	242.0	136.6	46.2
H　運輸・通信従事者	4104.9	109.6	449.9	363.5	1769.4	531.6	11.3	2217.5	…	1870.7	14.2	466.5

○報告書P130〜135
死亡　第5表　男15歳以上の選択死因別死亡数及び死亡率・年齢調整死亡率（男子人口10万対），産業（大分類）別

（正）

	全死因	Se01結核	Se02悪性新生物	Se03食道	Se04胃	（再掲）大腸	Se05結腸	Se06直腸S状結腸移行部及び直腸	Se07肝及び肝内胆管	Se08胆のう及びその他の胆道	Se09膵	Se10気管、気管支及び肺
G　電気・ガス・熱供給・水道業	…	…	…	…	…	…	…	…	…	…	…	…
	Se11乳房	Se12子宮	Se13白血病	Se14糖尿病	Se15高血圧性疾患	Se16心疾患	Se17急性心筋梗塞	Se18その他の虚血性心疾患	Se19不整脈及び伝導障害	Se20心不全	Se21脳血管疾患	Se22くも膜下出血
G　電気・ガス・熱供給・水道業	…	…	…	…	…	…	…	…	…	…	…	…
	Se23脳内出血	Se24脳梗塞	Se25大動脈瘤及び解離	Se26肺炎	Se27慢性閉塞性肺疾患	Se28喘息	Se29肝疾患	Se30腎不全	Se31老衰	Se32不慮の事故	Se33交通事故	Se34自殺
G　電気・ガス・熱供給・水道業	…	…	…	…	…	…	…	…	…	…	…	…

（誤）

	全死因	Se01結核	Se02悪性新生物	Se03食道	Se04胃	（再掲）大腸	Se05結腸	Se06直腸S状結腸移行部及び直腸	Se07肝及び肝内胆管	Se08胆のう及びその他の胆道	Se09膵	Se10気管、気管支及び肺
G　電気・ガス・熱供給・水道業	2402.2	51.1	3744.4	125.1	784.2	333.1	223.7	109.4	247.5	234.8	197.0	911.0
	Se11乳房	Se12子宮	Se13白血病	Se14糖尿病	Se15高血圧性疾患	Se16心疾患	Se17急性心筋梗塞	Se18その他の虚血性心疾患	Se19不整脈及び伝導障害	Se20心不全	Se21脳血管疾患	Se22くも膜下出血
G　電気・ガス・熱供給・水道業	-		78.1	152.6	101.9	1681.2	755.8	259.5	176.5	407.2	1431.4	125.8
	Se23脳内出血	Se24脳梗塞	Se25大動脈瘤及び解離	Se26肺炎	Se27慢性閉塞性肺疾患	Se28喘息	Se29肝疾患	Se30腎不全	Se31老衰	Se32不慮の事故	Se33交通事故	Se34自殺
G　電気・ガス・熱供給・水道業	334.4	944.4	65.5	676.8	163.3	75.5	206.6	67.9	138.9	571.4	210.6	117.1

○報告書P136〜141
死亡　第6表　女15歳以上の選択死因別死亡数及び死亡率・年齢調整死亡率（女子人口10万対），産業（大分類）別

（正）

	全死因	Se01結核	Se02悪性新生物	Se03食道	Se04胃	（再掲）大腸	Se05結腸	Se06直腸S状結腸移行部及び直腸	Se07肝及び肝内胆管	Se08胆のう及びその他の胆道	Se09膵	Se10気管、気管支及び肺
D　鉱　　　業	…	…	…	…	…	…	…	…	…	…	…	…
G　電気・ガス・熱供給・水道業	…	…	…	…	…	…	…	…	…	…	…	…
	Se11乳房	Se12子宮	Se13白血病	Se14糖尿病	Se15高血圧性疾患	Se16心疾患	Se17急性心筋梗塞	Se18その他の虚血性心疾患	Se19不整脈及び伝導障害	Se20心不全	Se21脳血管疾患	Se22くも膜下出血
D　鉱　　　業	…	…	…	…	…	…	…	…	…	…	…	…
G　電気・ガス・熱供給・水道業	…	…	…	…	…	…	…	…	…	…	…	…
	Se23脳内出血	Se24脳梗塞	Se25大動脈瘤及び解離	Se26肺炎	Se27慢性閉塞性肺疾患	Se28喘息	Se29肝疾患	Se30腎不全	Se31老衰	Se32不慮の事故	Se33交通事故	Se34自殺
D　鉱　　　業	…	…	…	…	…	…	…	…	…	…	…	…
G　電気・ガス・熱供給・水道業	…	…	…	…	…	…	…	…	…	…	…	…

（誤）

	全死因	Se01結核	Se02悪性新生物	Se03食道	Se04胃	（再掲）大腸	Se05結腸	Se06直腸S状結腸移行部及び直腸	Se07肝及び肝内胆管	Se08胆のう及びその他の胆道	Se09膵	Se10気管、気管支及び肺
D　鉱　　　業	2483.9	-	3428.6	6.9	465.9	396.7	322.7	74.0	201.5	375.6	231.4	408.7
G　電気・ガス・熱供給・水道業	3920.1	395.8	1780.9	347.2	2352.8	1280.4	1267.0	13.5	3065.3	790.6	1234.4	1912.4
	Se11乳房	Se12子宮	Se13白血病	Se14糖尿病	Se15高血圧性疾患	Se16心疾患	Se17急性心筋梗塞	Se18その他の虚血性心疾患	Se19不整脈及び伝導障害	Se20心不全	Se21脳血管疾患	Se22くも膜下出血
D　鉱　　　業	218.4	502.7	107.4	106.9	93.5	1644.1	673.4	203.6	36.4	296.8	2883.2	394.6
G　電気・ガス・熱供給・水道業	261.0	37.9	356.9	2237.4	699.3	421.5	209.6	2793.3	1138.9	2451.6	881.3	1271.0
	Se23脳内出血	Se24脳梗塞	Se25大動脈瘤及び解離	Se26肺炎	Se27慢性閉塞性肺疾患	Se28喘息	Se29肝疾患	Se30腎不全	Se31老衰	Se32不慮の事故	Se33交通事故	Se34自殺
D　鉱　　　業	392.1	1909.5	194.2	724.2	187.0		30.4	383.2	373.9	247.6	151.1	142.3
G　電気・ガス・熱供給・水道業	2853.1	179.1	695.6	4958.1	743.0	350.9	1109.3	2089.3	1041.6	2517.0	1119.3	1146.1

○報告書P153
死亡 第8表 女15歳以上の死亡数及び死亡率・年齢調整死亡率(女子人口10万対),職業(大分類)・都道府県(13大都市再掲)別【年齢調整死亡率】

○報告書P159
死亡 第9表 男15歳以上の死亡数及び死亡率・年齢調整死亡率(男子人口10万対),産業(大分類)・都道府県(13大都市再掲)別【年齢調整死亡率】

○報告書P164〜165
死亡 第10表 女15歳以上の死亡数及び死亡率・年齢調整死亡率(女子人口10万対),産業(大分類)・都道府県(13大都市再掲)別【年齢調整死亡率】

	(正)		(誤)		(正)	(誤)	(正)		(誤)	
	F保安職業従事者	H運輸・通信従事者	F保安職業従事者	H運輸・通信従事者		G電気・ガス・熱供給・水道業		D鉱業	G電気・ガス・熱供給・水道業	D鉱業	G電気・ガス・熱供給・水道業
全国	…	…	958.9	3781.6	全国	2402.2	全国	…	…	2483.9	3920.1
01北海道	…	…	6018.3	4481.6	01北海道	2606.6	01北海道	…	…	2093.6	5904.4
02青森	…	…	520.4	727.7	02青森	3190.7	02青森	…	…	696.4	6112.7
03岩手	…	…	−	…	03岩手	7781.4	03岩手	…	…	2099.9	5526.3
04宮城	…	…	…	5266.0	04宮城	2234.0	04宮城	…	…	1220.9	258.5
05秋田	…	…	704.7	71.3	05秋田	3698.2	05秋田	…	…	…	135.2
06山形	…	…	…	215.2	06山形	3788.9	06山形	…	…	3627.9	5109.9
07福島	…	…	4860.8	4642.7	07福島	3554.9	07福島	…	…	1212.7	5035.0
08茨城	…	…	437.0	166.7	08茨城	3459.5	08茨城	…	…	3334.3	2668.3
09栃木	…	…	464.3	…	09栃木	4254.1	09栃木	…	…	2347.9	7940.4
10群馬	…	…	−	259.2	10群馬	3078.1	10群馬	…	…	1069.8	1824.3
11埼玉	…	…	7629.2	582.6	11埼玉	3680.1	11埼玉	…	…	6975.8	1788.9
12千葉	…	…	5733.9	3927.4	12千葉	2153.6	12千葉	…	…	2414.1	3027.5
13東京	…	…	1544.1	2007.7	13東京	2767.3	13東京	…	…	6551.1	1157.5
14神奈川	…	…	1118.5	699.0	14神奈川	2375.7	14神奈川	…	…	5383.1	4937.2
15新潟	…	…	…	4413.6	15新潟	5798.5	15新潟	…	…	283.6	1403.5
16富山	…	…	470.2	3962.2	16富山	1661.8	16富山	…	…	953.2	325.0
17石川	…	…	−	135.4	17石川	2731.6	17石川	…	…	1635.0	1103.5
18福井	…	…	…	1183.7	18福井	1195.7	18福井	…	…	3515.1	6266.0
19山梨	…	…	…	373.4	19山梨	3723.9	19山梨	…	…	3169.0	1026.6
20長野	…	…	940.5	149.3	20長野	1103.7	20長野	…	…	6400.3	984.3
21岐阜	…	…	185.3	282.4	21岐阜	2736.3	21岐阜	…	…	898.6	905.3
22静岡	…	…	5492.6	1673.5	22静岡	3051.5	22静岡	…	…	5712.8	930.6
23愛知	…	…	1518.4	3183.0	23愛知	4532.2	23愛知	…	…	5020.5	2342.8
24三重	…	…	…	232.2	24三重	3621.8	24三重	…	…	7128.5	1595.7
25滋賀	…	…	−	1397.2	25滋賀	993.0	25滋賀	…	…	4094.3	1020.8
26京都	…	…	441.3	4271.5	26京都	1401.1	26京都	…	…	8448.4	7323.2
27大阪	…	…	1196.4	4520.9	27大阪	4794.6	27大阪	…	…	16211.0	1367.1
28兵庫	…	…	119.6	412.8	28兵庫	5072.2	28兵庫	…	…	5014.5	819.2
29奈良	…	…	2131.9	141.8	29奈良	1231.7	29奈良	…	…	…	634.5
30和歌山	…	…	…	148.3	30和歌山	7501.0	30和歌山	…	…	6538.6	1099.9
31鳥取	…	…	4734.9	582.1	31鳥取	364.1	31鳥取	…	…	−	5304.9
32島根	…	…	799.4	1578.3	32島根	844.1	32島根	…	…	1183.7	2870.0
33岡山	…	…	…	247.5	33岡山	5815.0	33岡山	…	…	210.4	963.1
34広島	…	…	5017.8	142.7	34広島	1785.7	34広島	…	…	833.3	1325.0
35山口	…	…	1010.6	130.0	35山口	4314.3	35山口	…	…	6673.4	1854.3
36徳島	…	…	6197.4	5442.9	36徳島	4489.0	36徳島	…	…	4650.5	1625.4
37香川	…	…	…	58.2	37香川	2929.8	37香川	…	…	723.1	1181.6
38愛媛	…	…	614.9	3907.1	38愛媛	2076.5	38愛媛	…	…	3095.8	2343.8
39高知	…	…	−	3746.0	39高知	3427.1	39高知	…	…	−	1005.3
40福岡	…	…	2189.8	5252.2	40福岡	1728.1	40福岡	…	…	8616.2	4979.4
41佐賀	…	…	1455.3	947.0	41佐賀	2806.9	41佐賀	…	…	3123.8	7080.5
42長崎	…	…	215.6	135.8	42長崎	1150.1	42長崎	…	…	415.8	756.0
43熊本	…	…	2638.3	91.6	43熊本	3173.7	43熊本	…	…	667.5	473.5
44大分	…	…	412.7	444.8	44大分	6543.4	44大分	…	…	11665.9	1872.5
45宮崎	…	…	…	218.2	45宮崎	2713.5	45宮崎	…	…	7546.0	5841.8
46鹿児島	…	…	6079.8	4510.8	46鹿児島	2872.3	46鹿児島	…	…	249.8	1518.7
47沖縄	…	…	176.2	167.6	47沖縄	2019.8	47沖縄	…	…	…	1566.2
13大都市(再掲)					13大都市(再掲)		13大都市(再掲)				
50東京都の区部	…	…	1426.9	2426.1	50東京都の区部	2963.0	50東京都の区部	…	…	10699.0	1458.6
51札幌	…	…	−	4138.6	51札幌	4458.8	51札幌	…	…	7650.6	2513.2
52仙台	…	…	…	489.0	52仙台	5523.1	52仙台	…	…	4094.3	95.4
53千葉	…	…	2655.2	528.0	53千葉	2454.3	53千葉	…	…	…	5093.1
54横浜	…	…	1425.4	1263.2	54横浜	2377.4	54横浜	…	…	9708.1	4814.3
55川崎	…	…	300.3	357.3	55川崎	667.5	55川崎	…	…	3453.8	1244.7
56名古屋	…	…	1607.0	3892.1	56名古屋	4846.0	56名古屋	…	…	24626.3	33.9
57京都	…	…	790.7	863.2	57京都	1379.1	57京都	…	…	…	…
58大阪	…	…	1182.6	4100.9	58大阪	6444.1	58大阪	…	…	11826.0	158.8
59神戸	…	…	−	444.1	59神戸	2149.8	59神戸	…	…	−	399.6
60広島	…	…	383.5	61.5	60広島	7366.0	60広島	…	…	5723.9	…
61北九州	…	…	460.5	1479.4	61北九州	7870.9	61北九州	…	…	…	395.7
62福岡	…	…	727.7	1667.5	62福岡	6450.2	62福岡	…	…	−	7607.1

333

○報告書P172～173
周産期死亡　第2表　周産期死亡数，母の職業(大分類)・都道府県(13大都市再掲)別

(正)

	総数	就業者総数	A専門的・技術的職業従事者	B管理的職業従事者	C事務従事者	D販売従事者	Eサービス職業従事者	F保安職業従事者	G農林漁業作業者	H運輸・通信従事者	I技能工,採掘・製造・建設作業者及び労務作業者	J分類不能の職業	無職
12千葉	395	105	17	-	24	2	14	1	-	-	4	43	290
外国・不詳	17	15	-	-	1	-	-	-	-	-	-	14	2

(誤)

	総数	就業者総数	A専門的・技術的職業従事者	B管理的職業従事者	C事務従事者	D販売従事者	Eサービス職業従事者	F保安職業従事者	G農林漁業作業者	H運輸・通信従事者	I技能工,採掘・製造・建設作業者及び労務作業者	J分類不能の職業	無職
12千葉	258	79	12	-	18	2	13	1	-	-	3	30	179
不詳	154	41	5	-	7	-	1	-	-	-	1	27	113

平成12年度　人口動態職業・産業別統計
報告書　正誤表

P68	出生	第1表	出生数及び標準化出生率（人口千対），父母・職業（大分類）・年次別
P121	死亡	第1表	15歳以上の死亡数及び年齢調整死亡率（人口千対），性・職業（大分類）・年次別
P123	死亡	第2表	15歳以上の死亡数及び年齢調整死亡率（人口千対），性・産業（大分類）・年次別
P138～143	死亡	第6表	女15歳以上の選択死因分類別死亡数及び死亡率・年齢調整死亡率（女子人口10万対），職業（大分類）別
P144～149	死亡	第7表	男15歳以上の選択死因分類別死亡数及び死亡率・年齢調整死亡率（男子人口10万対），産業（大分類）別
P150～155	死亡	第8表	女15歳以上の選択死因分類別死亡数及び死亡率・年齢調整死亡率（女子人口10万対），産業（大分類）別
P167	死亡	第10表	女15歳以上の死亡数及び死亡率・年齢調整死亡率（女子人口10万対），職業（大分類）・都道府県（13大都市再掲）別【年齢調整死亡率】
P173	死亡	第11表	男15歳以上の死亡数及び死亡率・年齢調整死亡率（男子人口10万対），産業（大分類）・都道府県（13大都市再掲）別【年齢調整死亡率】
P178～179	死亡	第12表	女15歳以上の死亡数及び死亡率・年齢調整死亡率（女子人口10万対），産業（大分類）・都道府県（13大都市再掲）別【年齢調整死亡率】

○報告書P68

出生 第1表 出生数及び標準化出生率（人口千対），父母・職業（大分類）・年次別

（正）

	昭和50年度
父	
運輸・通信従事者	730 505

（誤）

	昭和50年度
父	
運輸・通信従事者	703 505

○報告書P121

死亡 第1表 15歳以上の死亡数及び年齢調整死亡率（人口千対），性・職業（大分類）・年次別

（正）

	平成7年度	12
女		
保安職業従事者	…	…
運輸・通信従事者	…	…

（誤）

	平成7年度	12
女		
保安職業従事者	9.6	6.7
運輸・通信従事者	37.8	14.3

○報告書P123

死亡 第2表 15歳以上の死亡数及び年齢調整死亡率（人口千対），性・産業（大分類）・年次別

（正）

	平成7年度	12
男		
G 電気・ガス・熱供給・水道業	…	…
女		
D 鉱　　業	…	…
G 電気・ガス・熱供給・水道業	…	…

（誤）

	平成7年度	12
男		
G 電気・ガス・熱供給・水道業	24.0	20.1
女		
D 鉱　　業	24.8	20.2
G 電気・ガス・熱供給・水道業	39.2	24.8

○報告書P138～143
死亡　第6表　女15歳以上の選択死因分類別死亡数及び死亡率・年齢調整死亡率（女子人口10万対），職業（大分類）別

(正)

	全死因	Se01結核	Se02悪性新生物	Se03食道	Se04胃	(再掲)大腸	Se05結腸	Se06直腸S状結腸移行部及び直腸	Se07肝及び肝内胆管	Se08胆のう及びその他の胆道	Se09膵	Se10気管、気管支及び肺
F　保安職業従事者	…	…	…	…	…	…	…	…	…	…	…	…
H　運輸・通信従事者	…	…	…	…	…	…	…	…	…	…	…	…

	Se11乳房	Se12子宮	Se13白血病	Se14糖尿病	Se15高血圧性疾患	Se16心疾患	Se17急性心筋梗塞	Se18その他の虚血性心疾患	Se19不整脈及び伝導障害	Se20心不全	Se21脳血管疾患	Se22くも膜下出血
F　保安職業従事者	…	…	…	…	…	…	…	…	…	…	…	…
H　運輸・通信従事者	…	…	…	…	…	…	…	…	…	…	…	…

	Se23脳内出血	Se24脳梗塞	Se25大動脈瘤及び解離	Se26肺炎	Se27慢性閉塞性肺疾患	Se28喘息	Se29肝疾患	Se30腎不全	Se31老衰	Se32不慮の事故	Se33交通事故	Se34自殺
F　保安職業従事者	…	…	…	…	…	…	…	…	…	…	…	…
H　運輸・通信従事者	…	…	…	…	…	…	…	…	…	…	…	…

(誤)

	全死因	Se01結核	Se02悪性新生物	Se03食道	Se04胃	(再掲)大腸	Se05結腸	Se06直腸S状結腸移行部及び直腸	Se07肝及び肝内胆管	Se08胆のう及びその他の胆道	Se09膵	Se10気管、気管支及び肺
F　保安職業従事者	668.9	1.9	1656.1	17.9	253.9	338.5	255.0	83.5	261.0	88.8	8.3	125.1
H　運輸・通信従事者	1428.5	-	585.6	211.6	875.3	488.2	450.7	37.6	527.8	†512.1	472.5	1313.9

	Se11乳房	Se12子宮	Se13白血病	Se14糖尿病	Se15高血圧性疾患	Se16心疾患	Se17急性心筋梗塞	Se18その他の虚血性心疾患	Se19不整脈及び伝導障害	Se20心不全	Se21脳血管疾患	Se22くも膜下出血
F　保安職業従事者	35.8	89.5	28.5	84.9	385.1	1125.5	466.7	130.2	250.7	192.4	1096.4	111.5
H　運輸・通信従事者	477.1	286.6	6.7	217.8	-	165.8	3460.0	2993.1	847.0	2962.4	227.7	446.2

	Se23脳内出血	Se24脳梗塞	Se25大動脈瘤及び解離	Se26肺炎	Se27慢性閉塞性肺疾患	Se28喘息	Se29肝疾患	Se30腎不全	Se31老衰	Se32不慮の事故	Se33交通事故	Se34自殺
F　保安職業従事者	178.8	806.1	1.9	711.2	77.0	8.0	117.2	308.1	154.1	169.4	3.8	20.8
H　運輸・通信従事者	2401.7	4976.6	214.5	40.7	211.0	452.0	219.5	886.7	1266.1	2148.0	648.4	476.9

○報告書P144～149
死亡　第7表　男15歳以上の選択死因分類別死亡数及び死亡率・年齢調整死亡率（男子人口10万対），産業（大分類）別

(正)

	全死因	Se01結核	Se02悪性新生物	Se03食道	Se04胃	(再掲)大腸	Se05結腸	Se06直腸S状結腸移行部及び直腸	Se07肝及び肝内胆管	Se08胆のう及びその他の胆道	Se09膵	Se10気管、気管支及び肺
G　電気・ガス・熱供給・水道業	…	…	…	…	…	…	…	…	…	…	…	…

	Se11乳房	Se12子宮	Se13白血病	Se14糖尿病	Se15高血圧性疾患	Se16心疾患	Se17急性心筋梗塞	Se18その他の虚血性心疾患	Se19不整脈及び伝導障害	Se20心不全	Se21脳血管疾患	Se22くも膜下出血
G　電気・ガス・熱供給・水道業	…	…	…	…	…	…	…	…	…	…	…	…

	Se23脳内出血	Se24脳梗塞	Se25大動脈瘤及び解離	Se26肺炎	Se27慢性閉塞性肺疾患	Se28喘息	Se29肝疾患	Se30腎不全	Se31老衰	Se32不慮の事故	Se33交通事故	Se34自殺
G　電気・ガス・熱供給・水道業	…	…	…	…	…	…	…	…	…	…	…	…

(誤)

	全死因	Se01結核	Se02悪性新生物	Se03食道	Se04胃	(再掲)大腸	Se05結腸	Se06直腸S状結腸移行部及び直腸	Se07肝及び肝内胆管	Se08胆のう及びその他の胆道	Se09膵	Se10気管、気管支及び肺
G　電気・ガス・熱供給・水道業	2013.7	4.9	3749.2	198.0	915.6	391.5	257.0	134.5	320.2	137.2	234.0	794.5

	Se11乳房	Se12子宮	Se13白血病	Se14糖尿病	Se15高血圧性疾患	Se16心疾患	Se17急性心筋梗塞	Se18その他の虚血性心疾患	Se19不整脈及び伝導障害	Se20心不全	Se21脳血管疾患	Se22くも膜下出血
G　電気・ガス・熱供給・水道業	-	・	34.8	161.4	19.9	1256.5	436.0	291.5	78.4	382.6	1093.3	139.7

	Se23脳内出血	Se24脳梗塞	Se25大動脈瘤及び解離	Se26肺炎	Se27慢性閉塞性肺疾患	Se28喘息	Se29肝疾患	Se30腎不全	Se31老衰	Se32不慮の事故	Se33交通事故	Se34自殺
G　電気・ガス・熱供給・水道業	293.2	621.9	110.4	912.7	97.6	19.0	63.6	93.9	141.6	502.1	191.9	119.6

○報告書P150～155
死亡　第8表　女15歳以上の選択死因分類別死亡数及び死亡率・年齢調整死亡率（女子人口10万対），産業（大分類）別

(正)

	全死因	Se01結核	Se02悪性新生物	Se03食道	Se04胃	(再掲)大腸	Se05結腸	Se06直腸S状結腸移行部及び直腸	Se07肝及び肝内胆管	Se08胆のう及びその他の胆道	Se09膵	Se10気管、気管支及び肺
D　鉱　業	…	…	…	…	…	…	…	…	…	…	…	…
G　電気・ガス・熱供給・水道業	…	…	…	…	…	…	…	…	…	…	…	…

	Se11乳房	Se12子宮	Se13白血病	Se14糖尿病	Se15高血圧性疾患	Se16心疾患	Se17急性心筋梗塞	Se18その他の虚血性心疾患	Se19不整脈及び伝導障害	Se20心不全	Se21脳血管疾患	Se22くも膜下出血
D　鉱　業	…	…	…	…	…	…	…	…	…	…	…	…
G　電気・ガス・熱供給・水道業	…	…	…	…	…	…	…	…	…	…	…	…

	Se23脳内出血	Se24脳梗塞	Se25大動脈瘤及び解離	Se26肺炎	Se27慢性閉塞性肺疾患	Se28喘息	Se29肝疾患	Se30腎不全	Se31老衰	Se32不慮の事故	Se33交通事故	Se34自殺
D　鉱　業	…	…	…	…	…	…	…	…	…	…	…	…
G　電気・ガス・熱供給・水道業	…	…	…	…	…	…	…	…	…	…	…	…

(誤)

	全死因	Se01結核	Se02悪性新生物	Se03食道	Se04胃	(再掲)大腸	Se05結腸	Se06直腸S状結腸移行部及び直腸	Se07肝及び肝内胆管	Se08胆のう及びその他の胆道	Se09膵	Se10気管、気管支及び肺
D　鉱　業	2020.3	6.8	2442.0	-	535.8	460.8	409.7	51.1	170.2	127.8	323.6	172.6
G　電気・ガス・熱供給・水道業	2479.1	-	1219.5	12.4	946.2	972.9	674.6	298.2	580.6	661.4	574.5	950.4

	Se11乳房	Se12子宮	Se13白血病	Se14糖尿病	Se15高血圧性疾患	Se16心疾患	Se17急性心筋梗塞	Se18その他の虚血性心疾患	Se19不整脈及び伝導障害	Se20心不全	Se21脳血管疾患	Se22くも膜下出血
D　鉱　業	78.8	58.3	60.6	109.7	103.3	1011.7	400.3	167.8	103.3	260.2	826.0	175.2
G　電気・ガス・熱供給・水道業	315.3	270.0	151.2	157.7	37.2	3678.8	1069.2	307.6	326.5	1334.1	3680.6	444.7

	Se23脳内出血	Se24脳梗塞	Se25大動脈瘤及び解離	Se26肺炎	Se27慢性閉塞性肺疾患	Se28喘息	Se29肝疾患	Se30腎不全	Se31老衰	Se32不慮の事故	Se33交通事故	Se34自殺
D　鉱　業	102.8	548.0	29.4	386.7	-	7.9	113.1	77.2	-	309.8	68.4	309.7
G　電気・ガス・熱供給・水道業	831.9	2395.9	459.4	1197.0	420.3	1.5	186.9	510.8	510.8	939.0	463.3	372.8

○報告書P167

死亡 第10表 女15歳以上の死亡数及び死亡率・年齢調整死亡率（女子人口10万対），職業（大分類）・都道府県（13大都市再掲）別【年齢調整死亡率】

（正）

	F保安職業従事者	H運輸・通信従事者
全国	…	…

（誤）

	F保安職業従事者	H運輸・通信従事者
全国	668.9	1428.5

○報告書P173

死亡 第11表 男15歳以上の死亡数及び死亡率・年齢調整死亡率（男子人口10万対），産業（大分類）・都道府県（13大都市再掲）別【年齢調整死亡率】

（正）

	G電気・ガス・熱供給・水道業
全国	…

（誤）

	G電気・ガス・熱供給・水道業
全国	2013.7

○報告書P178～179

死亡 第12表 女15歳以上の死亡数及び死亡率・年齢調整死亡率（女子人口10万対），産業（大分類）・都道府県（13大都市再掲）別【年齢調整死亡率】

（正）

	D鉱業	G電気・ガス・熱供給・水道業
全国	…	…

（誤）

	D鉱業	G電気・ガス・熱供給・水道業
全国	2020.3	2479.1

平成17年度　人口動態職業・産業別統計
報告書　正誤表

P90	出生	第1表	出生数及び標準化出生率（人口千対），父母・職業（大分類）・年次別
P143	死亡	第1表	15歳以上の死亡数及び年齢調整死亡率（人口千対），性・職業（大分類）・年次別
P145	死亡	第2表	15歳以上の死亡数及び年齢調整死亡率（人口千対），性・産業（大分類）・年次別
P211	周産期死亡	第1表	周産期死亡数及び死亡率（出産千対），妊娠満22週以後の死産－早期新生児死亡・母の職業（大分類）・年次別
P216	婚姻	第1表	婚姻件数・標準化婚姻率（人口千対）及び標準化無配偶婚姻率（無配偶人口千対），夫妻・職業（大分類）・年次別

○報告書P90
出生　第1表　出生数及び標準化出生率（人口千対），父母・職業（大分類）・年次別

（正）

	昭和50年度
父	
H運輸・通信従事者	730 505

（誤）

	昭和50年度
父	
H運輸・通信従事者	703 505

○報告書P143
死亡　第1表　15歳以上の死亡数及び年齢調整死亡率（人口千対），性・職業（大分類）・年次別

（正）

	平成7年度	12
女		
F　保安職業従事者	…	…
H　運輸・通信従事者	…	…

（誤）

	平成7年度	12
女		
F　保安職業従事者	9.6	6.7
H　運輸・通信従事者	37.8	14.3

○報告書P145
死亡　第2表　15歳以上の死亡数及び年齢調整死亡率（人口千対），性・産業（大分類）・年次別

（正）

	平成7年度	12
男		
G　電気・ガス・熱供給・水道業	…	…
女		
D　鉱　　　業	…	…
G　電気・ガス・熱供給・水道業	…	…

（誤）

	平成7年度	12
男		
G　電気・ガス・熱供給・水道業	24.0	20.1
女		
D　鉱　　　業	24.8	20.2
G　電気・ガス・熱供給・水道業	39.2	24.8

○報告書P211
周産期死亡　第1表　周産期死亡数及び死亡率（出産千対），妊娠満22週以後の死産－早期新生児死亡・母の職業（大分類）・年次別

（正）

	平成17年度
早期新生児死亡	
C事務従事者	1.0
F保安職業従事者	1.4

（誤）

	平成17年度
早期新生児死亡	
C事務従事者	1.1
F保安職業従事者	1.3

○報告書P216
婚姻　第1表　婚姻件数・標準化婚姻率（人口千対）及び標準化無配偶婚姻率（無配偶人口千対），夫妻・職業（大分類）・年次別

（正）

	昭和45年度	55	60
夫			
I生産工程・労務作業者	266 073	215 942	185 856
妻			
I生産工程・労務作業者	64 988	41 663	38 966

（誤）

	昭和45年度	55	60
夫			
I生産工程・労務作業者	264 361	214 612	184 017
妻			
I生産工程・労務作業者	64 970	41 370	38 595

平成22年度　人口動態職業・産業別統計
報告書　正誤表　1

P220　婚姻　第1表　婚姻件数・標準化婚姻率（人口千対）及び標準化無配偶婚姻率（無配偶人口千対），
　　　　　　　　　夫妻・職業（大分類）・年次別

○報告書P220

婚姻 第1表 婚姻件数・標準化婚姻率（人口千対）及び標準化無配偶婚姻率（無配偶人口千対），夫妻・職業（大分類）・年次別

（正）

	昭和45年度	55	60
夫 　H　生産工程従事者 　I　輸送・機械運転従事者 　J　建設・採掘従事者 　K　運搬・清掃・包装等従事者	340 430	261 640	231 583
妻 　H　生産工程従事者 　I　輸送・機械運転従事者 　J　建設・採掘従事者 　K　運搬・清掃・包装等従事者	73 398	44 621	40 896

（誤）

	昭和45年度	55	60
夫 　H　生産工程従事者 　I　輸送・機械運転従事者 　J　建設・採掘従事者 　K　運搬・清掃・包装等従事者	338 718	260 310	229 744
妻 　H　生産工程従事者 　I　輸送・機械運転従事者 　J　建設・採掘従事者 　K　運搬・清掃・包装等従事者	73 380	44 328	40 525

平成22年度　人口動態職業・産業別統計　正誤表　2

(158頁)　第5表　男15歳以上の選択死因分類別死亡数及び死亡率・年齢調整死亡率(男性人口10万対),職業(大分類)別
(164頁)　第6表　女15歳以上の選択死因分類別死亡数及び死亡率・年齢調整死亡率(女性人口10万対),職業(大分類)別
(170頁)　第7表　男15歳以上の選択死因分類別死亡数及び死亡率・年齢調整死亡率(男性人口10万対),産業(大分類)別
(176頁)　第8表　女15歳以上の選択死因分類別死亡数及び死亡率・年齢調整死亡率(女性人口10万対),産業(大分類)別

誤	注：大腸は結腸(Se05)と直腸、直腸S状結腸移行部(Se06)をいう。
正	注：大腸は結腸(Se05)と直腸S状結腸移行部及び直腸(Se06)をいう。

(186-187頁) 第9表　男15歳以上の死亡数及び死亡率・年齢調整死亡率(男性人口10万対),職業(大分類)・都道府県(20大都市再掲)別

項　目	誤	正
年齢調整死亡率・全国		
総　数　Total	704.8	706.2
就業者総数　Employed	339.8	339.9
B　専門的・技術的職業従事者	436.0	436.2
C　事務従事者	147.7	147.8
D　販売従事者	282.7	282.8
E　サービス職業従事者	576.7	577.1
G　農林漁業従事者	497.6	497.7
J　建設・採掘従事者	383.3	383.6
K　運搬・清掃・包装等従事者	89.7	89.8
無　職　Non-employed	1360.3	1364.1

(192-193頁) 第10表　女15歳以上の死亡数及び死亡率・年齢調整死亡率(女性人口10万対),職業(大分類)・都道府県(20大都市再掲)別

項　目	誤	正
年齢調整死亡率・全国		
総　数　Total	410.1	410.3
B　専門的・技術的職業従事者	335.6	335.8
H　生産工程従事者	135.5	135.6
無　職　Non-employed	508.9	509.0

(198-199頁) 第11表　男15歳以上の死亡数及び死亡率・年齢調整死亡率(男性人口10万対),産業(大分類)・都道府県(20大都市再掲)別

項　目	誤	正
年齢調整死亡率・全国		
総　数　Total	704.8	706.2
就業者総数　Employed	339.8	339.9
第1次産業　Primary	540.0	540.1
A　農業,林業	516.7	516.8
第2次産業　Secondary	321.8	321.9
D　建　設　業	364.1	364.3
E　製　造　業	285.2	285.3
第3次産業　Tertiary	240.3	240.5
H　運輸業,郵便業	313.1	313.2
I　卸売業,小売業	233.2	233.4
J　金融業,保険業	507.5	507.6
K　不動産業,物品賃貸業	286.1	286.2
L　学術研究,専門・技術サービス業	210.8	210.9
M　宿泊業,飲食サービス業	349.3	349.6
N　生活関連サービス業,娯楽業	370.5	370.6
O　教育,学習支援業	138.8	139.3
P　医療,福祉	246.2	246.3
Q　複合サービス事業	817.3	817.6
R　サービス業(他に分類されないもの)	247.7	247.8
無　職　Non-employed	1360.3	1364.1

(204-205頁) 第12表　女15歳以上の死亡数及び死亡率・年齢調整死亡率(女性人口10万対),産業(大分類)・都道府県(20大都市再掲)別

項　目	誤	正
年齢調整死亡率・全国		
総　数　Total	410.1	410.3
D　建　設　業	407.9	408.0
L　学術研究,専門・技術サービス業	226.4	226.5
N　生活関連サービス業,娯楽業	163.2	163.5
無　職　Non-employed	508.9	509.0

平成30年8月21日　発行	定価は表紙に表示してあります。

平成 27 年度
人口動態職業・産業別統計

編　集	厚生労働省政策統括官（統計・情報政策担当）
発　行	一般財団法人　厚生労働統計協会 郵便番号 103-0001 東京都中央区日本橋小伝馬町4－9 小伝馬町新日本橋ビルディング3F 電　話　03－5623－4123（代表）
印　刷	統計印刷工業株式会社